트리콘 세계문학 총서 10

지역문학에서 세계문학으로

하상일 지음

보고사
BOGOSA

책을 내면서

여덟 번째 평론집을 묶어 세상에 내보낸다. 그동안 평론 쓰는 일에 지지부진했던 터라 오래전 쓴 글을 모아 평론집을 출간하는 일이 선뜻 내키지 않아 주저하는 마음이 컸다. 지난 원고를 다시 읽어 보니 철 지난 논의가 대부분인 듯하여 한곳에 모아 세상에 내놓는 일이 무슨 의미가 있을지 스스로에게 묻지 않을 수 없었다. 이러한 나의 머뭇거림은 지금의 평론에 대한 불만에서 비롯된 것이기도 하다. 역사와 현실에 대한 비평가로서의 자의식을 무엇보다도 강조하는 듯하지만, 그 실상은 문학적 포즈와 수사에만 열광하는 평론을 마주한 지 이미 오래되었기 때문이다. 물론 이러한 미학적 형식의 강조를 두고 비판적 현실 인식과 전혀 무관한 것으로 무조건 폄훼할 이유는 없다손 치더라도, 이러한 결과가 현실에 무기력한 평론이 스스로를 위로하고 합리화하는 방식은 아닌지 정직하게 묻지 않을 수 없다. 문학이 현실에 깊숙이 개입하여 지금 우리가 당면한 사회의 구조적 모순을 냉정하게 탐색하는 것, 그리고 이를 정교하게 분석하여 우리 사회의 변화를 이끌어 내는 비판적인 방향성을 제시하는 것이 비평의 기본적인 덕목이라는 생각은 이제는 교과서적인 일이 되고 만 것은 아닐까. 비평의 비평이라는 메타적 사유가 점점 실종된 채 작품의 분석과 해석에만 골몰하는 것이 비평인 것처럼 인식되는 요즘 비평의 현실은 결국 비평의 본질적 역할과 기능을 외면하는 것이 되지 않을 수 없다. 비평은 우리의 삶과 문학의 최전선에 위치해야 한다는 것이 필자가 견지해 온 일관된 생각이다. 현실과의 타협을 거부한 채 작품이 말하는 세계의 불합리와 모순을 정직하게 읽어 냄으로써, 앞으로 우리가 살아가야 할 운명을 새롭게 열어 가는 길잡이 역할을 해야 하는 것이 비평의 본질과 기능이라는 완고한 입장에는 변함이 없다. 따라서 비평은 본질적으로 세계와의 불화를 감당하지 않으면 안 되는 불온한 운명을 지닌다. 불온한 세상을 향해 불온한 방식으로 맞서는 것이 바로 비평의 본질인 것이다. 이러한 불온성이야말로 지금 우리 비평이 생명력을 확장해 나가는 가장 중요한 토대임을 결코 잊어서는 안 될 것이다.

그동안 필자가 비평가의 삶을 충실히 살아 내지 못한 이유는 바로 이러한 비평의 본질 앞에서 무기력하고 회의적인 모습으로 안주하고 있다는 부끄러움 때문이었다. 20여 년 전 첫 평론집 『타락한 중심을 향한 반역』(새움, 2002)을 출간했을 때의 결기가 세월에 묻혀 점점 그 의미가 퇴색되어 버린 탓도 크다. 문학 권력과 문학 제도를 향한 신랄한 비판 위에서 지역 비평가의 역할과 방향성을 밤새 고민하던 결연함도 이제는 오래된 기억으로 존재할 뿐, 다시 그러한 역할을 굳이 필자가 감당해야 하는지 스스로 회의적인 시각이 앞서는 것도 숨길 수 없는 사실이다. 하지만 그때나 지금이나 필자는 지역을 기반으로 비평을 하는, 그래서 중심의 타락과 균열에 맞서는 것을 가장 중요한 비평적 방향성으로 삼고 있음은 분명하다. 여전히 서울 중심의 특정 문학 집단의 권력화가 한국문학의 중심임을 암묵적으로 강요하고 있는 것이 엄연한 현실이고, 인정주의에 기반한 불합리한 요소들이 작품 평가의 절대적 기준이 되는 비합리적인 상황 역시 변하지 않고 오히려 더욱 공고하게 유지되고 있음을 직시해야 한다. 초심으로 돌아가 다시 지역을 토대로 삼아 비평의 새로운 방향성을 모색할 필요가 있다고 생각한 이유도 바로 여기에 있다. 다만, 지금은 지역과 중앙의 제한적 구도의 차원을 넘어서 지역이 세계와 연결되는, 그래서 지역문학이 세계문학의 역할과 방향을 찾아가는 더욱 확장된 시각이 무엇보다도 긴요하다는 사실을 간과해서는 안 된다. 이번 평론집의 원고를 썼던 지난 10년 남짓 동안 동아시아를 중심으로 한 세계문학에 대한 집요한 관심을 소박하게나마 가지게 되었던 것도 바로 이러한 문제의식의 결과였다. 참으로 미미한 수준이지만 이 평론집이 이전에 썼던 필자의 평론과 다른 점이 있다면 아마도 세계문학적 시각의 단초를 마련했다는 데 있지 않을까 싶다. 이번 평론집의 제목을 〈지역문학에서 세계문학으로〉라고 정한 것도 이와 같은 필자의 뜻을 조금은 선명하게 전달하고자 한 바람을 담고자 한 데 이유가 있다.

제1부는 우리가 수년간 겪어 온 혹은 지금 겪고 있는 사회 역사적 문제를 비평적 시각으로 읽어 내고 그 비판적 방향을 찾고자 한 거시적 탐색의 결과물을 모은 것이다. 지역과 지역문학을 둘러싼 위기론과 혁신론을 두루 비판적으로 살펴보면서, 지역성의 강조는 결국 지역의 왜곡된 삶의 구조를 바로잡는 저항적 실천으로서의 운동성에 본질이 있다는 점을 강조하고자 했다. 중앙에 의해 일방적으로 강요되고 규범화된 표준을 따라가려는 맹목적 추종이 지역을 점점 더 추상적 공간으로 왜곡하고 있기 때문이다. 통일 시대를 대비하는 지역문학의 전면적인 변화와 갱신을 모색하는 생각은, 그 출발선에서 다시 지역문학의 가능성과 새로운 방향성을 찾기 위한 시고(試稿)로서의 성격을 지닌다. 그리고 '코로나19'라는 미증유의 세계사적 혼란을 경험하면서 우리가 직면한 위기와 균열의 징후를 문학적으로 어떻게 해결해 나가야 할지를 논의했다. 또한 망각과 침묵으로 인해 역사의

저편으로 사라졌던 비가시화된 것들을 소환하는 기억 투쟁의 방식으로, 여순사건, 광주 5·18 등 국가폭력의 시적 형상화가 여성 주체의 목소리를 가시화하는 일을 무엇보다도 중심에 두어야 한다는 생각을 밝히기도 했다. 이러한 문제의식은 한국문학 혹은 지역문학이 세계문학으로서의 위상 정립을 실천하는 방향으로 나아가야 한다는 생각으로 이어졌다. 그 구체적이고 현재적인 방향으로 기후 위기와 생태환경의 미래를 그 어느 때보다 진지하게 고민하고 실천하는 문학의 역할에 대한 현실적 문제제기를 담았으며, 로컬리티의 실천과 공동체적 연대를 모색하기 위한 지역 매체의 본질적인 사명에 대한 재인식도 비판적으로 담아내고자 했다. 이처럼 제1부에서는 지금 우리 사회가 직면한 가장 시급한 문제인 통일, 질병, 역사, 세계, 지역 등을 화두로 삼아 한국문학이 앞으로 나아가야 할 방향성에 대한 거시적 통찰을 시도하고자 했다.

제2부는 한국문학과 세계문학의 연결 고리를 찾아 그 의미를 역사적으로 해석하고 자리매김하는 데 집중한 글을 한곳에 모았다. 가까운 일본에서 평생을 살아가면서 '재일'의 실존과 현대시의 방향을 올곧게 실천해 온 김시종의 시 세계와 그가 문학적으로 영향받은 일본 아나키즘 시인 오노 도자부로의 시론을 살폈고, 생명과 평화를 위한 민중의 공동체성과 전지구적 연대를 지속적으로 고민하고 행동으로 실천한 나이지리아의 시인 니이 오순다레의 시를 통해 지금 한국문학을 이해하는 방향성을 찾고자 했다. 또한 중국 조선족 시인들의 현재 상황과 주제적 방향을 그들의 시에 나타난 국가와 민족 사이에 놓인 경계와 틈새의 시선을 통해 이해하고자 했고, 재일조선인들에게 있어서 우리말이 지닌 의미를 특별히 주목하면서 우리말 문학의 역사적 과정과 남은 과제를 정리했으며, 세계문학으로서의 재일조선

인 문학의 위상을 높여준 김석범과 김시종의 재일 디아스포라 문학을 집중적으로 조명하였다. 이러한 문제의식은 한국문학을 일국적 시야에 두지 않고, 가까이는 재일조선인과 중국 조선족을 통해 동아시아 역사를 함께 공유한 한민족의 문제로 확장하여 이해하는 소위 한민족문학사의 시각을 열어보려 한 것이다. 나아가 지역문학 혹은 한국문학이 세계문학과 적극적으로 교류하는 가운데 공감과 이해를 넓히는 실질적인 계기와 방향을 마련하고자 한 시도이기도 했다.

제3부는 지금 한국문학 현장에서 활발하게 활동하고 있거나 최근 작고한 시인의 시 세계를 분석하고 평가한 글을 모았고, 제4부는 비평, 소설, 수필 등 다양한 장르의 글에 대한 비평을 정리해서 수록했다. 매혹과 비판, 두 가능성을 모두 탐색하는 것이 비평이라고 한다면, 자칫 매혹에만 빠지는 글이 되지 않을까 늘 경계하면서 작가와 작품의 관계를 때로는 따뜻하게 때로는 냉정하게 들여다보았던 비평 작업의 결과물이다. 필자의 편협한 문학관으로 자칫 한 방향만 도드라진 부분이 있다면, 그것은 전적으로 필자의 해석이 지닌 문제이지 작품을 쓴 작가의 문제가 아님은 분명하다. 문학이 세상과의 소통을 전제로 하는 것이라면, 서로 다름과 차이를 인정하는 데서부터 비평은 더욱 생산적인 방향성을 열어 갈 수 있을 것이다. 비평의 비평이 아닌 작품 비평에서 무엇보다도 중요하게 지켜야 할 부분이 바로 이러한 열린 시각과 태도가 아닐까 싶다. 이 비평집에 수록된 시인, 소설가들의 생명과도 같은 작품이 있어서 비평이 가능할 수 있었다. 문학 작품과 독자 간의 가교 역할이라는 비평의 기본적인 사명을 수행하는 일이 결코 만만치 않았음을 솔직히 고백하는 것으로 모든 작가들에게 특별한 고마움을 전한다.

비평가로 살아가는 일이 점점 어려워진다. 비평가의 말조차 타협적인 수사로 장식된다면, 비평은 이미 비평으로서 책임을 다하지 못한 채 직무유기를 자인하는 결과가 될 뿐이다. 굳이 정치적 상황을 거론하지 않더라도 지금 우리가 당면한 세상의 모습은 정말 말 그대로 참담하다고 하지 않을 수 없다. 너도나도 선명성을 경쟁하며 올바른 민주 사회를 위해 헌신한다고 말하지만, 그 이면을 냉정하게 들여다보면 결국 제 잇속 챙기기고 제 이미지 만들기에 여념이 없을 따름이다. 이런 세상에서 문학마저 이미지의 전략에 갇혀 진정으로 미래 사회를 변화시키는 밤하늘의 지도와 같은 역할을 외면해서야 되겠는가. 특히 비평이 이러한 문학의 운명을 스스로 훼손하는 현실 타협적 글쓰기로 전락해서야 되겠는가. 이제부터라도 다시, 비평은 그 누구 앞에서든 당당하고 정의로울 필요가 있다. 이러한 비판은 비평가로서 제 역할을 하지 못한 필자에 대한 통렬한 반성을 담고 있기도 하다. 이 평론집 출간을 계기로 30년 가까이 비평가로 살아온 필자의 시간을 엄밀하게 되돌아보는 소중한 기회로 삼고자 한다.

무심하고 냉정하게 살아가는 필자의 삶을 지켜보면서도 늘 응원해 주고 동행해 주는 오랜 벗이자 동료 평론가인 고명철, 이명원, 홍기돈 세 친구에게 특별한 고움을 전한다. 이십대 시절부터 이들과의 따뜻한 만남과 오랜 비평적 동행이 있어서 언제 어디서든 외롭지 않게 비평의 정도를 걸을 수 있었다. 지역에서 비평의 길을 함께 걸어가는 『오늘의문예비평』, 시전문지 『신생』의 식구들에게도 감사하다는 인사를 올린다. 문학은 혼자 하는 것이 아니라 함께 하는 것임을 이들을 통해 새삼 깨달으며 지내는 날이 많았다. 오래 묵혀 둔 원고를 꼼꼼히 읽어 주고 세심하게 좋은 문장으로 다듬어 준 최은정 교수님께도 따뜻한 마음을 전한다. 이제는 아빠보다 더 커 버린 두 아들 경빈, 경훈이가 이 평론집의 글을 조금이나마 이해해 주길 기대한다.

무더운 여름을 견디고 어느새 가을을 지나 겨울의 초입에 들어섰다. 이 평론집이 독자 여러분에게 아름다운 겨울을 맞이하고 새봄을 준비하는 반가운 소식이 될 수 있으면 좋겠다.

2025.12. 하상일

차례

제3부

제4부

지역문학에서 세계문학으로

제1부

통일 시대 지역문학의 기억과 지향

1. 지역과 지역문학

지난 80년대 이후 활발하게 전개되었던 지역과 지역문학에 대한 논의는 중앙과 지역이라는 이분법적 구도 속에서 자본과 문화의 독점 구조라는 중앙 중심의 권력화에 대한 대항담론의 성격을 아주 분명하게 드러냈다. 80년대 초반 신군부의 독재 권력 강화로 인한 정치의 파행이 문학을 비롯한 문화예술에 대한 직접적인 감시와 억압을 전면화함에 따라 『창작과비평』과 『문학과지성』을 양대 축으로 전개되었던 70년대 이후 한국문학의 중심 구도가 무너졌고, 그 결과 지역을 기반으로 한 무크지 운동이 활발하게 대두되어 불합리한 시대의 모순에 맞서는 실천적이고 저항적인 담론을 생산해 냈던 것이다. 이때 지역과 지역문학에 대한 논의는 무크지 운동의 중심을 형성했다고 할 수 있는데, 독재 권력에 의한 문학의 통제와 간섭이 결과적으로는 지역이라는 문제의식을 본격적으로 촉발시키는 결정적인 계기로 작용했다는 사실은 그 자체로 아이러니한 일이 아닐 수 없다. 이는 독재 권력의 정치적 억압과는 별개로 문학 내부에서조차 특정 문인과 매체를 중심으로 형성된 권력 체계가 너무도 완고하게 존재했었음을 말해주는 것이다. 즉 정치권력에 의해 제도적으로 굳어진 문학권력의 강압적 해체를 가져 옴으로써 지역문학이라는 억압된 문제의식을 비로소 표면화하는 결과를 가져왔던 것이다. 중심 권력이 지닌 이데올로기가 어떤 특성을 지녔는가 하는 사실과는 무관하게 지역은 언제나 중심에 의해 규정되고 억압된 논리와 구도 속에서만 존재하도록 강요되어 왔었기 때문에, 외부에 의해 강제된 중심의 해체라는 아이러니한 결과가 오히려 지역에서의 새로운 운동을 가능하게 하는 중요한 계기로 작용했다고 할 수 있다.

이처럼 80년대 이후 한국 사회에서 지역과 지역문학에 대한 논의는 무엇보다도 중앙과 지역이라는 이분법을 넘어서고자 하는, 그래서 중앙에 종속되지 않는 지역의 특수성과 독자성을 강조하는 방향에서 새로운 문제의식을 이끌어 내기 위해 부단히 노력해 왔다. 하지만 대부분의 지역에 대한 담론은 중앙과 지역의 이분법적 구도에 대한 구조적 모순을 비판하면서도 여전히 자본과 권력의 중앙 독점이라는 현실을 극복하지 못하는 한계에 직면해 있던 것이 사실이다. 지역 담론 대부분이 중앙에 대비되는 지역의 차별, 불평등을 강조하는 데 초점을 두는 소외 담론의 재생산이라는 차원에서 크게 벗어나지 못했던 것이다. 물론 이러한 지역의 소외와 차별에 대한 비판은 여러 가지 실제 데이터를 통해 확인해 볼 때 전혀 틀린 문제제기는 아니었다. 하지만 지역이라는 문제를 지역의 주체적 시각에서 바라보지 못한 채 언제나 중심에 대한 대항담론이라는 타자적 시각으로만 이해하려 했던 것은, 지역에 내재된 생산적인 문제의식을 스스로 외면함으로써 중앙과 지역을 무조건적 대립의 장으로만 바라보는 동어 반복을 끊임없이 답습한 결과가 아닐 수 없다. 결국 중심에 의해 제도화된 보편성을 획일적으로 강요해 온 중앙의 논리를 비판하는 과정에서 제기된 지역과 지역문학의 과제는, 지역의 우월성을 역으로 강조하는 자기모순을 초래함으로써 또 다른 중심 권력 창출로 변질되는 왜곡된 결과를 가져오기도 했다.

이런 점에서 지금까지도 지역과 지역문학에 대한 논의는 그 개념 정의와 대상 설정에서부터 어떤 합의점을 도출한다는 것이 상당히 어려운 상황에 놓여 있다. 물론 지역에 대한 문제를 특정한 이론적 틀과 개념적 범주 안에 가두어 생각한다는 것 자체가 어불성설이 될 수도 있다. 지역과 지역문학에 대한 개념과 범주에 대한 어떤 암묵적 합의를 시도한다는 것 자체가 불합리한 왜곡을 불러오는 잘못된 시도라고 볼 여지도 있기 때문이다. 어찌되었든 간에 지역에 대한 이해의 불확실성으로 인해 그동안 지역문학에 대한 논의는 작가의 출생, 작품의 소재와 배경, 작가의 활동 장소 등 지역과 직접적으로 연관된 작가를 대상으로 하거나 특정한 지역이 함의하는 장소성에 한정되는 지극히 평범하고 표층적인 차원에 머무르는 한계가 뚜렷했던 것이 사실이다.

그렇다면 지금, 다시 지역과 지역문학을 논의의 주제로 삼는다면 무엇보다도 중요하게 거론해야 할 쟁점은 무엇일까? 필자의 생각으로는 지역의 역사적 사건과 직간접적으로 연결되어 있는 한국 사회의 구조적 모순에 대한 비판과, 자본의 독점이라는 경제적 불평등이 초래하는 문화적 다양성의 훼손, 그리고 중앙에 대한 과도한 배타적 논리에서 비롯된 지역중심주의가 초래한 자기모순 등이 핵심적인 논제가 되어야 하지 않을까 싶다. 즉 제주 4·3항쟁, 여순항쟁, 부마민주항쟁, 광주민주화운동 등과 같이 지역의 특수한 역사적 사건이 한국 사회의 민주주의라는 보편적 문제의식을 이끌어 낸 것에서 확인할 수 있는 지역문학의 실천적 문제의식과, 중앙이 획일적으로 제도화해 온 권력화된 표준의 허위성을 추종하여 점점 추상화되고 보편화되어 가는 지역문학의 폐단을 비판적으로 넘어서려는 주체적 태도, 그리고 중심에 대한 맹목적 동경이나 선망과는 정반대로 오히려 중심으로부터의 소외를 지나치게 강조함으로써, 결과적으로는 지역우월주의에 빠져버리는 지역중심주의의 오류 등을 집중적으로 따져볼 필요가 있는 것이다.

따라서 이 글은 크게 두 가지 점에서 지역과 지역문학에 대한 비판적 논의를 이어감으로써 앞으로 지역문학이 나아가야 할 과제와 방향에 대해 진지하게 고민해 보고자 한다. 우선 그동안 지역문학은 무엇을 어떻게 말해 왔으며, 그것이 지닌 의의와 한계는 무엇이었는지 지역문학 논의의 지난 공과를 냉정하고 객관적으로 살펴볼 필요가 있다. 이는 통일 시대를 준비하는 현시점에서 앞으로 지역문학이 지향해야 할 가치와 방향을 새롭게 정립하는 비판적 성찰의 성격을 지닌다는 점에서 중요한 의미가 있다. 즉 지역문학의 과제와 방향을 올바르게 설정하기 위해서 지금 무엇을 가장 중점적으로 생각해야 하는지, 그리고 이러한 문제의식을 실제적인 창작 과정에서 어떤 방식으로 담아야 하는지에 대한 논의가 앞으로 지속적으로 제기될 필요가 있는 것이다. 특히 통일 시대를 염두에 둔 지역문학의 방향이라는 큰 틀에서 문제의식을 더욱 정교하게 가다듬어야 한다고 할 때, 반세기가 훨씬 넘게 극단적인 대립과 차이를 보였던 남과 북의 통일이라는 과제를 지역적 경계와 틈의 장소성에서 생성되는 창조적이고 생산적인 논의의 장으로 이끌어 낼 필요가 있다.

이런 점에서 필자는 이러한 경계와 틈의 장소성을 주목하여 의미 있는 담론을 열어 냈던 성과로 재일조선인 시문학을 특별히 주목하고자 한다. '재일'의 근거를 남과 북이라는 이데올로기의 문제가 아닌 생활과 실존의 차원으로 접근하는, 그래서 '재일'의 위치를 남과 북의 대립과 경계를 넘어서는 창조적인 위치로 의미화 하는 재일조선인 시문학의 방법론에서, 지역문학의 기억과 지향을 새롭게 정립하는 중요한 문제의식을 발견할 수 있기 때문이다. 그리고 '낙동강의 파수꾼'으로 불리는 데서 알 수 있듯이, 오로지 자신이 살아온 부산과 경남이라는 지역을 토대로 식민지와 해방 그리고 분단으로 이어진 우리 민족의 삶과 현실을 담아내는 데 헌신한 김정한의 소설적 지향 역시 지금 다시 지역문학을 논의하는 데 있어서 가장 중심에 놓고 살펴보아야 할 지점이 아닐까 생각된다. 특히 1965년 한일협정 이후 베트남 파병 등으로 불거진 시대와 역사의 모순 앞에서 식민지 말기 절필을 선언했던 결심을 접고 다시 문단에 등장한 김정한의 소설적 행보를 통해, 동아시아적 지형 위에서 국가와 민족의 경계를 넘어서는 연대와 실천을 모색했다는 사실도 주목해서 바라볼 필요가 있다. 지금 우리가 좀 더 분명하게 지역과 지역문학의 가능성과 미래적 방향에 논의해야 할 시점에 이르렀다면, 지역을 중앙의 소비적 장(場)이라는 차원에서 바라본 지금까지의 편협한 태도를 과감하게 청산하고, 지역 그 자체를 생산적인 장으로 전환시키는 지역과 지역문학 담론의 전면적인 변화와 갱신을 실천해 나가야 할 것이다.

2. 지역문학의 기억과 비판적 성찰

지금 우리는 '지방'이라는 의미에 내재된 부정적 의미로부터 벗어나고자 '지역'이란 명칭을 사용하는 데 대체로 합의하고 있다. 즉 중심과 주변이라는 위계화된 구조 안에서 우열의 차원에서 폄하되는 '지방'의 개념을 비판함으로써, 중앙과 대비되는 주변부적 장소성이라는 종래의 시각을 넘어선 가치중립적인 의미로 '지역'이라는 개념을 수용하고 있는 것이다. 하지만 "지방마다 사정의 차이는 있지만, 대체로 지방운동이 그 지방의 실정에 맞는 독자적인 내용과 형식을 갖추지 못한 채 서울운동을 그대로 베끼고 있는 경우가 적지 않다"[1] 라는 냉정한 비판에서처럼, '지역'이라는 개념 역시 실제적으로는 보편적이고 규범화된 공간으로 제도화된 서울의 모습을 맹목적으로 추종하는 '지방' 의식을 완전히 탈피했다고 말하기는 어렵다. 각 지역의 특수성을 제대로 구현해 내지 못한 채 서울과 아주 흡사한 추상적 공간을 재현하는 데 급급한 것이 '지역'이 처한 숨길 수 없는 현실이기 때문이다. 결국 '지방'과 '지역'은 그 의미와 가치의 차이에도 불구하고 여전히 중앙에 종속된 차원에서 현실화되고 있다는 점에서는 사실상 별다른 차이가 없다. 따라서 '지방'을 '지역'으로 달리 명명한다고 해서 지역을 바라보는 구체적인 인식과 태도에 있어서 큰 차이가 드러나는 것은 결코 아니다. 오히려 수많은 서울을 재생산하고 재배치하려는 중심의 논리가 지역적으로 더욱 확산됨으로써, 각 지역의 모습은 제2, 제3의 서울이 되기 위한 경쟁에 매몰되어 버리는 소위 '지역의 서울화'를 점점 더 가속화하고 있어 심각한 문제가 아닐 수 없다.

이처럼 지역의 역사성과 특수성을 잃어버린 채 또 다른 서울이 되고자 하는 욕망에 경쟁적으로 뛰어 든, 그래서 점점 더 추상적 공간으로 변해 가는 지역의 현실을 보고 있노라면, 지금까지 지역과 지역문학이 걸어왔던 과정에서 가장 큰 문제점이 어디에 있었는지를 충분히 짐작할 수 있다. 즉 중앙과 지역의 이분법이 지금까지도 별다른

1) 최원식, 「지방을 보는 눈」, 『생산적 대화를 위하여』, 창작과비평사, 1997, 67쪽.

저항 없이 고착화될 수밖에 없었던 데는, 자본과 권력이 여전히 중앙에 집중되어 있는 구조적 문제에 가장 큰 원인이 있었다. 그리고 권력화된 중심의 논리에 의해 철저하게 기획된 지역적 현실은, 중앙을 동경과 선망의 대상으로 삼는 종속적 태도를 암묵적으로 승인하거나, 반대로 중앙에 대한 배타적 태도로 지역중심주의를 합리화하는 자기모순에 빠져 버리기도 했다. 이와 같이 어느 한 쪽으로 편향된 일방적 시각에서 중앙과 지역의 문제를 쟁점화하는 것은 결코 바람직하지 않다. 즉 중앙과 지역을 우열의 관계로 재단하거나 폄하하는 중심의 권력화된 시선도 당연히 문제지만, 중심으로부터의 차별과 소외를 강조하는 데만 매몰되어 "타자를 비난함으로써 주체를 세우려는", 중심을 향한 "비난의 수사학"[2)]을 반복하는 지역의 배타적 시선에도 문제가 있는 것이다. 그럼에도 불구하고 이러한 극단적 이분법에 사로잡힌 왜곡된 인식과 태도가 지역 담론의 중심을 형성할 수밖에 없었던 것은, 자본과 권력의 중앙 독점이라는 우리 사회의 뿌리 깊은 구조적 모순과 폐단이 현재까지도 크게 개선되지 않고 있다는 데 결정적 이유가 있다.

지역문학은 우리 문학의 중요 현실이다. 어느 것 못지않은 자리를 차지해 왔으면서도 제 의의를 제대로 드러내지 못했던 문학이다. 근대 국가주의 인정 제도와 출판 자본 속에서 지역문학이 목소리를 내기란 쉽지 않았다. 정치적으로나 문화적으로 지역화를 소리 높이고 있는 이즈음에 이르러서도 사정이 나아진 것 같지는 않다. 지역문학은 우리 근대 시기 내내 중앙에 대해 선망 어린 지방문학이거나, 중앙

---

2) 구모룡, 「지역문학: 문학적 생성 공간으로서의 경계영역」, 『지역문학과 주변부적 시각』, 신생, 2005, 19쪽.

> 을 향한 배타적인 향토문학으로 있어 왔던 셈이다. 게다가 문학보다 문단을 앞세우는 향유 환경은 지역문학의 열등한 지위를 더욱 굳혔다. 정보, 자본, 매체, 사람에서 지역문학은 지역패배주의에 터를 둔 자신의 그늘에서 벗어나기 어려웠다.[3)]

"선망어린"과 "배타적"이라는 "중앙"에 대한 상반된 태도는 지역문학을 인식하는 전혀 다른 문제의식이면서도 결과적으로는 중앙과의 대비 속에서 지역의 의미를 규정하고 있다는 점에서 사실상 같은 의미를 지녔다고 해도 과언이 아니다. 또한 이러한 "중앙"에 대한 상반된 태도는 "문학보다 문단을 앞세우는 향유 환경"으로 인해 우리 문학에서 더욱 고질적인 병폐를 묵인하고 양산했던 것도 부정할 수 없는 사실이다. 그 결과 중앙과 지역이라는 외적 환경의 구분이 곧 문학 작품에 대한 평가를 결정하는 불합리한 근거로 작용하는 폐단이 당연시되었던 측면도 분명 있다. 다시 말해 문학 작품 그 자체에 대한 엄밀한 이해와 평가의 과정을 결여한 채 오로지 외적 조건으로서의 지역적 편견 위에서 지역문학을 이해하고 평가하는 중심주의의 오류가 그대로 작동되었던 것이다. 게다가 "지역문학의 열등한 지위"가 당연시되는 불평등한 분위기 속에서, 중앙과 지역을 중심과 주변의 관계로 등식화하는 구조적 모순을 지역 스스로가 용인하는 "지역패배주의"가 만연되어 있었던 것도 사실이다. 이는 자본과 권력을 독점한 중심이 지역을 억압하고 통제하며 관리하려는 문학 제도의 구조적 모순을 지역 스스로가 별다른 저항 없이 그대로 승인한 셈으로, 이때 지역은 중앙의 기획에 의해 제한된 역할만을 부여받은, 말

3) 박태일, 「지역문학의 전선(前線)과 전선(戰線)」, 『지역문학 비평의 이상과 현실』, 케포이북스, 2014, 312쪽.

그대로 중앙에 의해 만들어진 지방의 차원으로 전락하고 만다. 더군다나 지역의 역할이란 것이 마치 지역의 특수성을 구현하는 지역 분권의 사례로 제한되기도 했다는 점에서 더욱 문제가 아닐 수 없다. 이는 지역의 역사성과 특수성을 제대로 구현하는 문화적 다양성의 측면과는 실질적으로 거리가 먼 중앙 중심의 전시 행정에 갇힌 것으로, 중앙의 시각에서 지역을 통합적으로 관리하고 통제하기 위한 수단으로 지역을 주제별로 구분하려는 편의적 의도가 전제되어 있음을 절대 간과해서는 안 된다. 결국 이러한 지역적 구분은 각 지역의 구체적 삶과는 사실상 무관한 행정적인 차원에서 이루어진 결과이므로, 문화를 향유하는 실질적인 주체로서의 지역의 독자성과 자율성을 기대하는 것은 사실상 불가능하다. 오히려 자본과 권력에 의한 추상적 지배가 지역을 통제하고 관리하는 왜곡된 시스템을 제도화할 위험성이 있음을 철저하게 경계할 필요가 있다.

이러한 문제점으로 인해 그동안 지역문학은 지역을 말하면서도 지역의 역사성과 특수성이 결여된 추상적 공간으로서의 소재주의적 차원을 크게 넘어서지 못했다. 즉 구체적 장소가 지닌 역사성과 지역적 특수성은 의미화 되지 않은 채 단순한 경관이나 배경으로서의 천편일률적인 획일성을 반복하는 추상적 공간으로서의 '장소상실'의 양상이 두드러졌던 것이다. 이에 대해 필자는 십여 년 전에도 아래와 같이 비판한 적이 있는데, 지금에 와서 다시 보더라도 이러한 문제는 전혀 해소되지 않은 채 지역문학의 자기모순을 오히려 더욱 심화시키고 있음을 우려하지 않을 수 없다.

> '장소상실'의 문제의식은 지역문학의 현실을 비판적으로 성찰하는 의미 있는 문제제기이다. 현재 지역문학에서 장소가 상실된 지는 이

> 미 오래되었다. 지역 문인들에게 장소는 자신들이 살았거나 살고 있는 행정적 지명으로만 겨우 인식될 뿐, 자신들의 창작 활동에서 장소의 문제를 지역과 연관지어 사유하는 경우는 거의 찾아보기 힘들다. 이런 현실에서 지역문학의 중요성을 강조하는 것은 그 차제로 어불성설이 되기 십상이며, 소외된 지역 문인들의 넋두리 차원을 넘어서지 못하는 근본적 한계에 직면하고 있다. 그 결과 지역문학에서 장소의 구체성은 거의 찾아볼 수 없고, 오히려 장소상실의 추상성만이 덩그러니 남게 되는 것이다. 이런 상황이라면 지역의 문학작품을 지역문학이라고 부를 수 있는 근거는 상당히 빈약해지기 마련이다. 다시 말해 구경거리(spectacle)로서의 환상적인 장소나 박물관화된 장소가 마치 지역성을 대변하는 것으로 변질되어 버린 '진정성'의 훼손 혹은 상실이라는 결과를 두고 올바른 장소상상력을 구현했다고 말할 수는 없는 것이다.[4)]

에드워드 렐프에 의하면, 장소는 진정성 있는 장소와 그렇지 못한 장소가 있다. 전자는 인간이 장소와 맺는 관계, 즉 장소경험이 능동적이고 주체적인 경우이고, 후자는 장소경험이 수동적이거나 강제적이거나 관습화된 것, 그래서 인간이 장소로부터 오히려 소외된 상태를 의미한다.[5)] 이러한 문제의식으로 그동안 지역문학에서 장소의 모습이 형상화된 양상을 살펴보면, 지역은 능동적이고 주체적인 장소였다기보다는 한낱 구경거리 차원에 머무르거나 박물관의 전시물처럼 박제화된 모습을 반복적으로 재생산하는 데 그쳤음을 쉽게 확인할

---

4) 하상일, 「지역문학과 장소상상력」, 『생산과 소통의 시대를 위하여』, 신생, 2009, 16쪽.

5) 에드워드 렐프, 김덕현 외 옮김, 『장소와 장소상실』, 논형, 2005, 145~173쪽 참조.

수 있다. 즉 지역적 삶의 구체성은 찾아볼 수 없고 오로지 추상적 이미지만이 지역을 대신하는 허위성을 스스로 합리화하고 있었던 것이다. 기 드보르(Guy Debord)의 『스펙타클의 사회』에 기대어 생각해 볼 때, 이러한 지역의 문제는 현대적 생산조건이 지배하는 사회의 모든 삶은 스펙타클의 엄청난 축적으로 나타나며, 그 결과 한때 직접적 체험의 대상이었던 것들은 모두 표상과 이미지의 차원으로 변해버렸다는 사실을 일정하게 반영한 측면이 있다. 현대사회는 모든 구체적 삶과 체험의 조건들을 소외시키고 물화시키고 추상화시키는 스펙터클의 이미지가 지배하는 사회가 되었으므로, 이런 스펙터클의 이미지들이 지역의 구체성으로부터 역사와 현실을 분리시켜 보편화되고 추상화된 허위적 삶으로 통합하는 결과를 가져왔던 것이다.[6] 따라서 그동안의 지역문학은 중앙에 대한 대타 의식으로 소재로든 배경으로든 끊임없이 지역을 불러냈지만, 정작 지역을 형상화한 지역문학 안에서 지역적 삶의 구체성이나 역사적 의미를 발견하는 것은 결코 쉬운 일이 아니었다. 즉 추상적이고 보편적인 이미지가 지역을 정형화(stereotype)하고 획일화하는 구경거리(spectacle)로서의 양상이 두드러졌음을 생각할 때, 굳이 이러한 모습을 두고 지역과 지역문하을 논의한다는 것은 허울뿐인 당위론적 주장의 차원을 크게 넘어서지 못하는 결과가 되지 않을 수 없다.

이러한 장소성의 한계를 넘어서기 위해서 "지역문학은 추상성, 강제된 보편성 등에서 탈피하여 자신의 과거와 현재의 역사성에 개입"할 필요가 있다. 그리고 "지역문학이 지역적 유산을 드러내고 기념하는 것이 아니라 지역의 문제가 근대의 문제이고 세계의 문제임을 밝혀내

---

6) 김용규, 「스펙타클의 이론으로 본 부산공간의 변화」, 『오늘의문예비평』 2008년 봄호, 152~174쪽 참조.

는 기획"[7]이 무엇보다도 요구된다. 즉 중앙과 지역의 문제를 더 이상 중심과 주변이라는 위계화된 시선으로만 바라보지 말고, 자본과 권력의 문제가 야기하는 우리 사회의 구조적 모순으로 인식하는 근본적 태도 변화가 필요하다는 것이다. 따라서 지역과 지역문학에 대한 새로운 이해는 지역을 중앙과 대립하는 고착화된 장소로 인식하지 않고 지역 그 자체를 주체의 시각으로 바라봄으로써 중앙과 지역의 문제를 통합적으로 인식하는 실질적인 변화의 과정이 요구된다. 지역을 새로운 가치 생성의 공간으로 인식하는 '비판적 지역주의(critic localism)'[8]의 실천을 무엇보다도 강조할 필요가 있는 것이다.

3. 지역문학의 지향과 실천적 방향

지역문학의 지향과 실천적 방향을 재정립하는 데 있어서 비판적 지역주의의 관점은 상당히 의미 있는 시각이 될 수 있다. 중심과 주변으로 양립하는 가치들이 종합되는 틈과 경계에서 발생하는 문제의식을 지역의 특수한 장소성으로 이해함으로써, 중심과 주변의 이분법에 가려진 새로운 가치들이 생성되는 생산적이고 창조적인 장소로서 지역의 의미를 새롭게 의미화할 수 있기 때문이다. 이는 '중심-주변'이라는 획일화된 불평등 구조를 넘어서 '중심-반(半)주변-주변'의 중층적 구조 속에서 지역의 위치를 반주변의 가치로 인식하는 것

7) 구모룡, 위의 글, 27쪽.

8) 아리프 더릭(A. Dirlik)이 제시한 개념으로, 일국적 수준의 논리로 등장한 과거의 지방주의(지역중심주의)나 변증법적 지역주의와 달리 전 지구적 시스템과의 연관에서 지역을 인식한다. 지역은 전통과 근대, 식민성과 근대성, 문명과 자연 등의 가치들이 혼재한 장소이므로, 이와 같이 양립하는 가치들이 종합되는 가운데 새로운 가치들이 생성된다는 것이다. 구모룡, 위의 글, 33~34쪽 참조.

과 유사하게, 중심과 주변이라는 고착화된 이분법을 넘어서 서로 이질적인 것들이 저항하고 교섭하며 혼합되는 혼종적 특성을 지닌 경계의 지점으로서 반주변부 지역의 가치와 의미를 새롭게 접근하려는 시도이다. 물론 중심-반주변-주변이라는 구분에 있어서도 그 경계를 설정하는 기준이 모호하고, 반주변으로서의 장소성이 중심과 주변으로 양극화된 실제 현실과는 다소 괴리된 이상적이고 추상적인 개념에 불과한 것으로 여겨질 소지도 있다. 그렇다면 문제는 반주변으로서의 장소성이 중심과 주변 모두를 비판적으로 성찰하는 실제적인 가치로 현실화될 수 있느냐 하는 가능성의 여부가 지역문학을 새롭게 이해하는 중요한 판단 기준이 되어야 할 것이다. 즉 중심 권력의 독점적 논리와 그에 따른 주변부의 소외 담론으로 위계화된 지역과 지역문학을 비판적으로 성찰하는 생산적이고 창조적인 방향으로 반주변부 담론이 실제로 가능한가를 작품을 통해 객관적으로 따져볼 필요가 있는 것이다. 이러한 비판적 문제제기는 그동안 대부분의 지역문학 담론이 실제적 현실이나 작품과는 동떨어진 탁상공론의 차원을 벗어나지 못했거나, 이상적이고 추상적인 이론의 차원에서 당위론적 한계를 드러냈다는 지역문학 담론 내부의 자기성찰과도 결코 무관하지 않을 것이다.

이런 점에서 필자는 낙동강 주변에 터를 이루고 살아오면서 지역의 역사와 현실에 바탕을 두고 토착 민중들의 역사를 첨예하게 다루었던 김정한의 소설을 우선적으로 주목하고자 한다. 김정한은 추상적이고 보편적인 허구로서의 이미지보다는 구체적이고 실제적인 사실에 입각한 이야기 서사의 비판적 기능에 역점을 두고 소설을 썼다. 식민지 근대가 만든 왜곡된 보편주의에 대한 비판과 해방 이후 국가주의의 폭압적 제도화에 대한 거부를 통해, 특정 권력에 의해 포섭된 왜곡된 역사가 암묵적으로 조장해 온 근대의 허구성을 넘어서는 것이야말로 진정으로 소설이 나아가야 할 방향이라고 보았던 것이다. 그렇다고 해서 낙동강을 중심으로 한 그의 지역적 사유를 식민지 혹은 분단이 제도화한 왜곡된 근대의 표상인 중앙과의 맹목적 대립만을 강조하는 소외 담론으로 재단해 버리는 것은 타당하지 않다. 그가 평생을 살아온 터전인 낙동강을 중심으로 부산과 경남을 주된 배경으로 소설 창작을 지속적으로 했던 것은, 이러한 지역적 기표가 특정한 장소나 공간으로서의 소재적 차원에 머무는 것을 넘어서 왜곡된 추상성과 식민화된 보편성을 비판하는 문제적 장소로서의 특수성을 지녔다고 보았기 때문이다. 즉 모든 것을 근대의 질서 안에 가두려는 국가주의적 기획에 철저하게 희생당하고 소외당했던, 지역에 터를 이루고 평생을 살아온 민중들의 차별과 고통을 전면화함으로써, 이러한 모순 구조와 경험 속에서 억압되고 희생되었던 지역의 역사성과 민중성을 문제적으로 부각시키려는 데 가장 큰 이유가 있었던 것이다. 이러한 비판적 문제의식은 국가에 의해 주도된 중앙과 지역의 획일화된 구분을 근본적으로 전복시키는 것으로, 국가가 은폐하거나 왜곡시킨 역사의 진실을 기록하고 증언하는, 그래서 지역의 장소성에 내재된 가치를 구체적으로 쟁점화하려는 소설적 의도를 드러낸 것으로 볼 수 있다. 따라서 김정한의 소설은 지역문학사의 정당한 자리매김 차원에서는 물론이거니와 한국문학사의 빈틈을 메우는 데 있어서도 상당히 중요한 의미가 있다. 그동안 중심의 논리에 의해 간과되거나 소외되었던 지역과 지역문학의 의미와 가치를 재인식하는 실천적 방향성을 뚜렷하게 제시했다고 할 수 있는 것이다.

김정한의 소설 가운데 낙동강을 중심으로 한 부산과 경남의 실제 지명을 배경으로 삼거나 부산과 경남의 특정 장소라고 유추할 만한 배경을 가진 작품은 『김정한전집』을 기준으로 10여 편이 있다.[9] "어느 평론가가 나를 두고, 체험하지 못한 것은 잘 못 쓰는 사람이라고 평한 글을 읽고 꽤 알아맞힌 말이라고 생각했다."[10]라는 김정한의 직접적인 고백에서 알 수 있듯이, 그의 소설 대부분은 실제적 장소 체험에서 비롯된 역사적 문제의식에 토대를 둔 참여적 성격을 분명하게 드러냈다. 이러한 지역적 장소성의 특별한 부각은 근대의 보편적 해석 공간으로부터 철저하게 소외되는 결과가 되어, 작품 평가에 있어서 상당한 차별을 당할 수 있음을 김정한 스스로가 누구보다도 잘 알고 있었을 것이다. 그럼에도 불구하고 그가 낙동강을 중심으로 한 지역적 장소성을 더욱 집요하게 서사화했던 이유는 무엇이었을까. 이는 제국과 식민의 기억을 국가에 의해 제도화된 테두리 안에서 추상적이고 보편적인 허구적 패턴으로 서사화하는 데만 골몰했던, 그래서 구체적이고 실제적인 역사의 현장으로서 지역이 안고 있는 리얼리티의 문제에 온전히 다가서지 못했던 중앙 중심의 문학 풍토에 대한 강한 비판에 가장 큰 이유가 있었다. 다시 말해 민족 혹은 국가 단위에서 조직화되고 제도화된 반식민 운동이라는 보편적 서사의 천편 일률성을 넘어시고자, 지역 민중의 생활 현장에서 실제직으로 경험했던 일상적 서사로부터 민족의 저항과 실천의 모습을 사실적으로 보여 주고자 했던 것이다.

이처럼 김정한에게 낙동강 주변을 중심 배경으로 삼은 지역적 장소성의 실천은, 보편적인 식민지 공간의 반복적 재생이 아닌 민중의

---

9) 조갑상 외 엮음, 『김정한전집』 1~5권, 작가마을, 2008. 여기에 수록된 작품 가운데 부산과 경남을 직간접적 배경으로 삼은 작품은 다음과 같다. 「사하촌」, 「그러한 남편」, 「사라진 사나이」, 「모래톱이야기」, 「평지」, 「수라도」, 「굴살이」, 「뒷기미나루」, 「독메」, 「사밧재」, 「산서동 뒷이야기」, 「위치」, 「거적대기」.

10) 김정한, 「진실을 향하여-문학과 인생①」, 『황량한 들판에서』, 황토, 1989, 69쪽.

생활공간으로서의 구체성과 특수성을 확보하는 지역성과 역사성의 소설적 결합을 실현한 것으로 이해할 수 있다. 이는 표면적으로는 중앙과 대비되는 소외된 지점으로서 지역의 문제를 부각시키려는 의도를 드러낸 것처럼 비쳐질 수도 있지만, 심층적으로는 제국과 식민의 시대를 거치면서 민족과 국가라는 거대 담론의 획일적 제도화에 철저하게 희생당하고 외면당했던 민중들의 삶의 터전으로서의 장소에 대한 이해를 무엇보다도 강조하려는 데 주된 목적이 있다. 그리고 이러한 문제의식이 궁극적으로는 비슷한 상처와 고통을 짊어진 아시아 여러 민중들의 장소와 삶에 대한 연대의식으로 확대됨으로써, 김정한의 지역문학적 지향과 실천이 동아시아적 시각으로 확장되는 중요한 바탕이 되었다고 볼 수도 있다. 70년대 이후 김정한의 소설이 오키나와와 중부태평양을 배경으로 확장되어 갔던 것은 바로 이러한 지역과 지역문학에 대한 인식을 동아시아적 시각으로 심화하고 확대하고자 했던 결과라고 할 수 있다.[11)]

이런 점에서 볼 때 이제 지역과 지역문학의 문제를 일국적 테두리 안에서 국가주의의 문제로만 인식하는 것은 상당히 편협한 시각이 될 수 있음을 유념해야 할 것이다. 중앙에 종속된 지역이라는 이분법을 넘어서 지역 그 자체를 주체적인 위치로 설정하여 지역 간의 연대와 통합을 이루어 가는, 지역과 지역문학에 대한 외연을 좀 더 확장해 나갈 필요가 있는 것이다. 특히 통일 시대를 대비하는 지역문학이라는 과제를 중심에 두고 생각한다면, 지역과 지역문학을 특정 지역에 국한된 문제로만 인식하는 편협한 시각을 벗어나 지역과 지역 간의 관계를 주목하는 연대와 통합의 차원에서의 논의가 현실적으로

11) 이에 대한 자세한 논의는 하상일, 「동아시아적 시각으로 본 요산 소설의 '부산'」, 『작가와사회』 2016년 겨울호, 36~60쪽 참조.

필요하다. 이러한 문제의식은 분단 구조에 뿌리박힌 남과 북의 극단적인 양극화를 경계와 틈이라는 지역적 시각으로 접근하는 것으로, 극단적 대립과 갈등의 상황을 조정하고 중재함으로써 통합의 가능성을 발견하는 의미 있는 장소성을 부각시킬 수 있다. 남한문학과 북한문학을 지역문학의 문제의식으로 접근하는 토대 위에서 양극단을 통합하는 혼종성의 공간으로 재일조선인 시문학을 특별히 주목하는 이유도 바로 여기에 있다.

재일조선인 시문학의 현실을 냉정하게 살펴볼 때, 남과 북의 국가주의 이데올로기를 그대로 답습하고 있는 〈민단〉과 〈총련〉이라는 양극단의 논리로는 지역문학의 경계와 틈에서 비롯되는 생산적이고 창조적인 가치를 발견한다는 것이 사실상 불가능하다. 〈민단〉과 〈총련〉으로 조직화된 재일조선인 사회의 모습은 남과 북의 대리전이라고 해도 과언이 아닐 정도로 철저하게 이분법적인 대립과 갈등을 심화시켜 왔기 때문이다. 따라서 경계와 틈의 사유를 바탕으로 한 재일조선인 시문학의 창조적 지점을 이해하기 위해서는, 양극단의 맹목적 대립과 갈등을 비판적으로 성찰하는 토대 위에서 분단 구조의 통합을 궁극적으로 지향해 온 제3지대 시인들의 활동에서 그 방향성을 찾아야 한다. 해방 이후 재일조선인 시인 가운데 강순, 김윤, 김시종 등의 시문학이 바로 이러한 문제의식으로 분단 극복과 통일 지향의 창작 활동을 전개해 나갔다고 할 수 있다. 이 글에서는 최근 우리 문학계에서도 상당한 관심과 평가를 받고 있는 김시종의 시적 지향을 통해 그 가능성의 한 양상을 살펴보고자 한다.

식민지 해방과 좌우의 극심한 대립 그리고 한국전쟁을 거치면서 재일조선인은 그 출발부터 분단시대를 살아가는 비극적 운명을 짊어진 존재가 되지 않을 수 없었다. 남과 북 그리고 일본이라는 세 국가의 틈새에서 생존을 위한 사투와 정체성의 혼란을 겪으며 말로 다할 수 없는 상처와 고통의 세월을 견디지 않을 수 없었기 때문이다. 김시종은 이러한 재일조선인의 현실을 넘어서기 위해서는 무엇보다도 "길들여 익숙해진 재일(在日)에 머무는 자족으로부터/이방인인 내가 나를 벗어나/도달하는 나라의 대립 틈새를 거슬러 갔다 오기로 하자"(「돌아가리」, 『화석의 여름』)라고, 자신이 서 있는 현재 위치인 이방인의 처지를 벗어나 궁극적으로 나아가야 할 방향으로 "도달하는 나라의 대립 틈새"를 무엇보다도 강조했다. 여기에서 "도달하는 나라"는 남과 북을, 그리고 "틈새"는 "조선에는/나라가/두 개나 있고/오늘 나간 건/그 한쪽이야./말하자면/외발로/공을 찬 거지."(「내가 나일 때」, 『일본 풍토기』)에서처럼 조국의 분단 구조를 그대로 안고 살아가는 '재일'의 장소성을 의미한다. 재일조선인은 언제나 "외발"의 상태로 강요된 이데올로기의 경계에서 살아가는 존재였다는 점에서, 그 경계를 허물거나 넘어서지 않고서는 민족의 공동체성을 기대한다는 것이 사실상 불가능한 극단적 대립과 갈등 속에 놓여 있었다. 따라서 김시종은 이러한 이데올로기의 한계를 넘어서기 위해서는 남도 북도 아닌 일본에서 살아가는 재일조선인으로서의 경계와 틈새에 자신의 생산적인 위치를 설정할 필요가 있다고 보았다. 해방과 분단을 거친 재일조선인의 실존적 위치를 가장 잘 대변하는 '이카이노'는 바로 이러한 장소성을 상징적으로 형상화했다는 점에서 특별한 의미를 지닌다.

> 없어도 있는 동네./그대로 고스란히/사라져 버린 동네./전차는 애써 먼발치서 달리고/화장터만은 잽싸게/눌러앉은 동네./누구나 다 알지만/지도엔 없고/지도에 없으니까/일본이 아니고/일본이 아니니까/사라져도 상관없고/아무래도 좋으니/마음 편하다네.// (중략) //시끌

벅적 툭 터놓고/호들갑을 떨어도/음침한 건 딱 질색/한물간 시대가 유유자적/관습 고스란히 살아남아/되돌릴 수 없는 것일수록/중히 여겨/한 주에 열흘은 줄줄이 제사/사람도 버스도 저만치 돌아가고/경관마저 드나들지 못해/한번 다물었다하면/열리지 않는 입이라/가벼이/찾아오기엔/버거운/동네.//어때, 와 보지 않을 텐가?/물론 표지판 같은 건 있을 리 없고/더듬어 찾아오는 게 조건./이름 따위/언제였던가./와르르 달려들어 지워버렸지./그래서 '이카이노'는 마음속./쫓겨나 자리 잡은 원망도 아니고/지워져 고집하는 호칭도 아니라네./바꿔부르건 덧칠하건/猪飼野는/이카이노./예민한 코라야 찾아오기 수월해.// (중략) //바로 그것./이카이노가 이카이노가 아닌 것의/이카이노의 시작./스쳐 지나는 날들의 어둠을/멀어지는 사랑이 들여다보는/옅은 마음 후회의 시작./어디에 뒤섞여/외면할지라도/행방을 감춘/자신일지라도/시큼하게 고인 채/새어 나오는/아픈 통증은/감추지 못한다./토박이 옛것으로/압도하며/유랑의 나날을 뿌리내려 온/바래지 않는 고향을 지우지 못한다./이카이노는/한숨을 토하는 메탄가스/뒤엉켜 휘감는/암반의 뿌리./으스대는 재일(在日)의 얼굴에/길들여지지 않는 야인(野人)의 들녘./거기엔 늘 무언가 넘쳐 나/넘치지 않으면 시들고 마는/일 벌이기 좋아하는 조선 동네./한번 시작했다 하면/사흘 낮밤./징소리 북소리 요란한 동네./지금도 무당이 날뛰는/원색의 동네./활짝 열려 있고/대범한 만큼/슬픔 따윈 언제나 날려 버리는 동네./밤눈에도 또렷이 드러나/만나지 못한 이에겐 보일 리 없는/머나먼 일본의/조선 동네.

— 「보이지 않는 동네」(『이카이노 시집』) 중에서

이카이노는 일본 최대의 재일 조선인 거주지로 재일조선인들에게 조국의 모습을 기억하고 보존하는 장소였다는 점에서 '일본 내의 조선'과 같은 의미를 지닌 곳이었다. 1920년대 초부터 이미 '조선정(朝鮮町)'이라 불릴 정도로 조선인들이 집단을 이루며 살아갔던 곳으로, 비록 재일조선인으로서의 역사적 상처와 생활의 고통이 고스란히 남아 있는 곳이었다 하더라도 남과 북으로 이원화된 이데올로기의 추상성과 관념성을 뛰어 넘어 민족이 하나 되는 재일의 실존을 온전히 구현해 내는 문제적 장소였음에 틀림없다. "없어도 있는 동네"라는 모순을 안고 살아가는, 그래서 "지도에 없고" "이름 따위도 없고" "표지판 같은 건 있을 리 없는", 일본의 행정구역에서 이미 사라진 지 오래인, "예민한 코라야 찾아오기 수월한 곳"이 바로 '이카이노'였던 것이다. 여기에서 "예민한 코"는 재일조선인의 혈연적 동질성을 드러낸 것으로, 재일조선인으로서의 공동체적 경험과 감각만이 찾을 수 있는 지역적 특수성을 지닌 장소임을 상징적으로 보여 준다. 또한 이카이노는 "한 주에 열흘은 줄줄이 제사"에서 짐작할 수 있듯이, 식민과 해방 그리고 분단으로 이어진 재일조선인의 역사적 상처와 고통이 오롯이 새겨진 아픔의 장소일 뿐만 아니라, "전차는 애써 먼발치서 달리고/화장터만은 잽싸게/눌러앉은" 것처럼 일본의 차별과 불평등이 극단적으로 자행된 장소이기도 했다.

하지만 김시종은 자신이 서 있는 바로 그 지점이 새로운 역사를 열어 가는 지평이 되어야 한다는 문제의식으로, 이카이노의 현실을 부정적으로만 바라보지 않고 재일의 현실을 변화시키는 생산적인 의미를 지닌 장소로 바라보고자 했다. "활짝 열려 있고/대범한 만큼/슬픔 따윈 언제나 날려 버리는 동네"라고 말하고 있듯이, 이카이노의 역사적 현실을 재일조선인의 상처와 고통 밖으로 이끌어 내려 했던 것이다. 다시 말해 이카이노라는 재일의 현실에 철저하게 발붙이고 살아가면서도 이카이노의 역사를 정직하게 응시하고 비판적으로 성찰하는, 이카이노에서부터 이카이노를 넘어서는 재일의 실존을 실천적으로 보여 주고자 했던 것이다. 이처럼 이카이노의 상징성을 통해 남과 북으로 이원화된 이데올로기적 대립을 넘어서, 이러한 갈등이 만들어 놓은 균열과 틈새를 메우는 통합의 방향을 의미화하고자 했다. 이것이 바로 '재일'이라는 '틈새'이고, 이 틈새를 깊이 사유하고 언어화하는 것이야말로 재일조선인 시문학이 지향해야 할 진정한 가치라고 보았던 것이다.

이처럼 김시종의 시는 분단 구조라는 우리 민족의 역사적 모순을 '이카이노'라는 지역적 장소를 통해 비판적으로 성찰함으로써, 재일의 특수성으로 공동체의 보편적 역사에 다가서려는 문제적 장소성을 드러냈다. 남과 북의 대립과 단절 속에서 어느 한쪽 일방의 목소리를 대변하는 재일조선인이 아니라, "내가 나일 때"라는 재일의 독자성으로 민족 공동체가 통합되는 열린 장소성을 지향하고자 했던 것이다. 이 때 "내가 나일 때"라는 문제의식은 재일의 장소성을 타자의 시각이 아닌 주체의 시각에서 바라보는 것으로, 지역 그 자체의 역사성과 장소성으로부터 보편적인 역사 공간으로 심화 확대되어 가는 주체적 실천의 방향성을 뚜렷하게 보여 주고 있다. 김시종은 "재일이야말로 통일을 산다."[12)]라는 생각으로 민족 분단과 대립을 넘어서는 길이 재일조선인 시문학이 궁극적으로 지향해야 할 방향이라고 주장했다. 따라서 그에게 있어서 '재일'은 '남'도 아니고 '북'도 아닌, 오히려 그 경계와 틈을 파고드는 독자적인 장소성을 지녔다. 그의 말대로 "본국을 흉내 내서 '조선'에 이르는 게 아니라, 이를 수 없는 조선을 살아

---

12) 김시종, 윤여일 옮김, 『재일의 틈새에서』, 돌베개, 2017, 358쪽.

'조선'이어야 할 자기를 형성"[13]할 수 있다는 것이다. 이는 "본국"을 추상화하는 방식이 아니라 "이를 수 없는 조선"을 구체적으로 살아감으로써 진정한 의미에서 "자기를 형성"하는 가능성을 찾을 수 있다는 것이다. 이처럼 김시종의 '재일'에 대한 의식은 중심으로서의 '본국'에 대한 맹목적 추종이나 지향 혹은 선망과 동경에 있는 것이 아니라, 오히려 그 중심과 다른 반주변의 가치로 '이를 수 없는 조선'이라는 '재일'의 독자성과 특수성을 구현하는 것이 무엇보다도 중요하다는 사실을 명확하게 보여 준다.

물론 '재일'과 '지역'을 단순 비교해서 지역과 지역문학의 지향과 실천을 논의하는 것은 다소 무리가 따르는 일이 될 수도 있다. 하지만 앞으로 지역문학이 좀 더 진정성을 가지고 지역을 말해야 한다는 점에서 자신이 발 딛고 서 있는 생활의 현장인 '재일'이라는 문제의식으로부터 지역의 역사성과 장소성을 쟁점화해 온 김시종의 시적 지향은, 지역문학의 실천적 방향을 정립하는 데 아주 중요한 시사점을 제공해 준다고 할 수 있다. 즉 중심에 의해 일방적으로 제도화되고 보편화된 추상적 공간이 아닌 지역의 역사와 민중들의 삶에 근본적 토대를 둔 구체적 장소성을 형상화하는 김시종의 시적 전략은, 앞으로 지역문학이 지역적 구체성과 역사적 보편성을 아우르는, 추상적이고 보편적인 공간의 형상화로 획일화되는 지역문학의 종속성을 넘어 지역문학 그 자체의 독자성과 특수성을 실천하는 가능성을 발견할 수 있게 한다. 이런 점에서 "통일을 상상하고 사유한다는 것은 지역을 상상하고 사유하는 것과 다르지 않다."[14]라는 관점은 상당히 중요한 문제의식을 던져 준다. 이제 지역에 대한 논의가 통일에 대한

13) 김시종, 윤여일 옮김, 위의 책, 339쪽.

14) 손남훈, 「지역이라는 타자와 지역감수성」, 『창작과비평』 2018년 겨울호, 405쪽.

논의로 이어질 필요가 있다는, 그리고 지역문학에 대한 접근이 통일 문학에 대한 접근과 그 방법론에 있어서 상당히 비슷한 맥락을 지닌 것일 수도 있다는 사실을 진지하게 고민하도록 하는 것이다. 앞으로 지역과 지역문학에 대한 논의가 지금까지의 일반적이고 상식적인 수준을 그대로 답습하는 당위적인 차원에 머무르지 않기 위해서라도, 지역에 대한 문제의식과 통일에 대한 문제의식을 함께 논의하는 실제적이고 현실적인 문제제기와 과제들이 지속적으로 쟁점화되기를 기대한다.

4. 통일 시대를 대비하는 지역문학의 과제와 방향

지역과 지역문학에 대한 논의는 제주, 부산, 인천을 중심으로 꾸준히 제기되어 왔다. 제주학, 부산학, 인천학 등의 학술적 명칭이 보편화된 데서 확인할 수 있듯이, 지역에 대한 문제제기는 일정한 성과를 도출하면서 학술적으로든 비평적으로든 체계화되어 왔다고 해도 과언이 아니다. 각 지역별로 문화재단을 비롯한 여러 조직과 단체가 구성되었고, 독립성과 자율성을 확보하기 위한 힘난한 진통의 과정은 있었지만 지역문화 활성화를 위한 제도적 토대가 어느 정도 마련된 것도 사실이다. 지난 80년대 이후 두드러졌던 지역에 대한 담론이 조금씩 결실을 거두어 각 지자체마다 정책적이고 제도적인 인프라 구축은 일정한 수준으로 정비되었다고 할 수 있는 것이다. 하지만 이러한 하드웨어적 측면의 구축에도 불구하고 정작 그것을 담아낼 주제나 내용 같은 소프트웨어의 측면에서는 여전히 표층적인 차원에서 동어 반복을 계속하거나 지역의 중요성을 거듭 강조하는 당위론에 머무르는 한계가 역력한 것이 사실이다. 따라서 앞으로 지역에 대한 논의는 특정 지역의 한정된 테두리를 넘어서 지역과 지역이 서로 유기적으로 연대하고 결합하는 지역적 교류와 협력의 중요성을 특별히 주목해야 한다. 그리고 국가와 국가 혹은 민족과 민족의 경계를 넘어서는 탈국가적이고 탈민족적인 관점에서의 다양한 논의 역시 활발하게 전개될 필요가 있다. 더군다나 남북 간의 대화와 소통이 이상적이고 당위적인 차원이 아닌 눈앞의 구체적 현실로 다가오고 있음을 경험하고 있는 지금의 상황에서, 지역과 지역문학에 대한 논의는 '통일 시대'라는 대전제를 세우고 이를 어떻게 구체화할 것인가에 대한 실천의 방향을 찾는 노력도 아끼지 않아야 할 것이다.

이런 점에서 필자는 그동안 논의되었던 지역과 지역문학 담론의 문제점을 비판적으로 성찰하는 토대 위에서, 이상적이고 추상적인 차원에서 동어 반복만을 거듭하는 탁상공론식 지역 논의의 한계를 벗어나 구체적이고 실제적인 차원에서 지역문학의 과제와 방향을 찾는 데 가장 중점을 두고자 했다. 또한 앞으로의 지역과 지역문학 논의가 보편적이고 추상적인 이론의 재생산에 집중하기보다는 구체적이고 실천적인 작품 창작이라는 실제적인 과정으로 심화되고 발전되기를 기대하는 바람을 담아내고자 했다. 가장 지역적인 장소성을 근본적 토대로 삼아 우리 사회의 구조적 모순을 비판적으로 성찰하는 방향으로 나아갔던, 그래서 지역성과 역사성을 구체화하는 리얼리티를 담보하면서도 우리 역사의 보편적 문제에 깊숙이 다가섰던 김정한의 소설 세계와, '재일'이라는 장소성을 남과 북의 경계와 틈을 사유하는 생산적인 지점으로 인식함으로써 재일을 산다는 것은 통일을 사는 것과 같다는 분단 극복과 통일 지향의 문제의식을 이끌어 낸 김시종의 시 세계를 중심으로 지역과 지역문학의 지향을 논의한 것도 바로 이러한 이유에서이다. 특히 지역의 문제를 동아시아적 시각으로 확대할 필요가 있는 지금의 상황에서, 그리고 통일 이후의 여러 가지 문제들을 지역적 관점에서 이해하고 바라보는 시대적 요구가 점점 커져가는 상황에서, 김정한과 김시종의 문학적 지향은 이러한 문제의식을 선구적으로 실천해 온 의미 있는 결과로 특별히 주목할 필요가 있는 것이다.

지역과 지역문학을 둘러싼 위기론과 혁신론은 한국문학의 오래된 쟁점 가운데 한 가지였다. 지역자치제 실시 이후 지역의 자율성과 독립성이 그 어느 때보다 강조되어 왔지만, 여전히 자본과 권력의 대부분은 중앙에 집중되어 있으므로 중앙의 계획과 통제 아래 지역의 정책들이 좌지우지되는 모순적 현실을 넘어서지 못하고 있는 것이 엄연한 현실이다. 결국 중앙과 지역의 이분법적 종속 구조는 근본적인 변화를 보여 주지 못한 채 오히려 더욱 심화되고 있고, 이러한 구조적 모순은 지역문화의 종속성을 강화하는 악순환을 되풀이하고 있는 실정이다. 지역성의 강조는 지역의 왜곡된 삶의 구조를 바로잡는 저항적 실천으로서의 운동성에 본질이 있다. 그럼에도 불구하고 지역 스스로가 지역을 소외시키고 지역의 문제를 외면하는 자기모순의 양상이 더욱 뚜렷해지고 있어 심각한 문제가 아닐 수 없다. 중앙에 의해 일방적으로 강요되고 규범화된 표준을 따라가려는 맹목적 추종이 지역을 점점 더 추상적 공간으로 왜곡하고 있는 것이다. 그 결과 지금 지역과 지역문학의 현실은 굳이 지역이라는 말을 앞세우지 않아도 될 정도로 지역의 특수성과 역사성을 거의 상실했다고 평가한다면 너무 냉정한 비판이 되는 것일까. 다시, 지역을 지역답게 말하는 실천 방식에 대해 진정성 있게 고민해야 할 때이다. 통일 시대를 대비하는 지역문학은 이러한 근본적인 문제의식에 바탕을 두고 전면적인 변화와 갱신의 방향을 새롭게 정립해야 할 것이다.

거리는 멀어져도 마음은 가까이

포스트 코로나 시대 문학의 방향과 과제

1. 사회적 거리두기와 소통의 단절을 넘어서

전 세계적으로 코로나19 감염 환자가 천만 명을 넘었다. 중국 우한으로부터 시작된 신종 바이러스의 창궐은 특정 국가와 지역을 넘어 전 세계로 확산되어 사람 간의 접촉을 차단하는 비대면 사회를 더욱 공고히 했다. 스페인독감, 메르스, 사스 등 이전에도 세계를 혼란에 빠뜨린 팬데믹의 결과는 있었지만, 이번 사태와 같이 불안과 공포가 지속되고 증폭되면서 끝을 예상하기 어려웠던 경우는 없었던 듯하다. 물론 이전과 비교할 때 코로나19의 감염력이 더 높기 때문에 지금의 불안과 공포가 더욱 커지게 된 것은 아니다. 이전의 경험들을 통해서 준비되고 체계화된 방역 시스템의 확충과 바이러스와 전염병 등에 대처하는 예방의학의 발달로 검사 기술, 치료 시스템 구축 등에서 엄청난 발전이 있었다는 사실이 역설적으로 감염병의 사회적 노출과 이로 인한 불안과 공포를 더욱 현실화하고 가속화하는 중요한 요인이 되지 않았을까 짐작된다. 즉 지금은 국가와 지역이라는 물리적인 경계를 넘어서 모바일, 인터넷을 매개로 한 정보의 홍수를 실시간으로 경험하고 있고, 그 속에서 소통되는 수많은 정보들이 감염병의 확산을 더 이상 타자의 문제가 아닌 우리 혹은 나의 문제로 심각하게 받아들이는 결정적 계기가 된 것이다. 코로나19가 급격하게 확산되었던 2월 중순부터 각 국가들이 국경을 봉쇄하는 정책을 앞다퉈 실시했던 것도 타자의 문제라고 생각한 바이러스의 유행이 자신들의 문제가 되는 것만큼은 철저하게 막겠다는 폐쇄적 정책의 단호한 결과였다. 코로나19 발생 초기 유럽과 미국을 중심으로 아시아에 대한 폄하나 인종적 혐오 등 극심한 차별의 시선이 공공연하게 유포되었던 이유도 바로 이러한 태도와 직접적으로 관련이 있다. 하지만 이와 같은 자기중심적 시선과 그에 따른 국가적 차원의 폐쇄적 태도를 조롱하기라도 하듯 코로나19는 선진 방역 체계를 확보하고 있다고 자부해 온 유럽과 미국 전역에서 더 큰 상처와 고통을 남기는 아이러니한 상황을 초래했다. 바이러스의 진원지인 중국보다도 훨씬 더 많은 감염자가 미국과 유럽에서 속출해 한국을 비롯한 아시아의 방역 체계를 부러움의 시선으로 바라보는 전도된 상황에 직면하기도 했던 것이다.

코로나19라는 감염병의 확산은 특정 국가의 차원을 넘어서 인류 전체에게 보내는 경고의 메시지였다. 자본과 문명으로 구축된 발전의 신화가 불러온 국가, 지역, 계층 간의 불평등과 제국과 식민의 유산을 자본과 경제의 논리로 재편한 데서 비롯된 오리엔탈리즘적 시선, 그리고 이러한 불평등과 차별의 시선이 철저하게 외면해 온 의료시스템의 한계 등 소위 글로벌화된 세계화의 허위성과 일방향성을 냉정하게 성찰할 것을 요구했던 것이다. 우리가 코로나19의 위험만큼이나 코로나19 이후, 즉 포스트 코로나 시대의 방향과 과제를 가장 우선적으로 고민하지 않으면 안 되는 이유도 바로 여기에 있다. 이 글은 이러한 문제의식에 근본 바탕을 두고 포스트 코로나 시대

문학의 방향과 과제를 살펴보고자 하는 데 있다. 아직은 추상적이고 관념적인 방향 제시의 차원에 머무를지라도, 이번 사태를 대처해 온 우리의 모습을 냉정하게 성찰함으로써 앞으로의 방향을 준비하고 대비하는 것이 언제 또다시 직면할지 모르는 위험 상황을 해결해 나가는 실질적인 노력이 될 수 있을 것이다.

이에 대한 해답을 찾아가는 데 있어서 전 세계적으로 'K-방역'이라는 가장 모범적인 시스템을 보여 주었다고 평가받은 우리나라의 경우 특정 지역과 국가에 대한 무조건적 봉쇄와 차단이라는 극약 처방을 하지 않았음을 주목할 필요가 있다. 이 때문에 모든 문을 다 열어놓고 모기 잡을 거냐는 식의 강한 비판과 비난에 직면했던 것이 사실이지만, 실제로 그와 같은 강력한 국경 봉쇄를 강행했다 한들 사태를 얼마나 완화시킬 수 있었을지에 대해서는 솔직히 회의적이다. 게다가 바이러스의 차단이라는 눈앞의 과제가 국가와 지역의 정치, 경제, 사회, 문화 전반에 대한 맹목적 봉쇄로 이어지는 것이 과연 옳은가 하는 문제에 대해서도 자신 있게 대답하기 어렵다. 다만 국가 간의 물리적 경계를 넘어선 초국가적인 네트워크로 세계화된 지금의 현실에서 바이러스를 막는 진정한 방역 주체는 국가나 세계적 보건기구가 아니라 이에 직접적으로 맞서 싸우는 우리 스스로의 의식과 실천에 있음을 강조해 두지 않을 수 없다. 물론 K-방역의 성공은 선도적인 국가 정책의 결과였다고 볼 수도 있지만, 마스크 착용에 엄격했고 사회적 거리두기를 비교적 잘 실천해 나갔던 우리 국민들의 일상적 방역 의식이 가장 중요한 요인이 되었다고 평가하는 것이 더욱 적절할 듯하다. 결국 포스트 코로나 시대의 방향은 봉쇄와 차단에 무조건적 해답이 있는 것이 아니라, 방역시스템의 철저한 준수를 전제로 사람과 사람 간의 관계를 어떻게 이어 나갈 것인가에 대한 실질질적인 고민 속에서 그 해답을 찾아야 하지 않을까 생각된다. 이런 점에서 질병관리본부에서 제시한 생활 속 거리두기 매뉴얼의 마지막에 '거리는 멀어져도 마음은 가까이'라는 지침이 단순히 형식적인 문구 이상의 의미를 던져준다. 포스트 코로나 시대 문학의 방향과 과제는 바로 이 지점을 특별히 주목해야 하는데, 사회적 거리두기 속에서도 사람과 사람 사이의 소통의 가능성을 놓치지 않으려는 근본적 노력 속에서 앞으로 우리 문학이 나아가야 할 방향과 과제를 찾을 필요가 있는 것이다.

2. 언택트 문화의 확산에 맞선 공동체성의 실현

코로나19를 경험하는 동안 우리는 '사회적 거리두기', '자가격리'를 실천해야 한다는 말을 가장 많이 들었다. 실제로 대부분의 사람들이 감염을 우려해 외출을 피하고 가급적 집에서 경제 활동을 하는 비대면, 비접촉 방식의 일상을 살아왔다. 이 때문에 오프라인 매장의 매출은 급격히 감소한 반면, 온라인 쇼핑몰이나 집안에서의 취미 생활이 극대화되는 '홈코노미(Home+Economy)' 시장이 급부상했다고 한다. 이처럼 코로나19는 우리의 일상생활 전반에 엄청난 변화를 가져왔는데, 비대면 재택근무의 확대, 학교 수업의 온라인 강의, 화상면접을 통한 기업의 신규 채용 등 지금까지 볼 수 없었던 새로운 일상이 자리 잡기에 이르렀다. 결국 코로나19로 사람들 간의 물리적 접촉을 최소화하는 사회적 거리두기가 강조된 언택트(un+contact) 문화의 확산이 두드러지게 된 것이다. 물론 이러한 새로운 문화적 양상은 코로나19라는 감염병의 위험으로부터 스스로를 보호하려는 불가피한 선택이었다는 점에서 그 자체를 문제 삼을 이유는 없다. 다만 이러한 언택트 문화의 확산을 두고 마치 첨단 IT 기술의 발전에 부응하는 포스트 코로나 시대의 미래적 방향이라는 식으로 기정사실화하는 태도는 문제가 아닐 수 없다. 언택트 문화는 기술적 진보의 시대를 살아가는 또 하나의 문화적 소통 방식일 수는 있지만, 미래 사회의 대안 문화로 획일화하는 일방적이고 절대적인 소통 방식으로 합리화되어서는 안 된다. 온라인으로 소통되는 교육 현장의 비교육적 상황, 관객 없이 진행되는 문화예술 공연이나 무관중 스포츠 경기를 컴퓨터 모니터와 TV를 통해 시청하는 상황에 점점 더 길들여진다면, 사람과 사람 사이의 친밀한 관계에 기초한 교육의 본질적 가치나 문화적 소통의 근본적 관계성은 사실상 사라져 버리고 말 것이다.

> 내 의사와 관계없이
> 보이지 않는 자의 스토킹이 두려워
> 몸에 묻어오지나 않을까
> 가고 싶은 곳에 나가지 못한다
>
> 혹여 묻은지도 모르고 다니는
> 사람과 접촉하지나 않을까
> 혹여 물이라도 들으면
> 악마의 환영을 뒤집어쓰는
> 낭패의 벼랑에 떨어질까 봐
>
> 공연히 남들이 무서워 피하는
> 왕따의 세계를 살고 있다
> 사회적인 동물이 개인적으로 사는

고독한 시간이 에워싸는
무기수의 석방을 기대한다
ㅡ윤제철, 「자가격리(自家隔離) - 코로나19를 피하면서」(『고시계』 2020.5. 172쪽)

"내 의사와 관계없이"라고 명백히 전제를 달긴 했지만, "몸에 묻어 오지나 않을까/가고 싶은 곳에 나가지 못"하고, "혹여 묻은 지도 모르고 다니는/사람과 접촉하지나 않을까"를 끊임없이 걱정하고 두려워하는 불안과 공포의 일상이 지금 우리들의 삶을 송두리째 지배하고 있다. "사회적인 동물"로서의 인간이 "개인적으로 사는" 철저한 고립과 "고독의 시간"은 마치 "무기수"의 삶을 이어나가는 것과 다를 바 없다. "공연히 남들이 무서워 피하는/왕따의 세계"가 급속도로 만연되어 가는 우리 사회의 모습은 "악마의 환영"과 "낭패의 벼랑" 앞에서 속수무책의 일상을 살아가고 있는 것이다. 그 결과 철저한 고립 외에는 다른 방법이 없는 것처럼 보이는 막연한 공포에 대한 두려움이 국가적 차단과 봉쇄 정책을 지지하고, 마스크로 가려진 모습만으로 간신히 일상적 삶의 소통을 이어가는 사회적 거리두기가 이제는 보편적인 삶의 형태로 자리 잡고 말았다.

그렇다면 이쯤에서 필자는 코로나19 이전의 우리 문학은 지금과 같은 자가격리의 현실로부터 얼마나 자유로웠던가라는 뼈아픈 질문을 던지지 않을 수 없다. 강요된 사회적 거리두기는 아니었다 할지라도 새천년 이후 우리 문학은 이미 사회적 거리두기를 당연시하는 분위기에 압도되지 않았었는지 정직하게 들여다볼 필요가 있는 것이다. 나라다운 나라 만들기를 위해 치러야만 했던 정치사회적 고통의 중심에서 여전히 고통받는 민중들의 삶과 직결된 사회적 의제를 제시하고 이를 실천하는 역동적 문학의 양상은 새천년 이후 개인성의 확대와 미학적 새로움에 떠밀려 언젠가부터 아주 오래된 문학의 주제로 외면당해 왔던 것은 아니었는지 진지하게 묻지 않을 수 없다. 또한 역사와 시대의 중심에서 작가와 독자의 밀접한 관계를 바탕으로 상호 소통하는 문학의 실천성이, 작가의 내면세계 안에서 고립적이고 폐쇄적인 문학으로 증폭되어 결국 독자의 영역을 도외시하는 작가 일방의 미학적 갱신이라는 수사를 합리화해 왔던 것은 아닌지 깊이 성찰할 필요가 있는 것이다. 우리 시대를 함께 살아가는 모두가 고민하고 해결해 나가야 할 사회적 공통분모를 문학의 장으로 이끌어 내려는 실질적인 노력보다는, 개인의 감정과 정서 안에서 구축된 자의식적 세계의 단면을 자기만의 기법으로 혁신하려는 방법적 회의에만 지나치게 골몰한 것은 아닌지 묻지 않을 수 없는 것이다. 어쩌면 코로나19가 강요한 사회적 거리두기가 안겨 주는 급격한 피로감과 고독감을 직접 겪어 보지 못했더라면, 우리는 이러한 개인성의 확대야말로 문학의 미래적 가치와 방향이 되어야 한다고 당연시하면서 그 방법적 전략과 기법적 새로움에 더욱 골몰했을지도 모른다. 하지만 지금 우리는 이러한 자기중심적 세계를 벗어나 타자와의 연대와 협력이 얼마나 절실한지를 몸소 체험으로 확인하고 있다. 사회적 거리두기가 역설적으로 타자와의 인간적 유대의 간절함을 불러오고, 단절로 인한 고립이 타자의 소중함과 존재의 의미를 깊이 성찰하는 중요한 계기로 작용하게 된 것이다. 슬라보예 지젝의 상징적 전언처럼, “우리는 지금 모두 같은 배에 타고 있다.”[15]는 공동체적 인식을 포스트 코로나 시대를 살아가는 가장 절실하고 중요한 화두로 부각할 필요가 있는 것이다.

---

15) 슬라보예 지젝, 강우성 옮김, 『팬데믹 패닉』, 북하우스, 2020.7, 21쪽.

코로나19는 전 지구적 자본주의가 권력화하고 정당화해 왔던 불합리한 모순들에 대한 "잔혹하지만 정당한 처벌"[16]이다. 그리고 이러한 바이러스의 공포는 다시는 이전으로 돌아갈 수 없다는 엄청난 충격을 실감으로 안겨줌으로써, 지금부터라도 소중한 현재를 지켜나감으로써 미래의 불안과 공포를 막아 내야 한다는 전 지구적 차원의 문제의식을 분명히 일깨워 준다. 다행히 이번 사태가 조속히 해결된다손치더라도 가뭄, 폭염, 태풍, 미세먼지 등의 자연재해와 코로나19보다 더 위력적인 신종 바이러스의 창궐이 앞으로는 더욱 비일비재할 것이라는 사실은 이제 더 이상 기우(杞憂)가 아님은 명백하다. 따라서 공포와 불안에 대처하는 근시안적인 정책이 아닌 보다 근본적인 해결책을 찾아가는 전 지구적 협력과 연대의 노력이 시급히 요구되는 것이다. "우리 세계가 연결될수록 지역의 재난은 전 지구적 공포를 유발할 수 있고 끝내 파국으로 이어질 수 있다는 사실"[17]은 미래 사회가 직면한 숨길 수 없는 '역설'임을 절대 간과해서는 안 된다. 가장 선진적인 경제 시스템과 정치 체제를 갖추었다고 자부했던 국가일수록 바이러스에 더욱 치명적인 결과를 보였다는 사실 그 자체가 코로나19가 자본주의의 폐해에 대한 잔혹한 경고임을 여실히 증명하고 있는 것은 아닐까. 따라서 포스트 코로나 시대의 방향은 자본과 문명이라는 발전의 신화가 맹목적으로 휘둘러 온 야만의 행태를 넘어서는 근본적인 변화와 개혁이 필요하다. 그리고 이러한 혁신의 과정은 국가와 지역 그리고 개인의 차원을 넘어선 전 지구적 공동체성의 실현이라는 궁극적인 방향성을 가져야 한다. 사회적 거리두기의 불가피성으로 인해 모두가 언택트 문화의 형식으로 세상과 만나는 우여

16) 위의 책, 30쪽.

17) 위의 책, 75쪽.

곡절을 겪고 있지만, 그 안에 담길 소통의 과정과 내용만큼은 개인의 고립과 일상을 넘어 공동체의 운명과 사회적 의제를 공유하는 협력과 연대의 가능성을 지속적으로 실천해 나갈 필요가 있는 것이다.

3. 자본주의 모순의 치유와 근본적 대안 찾기

슬라보예 지젝은 지금 우리는 "국가의 틀을 넘어 협력과 연대를 꾀하는 지구공동체로 갈 것이냐 아니면 계속 '우리 먼저!'를 외치는 새로운 배제와 차별의 야만주의로 퇴행할 것이냐"의 갈림길에 서 있다고 진단했다. 즉 "우리가 싸워야 할 대상이 바이러스라는 자연적·우발적 존재가 아니라 차별과 배제의 논리로 바이러스의 창궐과 확산을 악화시키는 우리의 사회적 시스템"[18)]이라는 사실을 분명하게 직시해야 한다는 것이다. 코로나19는 전 지구적으로 팽배한 자본주의 시스템의 모순을 적나라하게 보여 주었다. 자본과 문명을 앞세운 유럽중심주의와 미국중심주의라는 제국주의의 실체가 여전히 존재하고 있음을 확인했고, 마스크의 보급을 비롯한 기본적인 의료 체계의 불평등성과 비민주성이 드러났으며, 비대면 사회로의 차단 정책에도 불구하고 여전히 현장에서 더욱 강한 노동을 견디며 살아가지 않을 수 없는 계급적 불평등을 명확하게 목도할 수 있었다. 우리나라의 경우만 하더라도 이러한 사회적 비민주성과 계급적 불평등성은 전 국민 긴급재난지원금 지급 등과 같은 긴급 정책으로 일시적 해결을 시도했는데, 이처럼 국가가 마스크, 진단키트 등의 생산과 보급, 그리고 국민들의 생존과 생활에 직결되는 자금과 물품의 지급과 유

---

18) 위의 책, 190쪽.

통에 직접적으로 개입하는 것은 자본주의 시장경제의 자율적 시스템이 갖고 있는 명백한 한계를 사실상 인정한 결과가 아닐 수 없다. 이와 같은 사태의 해결을 위한 근본적인 시스템의 변화를 촉구하면서 슬라보예 지젝이 "한때 공산주의라 불렸던 것의 새로운 형태가 요구된다."[19]라고 다소 과격한 발언을 서슴지 않았던 이유도 바로 여기에 있다. 자본주의 경제 시스템으로 구축된 국제 사회의 비대화와 유럽과 미국을 중심으로 형성된 세계 경제의 독점적 흐름이, 그 안에서 발생하는 수많은 모순과 병폐를 세계 시장 경제의 확대에 따른 불가피한 희생 정도로 치부해 버림으로써 바이러스의 공포 앞에서 속수무책이 되는 상황을 가감 없이 불러왔다고 할 수 있는 것이다. 다시 말해 코로나19는 케이트 존스의 말처럼 "인류의 경제적 발전의 숨겨진 비용"[20]이라는 점에서 언제가는 맞닥뜨릴 수밖에 없었던 예견된 인재(人災)였다고 해도 과언이 아니다.

이런 점에서 포스트 코로나 시대 문학의 방향은 자본주의 모순이 우리 일상에 가하는 폭력과 고통의 실상에 더욱 주목할 필요가 있다. 대부분의 사람들이 정부 시책에 맞춰 자가격리를 하는 동안에도 최소한의 경제 활동조차 포기하는 것이 불가능했던 현장 노동자들의 불평등한 삶을 더 이상 타자의 문제가 아닌 우리의 문제로 인식하지 않으면 안 된다. 〈신천지〉와 같은 특정 종교의 폐단으로 증폭된 바이러스의 확산이 불러온 맹목적 종교 혐오와 대구·경북을 중심으로 전개되었던 초기의 상황에 비추어 특정 지역을 폄하하거나 왜곡했던 편향된 인식, 중국 우한으로부터 시작된 탓에 중국을 비롯한 외국인 입국 금지 및 차별을 극심하게 자행했던 철저하게 개인화된 우리의

19) 위의 책, 76쪽.
20) 위의 책, 111~112쪽 재인용.

모습을 냉정하게 성찰할 필요가 있다. 물론 이러한 극단적 태도는 현실적 상황의 급박함을 고려할 때 일정 부분 불가피한 측면도 있었지만, 이러한 소외와 혐오의 시선이 차별과 불평등을 조장해 온 자본주의의 모순에서 비롯된 것이라는 점에서 포스트 코로나 시대의 문학의 방향과 과제는 이러한 문제들을 더 이상 외면해서는 안 되는 것이다.

> 사람들은 유예했던 나날들을 그리워하며 하루속히 '다시' 일상으로 돌아가고 싶어 한다. 그럴 수 있다면 좋을 테지만, 묻고 싶다. 정말 다시, 이전으로 돌아가고 싶은가. 나는 (공장이) 멈추자 비로소 보인, 요사이 청명한 하늘이 너무나 좋아서 다시는 미세먼지 그득한 까만 하늘이 있는 세상으로 돌아가고 싶지 않다. 압축성장의 그늘에 자리 잡은 모순들도 다시 만나고 싶지 않다. 이를테면 경쟁 속에 살아남기 위해 죽음을 불사해야 하는 무서운 세상으로, 세계에서 가장 긴 노동시간이 근면 성실함으로 둔갑하는 위선의 세상으로, 갚을 수 없는 대출금을 등에 지고 치솟는 아파트값을 따라만 가는 무모한 세상으로, 갖은 편리함만 좇는 소비 행태로 플랫폼 노동자들이 죽어나가도 아랑곳없는 잔인한 세상으로 말이다.
>
> 이렇게 자꾸 반추하다보면 '다시'로는 다시 돌아갈 수 없을지도 모르지만, 다행스러운 한 가지는 우리 마음에 이미 다가올 위험을 예감하는 백신이 주사됐고 항체도 생겼다는 것이다.(중략) 종식은 불가능할지 모른다지만 만일 그런 날이 온다면 부디 코로나19에는 인간들 사이의 공조와 지지에 매우 취약한 바이러스였다는 흔적이 남는다면 좋겠다.
>
> — 김민아, 「고립과 싸우는 우리 각자의 심리」
> (『포스트 코로나 사회』, 글항아리, 2020.5, 90~91쪽)

코로나19라는 너무도 가혹한 감염병 사태를 지금도 심각하게 겪고 있으면서도 "정말 다시, 이전으로 돌아가고 싶은가"라고 묻는 글쓴이의 역설적 전언이 정말 안타까울 따름이다. 그동안 우리가 살아온, 아니 견뎌온 자본주의의 실상이 코로나19 이전으로 돌아가고 싶지 않을 만큼 지독한 모순에 휩싸여 있었음을 분명하게 보여 주고 있기 때문이다. 전 세계가 코로나19의 확산을 막기 위해 국경을 봉쇄하고 이동을 제한하는 등의 격리 조치를 취한 결과 지구 환경의 개선이라는 뜻하지 않은 결과를 가져왔다는 아이러니한 사실은 여러 가지로 시사하는 바가 크다. 실제로 중국과 인도 등 대표적인 탄소배출 국가에서 미세먼지가 줄고, 수많은 관광객들로 몸살을 앓았던 이탈리아 베니스 운하가 정화되는 결과가 나타났다고 하니, 이러한 코로나의 역설은 결국 자본주의의 폭주를 멈추는 것이야말로 포스트 코로나 시대를 대비하는 전 세계 공동체의 가장 시급한 정책이 되어야 한다는 사실을 설득력 있게 말해 준다. 따라서 앞으로 문학은 바로 이러한 자본주의 모순을 비판적으로 사유함으로써 초국가적이고 생명중심적인 공통 의제들에 관심을 갖고 자본의 권력화에 기생하는 개인성의 폐해를 넘어서는 실질적인 대안 찾기에 적극적으로 동참해야 할 것이다.

일찍부터 이러한 공존 공생의 삶을 문학적으로 사회적으로 실천하는 데 헌신해 온 김종철은, 코로나19가 우리에게 주는 명백한 메시지는 "중요한 것은 '진보'가 아니라 인간다운 '생존·생활'"이라는 점을 강조했다. 진보, 문명, 발전 등 오로지 미래를 향해 맹목적으로 달려가기에 급급한 자본주의 시스템은 코로나19로 심각한 경고에 직면하게 되었다는 것이다. 따라서 그는 "이 세상에서 가장 무서운 바이러스는, 공생의 윤리를 부정하는" 것이라고 하면서, "우리 모두의 면역력을 끊임없이 갉아먹는 '탐욕'이라는 바이러스"[21]를 더 이상 묵인해서는 안 된다는 확고한 신념을 강하게 역설했다. 이처럼 자본주의의 속성은 결국 '탐욕'에 있으므로, 이러한 탐욕에 저항하는 것이야말로 자본주의 시대에 맞서는 문학의 근본 방향이 되어야 한다. 즉 포스트 코로나 시대 문학의 방향과 과제는 자본주의의 탐욕에 길들여진 인간의 행동과 심리의 다양한 폐해들을 비판적으로 사유하고 실천하는 길 위에 있어야 한다. 또한 그것은 관념과 추상으로 포장된 지식인의 언술과 수사의 한계를 넘어서 가장 실제적이고 구체적인 대안을 제시하는 현장의 목소리를 담보할 필요가 있다. 코로나19를 진단하는 여러 목소리에는 일정한 차이가 있을 수밖에 없겠지만, 한 가지 확실한 것은 이제 우리는 코로나19 이전으로는 다시 돌아갈 수 없다는 사실이다. 오히려 아무 일도 없었던 것처럼 이전으로 돌아가게 된다면, 코로나19보다 더욱 끔찍한 재난을 불러오는 또 다른 위험 요인을 그대로 방치하는 결과가 될 수 있음을 명심해야 한다. 아마도 문학의 역할은 바로 이러한 비판적 문제의식으로부터 작가로서의 윤리적 실천을 정립하는 데 가장 중요한 방향성을 두어야 할 것이다. 그렇다면 코로나19 시대를 살아가는 지금 문학은 무엇을 어떻게 말해야 하는가? 그리고 포스트 코로나 시대를 열어가는 문학의 존재 이유와 가치는 어디에서 찾아야 하는 것일까? 이와 같은 근본적 질문에 대한 해답을 제시하지 않고서 과연 문학이 우리 시대와 진정으로 소통할 수 있을지 의문이 든다. 코로나19로 극장, 미술관, 공연장은 모두 문을 닫았지만, 오히려 책은 세상과의 단절이 심화된 위기를 넘어서 우리의 문화적 욕구를 채워주는 더욱 중요한 매개물이 되었다. 이런 점에

---

21) 김종철, 「코로나 환란, 공생의 윤리」, 『녹색평론』 2020년 5~6월호, 8쪽.

서 그 어느 때보다 책임 있는 문화적 역할을 감당해야 할 의무가 문학에 있음을 명심해야 할 것이다.

4. 문학적 소통 방식의 다양화와 사회적 실천의 강화

코로나19와 같은 팬데믹 현상이 또다시 일어날 것이라는 걱정은 이제 새삼스러운 문제가 아니라는 사실은 명백하다. 대학가를 중심으로 온라인수업과 같은 비대면 강의의 수요가 점점 늘어나고 있고, 소규모 시설을 중심으로 전개되는 지역 감염의 확산이 불러온 위험을 경험한 탓에 학술단체의 활동이나 여러 기관의 정기적인 행사도 온라인을 통한 다변화를 모색하는 것이 어느새 일상이 된 것도 사실이다. 출구 없는 전쟁을 하고 있다고 해도 과언이 아닌 이토록 지독한 시대의 중심에서 조금씩 세상은 각자의 소통 방식에 대해 고심하지 않을 수 없게 된 것이다. 사회적 거리두기가 생활 방역으로 이어지는 지난한 경험을 통해서 팬데믹으로부터는 이제 해방되었지만, 바이러스의 폭주 앞에 계속해서 무기력한 일상을 이어가는 경험을 또다시 반복해서는 안된다는 문제의식은 너욱 강화되었다고 할 수 있다. 모두가 멈추었고 모든 곳이 문을 닫았고 사람들의 마음마저 점점 상실감에 빠져 버리고 말았던 팬데믹의 경험을 결코 잊어서는 안된다. "거리는 멀어져도 마음은 가까이" 하지 않으면 안 된다는 절박함으로 전세계가 함께 협력하고 공존하며 살아가는 근본적인 변화와 혁신이 필요하다. 그 최소한의 역할과 책임을 다하기 위해 문학은 소통 방식의 다양화를 모색할 필요가 있다. 다행히도 문학은 특정 시공간의 제약을 넘어서는 책이라는 매개물을 통한 소통이 가능하다. 직접적인 만남과 대화의 장이 불가능한 상황 속에서 책은 고독의 시간을 살아가는 사람들의 마음에 공감과 위로의 메시지가 될 수 있다. 다만 이러한 책의 속성을 다양한 소통 방식으로 펼쳐 내려는 노력이 필요하다. 코로나19는 온라인 환경이라는 여전히 낯선 세계를 우리의 일상 가까이 익숙한 세계로 만드는 변화를 가져왔다. 온라인을 통한 소통이 마치 우리의 미래인 것처럼 설득하려는 시도는 결코 받아들일 수 없지만, 그것이 코로나19 시대를 살아가는 한시적이면서도 실질적인 문학의 소통 방식이 되는 것은 불가피한 일이 아닐 수 없다. 결국 문자성과 구술성에 기반한 문학은 또다시 교체와 반복을 거듭하면서 새로운 문학적 소통을 요구하고 있는 것이다. 다만 인터넷, SNS 등을 통한 원거리의 소통에 대한 다양한 고민은 하면서도, 정작 가까운 거리의 사람들 간의 소통을 외면하는 자기 모순을 합리화해서는 안 된다는 점을 특별히 강조해 두지 않을 수 없다.

이러한 문학적 소통의 형식보다 더욱 중요한 문제는 지금 문학이 소통해야 할 내용에 있다. 앞에서도 거듭 강조했듯이 개인성의 확대를 지향해 왔던 우리 문학은 사회적 공공성과 실천성에 기반한 공동체성의 실현으로 앞으로의 방향과 과제를 재설정하지 않으면 안 된다. 코로나19로 적나라하게 노출된 사회적 불평등과 계급적 모순에 여전히 눈 감은 채 자가격리의 일상을 당연시하는 데 매몰되어 버린다면, 우리 사회의 심층에 뿌리내린 이데올로기 바이러스의 근본적 치유는 사실상 불가능하다. 포스트 코로나 시대는 코로나19가 감염병의 확산으로 경고했던 광범위한 이데올로기적 바이러스를 비판적으로 성찰함으로써 "또 하나의 훨씬 더 이로운 이데올로기적 바이러스가 퍼져서 우리를 감염시키리라는 희망"을 갖게 해야 한다. "하나의 대안적 사회를 사유하는 바이러스, 국민국가를 넘어선 사회이자 전 지구적 연대와 협력의 형태를 실현하는 사회를 사유하는 바이러스”[22]가 되어야 하는 것이다. 포스트 코로나 시대의 문학의 방향과 과제는 바로 이러한 ‘이로운 바이러스’를 어떻게 담아낼 것인가에 대해 깊이 고민하는 실천성을 지녀야 할 것이다. 코로나19는 자본주의의 발전이라는 진보의 신화에 내재된 허위성을 냉정하게 비판함으로써, 진정으로 중요한 것은 인간들이 함께 공존하는 평화로운 삶에 있음을 가혹한 희생의 방식으로 일깨워 주었다. 그럼에도 불구하고 우리의 현재가 코로나19 이전의 상황으로 되돌아가는 데만 목표를 둔다면, 앞으로 더 큰 재앙과 재난은 불가피하고 그 결과 인류는 지금보다 더 큰 고통에 직면하게 될지도 모른다. 이제는 멈추어야 한다. 문학은 바로 이 멈춤의 자리에 생명을 불어넣어 주어야 한다. “거리는 멀어져도 마음은 가까이”, 사회적 거리두기의 시대를 넘어서 포스트 코로나 시대를 대비하는 우리 문학의 방향과 과제는 바로 이 명제로부터 출발한 사회적 실천을 더욱 구체적으로 모색해 나가야 할 것이다.

---

22) 슬라보예 지젝, 위의 책, 55쪽.

국가폭력과 여성 주체의 목소리

여순사건과 광주 5·18을 중심으로

1. 망각과 침묵, 여성의 주변부 이미지화

불행하게도 한국의 근현대사는 식민과 전쟁, 분단과 혁명 그리고 민주화라는 격랑 속에서 국가폭력에 의한 광기와 야만의 역사로 얼룩져 있다. 해방 이후 극심한 좌우 갈등으로 제주 4·3사건과 여순사건 같은 민간인 학살이 일어났고, 한국전쟁 전후로는 국민보도연맹사건과 빨치산 토벌 등에서 민간인 희생이 이어졌으며, 독재정권 하에서는 5·18과 6월항쟁 등을 진압하기 위한 국가폭력으로 수많은 희생자가 발생했다. 이때 국가폭력은 불법 행위로 규정된 대항폭력을 진압하는 합법적 공권력으로 사회의 안녕과 질서 유지를 위한 정당한 공무집행으로 왜곡되었다. 즉 인간의 존엄성을 지키기 위해 부당한 국가권력에 맞선 최소한의 저항을 국가 혼란을 초래하는 반국가세력의 폭동으로 규정하고, 이를 진압하는 과정에서 무자비한 국가폭력이 행사되는 것을 정당한 행위로 합법화한 것이다.

대체로 국가폭력은 국가가 국민에게 가하는 물리적이고 직접적인 폭력이 가시화된 형태로 드러난다. 하지만 국가는 국민을 보호한다는 명분을 앞세우고 '망각' 혹은 '침묵'이라는 사회적 카르텔을 암묵적으로 조장함으로써 국가폭력의 정당성을 확보하고자 한다. 따라서 국가폭력은 국가의 이익을 우선시한다는 명분을 앞세워 역사적 사실을 의도적으로 은폐하거나 비가시화한 경우도 아주 많다. 그 결과 수많은 국가폭력 사건 가운데 일부만이 역사적 사실로 인정받아 기록되었을 뿐, 아직도 많은 사건이 제대로 평가조차 받지 못한 상태로 남아 있다. 특히 국가폭력의 직접적 희생자 가운데 '여성'의 목소리는 대부분 주변부의 이야기 정도로 발화되는데, 사회적 기억의 장에서 대체로 여성은 저항의 주체가 아닌 폭력을 고발하는 신체적 이미지, 즉 폭력이 전시되는 장소 혹은 폭력을 증명하는 재현의 대상으로 치환될 따름이다. 결국 국가폭력에서 비가시화된 여성의 피해와 희생은 명백한 역사적 사실임에도 불구하고 역사적으로 존재하지 않는 일로 간주되는 또 다른 폭력과 마주하게 된다.

물론 이러한 문제는 희생의 당사자인 여성 스스로가 자신의 피해 사실을 직접적으로 증언하는 데 소극적인 태도를 보인 것에도 분명 원인이 있다. 하지만 여성들이 겪은 국가폭력 대부분이 집단적 성폭력이었다는 사실을 생각한다면, 이러한 여성의 모습은 가부장적 권위주의가 제도화된 보수적 사회 안에서 스스로를 지키기 위한 최소한의 자기방어적 태도를 드러낸 것임을 이해하지 않으면 안 된다. 그 어떤 이유에서든 간에 한국 사회에서 여성이 성폭력 피해자라는 사실은 여성 스스로가 쉽게 드러내기 어려운 금기의 영역이 아닐 수 없는 것이다. 태평양전쟁 당시 일본군 위안부였던 배봉기라는 여성이 1975년 60세의 나이가 되어서야 자신이 겪은 불행한 역사를 스스로 밝힐 수 있었던 것처럼,[1] 여성의 신체에 가해진 폭력은 가시화된

1) 배봉기의 증언 역시 전적으로 자신의 주체적이고 자발적인 선택으로 이루어졌다고 보기 어려운 측면이 있다. 오키나와에서 시정권 반환 이후 일본 본토의 '출입국관리

이후 또 다른 폭력으로 이어질 수 있다는 두려움으로부터 결코 자유로울 수 없기 때문이다.

이처럼 여성이 국가폭력에 대해 직접적으로 증언하고 고발하는 것은 그 자체로 상당한 고통을 수반하는 일이다. 하지만 배봉기의 직접적인 증언으로부터 일제 말 위안부의 실체가 비로소 공식적으로 드러났고, 동아시아 전역에서 전쟁으로 인한 여성의 피해와 희생에 대한 본격적인 논의가 시작되었다는 사실을 반드시 기억할 필요가 있다. 국가폭력과 여성의 문제는 피해의 당사자인 여성 주체의 목소리를 직접적으로 들려주는 증언의 현장성과 사실성을 확보하는 것이 무엇보다도 중요하다. 남성적 시선에 의해 상징적으로 이미지화되는 차원을 넘어서 폭력이 자행된 여성 신체의 경험적 고통이 구체적 감각으로 각인되는 생생한 목소리가 직접적으로 요구되는 것이다. 그동안 르포, 수기 등에서 억압되고 배제된 여성 주체의 목소리를 직접적으로 들려주는 다양한 시도가 있었던 것도 바로 이러한 문제의식을 실천적으로 구현한 결과라고 할 수 있다.

주지하다시피 여순사건과 5·18은 반공을 국시로 정한 한국 사회에서 광주전남 지역을 이른바 '예외 상태'[2)]로 만든 국가폭력의 대표적

령'과 '외국인등록법'이 시행되면서 불법체류자로 살았던 한국 출신 노년 여성이 특별재류허가를 취득하는 과정에서 이루어진 행위이기 때문이다. 이처럼 전쟁에 의한 것이든 국가에 의한 것이든 성폭력 피해자로서의 여성이 자신이 겪은 피해 사실에 대해 직접적으로 증언한다는 것은 결코 쉬운 일이 아니다. 오세종, 『오키나와와 조선의 틈새에서』, 소명출판, 2019, 263~274쪽 참조.

2) 예외란 일반적인 규범에서 배제되는 것으로 규칙은 더 이상 적용되지 않는다. 하지만 이때 예외는 규칙에서 벗어나는 것이 아니라 오히려 규칙이 스스로의 효력을 정지시킴으로써 창출된다. 따라서 국가권력은 과도한 통제와 무력화를 시도함으로써 예외를 통해서만 특정한 법질서가 규범화된 공간을 이루어 내고자 한다. 즉 국가권력이 국민을 앞세워 법에 의한 법질서의 중단을 가져 온 상태가 '예외 상태'이다. 조르조 아감벤, 박진우 옮김, 『호모사케르』, 새물결, 2008, 60~64쪽 참조.

사건이다. 이 두 사건으로 인해 광주전남 지역은 국가의 치안과 질서 유지를 위해 감시와 폭력이 불가피하게 허용되는 장소로 낙인찍혔다. 또한 해방 이후 좌우 이념 대립을 거치면서 고착화된 반공주의라는 국가 이념[3]이 두 사건에 소위 '빨갱이' 제거라는 악의적 프레임을 덧씌움으로써 무자비한 국가폭력이 용인되는 이념적 왜곡이 발생하기도 했다.[4] 결국 이 두 사건에 직간접적으로 연루된 여성의 몸은 반공 폭력과 성폭력이라는 이중의 고통을 감당하는 최악의 상황을 경험하지 않으면 안 되었다. 이런 점에서 여순사건과 5·18 같은 국가폭력을 증언하는 데 있어서 침묵의 언어로 존재하는 여성의 목소리를 가시화하는 일은, 국가폭력의 기억을 가슴 속에 묻고 살아온 여성들이 당시의 참혹한 기억과 다시 마주하게 되는 일이라는 점에서 쉽게 선택하거나 결정할 수 있는 문제는 아니다. 여성의 목소리를 되찾아 주려는 긍정적 의도와는 다르게, 자칫 여성이 겪은 폭력을 성적으로 대상화하거나 소재화함으로써 피해 여성에게 또 다른 폭력을 가하는 부정적 결과를 가져올 수도 있기 때문이다.

이 글을 쓰면서 가장 곤혹스러웠던 부분도 바로 이 지점이다. 국가

---

3) 반공 이데올로기가 국민적 강령과 이념이 된 것은 한국전쟁을 직접 경험한 데서 비롯된 결과인데, 국민들이 능동적으로 반공 이념을 내면화했다기보다는 체험으로 구체화된 전쟁에 대한 피해의식과 공포 그리고 국가 이념의 불복종에 따르는 가혹한 처벌의 두려움 때문에 수동적으로 용인된 것으로 보는 것이 타당하다. 조현연, 『한국 현대정치의 악몽-국가폭력』, 책세상, 2022, 23쪽 참조.

4) 빨갱이에 대한 증오는 국가공권력에 의한 대량 학살을 합리화하고, 좌경분자 혹은 반체제인사에 대한 고문과 테러, 살해 등으로 실현되어 왔으며, 반공 국가의 정체성을 확립하고 도덕적 반공주의 사회질서를 지탱하는 정초로서 정당화되었다. 즉 주민의 삶을 떠맡는 것이 임무인 국가권력은 지속적인 조절과 교정의 기제로서 반공주의를 규준으로 주민의 자격을 정하고 등급을 매기는 규준화를 시행한다. 빨갱이에 대한 증오와 학살은 이러한 규준화를 추구하는 반공 국가의 권력기술체계를 실천한 것으로 볼 수 있다. 김성례, 「국가폭력과 여성체험-제주 4·3을 중심으로」, 『창작과비평』 1998년 겨울호, 343쪽.

폭력에 희생된 여성 주체의 목소리를 담은 시를 찾아 의미를 부여하는 비평 행위 자체가, 필자의 의도와는 무관하게 또다시 여성을 주변부 이미지로 대상화하는 것은 아닌지 정직하게 묻지 않을 수 없었기 때문이다. 그럼에도 불구하고 국가권력에 의해 망각과 침묵의 역사로 사라져 버린 여성 주체의 목소리를 되찾아 분명한 역사적 사실로 정립해야 한다는 시대적 요구에 대해서만큼은 절대 외면할 수 없었다. 이 글은 이러한 시대정신을 먼저 보여 준 시의 길을 조심스럽게 따라가면서, 남성적 시선에 의해 주변화된 여성의 기억을 역사의 중심에 바로 세움으로써 여성 주체의 목소리를 가시화하는 데 주된 목적이 있다.

2. 호모 사케르와 항쟁의 주체로서의 여성

주지하다시피 여순사건은 1948년 10월 19일 전라남도 여수군 신월리 제14연대에서 제주 4·3 진압을 위한 국가의 출병 명령에 반대하여 '동족상잔 결사반대', '미군 즉시 철퇴'라는 강령을 내걸고 봉기한 사건이다. 국가에 절대복종해야 하는 군인 신분으로 국가의 명령을 거부한다는 것은 소위 '반란'으로 규정될 수 있지만, 제주도 전역에 대한 초토작전을 부당한 국가폭력으로 판단하고 이에 맞서 항거했다는 점에서는 '항쟁'의 의미로 해석될 수도 있다. 사건의 실체를 어떻게 규정하든지 간에 동족 살상에 대한 반대라는 인도주의 정신이 정치적·이념적으로 왜곡되어 좌우를 막론하고 수많은 희생자를 발생시킨 한국 현대사의 암울한 사건 중의 하나가 바로 여순사건이다.

이와 같은 비극의 시작은 해방이 곧 혼란이 되어 버린 우리 역사의 비주체성과, 친일 잔재 청산을 통한 식민의 역사 바로잡기에 실패한 해방 이후 한국 사회의 구조적 모순에 가장 큰 원인이 있었다. 태평양전쟁에서 패배한 일본의 항복 선언으로 갑작스럽게 광복을 맞이한 우리의 상황은, 국가의 운영을 스스로 책임질 만한 어떠한 준비도 갖추지 못한 사실상 공황 상태였던 것이다. 그 결과 해방 이후에도 여전히 우리의 주권은 강대국의 이해관계에 휘둘렸고, 외세와 결탁한 세력들에 의해 순식간에 권력이 장악되는 식민 상태의 연속이었다고 해도 과언이 아니다. 따라서 미국은 자신들의 뜻에 동조하는 통치자를 내세움으로써 일본처럼 한국을 직접 식민화하지 않고서도 사실상의 지배력을 행사하는 신제국주의를 노골화했다. 남한만의 단독 정부를 추진함으로써 한국을 아시아의 공산화를 막는 교두보로 삼겠다는 전략을 세웠고, 이를 반대하는 한국 국민의 저항을 진압하는 국가폭력의 든든한 뒷배경 역할을 자임했던 것이다.

이러한 상황에서의 국가폭력은 폭력 일반이 갖는 불법적 요소와는 차별화된 합법적 행위로 철저하게 합리화되었다는 데 문제가 있다. 즉 부당한 국가권력에 저항하는 국민의 행동에 대해서는 불법적 폭력으로 단호하게 대응하면서도, 대항적 폭력을 무차별적으로 진압하는 국가폭력에 대해서는 불가피한 공권력의 수행이라는 모순된 입장을 드러냈다. 이는 국민을 보호한다는 명분으로 국가폭력을 합법화함으로써 국민을 효과적으로 통제하는 헤게모니를 확보하고자 하는 데 주된 이유가 있었다.

> 얼마나 죽어야 사나/여순항쟁이 발발하자 선량한 사람들을 빨갱이라는 멍에를 씌우고 반공이라는 구호 아래 허물과 과오를 묻어두고서 죗값을 더미씌웠다//납작 엎드려야 할 그들은 사죄나 참회는커녕 애먼 농부를 잡고 가난한 학생들을 잡았다//계엄이 곧 살인 인 것마냥//

> 가담자 색출 시 머리가 짧고 군용 팬티를 입었다는 이유로, 평소 경찰에 밉보이고 백색 찌까다비를 신었거나 미군 샤쓰를 입었다는 이유로 빨갱이라는 낙인을 찍었다//낙인찍힌 이들은 소각 처분할 대상이고 뽑아내야 할 잡초 취급을 받았다//이건 분명 미친 짓//국가는 국민을 보호하고 지켜줘야 하거늘 어찌 그들을 향해 총칼을 들 수 있는가//여수와 순천에 뿌리를 내리고 산 이들은 호모사케르,/한때, 무참히 버림을 받은 적이 있다
>
> — 우동식, 「호모사케르」 전문[5)]

인용시는 “여수와 순천에 뿌리를 내리고 산 이들은 호모사케르,/한때, 무참히 버림을 받은 적이 있다”라고 분명하게 적시했듯이, “국민을 보호하고 지켜줘야 하”는 국가로부터 철저하게 배제되어 ‘예외 상태’로 내몰린 여순사건의 희생자들을 ‘호모 사케르’[6)]로 명명한다. “빨갱이라는 멍에”와 “반공이라는 구호”를 앞세워 여수와 순천을 예외 상태로 규정함으로써 비인간적인 폭력을 무차별적으로 행사한 것은, 인간과 신들의 공동체로부터 버림받은 호모 사케르의 운명을 강요한 것과 전혀 다를 바 없다는 것이다. “이 땅을 지키고 인민의 권리

---

5) 『여순 동백의 노래』, 실천문학사, 2022, 40~41쪽. 이하 우동식의 시 인용은 모두 이 시집에서 했으므로 따로 밝히지 않기로 함.

6) 아감벤에 의하면 ‘호모 사케르’는 ‘벌거벗은 생명’ 혹은 ‘저주받은 생명’으로 정치적으로든 신체적으로든 국가라는 공동체에 포함되지 않는 예외 상태에 있는 인간을 의미한다. 그는 주권자와 호모 사케르의 관계를 어떻게 정립하느냐가 곧 정치의 본질이라고 하면서, 전 세계적으로 예외가 규칙이 되고 사회 전체가 수용소가 되어 호모 사케르를 양산하는 현실을 비판했다. 즉 정치란 인민의 생명에 일정한 형식을 부여하는 것이라는 생명 정치의 중요성을 무엇보다도 강조하면서, 희생물로 바칠 수는 없지만 죽여도 되는 존재로 받아들여지는 호모 사케르와 같은 존재들이 세계 곳곳에서 출현하는 상황에 대한 우려를 표명했다. 조르조 아감벤, 앞의 책, 155~232쪽 참조.

와 복리를 위해 생명을 바치는 것은/국군의 사명"이었고, "그러므로 그들의 저항은/인권으로부터 오는 신성한 권리 행사였"(우동식, 「봉기군의 항변」)음에도, 국가는 이러한 투쟁을 오로지 '반란'으로 규정하고 무자비한 폭력으로 진압함으로써 여순 일대를 학살의 땅으로 만든 것이다. "낙인찍힌 이들은 소각 처분할 대상이고 뽑아내야 할 잡초 취급을 받았"을 뿐, 인간으로서 최소한의 권리조차 박탈당한 채 예외 상태로 처참하게 죽어갔다. "친일이 아니면/친미가 아니면/좌익이 아니면/우익이 아니면//모두 적이었던 시대"가 저지른 "이 땅에서 가장 잔인한 법칙"(우동식, 「적의 이분법」)만이 통용되던 시절이었다. 무고한 민간인이 당한 상처와 고통에 대한 인간적 연민으로 "약을 준 아버지, 올벼쌀을 준 어머니, 누룽지를 준 딸, 홍시를 준 아들, 일가족이 처형을 당하고", 심지어 "엄마 품에 젖을 빨던 홍×× 세 살 아이, 엄마 등에 업힌 이×× 네 살 아이"(우동식, 「신전마을」)마저 무자비하게 죽였던, "산천초목이 떨고 곡을 하는 킬링필드"(우동식, 「학살의 기억, 순천 인근」)와 같은 곳이 바로 당시 여수, 순천의 참혹한 현실이었다.

그동안 제주 4·3이나 광주 5·18에 비해 여순사건의 기록과 증언 그리고 이를 바탕으로 한 역사적 사실 규명은 상대적으로 관심을 받지 못했던 것이 사실이다. 제주 4·3의 역사 안에서 그 전사(前史)나 각론으로 간략하게 설명되었을 뿐, 여순사건의 실체 자체가 과거사 정리와 진상 규명에서 본론으로 다루어지는 데까지는 상당히 오랜 시간이 걸렸다. 이 또한 국가에 의해 이루어진 것이 아니라 시민 단체의 조사 활동을 통해 본격적으로 세상에 알려졌다는 점에서, 민주화 이후에도 국가는 과거사의 폭력에 대해 사과는커녕 제대로 된 진상 조사조차 하지 않았다. 2005년 〈과거사 기본법〉이 통과되고 〈진실화해위원회〉가 결성되면서 비로소 여순사건의 기본적인 정의와 대상과 범주 등이 일정 부분 정리되었을 따름이다.[7)]

하지만 이러한 진상 조사 과정에서도 여성의 피해와 희생에 대해서는 여전히 중심의 영역에서 범주화하지 않았다. 여순사건을 다룬 주요 책들을 살펴봐도 사건의 개요와 항쟁의 주체, 지역사회의 기억과 종교적 시선 등으로 사건 전반을 총체적으로 접근하고 있지만, 그 안에 여성의 자리는 항쟁의 주체로도 지역사회의 기억에서도 독자적으로 항목화하여 정리한 것을 거의 찾아볼 수 없다.[8)] 앞으로 여순사건의 문학적 형상화가 무엇보다도 주목해야 할 부분이 바로 여기에 있는데, 항쟁의 주체로서 여성이 국가폭력을 증언하고 고발하는 목소리에 더욱 귀기울일 필요가 있는 것이다.

> 어머니의 무명 치맛자락이 펄럭여요/펼쳐지는 치맛자락을 끌어당기며/한 겹 두 겹 포개고 또 포개지는 꽃잎들/질식할 것 같은 어둠을 꽁꽁 묶어 두고/좁다란 씨방 속 문고리를 걸어 잠가요//- 이리 오너라 아가야//어린 막내딸이 울며 달려들어 오고/놀란 두 아들도 뒤따라 와락 안기고/젖을 물려 갓난아이의 울음을 막고/더 깊은 치마폭 속으로 꼭꼭 숨어요//탕탕탕 타다당 탕탕탕!//흰 무명 치맛자락이 붉게 물이 들면/봉분처럼 봉긋해지는 다래열매가 맺혀요/솜 타래처럼 송이송이 뭉쳐지는 눈망울/애끓는 곡소리로 눈물마저 메말라 버리면/숫눈처럼 창백해진 당신의 얼굴이 떠올라요/딱딱하게 말라버린 꼬투리 뚫고/터져 나오는 비명처럼/열두 발 단단한 탄피를 장착한/슬픈

---

7) 이에 대한 자세한 내용은, 김상숙 외, 『한국 현대사와 국가폭력』, 푸른역사, 2019, 66쪽 참조.

8) 주철희, 『동포의 학살을 거부한다-1948, 여순항쟁의 역사』, 흐름출판사, 2017 참조.

주검의 꽃

— 강경아, 「무명꽃」 전문[9)]

국가폭력의 기억에서 여성은 어린 자식들을 보호하는 모성성의 세계 안에서 보편적인 정서로 이미지화되는 경우가 대부분이다. "한 겹 두 겹 포개고 또 포개지는 꽃잎들"을 지켜 내느라 자신의 "흰 무명 치맛자락이 붉게 물이 들"어 "열두 발 단단한 탄피를 장착한/슬픈 주검의 꽃"으로 산화하는 여성의 운명은 가슴 먹먹한 울림을 남긴다. 이처럼 국가폭력의 현장에서 언제나 여성은 자신을 보호하는 것보다 가족을 지키는 일을 우선시하는 모성적 존재로서의 역할이 가장 중요했다. "어린 막내딸이 울며 달려들어 오고/놀란 두 아들도 뒤따라 와락 안기고/젖을 물려 갓난아이의 울음을 막고/더 깊은 치마폭 속으로 꼭꼭 숨어"드는 아이들을 지키는 일은 오롯이 여성의 몫이었다. 하지만 가부장적 위계 안에서 아들의 생명을 지켜야 한다는 신념을 내면화한 것도 여성이어서, "대가 끊길까봐 사정한께 오빠 대신 누이 동상을 끄시고 가 총살 시키"는 상황을 목격하는 자기모순에 얽매인 존재이기도 했다. 이 때문에 평생을 살아남은 자 혹은 자식을 죽인 자로서의 "억겁의 죄책감"(강경아, 「동백의 증언」)을 감당해야 했던 것이 국가폭력이 남긴 여성의 슬픈 운명이었다.

이처럼 여순사건의 현장에서 "딱딱하게 말라버린 꼬투리 뚫고/터져 나오는 비명" 같은 여성의 목소리는 너무도 처절했지만, 아직도 항쟁의 주체가 되지 못한 채 침묵의 이미지로 남아 있는 경우가 대부분이다. 이런 점에서 "누나"를 반복적으로 호명하며 "폭삭 주저앉아

9) 『제1회 여순 10·19 문학상 수상작품집』, 순천문화재단, 2022.12.20. 131~132쪽. 이하 강경아의 시 인용은 모두 이 책에서 했으므로 따로 밝히지 않기로 함.

버린 일가족의 몰락"(강경아, 「귀향」)을 서사화하는 과정에서 가상적 대화의 방식으로나마 여성 주체의 목소리와 불러내는 시도는 각별한 의미를 지닌다. 그래서 "붉디붉은 동백꽃"으로 현현하여 "억울하게 분풀이 대상이 된 당신의 이름 석 자 울릴 그날이 오것지라 암만 꼭 오것지라"(강경아, 「동백의 증언」)고 죽은 여성의 목소리로 직접 증언하는 여순사건의 진실은 더더욱 의미심장하다. 재현된 여성의 신체라는 주변부 이미지의 차원을 넘어 여성들이 겪은 국가폭력과 저항의 기억을 여성 주체의 목소리로 들려주는 것으로부터 여순사건의 역사적 진실은 새로운 시선을 열어 낼 것으로 기대된다. 국가폭력에 희생된 여성의 목소리는 역사의 주변부가 아닌 중심에서 항쟁의 주체로서 가시화되어야 하는 것이다.

3. 여성의 비가시화와 살아남은 자의 슬픔

한국 사회에서 국가폭력에 대한 비판적 인식이 본격적으로 가시화된 것은 광주 5·18에 대한 기억으로부터 시작되었다고 해도 과언이 아니다. 국가에 의해 자행되고 국가에 의해 정당화되고 국가에 의해 은폐된 이 사건은, 그동안 국가폭력의 문제를 비판적으로 이해하는 일종의 규범과 같은 의미로 받아들여졌다. 하지만 5·18 역시 아직도 많은 부분에서 책임자 규명과 처벌이 제대로 이루어지지 않았으며, 대부분의 국가폭력이 그러하듯 '국가'의 테두리 안에서 기억되고 재사유되는 제도적 한계로 인해 현재까지 역사적 사실로도 인정받지 못한 사례도 아주 많다. 따라서 앞으로 5·18이라는 국가폭력을 담론화하는 데 있어서 무엇보다도 주목해야 할 과제는, 국가 주도의 조사와 정리 과정에서 선택 혹은 배제의 논리에 의해 주변화된 기억의 자리를 재배치하는 데 있다. 특히 이러한 역사적 사실의 재배치 과정에서 여성의 목소리를 주체화하는 것은 가장 우선적인 방향이 되지 않으면 안 된다.[10)]

이처럼 5·18의 기억을 비판적으로 접근하는 데 있어서 앞으로 해결해야 할 과제는, 가시화된 영역을 제도화하는 실질적인 노력에 덧붙여 비가시화된 목소리를 담론의 중심에서 새롭게 의미화하는 것이다. 권력자의 시선에 의해 구성되는 선택된 사실의 기록을 역사라고 정의할 때, 이때의 역사적 기록은 권력적 이해관계 안에서 서술되는 주관성의 위험을 피할 수 없다. 즉 권력의 향방에 따라 선택되지 못한 역사의 기억은 비가시화된 영역에 머물러 있다가 결국 역사적으로 존재하지도 않은 일로 사라져 버리게 된다. 앞서 여순사건에서도 보았듯이 국가폭력에서 여성에 대한 기억은 저항의 주체가 아닌 폭력을 고발하는 신체적 이미지의 차원으로 주변화된 망각의 역사를 살아왔다고 할 수 있는 것이다.

> 누님은 돌아오지 않았다/화순행 막차 이미 끊어졌는데도/누님은 영영 돌아오지 않았다//누님의 열일곱 살 봄 속으로/진달래 붉게 피어/온누리 환하게 밝히는데도/누님은 끝내 돌아오지 않았다//들녘에

---

10) 국가폭력과 여성의 문제가 본격적으로 쟁점화되는 과정이 수년 전 한국 사회를 떠들썩하게 했던 '미투(me two)' 운동과 무관하지 않다는 사실은, 국가폭력의 제도화 방식이 간과해 왔던 문제점을 스스로 냉정하게 돌아보게 한다. 즉 젠더정치의 영역에서 발생한 저항운동의 흐름이 5·18의 기억과 제도화 방식에 대해서도 새로운 문제제기를 한 것이다. 이는 5·18 당시 저항의 주체로 참여했던 여성들의 목소리가 지금까지 국가폭력을 다루는 비판적 논의의 장에서 중심에 놓이지 못했다는 사실에 대한 자기성찰을 요구한다. 이에 대한 자세한 논의는, 김영희, 「'5·18 광장'의 '애국' 담론과 '여성'의 비가시화」, 『경제와사회』 2010년 여름호, 비판사회학회, 2020.6. 116~172쪽 참조.

> 오늘처럼/온갖 꽃들이 피어있는 날엔/불쑥 누님이 귀여운 아이들 데리고/사립문 살짝 밀고 들어와/조카 녀석이 외삼촌! 하고/그냥 내 품에 안길 것 같은데/눈매 서글서글한 누님이/봉당에 꼭 서 계실 것만 같은데/누님은 어디에도 없었다//누님은 망월동에도 계시지 않았다/한창 바쁘게 모낼 때/못줄이래도 잡겠다고 호들갑을 떨던/그 논에도 누님은 계시지 않았다/누님이 즐겨 읽던 소월 시집 책갈피에/진달래 꽃잎 곱게 접어넣던 사춘기도/이젠 스물일곱 살 5월이 되었는데도/돌아오실 수 없는 누님//나는 안다/이 땅 어딘가에 쓸쓸히 묻혀 있을/누님의 꽃다운 세월이 텃논 벼꽃을 피우고/누님의 애통한 마음들이 피워놓은/들녘 저 꽃의 간절한 그리움을/나는 안다
>
> ―홍일선, 「조국의 꽃」 전문[11)]

5·18에 희생된 누이의 죽음을 기억하고 애도하는 화자의 목소리가 담긴 시이다. "열일곱살 봄"과 "진달래 붉게 피어/온누리 환하게 밝히는" 풍경이 죽음의 상황과 대조적으로 이미지화됨으로써 비극적 정서는 더욱 고조된다. 다만 여기에서 "진달래"는 희생된 여성의 상징적 등가물로 형상화되는 차원에 머물러, 죽음의 현장에서 참혹하게 죽어 갔을 여성 주체의 목소리는 "누님은 영영 돌아오지 않았다"라는 문장에 그저 묻히고 말았다. 즉 누님의 죽음에 대한 기억은 분명히 존재하는 역사적 사실임에도 불구하고 "누님은 어디에도 없었다//누님은 망월동에도 계시지 않"는 비가시화된 존재로 추상화되고 마는 것이다. 물론 이러한 기억의 방식은 현실 세계와 이상 세계의

11) 『하늘이여 땅이여 아아, 광주여』(5·18광주항쟁 10주년 시집, 1990), 본고에서는 5월문학총서간행위원회 엮음, 『5월문학총서·1-시』, 5·18기념재단, 2012, 179~180쪽. 이하 시 인용은 모두 이 책에서 했음을 밝혀 둔다.

괴리와 모순을 파고든 시적 긴장을 지닌 민중적 서정성의 뚜렷한 방식이다. 하지만 5·18의 희생 주체로서 여성의 목소리가 아닌 남성 주체의 시선에 포착된 여성의 가시화라는 점에서 아쉬움이 남는다. 물론 "옥례의 스무살 젖가슴에 꽂힌/대검의 오월이었다"(이도윤, 「오월이 살아」, 『너는 꽃이다』)와 같이 남성적 시선에 의해 포착된 여성 폭력의 이미지가 국가폭력에 대한 고발과 분노를 증폭시키는 계기가 된 것은 분명하다.[12] 하지만 이 과정에서 항쟁의 주체였던 여성 주체의 목소리를 직접적으로 제시하지 못하고 바라보는 대상으로만 의미화했다는 점은 일정 부분 한계로 남는 것이 사실이다.

이처럼 국가폭력과 여성의 관계는 분명 존재했던 사실이지만 충분히 기록되거나 정리되지 못한 채 기억으로만 남아 있는 은폐된 혹은 사라진 역사인 경우가 많다. 지금까지 5·18의 시적 형상화에서도 국가폭력의 희생 주체로서 여성의 자리는 "이 땅 어딘가에 쓸쓸히 묻혀 있을/누님"이라는 막연한 대상으로 의미화된 경우가 대부분이었다. 또한 "누님의 애통한 마음들이 피워놓은/들녘 저 꽃의 간절한 그리움"이라는 상징적 등가물과의 교감 안에서 시적 정서를 고조시키는 이미지의 차원에 머물렀던 것도 사실이다. 물론 "사랑하는 오빠/사랑하는 조국의 총칼에 찢겨/5월 푸르름 한가운데가 질펵이도록/뜨거운 피를 쏟으시다가"(김해화, 「누이의 헌혈가」, 『인부수첩』)에서처럼 국가폭력의 희생자를 직접적으로 호명하는 방식으로 여성의 목소리

---

12) 국가폭력이 자행된 장소를 고발하고 증명하는 '여성'의 신체는 그들을 지키지 못한 남성들의 공분을 자아내고 이들을 저항의 전선에 뛰어들게 만드는 기폭제가 된 것으로 서술된다. '5·18' 관련 '남성' 구술에서 많은 이들은 '여고생의 시신'이나 '유방이 잘려 나간 여성의 시신', '임산부의 죽음' 등을 계기로 총을 들게 되었다고 말한다. 김영희, 「'5·18'의 기억 서사와 '여성'의 목소리」, 『페미니즘 연구』 제18권 2호, 한국여성연구소, 2018.10, 160쪽.

를 들려 주거나, “엄마는 계림동 오거리를 걷고 있었어요/그날 비가 내리고 초파일 질펀한 봄비가 내리고/이상한 쇠붙이가 엄마와 나를 찔렀어요”(고규태, 「나는 첫아이였어요」, 『민중시』 제2집)와 같이 뱃속 태아의 목소리를 빌려 여성을 불러내는 방식은, 국가폭력의 현장에서 여성 주체의 목소리를 되찾으려는 시적 발화라는 점에서 중요한 의미가 있다. 그럼에도 불구하고 이러한 발화에서조차 여전히 여성 주체의 모습은 전면적으로 가시화되지는 않는다. 국가폭력에 희생된 여성의 모습은 항쟁의 주체나 주도적 세력으로 형상화되기보다는, 저항적 주체로서의 남성이 지키지 못한 존재 혹은 투쟁의 현장에서 훼손된 신체 이미지로 연민과 공포를 불러일으키는 대상의 차원에 머물러 있었던 것이다.

특히 5·18을 제재로 한 시에서는 여성의 희생이 재현되는 과정에서 성폭력의 양상이 초점화되거나 여성의 섹슈얼리티를 강조하는 방식으로 형상화되는 경우가 많다는 점을 주목할 필요가 있다. “저것은 우리 누이 하얀 교복이 아닐까/조숙한 젖봉오리 두 손으로 감싸고/까마득 하늘 끝에서 까치발을 딛고 선// (중략) //아스팔트 위에 누운 누이의 초경인 듯/영산홍 물들이는 충장로 골목마다/꽃가루 황사 만리 거짓으로 아득한 날”(김창완, 「백목련 지는 날」, 『금빛 바다』)과 같은 묘사와, “내가 한 달에 한 번쯤 가는/대인동 주물럭집/그 허름한 음식점의 주방 아주머니에게는/슬픈 관능의 혀가 숨어 있다. (중략) //괴괴한 과거의 아픔 살점이라든가/첫애의 사산(死産)과 같은/핏덩이라든가/그런 것을 그녀는 내게 말한 적이 없지만”과 같은 대목이 바로 그러하다. 이러한 시적 형상화는 관능적 이미지의 육화를 통해 “아직도 피 뚝뚝 지는 고깃덩이 같은 삶을/밀고 또 밀어낸다는” “또렷이 살아오는 5월”(이지엽, 「부드러운 상징」, 『씨앗의 힘』)의 기억을 초점화하려는 것이다. 즉 이러한 시는 성적 관능의 대상으로 여성을 바라보는 세속적 시선을 비판함으로써 국가폭력에 희생된 여성 주체의 고통스러운 기억을 공유하는 데 주된 목적이 있다. 5월의 상징적 존재로서 여성이 당한 실제적 고통을 감각적으로 형상화하여 분노의 감정을 촉발하는 데 본질이 있는 것이다. 따라서 이와 같은 시에서 여성의 섹슈얼리티에만 초점을 두어 반여성적 편향성을 드러냈다고 이해하는 시각은 다소 과한 해석일 수도 있다. 하지만 이러한 의도와는 달리 자칫 여성의 성폭력 피해를 세속적으로 대상화함으로써 남성 중심의 젠더 편향성으로 왜곡되기 쉬운 위험성이 있다는 사실에 대해서도 충분히 경계하지 않으면 안 된다.

> 녹동에서 반나절 광주에 가 닿으면/망월동에서 또 반나절/네 이름 석 자 쓰다듬으러 왔다//아무도 주검을 못 보았으니/제대로 죽지도 못헌 내 새끼//네 아부진 또 멀찍이 서서/저렇듯 속울음만 삼키는구나/뒷짐 지고 모르는 척 고개 돌려도/가슴에 눈물이 그렁그렁 해//시신 없는 무덤이 무슨 소용이냐/남들은 뒤에서 수군댄다만/구천을 떠도는 너의 혼이기에/자석처럼 쓸려오는 에미의 마음//열아홉 너를 만나고 가는 날은/하루해가 짧아/쓸쓸히 저물어 돌아가는 것을//어디에 누워서 꿈을 꾸는 거냐/옥환아,
>
> — 고영서, 「김진덕 여사의 오월 - 빛고을 시편」 전문[13)]

5·18의 시적 형상화에서 여성의 희생이 살아남은 자의 슬픔으로 내면화되는 경우도 많다. 인용시 역시 자식과 형제 그리고 남편을

13) 『기린 울음』, 2007. 『5월문학총서·1 - 시』, 300~301쪽.

잃은 가족의 비애를 여성의 한(恨)이라는 정서에 담아낸 작품이다. "아무도 주검을 못 보았으니/제대로 죽지도 못헌 내 새끼"를 평생 가슴에 묻고 살아온 부모의 마음은, 묘비명으로 남은 자식의 "이름 석자 쓰다듬"는 일만으로도 다시 자식을 만난 것 같은 위로를 얻는다. 하지만 "멀찍이 서서/저렇듯 속울음만 삼키"며 "뒷짐 지고 모르는 척 고개 돌려도/가슴에 눈물이 그렁그렁"한 아버지의 모습에서, 자식을 먼저 떠나보낸 부모의 애절한 고통은 결코 해소될 수 없는 근원적 슬픔으로 밀려온다. "열아홉 너를 만나고 가는 날은/하루해가 짧아/쓸쓸히 저물어 돌아가는" 시간은, 그 긴 고통의 세월을 견뎌온 자가 아니고서는 차마 이해할 수 없는 극한의 경험적 순간이 아닐 수 없는 것이다.

이처럼 5·18을 제재로 한 시에서 살아남은 자와 죽은 자의 소통은 근원적 그리움의 정서에서부터 가상적이고 환상적인 경험에 이르기까지 다양하게 형상화된다. "간밤 비에 사진 속 아들의 안색이 변했다고/노모는 손수 심었다는 꽃나무 그늘을 넓힌다/무덤 위 잔디를 어루만지며 초지장 같은 하늘만/올려보는 노모"(조은, 「망월동에서」, 『땅은 주검을 호락호락 받아주지 않는다』)의 모습은, 평생 자식을 먼저 보낸 고통스러운 기억을 가슴에 묻고 살아온 어머니의 애통한 시선이 그대로 전해진다. 또한 "망월동 흙 한줌으로 누운 누이야"(박선욱, 「누이야」, 『실천문학』, 1982)라고 불러보는 데서, 그리고 "사람이 두셋만 모여도/나는 한 여인의 비명소리를 듣는"(이도윤, 「너는 꽃이다 4」, 『너는 꽃이다』) 환청의 고통에서, 국가폭력의 한가운데에서 자신만 살아남았다는 죄의식으로 정신적 트라우마에 시달리는 살아남은 자의 슬픔과 고통이 깊이 내면화되어 있음을 알 수 있다.

국가폭력에 의해 자행된 과거의 어두운 역사를 청산하고 치유하는 문제는 이제 특정 국가의 문제가 아니라 세계사적으로 보편적인 과제가 되었다. 국가의 억압과 폭력, 왜곡되고 은폐된 역사를 교정하고 정화하는 이른바 '과거사 청산'은, 과거를 기록하고 정리하는 역사가 진정한 미래로 나아가는 역사임을 역설적으로 증명해 보였다. 이를 위해서 가장 우선적으로 해결해야 할 과제는 국가폭력에 대한 사회적·역사적 조사와 정리를 철저하게 수행하는 것이다. 그리고 이러한 잘못된 역사의 가해자 스스로가 자신의 잘못을 정직하게 인정함으로써[14] 진정한 대화와 소통을 열어 가는 미래지향적 역사의 진전을 이루어 내야 한다. 이런 점에서 국가폭력의 시적 형상화는 바로 이러한 시대의 변화를 촉구하는 가장 호소력 있는 목소리를 형상화하는 데 초점을 두어야 한다. 특히 주변화되고 비가시화된 항쟁의 주체로서 여성의 목소리를 담론의 중심으로 부각하는 실제적인 노력이 요구된다. "명동성당 주교관으로/연세대 노천광장으로/종로5가 한복판으로/지독한 투사가 되"어 "전경의 발패도 경찰의 최루탄도/막을 수 없는"(강경아, 「오월의 어머니」, 『맨발의 꽃잎들』, 시에, 2022, 74~75쪽) '오월의 어머니'와 같은 여성의 주체적 목소리를 더욱 전면화할 필요가 있는 것이다. 이처럼 국가폭력과 여성의 문제는 '여성'을 주목하고 '여성'을 의미화하고 '여성'을 형상화하는 새로운 주체의 목소리를 되찾는 데서부터 본격적인 논의의 장을 열어 가야 할 것이다.

---

14) 프리실라 B. 헤이너는 아는 것(knowledge)와 인정하는 것(acknowledgement)은 뚜렷한 차이가 있다고 하면서, 인정이란 국가가 잘못을 저질렀다는 사실을 확인하고, 그것이 옳지 않았음을 시인하는 것이라고 했다. 인정되지 않은 사실은 진실이면서도 마치 존재하지 않는 양 취급된다는 것이다. 프리실라 B. 헤이너, 주혜경 옮김, 안병욱 해제, 『국가폭력과 세계의 진실위원회』, 역사비평사, 2008, 9~13쪽 참조.

4. 여자를 위한 나라는 없다

방글라데시의 여성 소설가 샤힌 아크타르의 『여자를 위한 나라는 없다』[15]는 파키스탄 내전을 배경으로 전쟁 속에서 여성들이 겪은 인권의 유린과 성적 고통을 고발한 증언 소설이다. 또한 전쟁 이후 자신들의 국가가 전쟁의 폭력에 희생된 여성들을 기억하고 위로하는 방식에서 보여 준 허위성을 신랄하게 비판한 작품이다. 전쟁은 국가폭력과 마찬가지로 국가의 이해와 권력을 쟁취하기 위한 수단으로, 이러한 목적 달성을 위해서는 일정한 희생이 불가피하다고 여기는 데 비극이 있다. 그리고 이러한 희생의 중심에는 언제나 여성이 존재한다는 사실, 여성의 수난에 초점을 둔다면 국가나 민족의 구별조차 사실상 무의미하다는 사실을 이 소설은 냉정하게 말하고 있다. 게다가 이 소설은 전쟁의 심층에는 가부장적 남성주의가 깊게 자리 잡고 있어서, 남성에 의해 일방적으로 포섭된 여성은 전쟁 이전이든 이후이든 한낱 성적 도구로밖에 인식되지 않는다는 사실을 분명하게 확인시키고 있다.

이러한 작가 의식은 전쟁을 겪은 여성의 고통을 사실적으로 기록하고 정리함으로써, 그들의 희생에 대해 진정성 있는 사과와 용서를 구하는 세상의 변화를 촉구하는 데 궁극적인 목적이 있다. 따라서 전쟁 이후 세상으로부터 자신을 철저하게 감추고 살아갈 수밖에 없었던 그들의 숨은 언어를 찾아낸다는 의미의 '더 서치(The Search)'라는 이 소설의 원제목은 상당히 중요한 문제의식을 내포하고 있다. 또한 '여자를 위한 나라는 없다'로 번역된 제목 역시 전쟁의 광기와 남성의 폭력으로 평생 자신의 역사를 잊어버리거나 숨기며 살아온 여성들의

---

15) 전승희·파르하나 라프만 샤시 옮김, 아시아, 2021 개정판.

분노를 직접적으로 토로한 것이라는 점에서 의미심장하다. 결국 이 소설은 민족과 국가, 종교를 막론하고 여성들을 성적으로 유린해 온 남성의 폭력에 대한 아주 처절한 증언과 기록의 성격을 지닌다는 점에서, 앞으로 우리 사회가 국가폭력과 여성의 문제를 해결하는 과정에서 가장 주목해야 할 지점이 무엇인지를 분명하게 보여 준다.

앞서 역사는 권력자의 편에서 기술된 선택된 사실의 기록이라는 점에서 허구적 성격을 피하기 어렵다는 사실을 분명히 했다. 그렇다면 이러한 허구로서의 역사를 사실로서의 역사로 바꾸어 가려는 노력이 앞으로 우리가 지향해야 할 역사의 방향이 되어야 하는 것은 당연하다. 여전히 우리의 역사에서 여성의 목소리는 침묵 속에 갇혀 있는 경우가 대부분이다. 오랜 세월 이러한 침묵과 억압 속에 갇혀 살아온 여성의 슬픈 역사를 서치(search)한 『여자를 위한 나라는 없다』라는 소설이 역사보다 더 역사적 진실에 가까이 다가서 있다는 사실은 상당히 문제적이다. 역사가 승자의 편이라면 기억은 억압받는 자의 편이라고 말한 발터 베냐민의 말은 국가폭력과 여성의 문제를 해결하는 데 있어서 가장 중요한 문제의식을 담고 있다. 우리의 역사도 국가폭력에 희생된 여성들의 기억 투쟁을 통해 저항적 주체로서의 여성의 목소리를 되찾는 제도적 과정을 마련하는 것이 반드시 필요하다. 사회적으로 구조화된 망각과 침묵으로 인해 역사의 저편으로 사라졌던 비가시화된 것들을 소환하는 것이 기억 투쟁이다. 즉 기억하는 것은 금지되었던 목소리를 소환하여 그 존재를 가시화하는 일이고, 이러한 가시화는 곧 저항이라는 점에서 국가폭력에 의한 수많은 희생을 애도하고 위로하는 투쟁의 방식이기도 하다. 여순사건, 광주 5·18 등 국가폭력의 시적 형상화에 있어서 여성 주체의 목소리를 가시화하는 일을 무엇보다도 중심에 두어야 하는 이유는 바로 여기에 있다.

세계문학으로서의 한국문학

1. 문제제기

식민지 시기는 물론이거니와 해방 이후에도 한국문학에 대한 이해는 일본, 중국과의 관계를 중심으로 동아시아적 지형 위에서 역사적 교섭과 영향 등을 다각적으로 검토해야 그 의미를 체계적으로 논의할 수 있다. 특히 식민지 시기의 경우 독립운동이나 유학 등의 이유로 일본과 중국으로 이주했던 한국 문인들에게 미친 동아시아적 영향이 당시 한국문학 지형 안에서 어떻게 구현되었는지를 살펴보는 것은 중요한 통로가 된다. 따라서 한국문학 연구는 일국적 관점을 넘어서 동아시아 문학으로, 나아가 세계문학적 지형 위에서 거시적이고 비교문학적이며 통합적인 관점으로 논의하는 연구 영역의 확대를 모색할 필요가 있다. 이런 점에서 최근 학계의 모습은 민족 단위 혹은 국가 단위로 이루어지던 문학사 연구의 경계를 넘어서, 민족 혹은 국가 간의 교섭이나 경계의 지점에서 발생한 문학의 의미를 탐색하는 탈민족, 탈국가 담론을 크게 주목하고 있다. 특히 유럽과 미국 그리고 일본에 의한 강제적 점령으로 식민지 제국의 기억을 공유한 아시아 공동체에 대한 비교 연구 혹은 통합적 연구가 상당히 활발하게 이루어지고 있다.

다양한 인종, 언어, 문화 그리고 세대 간의 격차에 의해 자연스럽게 형성된 식민지 내부의 혼종성 문제 등 초국가적인 쟁점들이 민족 혹은 국가 단위의 협소한 틀을 넘어서 세계문학적 시각에서 논의되는 비교역사학적인 문학 연구의 중요성이 특별히 강조되는 것이다.

이러한 문제의식에서 한국문학은 민족문학의 시야를 세계문학적 시각으로 확대하여 그 방향성을 점검하는 창작과 연구의 새로운 관점을 재정립할 필요가 있다. 최근 한국문학이 세계의 주요한 문학상 수상작으로 결정되거나 후보작으로 거론된다는 사실에서 한국문학의 세계성을 인정하고 주목하는 차원에 자족하지 말고, 한국문학이 세계문학을 지향하는 데 있어서 반드시 정립해야 할 문제의식이 무엇인지, 그 내용과 형식 그리고 궁극적 목표와 방향에 대한 생산적인 토론을 이어나갈 필요가 있는 것이다. 이를 위해서는 한국문학 지형 안에서 오래도록 권위를 유지해 왔던 유럽중심주의에 경도된 세계문학적 지형에 대한 비판적 인식을 바탕으로, 한국 근대문학 내부의 세계문학적 요소와 의미를 객관적으로 살펴보고 그 의의를 논의하는 것이 우선적인 과제로 제기된다. 물론 우리의 근대문학에는 민족문학으로서의 특수성이 깊이 내재화되어 있다는 점에서 세계문학의 보편성과는 일정한 거리가 있는 주변부적 속성을 지니고 있음은 분명한 사실이다. 하지만 오늘날 세계문학의 보편적 위치가 유럽 중심에서 지구적 차원으로 다변화되고 있고, 주변부의 민족문학적 성격이 공동체적 연대의 가능성을 넓혀가면서 서구 중심의 논리를 넘어서는 전복적 사유를 드러낸다는 점을 주목해야 한다. 따라서 한국 근대문학의 민족문학적 성격은 서구의 일방성과 편협성에 사로잡힌 세계문학의 추상적 규범을 해체하는 의미 있는 결과로서 새롭게 호명될 수 있음을 간과해서는 안 된다.

그렇다면 도대체 '세계문학'은 무엇을 의미하는가에 대한 개념 규정부터 명확히 할 필요가 있다. 우선, 한국문학과 상대적인 것으로 '외국문학'으로서의 세계문학, 그것도 세계문학전집으로 표상된 고전으로서의 정전(canon)이라는 그동안의 세계문학적 개념을 극복해야 한다. 또한 전 지구적 자본주의 시대 세계 출판시장에서 통하는 베스트셀러 번역물에 세계문학으로서의 의미를 부여하는 태도도 자본주의 세계 체제의 모순과 무관하지 않다는 점에서 전면적인 재고가 필요하다. 이와는 달리 세계문학을 서구 중심적 정전의 확립이 아니라 '초국적인 운동'[1]의 차원으로 접근해야 한다는 발상은 상당히 중요한 문제의식을 던진다. 세계문학은 특정한 집단과 이데올로기에 의해 선험적으로 결정되고 구성된 완성형으로서의 결과물이 아니라, 전 지구적으로 인류의 평화와 생명의 가치를 지켜내기 위해 함께 협력하고 연대하는 국제주의적 운동의 차원에서 그 의미를 재인식할 필요가 있다는 것이다. "각 민족어/지역어로 이룩한 창조적 성과들을 국가의 경계를 넘어서 공유함으로써 공동으로 근대성의 폐해에 맞서고자 한 괴테의 기획"[2]이 약 200년의 세월이 지난 지금에 이르러서도 여전히 유효한 의미를 지닌 세계문학의 개념으로 호명되는 이유도 바로 여기에 있다.

2. 세계문학의 편협성과 새로운 세계문학의 시각

세계문학을 초국가적인 운동의 차원에서 접근한다는 것은 국민국

---

1) 백낙청, 「지구화시대의 민족과 문학」, 김영희·유희석 엮음, 『세계문학론』, 창비, 2010, 37쪽.

2) 김영희, 「지금 우리에게 세계문학은 무엇인가」, 위의 책, 16쪽.

가의 정치적 결정과 영향력 아래 강력한 통제와 권위에 의존하던 일국적 문화를 넘어서, 다양한 문화들이 상호 간섭하고 타협하면서 새로운 문화를 생산하는 횡단 문화의 가능성을 주목하는 것이다. 이러한 시도는 오랫동안 한국의 독자들에게 익숙했던 서구의 국민문학을 전집으로 구성한 세계 명작이 곧 세계문학이라는 정전주의의 편협성을 극복하게 한다는 점에서 일차적인 의미가 있다. 또한 지구화 시대 번역문화의 역동성에 힘입어 세계 출판시장이 다변화됨에 따라 중심이 아닌 주변부에서 활동하는 작가들을 발굴, 번역 소개하는 상호영양과 교섭의 과정에서, 현재 우리 세계가 직면한 다양한 문제들을 공유하고 토론하는 생산적인 계기를 마련한다는 점에서도 아주 특별한 의미가 있다.

학계의 경우에도 서구 중심의 문학을 기준점으로 삼아 주변부 문학과의 차이와 영향을 탐색하는 데 집중한 비교문학으로서의 세계문학론에서 한 걸음 더 나아갈 필요가 있다. 즉 "세계문학은 단순히 민족들 간의 문학적 영향이나 비교의 차원을 넘어 민족의 경계를 넘어서 초국적 문학 현상에 주목하는 한편, 국민/민족문학의 해체 내지 재구성까지도 고려하는 방향으로 진행"[3]되어야 한다는 것이다. 따라서 지금까지 우리가 맹목적으로 수용한 세계문학에 관한 막연하고 추상적인 개념과 환상을 어떻게 비판적으로 극복할 것인가라는 문제의식에서 새로운 세계문학의 시각을 정립해야 한다. 그리고 "세계문학은 대상(object)이 아닌 질문(problem)이다."[4]라고 했던 프랑코 모레티의 발언처럼, '하나이면서 불균등한 시스템'으로서의 구조적

3) 김용규, 「체계로서의 세계문학」, 프랑코 모레티, 김용규 옮김, 『멀리서 읽기』, 현암사, 2021, 353쪽.

4) 데이비드 댐로쉬, 김재욱 옮김, 『세계문학 읽기』, 앨피, 2022, 28쪽.

모순을 지닌 세계가 현실적으로 고민해야 할 현안들에 대한 지속적인 의문과 물음을 제기할 필요가 있다. 이러한 공동체적 연대의 관점에서 상호 소통의 문화를 열어감으로써 인류의 미래를 함께 고민하고 성찰하고 실천하는 운동이 바로 세계문학을 구성하는 가장 본질적인 전제 조건이 되어야 하는 것이다.

이런 점에서 민족문학과 세계문학의 관계에 대한 이해와 그 경계를 탐색하는 것은 오늘날 세계문학의 방향성을 논의하는 데 더욱 중요한 쟁점으로 부각된다. 특히 민족의 위기에 대응하는 성격을 지닌 민족문학을 특정한 국가와 민족의 차원에서 협소하게 인식하지 않고 지구적 차원에서 논의할 때 세계 자본주의 체제의 모순을 경험한 제3세계적 시각과 자연스럽게 만나게 된다는 점도 주목된다. 물론 이때의 민족문학은 자종족 중심주의의 편협성과 지역적 폐쇄성의 한계를 넘어서야 한다는 전제가 반드시 필요하고, 각 민족문학 간의 연대와 교섭이 불평등한 세계 체제의 모순을 극복하는 비판적인 운동으로서의 공동체적 성격을 지녀야 한다는 점을 가장 중요한 목표로 삼아야 한다. 이는 민족문학과 세계문학의 관계를 일방적 영향 관계로 보던 그동안의 유럽중심적 시각에 대한 비판을 통해 경계의 지점에서 발생하는 복합적이고 다층적인 측면에 초점을 두는 것이다. 그 결과 중심이 아니라 주변부로부터 세계문학의 가능성을 찾고자 함으로써 서구 중심의 세계문학에 대한 전복과 저항의 성격을 지닌다는 점에서도 의미가 있다.

이상과 같은 문제의식에서 한국문학과 세계문학의 관계를 들여다보면, 식민과 분단이라는 역사적 현실을 경험한 특수한 상황, 영미, 유럽, 남미 등과 달리 세계문학의 보편적 언어권과 거리를 둔 데서 비롯된 번역의 어려움과 불가능성, '세계문학은 외무부를 두는가?'

라는 프레드릭 제임슨의 의미심장한 강연 제목에서처럼 세계문학을 둘러싼 국가 간의 경쟁과 대립이라는 문학 정치 등 세계문학으로서의 한국문학에 대한 이해와 방향성은 단순하게 일반화할 수 없는 복잡하고 다층적인 문제를 내포하고 있음을 알 수 있다. 여기에 대해 그 문제점의 세부적인 사항과 구체적인 대안을 일목요연하게 제시하는 것은 짧은 시간 안에 필자가 감당할 수 있는 역량 밖의 일임을 솔직히 고백하지 않을 수 없다. 다만 식민과 분단이라는 한국 사회의 특수성이 한국문학의 민족적 성격을 형성하는 데 가장 핵심적인 부분을 차지한다고 할 때, 세계문학으로서의 한국문학이라는 주제를 관념적이고 추상적인 차원이 아닌 실제적인 차원에서 이해할 수 있는 경로를 한국문학 작품에서 찾아보는 것으로 소임을 다하고자 한다. 특히 4월혁명 이후 민주적 정치의식의 성장과 역사를 보는 새로운 시선으로 서구를 객관적 타자로 이해하는 관점을 확보하게 되면서, 세계문학을 민족문학, 제3세계문학, 동아시아문학, 지역문학 등 다각적으로 접근했던 1960년대 이후 한국문학 담론을 주목하고자 했다. 그 결과 필자는 '낙동강의 파수꾼'으로 명명될 만큼 지역문학에 토대를 두면서도 동아시아적 시각으로 소설의 주제와 공간을 확대한 김정한의 문제성으로부터 세계문학으로서의 한국문학을 이해하는 하나의 방향성을 제시하고자 한다.

3. 지역문학, 동아시아문학, 세계문학

해방 이전과 해방 이후의 경계에서 볼 때 김정한의 소설은 식민과 제국 그리고 국가 권력의 폭력으로 이어지는 역사적 상황에 초점을 두고 제국과 식민의 기억이 국가와 자본의 폭력으로 연속된 역사의 모순과 한계를 비판하는 데 집중했다. 『김정한전집』[5]에 수록된 51편의 소설 가운데 해방 이후 발표된 작품 대부분이 식민지의 올바른 청산에 실패한 현실을 배경으로 국가의 폭력을 주요 제재로 삼았다는 사실에서 이러한 문제의식은 분명하게 드러난다. 김정한은 일제 말 「묵은 자장가」[6] 발표를 끝으로 사실상 소설 쓰기를 중단했다가 1966년 「모래톱 이야기」로 문단에 복귀했다. 당시 그가 다시 소설을 쓸 수밖에 없었던 가장 큰 이유는 1960년대 중반 한일 협정과 베트남 파병으로 표면화된 미국 주도의 신제국주의 현실에 대응하는 소설가로서 역할과 책임을 더이상 외면할 수 없었기 때문으로 짐작된다. 따라서 그는 문단 복귀 이후 일제 말 제국주의 모순을 넘어서는 역사적 진실에 대한 기록과 증언을 일국적 차원이 아닌 동아시아적 시각으로 확장하는 데 주력했다. 즉 베트남, 오키나와, 남양군도의 역사적 장소성을 통해 한국과 일본 그리고 미국의 관계를 입체적으로 이해하는 서사의 확대를 보여 주었다. 이는 지금까지 김정한의 소설을 낙동강 주변의 서사에 한정된 지역문학의 관점에서 논의했던 것에서 나아가 아시아적 상상력의 차원에서 새로운 문제의식을 열어 갈 필요가 있다는 문제의식을 던져 준다. 표면적인 서사의 층위에서는 부산과 경남 지역의 특정 공간에 한정된 서술로 구조화되어 있지만, 심층적인 서사의 층위에서는 제국과 식민의 기억을 공유하는 아시아 공동체의 민중적 연대 의식을 지향했던 것이다.

이와 같은 김정한의 소설적 지향은 1970년대 초반 「산서동 뒷이야기」에서부터 이미 그 단초를 확인할 수 있는데, 한국과 일본의 관계

5) 조갑상 외, 『김정한전집』 1~5권, 작가마을, 2008. 이하 작품 인용은 이 전집에서 했으므로 본문 안에 권수와 쪽수로 간략히 표기함.

6) 『춘추』 제2권 제11호, 1941.12.

를 피식민/식민의 구조로만 바라보는 시각을 넘어서 피지배/지배라는 계급적 구조와 연결함으로써 조선인이든 일본인이든 피지배의 계급적 위치에서 민중 연대의 가능성을 열어 갔다. 「산서동 뒷이야기」는 일제 말 낙동강 주변의 한 마을을 배경으로 그곳에서 살았던 일본인 가족의 이야기를 통해 한일 간의 민중적 연대의 모습을 서사화했는데, "다 같이 못사는 개펄농사꾼이지 민족적인 차별감 같은 건 서로가 거의 가지지 않았다."(4권, 183쪽)라는 데서 알 수 있듯이 "한국과 일본의 근현대사에 가로놓인 '민족 감정'이나 '식민 지배와 피지배의 기억' 같은 것을 뛰어 넘어 일종의 '민중적 연대'의 가능성을 열어 보이고 있"[7]는 작품으로 주목된다. 1970년대 중반 이후 발표된 「오끼나와에서 온 편지」에서도 이러한 문제의식은 그대로 유지되었는데, 오키나와에서 미군기지 반환 투쟁에 참여하는 일본인 남성 다께오와 태평양전쟁 당시 홋카이도 탄광에서 일했던 그의 아버지를, 오키나와 계질노동자로 일하는 주인공 복진과 일제 말 강제 징용에 끌려간 복진의 아버지와 연결 짓는 데서 소극적이나마 한일 관계를 넘어서는 민중 연대의 가능성을 엿볼 수 있는 것이다.

이러한 김정한의 시각이 더욱 구체화된 것은 중부 태평양 남양군도의 제국주의를 제재로 한 미완성 미발표작 「잃어버린 산소」를 통해 실증적으로 확인할 수 있다. 이 소설은 일제 말 중부 태평양 지역에 강제 이주된 조선인 근로보국대와 위안부의 현실을 생생하게 증언하고 있다. 다만 태평양전쟁에서 일본의 패배가 가시화되었던 해방 직전 상태에서 이야기가 중단되어 미완성 상태로 남아 있어서, 일본 패망 이후 조선인 근로보국대와 위안부들이 겪은 실상을 더욱

---

7) 한수영, 「김정한 소설의 지역성과 세계성-문단 복귀 후의 김정한 소설의 문학사적 의미」, 『사상과 성찰』, 소명출판, 2011, 315쪽.

자세하게 알 수 없다는 점이 아쉬움으로 남는다. 하지만 「잃어버린 산소」는 「오끼나와에서 온 편지」에서 기억의 서사 정도로 언급된 일제 말 중부 태평양 지역 조선인의 현실을 아주 구체적이고 사실적으로 증언하고 있다는 점에서 상당히 문제적인 작품으로 평가할 만하다. 「잃어버린 산소」는 1940년 전후 일본 주도의 동아시아 신질서가 '대동아공영권'으로 확대되어 갔던 일제 말을 배경으로 하고 있다. 태평양전쟁에서 패색이 짙어 가던 1943년 중반 일본이 마지막 결사 항전을 위해 학병 동원을 실시했는데, 주인공 '학수'는 학병을 피하기 위해 '근로보국대'에 지원하여 남양군도로 가게 되었다. 부산 부두에서 출발하여 남양 항로의 기점인 요코하마를 거쳐 학수가 도착한 곳은 일본 제국이 태평양전쟁 승리를 위해 해군력을 집결했던 가장 큰 해군 기지가 있었던 트라크섬이었다. 소설 속의 트라크섬은 수십 개의 작은 섬들이 무리를 이룬 군도(群島)로 학수 일행은 '나쯔시마(여름섬)'이란 곳에 내렸다. 여기에서 그들은 비행장 공사에 투입되었는데, 당시 트라크섬은 일제가 태평양전쟁을 준비하기 위해 연합함대 기지로 만들려고 했던 곳이었다.[8] 당시 김정한은 이러한 남양군도 근로보국대의 실상을 아주 구체적으로 알고 있었던 것으로 보이는데, 일제가 진주만 공격 승전 축하를 위해 휴식을 주는 장면에

---

8) 일제는 1936년부터 전쟁을 대비해 남양군도를 개척하려는 목적으로 '남양척식주식회사'를 설립했고, 트라크섬과 같은 중부태평양의 중심지 팔라우섬에 남양청 본청을 두고 대대적인 개발을 준비했다. 이에 따라 1939년 남양청에서는 조선인 노동자 500명을 총독부에 공식적으로 요구하였고, 당시 총독부에서는 그 선발대로 50명을 경남에서 모집하여 강제 징용을 실시했다. 또한 경상도와 전라도의 노무자 2백여 명이 트라크섬과 팔라우섬으로 끌려와서 일제의 전쟁을 위한 무자비한 노동에 시달렸다. 그 결과 일제는 남양군도에 태평양 연합함대기지를 세우고 1941년 12월 8일 진주만 공격을 시작으로 태평양전쟁을 일으켰다. 김도형, 「중부태평양 팔라우 군도 한인의 강제동원과 귀환」, 『한국독립운동사연구』 제26집, 독립기념관 한국독립운동사연구소, 2006.6. 참조.

서 "망고집 아가씨"[9], 즉 위안부의 현실을 구체적으로 알리는 장면은 특별히 주목해서 살펴볼 필요가 있다. "이 수요도에는 벌써 여자보국대란 이름으로 그러한 딸애들이 끌려와 있었던 것이었다. 부대가 이동해 갈 전날 밤 같은 때는 한 애가 하룻밤에 즘생 같은 사내들을 몇 십 명씩이나 받아야 된다던가. 그러니까 얼굴빛이 모두 호박꽃 같았다."라는 묘사를 통해 일제 말 위안부의 현실을 생생하게 증언했던 것이다. 이처럼 「잃어버린 산소」는 남양군도에서 조선인 위안부들이 실제로 겪었던 일을 직접적으로 묘사하거나 서술하고 있다는 점에서 「수라도」와 「오끼나와에서 온 편지」에서 한 걸음 더 나아가 일제 말 위안부 현실을 구체적으로 서사화한 아주 문제적인 작품이라고 할 수 있다.

김정한의 소설은 1970년대 후반 「오끼나와에서 온 편지」에서부터 경험의 서사를 넘어 증언과 기록의 서사를 소설화하기 시작했다. 경험하지 못한 서사의 한계를 증언과 기록에 대한 면밀한 확인과 역사적 이해를 바탕으로 재구성함으로써, 식민지 청산의 과제를 부산 경남의 지역적 장소성을 넘어 동아시아적 시각으로 확대해서 바라보고자 했던 것이다. 그가 식민지 청산을 통한 역사적 진실 회복에 있어서 가장 우선적으로 주목한 장소는 오키나와였다. 그리고 이러한 오키나와를 바라보는 시선을 통해 중부 태평양 남양군도의 현실로 이어지는 외연 확대를 할 수 있었던 것으로 보인다. 이처럼 오키나와와 남양군도는 1970년대 중후반 김정한의 소설이 동아시아적 시각에서

9) 소설에서 망고집은 다음과 같이 묘사되어 있다. "망고집들이란 건 사령부에서 좀 떨어진 곳에 산재해 있는 쬐깐 막집들인데 간혹 일본서 온 창녀도 섞여 있었지만 대부분 한국에서 강제로 끌고 온 가난한 집 처녀들-소위 군인전용 위안부들의 수용소였다. 주변에 망고란 열매 수목들이 많이 서 있어서 붙여진 이름이었다. 망고집 또는 망고촌이라고."

식민지 청산의 과제를 새롭게 인식하는 중요한 전환점이 되는 문제적 장소였다. 즉 식민지 시대를 읽어내는 방식에서 있어서 한중일의 세 지점이 만들어낸 긴장과 갈등을 동아시아적 차원에서 주목하지 않고서는 식민지 청산이라는 시대적 과제를 담은 소설의 역사적 의미를 제대로 구현할 수 없다고 판단했기 때문이다. 따라서 경험하지 못한 것은 쓰지 못한다는 자신의 소설적 한계를 넘어서기 위해 증언과 기록의 리얼리티를 추구하는 방향으로 심화 확대된 김정한의 소설은, 일국적 장소와 특정 지역에 한정된 우리 소설사의 한계를 동아시아적 시각으로 극복해냈다는 점에서 세계문학으로서의 한국문학을 이해하는 중요한 작품으로 평가할 수 있다.

기후 위기와 생태 환경의 미래

『신생』 100호에 즈음하여

1. 현대시의 흐름과 『신생』의 정신

1999년 가을호로 창간된 계간 시 전문지 『신생』이 100호에 이르렀다. 시 전문지로서의 장르적 특수성과 지역성의 실천이라는 장소성 그리고 생명과 생태주의를 표방한 시적 이념의 구현 등 여러 가치와 지향이 공존하는 의미 있는 작업이 어느새 한 매듭을 이룬 셈이다. 『신생』은 1990년대 우리 시문학사의 끝자리에서 세기말의 혼란을 넘어 새로운 밀레니엄을 기다리는 두려움과 기대감이 교차하던 시기에 창간됐다. 지난 80년대의 시가 보여 준 이데올로기의 무거움을 넘어 포스트모더니즘이라는 새로운 흐름 안에서 우리 시의 급격한 변화가 이루어졌던 때였다. 즉 혁명, 실천, 민중, 민족 등에 대한 첨예한 격론은 잠시 역사의 뒤편으로 물러나고, 그 자리에 욕망, 문화, 다원화, 탈중심 등 새로운 담론이 세계를 이해하는 주요 의제로 급부상했을 무렵이었다. 뉴미디어, 영상, 사이버, 정보화 등으로 치닫는 급속한 사회 변화를 맞이하면서 우리 사회 모든 면이 새로운 삶의 양식과 관점의 혁신을 요구했던 시기이기도 했다. 따라서 현대시는 이러한 변화된 지형에 발 빠르게 대응하면서 젊은 세대를 중심으로 기성세대의 관습화된 보수성을 넘어서려는 전위적인 발상과 새로운 기법의 실험에 열광했다. 이성보다는 감성, 무거움보다는 가벼움, 창조보다는 모방, 질서보다는 무질서, 정신보다는 육체에 중심을 둔 해체와 전복이 우리 시의 중요한 흐름으로 부각되었던 것이다.

이러한 현대시의 흐름과 변화를 고려할 때 『신생』의 창간은 어떤 면에서 보면 상당히 의외의 일로 받아들여질 수 있었다. 90년대 중반부터 현대시의 급격한 변화에 대한 반성적인 목소리로 서정의 본질과 가치에 대한 재인식을 강조하는 서정성의 회복 운동이 일어났는데 『신생』의 창간은 그 연장선에 있었다고 할 수 있을까. 21세기를 앞둔 우리 시의 새로움 앞에서 오히려 시의 본질로 돌아가야 한다는 발상 자체가 당시 현대시의 흐름에 비추어 조금은 특별한 행보였다. 매체 환경의 발달에 편승한 테크놀로지의 유혹에 모두가 열광했던 시기였으므로, 다시 생명과 생태 문제를 우리 시문학의 주요 의제로 부각하는 것 자체가 자칫 시대에 역행하는 문제 제기로 인식될 수 있었기 때문이다. 하지만 이러한 역설의 시학을 시 정신의 본령으로 삼아 90년대 이후 우리 시의 일방향적 변화 속도를 늦추거나 멈추게 할 필요가 있다고 주장한 당시 『신생』의 창간 정신은 아주 특별한 의미가 있었다. 즉 『신생』은 지난 90년대 이후 변화된 우리 시의 흐름 속에서 언어의 과잉이나 해체에 현혹된 현대시의 변화를 비판적으로 성찰하는 시 정신의 근본적인 갱신을 모색하고자 했던 것이다. 이러한 시 정신의 회복은 결국 인간과 세계의 관계를 재설정하는 데서 그 의미와 방향을 새롭게 구상할 필요가 있었는데, 『신생』은 자본과 기술이 아닌 자연으로부터 그 가능성을 발견하고자 했다는 점에서 본질주의적이고 생태적이며 서정적인 가치를 지향했다고 할 수 있다.

> 시 전문지 계간 『신생』은 표제가 의미하는 대로 시를 통하여 새로운 삶을 구상하고 실천하는 일을 시작하려 한다. 이는 앞서 말한 대로 시대적, 존재론적, 지역적 요청에 의한 것이다. 아울러 우리의 출발이 새로운 밀레니엄의 시작과 때를 같이한다는 점에서 우리를 강제하고 있는 근대적 삶 전반의 조건에 대한 철저한 자기 점검과 함께하고자 한다. (중략)
>
> 인간은 지금 기로에 서 있다. 자연과 인간의 관계를 회복할 것인가, 아니면 기술적 인간이 지배하는 전혀 낯선 세계상으로 갈 것인가. 우리가 내세우는 신생의 이념은 지금의 기술적이고 기계적인 관계의 세계를 유기적이고 생태학적인 관계의 세계로 전환하는 것이다. 따라서 단순하게 세기말의 정서에 편승하거나 그럴듯한 관념을 되풀이하지 않고 구체적인 실천을 기획하려 한다. 물론 우리의 실천은 시적 실천이고 담론적 실천이다.[1)]

지난 90년대가 암묵적으로 강요한 "근대적 삶 전반의 조건에 대한 철저한 자기 점검"은 『신생』이 지향해야 할 가치와 지향을 분명하게 명시한 것이나. "기술"과 "기계"가 중심이 된 세계의 변화 앞에서 인간의 삶마저 "기술적 인간"으로 변질되어 가고, "세기말의 정서에 편승"해 점점 "낯선 세계"를 만들어 가는 시적 현실을 계속해서 지켜만 보고 있을 수 없다는 위기의식의 토로가 아닐 수 없다. 결국 문제는 "자연과 인간의 관계를 회복"하는 데서 찾아야 한다는 점에서, 기술적 진보와 혁신에 대한 열광이 아닌 "유기적이고 생태학적인 관계의 세계로 전환하는 것"이 무엇보다 시급한 과제라고 인식했다. 따라서

1) 「창간호를 내면서」, 『신생』 1999년 가을호, 10~11쪽.

현대시는 "그럴듯한 관념을 되풀이하"기보다는 "구체적인 실천을 기획"하는 데 초점을 두어야 한다고 생각했고, 이러한 "시대적" 과제와 시의 "존재론적" 결합 그리고 이를 "지역적"으로 실천하는 구체성의 실현을 『신생』의 창간 정신으로 정립했던 것이다.

이러한 『신생』의 정신은 서정, 주변, 시적 인간, 자연, 동일성 등 창간 이후 시의 본질에 대한 집요한 탐색을 기획 특집으로 마련한 것에서 분명하게 확인할 수 있다. 또한 〈신생의 현장을 찾아서〉와 같은 기획을 통해 인간과 자연의 관계를 유기적으로 인식하며 살아가는 생태공동체의 자리를 소개하고 이를 세상에 알리고자 한 데서도 충분히 그 의의를 발견할 수 있다. 특히 창간 3주년 기념 세미나로 〈시와 생태환경운동 강좌〉(2002년 가을호)를 기획하여 기장군 임랑마을 일대에서 해양생물 다양성, 생태 마을과 생태적 삶, 시에 나타난 생태학적 삶, 바다 체험과 해양문학 등의 주제를 다룬 것은, 『신생』의 담론이 생활 현장과 결합하는 생태주의 운동으로서의 매체의 방향성을 실천적으로 보여 주었다는 점에서 특별한 의미가 있다.

이처럼 『신생』의 정신은 자본과 기술 주도의 현대 사회를 비판적으로 인식함으로써 생명과 생태주의 담론을 생산하고 이를 시적으로 실천하는 데 주된 목표를 두었다. 그렇다면 지령 100호에 이른 지금 『신생』이 무엇보다도 중요하게 성찰해야 할 문제의식도 바로 여기에서 찾아야 하지 않을까. 지금까지 『신생』이 창간 정신에 입각한 시적 실천과 담론 생산에 얼마나 집중하고 헌신했는지, 그리고 앞으로 이러한 정신에 부합하는 어떤 방향과 과제를 설정할지에 대한 엄밀하고 객관적인 자기 성찰이 뒤따라야 하는 것이다. 따라서 『신생』은 지금 우리가 직면한 생태 환경의 미래를 걱정하고 대비하는 세계사적 논의에 더욱 세심하게 주의를 기울이지 않으면 안 된다. 기후 위기 시대의 인문학적 성찰을 중심으로 포스트 코로나 시대의 질병에 대처하는 세계공동체의 운명, 그리고 세계 곳곳의 전쟁과 분쟁을 넘어선 평화의 시대를 실천적으로 고민하는 시적 모색과 담론적 성찰을 통해 『신생』이 앞으로 지향해야 할 주요 의제를 재정립할 필요가 있는 것이다. 결국 지금 『신생』이 100호에 즈음하여 가장 중요하게 생각해야 할 과제는 『신생』의 창간 정신을 다시 소환하는 '신생다움'의 실천과 운동에 있음을 반드시 기억해야 한다.

2. 기후 위기와 인문학적 상상력

21세기를 전후로 균형 있는 세계 발전을 위한 정책으로 전 지구적 자본주의와 세계화의 논리가 끊임없이 강조되었지만, 그 실상은 국가 간의 소득 격차와 불평등을 심화하고 질병의 위기와 전쟁을 유발하는 극심한 모순과 폐해를 남겼을 뿐이다. 게다가 개발과 파괴를 합리화하는 문명적 전략은 오존층의 붕괴, 해양오염, 삼림의 훼손, 사막화, 이산화탄소 배출, 유해 폐기물 범람 등 인류의 미래를 위협하는 심각한 환경 생태계의 혼란마저 초래하고 말았다. 그리고 이러한 생태 환경의 위기는 기후 위기라는 우리 삶과 직결된 문제를 현실화함에 따라 미래 세대에게 상당히 고통스러운 부담을 안겨 주게 된 것도 분명한 사실이다. 특히 기후 위기는 환경 위기 차원을 넘어서 이제는 "사회적이면서도 역사적인 현상"[2]이 되었으므로 인류 전체가 함께 해결해야 할 전 지구적인 과제로 인식하지 않으면 안 되는 상황에 이르렀다. 따라서 대부분의 국가가 자본과 기술을 앞세운 개발과

2) 서동진, 「지구화 이후의 세계 그리고 서사」, 『창작과비평』 2024년 봄호, 17쪽.

문명이라는 목적론적 방향에서 벗어나 자연과 인간의 소통 체계를 회복함으로써 생태주의 원리가 제도화된 에코민주주의를 실현하는 것을 중요한 정책 방향으로 삼고자 한다. 하지만 이러한 국가 정책의 방향이 당위적인 의제 설정과 제도적 차원의 문제 해결에만 집중되어 일상적 삶의 현장에 직접적으로 영향을 미치는 실천적인 운동 차원으로까지 이어지지 못하고 있다는 데 본질적인 문제가 있다.

여기에서 우리가 무엇보다도 중요하게 생각해야 할 과제는 기후 위기를 환경 위기의 차원에서만 바라보는 데 그치지 않고 인문학의 위기와 맞물려 진지한 논의를 해야 한다는 것이다. "기후 위기란 곧 문화의 위기이자 상상력의 위기"[3]라는 진단도 바로 이러한 맥락에서 나온 말인데, 지금의 문화가 기후 위기를 재현하는 방식에 있어서 너무도 무능력하다는 비판적 인식의 결과이다. 다시 말해 기후 위기는 과학적 논란과 국가 간의 논쟁 차원에서만 논의될 것이 아니라, 오히려 인문학적 시각에서 역사적이고 철학적이며 사회적이고 윤리적인 대안을 제시하는 전면적인 논의가 필요하다는 것이다. 이때 인문학적 상상력은 지구 온난화와 같은 자연과학적 사실을 일상 속 날씨와 같은 가시적인 경험 체계로 치환하는 데 아주 중요한 역할을 한다. 기후 위기에 대처하는 인문학적 상상력은 여전히 관념적이고 제도적인 차원으로 인식되는 생태 환경의 문제를 우리의 실생활 가까이에서 실제적인 감각을 통해 내면화하게 한다는 점에서 아주 유의미한 실천 방법이 될 수 있는 것이다.

특히 이러한 생태 환경의 위기는 철저하게 인간중심주의에 토대를 두고 추진되었던 자본주의 근대가 불러온 결과라는 사실을 반드시

---

3) 아미타브 고시(Amitav Ghosh)의 견해로, 서동진, 위의 글, 19쪽 참조.

기억해야만 한다. 자유와 행복, 욕망과 편리 등 인간이 자신들의 미래를 위해 무분별하게 파괴한 자연이 이제는 인간에게 그 고통을 고스란히 되돌려주는 참혹한 결과로 나타나는 것이다. 그렇다면 이러한 문제에 대한 해결은 인간중심주의에 대한 근본적인 반성으로부터 시작되는 것이 너무도 당연한데, 이것이 당위적 과제의 설정에만 초점을 두어서 실제적인 변화와 실천으로까지 이어지지 못한다는 데 관념으로서의 생태주의가 지닌 한계는 여전히 뚜렷하다. 즉 인간중심주의의 해체를 주장하는 생태주의 담론 그 자체도 중요하지만, 무엇을 어떻게 해체할 것인가에 대한 일상적이고 구체적인 실천을 탐색하는 것이 더욱 시급한 과제인 것이다. 이때 과학적 사실의 확인이나 통계 자료의 제시보다 중요하게 생각해야 할 것은 인간의 정신과 생활에 깊숙이 파고드는 생태적 감수성의 회복에 있다. 기후 위기를 인문학적 상상력의 차원에서 논의할 필요성이 제기되는 이유도 바로 여기에 있는데, 생태적 감수성이 우리의 실생활에 변화를 가져오는 가장 유효한 정서적 작용을 함으로써 인간의 내면을 변화시키는 기폭제가 될 수 있기 때문이다.

기후 위기에 대응하는 인문학적 상상력은 인류에 미칠 영향력에 대한 사회적 담론의 장을 형성하는 데도 충분히 기여할 수 있다. 즉 인종, 계급, 질병, 전쟁 등 기후 위기로 인해 급변하게 될 전 지구적 차원의 문제들을 역사, 윤리, 문학, 예술의 영역에서 다양한 논의의 장을 열어갈 수 있게 하는 것이다. 자연이란 무엇이고 인간은 어떻게 살아가야 하며 기술과 인간의 조화로운 삶은 어떻게 가능한가와 같은 인문학적 물음들을 끊임없이 제기함으로써, 과학적으로 설명되고 유포되어 우리 삶과 아직은 직접적으로 연결되어 있다고 인식하기 어려운 지구 온난화와 같은 문제를 인류의 미래는 물론 현재의 삶마저 위협하는 위험 요소로 인식하는 경각심을 갖게 하는 것이다. 따라서 기후 위기 시대를 살아가는 인간의 정의와 윤리에 대한 인문학적 성찰과 고민은 지금 우리 시대뿐만 아니라 인류의 미래를 위해서도 아주 중요하게 논의해야 할 과제가 되지 않으면 안 된다.

이처럼 과학적 진보의 위험성을 경계하고 성찰함으로써 기술과 인간의 적절한 균형과 공존을 모색하는 대안 사회의 건설은 인문학적 상상력에 바탕을 둔 생태적 감수성의 회복과 함께 추진되어야만 한다. 최근 들어 우리는 자연에 인간의 영향력이 본격화된 시기를 일컬어 '인류세(Anthropocene)'라고 부르고 있고, 환경 인문학이라는 분과 학문이 새롭게 개설될 만큼 인간과 자연의 관계에 대한 재인식이 더욱 절실하게 요구되는 시대를 살아가고 있다. 따라서 인간과 자연의 관계를 새롭게 사유하는 생태 환경에 대한 전면적인 인식의 전환이 전 지구적으로 요청되고 있는데, 생태적 감수성은 이러한 삶의 태도를 견인하는 중요한 마음의 지도이면서 시대를 새롭게 사유하는 가치와 방법이 아닐 수 없다. 특히 인류 전체의 운명을 좌우하는 시급한 현실 문제임에도 불구하고 날씨와 같은 가시성의 영역을 경험하지 않고서는 쉽게 실감하기 어려운 것이 기후 위기라는 점에서, 생태적 감수성은 관념적인 담론의 차원을 넘어서 문학적 감수성과 상상력에 토대를 두고 기후 위기를 해결하는 실천적 방향을 모색하는 데 있어서도 가장 직접적이고 현실적인 대안이 될 수도 있다.

지금까지 기후 위기를 다룬 문학의 대개는 소설 장르에 집중된 측면이 두드러진다. '기후소설'이 일종의 장르 명칭이 될 정도로 소설에서는 기후 위기가 일정 부분 시급한 주제와 제재로 부각되었던 것이 사실이고, 이에 대한 담론적 논의도 비교적 활발하게 전개되었다고 할 수 있다. 하지만 시 장르를 살펴볼 때 환경 생태시라는 큰 범주 속에서 부분적으로 기후 위기의 문제점을 다루었을 뿐 소설 장르만큼 집약적인 성과물을 도출했다고 보기는 어렵다. 최근 〈부산작가회의〉 회원 중심의 무크지 〈시욺〉이 기획한 『지구는 난간에 매달려』(전망, 2023)가 '기후시집'이라는 명칭을 달고 출간된 것이 거의 유일한데, 이 시집의 '머리말'에는 기후 위기 시대 시의 역할이 얼마나 중요한지를 강조하는 시인들의 고투가 담겨 있다.

> 나무도 풀꽃도 메뚜기와 펭귄과 거북이도 모두 지쳐 생명의 빛을 잃어가는 게 보인다. 도대체 지구에 무슨 일이 생긴 걸까. 저 당혹스러운 이상 사태, 불치의 병으로 타오르는 고통, 징조처럼 옮아가는 산불 그리고 점점 고갈되고 있는 물길. 당혹스러운 이 현실이 결국 극단적인 물질사회를 끌고 가는 문명의 결과라니. 내가 매일 쓰는 소비적인 에너지들 때문이라니.
>
> 자연을 향한 죄의식과 미래에 대한 부채 의식이 늘어간다. 이 빚진 삶의 소용돌이를 어떡할 것인가. 문학은 무엇을 할 수 있는가. 왜 사람들은 벼랑 끝인 줄 알면서도 멈출 줄 모르는가. 문명의 편리 속에 감춰져 있는 파탄의 위기를 왜 감지하지 못하는가. 불편을 선택할 용기는 없는가. 이제 자유도 정의도 기후 위기에 대응하는 일에 쓰여야 한다. 지구의 역사에서 그 어떤 때보다도 인류의 선택이 중요한 시점에 와 있는 것이다. (6쪽)

"자연을 향한 죄의식과 미래에 대한 부채 의식"은 이제 오롯이 인간의 몫이 되었다. 이 모든 것이 "극단적인 물질사회를 끌고 가는 문명의 결과"이고 "내가 매일 쓰는 소비적인 에너지들 때문"이라는 사실은 너무도 명백하다. 따라서 앞으로 우리 시문학은 기후 위기를 추상적 개념이나 당위적 과제로 인식하는 차원을 넘어서 생활 속 실천의 측면에서 상상력을 확장하는 지속적인 노력이 필요하다. “문명의 편리 속에 감춰져 있는 파탄의 위기”는 “불편을 선택할 용기”가 있어야만 해결할 수 있는 일이다. 결국 인간의 구체적 삶이 변화하지 않으면 그저 당위적이고 이상적인 담론의 재생산에 그치게 될 뿐이다. 그러므로 우리 시는 바로 이러한 생활의 영역에서 저마다의 구체적인 실천을 추동하는 상상력의 가능성을 열어 나가야 한다. “이제 자유도 정의도 기후 위기에 대응하는 일에 쓰여야 한다.”라는 시인의 말은 곧 우리 시가 지향해야 할 궁극적인 가치와 목표를 제시한 것이 아닐 수 없다. 자유와 정의라는 말에서 분명하게 드러나듯이 기후 위기가 환경 생태의 위기이기 이전에 사회의 위기이고 문화의 위기라는 사실을 간과해서는 안 된다. 지금 생태시라는 관념을 넘어 기후 시라는 실천과 운동을 더욱 주목해야 하는 이유도 바로 여기에 있다.

3. 기후시의 전략과 실천

기후시는 기후 위기에 대응하는 세 가지 양상에 초점을 두고 있다. 즉 오늘날 기후 위기를 초래한 근본적인 원인에 대한 규명과 현재 상황의 심각성을 보여 주는 극심한 폐해의 실상 그리고 이러한 위기가 가져올 위험한 미래를 대비하는 대안적 삶의 추구가 핵심적인 주제와 내용이다. 물론 이 세 가지 문제는 명확하게 구분되거나 경계를 지을 수 있는 일은 아니라는 점에서 기후시는 넓게 보아 생태시의 범주 안에 있다고 할 수 있다. 다만 생태 환경의 미래에 대한 불확실성과 자연 파괴가 초래하는 위험성이 기후 변화라는 조금은 직접적인 경험의 영역 안에서 형상화된다는 점에서 차이가 있는데, 담론이 우세하기보다는 실천적인 측면을 주목한다는 데 특이성이 있다. 즉 이러한 경험의 영역이 지구온난화와 같은 과학적 사실에 입각한 당위적인 차원의 경고에 초점을 두는 것이 아니라, 시시각각으로 변하는 날씨나 사계절의 변화가 점점 무색해지는 기상이변을 통해 일상적 경험의 차원에서 좀더 구체적인 장면으로 형상화된다는 것이다. 따라서 기후시는 생태시보다 좀 더 직접적인 메시지를 담아낸다고 할 수 있는데, 그 결과 조금은 계몽적 차원의 도식적 구조에 노출될 수 있음을 경계하지 않으면 안 된다.

먼저 기후 위기의 원인을 비판적으로 이해하는 출발점이 다름 아닌 인간에 있다는 사실을 강조하는 것은 그 자체로 문제적이다. 자연과 인간의 관계 안에서 언제나 인간은 그 중심을 차지하고자 했고, 자연을 파괴하고 훼손하는 상황을 감수하고라도 인간이 꿈꾸는 미래 사회 건설은 불가피한 일로 받아들여졌기 때문이다. 그 결과 인간 스스로가 인간을 위협하는 모순은 점점 가속화되었고, 자연 앞에서 한없이 무기력한 존재로서 인간의 나약함이 적나라하게 드러나고 만 것이다. 그럼에도 불구하고 인간은 끊임없이 자신의 편리를 위한 삶을 포기하지 못한 채 기계의 부속품처럼 자동화된 시스템 안에 매일같이 스스로를 가둔 채 살아간다. 마치 그것이 그럴듯한 인간의 삶이라고 과시하듯 기후 위기를 가속화하는 문명적이고 기계적인 삶에 점점 더 익숙해져 가는 것이다.

> 기계가 몸안에 들어와 있는 것 같아요/언제부턴가 나는 순수한 내가 아닙니다/버튼을 누르고 청소를 합니다/버튼을 누르고 빨래를 합니다/하얗고 보드라운 살 속에 손잡이가 달려 있습니다/손잡이를 잡고 당기면 여름인데 얼음이 쏟아집니다//텃밭에 토마토, 오이, 가지,

상추 같은 야채를 키웁니다만/텃밭은 작고 키워도 그만 안 키워도 그만입니다// (중략) //기계에 묶인 몸으로 앓아누운 저녁/기계 너머 자연을 바라보지만 자신이 없습니다/옛날로 자연으로 돌아갈 자신이 없습니다/몸속 어딘가에 웅크리고 있을/미개한 사람을 순수하고 부를 수도 없습니다/어제는 괴물이 나타났습니다/폭우가 쏟아져 사람들이 사라졌습니다//냉장고, 전기밥솥, 몇 개의 전기코드를/집의 심장부처럼 꽂아두고 외출을 합니다/문이 자동으로 잠기고 엘리베이터를 타고 허공에서 내려와 자동으로 열리는 현관을 나섭니다/버스 정류장까지 휴대전화 하나만 남았습니다/5분 거리에 버스정류장이 있습니다//바깥으로 나오니 정글을 헤치고 나온 것 같습니다/몇 정거장까지 걸었습니다/20분이나 30분 거리에 정류장이 있다면 조금은 자유로울지도 모르겠습니다

— 박춘석, 「5분 거리」 부분[4)]

"기계가 몸안에 들어와 있는 것 같아요"라는 말에서 기계와 인간의 결합은 이미 유기체로서의 생명체마저 기계로 변형시켜 버린 극단적 현실을 경험하게 한다. "버튼을 누르"면 모든 것이 일시에 해결되는 너무도 편리한 세상에서 "텃밭은 작고 키워도 그만 안 키워도 그만"이 되는 것은 지극히 당연한 결과이다. 때로는 "기계 너머 자연을 바라보"면서 현재의 삶을 돌아보고자 하지 않은 것은 아니지만, 이내 "옛날로 자연으로 돌아갈 자신이 없습니다."라는 말처럼 기계와 문명의 속도 앞에서 점점 무기력해지는 인간의 왜소함을 절감하게 될 따름이다. 따라서 어느새 "순수"는 "미개한 사람"의 속성이 되고 "폭우

4) 무크지 시움, 『지구는 난간에 매달려』, 전망, 2023, 68~70쪽.

가 쏟아져 사람들이 사라"지는 기상이변과 괴이한 일들은 일상적 현실이 된다. 기계 인간이 존재할 수 있는 최소한의 거리인 "5분 거리"에 익숙해지면서 "20분이나 30분 거리"의 "자유"는 더 이상 허락되지 않는 삶을 살아가게 될 뿐이다.

물론 이러한 가상현실은 기계문명에 종속된 삶을 살아가는 인간에 대한 경고를 드러내는 일종의 알레고리이지만, 이러한 현실을 가상의 상황으로만 받아들이기 어렵다는 것이 지금 우리가 당면한 현실의 모습이라는 데 심각성이 있다. 그리고 이 모든 기계적 행위의 주체가 인간이라는 사실의 확인은 인간에 의해 행해지는 일상에 대한 전면적인 반성을 촉구한다. 인간은 기후의 영향에서 결코 자유로울 수 없는 왜소한 존재임이 자명한데, 그럼에도 불구하고 인간은 이러한 기후 위기의 심각성을 실감의 차원으로 인식하지 못함에 따라 어떤 대책도 대안도 마련하지 못한 채 오히려 더욱 편리한 세상에 대한 기대감만을 증폭시키고 있기 때문이다. 결국 기후 위기는 점점 더 심각한 상황으로 치닫고 우리가 전혀 상상할 수 없을 만큼의 속도로 일상의 위기는 가속화되고 있다. 자연의 균형이 일시에 무너져 "폭우"가 쏟아지는 날들이 점점 많아지는 이상 기후는 자본주의적 욕망과 기계문명에 종속되어 버린 인간에 대한 경고임을 분명하게 인식하지 않으면 안 된다. 이런 점에서 기후 위기에 대응하는 두 번째 전략과 실천이 현실의 심각성을 재현하는 데 집중하는 것은 너무도 당연한 결과가 아닐 수 없다.

알프스 기슭에 사람들이 모여들었다/피졸산 빙하 장례식의 조문객들은 꽤 먼 길을 왔다.//검은 옷에 검은 모자를 쓴 남자들과/검은 옷에 검은 스카프나 베일을 두른 여자들/그리고 지구의 빙하가 모두 녹

> 은 세상에서 살아야 할/아이들도 있었다//흩어진 돌로 쌓은 빙하의 무덤 위에/꽃을 내려놓는 손//호른에서 흘러나온 장송곡이 허공에 울려퍼졌다//아이슬란드에서는 오크 빙하가 처음으로/빙하의 지위를 잃었고/〈미래로 보내는 편지〉라는 추모비가 그 자리에 세워졌다//지구의 온도가 올라갈 때마다/빙하의 백색 군대는 온 힘을 다해 싸웠지만/거대한 전선이 무너져내리기 시작한 것은 벌써 오래전이다//불과 얼음의 전투에서/후퇴, 후퇴, 후퇴, 후퇴만이 있을 뿐//컬럼비아 빙하는 지난 3년동안 4킬로미터나 후퇴했다/푸른 피는 바다로 흘러내리고/크고 작은 유빙들이 전사자의 시체처럼 떠다니고// (중략) /우리는 저 사라진, 사라져가는 얼음덩어리로부터 왔다//얼음 치마에서 멀리 떨어져나와 불의 도시에서 살아가는 우리는/빙하가 쪼개지는 비명에 잠이 깨기도 한다//그러곤 뒤늦게 깨닫는다/온통 시퍼런 핏물로 흥건해진 꿈이 꿈만이 아니라는 것을//매일매일이 빙하들의 장례식이라는 것을
>
> ―나희덕, 「빙하 장례식」 부분[5]

2019년 9월 22일 스위스 알프스산맥의 피졸산 정상 아래에서 지역 주민과 환경운동가들이 모여 기후 위기의 심각성을 경고하기 위해 치렀던 '피졸산 빙하 장례식'에 대한 신문 기사를 바탕으로 쓴 시이다. 지구온난화로 인한 빙하의 파괴와 소멸이라는 생태 환경의 문제를 죽음을 추모하는 장례식의 모습에 기대어 제의적 메시지로 표현했다는 데서 현실의 심각성을 환기하려는 시인의 의도를 짐작할 수 있다. 그런데 장례식에 대한 묘사에서 무엇보다도 주목되는 부분은,

---

5) 나희덕, 『가능주의자』, 문학동네, 2021, 83~84쪽.

"지구의 빙하가 모두 녹은 세상에서 살아야 할/아이들도 있었다"에서처럼 미래 세대의 주체인 '아이들'을 호명하고 있다는 데 있다. 최근 전 세계 곳곳에서 거대한 빙하가 사라져 "빙하의 지위를 잃"거나 "〈미래로 보내는 편지〉라는 추모비가 그 자리에 세워"지는 등 지구 환경의 위기가 미래 세대에게 더 큰 위험을 안겨 주는 일이 되고 있다는 사실에 대한 경각심을 일깨워주고자 함이 아닐까. "불과 얼음의 전투"로 상징화된 전 지구적 세계 환경은 "거대한 전선"에 비유될 만큼 지금 인류를 불안과 공포에 빠져들게 하는 심각한 사건으로 다가오고 있음에 틀림없다. "푸른 피는 바다로 흘러내리고/크고 작은 유빙들이 전사자의 시체처럼 떠다니"는 현실 앞에서, "우리는 저 사라진, 사라져가는 얼음덩어리로부터 왔다"라는 인간과 자연의 근본적 관계를 떠올리는 것조차 힘겨운 실정이다. 지금 우리 지구는 "매일매일이 빙하들의 장례식"을 치르는 것과 같은 일상을 간신히 견디며 미래 환경에 대한 불안과 걱정 속에서 살아가고 있는 것이다.

그렇다면 이제 기후시는 이러한 현실의 고발과 증언에만 매몰되어 디스토피아로서의 지구의 운명을 걱정하는 차원에만 머물러 있어서는 안 된다. 즉 재난이나 파멸의 실상을 보여 주는 데 급급한 채 구체적인 행동 변화를 촉구하는 방법의 모색을 함께 병행하지 않는다면, 기후시의 독자들은 "허망한 이미지 소비로 절망의 시학에 갇혀버리게"[6]될 뿐이기 때문이다. 따라서 기후시는 기후 위기의 원인과 실상을 이미지화하는 차원을 넘어서 이제는 대안적 삶을 실천하는 구체적 행동을 시적으로 형상화할 필요가 있다. 다만 이러한 시도는 이성적이고 논리적이며 개념적이고 관념적인 방식이 아니라, 인간의 감

6) 이혜원, 「기후 위기 시대 한국시의 생태적 감수성과 미학」, 『문학과 환경』 21권 4호, 문학과환경학회, 2022, 225쪽.

성과 정서에 호소함으로써 그 행동 변화를 즉각적으로 이끌어 내는 생태 감수성의 회복을 담아내는 것으로 구체화되어야 한다. 이는 자칫 기후시가 기후 위기에 대응하는 인간의 반성이라는 이미 정해진 정답을 직접적으로 노출함으로써 지나치게 계몽적인 방향으로 흘러가는 것을 경계하기 위함이다. 즉 기후시가 시라는 미학의 성취를 외면하고 주제나 내용의 강조로만 전개된다면, 시의 형식이 아닌 환경 캠페인의 슬로건과 같은 직접적인 호소가 더욱 현실적인 방식이 될 것이기 때문이다.

> 이제 인간은 썩지 않는 똥을 싸댄다.//기후환경 위기에 대한 시를 써보라 하는데//이깟 시 한 편 쓴다고 위기가 극복되겠는가/다시 혁명이 필요하다/혁명은 모두가 한목소리로 행동해야 성공한다/지구에서 가장 염려되는 쓰레기는 인간/인간의 욕망만 잘 분류하여 버리면 우선 쓰레기는 반으로 줄겠다//나는 지구의 쓰레기다//옷이 있는데도 옷을 사고/매번 고기를 먹어야 하고/밝은데도 더 밝게 불을 밝히고/더 따뜻하게 더 시원하게/지구가 문제라고 늘 불안해하지만, 사실은 내가 문제다/썩어야 지구가 포근히 감싸주는데/편하면 더 편해지려는 욕망으로 나날이 종류가 늘어나는 일회용품들/애인도 일회용 자식도 일회용//결국, 지구도 일회용으로 버려지기 직전이다/불편하게 살자는 말은 이제 혁명이 되었다
>
> — 김종미, 「불편하게 살자」 부분[7]

인간의 과도한 욕망이 초래한 "기후환경 위기"가 결국 인간의 삶을

---

7) 『지구는 난간에 매달려』, 앞의 책, 51~53쪽.

희망이 아닌 절망으로 빠뜨리는 아이러니한 상황을 담은 시이다. "편하면 더 편해지려는 욕망"은 인간이 자연보다 우위에 있어야 한다는 인간 중심주의적인 발상과 태도의 결과이다. 물론 지금 우리는 "지구가 문제라고 늘 불안해하"는 위기의식을 갖고 있고, 그래서 "기후환경 위기에 대한 시를 써보라 하는" 방식으로 일정한 행동의 변화를 촉구하고 있기는 하지만, 정작 이러한 변화를 기대하는 목소리는 과학적 사실의 확인이나 관념적 지식을 전달하는 차원을 넘어서지 못할 때가 많다. 즉 인간은 "지구에서 가장 염려되는 쓰레기는 인간"이고 "사실은 내가 문제"라는 반성적 자아를 호출하는 데 그침으로써, 기후 위기에 대응하는 생활 속 실천을 이어가지 못하는 자기모순에 빠지기 일쑤이다. "인간의 욕망만 잘 분류하여 버리면" 된다는 사실을 너무도 잘 알면서도, "밝은데도 더 밝게 불을 밝히고/더 따뜻하게 더 시원하게" 끊임없이 욕망의 충족만을 갈망하는 존재가 결국 인간임을 반복적으로 강조하는 생태 담론의 재생산에만 골몰하게만 될 우려가 있는 것이다. 따라서 기후시는 지금 우리 시대에 가장 필요한 가치와 지향이 "썩지 않는 똥을 싸"는 인간에 대한 "혁명"이라는 대안적 삶의 방향을 분명하게 제시하지 않으면 안 된다. 그리고 이 혁명은 생명, 생태, 환경 등을 내세운 거창한 이데올로기나 담론의 재생산이 아니라, 인간이 "불편하게 살자는 말"을 겸허하게 실천하는 태도의 변화를 촉구하는 데서 그 의미를 찾아야 한다. 기후시는 기후 위기가 곧 인간 위기임을 경고하면서 다시 인간의 근본을 회복하기 위한 자기 성찰을 집요하게 요구한다. 이제는 "불편하게 살자"라고 말하는 역설적 삶의 태도가 오히려 인간의 삶을 구원하는 생명의 실천이 된다는 사실을 분명하게 전달하고자 하는 것이다.

4. 지구적 세계 환경과 『신생』의 미래

우리는 지금 포스트 코로나 시대를 살아가고 있다. 코로나19라는 미증유의 혼란은 전 지구적으로 근본적인 삶의 변화와 성찰을 요구했다. 사스, 신종플루, 메르스, 코로나19 등 인류를 위협하는 질병의 경고는 그 주기가 점점 짧아져 앞으로 더 큰 위험과 위기가 닥칠지도 모른다는 것이 세계적인 학자들의 일치된 견해이다. 특히 코로나19라는 감염병의 확산을 겪으면서 이러한 바이러스와 질병의 문제는 이제 특정 국가의 차원을 넘어서 인류 전체가 함께 해결해야 할 과제임을 경험적으로 받아들이게 되었다. 자본과 문명으로 구축된 발전의 신화가 불러온 국가, 지역, 계층 간의 불평등과 제국과 식민의 유산을 자본과 경제의 논리로 재편한 데서 비롯된 오리엔탈리즘적 시선, 그리고 이러한 불평등과 차별의 시선이 철저하게 외면해 온 의료시스템의 한계 등 소위 전 지구적 자본주의의 허위성과 일방향성을 냉정하게 성찰하지 않으면 안 된다는 사실을 비로소 절감하게 된 것이다.

이런 점에서 기후 위기는 지구적 세계 환경의 미래와 직결된 가장 심각한 위험이자 경고라는 사실을 결코 잊어서는 안 된다. 즉 지구온난화가 가져올 기후 위기는 전염병 발생의 빈도를 높이고 그 결과 바이러스와 세균의 분포 범위를 확산하는 등 기후와 질병 그리고 이에 따른 국가 간의 분쟁이나 전쟁은 상호 밀접한 연관 속에서 전 지구적 환경의 위기를 더욱 가속화하게 될 것은 너무도 자명하다. 따라서 이와 같은 위험에 대비하는 노력으로 인간의 과도한 욕망으로부터 자연을 보호하는 '생태백신'[8]의 필요성을 제기하는 것은 지구적 세

8) 최재천, 「생태와 인간」, 최재천 외, 『코로나 사피엔스』, 인플루엔셜, 2020, 33~34쪽 참조.

계 환경에 대응하는 인문학적 성찰의 한 지점을 선명하게 보여 준다. 인간의 삶을 근본적으로 성찰함으로써 자연과 더불어 공존하는 삶을 추구하는 것, 그래서 기후 변화와 같은 환경의 위기로부터 우리 모두가 경각심을 갖고 이를 해소하기 위한 생활 속 실천을 강구하는 것이 바로 '생태백신'이라는 것이다.

이처럼 그동안 생태학자들은 자연환경을 훼손하지 않고 보전하는 것이 궁극적으로 인류에 더 큰 이익을 가져온다는 사실을 계속해서 주장해 왔다. 자연의 파괴에 따른 기후 변화와 생물 다양성의 고갈이 오히려 세계 경제에 더 큰 손실을 가져올 수 있다는 경고를 지속적으로 강조해 왔던 것이다. 그리고 이러한 주장은 코로나19가 가져온 세계 경제의 위기를 경험하면서 명백한 사실로 입증되었다. 그럼에도 불구하고 문명과 발전의 신화에 매몰된 인간의 속도 경쟁은 이러한 목소리에 전혀 귀 기울이지 않은 채 여전히 자본주의의 편리에 도취되어 살아갈 따름이었다. 물론 일부에서는 생태 중심적 기업 활동을 주목하고 이러한 기업의 생산품을 적극적으로 소비하는 생태적 경제 활동으로의 전환에 깊이 공감하고 있기도 하다. 하지만 이러한 모습은 극히 부분적인 경제 활동에 그치고 있을 뿐 자연과 좀 더 절제된 접촉을 해야 한다는 생태학자들의 근본적인 주장은 계속해서 외면당하기 일쑤이다. 물론 이제 옛날로 돌아가는 것은 거의 불가능하고 무조건 과거로의 역행이 현재의 문제를 해소하는 대안이 된다고 볼 수도 없다. 그렇다면 소위 지속 가능한 발전을 위해 인간과 자연이 공존하는 새로운 가치관과 세계관의 정립을 통해 변해야 할 것과 변하지 말아야 할 것 사이의 긴장과 조화가 동시에 이루어지는 실질적인 변화를 위한 실천을 구체화할 필요가 있다.

『신생』 100호에 즈음하여 그동안 걸어온 길을 돌아보고 앞으로 걸어갈 길을 모색하는 이중 과제는 앞으로의 『신생』이 지향해야 할 미래를 예견하게 한다는 점에서 상당히 중요한 의미가 있다. 무수히 많은 매체의 난립이 오히려 생태 환경적 삶에 역행하는 일이 될 수도 있음을 모르지 않는다면, 앞으로 『신생』은 창간 정신으로 돌아가 가장 '신생다움'을 실천하는 시 전문 매체의 역할을 감당하는 것을 결코 외면해서는 안 된다. 문학의 자율성과 문학 지형의 변화를 무조건 외면할 수는 없다는 현실적 논리에 갇혀 『신생』의 핵심 가치를 매체 발간의 중심에 두지 않는다면, 자연을 그대로 두는 것이 오히려 미래 사회를 위한 길이 된다는 생태주의자의 주장을 시대착오적인 논리로 받아들이는 편협한 태도와 전혀 다를 바 없다. 자본주의적 근대의 중심에서 인간의 무한경쟁 속도와는 일정하게 거리를 두고 시대의 유행과 시단의 변화와는 일정하게 유보적인 입장을 취함으로써, 시의 본질과 정신에 대해 다시 생각하는 가장 '신생다운' 모습으로의 갱신이 필요한 때가 아닐까 싶다. 외적 형태(poem)로서의 시에 주목하기보다는 내적 정신(poetry)의 차원에서 시학의 본질과 현상을 새롭게 탐색함으로써 『신생』의 미래를 처음부터 다시 구상하는 전면적인 변화와 혁신이 이루어지기를 기대한다. "자연과 인간의 관계를 회복할 것인가, 아니면 기술적 인간이 지배하는 전혀 낯선 세계상으로 갈 것인가"를 고민하고자 했던 『신생』의 창간 정신은 여전히 유효한 시대정신이 아닐 수 없다. 지령 100호에 이른 지금 "기술적이고 기계적인 관계의 세계를 유기적이고 생태학적인 관계의 세계로 전환하"고자 하는 데서 시학의 가치와 지향을 재인식하고자 했던 창간 정신을 되새김으로써, 『신생』의 이념과 방향을 재정립하는 전면적인 변화와 혁신에 대해 진지하게 다시 논의할 필요가 있는 것이다.

로컬리티의 실천과 공동체적 연대

1. 중심/주변, 본회/지회라는 모순

필자는 〈부산작가회의〉 회원이다. 하지만 〈한국작가회의〉 회원은 아니다. 그렇다고 해서 그동안 〈한국작가회의〉와 전혀 무관한 위치에 있지는 않았다. 2000년대 중반부터 〈민족문학연구소〉 활동을 했고, 수년 전에는 『내일을 여는 작가』 편집위원으로 활동했으며, 최근에는 〈한국작가회의 창립 50주년 연속 심포지엄〉 기획에 참여하여 발표자와 토론자를 섭외하고 직접 발표를 하기도 했다. 혹자는 필자에게 〈한국작가회의〉 가입을 권고하기도 했지만, 이미 〈부산작가회의〉 소속으로 활동하고 있는 상황에서 이중으로 〈한국작가회의〉 가입을 해야 할 이유가 없다고 생각했다. '본회'와 '지회'라는 구분 방식도 받아들이기 어려웠을 뿐더러, 부산에서 활동한다는 사실 외에 〈한국작가회의〉가 지향하는 실천과 〈부산작가회의〉에서의 필자의 활동은 거의 다를 바 없었기 때문이다. 굳이 '한국'이라는 큰 범주 안에 속하지 않더라도 진보적 문학의 방향성과 실천적 방식에 전적으로 동의하고 있었으므로, 특정 지역에 제한을 두고 그 소속을 구분하는 발상 자체는 중심의 논리와 권력적 위계 의식을 내재한 행태라는 반감도 있었다.

필자는 2000년대 초반 소위 '문학권력논쟁'에 가담했던 지역의 평론가다. 첫 평론집 『타락한 중심을 향한 반역』(새움, 2002)이라는 제목에서 분명하게 알 수 있듯이, 내가 지향했던 비평의 중요한 방향은 '타락한 중심'과의 싸움이었고 '문학권력'에 대한 비판에 초점이 있었다. 당시 논쟁의 중심에 있었던 『비평과전망』 편집위원으로 활동하면서 한국 사회의 뿌리 깊은 중심주의에 대한 비판적 시선을 갖고 있었고, "비평이든 학문이든 모든 조건이 중심주의에 결박되어 있는 현실이라면 이러한 중심주의를 해체하려는 노력 없이 한국 사회에서 올바른 문화적 소통은 요원하다."[1]라는 비평적 메시지를 무엇보다도 주목하고 있었다. 물론 당시 촉발된 문학권력논쟁은 소위 메이저 문예지 중심으로 관리되고 독점되는 한국 문단의 폐해에 대한 비판에 집중되어 있었지만, 사실 그 본질은 문학이 특정한 권력 안에서 전유되거나 주도되어서는 안 된다는, 문학권력으로 상징화된 중심의 논리에 대한 비판에 있었다고 할 수 있다. 따라서 필자는 '타락한 중심을 향한 반역'이라는 조금은 도발적인 문제제기를 통해 중심을 넘어선 주변부적 문학운동이 활발하게 전개될 필요가 있음을 특별히 강조했다.

이런 점에서 필자는 본회와 지회로 구분하여 중심으로서의 위계를 제도화하는 방식의 〈한국작가회의〉와 일정한 거리를 두지 않을 수 없었다. 물론 그동안 〈한국작가회의〉는 필자가 조금은 과장되게 판단하고 있을지도 모를 이와 같은 문제를 의도적으로나 악의적으로 유포하면서 각 지역 작가회의와의 관계를 설정했다고 보고 싶지는

1) 구모룡, 「비판적 글쓰기와 이타성의 지평」, 『제유의 시학』, 좋은날, 2000, 342~343쪽.

않다. 다만 그 의도와 무관하게 〈한국작가회의〉 조직의 위계화는 지역 작가회의 소속 작가들에게 중심의 권력 안에 종속된 지역이라는 도식적인 구분을 암묵적으로 강요한 측면은 없었는지 냉정하게 묻지 않을 수 없다. 서울이든 부산이든 광주든 대전이든 작가회의라는 이름 안에서 자유롭게 활동하고 그 정신에 부합하는 문학 활동을 하는데 조직의 목표와 방향이 있다는 사실에는 모두가 동의할 거라고 여기지만, 실제적으로는 〈한국작가회의〉에 가입하지 않은 상태에서 〈부산작가회의〉에서만 활동하는 필자의 경우 '작가회의'라는 큰 이름 안에서 같은 목소리를 낼 수 없는 공식적인 한계는 명백했다. 그럼에도 불구하고 필자는 〈부산작가회의〉 회원으로서 〈한국작가회의〉 소속 연구소 활동과 기관지 발간에 직접 참여하거나 세미나 기획 등의 일을 책임지는 역할을 담당했다. 아무도 내게 이의를 제기하지 않아서 가능했는지는 몰라도, 혹은 필자가 〈한국작가회의〉 회원일 거라고 다들 의심하지 않았기 때문인지는 알 수 없어도, 어떠한 문제없이 내게 주어진 역할과 실천을 다하면서 작가회의 일원으로서 그 소임에 충실했다고 자부한다.

그렇다면 필자의 이전 활동에서 보여 주듯이 〈한국작가회의〉와 각 지역 작가회의의 관계가 수평적이고 민주적이며 자율적이고 공동체적인 방식으로 운영될 수는 없는 것일까? 지역 작가회의에만 가입하고 〈한국작가회의〉에 가입하지 않는다면, 작가회의에서 일어나는 소식이나 함께 해야 할 일들을 공식적인 채널로는 들을 수조차 없는 어정쩡한 위치에 놓여야 하는 것일까? 이 때문에 필자는 최근 일어난 〈한국작가회의〉의 일련의 사건을 동료들로부터 간접적으로 들었을 뿐 사건의 경과나 이유에 대해서 상세히 알지는 못한다. 「저는 여기에서 멈춥니다」라는 이사장의 메일을 받지도 못했고, 「한국작가회의 이사장 사퇴 사태를 접하며」라는 문건의 내용도 최근에서야 여러 글을 통해 접했을 따름이다. 이 글을 읽고 난 후 필자는 적잖이 충격을 받았는데, 그 이유는 그동안 〈한국작가회의〉가 '본회'를 자처하는 논리에 대해서 비판적 입장을 가지면서도 적어도 그것이 권력적 모습은 아닐 거라고 믿었던 필자의 생각에 스스로 뒤통수를 맞은 느낌이 들었기 때문이다. 이번 사태는 누가 봐도 중심이라는 권력화된 시선에서 비롯된 사건이다. 민주적인 방식과 진보적인 실천이라는 형식과 내용은 그럴듯한 완장을 차지하기 위한 가면의 수사였다고 한다면 지나친 비판이 될까.

최근 작가회의가 노쇠해져 젊은 문학인들이 외면하고 있는 현실을 걱정하는 목소리를 종종 들었다. 아마도 이러한 문제는 전국의 모든 작가회의에 공통되는 사실이 아닐까 싶은데, 그만큼 세상이 변한 것이고 그에 따라 문학도 달라졌다는 것을 보여 주는 것이 아닐 수 없다. 그렇다면 문학을 조직화하고 제도화하는 방식도 시대의 변화에 따라 전면적인 혁신이 필요한 것은 당연하다. 아직도 중심과 지역의 구분 속에서 본회와 지회의 위계를 두는 방식은 너무나 시대착오적이다. 지역과 지역의 연대와 통합 혹은 경쟁과 대화의 방식을 모색하는 새로운 문학장을 만들어 가는 것이 필요하다. 이러한 방식을 마련하는 데 수직적 위계화로 이루어진 조직 구성이나 문학적 이념과 실천의 일방향적 소통은 더 이상 올바른 방식으로 받아들여질 수 없다. 문학의 변화만큼이나 다양한 주제와 직능 위주의 수평적이고 자율적인 활동의 장을 생산적으로 열어가는 데 필요한 최소한의 조직이면 충분하다. 여전히 조직의 확대를 모색하고 민주적 깃발을 내세워 나를 따르라는 식으로 암묵적인 줄 세우기를 하는 상황에서 젊은 문인들의 참여를 기대하는 것은 사실상 불가능하다. 아마도 최근 〈한국작가회의〉에서 일어난 사태는 더 이상 이런 방식으로는 조직이 운영

될 수 없다는 점을 여실히 보여 준 결과가 아닐까 싶다. 이러한 비판이 꼭 〈한국작가회의〉에만 해당되는 것은 아니라고 생각한다. 즉 각 지역 작가회의 역시 이와 같은 비판으로부터 결코 자유로울 수 없다. 중심과 권력의 문제는 지역 안에도 분명히 존재한다. 그리고 그것이 조직의 위계와 결부될 때 그 폐단은 더욱 증폭된다. 〈한국작가회의〉 사태를 계기로 각 지역 작가회의의 모습도 전면적인 변화와 혁신이 요구되는 이유도 바로 이 때문이다.

2. 지역문학의 장소성과 로컬리티의 실천

'장소'는 문학의 본질적 바탕이다. 문학은 인간의 삶을 총체적으로 반영하는 상상력의 산물이라고 정의할 때, 작가에게 구체적 공간으로서의 장소 경험은 상상력의 토대가 되는 중요한 거점이다. 즉 장소는 인간의 삶과 유기적인 관계를 맺으며 그것을 의미화하고 내면화하는 주관적이고 경험적인 공간으로서 문학 작품의 핵심적인 의미를 구성하는 요소로 작용한다. 이러한 장소의 의미화는 모두에게 동일한 양상으로 구현되는 것이 아니라는 점에서 특정 장소에 대한 경험은 작가의 역사적 기억과 마주하고 다양하게 변주되면서 개성적이고 창의적인 문학 작품으로 발현되기 마련이다. 결국 작가에게 장소의 문제는 보편성의 유혹을 벗어나 추상화되고 획일화된 중심성을 해체하는, 자신의 경험에 기반한 개별성과 구체성을 실현하는 주변성의 가치를 구현하는 방법적 토대가 되기에 충분한 것이다. 이런 점에서 장소성에 대한 새로운 인식은 지역의 구체성과 특수성을 읽어 내고 실천하는 아주 유효한 방법적 전략이라는 점에서 지역문학을 읽고 사유하는 가장 중요한 바탕이 된다.[2)]

장소성의 문제는 지난 90년대 이후 지역성이라는 문제의식과 만나면서 우리 사회의 중요한 담론으로 부각되었다. 견고한 이데올로기가 해체되고 소비자본주의의 확산이 거세게 몰아치는 세계사적으로 급격한 변화의 시대를 경험하면서, 거대한 중심에 의해 주도되었던 가치가 무너지고 주변부적이고 지역적인 가치를 새롭게 인식해야 하는 시대적 요구가 전면화되었다. 그리고 이러한 문제의식은 "중앙의 지배 논리를 거부하고 근대 이데올로기의 억압적 논리와 구조를 반성"하는, 즉 "지역의 왜곡된 삶의 구조를 바로잡고자 하는 저항이며 이론과 실천의 통일성을 되찾고자 하는"[3] 구체적인 변화를 촉구하기에 이르렀다. 그 결과 중앙과 지역의 경계와 구분 속에서 지역을 중앙에 종속된 왜곡된 지점으로 획일화하는, 그래서 지역을 권력에 짓눌린 소외의 대상으로만 인식하는 자기비하적 관점으로 바라봐서는 안 된다는 지역 내부의 성찰이 사회운동과 문화운동의 차원에서 본격적으로 제기되었다.

하지만 이러한 자성과 변화를 촉구하는 목소리에도 불구하고 지역 내부의 시선 안에는 중심의 논리 안에 포섭된 종속적 관점이 여전히 존재하고 있었다. 지역의 왜곡된 삶의 구조를 바로 잡으려 하기보다는 오히려 중앙의 권력에 암묵적으로 기대고자 하는, 그래서 지역과 중심으로 구분되는 구조적 모순과 소외된 삶의 방식을 답습하는 양상이 계속되었던 것이다. 따라서 지역을 강조하고 지역적 구체성을 가진 문학 작품의 생산을 중요하게 내세우면서도 정작 자신의 작품

2) 하상일, 「지역문학과 장소상상력」, 『생산과 소통의 시대를 위하여』, 신생, 2009, 11~12쪽.

3) 김용규, 「반주변부 지역문화의 전망」, 이경 외, 『문화의 풍경, 이론의 자리』, 비온후, 2003, 177쪽.

안에 지역을 사유하고 실천하는 문제의식을 담아내지 못하는 자기모순이 뚜렷했다. 지역 내부에서조차 지역과 중앙의 관계를 우열의 차원으로 인식하려는 왜곡되고 편향된 시각이 존재했던 것이다. 물론 지역이 지역을 말하는 방식 그 자체만으로 작품 평가의 기준을 삼는 것은 객관적인 평가의 모습이 아닐 수 있다. 다만 지역에서조차 지역의 경험을 축적한 문학을 주목하지 않고 소위 중앙 문단을 향한 선망의 시선으로 보편적이고 추상적인 문학을 지향하는 것은 지역이 스스로 지역을 소외시키는 결과를 당연시하는 꼴이 되지 않을 수 없다.

이런 점에서 중앙과 지역의 문제는 중심과 주변을 도식적으로 구분하는 이원화된 단순 논리로 접근할 것이 아니라, 그 사이의 관계성을 집요하게 탐색하는 다층적인 사유와 실천을 통해 의미 있는 장소성을 드러내는 방향을 제시할 필요가 있다. 지금까지의 방식처럼 대부분의 지역이 거대한 보편성의 세계에 함몰되어 중앙을 모델로 한 추상적 공간으로 변해가는 데만 급급하다면, 각 지역에 토대를 둔 역사적이고 개별적인 경험으로 구성된 장소성을 이해하는 것은 사실상 불가능하다. 지역이 오로지 지역을 특수화하는 방식에만 골몰하는 것도 문제이지만, 지역의 특수성과 구체성을 상실한 채 보편적 방향을 추종하는 것으로 일관해서는 더더욱 바람직하지 않다는 것이다. 최근 들어 로컬리티의 차원에서 지역을 새롭게 이해하고 실천하려는 문제의식이 첨예하게 부각된 것도 이러한 자기 성찰의 결과로 볼 수 있다.

로컬리티는 물리적 공간으로서의 지역을 역사적이고 사회적이며 정치적인 문맥 속에서 의미화하는 관계의 총체를 일컫는 말이다. 이러한 로컬리티의 형성에는 지역을 구성하고 유지해 온 사람들의 의식과 생활 그리고 역사와 기억이 촘촘히 구조화된 유동적이고 중층적인 속성이 작용한다. 즉 로컬을 구성하는 사람들의 정신적 기질,

지역적 언어로 소통되는 방식, 자연환경에서 비롯된 생활과 의식의 차이 등 다양하고 개별적인 요소들이 혼재되고 융합되는 과정에서 공유되는 경험적이고 실천적인 문제의식이 구체적으로 발현되는 것이다. 따라서 지역문학은 이러한 로컬리티의 실천이라는 관점에서 지역의 역사적 기억과 경험에 기반한 특수성의 구현을 무엇보다도 중요한 방향으로 삼아야 한다. 국가 혹은 중앙의 논리에 편승하여 지역마저 추상적 공간으로 보편화하려는 시도는 결국 지역을 왜곡하고 왜소화하는 결과로 치달을 수밖에 없다. 그동안 〈한국작가회의〉와 각 지역 작가회의의 관계는 이러한 로컬리티의 가치와 의의를 외면한 채 지역의 특수성을 중앙의 보편성 안에서 제도화하려는 위계화된 태도가 역력했다. 그동안 "지역문학이 중심을 향해 발을 옮기자마자 역설적으로 지역문학은 중심이라는 이데올로기에 지배되는 문학이 된 것은 아닌지 생각해 볼 필요가 있"[4]다는 비판이 나온 이유도 바로 여기에 있다. 따라서 이제 지역 작가회의는 "중심에 대비되고 차이 나는 문학이 아니라 중심의 이념에 동일화되고 하나가 되려는 시도"[5]를 과감히 청산해야 한다. 지역 안에서 이러한 비판적 인식이 전혀 없었던 것은 아니었고, 매순간 중앙과의 연결 고리를 끊어내는 자율적이고 독립적인 문학 활동의 중요성을 인식하고 있었지만, 이러한 문제의식을 자신들의 문학 활동 안에서 정직하고 당당하게 실천해 왔는지에 대해서는 냉정하게 되묻지 않을 수 없다.

지역문학을 둘러싼 위기론과 혁신론은 한국문학의 오래된 쟁점이었다. 지금은 그 어느 때보다 지역의 가치와 의미가 중요하게 평가되고

4) 박수연, 「공통의 장소 너머로-한국작가회의와 지역문학에 대하여」, 『지역문학 50년』, 한국작가회의, 2024, 17쪽.

5) 박수연, 위의 글, 17쪽.

있고, 지역 자치에 기반한 행정의 자율성도 일정 부분 자리를 잡았다고 평가되기도 한다. 하지만 아직도 많은 부분에서 중앙과 지역의 종속적 관계는 여전하고, 그 결과 사회 문화 전반에 걸쳐 지역 혁신은 추상적이고 이상적인 과제 차원에 머물러 있는 한계가 뚜렷하다. 여전히 자본과 권력은 중앙에 집중되어 있고, 중앙의 계획과 통제 아래 지역의 정책들이 좌지우지되는 상황이므로, 지역 자치 시대를 살아가고 있다고 해도 중앙과 지역의 종속적 구조는 근본적인 변화를 가져왔다고 말하기 어렵다. 굳이 이러한 자치 행정의 모순을 언급하지 않더라도, 한국 사회의 진보적인 변화와 혁신을 추구해 온 〈한국작가회의〉가 지금까지 과연 이러한 모순으로부터 자유로웠다고 당당히 말할 수 있을지 의문이다. 지회로 명명된 지역 작가회의 회원 자격만으로는 〈한국작가회의〉와 함께 하는 일원이 될 수 없다면, 〈한국작가회의〉 역시 전국 단위로 결집된 하나의 조직에 불과하므로 한국의 진보적 문학 전체를 대변하는 문학 단체로서의 위상을 스스로 독점해서는 안 되는 것이 아닐까. 즉 〈한국작가회의〉 역시 서울이라는 로컬리티의 실천을 목표로 하는 지역 단위 작가회의 조직의 한 구성에 불과한 것으로 보는 것이 적절한 것이다. 지금 〈한국작가회의〉가 중대한 변화의 시점에 놓여 있다면 로컬리티의 실천이라는 관점에서 지역적으로 연대하고 공동체적으로 실천하는 하나의 개별 조직으로 새롭게 변화를 시도할 필요가 있지 않을까 조심스럽게 제언해 본다.

3. 지역 작가회의의 자율성과 공동체적 연대의 실천

필자가 속한 〈부산작가회의〉는 1985년 5월 7일 부산의 동광동에 있는 화국반점이라는 곳에서 회원 10여 명이 중심이 되어 결성한 〈5·

7문학협의회〉로부터 시작되었다. 요산 김정한을 중심으로 지금은 고인이 된 윤정규, 김중하 등 부산의 문인들이 전면에 나서 만든 조직이었다. 무크지 『토박이』(동보서적, 1984)를 기관지 형식으로 전환하여 1986년에 2호를 발간했지만 판매 금지 조치를 당했고, 이후 『문학과 실천』, 『작가사회』를 거쳐 지금의 『작가와 사회』를 계간지 형식으로 발간하고 있으니 〈한국작가회의〉 50년 역사에 필적할 만한 40여 년의 오랜 역사를 갖고 있다. 1987년 6월 항쟁 이후 〈자유실천문인협회〉를 확대 개편하여 요산 김정한을 초대 이사장으로 한 〈민족문학작가회의〉가 출범한 직후, 〈5·7문학협의회〉도 〈부산민족문학인협의회〉로 확대 개편되었다가 〈민족문학작가회의 부산지회〉로 새롭게 조직의 변화를 이루었다. 아마도 대부분의 지역에서 작가회의의 결성 과정은 부산의 경우와 크게 다르지 않을 것으로 생각된다.

이처럼 지역 작가회의 결성은 1987년 이후 민주주의 실현을 위한 진보적 문인들의 참여와 공동체적 연대를 위한 조직적 필요성에 의해 이루어진 것으로, 특정 지역에 한정된 운동이라는 현실적 한계를 넘어서기 위한 전국 단위 조직의 운동성 강화에 목적이 있었다. 사실 부산 지역만 하더라도 이미 독자적인 문학 활동의 영역을 확보하고 있었고, 『전망』, 『지평』 등의 무크지 운동과 『열린시』 등을 통한 창작 활동이 활발하게 전개되던 때이기도 했다. 당시 부산 지역의 무크지 운동은 "부산이라는 주변성을 극복하기 위한 방법론적 실천"에 초점을 두고 있었다. 즉 "서울 중심의 해석적 독점과 비평 제도의 모순을 비판하는 정치적 비평의 성격"을 드러냄으로써 지역성의 문제와 보편성의 문제가 충돌하며 접합하는 양상 속에서 부산 지역문학의 방향성을 재정립하고자 하는 시도가 있었던 것이다. 부산의 지역문학은 "중심의 완고함이 지역을 바라보는 불평등의 시선을 강하게 비판하는 지역중심주의"를 전면에 내세워 "중앙=서울, 주변부=부산을 공식화하는 한국 문화와 현실의 구조적 모순에 맞서 중심부와 주변부의 이분법을 해체하는, 지역문학 운동의 특수성과 보편성을 변증법적으로 통합"[6]하는 지역문학의 방향성을 정립하고자 했던 것이다.

〈부산작가회의〉의 토대와 정신은 분단 극복을 위한 민족, 민중, 민주의 실현이라는 〈민족문학작가회의〉의 정신과 같은 입장에 있으면서도 '지역'이라는 또 다른 테제를 전면에 내세움으로써 중앙과는 뚜렷한 차이를 갖고 출발했음을 간과해서는 안 된다. 이러한 가치와 목표는 〈5·7문학협의회〉 1주년에 발표된 입장에도 분명하게 명시되어 있다.

> 1) 우리는 분단 상황이라는 민족적 불행 앞에서 올바른 민족문학을 위한 우리의 노력을 경주한다. 민족문학을 위한 우리의 노력은 오늘날의 분단 현실을 타개하려는 구체적 실천 속에서 얻어질 것이다. 그래서 우리는 어떠한 형태의 것이든 분단을 고착화시키려는 반민족적 노선에 반대한다. 이를 위해 우리는 민족적 현실을 외면한 매판적 개인주의 문학을 배격하는 문학적 실천을 지속한다.
>
> 2) 우리는 문학운동을 통하여 문화의 민주화를 확보하고자 한다. 오늘날 사이버 귀족문화의 반민주성이나 대중문화의 조작성은 올바른 민주주의적 문화 창달을 저해하고 있다고 볼 수 있다. 따라서 우리는 우리의 문학을 지금-이 땅의 구체적 삶과 밀착되게 형상화함으로써 보다 민주적이며 보다 민중적인 것으로 가꾸어 가고자 한다. 우리

---

6) 하상일, 「부산 지역 제3세대 비평의 형성과 의미」, 『오늘의 문예비평』 2024년 봄호, 39쪽.

는 이 땅의 주인은 민중이며 이 민중은 주인으로서의 올바른 권리를 가져야 한다고 본다. 우리는 우리의 문학이 민중의 머리 위에 군림하게 되는 반민주적 오류를 범해서는 안 될 것이다.

3) 우리는 지역문학 운동의 활성화를 위해 매진한다. 오늘날 대내외적 종속의 상황은 대외적으로 민족 현실을 식민화하고 있으며 대내적으로는 봉건적이며 식민주의적인 수탈의 구조를 온존하고 있다. 이러한 현실에서 우리는 중앙집권적인 사회, 경제, 정치, 문화 구조의 숱한 피해를 입고 있다 하겠다. 지역이 주변이나 변두리에 가까운 의미 이상을 갖지 못한 것이 오늘의 사정이다. 우리는 대내적 종속 관계를 해소함으로써 대외적 식민주의도 극복하는 노력을 아끼지 않는다. 이를 위해 우리는 우리 지역의 특수성을 보편적인 것으로 끌어올리는 작업들을 지속하고자 한다.

4) 우리는 문학 창작의 자율성을 보장하지 않는 정치적 탄압을 반대한다. 문학, 나아가서 문화의 본질은 자유이다. 창작의 자유는 따라서 문학인의 생명에 가까운 것이다. 우리가 창작의 자유를 보장하지 않는 어떠한 정치 세력에도 반대하며 동시에 그것의 획득을 위해 투쟁하는 까닭은 우리의 자유를 위협하는 일이 우리의 생명을 위협하는 것과 같기 때문이다. 누구에게나 자유는 소중한 것이다. 그러나 우리에게 있어 그 자유는 더욱 절실하고 소중한 것이다.[7)]

1)과 2)에서 제기한 분단 현실 타개를 위한 민족문학의 건설과 민주주의적이며 민중적인 문화의 실현이라는 보편적 주제에 부합하면

---

7) 「5·7문학협의회 창립 1주년을 맞아」, 『5·7문학』 5호, 1986년 5월 7일. 구모룡, 「요산의 발자취와 부산작가회의의 갈 길」, 『부산작가회의 30년사』, 부산작가회의, 2015, 59~60쪽에서 재인용.

서도, 3)에서 분명하게 밝히고 있듯이 "중앙집권적인 사회, 경제, 정치, 문화 구조의 숱한 피해"에 대한 비판적 문제제기는 지역문학이 저항하고 투쟁해야 할 가장 현실적인 과제가 아닐 수 없었다. 따라서 "대내적 종속 관계를 해소"하고 "지역의 특수성을 보편적인 것으로 끌어올리는 작업"에 집중하는 것이 지역문학의 목표임을 강조했다. 이를 구체화하는 필수적인 조건으로 4)에서 명시한 것처럼 "문학 창작의 자율성"이 요구되고, "어떠한 정치 세력에도 반대"한다는 입장을 명확히 했다. 이러한 역사적 토대 위에서 성장하고 발전해 온 〈부산작가회의〉는 그 자체로 독립적이고 자율적인 지역문학 조직으로서의 위상과 의미를 확보하고 있었다고 필자는 단언한다. 따라서 최근 소위 본회라고 일컬어지는 〈한국작가회의〉 사태를 지켜보면서 과연 〈부산작가회의〉가 굳이 지회라는 이름으로 존속하는 것이 적절한지 다시 묻지 않을 수 없는 이유도 바로 여기에 있다.

필자는 2016년부터 2017년까지 2년간 〈부산작가회의〉 기관지 『작가와 사회』 주간을 맡아 잡지의 기획과 방향 전반을 책임지는 일을 맡았다. 무엇보다도 우선적으로 고민한 것은 〈부산작가회의〉의 정체성과 방향을 어떻게 선명하게 드러낼 것인가 하는 문제였다. 부산의 정치사회적 현안과 문화 행정의 모순 등 당시 지역 사회의 중요한 문제점으로 부각된 현안을 지역 문인 혹은 조직의 입장에서 비판하고 바람직한 방향성을 제시하는 것이 지역 작가회의가 실천해야 할 가장 중요한 과제라고 생각했기 때문이다. 〈특집 기획〉을 통해 해양문학의 정립, 부산문학관 건립 문제, 지역의 경제와 교통, 도시와 관련된 구조적 문제, 지역 문예지에 대한 진단, 요산 김정한 문학을 동아시아적 시각으로 확장해서 논의하자는 제안 등을 다루었다. 이러한 내용은 〈부산작가회의〉가 존재하는 이유를 명확히 하는 것은 물론이거니와 부산 문학의 활성화에 걸림돌이 되는 제도적 차원의 불합리한 모순에 대한 비판, 그리고 경제, 도시, 자원 문제로 보는 부산의 현안을 공론화하는 작업을 전면에 내세우고자 했던 것이다. 또한 〈인문학적 시선으로 보는 부산〉이라는 기획을 통해 북항 재개발, 해안을 중심으로 과도하게 이루어지는 도시 개발 문제, 부산진역사(驛舍)의 재활용, 동래온천, 적산가옥, 지역 서점 등 부산이라는 도시가 안고 있는 총체적인 문제를 중점적으로 다루었다. 그리고 〈부산의 현안을 말한다〉에서는 부산국제영화제, 동해남부선 폐선 활용, 부산 지역 대학 무용학과 폐지를 중심으로 지역 대학의 문화 예술 교육의 위기와 현실을 비판적으로 바라보고 그 대안을 제시하는 작업을 수행하고자 했다. 이러한 기획은 모두 〈부산작가회의〉의 독립성과 자율성을 강조한 것으로, 지역 작가회의가 한국 사회 전반의 문제에 대한 공동체적 연대를 모색하기에 앞서 자신이 살아가는 지역의 정치경제 그리고 사회문화 전반을 집요하게 탐색하고 비판적 대안을 제시하는 것이 가장 중요한 실천적 방향이 되어야 한다고 판단했기 때문이다.

물론 지역은 다른 지역과의 연대를 통해 한국 사회의 변화와 혁신을 이루는 공동체적 입장을 마련하고 함께 실천하는 노력에 큰 힘을 실어야 하는 것이 당연하다. 하지만 이러한 공동체적 연대가 중앙 중심의 획일적인 제도화를 통해 실현되어야 한다거나, 특정 사안에 모두가 일사불란하게 연대하거나 동참해야 한다는 생각은 요즘의 시대정신과는 동떨어진 판단이 아닐까 싶다. 〈부산작가회의〉가 걸어온 역사 안에서만 살펴봐도, 부산과 경남 지역을 중심으로 한 시인 연대 조직인 〈부산경남시인회의〉가 있었고, 지역감정이라는 해묵은 논쟁을 뛰어넘어 〈광주전남작가회의〉 〈울산작가회의〉 등과 함께 했던 〈영호남 문학인 대회〉도 있었고, 올해부터 〈경남작가회의〉와 공동으로 시행하는 〈부마항쟁문학제〉는 격년 단위로 상호 주관을 맡기로 한 것으로 알고 있다. 이처럼 각 지역 작가회의는 자신들의 삶터를 중심으로 한 역사적 기억과 경험에 토대를 두고 서로 연대하고 협력하는 공동체적 실천의 방식을 만들어 가는 것이 지금 우리 시대에 가장 의미 있는 민주적 방식이 아닐까 생각된다.

4. 〈한국작가회의〉 사태를 바라보는 다른 시선

〈한국작가회의〉가 본회와 지회로 이원화하여 운영되어 온 그동안의 방식은 어딘가 모르게 삐걱대는 모양새가 아닐 수 없다. 현재는 비대위 체제를 지나 조직의 환골탈태와 새로운 출발을 한 상태이지만, 〈한국작가회의〉 사태를 여전히 본회 내부의 문제로만 바라보지 말고 지회, 아니 정확히 말해 본회 소속이 아닌 지회 회원들과도 어떤 관계를 정립할 것인지에 대해서 세부적인 입장을 정리할 필요가 있다. 지역 작가회의는 지역을 넘어 한국 사회 전반의 문제에 적극적으로 개입하고 공동체적 연대를 모색하면서도, 지역의 현안과 문제를 비판적으로 평가하면서 이를 혁신하는 지역문학의 방향성을 정립하는 것을 무엇보다도 중요한 과제로 삼지 않으면 안 된다. 지역이 지역과 만나고 지역이 중앙과 결합하는 방식은 〈한국작가회의〉라는 중심의 논리가 아닌 바로 이러한 공동체적 연대의 방식으로 이루어지는 것이 바람직하지 않을까. 더군다나 지금은 7~80년대 이후 우리가 걸어온 상황과는 사뭇 다른 현실이고, 문학을 구성하는 작가와 독자의 관심과 역할 그리고 참여의 방식에서 상상하기 힘들 정도의 큰 변화에 직면해 있다. 일방적 제도화가 가진 위험성은 바로 이러한 변화를 직시하지 못한 데 따른, 그래서 여전히 위계화되고 조직화된 방식으로 문학 전반을 관리하고 통제하려는 태도로 인해 많은 문제점을 초래할 수밖에 없다. 여전히 한국 사회가 불합리한 모순으로 가득 차 있다는 점에서 문학 차원의 조직적인 운동과 참여는 필수불가결한 측면도 있는 것이 사실이다. 하지만 그 방법과 실천에 있어서 지난 70~80년대 이후의 방식과 사실상 동일한 태도로 일관하는 것은 너무나 시대착오적이다. 지금은 조직의 느슨함이 필요하고 관료주의적 조직화가 아닌 다양한 이해와 관계를 담아낼 수 있어야 한다는 점에서, 작가 중심이 아닌 작품 중심으로 문학 활동의 다변화가 필요하다는 주장[8]은 상당히 설득력 있는 목소리로 받아들여진다.

앞서 언급했듯이 필자는 최근에서야 〈한국작가회의〉 사태의 전모를 알 수 있었다. 물론 이사장의 사퇴 메일과 이사진의 총사퇴 그리고 비대위 구성 등 대략적인 경과는 이런저런 경로를 통해 이미 듣고 있었지만, 〈부산작가회의〉에서만 활동하는 필자에게는 어떤 공식적인 소식도 전달되지 않으므로 지금도 필자는 이후 어떤 일이 진행되고 있는지에 대해 전혀 알지 못한다. 솔직히 말해 필자는 이 문제에 대해 크게 관심을 가지거나 가져야 할 이유가 없다고 생각해 그동안 방관자의 위치에 있었던 것도 사실이다. 최근 이 사태가 발생한 경위를 비판적으로 논의하는 글[9]을 통해 사무총장 직선제라는 민주주의적 방식이 실상 권력적 폐단이라는 부정적인 양상으로 왜곡되었고, 조직의 이사회나 위원회의 의사결정 과정도 특정 목소리의 관철이라

8) 황규관, 「작가들의 공동체에서 작품들의 공동체로」, 『영화가 있는 문학의 오늘』 2024년 여름호, 53~63쪽 참조.

9) 홍기돈, 「문학권력 논란과 2024년 한국작가회의의 과제」, 『영화가 있는 문학의 오늘』 2024년 여름호, 42~52쪽 참조.

는 권력적 방향으로 기울어져 버린 데 따른 결과임을 알게 되었다. 그리고 직선제라는 투표 방식이 과연 민주주의를 실천하는 제도인가에 대한 근본적인 회의와, 이를 통해 당선된 특정인이 민주적 방식에 의해 선출되었다는 이유로 전횡을 휘두르는 것이 진정 민주적인 방식인가에 대해서도 의구심을 갖기에 이르렀다.

필자는 지회에만 가입된 사람으로 〈한국작가회의〉 회원을 대상으로 한 선거라는 제도적 절차 자체에 대해 문제제기를 할 자격은 없을지도 모르겠다. 그렇다면 지역 작가회의 회원인 필자가 〈한국작가회의〉의 선거 결과에 따라 선출된 특정인을 중심으로 한 조직의 사업과 방향에 적극적으로 동참해야 할 이유는 더더욱 없는 게 아닐까. 마찬가지로 필자가 소속된 〈부산작가회의〉의 경우에도 소위 본회 회원과 지회 회원의 구분 속에서 두 개의 트랙으로 운영되는 게 민주적인 방식이라고 말해야 하지 않을까. 하지만 이렇게 말하는 필자 스스로도 솔직히 어딘가 모르게 석연찮은 느낌을 지울 수 없는 것은, 〈한국작가회의〉와 지역 작가회의는 구분할 수도 구분해서도 안 되는 문학 공동체였다는 사실 자체를 부정할 수는 없기 때문이다. 최근 〈한국작가회의〉 사태는 시대의 변화에 따른 요구를 애써 묵인하고 외면한 데 따른 작가들 모두의 책임이 아닐 수 없다. 앞으로의 변화가 이념적으로든 세대론적으로든 아니면 지역적으로든 정치적으로든 권력의 교체나 조직 구조의 변화 정도에 그쳐서는 안 될 것이다. 무엇보다도 본회와 지회로 구분되는 방식을 넘어 지역과 지역이 공동체적으로 연대하는 자율적인 조직으로의 변화를 적극적으로 모색해야 할 것이다.

지역문학에서 세계문학으로

제2부

'재일'의 실존과 현대시의 방향

1. 김시종과 1950년대

김시종은 1929년 부산에서 태어나 제주와 광주에서 성장기를 보냈고, 제주에서 해방을 맞이하여 1947년 남조선노동당 예비위원으로 입당해 빨치산 활동을 벌이다 제주 4·3사건으로 군경의 체포를 피해 1949년 6월 일본으로 밀항해 오사카 이카이노에 정착했다. 이후 일본공산당에 입당하면서 본격적으로 재일조선인 조직과 관계를 맺었고, 1950년 5월 《신오사카신문》의 '노동하는 사람의 시'라는 모집란에 '임대조(林大造)'라는 필명으로 「꿈같은 일」이라는 일본어 시를 발표하면서 시인으로서의 활동을 시작했다. 이를 계기로 1951년 〈오사카재일조선인문화협회〉가 발간했던 『조선평론』 편집에 참가하여 창간호에 「유민애가(流民哀歌)」를 발표했고 4호부터는 김석범에 이어 편집 실무를 맡기도 했다. 또한 일본의 민족학교 탄압에 맞서 〈재일조선인연맹〉 산하 '나카니시조선소학교' 재건 운동에 참여하여 교사로 활동했고, 1952년 '스이타 사건'에 항의하는 조직의 운동에도 적극적으로 참여하는 등 재일조선인으로서의 사회 운동도 활발히 전개했다. 그리고 1953년에는 문학을 통해 오사카 주변 젊은 조선인을 조직한다는 일본공산당 민족대책부의 지도하에 『진달래』라는 서클지를 결성하여 직접 편집 겸 발행을 맡았는데, 1955년 〈재일조선인총연합〉(이하 〈총련〉) 결성 이후 문학 창작을 둘러싼 조직과의 첨예한 갈등으로 1958년 20호를 끝으로 종간하게 되면서 재일조선인 조직과 일정한 거리를 두는 상황에 처하기도 했다. 이후 양석일, 정인 등과 함께 사회주의 리얼리즘을 내걸고 교조주의적인 조직에 맞서 『가리온』을 창간했지만 역시 조직의 억압을 견디지 못하고 3호로 종간되고 말았다.

이러한 조직과의 갈등 와중에 『지평선』(1955), 『일본풍토기』(1957) 두 권의 시집을 발간했는데, 세 번째 시집으로 출간 예정이었던 『일본풍토기 II』는 조직의 검열과 통제로 발간이 중단되었고, 조직과의 갈등을 피해 잦은 이사를 해야 했던 상황 속에서 원고마저 분실하여 이후 출간된 시집에 일부 수록된 시를 제외하고는 최근까지도 그 전모를 확인할 수 없었다.[1] 『진달래』 사건 이후 그는 10여 년의 침묵과 방황을 거쳐 1970년에 이르러서야 이미 1950년대 말에 완성된 상태

---

1) 이때의 일을 김시종은 다음과 같이 회고했다. "『일본풍토기 II』는 제3시집으로 출판됐어야 했던 작품입니다. 그런데 출판 직전에 간행이 무산되는 좀처럼 겪기 힘든 체험을 하게 된 고통스런 기억을 안겨준 시집이기도 합니다. 북 공화국으로의 귀국사업이 실현되면서, 날가는 새도 떨어뜨릴 정도의 위세를 보인 조선총련으로부터 "일본어로 발표하는 것은 중앙위원회(조선총련)의 비준을 받지 않으면 안 된다"는 조직의 규제를 받고 출판이 중지됐던 것입니다. 사상악의 표본이 된 저는 점차 동포 사회로부터 외따로 떨어져 고립돼 갔습니다. 걱정했던 대로 동포 밀집지역(이쿠노구, 후세시를 포함하는 히가시오사카 일대)에서의 생활이 나날이 차가운 눈초리에 휩싸이게 됐습니다. 쫓기는 자로 살면서 거듭했던 이사는 그렇게 시작됐습니다. 시외 여기저기로 연달아 이사에 이사를 거듭하는 가운데 되돌아온 『일본풍토기 II』 시집 원고는 흩어져 버렸고, 시를 쓸 의욕은커녕 수중에 남은 몇 푼 안 되는 돈은 모조리 싸구려 술로 바꿔 먹었습니다." 김시종, 「시인의 말-한국어판 『일본황토기』 간행에 부치는 글」, 『일본풍토기』, 4~5쪽. 이하 이 책에서 인용한 경우는 소제목과 쪽수만 밝히기로 한다.

로 있었던 세 번째 시집 『니이가타』를 출간할 수 있었다. 이러한 우여곡절을 겪지 않았다면 김시종의 세 번째 시집은 『니이가타』가 아닌 『일본풍토기Ⅱ』가 되었을 것인데, 그로부터 60여 년이 훌쩍 지난 2022년 3월 일본 후지와라 서점에서 『일본풍토기Ⅱ』가 출간되었다. 김시종의 시에 관한 연구로 박사학위를 받은 아사미 요코를 비롯한 일본 연구자 몇 사람의 노력으로, 구십이 넘은 말년의 시간에 이십대 청춘의 시절에 썼던 시들이 수습되어 시집으로 제 모습을 찾게 된 것이다.

그동안 한국에서 김시종에 관한 논의는 『화산도』를 쓴 소설가 김석범과 함께 재일조선인문학을 이해하는 가장 중요하고 핵심적인 통로로서 의미 있게 평가되었다. 특히 김시종의 경우는 그가 출간한 시집 가운데 『일본풍토기』를 제외하고는 모두 번역 출간되었을 정도로 집중적인 관심을 받았다. 그만큼 그의 시는 해방 이후 재일조선인 시문학을 이해하는 필수적인 대상이었고, 재일조선인의 시대정신과 생활 그리고 조직과 문학의 관계 등을 가장 문제적으로 보여 준 시인으로 평가되었다. 게다가 김시종의 문학적 행보는 그동안 일본 내에서도 상당히 주목할 만한 평가를 받았는데, 2011년 『잃어버린 계절』로 다카미준상, 『조선과 일본에 살다-제주도에서 이카이노로』로 오사라기지로상을 수상했으며, 2008년부터 『김시종 컬렉션』(12권, 후지와라 서점)이라는 전집 발간이 시작되어 2022년 『일본풍토기Ⅱ』가 출간에 이르기까지 그의 문학 활동 전모가 집중적으로 정리 소개되기도 했다.

이 글은 이러한 김시종의 성과에 대한 그동안의 논의를 바탕으로 최근 한국에 번역 소개된 『일본풍토기』(곽형덕 역, 소명출판, 2022)의 의미에 대해 집중적으로 살펴보기 위한 것이다. 두 번째 시집 『일본풍토기』와 미발간 상태로 소실되었던 『일본풍토기Ⅱ』를 한데 묶어 60여 년 만에 일본에서 간행된 『완전판 일본풍토기』를 번역한 것으로, 일본으로 건너간 직후 20대 청년으로 살았던 1950년대 김시종의 초기 시 세계를 이해하는 쟁점적인 논의의 장을 열어낼 것으로 기대된다. 이를 위해서는 김시종 자신이 재일조선인 조직과 갈등을 겪게 된 이유였던 『진달래』에 대한 검토와 당시 일본 '현대시' 운동과 〈총련〉의 시적 지향 사이의 차이에 대해서도 충분한 논의가 필요하다. 실제로 그는 『일본풍토기』 후기에서 "나로서는 자신의 창작 활동과 일본의 현대시 운동 사이의 결속을 더욱더 신경써야만 한다."라고 하면서, "이 시집도 일본의 현대시 운동이라는 선상에서 읽어줬으면 한다."[2)]라고 시집의 성격을 명시적으로 밝힌 바 있다. 시집 전체를 통독한 필자의 견해를 우선적으로 말한다면, 『일본풍토기』는 김시종의 시 세계가 지닌 일반적 특성과는 조금은 다른 지점에서 독법의 어려움을 감수해야 하는 측면이 있다. 이러한 차이는 〈총련〉 조직과의 갈등이라는 외적 차원의 문제 때문만이 아니라, 시의 형식과 내용이라는 문학 내적 요소에 바탕을 둔 미학적 실천의 문제에 대한 고민에 대해서도 주목해야 할 듯하다. 『일본풍토기』 출간을 계기로 김시종을 다시, 새롭게 읽는다면 바로 이러한 문제의식으로부터 그에 대한 논의의 장을 새롭게 열어나갈 필요가 있다.

2. 『진달래』와 현대시의 방향

1955년 〈총련〉 결성 이후 재일조선인 문학예술 운동은 북한의 지

2) 『일본풍토기』, 소명출판, 2022, 117쪽.

도 방침에 입각한 조직적 요구를 강화해 나갔다. 조선적인 것, 애국적인 것(사회주의적인 것), 민족 지향적이며 자주적인 것을 추구하면서, 민족어인 우리말과 글로 재일조선인들의 애국적이며 민족적인 감정과 정서, 심리를 반영함으로써, 재일조선인들의 지지와 사랑을 받는 동포 교양의 무기로 복무할 것을 원칙으로 삼았던 것이다.[3) 1953년 창간된 『진달래』는 〈총련〉 결성 이전까지만 하더라도 일본공산당 산하의 〈재일조선통일민주전선〉(이하 〈민전〉)의 지도하에 있었다. "공화국은 사회주의 국가였으니 그 정당성과 우위성을 호소하는 것이 『진달래』의 핵심"이라고 김시종 스스로 밝힐 정도로, 『진달래』는 사회주의 사상을 지향하고 실천하는 기본 정신을 바탕으로 북한(공화국)과 우호적인 관계에 있었다. 하지만 〈총련〉 결성 이후 급격한 노선 전환에 따른 정형화된 문학 활동이 강요되었고, 『진달래』는 이러한 조직의 '조국' 지향 방침에 부응하지 않는 선택을 함에 따라 13호(1955년 9월)부터 신랄한 비판에 직면하게 되었다. 그 결과 회원들의 급속한 이탈은 물론 사상성의 측면에서 민족적 배반으로 낙인찍히는 극단적인 상황을 마주하는 상황을 초래하기도 했다. 『진달래』 비판에서 가장 쟁점으로 부각된 문제는, 창작 언어로서 일본어를 사용한다는 형식적인 요건과 창작에 대한 북의 지도 노선에 따르는 의식의 정형화[4)]라는 내용적 요건을 적극적으로 수용하지 않는다는 사

3) 맹복실, 「재일조선인문학의 주체 확립을 위한 투쟁-1955~1959년 평론을 중심으로」, 『조선대학교 학보』 제16호, 1999.6.25. 47쪽 참조.

4) 이에 대해 김시종은, "'민족적 주체성'이라는 것이 갑작스레 강조되기 시작하더니, 신격화된 김일성 주석의 '유일사상 체계'의 기반을 다지기 위해 '주체성 확립'이 마치 행동원리처럼 주장되기 시작했"다고 하면서, "민족교육은 물론이고 창작 표현 행위의 모든 분야에 걸쳐서 '인식의 동일화'가 공화국 공민의 자격으로 가늠되고 있었"던 데서 "저는 그것이 '의식의 정형화'임을 간파했"다고 당시의 일을 기억했다. 「흐지부지됐던 『일본풍토기Ⅱ』의 내력에 대하여-후기를 대신하여」, 『일본풍토

실에 있었다. 전자의 경우는 재일조선인으로서 민족적 정체성을 지켜나가야 하는 당위적 차원과 식민지 시기 우리말 폐지로 인해 사실상 일본어가 모어가 되어 버린 채 재일조선인의 현실적 상황 사이의 심각한 괴리와 모순에서 비롯된 문제였다. 그리고 후자의 경우는 문학과 정치의 관계에서 문학의 위치를 올바르게 자리매김하기 위한 원론적인 차원의 문제였다고 할 수 있다. 이러한 문제에 대응하는 김시종의 태도는 아주 완고했는데, 식민과 해방 그리고 분단을 거쳐 일본에서 살아가는 '재일'이라는 생활과 실존의 문제를 가장 중심에 두고 사유하고 실천하는 것이었다. 민족적 정체성이라는 당위적 차원으로만 접근하여 재일조선인의 언어적 현실을 원천적으로 차단해 버리는 것, 그래서 오로지 우리말을 사용하여 북의 지도 노선에 입각한 특정 주제의 형식화를 강요하는 것은, 조국이 아닌 일본에서 살아가야만 하는 재일조선인의 생활과 실존적 상황에서는 결코 쉽게 받아들이기 어려운 문제였기 때문이다.

> 나는 일본어로 시를 쓰고 있는 것에 대해 오랜 의문을 품어왔다. 그것은 아마도 '시를 쓴다'는 구체적인 행동 이전의 문제로 민족적 존재 문제였던 것 같다. 조선인이 일본어로 시를 쓴다는 것이 즉 그 시인의 민족적 사상성 결여라 지적당하기 쉬운 점 때문에, 나 스스로 어느새 그것을 하나의 정의로 받아들이게 되었다. 그래서 나는 애써 언어의 이식이라는 것을 시도해 보았지만 '조선의 시'다운 시는 전혀 쓰지 못했다. (중략) '나는 재일이라는 수식어를 가진 조선인이다.'[5]

기』, 233쪽.

5) 김시종, 「맹인과 뱀의 입씨름 - 의식의 정형화와 시를 중심으로」, 『진달래』 제18호. (재일에스닉잡지연구회 옮김, 『오사카 재일 조선인 시지 진달래·가리온』 4권, 지식

제주 4·3에 가담했다는 이유로 고향을 떠나 일본으로 밀항했던 김시종에게 반미의식에 기반한 공화국(북한) 지향은 당연한 이데올로기적 선택이었다. 따라서 그는 일본공산당에 가입하여 사회주의 운동의 최전선에서 활동했고, 이를 실천하는 하나의 방법으로 『진달래』를 창간하여 시인으로서의 조직적 활동도 전개해 나갔다. 하지만 그는 조국이 해방된 이후에도 "일본어로 시를 쓰고 있는 것"에 대한 자의식으로부터 결코 자유로울 수 없었다. 그것은 "'시를 쓴다'"라는 행위와는 차원이 다른 "민족적 문제"였으므로, "민족적 사상성 결여"라는 자기 한계와 모순을 드러내는 것으로 인식되었기 때문이다. 따라서 모어로 굳어져 버린 일본어를 버리고 모국어로서의 조선어로 "언어의 이식"을 계속해서 시도했지만, 이러한 언어의 선택만으로 "'조선의 시'"를 쓸 수 있는 것은 결코 아니었다. "재일이라는 수식어를 가진 조선인"으로서 '재일'과 '조선인'이라는 양가적 긴장의 세계를 해소하는 일은 자신의 굳은 의지와는 다르게 상당히 곤혹스러운 일이 되지 않을 수 없었기 때문이다. 결국 그는 "일본에서 살고 있다는 사실을 자칫하면 우연에 의한 일로 끝내기 쉬운 우리"[6]라고 하면서, 자신이 처한 '재일'이라는 현재적 위치를 냉정하게(그의 표현대로라면 "과장스러운 자세"로) 인식하고자 했다. 즉 일본에서 살아간다는 사실 자체를 정직하게 응시하는 데서부터 재일조선인으로서의 시적 방향을 찾고자 했던 것이다.

이런 점에서 『일본풍토기』는 〈총련〉의 지도 노선과는 전혀 다른 방향에서 조국이 아닌 일본의 풍토, 즉 재일조선인으로서 일본의 사회, 문화, 역사를 시의 제재로 삼았다는 점에서 상당히 문제적이다.

과교양, 2016, 177~178쪽에서 재인용)

6) 『일본풍토기』, 117쪽.

이러한 그의 태도는 "식민지 조선에서 '일본'을 수용한 자신의 경험을 비판적으로 대상화하려는 의도"[7]를 내재한 것으로, 일본에서 살아가는 현재의 '사실'을 '우연'으로 보지 않고 '필연'으로 받아들이고자 하는 변화의 지점을 보여 준다. 다시 말해 '재일'의 실존을 남과 북이라는 어느 한 곳을 지향함으로써 일시적으로 해소하려는 태도가 아니라, 남과 북 그리고 일본이라는 세 가지 경계와 틈새의 지점을 주목함으로써, '재일을 산다'라는 자신에게 부여된 실존적 명제를 실천하는 재일의 시학을 정립하고자 한 것이다.

> 커브를 꺾어/언덕을 다 올라갔을 때/정면에서/확 튀어나왔다.//전방에서 내다보던/운전기사는/서둘러 양팔을 교차시켰지만//그럼에도/가장자리를 짓밟고 멀어졌다.//"벌써 치여 있었어요."/몸을 조금씩 앞으로 구부리며/운전기사는 무뚝뚝하게/사건의 전말을 밝혔다.//나는 합승을 당하고/공산당 정책발표에 서둘러 가고 있었는데/시영(市營) 전차 선로에 배를 깔고 누워/모가지만이 쳐들린/무표정한 개의 모습이//아무리 달려도/검은 피사체로 남아/타오를 듯한 석양 한가운데에 가로누워 있었다.
>
> ―「정책발표회」 전문[8]

인용시는 1956년 창작된 작품으로 1955년 〈총련〉 결성으로 조직의 노선 전환이 이루어진 이후의 상황을 상징적으로 묘사했다는 점에서 주목된다. 즉 일본공산당의 지도 노선 아래 있었던 〈민전〉이

---

7) 오세종, 「무풍지대 속에서 창의성을 찾아 밝힐 수 없는 거리를 넘는다」, 『일본풍토기』 해설, 309쪽.

8) 『일본풍토기』, 17~18쪽. ; 『진달래』 제15호, 1956.5.15.

북한의 지도 노선 아래 〈총련〉으로 전환한 시점에서, "〈조선총련〉이 전부 당직을 반납하라고 하고는 당을 떠나는 서류를 다름 아닌 총련이 회수해 갔"[9]던 때의 상황을 상징적으로 형상화한 것이다. 하지만 김시종은 당시 〈총련〉으로부터 직접적인 비판을 받는 것에 대한 일종의 항의로 이러한 방침을 따르지 않았는데, "전차 선로에 배를 깔고 누워/모가지만이 쳐들린/무표정한 개의 모습"은 바로 그 무렵 자신의 모습을 비유적으로 표현한 것으로 이해할 수 있다. 즉 "조선총련이 발족되고 북조선 지도하에 들어가는 굉장히 획일적인 조직의 강압이 시작된 것"에서, "교조적인 노선을 강요하는 가운데 남겨진 존재"로서의 김시종 자신을 차에 치여 "검은 피사체로 남아/타오를 듯한 석양 한가운데에 가로누워 있"는 개의 형상에 빗대어 드러낸 것이다. "나는 합승을 당하고/공산당 정책발표에 서둘러 가고 있었는데"라는 구체적인 배경의 제시는, 〈민전〉의 탈퇴와 〈총련〉의 가입이라는 지도 노선의 변화를 "합승을 당"한 상황에 그대로 대응한 것으로 보인다. 또한 "전차 선로" "가장자리" 선로 위에 "가로누워 있"는 "무표정한 개의 모습"은, 〈민전〉과 〈총련〉 어느 편에도 귀속되지 않은 채 선로 중심에 자신의 위치를 정립하려는 비판적 의도를 알레고리적으로 담아낸 것으로 볼 수 있다.

이처럼 김시종은 정치적 노선의 전환이 곧 문학의 방향을 결정해 버리는 〈총련〉의 일방적 통보를 강하게 비판하면서, "정치주의와 야합한 시의 운명이 어떠한 것인가는 가장 수치스러워할 슬로건 시로 귀착한 다수의 사례가 증명하고 있다."[10]라고 부정적인 태도를 명확

---

9) 「순수한 세월을 살고」(인터뷰), 『일본풍토기』, 256쪽.

10) 김시종, 「창간에 즈음하여」, 『가리온』 제1호, 1959.6.20.(재일에스닉잡지연구회 옮김, 앞의 책, 제5권, 3쪽에서 재인용)

하게 드러냈다. 이는 〈총련〉 조직과의 외적 갈등이라는 정치사회적 문제로서의 차원만이 아니라, 『일본풍토기』 후기에서 그가 명시적으로 밝혔듯이 '일본 현대시 운동'에서 체득한 시적 영향과도 무관하지 않은 것으로 보인다. 즉 1950년대 중반 무렵부터 김시종은 『열도』, 『산하』, 『현대시』로 이어지는 일본 현대시 운동의 흐름으로부터 적지 않은 충격과 감화를 받았다. 자신이 조직 활동을 통해 썼던 시와 일본 현대시 사이에 상당한 격차가 있음을 절감했고, 당시 일본에서 유행하기 시작했던 아방가르드적 경향으로부터도 많은 자극을 받았던 것이다. 가장 결정적이었던 것은 오노 도자부로(小野十三郎)의 『시론』을 만나게 된 것이었는데, 그를 통해 일본적 정감의 세계를 배격하는 '단가적 서정의 부정'[11]과 '비평으로서의 시'[12]가 지닌 의미를 이해하게 된 것이다.[13] 『진달래』를 둘러싼 논쟁 과정에서 정인의 시

---

11) 오노 도자부로는 "단가의 정형화된 31자의 음수율 속에 거대한 공룡 같은 것이 골격을 이루고 있으며, 그것은 외부에서 들어오는 그 어떤 혁명적인 것도 그 의미를 소멸시켜 버리고 종래의 세계관과 사회관에 용해되어 버리는 강력함이 있다고 지적하며 새로운 시는 단가적 서정에서 벗어난 새로운 서정 즉 "현실로 하여금 부르짖게 한다"는 방법의 새로운 리얼리즘이어야 한다"라고 보았다. 심수경, 「재일조선인 문예지 『진달래』와 오노 도자부로 수용 양상」, 『일본문화연구』 제64집, 동아시아일본학회, 2017, 186쪽.

12) "시를 그저 막연한 '음악'의 상태로 인식하는 것이 아니라 '비평'으로 감지할 수 있는 능력, 이것이 문제다. 솔직히 말하면 현대시란 서정의 내부에 있는 이 비평의 요소를 자각하는 데서 출발하는 시라고 보아도 좋다. (중략) 오늘날에는 생각하는 일, 비판하는 일은 서정의 작용 그 자체와 무관하지 않을 뿐만 아니라 실로 그 서정의 성질을 좌우하고 결정하는 중요한 요소라는 견해가 점차 유력해지고 있다. 그리고 비평이라는 것은 사상이 암묵 속에 활동하는 상태를 의미하므로 이것은 다시 말하면 시와 사상의 관계 문제로 귀착한다고 해야 한다. 오노 도자부로, 「시의 본질」, 『현대시수첩』, 3~4쪽. 심수경, 앞의 논문, 185쪽에서 재인용.

13) 김시종과 오노 도자부로에 대한 논의로, 심수경의 앞의 논문, 하상일의 「김시종과 오노 도자부로」(『오늘의문예비평』 2019년 겨울호, 231~243쪽), 호소미 가즈유키의 『디아스포라를 사는 시인 김시종』(동선희 옮김, 어문학사, 2013), 오세종의 『リズムと抒情の詩學(리듬과 서정의 시학)』(生活書院, 2010) 등이 있다. 특히 오세종의 저서 제3장 「小野十三郎と金時鐘」에서는 김시종에게 끼친 오노 도자부로의 영향

가 지닌 모더니즘적 특성을 긍정적으로 평가하면서도 권경택의 시에 대해서는 상당히 부정적인 입장을 표명한 것[14)]에서 알 수 있듯이, 일본 현대시 운동의 영향으로 인해 김시종의 문학적 태도는 정치 조직에 편승한 그동안의 창작 활동과는 전혀 다른 문학 그 자체의 자율성과 독립성을 강조하는 급격한 변화를 추구하게 되는 것이다.

이런 점에서 『일본풍토기』에 수록된 시는 형식적으로든 내용적으로든 조금은 난해한 측면을 지니고 있을 뿐만 아니라 문학 외적 상황에 대한 형식적이고 구조적인 대응으로서의 모더니즘적 지향이 내재되어 있다는 점에서 다른 시집과는 조금은 구별되는 지점이 있다. "첫 시집인 『지평선』에 실린 시와 달리 의미 파악조차 되지 않는 시가 대부분이었기 때문에" "번역은 난항을 거듭했다."라고 말한 역자의 전언에서도 알 수 있듯이, 『일본풍토기』는 당시 일본 현대시 운동의 연장선상에서 〈총련〉의 노선에 의도적으로 어깃장을 놓는[15)] 난해함을 시의 특질로 삼고 있다고 볼 수 있는 것이다. "조선총련의 높으신 분들이 읽어도 의미를 알 수 없는, 이른바 '현대시' 시집이었기에

을 '시론'이라는 내적 관계를 중심으로 논의했는데, 김시종의 시를 분석하는 두 가지 키워드인 '단가적 서정의 부정'과 '비평으로서의 시'가 어디에서부터 비롯된 것인지를 체계적으로 정리하고 있다.(사이키 카쓰히로 옮김, 『오늘의문예비평』 2019년 겨울호, 198~230쪽 참조) 오노 도자부로에 대한 일본문학사에서의 논의는 김광림, 「小野十三郎(오노 도자부로)의 편향성」(『일본현대시인론』, 국학자료원, 2001)이 있다.

14) "시를 쓴다는 것과 애국시를 쓴다는 것은 전혀 관계가 없다"라고 하면서 "'재일'이라는 특수성은 조국과는 자연히 다른 창작 상의 방법론이 여기서 새롭게 제기되어야만 한다"라고 강조했다. 김시종, 「맹인과 뱀의 입씨름-의식의 정형화와 시를 중심으로」.(재일에스닉잡지연구회 옮김, 앞의 책, 189쪽에서 재인용)

15) 이에 대해 김시종은 "조선총련의 조직적인 비판을 받던 시기(1956~57년 정도)에 쓴 작품이에요. 조직과 선을 긋고 싶다는 생각에 써서, 내 작품 치고는 비교적 정치적으로 고양된 내용은 없다고 할 수 있습니다."라고 말했다. 「순수한 세월을 살고」(인터뷰), 앞의 책, 251쪽.

이렇다 할 비판도 없"[16)]었다는 시인의 말에서도 짐작할 수 있듯이, 당시 조직과의 갈등을 피하기 위한 계산된 시적 전략의 결과였다고도 할 수 있다. 이처럼 시적 대상에 대한 직접적인 의미 부여를 은폐하고 의미를 특정하기 힘든 비유와 상징적 구조 안에 시의 의미를 수렴하는 모더니즘적 기교를 통해, 일본에서 살아가는 재일조선인으로서 정치사회적인 문제에 대한 비판의식을 우회적으로 드러낸 시집이 바로 『일본풍토기』였다.

3. '재일'의 실존과 『일본풍토기』

김시종이 일본 현대시 운동에서 가장 중요하게 생각한 것은 '일본적 서정'에 대한 비판이었다. 이는 전후의 허무주의적 감성을 넘어 새로운 시대정신을 요구한 데서 비롯된 것으로, 전쟁의 비극에 대한 정서 과잉으로 표출된 전후 서정을 극복하기 위한 미학적 세계 인식의 결과였다고 할 수 있다. 이러한 사상적 흐름 속에서 김시종에게 가장 크게 영향을 미친 것은 "단가적 서정을 노예의 운율이라고 갈파한 오노 도자부로의 사상"[17)]이었다. 1950년대 당시 김시종은 일본 현대시 운동을 선도한 구로다 기오, 하세가와 류세 등과 밀접한 교류를 이어갔는데[18)], 이들의 영향 속에서 서정에 대한 비판은 곧 국가

16) 「시인의 말-한국어판 『일본황토기』 간행에 부치는 글」, 앞의 책, 4쪽.

17) 오세종, 앞의 해설, 312쪽. 이하 일본 현대시 운동과 오노 도자부로의 관계에 대해서는 이 글을 참고했음을 밝혀 둔다.

18) 실제로 두 번 째 시집 『일본풍토기』의 후기에서 "이 시집은 『현대시』 편집부의 조력과, 고쿠분사(國文社) 사장인 마에지마 고시 씨의 호의에 힘입어 첫 울음 소리를 낼 수 있었다. 재작년 첫 시집이 그랬던 것처럼 이번에도 예외 없이 많은 지인과 선배를 괴롭히고 말았다. 특히 구로다 기오, 강민성, 하세가와 류세를 비롯한 제형이 기울인 노력은, 일면식도 없는 내 책의 장정을 맡아주신 요시나타 다이조 씨와

혹은 민족이 암묵적으로 강요하는 획일화된 정서를 극복하는 대안적 개념으로 다가왔을 것이다. 재일을 살아가는 조선인으로서 국민, 국가, 민족의 재구성이라는 당면 문제는 서정 비판이라는 현대시 운동이 지향하는 정신과 태도를 통해 해결할 수 있다고 생각했던 것이다. 즉 조국과 고향에 대한 근원적 죄의식과 부채감에 사로잡혀 있는 자신에게, "정감과 정념의 '고향'을 가차 없이 잘라버렸던 것", 그래서 "위안은커녕 오히려 복수해야 할"[19] 비판적 대상으로 인식하는 시적 태도는, 영탄적 정감에 사로잡힌 서정의 세계가 아닌 현실의 중심을 가로지르는 '비평'으로서의 시의 의미와 역할을 담아낸 것이란 점에서 '재일'의 시학을 정립하는 아주 유효한 방법이 될 수 있다고 보았던 것이다. 이러한 김시종의 문제의식은 일본 내에서 마이너리티로 살아가는 재일조선인으로서의 자신을 생명력 있는 존재로 지켜내기 위한 고투(苦鬪)를 의식화한 것으로 이해할 수 있다.

> 젖은 걸레로/성벽을 쌓아/마침내 제왕이 됐다고 생각할 때./천정에서 툭툭 떨어진 것이 있었다./빈대다./이 녀석의 창의성이라면/충분히/내 피 열 방울 정도는/줘도 좋다.
>
> —「빈대」[20]

김시종의 시에는 '빈대', '지렁이', '쥐', '개' 등과 같은 동물 이미지

함께, 내게는 오래도록 잊지 못할 은혜다."라고 밝혔다. 이를 통해 볼 때 당시 김시종은 시인으로서의 활동에 있어서는 재일조선인 조직이나 단체보다는 일본 현대시 운동을 주도한 시인이나 잡지와 더 가까이 지냈던 것으로 추정된다. 『일본풍토기』, 117~118쪽.

19) 김시종, 『조선과 일본에 살다』, 돌베개, 2016, 240쪽.

20) 『일본풍토기』, 13쪽.

가 자주 나타난다. 대체로 세상으로부터 환영받지 못하는 음지의 미물을 시적 대상으로 삼은 것인데, 이러한 동물 형상들은 김시종이 일본에서 거주했던 이카이노에서 흔히 볼 수 있었던 "재일조선인의 생활 구조 안에 있던 생명체"[21]였다는 점에서 재일조선인의 모습을 상징적으로 투영한 것으로 볼 수 있다. 인용시에서 "젖은 걸레로/성벽을 쌓"는 방식은 빈대로부터 화자를 차단하기 위한 의식적인 경계의 표지인데, "천정에서 툭툭 떨어"지는 "빈대"의 행위로 인해 이러한 경계는 하자와 자신을 구분하는 경계로서의 역할을 전혀 하지 못하는 상황을 초래한다. 그 결과 빈대와 자신을 명확히 구별함으로써 "마침내 제왕"의 지위를 누리고자 했던 화자의 생각은 무색해져 버리고, 전혀 예상치 못한 빈대의 행위에 놀란 화자는 "충분히/내 피 열 방울 정도는 줘도 좋"을 만큼의 "창의성"을 지닌 모습에 감탄하는 자신의 처음 의도와는 전혀 다른 전도된 인식을 드러낸다.

이처럼 비교적 간단명료한 시적 구조 안에 재일조선인의 형상과 동일시되는 '빈대'의 행위를 겹쳐 읽음으로써, 구별과 차별 혹은 획일화와 정형화에 가로막힌 '재일'의 실존이 지녀야 할 가장 중요한 자세로 "창의성"을 초점화하려는 의도가 엿보인다. 이러한 발상은 "갈 곳 잃은 모기가/얽혀서 웅성이며/차가운 유리창 표면에 절멸해 가는 모습"(「확실히 그런 눈이 있다」, 『일본풍토기』, 51쪽.)이나, "야음을 틈타/울타리를 잘랐지만//가장 중요한 그 녀석은/뛰어오르지 않았다.// (중략) //귤 상자를 엎어 놓은 것 같은/닭장에서/넓은 하늘의 맹자(猛者)가 퇴화한다."(「가출」, 『일본풍토기』, 35~36쪽.)에서처럼, 특정한 공간 안에 갇힌 존재로서의 비애와 무력감을 드러내는 모습과

21) 「순수한 세월을 살고」(인터뷰), 앞의 책, 254쪽.

는 완전히 대조적이다. 이러한 '창의성'을 통해 '재일'의 시공간적 실존을 찾아가려는 것, 이것이 바로 김시종이 『일본풍토기』에서 재일조선인으로서 일본에서 살아가는 자신을 비판적으로 대상화하는 시적 전략이다. 즉 경계를 넘어서고 닫힌 공간을 벗어나려는 시공간적 장소성으로부터 남과 북, 일본이라는 세 국가의 폐쇄적 울타리 안에 갇힌 채 언제나 어느 한쪽으로의 귀속을 강요당해 온 '재일'의 운명을 해소해 나가는 가능성을 찾고자 했다. 김시종의 시가 지향하는 '틈새'[22], 즉 획일화된 경계에 서 있는 재일조선인의 갈등과 구속을 넘어서기 위해 그 경계의 지점을 단절 혹은 분리가 아닌 틈새의 사유로 전환시키는 시적 태도, 이것이 바로 '창의성'이 실현되는 재일조선인의 현재적 위치가 되어야 한다는 사실을 강조한 것이다.

열쇠를 주세요./임종의/어머니가 계십니다.//이걸 열어 주세요./닫히지 않는 눈은/열린 채로입니다.//한 시간 거리의/바다에 가로막혀/바짝 말라 버린 엄니가 말합니다./우두커니/천정을 우러러보며/그저 기다리고 있을 뿐인 자식이 있답니다.//관리인이 없는/텅 빈 방에서/아까부터/전화가 계속 울리고 있습니다.//누군가의 다급한/마음이/밤을 찌르며/절규하는 겁니다.//아침이 되면//따로따로 엽시다./미라가 된 엄니를/햇볕에 비추어/열쇠는 하나였다고/당신에게 고합시다.//열쇠 하나가 내려오는/방 두 개에서/조선이라는 두 글자가/그대로 남은 채/엄니와 아이가 이별을 합니다.//먼 오열에 휘감겨

---

22) 김시종은 '틈새'에 대해 "여러 분단선이 겹쳐 파이는 곳이다. 거기로 여러 힘이 가해진다. 따라서 틈새는 불확정적이고 유동적이다. 거기서 세계는 뒤틀린다."라고 하면서, "그 틈새에 몸을 두고 '틈새에 있음'을 내적 성찰에 나서야 할 상황으로 전유하고자 했다." 김시종, 윤여일 옮김, 「틈새와 지평」, 『재일의 틈새에서』, 돌베개, 2017, 370~371쪽.

/두 개의 방은/닫힌 채로입니다.

―「두 개의 방」 전문[23)]

김시종은 「밤의 자기(磁氣)」(『일본풍토기』, 161쪽)라는 시에서 플러스와 마이너스 전극으로 서로 다른 양극단에 놓인 남북의 상황을 상징화하여 "남북으로 갈려 있지만, 필연적으로 그것은 배반하고 대치하고 마주 보고 연결된 것이라는 생각"(『일본풍토기』, 280쪽)을 드러냈다. 이와 같은 맥락에서 인용시는 "열쇠는 하나"임에도 "조선이라는 두 글자"와 "두 개의 방"으로 구분된 남북의 현실을, 어머니의 죽음 앞에서도 "문을 닫은 방"의 "갈 곳 잃은 모기"(「확실히 그런 눈이 있다」, 『일본풍토기』, 51쪽.)와 같은 존재로 아무것도 할 수 없었던 스스로의 뼈아픈 경험을 통해 형상화했다. 고향 제주에 임종을 앞둔 어머니가 계심에도 불구하고 "한 시간 거리의/바다에 가로막혀" 있는 현실은, "밤을 찌르며/절규하는" 것 외에는 달리 어떠한 방법도 찾을 수 없다. 어차피 "열쇠 하나가 내려오는" 것임에도 불구하고, "방 두 개" 중 어느 한 곳에서 "우두커니/천정을 우러러보며/그저 기다리고 있을 뿐인 자식" 생각에 "바짝 말라 버린 엄니"를 떠올리는 화자의 심정은 너무나 애통하고 가혹하지 않을 수 없다. "두 개의 방"이 각각 "닫힌 채로" 경계와 대립만을 강요하는 상황에서, 어느 한쪽을 선택하고 지지하며 살아가는 것으로는 어떤 창의성도 기대할 수 없다. "조선에는/나라가/두 개나 있어서/오늘 나온 것은/그중 하나라네./이른바/한쪽 발로/공을 찬 셈이지."(「내가 나일 때」, 『일본풍토기』, 73~74쪽)에서처럼, 한 몸을 이루는 두 발을 모두 사용하지 않고 한쪽 발로만

---

23) 『일본풍토기』, 173~175쪽.

공을 차는 비정상의 현실은 어느 쪽에도 도움이 되지 못하는 것이다. 따라서 김시종의 시는 남과 북의 획일화된 두 지점을 의식적으로 밀쳐냄으로써, 불확정적이고 유동적인 틈새의 전략으로 한쪽 발이 아닌 두 발의 창의성을 새롭게 열어 가고자 했다. 이러한 그의 의식은 세 번째 시집 『니이가타』에서 38도선을 넘어서 북으로 귀국하는 재일조선인의 선택에 동참할 수 없는, 아니 의식적으로 동참하지 않는 모습과도 연결된다. 일본이라는 닫힌 공간으로부터의 탈출이 북을 지향하는 것도 남을 동경하는 것도 아닌 자신이 서 있는 바로 그 지점, 즉 '재일'의 실존을 내면화하는 데서 시작되어야 한다는 역설적 발상과 태도야말로 재일조선인 시문학이 추구해야 할 '창의성'의 지점이라고 생각했던 것이다.

> 붉게 녹슨 함석지붕 아래는, 후텁지근해서 숨막힐 듯이 덥다. 꼬불꼬불 구부러진 막다른 골목길 안쪽은 평소에도 조금 이상한 냄새가 코를 찔렀고, 여름은 부패하는 듯한 악취가 뒤섞여서 구역질이 올라왔다./배출구가 없는 시궁창 흙에 버려진 쓰레기./썩어빠진 인간의 쓰레기다./실제로 나른할 정도의 무더위다./빨래가 만국기처럼 걸려 있는 사이로 보이는 아이들의 놀이터./할아버지는 함석지붕에서 그 공터로, 히야시아메를 팔러 포장마차를 힘차게 끌어냈다./ (중략) //시궁창의 흙과 같은 인간 쓰레기터에, 부글부글 거품이 일고 있는 할아버지의 생활. 이러지도 저러지도 못 하는 막다른 골목길. 아마 막다른 골목길과 같은 생활이다.//무엇이 변했단 말인가?/변하지 않는 것이 변한 것인가?/쇼와 8년 12월 인쇄돼 나온/"구지 데쓰조"라는 시인을/나는 변두리 헌책방에서/15엔에 사왔다./'늑골'이라는 시집에 들어 있는 "막다른 골목길"/분명히 변한 것이다./이걸 판 놈은/빵 한 개

의 가치도 없어 굶주림을 얻게 되었을지 어떨지./돌아보지도 않고/25년이/성큼성큼/막다른 골목을 남겨두고/큰길가를 지나가 버린다.

— 「25년」 중에서[24)]

김시종이 잃어버렸던 『일본풍토기Ⅱ』에 수록되었던 시 가운데 미발견 상태에 있었던 9편 중의 한 편이다. 「먼 날」(1955.9.)이란 시에서 "나는 겨우 스물여섯 해를 살았을 뿐이다."[25)]라고 했고, 세 번째 시집 『지평선』(실제 발간은 1970년에 이루어졌다.)과 『일본풍토기Ⅱ』가 거의 비슷한 시기에 완성되었다는 사실을 고려할 때, 이 시를 쓴 것은 1954년 그의 나이 25살 때였던 것으로 추정된다. 따라서 이 시는 「25년」이란 제목에서 짐작할 수 있듯이 김시종 자신이 살아온 시간을 되돌아보는 자전적 성격을 지닌다. 김시종 연보에 따르면 이때 그는 심근장애로 이쿠노 후생진료소에 입원해 있었는데, 일본으로 건너온 지 5년이 지난 시점에서 가족들과도 생이별한 채 혼자서 병마와 싸워야 했던 상실감을 "막다른 골목"이라는 장소성을 통해 표현한 것으로 이해된다. 그래서인지 조금은 감상적인 정서가 무더운 여름과 악취 나는 마을의 풍경에 뒤섞여 넋두리를 토로하듯 정제되지 않은 모습으로 나타난다. "배출구가 없는 시궁창", "썩어빠진 인간의 쓰레기터"는 재일조선인 집단 거주지인 이카이노의 모습을 거칠게 표현한 것이 아닐까 싶다. 그의 네 번째 시집 『이카이노 시집』에서 "없어도 있는 동네./있는 그대로/사라지고 있는 동네/전차는 되도록 먼 곳에서 달리고/화장터만은 바로 옆에/눌러앉아 있는 동네./누구나 알고 있지만/지도에 없고/지도에 없으니/일본이 아니고/일본이

24) 『일본풍토기』, 219~221쪽.

25) 김시종, 『지평선』, 곽형덕 옮김, 소명출판, 2018, 47쪽.

아니니/사라져버려도 괜찮고/어찌되든 좋으니/제멋대로 한다네."[26] 라고 했던 바로 그곳을 배경으로 하고 있다는 점에서 동일하다.

인용시에서 "할아버지", "아이들", 그리고 병원에 누워 읽은 시집 속에서 "막다른 골목"을 발견한 화자 모두에게 이카이노에서의 생활은 "막다른 골목길과 같은" 것이 아닐 수 없다. 세상의 변화와 세월의 흐름 속에서 사실상 전혀 변화를 찾을 수도 기대할 수도 없다는 소외되고 버려진 이카이노라는 장소에 대한 비판적 현실 인식을 담아내고 있다. 어쩌면 시집을 팔고 골목길을 떠나 버린 누군가처럼 "막다른 골목을 남겨두고/큰길가를 지나가 버"리고 싶은 마음은 이곳에서 살아가는 모두의 숨겨진 진실일지도 모른다. 조국과의 단절 이후 육신마저 깊은 상처로 신음하는 이십 대 중반 청년이 닫힌 세계를 열고 새로운 세계로 나아가고자 하는 힘겨운 출발에 대한 기대를 담은 역설적 모습으로 볼 수도 있을 듯하다. 어느쪽이 시인이 의도한 진실이든 간에, 조국, 고향, 민족, 가족, 이념, 언어 등 일본에서 혼자 살아가는 청년으로서 몸마저 무너져 나약해져 버린 자신과 마주하는 상실감을 내면화하고 있는 것은 분명하다. 그래서 화자는 자신이 서 있는 바로 그 지점, 즉 생활과 실존을 감각적으로 공유하는 현재의 "막다른 골목길"에서부터 재일조선인으로서 자신이 가야 할 방향을 찾고자 했던 자기 회복 혹은 자기 모색의 내면을 담아낸 시로 이해된다. 이런 점에서 「25년」은 김시종의 시 가운데 가장 정직하고 인간적인 내면의 흔적을 보여 주는 작품으로, 재일조선인으로서 '재일을 산다'라고 스스로의 명제를 정립하게 되는, 김시종의 삶과 시가 본격적으로 시작되는 출발점으로서의 시공간적 의미를 지녔다는 점에서 상

---

26) 김시종, 「보이지 않는 동네」, 『이카이노 시집, 계기음상, 화석의 여름』, 이진경 외 옮김, 도서출판 b, 2019, 17쪽.

당히 중요한 의미를 지닌 작품으로 평가할 수 있다.

4. 재일조선인 시문학과 김시종의 문학사적 위치

『일본풍토기』는 제주 4·3으로 일본으로 밀항, 일본공산당 가입, 『진달래』 창간, 〈총련〉으로의 노선 전환에 따른 『진달래』 탄압과 폐간, 『가리온』 창간과 폐간, 그리고 『지평선』, 『일본풍토기』두 권의 시집 발간과 세 번째 시집으로 예정되었던 『일본풍토기Ⅱ』의 소실, 70년이 되어서야 빛을 보게 된 세 번째 시집 『니이가타』 집필에 이르는 1950년대 김시종의 삶과 문학이 집약되어 있다. 특히 당시 〈총련〉 조직과의 갈등에 따른 방황과 잦은 이사로 인해 소실되었던, 그래서 최근까지도 그 실체조차 확인할 길 없었던 『일본풍토기Ⅱ』에 수록된 여러 시들을 복원해 냈다는 점에서 상당히 중요한 의미가 있다. 식민과 해방 그리고 분단으로 이어지는 격동의 시절, 이십 대 청년기 대부분을 조국을 떠나 낯선 이방의 땅에서 온갖 차별과 멸시를 감내하며 살았던 그의 정신적 고투의 흔적이 70년 가까운 세월을 지나 구십대가 되어서야 완전한 모습을 되찾았다는 사실은 그 자체로 감격스러운 일이 아닐 수 없다.

『일본풍토기』에 수록된 시는 김시종의 시적 토대가 어디에서 출발했는지를 이해하는 실증적 측면도 아울러 지닌다. 그의 사상적 기반이라고 할 수 있는 '재일을 산다'라는 의미가 어떻게 정립된 것인지, 남과 북이 아닌 '재일'의 '틈새'에 대한 사유가 무엇을 의미하는 것인지, '재일'은 곧 '통일'이라는 시대 정신이 지향하는 바가 어떤 것인지를 확인하는 시적 기원으로서의 의미를 보여 주는 것이다. 또한 이러한 김시종 시의 보편적 이해와는 조금은 다른 측면에서 정치사회적 조건에 구속된 존재로서의 세계가 아닌, 문학 그 자체에 대한 미학적 탐색으로 구조화된 현대시의 방향을 모색한 초기 시의 특이성을 발견하게 한다는 점에서도 새로운 의미가 있다. 물론 그의 시에서 내용과 형식이라는 문학의 필수적 요건은 분명하게 양분되는 대척적인 지점에 있다기보다는 내용과 형식의 유기적 결합이라는 차원에서 재구성된 것이라는 점에서 형식 그 자체에도 정치성의 요소가 침투되어 있음을 간과해서는 안 된다. 지배담론의 이데올로기적 편견과 선입견을 넘어서기 위해 의식적으로 규범의 해체를 주장했던 모더니즘의 해체주의 원리와 마찬가지로, 1950년대 〈총련〉의 교조화된 방침에 맞서기 위해서 규범화된 관습을 의도적으로 왜곡하고 부정하는 일종의 실험적 성격을 표출한 것으로 볼 수도 있는 것이다. 『일본풍토기』를 비롯한 김시종의 초기 시들 상당수가 70년대 이후 창작된 그의 시와 비교할 때 형식적으로든 구조적으로든 난해성을 지닌 측면이 두드러진 이유도 바로 여기에 있지 않을까 싶다.

이런 점에서 재일조선인 시문학에서 김시종의 문학사적 위치는 보편적이라기보다는 개성적이고 특수한 측면이 많다는 점에서 일정한 거리를 두고 있다고 보는 편이 타당할 듯하다. 〈총련〉 결성 이후 일본어에서 조선어로 창작 언어를 변경했던 대표적인 재일조선인 시인 허남기의 경우와는 정반대로, 해방 이후 벽을 긁는 듯한 자세로 우리말을 습득해 의식적으로나마 조선어 시를 쓰려고 했지만 근본적인 한계에 부딪히게 되면서 일본어로 시를 쓸 수밖에 없었던 김시종의 시적 방향은, 재일조선인 시문학의 본령과는 일정 부분 어긋나는 행보를 드러낼 수밖에 없었던 것이다. 따라서 김시종의 시가 재일조선인 시문학의 보편적 특징을 담아냈다고 말하는 것은, 재일조선인 시문학에서 그가 남긴 문학적 의의와는 별개로 전적으로 타당한 주장이라고 보기는 어렵다. 이러한 판단은 단순히 일본어/조선어의 차이라는 언어의 문제에서 비롯된 쟁점만을 부각한 결과가 아니라, 남과 북이라는 이데올로기적 선택의 문제와도 깊은 관련을 맺고 있다. 또한 리얼리즘/모더니즘이라는 도식화를 무릅쓴다면, 이러한 시적 방법론의 선택에 있어서도 두드러진 차이를 지닌 복합적인 측면을 고려한 데 따른 결과이다. 따라서 『일본풍토기』의 복원과 출간은 재일조선인 시문학에서 김시종 시의 출발점과 지향점을 이해하는 발생적 토대를 더욱 명확하게 보여 준다는 점에서 상당히 중요한 의미가 있다. 이런 점에서 『일본풍토기』는 김시종의 시문학을 '재일의 시학'이라는 차원에서 논의할 때 새로운 문제의식을 열어 내는 생산적인 담론의 중요한 거점이 되지 않을까 생각된다.

김시종과 오노 도자부로

1. 김시종에 대한 연구 및 비평

김시종은 부산에서 태어나 제주에서 자랐고, 광주에서 학생 시절을 거친 후 다시 제주로 돌아왔지만, 제주 4·3항쟁에 가담했다가 수배를 당하여 1949년 6월 일본으로 밀항했고 8월에 일본공산당에 입당하면서 본격적으로 재일조선인 조직 운동에 참여하기 시작했다. 1950년 5월 26일 《신오사카신문》에 일본어로 발표한 「꿈같은 일」로 시인으로서의 활동을 시작했고[1], 1951년 〈오사카재일조선인문화협회〉의 종합지 『조선평론』에 참여했으며, 1953년 2월에는 자신의 주도로 〈오사카조선시인집단〉을 조직하여 시전문지 『진달래』를 창간했다. 그리고 1955년 첫시집 『지평선』을 발간한 것을 시작으로 1957년 두 번째 시집 『일본풍토기』를, 그리고 세 번째 시집으로 기획되었던 『일본풍토기

---

1) 김시종은 1948년 4월 이후 제주도 4·3 사건에 연루되면서 아버지가 준비해준 밀항선을 타고 1949년 6월에 일본 고베 앞바다(스마(須磨) 부근)에 상륙한다. 곧 일본공산당에 입당하여 활동을 시작하고 조직의 지원을 받아 외국인증명서를 손에 넣는다. 만약 강제 송환되면 처형당할 위험이 도사리던 시대였다. 1950년 5월 26일 《신오사카신문》의 '노동하는 사람의 시(働く人くの詩)'라는 모집란에 최초의 일본어 시가 게재된다. 필명은 '직공 하야시 다이조(工員林大造)'였다. 윤건차, 박진우 외 옮김, 『자이니치의 정신사』, 한겨레출판, 2016, 392쪽.

Ⅱ』는 『진달래』 문제로 〈총련〉과의 갈등이 깊어지면서 그 원고마저 분실하여 발간하지 못했고, 1970년에 이르러서야 『니이카타』를 출간했다. 이후 『삼천리』에 연재했던 『이카이노 시집』(1978)을 비롯하여 『광주시편』(1983), 『들판의 시』(1991), 『화석의 여름』(1998) 등을 지속적으로 출간함으로써, 해방 이후 재일조선인 시인 가운데 가장 활발한 시작 활동을 펼친 것은 물론이거니와 재일조선인의 시대정신을 가장 문제적으로 담아낸 시인으로 평가되고 있다.

지금까지 김시종에 대한 연구 및 비평은 크게 세 가지 방향에서 논의되었다. 첫째는 재일조선인 시문학사의 흐름 속에서 김시종 시인의 위상과 의미를 정리했는데, 『진달래』 필화 사건[2)]에 초점을 두고 김시종과 〈총련〉 조직의 갈등 및 탈퇴의 과정에서 쟁점화된 시 창작의 문제와 그 이후 발표된 시가 분단 이데올로기의 강요를 넘어선 재일조선인의 실존과 생활을 어떻게 형상화했는가에 대해 집중했고, 둘째는 그의 시가 출발하는 근원적 토대라고 할 수 있는 제주 4·3항쟁과의 관련 속에서 사상적인 측면을 주목했는데, 2000년대 이후 김시종의 언어의식과 실존의식이 제주 4·3을 증언하는 역사의식과 만나 어떻게 형상화되었는지를 논의했으며[3)], 셋째는 김시종의

2) 『진달래』는 일본공산당 민족대책부의 지도하에 김시종이 편집 겸 발행인이 되어 1953년 2월 창간하였다. 문학을 통해 오사카 근방의 젊은 조선인을 조직한다는 명백한 정치적 목적을 지니고 있었으나, 모더니스트 시인 정인(鄭仁)을 배출하는 등 점차 문학 자체를 추구하는 장으로 변화해갔다. 1955년 좌파 재일조선인의 운동 방침이 크게 전환되어 북한이 직접 운동을 지도하게 되자, 조직의 거센 비판을 받고 1958년 10월 20호로 종간되었다. 이후 1959년 6월 김시종, 정인, 양석일 3명이 『진달래』의 정신을 이은 『가리온』을 창간했으나, 이 역시 조직의 압력으로 불과 3호만을 발간하고 중단되고 말았다. 하상일, 「김시종과 『진달래』」, 『한민족문화연구』 제57집, 한민족문화학회, 2017.3. 63~92쪽 참조.

3) 하상일, 「김시종의 '재일'과 제주 4·3의 시적 형상화」, 『한민족문화연구』 제65집, 2019.3. 73~98쪽 참조.

시와 시론에 근거하여 '재일'의 시학을 규명한 것으로, 일본적 정감의 세계를 배격하는 '단가적 서정의 부재'와 '비평으로서의 시'가 지닌 의미에 대해 분석했다.[4] 특히 셋째의 경우 김시종의 시와 시론이 형성되는 가장 중요한 토대로 일본의 아나키즘 시인 오노 도자부로와의 영향 관계를 주목했는데, 이에 대한 분석은 김시종의 시 세계 전반에 대한 이해뿐만 아니라 1955년 〈총련〉 결성 이후 재일조선인 시문학의 변화를 논의하는 데 있어서도 중요한 근거가 된다.

김시종과 오노 도자부로의 관계를 중심으로 한 국내 연구는 심수경의 「재일조선인 문예지 『진달래』의 오노 도자부로 수용 양상」(『일본문화연구』 제64집, 동아시아일본학회, 2017)이 현재로서는 유일하다. 오노 도자부로에 대한 논의도 김광림의 「小野十三郎(오노 도자브로)의 편향성」(『일본현대시인론』, 국학자료원, 2001)에서의 짧은 소개가 전부이다. 게다가 두 경우 모두 일본문학 연구 성과로 제출된 결과이므로 지금까지 한국문학에서의 연구는 김시종에 관한 논문에서 부분적으로 다룬 몇 편의 경우를 제외하고 본격적인 논의를 한 것은 없다고 해도 과언이 아니다. 이에 반해 일본문학에서는 김시종과 오노 도자부로의 관계를 주목한 논의가 여럿 있는데, 그 중에서 한국에 번역 소개된 것으로 호소미 가즈유키의 『디아스포라를 사는 시인 김시종』(동선희 옮김, 어문학사, 2013)이 있다. 그리고 아직 전체가 번역이 되지는 않았지만 그동안 김시종을 대상으로 여러 글을 발표하고 박사 논문으로까지 완성하여 이를 단행본으로 출간한 것으로 오세종의 『リズムと抒情の詩學(리듬과 서정의 시학)』(生活書院, 2010)이 있는데,

4) 하상일, 「김시종과 '재일'의 시학」, 『국제한인문학연구』 24호, 국제한인문학회, 2019.8. 173~203쪽 참조. 이 글의 내용 중 오노 도자부로에 대한 논의는 이 논문에서 일부 가져왔음을 미리 밝혀둔다.

이 책의 제5장 「〈道〉と自己」가 「〈길〉과 자기 자신 - 김시종 론」(이한정, 윤송아 엮음, 『재일코리안 문학과 조국』, 지금여기, 2011)으로 번역되어 있다. 그리고 이 책의 제3장 「小野十三郎と金時鐘」을 번역한 것[5]으로, 김시종에게 끼친 오노 도자부로의 영향을 '시론'이라는 내적 관계를 중심으로 논의했다는 점에서 특별히 주목된다. 이 장에서 오세종은 김시종의 시를 분석하는 두 가지 키워드인 '단가적 서정의 부정'과 '비평으로서의 시'가 어디에서부터 비롯된 것인지를 체계적으로 정리하고 있어서 앞으로 김시종 연구의 중요한 디딤돌이 될 것으로 기대된다.

2. 오노 도자부로의 『시론』과 김시종의 시적 지향

김시종의 삶은 식민과 해방의 역사적 소용돌이를 직접적으로 경험해야만 했던 우리 민족구성원들 대다수가 그러했던 것처럼, 분단이데올로기에 가로 막혀 조국과 고향을 등진 채 유민(流民)으로서의 삶을 살아가야만 했던 디아스포라적 운명을 지니고 있었다. 아무런 연고도 없이 무조건 조국으로부터 떠남을 강요받아야 했던 김시종에게 낯선 땅 일본에서의 정착은 결코 쉬운 일이 아니었다. 특히 제주 4·3 항쟁에 연루된 자신을 철저하게 숨기지 않으면 언제 다시 조국으로 송환될지 모르는 불안과 두려움을 억누르며 살아야만 했던 세월은, 재일조선인으로 살아가는 김시종의 의식을 송두리째 지배하는 억압인 동시에 원죄로 내면화되지 않을 수 없었다. 그에게 조국과 고향은 영원히 잊어서는 안 되는 근원적 그리움의 장소임에도 불구하고, 다

---

5) 사이키 카스히로 옮김, 「리듬과 서정의시학」, 『오늘의문예비평』, 2019년 겨울호.

시는 기억해서는 안 되는 망각의 장소로 여길 수밖에 없는 내적 고뇌를 짊어지고 살아가야만 했던 것이다. 그리고 이러한 양가적 감정과 태도는 재일조선인으로 살아가는 자신의 삶의 방향에 극심한 혼란을 가중시켰고, 특히 조국과 고향을 그리워하는 근원적 정감의 세계를 마주하는 시인으로서의 자기모순을 심화시켰다. 즉 당위적 진실로서의 '조국'에 대한 지향과 일상적 진실로서의 '재일'의 현실 사이에서 재일조선인으로 살아가는 시인으로서의 올바른 방향성을 찾는다는 것은 지독한 자괴감에 시달리는 일이 되지 않을 수 없었던 것이다. "나를 묶고 있는 운명의 끈은 당연히 내가 자라난 고유의 문화권인 조선으로부터 늘어져 있"지만, "내게 묶인 일본이라는 나라 역시 또 하나의 기점이 되어 나의 사념 안으로 운명의 끈을 늘어뜨리고 있"다는, 그래서 "나는 양쪽 끈에 얽혀, 자신의 존재 공간을 포개고 있는 자"[6]였다는 고백에서 재일조선인으로 살아가는 김시종이 직면했던 혼란과 모순을 충분히 짐작하고도 남음이 있다.

이러한 김시종의 내적 모순과 갈등은 일본의 아나키즘 시인 오노 도자부로와의 만남을 계기로 극적인 전환점을 맞이하게 된다. 그는 일본 공산당에 가입하여 민전 오사카 본부에서 문선대 활동을 했었는데, 그 무렵 도톤보리[道頓堀] 거리의 '덴규[天牛]'라는 헌책방에서 오노 도자부로의 『시론』이라는 책과 운명적으로 만나게 되었던 것이다. "그 때의 당혹과 충격은 그 후의 나를 결정했다고 말해도 좋을 정도"[7]라고 스스로 고백할 만큼, 김시종에게 오노 도자부로의 『시론』은 재일조선인 시인으로서 '재일을 살아가는' 데 있어서 절대적인 가치와 지향점이 되었다고 할 수 있다.

---

6) 김시종, 윤여일 옮김, 『조선과 일본에 살다』, 돌베개, 2016, 234쪽.
7) 『조선과 일본에 살다』, 239쪽.

고향이란 구마모토(熊本)라든가 신슈(信州)라든가 도호쿠(東北)를 의미한다고 말한 놈이 있다.

나는 언제나 구마모토나 신슈나 도호쿠에 대해 복수하고 있다고 생각한다.

—『시론』, 40쪽

위안의 욕구로서의 향토는 향토 값 못한다.

—『시론』, 41쪽

시란 이러한 것이며 아름다움이란 이러한 것이라는 나의 고정관념을 근저로부터 뒤집어 버린 것으로서 『시론』과 오노 도자부로는 존재했습니다.

—『'재일'의 사이에서(「在日」のはざまで)』, 54쪽[8)]

조국과 고향에 대한 근원적 죄의식과 부채감에 사로잡혀 있는 김시종에게, '고향'을 "위안의 욕구"에 불과한 것으로 인식함으로써 "복수하고 있다고 생각"하는 오노 도자부로의 시론은 그 자체로 충격과 혼동으로 다가오지 않을 수 없었을 것이다. "만약 내가 일본으로 오지 않았다면 이 시인의 시적 사상이 열어 보이는 서정의 내질은 짐작도 못 해본 채 끝났"을 것이고, "그야말로 자유롭게 영탄의 정감을 싸질러대는 역겨운 '서정시인'이 되었을지도 모릅니다."[9)]라는 김시종의 직접적인 말에서, 영탄적 서정의 세계가 아닌 현실의 중심을

---

8) 오세종, 사이키 카쓰히로 옮김, 「리듬과 서정의 시학」, 『오늘의문예비평』 2019년 겨울호, 194쪽.

9) 『조선과 일본에 살다』, 240쪽.

가로지르는 비판적 성찰로서의 김시종의 시 세계가 오노 도자부로의 절대적 영향으로부터 형성되었음을 확인할 수 있다.

오노 도자부로는 1926년에 제1시집 『반쯤 열린 창[半分開いた窓]』을 발표하며 아나키즘 시인으로 출발했고, 1947년 『시론』, 1953년 『현대시수첩』, 1954년 『단가적 서정(短歌的抒情)』 등을 발표하여 시대의 문학적 상황을 개척하며 오사카를 중심으로 활동한 프롤레타리아 시인이다.[10] 그는 "어떤 의미에서 일본의 전통 시가야말로 악질의 정신주의의 마지막 아성이라 할 수 있다"[11]라며 일본 시가의 전통적 미학에 대한 극언을 서슴지 않았다. "시의 모든 문제가 시인이 품은 사상 내지는 비평에 의해 해결된다."라는 점에서 "시의 리듬에 비평을 발견함으로써 저항의식이 예술로 승화되"[12]는 것이 무엇보다도 중요하다는, 즉 '비평'으로서의 시의 의미와 역할을 무엇보다도 강조했던 것이다. 이처럼 오노 도자부로는 '서정'으로 표상되는 현대시의 영탄적 정감의 세계는 당면한 현실의 문제를 철저하게 외면하고 왜곡하는 감상적이고 허위적인 포즈에 지나지 않는다고 강하게 비판했다.

> 내가 생각하고 있는 서정이란 대체 무엇일까. 그리고 그와 같은 성질을 가진 시의 언어는 무릇 소위 음악적인 유동미를 갖추고 있으며 감각적으로 세련되어 있는 것처럼 보여, '우아'하기도 하고 '순수'하기도 해서 나는 음악적으로 유로되는 시, 우아한 시, 순수한 시는 싫어하는 것이 된다. 시가 기도에 가까울수록 언어가 순화된다는 것은 많

---

10) 심수경, 「재일조선인 문예지 『진달래』의 오노 도자부로 수용 양상」, 『일본문화연구』 제64집, 동아시아일본학회, 2017, 183쪽.

11) 김광림, 「小野十三郎(오노 도자브로)의 편향성 - 정신주의 배격한 비평의식」, 『일본현대시인론』, 국학자료원, 2001, 168쪽.

12) 김광림, 위의 책, 177쪽.

> 은 시인이나 비평가나 시 애호가의 이상일지는 몰라도 나는 자신의 시의 언어가 그와 같은 방향에 있어서 순화되고 단순화되어도 즐겁지 않다. 왜냐하면 나는 현대시는 그러한 기도의 헛됨, 속임수를 알고 있으며 그곳에 몰아넣는 일을 당하지 않기 위해 저항하고 있는 시라고 믿고 있기 때문이다. 기도를 거절하는 시라고 여기기 때문이다.[13]

"기도의 헛됨, 속임수"라는 말에서 극단적으로 드러나듯이, 오노 도자부로는 서정시가 감정과 정서를 직접적으로 토로하는 정감의 독백 혹은 기도와 같은 것이 되어서는 안 된다는 아주 완고한 입장을 지니고 있었다. "음악적으로 유로되는 시, 우아한 시, 순수한 시는 싫어하는 것이 된다."라는 말에서처럼, 이러한 서정시의 형식 미학은 감각적으로 세련된 것처럼 보이게 하는 데만 기여하는 허위에 불과하다는 것이다. 따라서 시의 올바른 방향은 이러한 서정에 내재된 거짓을 걷어냄으로써 "저항하고 있는 시"로서의 형식과 내용을 갖추는 데서 구체적으로 실현된다고 보았다. 이 때 '저항'은 형식적으로는 주정적(主情的)인 정감의 세계를 토로하기에 급급한 일본 시가의 음률적 전통을 부정하는 데 있고, 내용적으로는 사상 혹은 사고의 표현에 초점을 두는, 즉 '시=비평'을 가시화하는 데서 의미화될 수 있음을 주장했다.

이러한 오노 도자부로의 시론은 1950년대 이후 김시종의 시 혹은 시론과 사실상 그대로 일치한다고 해도 과언이 아니다. 김시종의 시가 '바라보는' 대상이 아닌 '살아가는' 대상으로 자연을 의미화함으로써, 자연이라는 대상을 외경이 아닌 실존의 문제로 인식했던 것도

---

13) 김광림, 위의 책, 178쪽에서 재인용.

바로 이러한 이유에서이다. 또한 고향이나 조국과 같은 근원적 그리움의 세계를 향수와 동경의 정감적 세계로 형상화하지 않고 모순과 부정의 현실적 공간으로 인식했던 것도 이와 같은 문제의식에서 비롯된 것이다. 이러한 시적 인식은 일본 전통 하이쿠[俳句]의 '계절어에 대한 저항'과 '단가(短歌)에 대한 부정'으로 구체화되는데, 이것은 일본 전통 시가의 정감적 세계에 대한 총체적 비판이라는 점에서 '비평'으로서의 시를 의도한 결과라고 할 수 있다. 또한 이러한 일본적 서정의 세계에 대한 저항과 부정은 일본어를 통해 일본어에 복수하려는 김시종 시인의 언어의식과도 자연스럽게 연결된다. 즉 '일본어에 대한 복수'라는 김시종 시인의 언어적 혁명은 '비평'으로서의 시학이라는 재일조선인 시문학을 정립하는 데 있어서 아주 유효한 방법과 전략이 되었던 것이다.

이처럼 김시종은 오노 도자부로의 『시론』을 자신의 시 창작의 방법론으로 삼아 '재일'의 독자적인 시학을 정립하는 근본적 토대로 삼고자 했다. "재일조선인에게 '조선'이란 '재일'입니다."[14]라는 말에서 알 수 있듯이, '재일'과 '조선'은 절대 분리할 수 없는 운명적 공동체라는 점에서 '재일'의 현실에 깊숙이 뿌리박는 것이야말로 재일조선인 시문학의 본질이 되어야 한다고 보았다. 따라서 김시종은 "일본에서의 정주를 자명시하면서, 또한 '한국', '조선'을 따라 가야 하는 종속의 생을, 나는 거부한다"는 것, 즉 "재일을 사는 나의 주동적 의지"[15]를 관철시키는 저항의 목소리를 통해 재일조선인의 현실을 온전히 대변하는 '재일'의 시학을 정립해 나가고자 했던 것이다.

---

14) 김시종, 윤여일 옮김, 『재일의 틈새에서』, 돌베개, 2017, 339쪽.

15) 『재일의 틈새에서』, 348쪽.

3. 단가적 서정의 부정과 비평으로서의 시

오세종의 「리듬과 서정의 시학－김시종과 '단가적 서정의 부정'」에서 가장 중점적으로 문제 삼은 것은, 오노 도자부로의 시론이 소위 전통 서정시의 리듬이 지닌 관습적 의미를 전면적으로 부정함으로써 "리듬이란 비평이다."[16]라고 낯선 정의를 내린 데 있다. 즉 리듬을 '음악'과 '운율'의 차원에서만 파악하는 데서 한 단계 더 나아가 '시대감각'과 '생활감각'의 문제로 이해하는 '생활과 리듬'에 관한 문제의식을 지녀야 한다는 것이다. 이는 리듬을 "생활의 반영"으로 간주함으로써 "'생활'의 능동적이고 비평적인, 인식론적 반영"이 곧 리듬이라는, 그래서 이러한 "인식론적 반영"으로서의 리듬에는 "'비평'이 깊게 연관되어 있"다고 보는 것이다. 따라서 오노 도자부로는 현대시의 가장 큰 문제는 "근대의 타락한 단가의 성조(聲調)로부터 해방되지 않았다는 것"에 있으므로, "어떤 시대의 계급에 속한 인간의 감정"이라는 보편적이고 일반적인 관념적 리듬 의식을 넘어선 "실제상의 계급 대립" 등을 구체적으로 형상화하는 방향으로 리듬이 실현되어야 한다고 주장했다. 이러한 문제의식에서 나온 것이 바로 '단가적 서정의 부정'인데, 이 때의 '단가적 서정'은 "5·7·5·7·7이라는 형식보다는 단가를 단가로 성립시키고 있는 정감이나 감성의 상태"에 본질이 있다고 보고 이러한 "정감이나 감성"의 세계가 지닌 문제점을 비판하고 있다.

오노 도자부로는 "단가의 정형화된 31자의 음수율 속에 거대한 공룡 같은 것이 골격을 이루고 있으며, 그것은 외부에서 들어오는 그

16) 이하 이 글의 본문에 인용 표기된 것 가운데 각주를 달지 않은 것은 『오늘의문예비평』(2019년 겨울호)에 번역 게재된 것에 따른 것이므로 생략하기로 한다.

어떤 혁명적인 것도 그 의미를 소멸시켜 버리고 종래의 세계관과 사회관에 용해되어 버리는 강력함이 있다고 지적하며 새로운 시는 단가적 서정에서 벗어난 새로운 서정 즉 '현실로 하여금 부르짖게 한다'는 방법의 새로운 리얼리즘이어야 한다."[17]라고 보았다. 김시종은 이러한 견해에 기대어 서정시의 전통에 대한 보편적 인식과 미학적 규범에 대한 편견을 근본적으로 전복시키는 새로운 시학적 방향을 열어나가고자 했다. 동일성의 세계관에 입각하여 자연과 인간의 조화를 추구하는 일본 전통 서정시인 '단가'를 철저하게 부정함으로써 '재일을 살아가는' 시인으로서 일본어로 일본어에 보복하는 저항적 언어의 가능성을 지향했던 것이다. 즉 7·5조의 전통적 율격에 갇혀 있는 일본 전통 '단가'의 서정적 세계를 부정하는 것이야말로, 비판적 현실 인식에 바탕을 둔 '재일'의 시학이 '비평'으로서의 서정이라는 새로운 미학적 지평을 열어 내는 의미 있는 방향이 될 수 있다는 것이다. "리듬이란 비평이다."라는 오노 도자부로의 시론이 김시종의 시와 시론으로 이어지고 있음을 여기에서 분명하게 확인할 수 있다. "단가적 서정은 외부를 내부화하고 그것을 정당화하는 감성의 질서 구축, 그리고 감성의 공동체를 부각시키는 데 그 본질적인 문제가 있"으므로, "외부의 재구성을 지향하는" "이질적인 시를 창출하기 위해 '생활'과 '시' 사이에 게재하는 것이 '비평'"이라는 것이다.

> '비평'이란 '시대와 자기와의 간극을 메우는' 것이라고 규정되어 있다. 이 글에서 알 수 있듯이 이 규정의 배경에는 지금 현재에서 자기와 시대가 분리되어 있고, 뿐만 아니라 자기와 자기를 둘러싼 사회나

17) 심수경, 앞의 논문, 186쪽.

환경이 비친화적이라는 판단이 있다.

반대로 '자연'의 지혜'가 작용하고 있을 때에는 이러한 단절의 의식은 '중화'되어 드러나지 않는다고 한다. 그러한 '지혜'와 관련지어진 것이 인용에서는 '예로부터 내려온 일본 시가의 전통', '예로부터 내려온 시 형식', '오래된 성조나 운율'이라는 식으로 '단카적 서정'과 밀접한 것들이다. 그렇다면 왜 '단카적 서정'은 자연의 지위를 안정시키고 시대와 자기의 대립을 '중화'시키는 것일까? 그것은 1절에서 살펴보았듯이 외부를 정서화하고 내부에 끌어들이기 때문이다. 『고금와카집(古今和歌集)』을 구체적인 예로 들자면, "이렇게 햇빛이 화창한 봄날인데 벚꽃은 어째서 급하게 떨어지는 것일까"로 대표되는 것처럼 '봄'이라 하면 '휘파람새', '봄안개', '매화꽃', '벚꽃'……이라는 연상의 체계에 의해 자연을 제도화하고, 더 나아가 거기에 탄생이나 이별, 혹은 사별의 메타포를 작동시킴으로써 자연과 자기를 일체화시키기 때문에 대립은 중화되는 것이다. 따라서 이 경우의 '지혜'란 자연을 제어하고 운용하면서 동시에 거기에 인생을 비추어 겹쳐보는 문학적 사고를 가리키고 있다.

그러한 '지혜'에 대해 오노가 '시대'라는 말을 사용하는 것은 자기를 둘러싼 환경이 시간과 함께 변화한다는 것, 그렇기 때문에 하나의 시를 지탱하는 사상은 역사적인 상대성을 띠고 있다는 점을 제시하기 위해서이다. 그 변동하는 '시대'에 대해 '오래된 성조나 운율'에 머무르는 것은 대립을 격화시킬 뿐이지 '간극'은 결코 메워지지 않는다. 그래서 시에 있어 자연의 위치는 안정되지 않고 대신에 현실 사회로부터의 압력이 더해지게 될 것이다. 그런 까닭으로 '시대'를 (재)인식하기 위해 오래된 '지혜'를 지탱하는 '성조나 운율'을 거부하고 '서정의 변혁'에 대응할 '비평'이 요청되는 것이다. 이처럼 서정의 변혁을

시도함으로써 내적 자연을 깨뜨린 '비평'은 자기와 시대를 연결하는 행위로서 자리매김된다.[18)]

단가적 서정의 부정은 일본어의 세계에 깊숙이 침윤된 김시종 자신과 같은 재일조선인의 경험적 현실을 의식적으로 극복하기 위한 전략적 선택이기도 했다. 즉 "나에게 닥쳐온 식민지라는 것은, 아주 정다운 일본의 동요였고, 창가(唱歌)였고, 다키 렌타로[瀧廉太郎]의 '꽃'과 '황성(荒城)의 달'"이었으므로, "정감이 풍부한 일본의 노래는 내 몸을 완전히 감싸 안아, 아무런 저항도 없이 나를 신생 일본인으로 만들어 주었"[19)]다는 엄연한 사실을 결코 부정할 수 없었기 때문이다. 그 결과 자신의 시 창작에서 "운율을 맞춘 음수율 없이는 시가 아니"라는 보편적 서정시의 미학을 그대로 따르려고 했고, "그 때문에 일본어는 아름다운 언어라고 진심으로 생각"[20)]한 적도 있었던 것이다. 그만큼 김시종을 비롯한 상당수의 재일조신인들에게 단가의 정형시적 율격은 일본 전통 서정의 미학에 무의식적으로 침윤되게 하는 아름다운 형식 미학으로 내면화되기에 충분했다. 따라서 김시종은 일본어의 가장 아름다운 규범처럼 인식되어 온 단가를 부정하여 스스로 일본 시가의 무의식적 전통에 깊숙이 침윤되지 않도록 하는 것, 그래서 의식적으로 일본 서정시의 음률적 전통을 깨뜨리는 방향으로 일본어에 대한 보복을 실현하는 것이 필요하다고 보았다. '재일'의 생활 혹은 실존의 문제를 담은 리얼리티를 철저하게 외면한

---

18) 「리듬과 서정의 시학」, 앞의 책, 207~209쪽.

19) 김시종, 「지금 있는 장소」, 『김시종의 시-또 하나의 일본어』, 우카이 사토시, 「김시종의 시와 일본어의 미래」, 미우라 노부타카·가스야 게이스케 엮음, 이연숙 외 옮김, 『언어제국주의란 무엇인가』, 돌베개, 2005, 516~517쪽에서 재인용.

20) 김시종, 유숙자 옮김, 『경계의 시』, 소화, 2008, 9쪽.

채 오로지 자연을 평화롭고 아름다운 상징으로만 형상화하는 왜곡된 시적 태도를 비판적으로 성찰함으로써, "정감이 빚어낸 '자연'"이라는 미학적 허위성을 넘어 자연과 인간이 함께 어우러지는 현실적이고 구체적인 시선을 요구했던 것이다.

김시종은 "오늘날에는 생각하는 일, 비판하는 일은 서정의 작용 그 자체와 무관하지 않을 뿐 아니라 실로 그 서정의 성질을 좌우하고 결정하는 중대한 요소"라는 오노 도자부로의 견해에 절대적으로 기대어, '재일'의 시학이 역사와 현실에 대한 날카로운 비평의 성격을 표방해야 한다고 보았다. "서정의 내부에 있는 이 비평의 요소를 자각하는 데서" 재일의 시학이 출발되어야한다는 점에서, 재일조선인의 삶과 유리된 허위적 자연의 세계에 포섭된 서정적 자아의 내면을 외부로 확장시킬 필요가 있다는 것이다. 이는 시정신과 비평정신이 만나는 지점에서 '재일'의 역사적 현실과 정직하게 마주할 필요가 있다는 것으로, "시와 사상의 관계 문제"가 '재일'의 시학에 있어서 가장 본질적인 토대가 되어야 한다는 점을 강조한 것이다. 이 때 '사상'은 정치사회적 측면의 외적 문제에 초점을 둔 것이라기보다는 역사와 현실 앞에 서 있는 서정적 주체의 내면세계에 더욱 집중하는 것을 의미한다. '서정=비평'이라는 문제의식은 바로 이러한 내적 세계의 형상화가 보여 주는 시와 사상의 관계에 토대를 둔 실천적 개념이라고 할 수 있다.

최근 한 일본 연구자는 "김시종을 읽는다는 것은 그것을 읽고 있는 '나'의 서정과 대면하고 그것을 건드리는 일과 연결된다."[21]라고 말했다. 이는 김시종의 시가 일본인인 자신에게 '일본'의 의미를 끊임

21) 가게모토 츠요시, 「서정, 생활의 깊이에서 연대로-김시종 시를 2018년 한국에서 읽는다는 것」, 『작가들』 2018년 여름호, 166쪽.

없이 묻고 있음을 의미하는 것으로, 일본에서 살아가는 재일조선인으로서 일본을 말함으로써 일본을 비판해 온 김시종의 시적 지향에 대한 내적 충격을 고백한 것이다. 김시종의 시는 "대다수의 일본인들이 자명하게 생각하는 일본어로 된 시집이 아니라 일본어적 세계를 안으로부터 파괴해서 바깥으로 확장하려는 시도로 가득 차 있"[22]다. 따라서 김시종은 지금까지 일본에서 살아가는 '재일'의 실존에 대한 집요한 탐색을 일관되게 실천해 왔고, 역사적으로든 정치적으로든 모순으로 가득 찬 '재일'의 현실을 비판하고 저항하는 것을 무엇보다도 중심에 두고 실천했다. 그의 시가 자연의 조화로움과 계절의 미학에 탐닉해 온 '단가적 서정'을 부정함으로써 '비평'으로서의 시의 혁명성을 무엇보다도 강조한 것도 바로 이러한 문제의식을 실천하기 위한 시적 전략이었음에 틀림없다.

---

22) 곽형덕, 「분단과 냉전의 지평 너머를 꿈꾸다」, 『지평선』, 소명출판, 2018, 241쪽.

생명과 평화를 위한 민중의 공동체성과 전 지구적 연대

니이 오순다레의 시 세계

1. 세계문학으로서의 아프리카 문학

우리가 피상적으로 인식하는 아프리카는 자본과 문명의 힘이 제대로 미치지 못하는, 척박한 자연환경으로 인해 무수한 질병과 가난이 들끓는 소외되고 버림받은 최하층 주변부의 땅이다. 또한 유럽의 오랜 식민지 지배를 벗어났음에도 불구하고 여전히 강대국의 그늘 아래에서 자유롭지 못한 신제국주의적 상황에 놓여 있는 장소이다. 그 결과 전쟁과 폭력이 곳곳에서 끊이지 않는, 인간으로서 최소한의 행복조차 누리기 힘든 불안정하고 위험한 대륙으로 인식되고 있는 것이 사실이다. 이러한 극단적 혐오와 부정의 시선은 자본과 문명을 앞세워 오랫동안 아프리카를 식민화했던 유럽 제국이 유포한 야만성에서 비롯된 것이 아닐 수 없다. 이 때문에 자연 그대로의 생명성을 지켜내고자 애써 온 아프리카 고유의 문화적 전통은 도외시되었을 뿐만 아니라, 제국의 기억과 폭력을 넘어서 평화를 지향해 온 반제국주의적 저항성은 송두리째 부정되거나 심각하게 훼손되었다. 따라서 아프리카 문학은 이러한 유럽 중심의 편향된 인식과 폭력적 위계에 맞서 아프리카 고유의 문화적 전통과 토착 언어에 기반한 반제국주의적 태도를 분명하게 드러내고자 했다. 즉 유럽중심주의가 장악한 세계문학의 허위성을 걷어 냄으로써 주체적이고 실천적인 운동으로서 주변부 문학의 세계문학적 가능성을 열어 내고자 했던 것이다.

나이지리아의 민중 시인 니이 오순다레(Niyi Osundare, 1947~)의 시는 바로 이러한 아프리카 문학의 근본정신과 실천적 방향을 선명하게 보여 준다는 점에서 주목된다. 특히 서구적 근대가 자본과 문명을 앞세워 무참히 깨뜨려 버린 아프리카 공동체의 분열과 대립에 맞서는 정치적인 지향성을 드러냈고, 서구 모더니즘과 엘리트주의에 편승하여 민중의 생활과 현실을 외면한 채 언어의 감옥에 갇혀 버린 소통 불가능성에 대해서도 비판적 입장을 견지했다. 뿐만 아니라 이와 같은 문제의식을 아프리카만의 문제가 아닌 식민의 경험을 공유한 아시아, 라틴아메리카와 같은 반제국주의 세계의 보편적 과제로 인식함으로써, 특정 지역과 민족 그리고 국가의 경계를 넘어서는 전 지구적 민중 연대의 가능성을 모색하는 데 집중했다. 식민과 제국의 기억이 남긴 억압과 폭력을 제3세계의 보편적 경험이라는 역사적 맥락 속에서 구체화함으로써, 상상의 공동체로서 민족의 외연을 확장하는 세계문학으로서의 아프리카 문학의 가능성을 열어 나갔던 것이다. 이러한 오순다레의 문학적 지향성은 식민과 분단 그리고 민주화를 경험한 한국문학을 비판적으로 성찰하는 데 의미 있는 방향성을 제시한다. 또한 서구적 근대성에 압도되어 보편주의적 제도와 표준에 매몰되었던, 그래서 지역의 구체적 언어와 장소성을 외면한 채 중앙 중심적 문학으로의 진입에만 골몰했던 우리의 지역문학이 안고 있는 현실을 냉정하게 돌아보는 데도 중요한 시사점을 던져 준다는 점에서 상당히 문제적이다.

니이 오순다레는 나이지리아 남서부 이케레-에키티(Ikere-Ekiti)의 요루바족 마을에서 태어났는데, 아버지는 농부였고 어머니는 베를 짜고 염색을 하는 일을 했다. 그의 아버지는 농사를 지으면서도 북을 치고 노래를 불렀는데, 아프리카 문학의 원형적인 질료라고 할 수 있는 이러한 생활 문화적 토양은 구술성과 연행성을 자신의 문학적 소통의 중요한 방법으로 삼고 있는 니이 오순다레의 문학이 형성되는 가장 중요한 배경으로 작용했을 것으로 여겨진다. 그는 어린 시절 농촌 공동체에서 생활하다가 아버지의 권유로 영국의 식민지 교육 체계로 들어갔고, 영국, 캐나다 등에서 유학 생활을 한 후 1980년대 초 나이지리아로 돌아와 자신의 모교인 이바단대학교 영문과 교수를 역임했으며, 1990년대 초 미국으로 건너가 뉴올리언스대학 영문과에서 아프리카 디아스포라 문학, 사회언어학 및 창작 등을 담당했다. 현재까지 18권의 시집, 2권의 시선집, 4편의 극작품, 2권의 산문집 등을 남겼고, 이탈리아, 일본, 아랍, 스페인, 프랑스, 한국 등 여러 나라에서 그의 작품이 번역 소개되었다.

니이 오순다레의 문학적 지향은 유년 시절부터 체득해 온 농촌 공동체의 삶과 구술문화적 전통에 바탕을 두었는데, 이를 통해 식민, 제국, 자본, 독재 등으로 일그러진 아프리카 사회의 반민주적이고 반민중적인 현실에 맞서는 저항의 목소리를 드러냈다. 또한 이러한 아프리카 사회의 구조적 모순을 극복하는 실천적 방향으로, 저항, 인권, 평화, 생명 등의 가치를 담은 전지구적 민중 공동체 연대의 메시지를 시적으로 형상화하는 데 주력했다. 그리고 이와 같은 시가 민중들의 일상생활 속에서 의미 있게 소통되는 문학적 형식의 중요성에 대해서도 깊이 고민했다. 즉 서구적 모더니즘에 갇힌 난해성을 모방하기에 급급했던 아프리카 시인들에 대한 직접적인 비판을 통해 민중들에게 쉽게 다가가는, 그래서 아프리카 사회가 직면한 구조적 모순과 불평등을 해결하는 구체적 방안을 누구나 쉽게 이해할 수 있는 언어로 표현하는 시적 전략을 일관되게 구사했다. 이런 점에서 니이 오순다레의 시 세계는 유럽의 식민주의가 남긴 제국의 폭력을 넘어서는 평화의 메시지와, 자본과 문명의 세례로 인해 철저하게 무너지고 부서져 버린 아프리카 공동체 본연의 정신을 되찾으려는 생명 탐구로 집약될 수 있다. 그리고 이러한 생명과 평화의 노래는 표준화되고 공식화된 영어라는 식민성을 의도적으로 위반함으로써 민족의 토착어를 지켜내는 주체적 언어 의식의 실천으로 이해할 수 있다. 그가 자신의 토착어인 요루바어의 전통에 기대어 제도적 언어로서의 영어의 식민성을 넘어서 구술성과 현장성에 바탕을 둔 민중의 공동체성을 시적으로 형상화했던 이유도 바로 여기에 있다.

2. 제국의 기억과 폭력을 넘어서는 생명과 평화의 노래

니이 오순다레는 그동안 두 차례 한국을 방문하여 식민과 제국의 기억을 넘어서는 역사적 소명으로서의 시 혹은 시인의 운명과 역할을 담은 자신의 시론을 소개했다. 2007년 11월 전주에서 개최된 〈2007 아시아 아프리카 문학 페스티벌〉에서 발표한 「시와 평화의 가능성」에서 "시는 평화를 찾는 도구"이고 "평화와 정의를 위한 외침"이라고 한 것이나, 2019년 11월 서울에서 개최된 〈2019 서울국제작가축제〉에서 발표한 「저항 행위로서의 시」에서 "침묵에 대한 저항", "공허에 맞서는 영원한 싸움"이 시의 가치와 지향이 되어야 한다고 밝힌 것이 바로 그것이다.[1] 이처럼 그의 시는 '평화', '저항', '정의'

---

1) 이하 오순다레의 글과 인터뷰에 대한 인용은 김준환 교수가 여러 편의 글에서 한 번역을 재인용했는데, 겹치는 부분이 많아 각각 따로 밝히지 않고 두루 사용했음을 밝혀 둔다. 「나는 변화를 노래한다-나이지리아 민중 시인 니이 오순다레」, 『신생』

라는 키워드가 분명하게 말해 주듯이 인간의 불평등과 모순에 맞서는 실천적 운동으로서의 성격을 지녔다. 그리고 이러한 운동으로서의 문학은 식민주의와 자본주의가 불러온 세계의 어두운 역사에 대한 비판적 증언으로 그의 시 세계를 일관되게 유지하는 중요한 근거가 되었다. 특히 그가 나고 자란 나이지리아를 비롯한 아프리카 대부분은 오랜 세월 유럽의 식민지를 겪었고 지금도 제국의 상처와 기억으로부터 완전히 자유롭지 못한 불평등과 모순의 역사적 장소라는 점에서, 이러한 제국의 폭력을 각인하는 내적 저항이야말로 아프리카 시문학이 반드시 지켜 내고 실천해야 하는 시의 방향이라고 생각했다. 그가 동료 작가들의 말을 인용하여 "아프리카 작가의 존재 자체가 정치적인 진술이다."라고 한 것이나, "작가란 세상을 설명해야 할 뿐만 아니라 변화시켜야 한다."라고 주장한 것은 바로 이러한 문제의식을 선언적으로 대변한 것이다. 그의 시에서 아프리카 내전의 참상에 대한 고발이 많은 부분을 차지하는 이유도, 아프리카의 역사에 대한 올바른 인식을 통해 제국과 식민의 기억 속에서 벗어나지 못하는 세계의 불평등과 모순을 극복하는 방향을 찾고자 한 데 있다.

> 강이 붉은 빛으로 흐른다:/해골산들이 구름의 양심을 찌른다//배부른 독수리가 자투리 지붕에서 코를 곤다/너무 심한 악취가 바람을 질식시킨다//원시 괴물이 땅을 찬탈한다,/손엔 미친 마체테//그 입술엔 구호,/옛 흉터가 곪아 새 상처를 낸다/강이 붉은빛으로 흐른다//세

2021년 여름호. ; 「니이 오순다레의 탈-식민, "대체-토착" 시론-새로운 세계문학의 가능성에 관한 단상」, 『현대영미시연구』 제26권 2호, 2020년 가을호. ; 「니이 오순다레 시의 세계성」, 『지구적세계문학』 2021년 상반기. 「나이지리아 민중시인, 바다 건너 가교를 잇다」, 니이 오순다레, 김준환 옮김, 『바다 건너 가교를』, 글누림, 2021.

상은 멀리서, 둔감하게/학살을 구경한다://유럽은 지도에서 그 지점을 지정하지 못하고/미국은 정글을 통과하는 길을 찾지 못한다//피의 실개울이 홍수로 범람한다/부푼 땅이 엄청나게 불어나는 시체를 애탄한다 …//또다시, 꾸물대는 세상은/그 고통의 색에 서로 달리 달려든다//강이 흐른다, 붉은빛으로.

—「르완다」 전문

"남아프리카 경찰이/소웨토에서 칠백 명의 흑인을 죽인다"// (중략) //"남아프리카가 앙골라 남부를 점령하여/여자와 아이를 죽이고/곳간과 농장을 불태운다"// (중략) //"남아프리카가 나미비아의/독립을 백 년 늦춘다"/(그녀는 계략으로 얻은 땅을/강압으로 지킬 것이다)// (중략) //눈먼 사백 년/생명을 앗아가는 자들의/좀먹는 음모를/우리는 언제나 알아차릴까?//횡설수설 애매한 말로 인한 숱한 희생자들/미덥지 못한 죽음의 아가리로/귀먹게 하는 이 대화는 언제나 끝장날까?//오랫동안 우리는 표범들의 보살핌으로/우리의 양들을 불신했다/우리는 깨어나 수다스런 어리석음의/백골을 마주했다//이제 우린 상습적인 노예상의 손에서/자유를 구한다/죽음으로/이익을 얻은 자들에게서/우리가 어찌 삶을 구한단 말인가?//대장장이들이여, 모여들라/모여들라/림포포 강에서 볼타 강까지/의지와 행동의/무기고를 새롭게 세우라/로켓과 박격포로/대화하는 자들을 겨냥해/말로 쏘는 것을 멈출 시간//우리는 사라지며 어른거리는 빛으로/우리의 비전을 파묻는/지는 해를/외면하련다/우리 자신의 손으로/우리는 죽음/상인들의 관에서/우리의 삶을 가져오련다//미국은/언제나/거부권을 행사하고/영국은/기권하리라

—「나미비아가 말한다」 중에서

첫 번째 시는 아프리카 르완다 내전 중에 일어났던 집단학살을 다룬 것으로, 신식민지 권력의 편에 서 있었던 후투족의 정치 엘리트들이 투치족, 투와족, 온건한 후투족을 대량 학살한 사건을 비판적으로 담아냈다. 그리고 두 번째 시는 남아프리카공화국에 의해 자행된 소웨토에서의 학살과 남아프리카 국경전쟁 시기에 나미비아를 침략하기 위해 앙골라에 대한 대규모 기습 공격을 감행했던 사건에서 희생된 민중들의 참상과 빼앗긴 땅의 역사를 증언하고 있다. 이처럼 오순다레의 시에서 아프리카의 현실은 그가 유년 시절 경험했던 평화와 생명의 장소로서의 농촌 공동체의 모습과는 전혀 다른 살육과 전쟁이 곳곳에서 벌어지는, 그래서 "강이 붉은 빛으로 흐"르고 "너무 심한 악취가 바람을 질식시"키는 죽음의 땅으로 전경화될 뿐이다. 그리고 이러한 아프리카의 현실을 두 눈으로 목격하면서도 "세상은 멀리서, 둔감하게/학살을 구경"하고, "유럽은 지도에서 그 지점을 지정하지 못하고/미국은 정글을 통과하는 길을 찾지 못"하는 방관자적 태도로 일관했던 제국의 시선에 대한 비판에 초점을 두고 있다. 따라서 그는 "미국은/언제나/거부권을 행사하고/영국은/기권"할 것을 누구보다도 잘 알고 있기에, 이와 같은 아프리카의 현실을 극복하는 길은 "우리 자신의 손으로" "우리의 삶을 가져오"는 방법밖에는 없다는 사실을 분명하게 직시하고자 했다. 이 모든 아프리카의 참상이 식민주의가 가져온 자본과 권력의 모순에서 비롯된 것이므로, "눈먼 사백 년/생명을 앗아가는 자들의/좀먹는 음모를/우리는 언제나 알아차릴까?"에서처럼 스스로의 각성이 전제되지 않는다면 제국과 식민의 기억은 끝끝내 유지되고 지속될 수밖에 없다는 사실을 경고하는 것이다.

이런 점에서 오순다레는 "오랫동안 우리는 표범들의 보살핌으로/우리의 양들을 불신했다."라는 정확한 현실인식을 가져야 한다고 주장했다. 즉 "환자를/죽여서/치유하는/의사"(「국제통화기금」)와 같은 역설적 진술에서, "상습적인 노예상의 손에서" 여전히 "자유"를 구속당하고 있는, 즉 현재 아프리카의 민중들은 아프리카의 땅에서조차 유럽을 위해 노동을 하는 또 다른 노예제의 현실을 노골적으로 풍자한다. 결국 나이지리아를 비롯한 아프리카의 독립은 그 형태만 달라진 명목상의 결과일 뿐, 실제적으로는 식민지 시대와 전혀 다를 바 없는 신식민주의적 현실을 계속해서 살아가는 것이다. 따라서 오순다레는 "내 분노를 앗아가지 마라/내 주름진 이마, 내 악문 이빨,/내 뱉지 못한 말을 머금고 떠-//는, 떠는 내 입술의 격동을;"(「분노에 부치는 송시」)에서처럼, 제국과 식민의 현실을 벗어나지 못한 채 또 다른 식민의 세월을 견디고 있는 현재에 대한 분노와 저항으로서의 시 쓰기를 주저하지 않는다. 이러한 시인의 의지적 태도는 "어느 날 아침 그들은 아나키를 붙잡아/두들겨 패서 찰흙처럼 부드럽게 만들어/대기하던 지프차/뱃속에 처넣었다"(「내가 상관할 바 아니지」)에서처럼, 나이지리아 군부 독재의 야만성을 직접적으로 비판하는 방향으로 심화 확대되었다. 이로 인해 그는 "나는 섬뜩한 것을 보았다, 불을 보았다/나는 거짓의 진실을 보았다"(「1월10일에」)에서 짐작할 수 있듯이, 누군가에게 극심한 폭력을 당해 수술실에서 사경을 헤매는 혹독한 경험까지 감당해야 하는 지경에 이르기도 했다.

하지만 오순다레의 시에서 이러한 분노와 저항의 정신을 대결과 투쟁이라는 극단적 대립을 심화시키기 위한 적대적인 과정으로만 이해해서는 안 된다. 그에게 시는 오히려 이러한 대결의 시대를 종식시키고 평화의 시대를 되찾아 오려는, 그래서 아프리카 본연의 토양과 자연의 생명성을 다시 회복하기 위한 불가피한 여정이었다고 할 수 있다. 그에게 있어서 자본과 문명을 대변하는 "과학"의 세계는 "비정한" 것으로, 아프리카 공동체의 파괴와 불평등 그리고 반생명성을 가져오는 괴물과 같은 것으로 인식되지 않을 수 없었다. 따라서 그는 자신을 포함한 우리 모두에게 "들판에선 풀잎이 자라느라 분주하고/벌은 꿀을 모으는데/왜 인간은 전쟁을 치르느라 분주하고/죽음의 씨앗을 퍼뜨리고 있는지"(「겸손한 질문(1)」)라는 시급한 질문을 던지는데, 이 질문은 단호하면서도 겸손한 것이어서 제국의 기억과 폭력을 넘어서지 못한 채 신식민의 현실에 안주하는 아프리카의 불평등과 모순에 대한 가장 진정성 있는 문제제기로 다가온다. 결국 이러한 그의 시적 질문에 대한 답을 찾아가는 것이야말로, 오순다레의 시가 궁극적으로 지향하는 아프리카 본연의 생명과 평화의 노래에 되찾아가는 진정성 있는 과정이 될 것임에 틀림없다.

> 누가 어찌 잊으랴/강이 불타고/산이 불운한 케이크 더미같이/으스러진 날을//누런 비, 심홍색 이슬,/푹푹 찌는 겨울, 꽝꽝 어는 여름/구멍 난 하늘은 가늘어가는 강 유역으로/붉은 눈물을 누출한다//열대의 광기가 거리를 발가벗긴다/새로 태어난 아이들은 머리가 둘이라/요람을 놀라게 한다. 비정한 **과학이**/되로 주면; 우리가 어떻게 말로 받는지를 보라//은빛 잎을 한 꽃들은/낙원의 날개를 단 새들은/산 속 샘의 숨결처럼 깨끗한 공기는/인간 피부의 언어를 말하는 티끌은 어디에 있는가?//이 날은 우리에게 역설한다//개구리를 연못으로/이슬을 풀밭으로/인간을 그의 마음으로/지구를 그 미래로 복원하라고
>
> ―「4월 22일」 중에서

4월 22일은 '세계 지구의 날'이다. 적어도 세계는 이날만큼은 "매일은 지구의 것/지구는 매일의 것"임을 강조함으로써 "부상당한 나

무들이 숲에서 피흘"리는 현실에 대한 "장엄한 각성의 날"로 삼고자 한다. 따라서 시인 역시 자본과 문명을 앞세운 세계의 권력들에 의해 "강이 불타고/산이 불운한 케이크 더미같이/으스러진 날"의 역사를 되새기는데, "열대의 광기가 거리를 발가벗"기는 기후의 재난과 공포, "새로 태어난 아이들이 머리가 둘"인 유전자의 변형과 변종이 인간의 삶을 근본적으로 위협하는 데 대한 철저한 반성을 촉구한다. "비정한 과학이/되로 주면; 우리가 어떻게 말로 받는지를 보라"고 냉정하게 경고함으로써, "개구리를 연못으로/이슬을 풀밭으로/인간을 그의 마음으로/지구를 그 미래로 복원하라고" 엄중하게 요구하는 것이다. 즉 "나무들이 죽었다/새들이 가버렸다//풀이 검게 탔다/벌레들이 사라졌다"에서처럼, 자연의 생명성이 사라진 자리에 덩그러니 남은, "뼈 앙상한 집들이/깨진 유리창을 통해 하늘을 응시"하는 "사람 없는 도시"(「사람없는 도시」)에 대한 근본적인 치유와 변화가 시급하다는 메시지를 전하고자 하는 것이다. 이를 위해서는 무엇보다도 "땅은 약탈이 아닌 경작을 위한 우리의 땅"이라는 인식의 전환을 해야 하며, "소모가 아닌 노동을 위한 우리의 땅/불구가 아닌 인간을 위한 우리의 땅"(「약탈이 아닌, 경작을 위한 우리의 땅」)이라는 신성한 노동에 뿌리내린 건강한 생명성을 간직한 땅으로의 회복을 이끌어내야 한다. 이는 결국 아프리카 본연의 생명성을 다시 불러오는 데서 비로소 시작될 수 있는데, 아프리카 공동체의 파괴를 가져온 식민과 제국의 기억과 자본과 문명의 폭력 이전의 원시성을 되찾는 데서 그 대안을 발견할 수 있다. "내 피부는/대지의 색채/꽃의 품 속/비의 냄새;/먼 산의 발자국 소리를/메아리치게 하는 강"(「피부 노래(2)」)이라는 대지의 생명성과 아프리카의 토속적 전통에 대한 자각에는, 식민과 제국, 자본과 문명의 시간이 초래했던 전 지구적 모순을 근본적으로 치유하려는 시적 의지가 상징적으로 형상화되어 있다.

3. 토착어를 통한 식민성의 극복과 공동체성의 회복

니이 오순다레의 시에서 아프리카의 생명성에 대한 형상화는 요루바족으로서 자신의 토착어가 식민의 언어인 영어의 표준화와 제도화에 갇힌 현실을 극복하는 것과 항상 맞물려 있었다. 그는 노동자들이 네루다의 시집을 들고 작업 현장으로 향하던 칠레의 상황을 떠올리며, 민중들이 자신의 시에서 그들의 목소리를 발견하는, 즉 민중에게 다가갈 수 있고 민중들이 쉽게 접근할 수 있는 시를 써야 한다는 점을 무엇보다도 강조했다. 이는 나이지리아를 대표하는 1세대 시인인 월레 소잉카(Wole Soyinka)와 크리스토퍼 오킥보(Christopher Okigbo)의 시에서 느낀 난해성과 엘리트주의에 대한 성찰에 토대를 둔 것으로, 제국의 언어인 영어가 식민지 토속 언어를 소외시킴으로써 시인과 독자의 분리를 초래한 데 대한 비판적 문제제기이다. 실제로 그는 "월레 소잉카와 크리스토퍼 오킥보의 초기 시는 아주 성공적이었던 모더니즘의 영향을 받았"지만, "순수 문학적이지 않은 청자들에게 별 공감을 주지 못했"다는 점을 지적하면서, 특히 "오킥보는 너무하다 싶을 정도로 인유를 많이 사용해서, 교육받은 소수의 독자만이 그의 수많은 참조 내용을 공유할 수 있"었기 때문에 결국에는 "고도로 교육받은 소수에게만 접근 가능한 수수께끼가 되어버렸"다고 보았다. 이런 점에서 그는 시에서 가장 중요한 것은 '접근성(accessibility)'이라고 강조하면서, 민중에게 접근할 수 있는 이상적인 시의 장소로 '장터(Market)'를 전면에 내세웠다. 말 그대로 장터를 생활 공간으로 살아가는 민중들의 목소리를 대변하고 그들의 일상을 공유하는 공동체의 시선을 담아내는 것이 바로 시라고 여겼던 것이다. 그의 첫 시집이 『장터의 노래』라는 제목으로 이루어진 것도 바로 이 때문이거니와, '벽장(Closet)'에 갇힌 것과 다름없다고 본 서구 모더니즘의 세례를 받은 아프리카 시인들의 시를 극복할 수 있는 대안적 장소로 토속적 민중 공동체의 현장인 '장터'의 상징성을 특별히 부각했다고 할 수 있다. 이러한 그의 시적 지향은 '시론시'라고도 할 수 있는 「시란」에서 명시적으로 드러난다.

> 어느 배타적인 혀의/내밀한 속삭임이 아니다/어느 놀라워하는 청중을 끌기 위한/술책이 아니다/그리스-로마 설화 속에 묻혀 있는/어느 박식한 퀴즈가 아니다//시란/음색을 거두어들이는/생명의 근원/더 많이 목청을 뽑으면/더 많은 마음을 휘젓는/행동의 선구자//시란/행상인의 짤막한 노래/징의 웅변/장터의 서정시/풀잎 위에 아침 이슬 비추는/환한 빛//시란/부드러운 바람이/춤추는 잎에게 음악을 들려주는 것/발바닥이 먼지투성이 길에게 말해주는 것/벌이 유혹하는 꽃에게 붕붕대며 불러주는 것/내리는 비가 처진 처마에게 읊조리는 것//시란/고독한 현자의 돌을 위한/신탁의 알맹이가 아니다//시란/사람에게/의미하는/사람/이다.
>
> —「시란」 전문

오순다레는 나이지리아 1세대 시인들의 시가 '벽장증후군'을 겪었다고 하면서, "이 시들은 사실상 너무 어려워서 수많은 시인과 독자들에게 어떤 글 하나가 시의 자격을 갖추려면 어려워야 한다는 마음을 갖게 했어요. 만약 어렵지 않으면 시가 아니라는 것이지요."라고 부정적인 입장을 드러냈다. 따라서 그는 시를 민중에게 돌려주기 위한 형식과 내용 그리고 그것을 전달하는 소통의 수단인 언어의 문제에 대해 깊이 고민했다. 오순다레는 "나의 강점은 바로 구전 전통이라고 생각해요. 나는 축제와 북소리가 있는 시골에서 자랐습니다.(중략) 내가 글을 쓸 때면, 내 어린 시절의 분위기가 항상 함께 한답니다. 마치 농부처럼 내가 가진 것을 사람들과 나누려 합니다."라고 말했다. 이러한 경험적 토대 위에서 그는 민중에게 가까이 다가가기 위해 아프리카 문학의 토속적 전통성에 내재된 구술문화적 전승의 장소로 '장터'를 주목했고, 시인과 독자의 구별과 구분을 넘어서는 현장의 목소리를 재구성하는 구술성과 연행성을 시 쓰기의 주요한 방법론으로 삼았다. 시가 "배타적인 혀의 내밀한 속삭임"이나 "술책"이 아니라 "생명의 근원"이고 "행동의 선구자"이며 "행상인의 짤막한 노래"여야 한다는 데서, 자신의 시가 "사람에게/의미하는/사람"으로서의 "장터의 서정시"가 되어야 한다는 것이다.

하지만 이러한 민중성의 실현은 소통의 도구인 언어가 지닌 근본적 한계로 인해 민중들에게 다가서지 못하는 결정적 문제를 노출하지 않을 수 없었다. 따라서 그는 "틀림없는 영어식 어투", "앵글로-색슨식 관용구의 물결"을 "정복하는 언어"로 규정하고, "세익스피어가 했던 말투를 차용하는 것"이 불러오는 "고통"(「모호한 유산」)에 맞서는 공동체의 언어를 되찾고자 했다. 즉 제국의 언어인 영어가 공식화되고 제도화됨에 따라 사라져 버린 토속어의 자리를 민중들의 삶의 현장 속으로 되돌려 줌으로써, '장터'의 민중들이 이 '모호한 유산' 앞에 가로막혀 진정한 소통 가능성을 차단당하는 '벽장'의 현실을 극복하려는 것이다. 이런 점에서 오순다레는 식민지가 부과한 언어인 영어가 "나이지리아인들에게 부과된 첫 법령"과도 같은 강제성을 지녔었다는 점에서, 이러한 공식화되고 표준화된 강제적이고 폭력적인 언어를 의도적으로 위반하고 깨뜨림으로써 제국과 식민에 저항하는 민중들의 목소리를 날것 그대로 보여 주고자 했다. 그리고 이러한 그의 언어 의식은 유럽 사회가 자본과 문명을 내세워 신식민의 폭력으로 무너뜨린 아프리카 공동체의 복원을 위해서도 가장 필수적인 과정이 되어야 한다고 보았다. "나는 공동체적인 환경에서 자랐습니다. 어느 누구도 굶주리는 걸 본 적이 없어요. 어떤 사람은 너무 많이 가지고, 어떤 사람은 거의 아무 것도 가지지 못한 것을 본 적도 없어요."라고 말하는 그의 기억은, 식민주의가 아프리카에 자본주의를 유포한 데서 비롯된 혹독한 상처와 고통의 시간에서 벗어나 아프리카 공동체의 전통성을 회복하기 위한 내면의 독백이 아닐 수 없다.

> 농부로 태어나 소작농으로 자란/나는 고랑에서 고랑으로 들떠 다니며/태동하는 땅의 자궁 속/발길질하는 덩이줄기를 두드려 살펴보았고/즙 많은 이랑의/멜론 젖가슴들을 어루만졌다.//농부로 태어나 소작농으로 자란/나는 새벽의 지도 위/지렁이의 복잡한 길을 따라다녔고/고지대 농장에 찾아올 이슬에 주의를 기울이고/해가 보낸, 허기진 한낮에/이로코 나무 은신처를 찾았다//농부로 태어나 소작농으로 자란/나는 갓 벌채된/숲의 향기를 맡고 살았고/맛있게 조화를 이룬/아키 열매의 색을 음미했고/익어가는 포포나무에/매달려 흔들리는 약속을 땄다.//농부로 태어나 소작농으로 자란/나는 버섯 밀림의/두툼한 우산을 흔들어 울리게 했고/낙엽으로 된 퇴비 융단을 바스락거리게 했고/열리는 꼬투리의/소란스런 노랫가락을 만끽했다//농부로 태어나 소작농으로 자라고/교실로 피를 흘린/나는 부엌문들을 활짝 열어젖히고/허기에게 앉아 있으라 청했다,/내 위(胃)는 캐롤라이나산 쌀을 달라/울부짖는 퇴적장.
>
> ─「농부로 태어나」 전문

제국의 자본이 유입되기 이전 아프리카 농촌 공동체의 원형성을 회복하고자 하는 시인의 소망이 담겨 있는 시이다. "농부로 태어나 소작농으로 자란"이라는 시구를 매연마다 첫 행에서 반복하여 강조하듯이, "농부", 그중에서도 "소작농"이라는 신분적 계급을 명시한 것은 그의 시가 함께 하고자 하는 대상을 분명하게 밝힌 것이다. 또한 유년 시절의 기억 속에 자리 잡은 자연과 대지의 생명력에 토대를 둔 신성한 노동의 가치를 부각하려는 시적 의지의 반영으로도 이해할 수 있다. "태동하는 땅의 자궁 속/발길질하는 덩이줄기", "즙 많은 이랑의/멜론 젖가슴"의 원초적 생명력과 "새벽의 지도 위/지렁이의 복잡한 길", "이슬", "이로코 나무" 등 신화적인 세계를 지나 "숲의 향기", "익어가는 포도나무" 등에 자연스럽게 동화되었던 생명 공동체의 모습을, "내 위(胃)는 캐롤라이나산 쌀을 달라/울부짖는 퇴적장"에서처럼 몸의 기억이라는 원초적인 세계와의 결합을 통해 형상화한 것이다. 이러한 그의 농촌 공동체에 대한 회복 의지는 "호수를/린치했다/바다를/도륙했다/산을/매질했다//하지만 우리의 땅은 죽지 않으리"(「우리의 땅은 죽지 않으리」)라고 말한 것처럼, 파괴된 현장으로서의 농촌 공동체의 모습은 '땅'의 본연성을 꿋꿋이 지켜냄으로써 절대 죽지 않는 영원성을 다시 찾게 될 것이라는 신화적 생명관에 바탕을 두고 있다. "첫비가 도도한 티끌의 날개를/막 잘라내자/얼얼하게 싸한 기운이 코를 깨운다"라고 말하거나, "땅의 증기가/군화 벗은 보병처럼 일어나자/시원케 하는 따사로움이/탐색하는 우리의 발바닥을 껴안는다"라는 주술적 표현에는, 전쟁과 폭력으로부터 "해방된 숨구멍을 통해/우리의 땅은 다시금 숨을 쉰다"(「첫비」)라는 대지의 생명성에 대한 경건함이 오롯이 담겨 있는 것이다. 그리고 이러한 생명성에 대한 탐구는 제국과 식민의 기억이 송두리째 앗아간 아프리카 공동체의 회복이라는 지향성으로 구체화되는데, “나 아주 어렸을 적/나날들을 친절했고, 다달들은 온화했지”라는 제국 이전의 공동체에 대한 기억을 통해 “발놀림은 불안정하고, 노래는 좀 어색한 채/우리의 영역 밖 자기네의 삶을 사는”(「그때 그리고 지금」) 현실의 모순과 불평등을 비판적으로 성찰하는 역설적 시선을 확보하고자 했다고 할 수 있다.

이처럼 오순다레는 자신의 이데올로기가 지향하는 일차적 관심은 “뒤처진 꼴찌”로 인식되는 아프리카 민중들의 불평등과 모순을 해소하는 데 있음을 분명하게 밝힌 바 있다. 따라서 그는 “시인은 장터에서 종을 울려 민중을 깨우는 역할”을 해야 하고, “예술가들이란 바로 이 민중을 어루만지고, 그들에게 변화의 가능성을 알게” 해야 한다는 사실을 결코 잊지 않으려 했다. 제국과 식민의 기억 속에 갇혀 있는 민중들의 패배 의식을 일깨우고, 신식민의 논리에 편승한 아프리카 지식인들이 정복당한 언어의 감옥에서 벗어나도록 하는 것이 시의 역할과 사명이라고 생각했다. 다시 말해 식민지 이전 아프리카 민중들의 공동체적 연대의 모습을 다시 회복하는 것이야말로 자본과 제국의 폭력을 넘어서는 시의 올곧은 가치라는 사실을 재인식했다. 아프리카 시문학의 세계성이 발현되는 지점으로서 니이 오순다레 시가 지닌 의의와 가치는 바로 이러한 문제의식에서 구체적으로 발현된다고 할 수 있다.

4. 경계의 지점에서 바라보는 전 지구적 연대

니이 오순다레는 2019년 〈서울국제작가축제〉 참가를 위해 한국에 왔을 때 부산의 ‘백년어서원’에서 ‘한국문학번역원’이 주최한 〈작가의 방〉 토론회를 가졌다. 이때의 일을 그는 한국에서 번역 출간된 그의 시선집 『바다 건너 가교를』의 「작가의 말」에 적어 놓았는데, "부산 모임에서 제기되었던 가장 기억에 남는 주제는 세계의 '주요' 언어로 쓰인 문학과 비교하여 주요 언어가 아닌 언어로 쓰인 문학 작품의 운명이었다."라고 하면서, "특권을 지닌 언어와 힘없고 주변화된 언어 사이의 오랜 격차"를 넘어서 "지역의 언어들로 쓰인 어마어마하게 다양하고 풍성한 작품들은 어떻게 발견될 수 있겠는가?"라는 질문을 남겼다. 그리고 이에 대한 해답으로 "번역의 필수불가결성"을 강조하면서, "번역은 가교를 놓고, 범인간적인 이해와 계몽의 씨앗들을 뿌릴 토양을 부드럽게 고르는 행위"라는 점에서 "번역을 통해서 언어들과 그 언어들이 나온 문화들 사이에 있는 유사성의 영역들이 발견될 수 있"다고 했다. 그날의 토론에서 사회를 담당했던 필자에게 그의 시와 시론은 아프리카 나이지리아라는 특정한 국가 혹은 민족의 문제를 넘어서 제국과 식민의 경험과 기억을 동시에 갖고 살아온, 그리고 지금도 이러한 역사의 상처와 무관하지 않은 분단의 역사를 살아가고 있는 우리의 현실에 대한 문제의식과 상당히 겹쳐진다는 데 적잖이 놀랐다. 그의 시는 민족과 국가의 경계를 넘는 가교와 같은 역할을 하는 것으로, 제국과 폭력의 기억이 계속해서 유지되고 있는 신식민화된 세계의 상처와 고통을 어루만지는 전 지구적 연대의 가능성을 모색하고 있었기 때문이다. "나는 세상을 어루만지려는 충동/동틀 녘 미풍보다 더 예리한 충동/고집스런 믿음 같은 억누를 수 없는 충동에 휩싸여 있다."라고 말하면서, "바다 건너 가교를 내뻗고/모든 산에게 소소한 이야기를 들려주고/나무들의 땅 아래 뿌리들과 만나는 걸 지켜보고//동쪽에서 노래하고 서쪽에서 춤을 추고/월식과 일식 없는, 하늘 중심에서/달이 해와 만나게 하고"(「나는 세상을 어루만지고 싶다」) 싶다고 한 것은, 바로 이러한 전 지구적 연대를 지향하는 시적 선언으로 이해할 수 있다.

이런 점에서 번역된 그의 시집에 수록된 한국을 제재로 삼은 시편들은 여러 가지 점에서 문제적이지 않을 수 없다. 이 시들에는 그가 두 번의 한국 방문에서 받은 인상과 분단국가로서 한국의 정치가 안고 있는 문제 그리고 음식과 종교 등이방의 낯선 문화를 공감의 시선으로 바라보는 유대감이 짙게 배어 있다. 이 가운데 특별히 주목되는 것은 '번역'이라는 행위에 초점을 두고 이질적인 언어의 소통이 전 지구적 연대의 가능성을 발견하는 가장 중요한 도구요 수단임을 강조한 것이다. "바다 건너 가교를"이란 그의 시의 표현대로 식민과 제국의 기억을 공유하는 사람들 간의 공동체적 연대의 시작을 '번역'이라는 언어적 교감과 소통의 세계로 환기하고 있다는 점에서 상당히 문제적으로 다가온다.

> 그대는 나를 반겨줬지요/그대의 목소리에 담긴 꽃/한국의 비를 맞아 풍성하고//자줏빛 꽃잎 달린 그 꽃으로;/그리곤 내 손을 잡고/나를 이끌었지요//그대 나라 역사의/뒤엉킨 풍경을 지나며:/왕을 살해했고//왕비를 앗아갔던 침략자들;/한국의 입에 자기네 혀를/애써 넣으려던 침략자들//동족의 땅을/불균등하게 반쪽으로 갈라놓았던/잇따른 전쟁의 공포//이 상처들로 인한 상흔들 (중략) //그대의 정신은/흐르는 강/길고, 울퉁불퉁한 길//황금빛 약속으로/활기찬 논의 정신/그대, 가교여//아프리카의 음과/아시아의 양을 이어주는
>
> —「신선미에게」 중에서

앞에서 논의했듯이 오순다레에게 언어는 인간과 인간을 이어 주는 공감의 근원이라는 점에서 그의 시를 구성하는 가장 본질적인 토대

로 인식되지 않을 수 없다. 그가 정복의 언어이고 식민의 언어인 영어식 사유와 글쓰기의 불순함과 위험함을 제거하고 자신의 민족 언어인 요루바어로 시를 쓰는 행위의 중요성을 강조한 데는, 무엇보다도 '벽장'에 갇힌 언어가 아닌 '장터'의 언어로 세상과 직접적으로 소통하는 것이 중요하다고 보았기 때문이다. 그리고 이러한 소통이 특정한 국가나 민족의 차원에 머무르지 않고 전지구적 연대의 가능성으로 나아가게 한다고 보았다. 따라서 이질적인 언어에 담긴 감정과 공감의 세계를 이어 주는 번역은 민족과 국가의 경계를 넘나드는 필수적인 매개가 된다. 그가 한국을 방문했을 때 그를 대신해 입이 되어 주고 말이 되어 주었던 한 번역가에 대한 감사의 형식으로 쓴 이 시가, 단순한 인사의 차원을 넘어서 번역가의 역사적 상처에 대한 공감과 이해의 차원으로 심화되었던 것은 바로 이러한 지구적 연대의 가능성을 의도했기 때문이다. "아프리카의 음과/아시아의 양을 이어 주는" "번역"은 제국과 식민의 경험을 공유한 제3세계를 연결하고 소통하게 하는 "가교"와 같은 역할을 한다는 것이다. 그리고 이러한 문제의식은 언어적 소통의 차원에만 머무르지 않고 지금도 제국의 기억과 폭력에서 자유롭지 못한 세계의 불평등과 모순에 맞서 투쟁하는 전 지구적 연대의 가능성을 열어 내고자 하는 데 궁극적인 목표가 있다. 그래서 아프리카의 나이지리아에서 살아온 시인은 분단된 한국의 현실을 눈앞에서 직접 목격하고서 "동족 사이/아찔한 비무장지대에 놀라"지 않을 수 없었고, "마르고, 비밀스런 북과/살찌고, 자신에 찬 남으로//시한 지뢰는 경계 지역을 떠돌고/띠 모양의 긴 철조망은//울타리를 넘지 못하게 한다"(「분단된 한반도」)는 데서 대결과 단절의 역사에 대한 안타까운 시선을 보내지 않을 수 없었다. 이처럼 제국과 식민의 경험을 공유한 데서 비롯된 공동체적 시선은 그가 자신의 나라로 돌아간 후에도 "나는 돌아왔다/내 노래 뒤엔/한국의 바람/결코 자기 말을 잊지 않은/어느 강의 기억들"이라고 한국에서의 경험을 공유하는 정서적 동질성으로 심화되었고, "나는 나의 아프리카 북과 장단과 잘 맞는/노래 하나 찾았다"(「집으로 돌아와」)라고 한국에 대한 강한 연대감을 표시하는 결과로 이어진 것이다.

니이 오순다레의 시는 구분과 대립의 표지로서의 경계를 허물고 바로 그 경계의 지점에서 세계의 모든 불평등과 모순을 해소하는 진정한 통합의 장으로서 전지구적 연대의 가능성을 지향한다. 그는 번역 시집의 마지막 시에서 "나는 변화를 노래한다"라는 의미심장한 말을 남겼는데, 그 변화는 제국과 식민의 기억과 폭력으로 수많은 희생과 고통을 감당해야만 했던 과거와는 전혀 다른 현재 혹은 미래의 모습에 대한 기대와 소망을 담고 있다. "노예가 없는", "독단적인 과거와/다른 유물도 없는", "매서운 북부나/깊숙한 남부가 없는", "가림막이나/철벽이 없는" 그런 세상과 지구를 새롭게 만드는 꿈을 꾸고 싶은 것이다. 아마도 이런 변화의 세계는 그의 소망대로 "군벌과 무기고/증오와 두려움이라는 감옥의/종말을//재촉하는 비 내린 후/나무가 자라고/열매 맺는 사막"의 모습을 우리에게 보여 줄 것이다. 그래서 시인은 시의 마지막 행에서 자신의 절실한 심정을 담아 그의 시가 나아갈 궁극적 방향을 담담하게 말한다. "나는 새롭게 고쳐 만든 세상을 노래한다"(「나는 변화를 노래한다」)라고. 지구의 변방 아프리카 나이지리아의 시인 오순다레의 목소리가 곧 우리의 목소리가 되지 않으면 안 되는 이유가 바로 여기에 있다.

국가와 민족, 그 경계와 틈새의 시선

〈중국조선족시인특집〉에 부쳐

1. 국가와 민족 그리고 조선족의 현실

해외 한민족문학에 대한 관심이 점점 더 커져 가고 있다. 국가와 민족의 경계 안에서 일국적 관점에서 이루어진 문학 논의는 이제 편협한 논리가 되기 쉽다. 적어도 우리의 경우 식민지 현실을 넘어 해방과 분단으로 이어진 역사적 사실에 바탕을 두고, 중국, 일본과의 관계 안에서 동아시아적 시각을 넓혀 감으로써 문학사의 대상과 범주를 재정립할 필요가 있다. 최근 김석범, 김시종을 중심으로 재일조선인문학에 관한 연구가 활발하게 전개된 이유도 바로 여기에 있다. 반면 재외 한인 문학 연구에 있어서 그동안 상대적으로 많은 연구 성과가 축적되었던 조선족 문학의 경우는 근래 들어 오히려 관심 밖으로 내몰려 버린 감이 없지 않다. 이러한 결과는 한국과 중국의 국가적 이해관계가 복잡하게 얽혀 있는 정치경제적 상황과 무관하지 않은 듯하다. 또한 제로코로나 정책의 강력한 시행으로 장기간 국가 봉쇄를 했던 중국의 사회적 상황으로 사실상 민간 교류가 차단되어 버린 데 결정적 요인이 있었다고 할 수 있다.

한민족문학의 범주를 설정하는 데 있어서 중국 조선족 문단의 규모는 다른 해외 지역과는 비교할 수 없을 정도로 큰 부분을 차지한다. 연변 작가협회에 등록된 작가만 해도 300명이 넘고, 북경, 심양, 하얼빈 등 여러 지역에 지부를 두고 있으며, 시, 소설, 수필, 평론, 아동문학 등 전 분야에 걸쳐 위원회가 있어 작가들의 창작 활동을 뒷받침하는 제도적 기반을 구축하고 있다. 그동안 출간한 문예지만 하더라도 『연변문학』, 『송화강』, 『도라지』, 『장백산』 등 다양한 매체가 있고, 연변대학을 중심으로 문학 연구의 다양한 성과를 축적한 것은 물론이거니와 시인, 소설가들도 꾸준히 배출되었다는 점에서 중국 내에서 독자적인 문단을 형성했다고 보아도 무방하다. 또한 연변문학상, 김학철문학상, 포석조명희문학상 등의 문학상 제정, 연변지용제와 같은 문학 축전 등을 개최함으로써, 중국 조선족 문학의 저변 확대와 민족적 자긍심을 고취하는 다양한 활동을 전개해 왔다는 점에서 해외 한민족문학의 모범 사례로 평가할 만하다.

주지하다시피 조선족문학은 식민지 시기 만주로 이주한 조선 문인들의 문학 활동에 그 뿌리를 두고 있다. 소위 재만문학(在滿文學)으로 불리는 안수길, 박영준, 김조규 등의 문학으로부터 시작되었는데, 조선족 문학의 실질적인 첫 출발은 해방 이후에도 조국으로 돌아가지 않고 여전히 만주에 남아 문학 활동을 이어갔던 김창걸, 리욱 등으로부터 시작되었다고 할 수 있다. 그리고 중국 공산당 정부 수립 이후에는 조선족의 중국화라는 국가적 방침에 따라 중국 내 소수민족문학으로서의 성격과 위상을 갖추게 되었다. 따라서 조선족 문학의 기본적 방향은 국가와 민족의 경계에 놓인 이중성을 본질적 세계관으로 삼아 양자를 통일성 있게 실천하는 데 초점을 두었다. 즉 중국 국민이라는 자의식과 한민족으로서의 민족의식이라는 두 가지 방향에서의 긴장을 일관되게 유지해 온 것이 바로 조선족 문학이었다.

이러한 조선족 문학의 성격은 문화대혁명을 거쳐 개혁개방 시대에 이르는 중국의 역사적 격변에 따라 상당히 많은 부침을 겪었다. 최근 들어 급격한 인구 감소와 농촌 사회의 붕괴, 조선족 교육의 위기 등에 따른 세대 간의 차이가 깊어지면서 조선족 사회의 변화는 더욱 심각한 상황에 직면했다. 특히 1992년 한중수교 이후 조선족과 한국의 교류가 활발하게 이루어지면서, 북한 지향의 교육, 사회주의 문화정책에 익숙했던 이전 세대와는 달리, 남한 사회의 매스미디어와 문화콘텐츠에 더욱 익숙한 새로운 세대가 조선족 사회를 변화를 주도하면서 그 격차는 더욱 커졌다. 조선족 문학의 경우에도 예외는 아니어서, 국가와 민족의 경계에서 중국인이면서 한민족인 조선족의 주체적 전통성을 확립하는 것은 민족적 당위일 뿐 현실은 그렇지 못한 것이 사실이다. 변화하는 시대에 부응하고 새로운 세대와의 교감의 영역을 넓혀가기 위해서는 국가 이데올로기와 민족 정체성에 중심을 둔 획일적인 창작 방식을 끝까지 고수하는 것이 사실상 불가능하기 때문이다. 따라서 조선족 문학은 자본주의 도시 문명에 대한 동경과 비판이라는 양가적 긴장 속에서, 민족적 집단의 문제보다는 개인의 정서와 욕망을 투사하는 자유로운 상상력의 실현이라는 창작방법론의 변화가 뚜렷이 나타나고 있다.

이와 같은 중국 조선족 문학의 역사적 상황과는 다르게 이번 〈조선족시인특집〉에 수록된 시와 시인의 면면에서는 민족적 정체성의 실현이라는 조선족 문학의 근본정신과 방향이 아직도 일정 부분 유효성을 지니는 것처럼 보인다. 이러한 결과는 작품을 발표한 시인들 대부분이 1980~90년대에 주로 활동한 사실상 조선족 시문학의 원로들이어서, 몇몇 시인을 제외하고는 조선족 시문학의 변화를 주도하는 새로운 세대의 목소리와는 일정하게 거리가 있다는 생각이 든다.

이러한 사정은 재일조선인문학은 물론이거니와 재외 한인 문학 대부분이 당면한 현실적인 문제로, 젊은 세대를 통한 문학사의 연속성의 확보가 제대로 이루어지지 않아 해외 한민족문학의 역사적 단절을 심각하게 걱정하지 않을 수 없다. 결국 민족적 정체성에 기반한 새로운 세대의 문학적 지향이 점점 옅어져 가는 현실에서, 조선족 문학의 역사적 계승이라는 본질적인 문제를 정책과 의지만으로 계속해서 추구할 수 있을지는 솔직히 장담하기 어렵다. 이번 특집에서도 조선족 시문학의 변화를 통한 새로운 질서 구축이라는 과제가 일정 부분 중요한 시적 주제로 부각되고 있지만, 국가와 민족이라는 이중 과제를 내면화한 그동안의 조선족 시문학의 방향과 크게 다른 변화의 모습을 보여 주었다고 보기는 어려울 듯하다. 다만 국가와 민족의 경계에서 그것을 넘어서려는 틈새의 시선을 의식하고 있는 점은 분명해서, 조선족 시문학의 새로운 방향을 일정 부분 미리 읽어 낼 수는 있지 않을까 생각된다.

2. 차별과 분단의 경계를 넘어서

중국에서 연변조선족자치주가 독립성을 인정받는 데 필요한 최소한의 조선족 인구 비율이 30%이다. 현재 이 기준을 간신히 유지하는 정도에 머물러 있는 조선족의 현실은 그 자체로 존립 기반이 흔들리는 위기 상황에 놓여 있다고 하겠다. 자본의 이동에 따른 도시로의 이주는 앞으로 점점 더 늘어날 것이고, 한국으로의 이주자가 자치주에 거주하는 인구를 넘어섰다는 통계가 있듯이 조선족의 현실은 급격한 해체의 상황으로 치닫고 있다. 그렇다면 조선족자치주 인구의 절반 이상이 한국 사회로 편입되어 버린 현재 상황을 우리는 어떻게 이해하고 받아들여야 할까. 조선족의 사회문화적 정체성에 대한 따뜻한 관심과 이해를 바탕으로 제도적인 차원은 물론 문화적인 차원에서도 공감과 연대의 영역을 확대하는 적극적인 상호 소통의 장을 열어가야 하는 것이 당연하다. 하지만 지금 우리가 바라보는 조선족에 대한 대체적인 인식은, 한민족으로서의 정체성에 바탕을 둔 동질적 연대 의식보다는 반쪽 중국인이라는 지독한 편견에 사로잡혀 부정적인 측면을 더욱 노골화하고 있어 문제가 아닐 수 없다. 그 결과 조선족 시문학에서도 한국과의 만남은 상당히 중요한 제재와 주제로 부각하고 있지만, 대부분 한국 사회에서의 부정적인 경험과 민족적 정체성의 상실과 단절, 소외 등 어두운 측면을 초점화하고 있어 '민족', '공동체' 등의 말이 공허하게 들릴 따름이다.

> 민들레홀씨마냥 바다를 날아 넘어 너는/꺅꺅한 서울 시멘트 바닥에 내려앉았구나/외래종은 근본 아니고/꽃에서 풍기는 미소한 향기마저 같은 종이건만/대접받지 못하는 꽃이라서/나비도 꿀벌도 외면하는 걸까//아무리 모지름 써도/작은 화분통에 기생하며/긴 뿌리 내리지 못하는 가냘픈 야생화/그래도 울고 싶으면 울고/웃고 싶으면 웃으면서/한 송이 꽃으로 활짝 피누나/차별과 소외가 무엇인지 알아채기 전
>
> —「야생화 - 서울에 사는 내 손자」 전문

조선족 사회를 떠나 서울에서 사는 손자를 걱정하는 화자의 마음이 애틋한 정서로 다가오는 시이다. "꺅꺅한 서울 시멘트 바닥", "대접받지 못하는 꽃"이라는 부정적인 표현을 직접적으로 드러낸 데서 알 수 있듯이, "외래종"이 아닌 "같은 종"이지만 "작은 화분통에 기생하며"

사는 “야생화”를 한국 사회의 온전한 일원이 되지 못하는 조선족의 현실에 빗대어 형상화했다. 한민족으로서의 정체성에 기대어 “민들레 홀씨마냥 바다를 날아” 왔지만, 한국에서의 현실은 어느 한 곳에 “긴 뿌리 내리지 못하는 가냘픈” 삶의 연속일 따름이다. “나비도 꿀벌도 외면하는” 꽃의 모습은 자연 안에서조차 더불어 살아가지 못하는 소외된 생명의 형상에 불과하다. 그 속에서 상처와 고통을 견디며 살아가고 있을 손자에게 “울고 싶으면 울고/웃고 싶으면 웃으면서” 지내라고 말하는 화자의 마음속에는 원망도 울분도 안타까움도 가득 차 있을 것이다. 하지만 이러한 복잡한 감정 속에서도 화자는 손자 세대가 앞으로의 인생에서 한민족으로서의 정체성과 믿음을 잃지 않기를 바라는 마음만큼은 확고하다. 어쩌면 국가와 민족이라는 두 가지 지향 모두 한낱 추상적 관념으로밖에 생각되지 않을지 모르지만, 한국 사회의 당당한 일원이 되어서 “차별과 소외가 무엇인지 알아채”지 않기를 염원하는 것이다. “핏줄의 믿음은 하늘의 섭리”(김성우, 「신천옹」)라는 생각만큼은 끝끝내 저버리고 싶지 않기에, 같은 민족으로부터 가장 뼈아픈 상처를 경험하지 않기를 바라는 간곡한 심정을 토로하는 것으로 볼 수 있다. “누구나의 할매 이야기가/여기 서탑 거리에 전해지기까지의/필연의, 그 시간들”(김창영, 「현풍할매곰탕집에서 - 서탑 150」)처럼, 한민족으로서의 오랜 역사적 동질감으로 서로에게 진심으로 다가가는 시간이 곧 찾아올 것이라고 확신하는 것이다. 그리고 이러한 역사의 진전을 위해서는 “아버지 주름 속의 소 한 마리/무거운 걸음 멈추지 않”(강매화, 「아버지」)고 묵묵히 자신에게 주어진 일을 해 왔듯이, 서울에서 사는 손자와 같은 새로운 세대들도 서로를 향한 왜곡과 편견의 시선을 넘어 민족 정체성에 대한 깊은 신뢰와 연대 속에서 “얼마든지 창공을 날아오를 수 있”는 “자유의 상징”인 “한 마리의 새”(강효삼, 「자유」)처럼 새로운 시대를 열어 가기를 소망한다.

이처럼 차별과 소외를 넘어서려는 조선족 시문학의 방향성은 분단 극복과 통일 지향이라는 재외 한인 문학의 보편적 주제와도 맞닿아 있다. "두만강을 건너 온/뻐꾸기 한 마리"와 같이 "어느 나라 국적인가 찾아보지만/신분증 같은 거 없네"(전병철, 「낮 꿈」)에서처럼, 북한과의 접경지대를 살아가는 동포로서 남과 북 그리고 조선족을 아우르는 한민족 공동체의 실현은 가장 본질적이고 궁극적인 주제가 되지 않을 수 없다.

> 상현달도 달이요/하현달도 달이요//그런데 말이외다/상현달을 하현달이라고 하면 당신은 믿겠소?/하현달을 상현달이라고 하면 당신은 믿겠소?//보름달이 웃겠소//상현달이면 어떻고/하현달이면 어떻소/달은 달일 뿐이오//우리는 오천 년을 함께 살다가/칠십 년을 헤어져 살았소//상현이요, 하현이요/아웅다웅들 좀 하지 마소/함께 둥그러져 보름달이 됩시다//저 하늘 둥근 보름달처럼!
>
> ― 리춘렬, 「보름달」 전문

"상현달"과 "하현달"의 차이를 강조하면서 서로가 자신의 모습만을 진짜라고 우기는 태도는 "보름달이 웃"을 정도로 별 의미 없는 논쟁이다. "달은 달일 뿐", 그래서 서로를 바라보는 동질적 인식이 중요한 것이지 "상현달이면 어떻고/하현달이면 어떻소"에서처럼 굳이 시시비비를 가릴 이유가 없다. "아웅다웅" 서로의 존재를 인정하지 않는 이러한 갈등과 대립은 "오천 년을 함께 살다가/칠십 년을 헤어져 살았"던 역사적 아픔조차 외면하고 있어서 생산적인 미래를 열어가는 데 있어 전혀 도움이 되지 않는다. "저 하늘 둥근 보름달처럼" "함께 둥그러져"

살아가면 그만인 것을, 달의 모양이 다름을 두고 달의 존재 자체를 서로 부정하는 억지가 갈등을 더욱 심각하게 조장하는 것이다.

이처럼 분단 조국의 현실에 대한 우회적 비판은 재외 한인 문학의 공통된 주제인 통일의 상상력을 형상화한 것으로 볼 수 있다. 재일조선인 김시종 시인이 '외발'의 상상력으로 일본에서 살아가는 재일조선인의 정체성을 표현했듯이, "낮이면 강 건너 두고 온/고향 산천 드러누워/맨발 바람 형님 불러오고/밤이면 초생달 찰랑 빠져/오라비 찾는 누이 눈썹으로 흔들거리"(전병칠, 「행상소리 - 연변민속박물관 백년 바가지에 부쳐」)는 식민과 분단의 역사를 온몸으로 껴안고 살아온 조선족의 역사 역시 재일조선인의 삶과 크게 다를 바 없다. 결국 지금 자신이 발 딛고 서 있는 바로 그 위치에서부터 진정한 화합과 통일을 위한 구체적인 실천을 하는 것이 무엇보다도 중요하다. 국가와 민족이라는 이데올로기의 경계를 넘어서는 틈새의 사유를 시적 전략으로 삼을 필요가 있다. 조선족 시문학에서 유독 '새'의 상징성이 두드러진 이유도 바로 이러한 시적 전략과 무관하지 않은 것으로 짐작된다. 이별과 만남, 자유와 그리움이라는 근원적 정서를 바탕으로 남과 북, 중국과 한국을 이어주는 객관적 상관물로 '새'의 상징성을 특별히 부각한다고 볼 수 있을 듯하다. "올가을은 왼통 어수선한 소식뿐"인 쓸쓸한 조선족의 현실이지만, "저녁나절 이맘때면/새들도 어김없이 찾아들"어 "창문을 편지처럼 두드리며/한 잎 두 잎/없는 소식 전하"(김성우, 「둥지」)는 따뜻한 마음에라도 기대고 싶은 것이다.

3. 틈새의 사유와 변화에 대한 성찰

최근 조선족 시문학은 관념화되고 도식화된 이데올로기의 문제보다는 생활 현실과 일정하게 거리를 두는 사랑이나 꿈을 제재로 삼은 추상적 관념의 세계를 담은 이른바 '몽롱시(朦朧詩, '난해시')'로의 변화를 보이기도 한다. 가족의 세계 안에서 이별과 그리움의 정서를 특정한 매개물을 통해 내면화하거나 은유와 상징의 기법을 통해 화자의 직접적인 목소리를 통해 주제 의식을 노출하지 않고, 새, 꽃, 나무, 강, 호수 등과 같은 자연물에 기대어 미학적 현대성을 추구하는 방향으로 나아가는 것이다. 이러한 시적 태도는 이데올로기의 경계 안에서 국가와 민족의 요구에 따른 천편일률적인 사상과 주제를 강조했던 그동안의 문학적 방향에 대한 내적 성찰의 결과로 볼 수 있다. 개혁개방의 시대, 정보와 지식의 세계화라는 변화된 시대정신을 담아내기 위해서, 또한 조선족의 역사적 정체성의 강조가 미래 세대를 향한 암묵적 구속이 되지 않기 위해서, 조선족 시문학의 방향도 새로운 시대가 요구하는 근본적인 변화와 혁신의 과정이 필요하다고 판단한 것이다.

물론 꽃이나 과일, 돌 등과 같은 정물의 이미지에 대한 정교한 탐색은 조선족 시문학에서 전혀 새로운 모습이라고 볼 수는 없다. 중국의 개혁개방 정책에 힘입어 사회주의 사상과 이데올로기의 제약에서 일정 부분 벗어나면서부터, 개성적이고 참신한 사물에 대한 정교한 관찰과 입체적 인식을 바탕으로 한 모더니즘적 시 의식이 이미 표출되었기 때문이다. 또한 한국과의 문화적 교류에 따른 직접적인 영향으로 국가 주도의 획일적인 창작 방법에서 벗어나 개인의 내면과 언어의 기교를 탐구하는 미학적 자율성을 시 창작의 주요 원리로 삼기도 했다. 자본과 도시 문명의 폐해인 물질주의에 대한 비판을 풍자적으로 형상화하거나, 세속적인 사랑의 감정을 매개로 한 통속적인 정서를 전면화한 서정시의 양상도 조선족 시문학의 변화를 보여 주는 새로운 징후였다. 이러한 변화의 모습은 국가 주도의 사회주의적 리얼리즘과 농촌 사회를 배경으로 한 민중적 서정성을 오랜 전통으로 이어 왔던 조선족 시단으로부터 상당히 많은 비판을 받았던 것도 사실이다. 하지만 개인성의 확대와 참신한 이미지의 차용 그리고 상징과 은유의 미학적 구조를 전면화한 변화된 시의 흐름을 전적으로 부정할 수는 없었다.

> 두만강 수석밭에/푸른 봄비 걸어오고 있다/나는 홀로 자갈밭에 앉는다/멀리로는 녹색의 일광산(日光山)이 보이고/가까이로는 날따라 여위어가는/두만강이 흐른다 …//내가 수석이 된 지도 이젠 여러 해가 흘렀지만/나는 시종 말한다 나의 수마(水磨)는 아직도 진행형이라고/돌은 고향의 돌, 나는 고향의 이끼/그래서 돌도 나와 비슷한 영혼을 가지고 있고/지금 내 주위에 둘러앉아 나와 같은 마음을 가지고/저 창창히 높은 고공(高空)을 꿈꾼다//하늘이 저렇게 그냥 푸르른 건/돌과 나 그리고 우리들의 마음이/항상 저 하늘로 열려져 있기 때문이다
>
> — 림금산, 「수석」 전문

"두만강 수석밭"의 "돌"은 "나와 비슷한 영혼을 가지고 있"다는 데서, "돌"의 형상이 화자의 모습을 반영하는 객관적 상관물의 기능을 하고 있다. 화자는 "아직도 진행형"인 "수마"의 과정을 통해 끊임없이 자신의 존재에 대한 성찰을 시도한다. 자연의 순리와 섭리에 기대어 대상과의 완전한 합일을 꿈꾸는, "돌은 고향의 돌, 나는 고향의 이끼"에서처럼 "고향"으로 묶이는 돌과 나의 공동체성을 통해 대상과 주체의 경계와 구분을 없애는 민족적 일체감을 상징적으로 표상하는 것이다. 이처럼 조선족 시에서 자아 성찰의 매개물은 자연과의 대화

안에서 구체화되는 정물이나 풍경일 경우가 많다. "발가우리하게/잘 익은 사과를 텁석/한입 베어먹고"는 모습을 보고서는 "나도 맘대로 베어먹지 못한 내 삶을/누군가 저렇게 텁석텁석 먹어버렸다니"(리홍규, 「누군가 텁석」)라고 하거나, "내 가슴에 닿지 못하는/그런 꽃은 숨결이 아니고/내 속사정을 외면한/그런 나무는 그냥 나무일 뿐이다"(최화길, 「아침은 내게로 와서 다시 아침이다」)라고 주체와 대상의 관계 안에서 자신의 존재에 대한 근본적 질문을 하고 있다. 무거운 이념이나 현실의 상처를 굳이 들추어내지 않더라도 자신의 생활 한 가운데에서 마주하는 평범한 사물이나 자연의 내부를 깊이 응시함으로써, 조선족으로 살아가는 현재의 모습에 대한 냉정한 혹은 따뜻한 자기 성찰의 모습을 보여 주는 것이다. 이러한 시적 변화는 특정 이데올로기의 구속을 벗어나 국가와 민족의 경계를 넘어서는 틈새의 사유를 가능하게 한다는 점에서, 새로운 시대 의식을 담아내는 가장 유효한 시적 전략이 되기에도 충분했다고 할 수 있다.

1980년대 이후 조선족 시문학에서 서정서사시, 장편서사시로 명명되는 장시(長詩) 창작이 활성화되었다는 점도 주목해야 하는데, 대체로 민족 정체성을 상징화한 신화나 토템, 민속에 기대어 한민족의 원형성을 드러내는 방향으로 형상화되었다. 즉 당대의 시대상을 반영하거나 사회주의적 현실을 고무하는 선동성에 입각한 서사시의 구현이 아니라, 민족 정체성을 대변하는 원형에 대한 탐색을 통해 민족의식과 역사의식을 담아내는 데 초점을 두었던 것이다. 다만 이러한 서사시의 주제를 구현하는 방식에서 역사의 현재화라는 반영론적 리얼리즘의 세계보다는 시적 대상의 상징성과 이미지의 정교함으로 구조화된 모더니즘적 특징이 두드러진다는 점에서 변화를 읽어 낼 수 있다. 이번 특집에서 유일한 장시인 「馬蟻일기-어떤 바람의 터널에서」를 통해 이러한 특징을 확인할 수 있는데, 마치 곰 토템의 동굴의 상상력으로부터 체득한 민족의 원형적 동질성을 현재적으로 재현한 듯한 유사한 이미지를 경험하게 한다.

> 1/다행이다. 천지를 요동치는 굉음소리가 서서히 사라졌다. 실오라기같은 빛가닥이 어귀에서 망설이다 드디어 칠륵같은 동혈(洞穴)을 더듬으며 기어들려고 시도를 한다. 엇갈린 갱도속엔 짙은 어둠과 굳어버린 밤들이 중첩되어 우리는 시커멓게 찌들은 토템을 껴안고 한가닥 또 한 가닥의 빛줄기가 반복적으로 끼어들다 죽어가는 따분함에 지쳐 잠이 들었다 또 깨어나곤 한다. (중략)
>
> 3/그 빛은 끊임없이 알른거린다. 알 수 없는 새들의 지저귐까지 들린다. 밖은 무척 청명한 날씨라 생각한다. 지금 우리는 깊은 동굴의 시궁창을 벗어나 가물거리는 그 광원의 따뜻함을 맞아 더 넓은 광야로 향해 올라 나설 때가 아닐까 싶다. 전도양양한 앞길은 결코 평탄하지는 않을 거다. 티끌을 제외하고 미소한 모래알마저 우리로서는 늘 힘겹게 지고 넘어야 할 육중한 거암(巨巖)들이라 생각한다. (중략)
>
> 6/인간에 비해 우리는 턱없이 미약하고 보잘것없다. 하지만 언젠가는 사람들 속에 자비로운 자가 이 땅에 강림하여 "개미의 시각"으로 천지만물을 가늠할 것이며 그들이 함부로 흘린 한 방울의 눈물마저도 개미 한쌍의 사랑을 흩뜨릴 수 있다, 라는 사실을 차차 깨달을 것이다.
>
> ㅡ박만해, 「馬蟻일기 - 어떤 바람의 터널에서」

"칠흑같은 동혈"의 어둠으로부터 "또 한 가닥의 빛줄기"를 찾아 깨어나는 순간은 마치 새로운 생명이 탄생하는 순간을 예고하는 듯하다. "새들의 지저귐까지 들리"고 "밖은 무척 청명한 날씨"이기도 해서, “깊은 동굴의 시궁창을 벗어나 가물거리는 그 광원의 따뜻함을 맞아 더 넓은 광야로 향해 올라 나설 때가 아닐까”라고 생각한다. 아직은 “빛과 빛 사이에 가려져 있는 어둠의 무게”를 완전히 떨쳐내지 못했지만, 그리고 “모든 빛줄기 속에 또 하나의 어둠의 터널이 숨겨져 공생, 대치하고 있다는 사실도 알”고 있지만, “민들레홀씨들이 휙- 휙- 소리를 내며 황막한 벌판을 쓸고 지나”가는 자연의 질서 자체를 거역할 수는 없다. “자연은 황폐화”되었고 인간 세상은 “동족상잔으로 저들만의 제권(帝闕)을 구축”하여 여전히 혼란의 연속이지만, “개미의 시각으로 천지만물을 가늠할” 줄 아는 세상의 변화 앞에서 그 어떤 권력도 허망할 따름이라는 사실을 깨닫는 것은 그다지 어려운 일이 아니다. 따라서 화자는 “내 발밑에 당당하게 피어 있는 오색찬란한 꽃들”과 “나의 손톱보다 천만 배나 더 작고 정교한 생명체들이 보”이는 세상, 그래서 “깊은 땅속의 모든 뿌리와 씨앗의 대화 소리도 들”리는 생명의 경이로움에 “귀의(歸依)”하는 근원적 생명 의식을 견지하고자 한다. 생명의 본질과 인간에 대한 근본적 성찰의 끝에 이르러서야 비로소 “우리들의 존재가 어디에서 다시 시작될 것인가”를 이해할 수 있다는 것이 이 시가 전하는 궁극적인 주제이다.

이처럼 이 시는 다양한 이미지의 변주와 사물 간의 소통을 매개로 아주 본질주의적이고 근본주의적인 생명 의식을 탐구한다는 점에서 일정 부분 생태시가 지향하는 모습을 지니고 있기도 하다. 또한 인간의 근원에 대한 탐문과 자연의 질서에 대한 통찰을 통해 새로운 기원을 희구한다는 점에서 신화적이고 원형적인 세계의 알레고리를 보여 주는 듯도 하다. 다양한 이미지의 세계가 때로는 조화를 이루고 때로는 충돌하면서 직조해 내는 시의 구조는 형식적으로든 주제적으로든 모더니즘적인 특성이 두드러진다. 따라서 이러한 시적 전략이 지금 조선족 시문학의 본령에서 조금은 벗어난 예외적 작품일지도 모르겠지만, 해방 전후 오장환의 시가 보여 주었던 사물과 대상의 공간화를 통해 병든 세계의 이미지를 총체적으로 담아냈던 장시의 모더니즘적 전통을 다시 발견한 듯도 해서 특별히 주목된다. 서사시의 현재화라는 창작 방식 역시 조선족의 현실이 암묵적으로 강요해 온 이데올로기적 경계를 넘어서는 틈새의 시선이라고 본다면, 시대의 변화에 대한 성찰과 민족적 원형에 대한 탐구라는 조금은 다른 시적 지향에서 조선족 시문학의 양가적 긴장의 세계를 발견할 수도 있어 상당히 흥미롭게 다가온다.

4. 근원에 대한 탐색과 서정시의 본질

서정시의 본질이 근원에 대한 탐색에 있다는 점을 생각할 때 국가와 민족의 경계를 넘으려는 조선족 시문학의 변화에 대한 성찰은 상당히 본질주의적이다. 대상과의 관계 안에서 주체의 모습을 재발견하는 자기 성찰적 태도를 통해 조선족의 역사적 정통성을 새롭게 인식하고 시대의 흐름에 따른 변화의 길을 적극적으로 모색하려는 시적 의지를 내면화하는 것으로 볼 수 있다. 그동안 조선족 사회의 모습은 국가와 민족이라는 두 개의 가면을 갖고 살아가면서 필요에 따라 하나를 선택해 자신을 표면화하는 이중적 태도를 드러낸 게 아닐까 싶다. 물론 지금도 이러한 이중성은 조선족의 삶과 역사를 지탱하는 불가피한 선택이라는 점에서 쉽게 떨쳐 내기 어려운 가장 기본적인 조건임은 분명하다. 하지만 이러한 조선족의 가면은 "구겨진 주름 사이로/너덜너덜해진 얼굴"을 애써 가려 주는 것일 뿐, "화사한 웃음 뒤/얼룩진 세월"의 상처와 고통을 근본적으로 해결해 주지는 않는다. "장한 척 뚝심으로/버티던/자존심"을 버리는, 즉 오랜 세월 조선족의 정체성이라고 내세운 가면으로서의 "탈"을 벗어던져야만 비로소 국가와 민족의 경계를 넘어선 본질적인 자아를 만날 수 있다. "벗고 보니/나는 없고/나는 있다"(강매화, 「탈」)라는 역설적 진실을 발견할 수 있는 것이다.

이런 점에서 자신이 살아온 세월에 대한 그리움과 회한의 정서를 담아낸 뒤를 돌아보는 상상력은, 가면 뒤에서 숨어 살았던 본질적 자아와 정직하게 마주하기 위한 근원에 대한 탐색으로 읽힌다. 가족이든 연인이든 이제는 고향 땅을 떠나 이별한 대상과의 추억을 회상하는, 그래서 마치 "낡은 시계는 시간을 풀고/나는 기억을 풀"(리춘렬, 「낡은 도서관」)듯이 조선족이 걸어 온 신산한 삶의 길과 운명을 되짚는 과거와 현재를 통합하는 역사적 현재로서의 서정시의 시간의식을 내면화하는 것이다.

> 흙 속에서 나왔기에/흙냄새가 나서 좋다 그보다/죽은 사람과 살다가 나와서/반가운 풀이다/아버지 명복하고 계시겠지//봄이면 아버지의 심부름 오는 풀/가을이면 나의 심부름 가는 풀/지금 이 시각도/아버지와 아들 번갈아 보고 있으리//내가 잡고/사바세계를 건너가는 푸른 끈이/이승 저승 윤회하며/폭풍에도 끊어지지 않는 푸른 끈이/푸른 핏줄로 뻗어 들어와서/땅 기운이 도는 온몸을/살이 돋는 땅에 엎드려 등으로 본다/겨울을 지나며 허기져 목이 긴 새의 눈이/내려다보고 있는 하늘의 눈빛!//슬픔을 유산으로 남기시고/세상을 감아버린 아버지에게/전해다오 풀에 얼굴 대고 속삭인다//있음이고 없음이며 또한/그것을 넘어서 있는 아버지의 죽음은 비싸다/목구멍을 울리며 우는 비둘기/내 안에 날아 들어와 앉아있다
>
> ―박장길, 「풀」 전문

들판에 흐드러지게 자란 "풀"을 "흙 속에서" "죽은 사람과 살다가" 나온 존재로 인식하는 데서 화자의 근원적 태도를 엿볼 수 있다. 삶과 죽음을 이어주는 "풀"의 상상력으로 아버지와 아들로 이어진 가족의 역사 나아가 조선족의 역사적 전승을 상징적으로 표상한 것이다. 여기에서 "풀"은 조선족의 삶을 대변하는 여러 가지 표상 가운데 하나일 뿐, "기다려도 피지 않는 국화꽃"(윤청남, 「산딸기」)의 형상이어도 다를 바 없다. "사바세계를 건너가는 푸른 끈이/이승 저승 윤회하며/폭풍에도 끊어지지 않는 푸른 끈이/푸른 핏줄로 뻗"은 "풀"의 상징은, "슬픔을 유산으로 남기시고/세상을 감아버린 아버지"와 아들을 이어주는 소통의 매개이다. "있음"과 "없음"의 경계를 넘어서는 일은 남은 "아들"의 몫이지만, "목구멍을 울리며 우는 비둘기"처럼 "내 안에 날아 들어와 앉아있"는 "아버지"의 모습처럼 조선족의 역사는 세대를 넘어 면면히 이어져 현재에 이르고 있다. "땅 기운이 도는 온몸을/살이 돋는 땅에 엎드려 등으로 본" "풀"은, "겨울을 지나며 허기져 목이 긴 새의 눈이/내려다보고 있는 하늘의 눈빛!"으로 표상된다. 아버지를 기억하는 것이 결국 아들의 시대를 살아가는 길임을 생명의 근원을 표상하는 "풀"의 형상을 통해 전달하고자 한 것이다.

이처럼 조선족 시문학은 자연에 기대어 그것과의 조화를 꿈꾸는 생명 의식을 바탕으로 조선족의 역사적 현실과 민족적 정체성을 상징화하는 서정적 지향을 드러낸다. 다만 이러한 상징성이 관념적이고 추상적인 이미지의 차용에 머무르는 경우도 많아서, 사상성의 결여에서 비롯된 표피적 인식을 넘어서지 못한 한계도 뚜렷하다. 반대의 경우로 시적 대상을 바라보는 태도에 있어서 적정한 거리 조정의 실패가 정서의 과잉으로 흐른 경우도 더러 보인다. 격정의 세월을 뒤돌아보는 시선에서 감정을 절제하고 대상과 거리를 객관화하는 것은 생각처럼 쉬운 일이 아니다. 하지만 시란 감정의 과잉이 아닌 도피라는 점에서, 일상적 현실로서의 조선족의 현재와 이상적 현실로서의 조선족의 미래 사이의 모순과 괴리를 탐색하는 회한의 정서는 시적 긴장을 벗어나면 절망적 탄식이 될 수밖에 없음을 간과해서는 안 된다.

물론 이러한 시를 두고 조선족이라는 미리 전제된 범주 안에서만 해석하려는 관점 자체가 잘못된 비평적 시각일지도 모르겠다. "8월의 호숫가를 거닐면/한 마리 금빛 잉어가 되고 싶어요"(김영춘, 「8월의 호숫가를 거닐면」)라는 소망을, 자연에 대한 사랑과 동경이라는 그 자체의 의미로 받아들이는 것이 조선족 시문학의 변화를 선입견 없이 이해하는 태도일 수도 있기 때문이다. 지난 90년대 이후부터 조선족 시문학은 국가 주도의 획일적인 주제 의식이나 창작 방식에서 벗어나 시 자체의 미학적 자율성과 모더니티를 추구했다는 점에서, 민족적 정체성이라는 역사주의적 근거 안에서만 조선족 시문학을 바라보는 것은 자칫 '의도의 오류'에 빠질 위험성이 있는 것도 분명 사실이다. 따라서 조선족 사회의 변화와 조선족 시문학의 변화를 무조건 동일선상에 놓고 이해하는 접근 방식도 이제는 근본적인 변화가 요구된다고 하지 않을 수 없다. 이번 특집에서 세대의 차이에 따라 각각의 시의 편차가 상당히 크게 느껴지는 이유도 바로 여기에 있는 게 아닐까 생각된다.

지금 조선족 시문학은 "낙타의 방울소리/천고의 사막을 울"려 "마침내/한 알의 모래"(봉창욱, 「한 알의 모래」)가 되는 인간의 존재에 대한 근원적 탐색을 하고 있다. 변하는 것과 변하지 않는 것 사이의 긴장(tension)이 시의 운명이라고 한다면, 지금 조선족 시문학은 시대의 흐름에 따른 변화의 길목에서 새로운 지도를 찾고 있다. 여전히

"종속된 자유"(강효삼, 「자유」) 안에 머무르는 한계는 분명 있지만, "눈에 익숙지 않은 새로운 질서"(최화길, 「아침은 내게로 와서 다시 아침이다」)를 기대하는 변화의 바람도 의외로 거세다. 다만 이러한 변화를 선도해야 할 새로운 세대의 목소리가 조선족 시문학의 중심과는 거리가 멀다는 사실에서, 경계를 넘어서는 틈새의 시선과 변화에 대한 성찰이 아직은 관념적이고 추상적인 상태를 극복하지 못하는 결정적인 이유를 발견하게 된다. 새로운 시의 출현은 당위적 선언만으로 이루어질 수 없음은 당연하다. 세대 간의 대화적 소통 안에서 생성되는 시적 긴장이 다양한 양상으로 구체화되지 않는다면 결국 공허한 울림이 될 수밖에 없다. 지금 조선족 시문학은 국가와 민족의 경계를 넘어서는 것도 중요하지만, 그보다 더욱 시급한 문제는 조선족으로서 세대적 연속성을 확보하는 서정시의 운명을 어떻게 이어갈 것인가를 진지하게 성찰하는 데 있다. 이러한 문제의식은 조선족 문학만의 과제라기보다는 재외 한인 문학 전체가 당면한 공통의 문제이기도 하다. 이런 점에서 "우리들의 존재는 어디에서 다시 시작될 것인가"(박만해, 「馬蟻일기-어떤 바람의 터널에서」)라는 근본적 질문은, 한국문학이 함께 답을 찾아야 할 중요한 과제라는 사실을 반드시 기억할 필요가 있다.

재일조선인 우리말 문학의 역사와 과제

1. 재일조선인과 이중언어의 현실

지금까지 재일조선인 문학을 대상으로 한 연구는 국문학과 일문학 분야에서 모두 활발하게 전개되었지만, 그 대상과 범주 설정에 있어서는 상당한 격차가 있었다. 재일조선인들이 창작한 문학 작품을 명명하는 용어에서부터 많은 논란이 거듭되었고, 일본어와 우리말이 함께 사용되는 이중언어 현실에 대한 견해차도 아주 컸다. 따라서 재일조선인 문학 전체를 일관되고 통일성 있게 규정하는 것이 현재까지도 쉽지 않은 과제로 남아 있는 것이 현실이다. 게다가 국적, 이념을 둘러싼 정치적·사회적 이해관계가 재일조선인의 현실을 규정하는 가장 중요한 조건이 되었던 상황도 여전히 지속되고 있을 뿐만 아니라, 역사적 경험의 차이에서 비롯된 재일조선인 각 세대 간의 정체성 차이로 인해 재일조선인 사회 내부의 이질성과 다양성도 더욱 심화되어 가고 있는 실정이다. 이러한 재일조선인 사회의 급격한 변화 속에서 재일조선인 문학을 이해하는 가장 쟁점적인 문제는 언어이다. 물론 언어는 민족 혹은 국가의 문제와도 결부되어 있어서 그 자체만으로 설명될 수는 없지만, 문학의 대상과 범주를 규정하는 가장 본질적인 조건이라는 점에서 핵심적인 사항으로 부각될 수밖에 없는 것이다.

그동안 재일조선인 문학의 대상과 범주를 설정하는 데 있어서 국문학과 일문학의 입장이 확연하게 달랐다. 대체로 일문학에서는 재일조선인 문학을 재일동포가 일본어로 창작한 문학으로 그 범주를 제한했던 반면, 국문학에서는 재일동포의 일본어 작품뿐만 아니라 〈재일본조선인총연합회(총련)〉 산하 〈재일조선인문학예술가동맹(문예동)〉 출신 문인들을 중심으로 창작된 우리말 작품까지 모두 포함했다는 점에서 분명한 차이를 드러냈다. 사실 재일조선인 문학 연구는 일문학에서 소수자 문학 연구의 한 분야로 시작되었다가 국문학 연구로 그 대상과 범주가 확대되었다. 따라서 일문학의 경우 아쿠타가와상, 나오키상 등 일본의 권위 있는 문학상을 수상했거나, 식민과 분단 문제에 천착하여 한반도의 현실을 비판적으로 바라본 일본어 소설이 주된 논의의 대상이 되었다고 할 수 있다. 그런데 이러한 결과는 재일조선인 문학의 한 면만을 강조하는 것으로, 일본 내에서 창작되고 있는 재일조선인 문학의 전체적 실상과는 다소 거리가 있는 편협한 관점이 아닐 수 없다.[1)]

해방 이후 재일조선인들에게 언어의 문제는 그들의 삶을 재구성하고 민족적 정체성을 재정립하는 가장 기본적인 요청사항이었다. 해방 이전에는 일본어의 사용이 일제의 강압에 의한 타율적 선택일 수

1) 손혜원은 재일조선인 문학사 서술과 결부지어 이러한 현실을 검토하면서 세 가지 문제점을 지적했다. 첫째, 재일조선인 문학을 일본 문학의 특수한 장르나 아종으로 보고 일본어로 쓰인 작품군에 한정해서 논의했다는 점, 둘째, 일본어 작품 편중이 빚어낸 조선어 작품에 대한 무관심과 묵살, 셋째, 일본에서 간행된 재일조선인 문학 단행본은 손에 꼽을 정도이고 일본 매체에 게재되는 작품도 거의 없다는 점에서 작품에 접근하는 자체가 어렵다는 사실이다. 『'재일조선인 문학사'를 위하여』, 소명출판, 2019, 16~18쪽 참조.

있었다 하더라도, 해방 이후에도 계속해서 일본어를 사용하는 것은 그 자체로 민족을 배반하는 식민주의적 태도로 낙인찍힐 수 있었기 때문이다. 따라서 해방 이후 재일조선인들에게 일본어의 사용은 가장 먼저 청산해야 할 과제가 되지 않을 수 없었다. 그런데 문제는 해방 당시 우리 민족 구성원들 가운데 상당수가 우리말을 제대로 배우지 못한 채 해방을 맞이했기 때문에, 우리말을 자유롭게 구사할 수 있는 사람들이 실질적으로 많지 않았다는 사실에 있다. 해방 조국의 사정이 이런 정도였으니 당시 재일조선인들의 상황이 얼마나 혼란스러웠을지는 충분히 짐작하고도 남음이 있다. 재일조선인들에게 해방은 곧 일본어의 폐기를 의미하는 것이었으므로, 한동안 이들은 어떤 말도 하지 못한 채 침묵의 언어로 살아가는 또 다른 억압을 견디지 않으면 안 되었다. 어느 날 갑자기 찾아온 해방의 결과로 생활언어인 일본어를 송두리째 버리고 조국의 언어라는 민족적 당위성만을 붙잡고 더듬더듬 우리말을 구사하며 살아간다는 것은 결코 쉬운 일이 아니었기 때문이다.[2] 이런 점에서 당시 재일조선인들 대부분은 일본어와 우리말의 이중언어 현실에서 결코 자유로울 수 없었고, 이러한 언어적 갈등과 모순은 해방 이후 재일조선인 문학의 형성 과정에도 첨예한 문제가 되지 않을 수 없었다.

이러한 재일조선인의 이중언어 현실에도 불구하고 일본어로 이루어진 문학만을 재일조선인 문학으로 이해하려는 관점이 있다. 이는

2) 실제로 재일조선인은 해방 이후 우리말의 부활을 당연히 기대했지만, 일본 정부와 연합국최고사령부(GHQ)는 조선인들의 탈식민화를 공산주의 운동과 결부시킴으로써 우리말 교육을 탄압했다. 해방 이전 황민화 교육으로 일본에 거주하는 조선인들의 우리말 능력은 현저히 떨어졌는데, 해방 후에도 우리말 교육이 쉽지 않게 됨에 따라 재일조선인의 우리말 사용은 자연스럽게 줄어들지 않을 수 없었다. 손혜원, 위의 책, 22~23쪽 참조.

비록 소수이지만 여전히 우리말로 글을 쓰는, 그래서 일문학의 평가로부터 사실상 소외된 〈총련〉계 작품을 제외하는 결정적 문제를 드러낸다. 일본어로 된 문학이 주류이고 우리말로 된 문학은 비주류라는 관점이나, 일본어로 된 문학은 질적 수준이 높지만 우리말로 된 문학은 질적 수준이 떨어진다는 관점도 있는데, 이러한 이분법적인 판단은 사실 여부를 떠나서 재일조선인 문학을 주체적으로 바라보지 못한 왜곡된 시각이 아닐 수 없다. 물론 우리말 쓰기만을 고집하는 〈총련〉의 입장 역시 민족과 국가 이데올로기에 지나치게 종속된 나머지 재일조선인의 변화된 현실을 맹목적으로 거부한다는 점에서 비판하지 않을 수 없다. 이러한 완고한 태도가 오히려 일본 내에서 재일조선인의 자유로운 활동과 위상을 제약하고 있음은 물론이거니와, 민족과 국가의 경계를 넘어서려는 재일조선인 문학의 미래조차 협소하게 만들어 버리는 한계를 초래하고 있기 때문이다. 이런 점에서 재일조선인 문학은 특정한 언어와 민족의 경계를 뛰어넘어 '재일'의 실존성에 뿌리내린 새로운 위상 정립이 시급하다. 일본어로 쓰는 것이 타당한가, 그렇지 않은가와 같은 첨예한 논란은 일단 접어 두고, 일본어와 우리말로 동시에 창작되고 있는 재일조선인 문학의 현실을 그 자체로 인정할 필요가 있다. 다시 말해 모어(일본어의 현실)와 모국어(우리말의 당위) 사이의 긴장을 뛰어넘는, 그래서 재일조선인의 실존적 조건인 이중언어 현실을 편견 없이 수용하는 '재일'의 독자성과 주체성을 정립해야 하는 것이다.

2. 재일조선인 우리말 매체의 현황과 의미: 『종소리』를 중심으로

해방 이후 재일조선인 사회는 남과 북의 분단 구조를 그대로 답습하는 〈재일본대한민국민단(민단)〉과 〈총련〉 두 조직 사이에서 극심한 대립과 분열을 드러냈다. 재일조선인 문학 역시 이 두 조직과의 관계 속에서 철저하게 이원화된 모습을 보였는데, 1959년 〈총련〉 산하에 결성된 〈문예동〉이 문학 창작에 있어서 일본어 쓰기를 금지하고 우리말 쓰기를 공식화함에 따라 〈총련〉 내부의 갈등과 분열까지 초래하는 상황으로 치달았다. 즉 당시 〈총련〉의 지도노선에 반발해 김달수, 김시종, 양석일 등이 〈총련〉과 〈문예동〉을 이탈하는 사태가 발생했던 것이다. 그 이후 재일조선인 문학의 양상은 〈문예동〉의 작품 활동과 〈문예동〉 이외의 작품 활동으로 양분되면서, 재일조선인 우리말 문학과 재일조선인 일본어 문학으로 이원화되는 양상을 드러냈다. 이러한 재일조선인 문학의 상황을 해방 이후 발간된 주요 매체를 중심으로 살펴보면 다음과 같다.

우선 〈문예동〉에서 발간한 매체 가운데 주목해야 할 것은 『문학예술』, 『겨레문학』, 『종소리』 등이 있다. 『문학예술』은 〈문예동〉의 기관지로 1960년 1월 창간되어 1999년 6월까지 총 109호를 발간했는데, 〈문예동〉의 이념과 성격을 가장 충실히 반영한 우리말 잡지이다. 김일성의 교시를 바탕으로 〈총련〉의 지향성과 〈문예동〉의 창작 방향을 제시하는 데 집중함으로써, 사실상 북한의 문예이론에 입각한 〈총련〉계 재일조선인들의 문학 활동 지침서 역할을 했다고 할 수 있다. 창간 당시에는 김석범이 편집을 맡았고, 이후 홍윤표, 소영호, 정화흠 등이 편집을 맡아 '공산주의적 전형' 창조와 '사회주의 건설'에 이바지하는 혁명적 작품 창작에 주력했다. 『겨레문학』은 『문학예술』 휴간 이후 〈문예동〉 기관지로 새로 창간된 순수 문예잡지로, 2000년 5월 여름호를 창간호로 2002년 8월 제7호까지 발간하고 종간되었다. 시와 단편소설을 중심으로 게재하였고, 특이한 사항은 재일조선인 문학사를 정리하는 두 가지 기획물을 싣고 있다는 점과 매호 '신인 작품'란을 두어 시와 단편소설을 소개하였다는 점이다. 2000년대 들어서부터 지금까지 〈문예동〉의 활동에서 상당히 중요한 위치를 차지하는 것은 시 전문지 『종소리』이다. 〈문예동〉이 주장하는 재일조선인 문학의 정체성과 지향성은, 일제 식민지 시기에 빼앗긴 아름다운 우리말을 되찾아 민족어에 담긴 민족정신을 회복하는 것, 식민지 노예 상태를 거절하고 일본의 동화정책에 맞서 당당하게 살아가는 재일동포의 생활상을 표현하는 것, 그리고 통일 민족과 통일문학의 미래를 위해 헌신하는 것으로 정리할 수 있는데, 『종소리』는 이러한 〈문예동〉의 입장을 충실히 반영함으로써 재일조선인 시문학의 변화와 갱신을 선도하는 매체로 자리매김했다고 할 수 있다.

다음으로 〈문예동〉의 노선에 반기를 들고 조직에서 이탈했거나 처음부터 〈문예동〉과는 전혀 다른 입장에서 발간된 잡지로는 『한양』, 『삼천리』, 『청구』 등이 있다. 이 가운데 『삼천리』, 『청구』는 일본어 잡지이므로 본고에서는 일단 논외로 하고, 1962년 3월 일본 동경에서 창간되어 1984년 3·4월호(통권 177호)로 종간된 우리말 종합문예지 『한양』을 주목할 필요가 있다. 『한양』은 1960년대 한국 사회와도 밀접한 관계를 형성하면서 4월혁명 이후 한국문학의 변화와 혁신에 크게 영향력을 발휘했다. 따라서 『한양』은 재일조선인 문학으로서뿐만 아니라 한국문학사의 외연을 확장하는 데도 아주 중요한 자료적 가치를 지닌 매체이다. 『한양』의 창간은 크게 두 가지 점에서 이유를 찾을 수 있는데, 첫째는 일본에서 대학을 졸업한 지식인들이 그들의 생각을 자유롭게 발표할 만한 매체가 없었다는 점이고, 둘째는 재일동포로서 남한과의 문화적 교류와 비판적 연대가 절실하게 필요하다는 시대적 요구 때문이었다. 특히 1960년대 남한 사회의 이데올로기적 억압으로부터 비교적 자유로운 위치에서 조국의 역사적 현실에 비판적으로 대응하는 실천적 성격을 분명하게 견지하였다.

이상의 주요 매체 가운데 현재 재일조선인 우리말 문학의 상황을 가장 잘 보여 주는 거의 유일한 매체는 『종소리』이다. 『종소리』는 2000년 1월 창간되어 2025년 현재까지 발간되고 있는 시 전문지로, 정화수, 김학렬, 홍윤표, 정화흠, 김두권, 김윤호 등 재일 1세대와 2세대들이 주축이었는데, 현재 이들 대부분은 타계하고 다음 세대인 오홍심이 맡아 역사를 이어 나가고 있다. 2004년 11월에는 『종소리』 20호 발간을 기념하여 시선집 『종소리시인집』을 출간했고, 2008년 2월에는 종소리 대표시선집 『치마저고리』가 국내에서 출간되기도 했다.

> 재일동포들에게 있어서 오늘날처럼 시가 요구되는 시기는 없다고 봅니다. 예나 지금이나 사회가 발전하자면 민족의 량심, 시대의 선구인 시문학이 필요했고 그 사명과 역할을 다해야 했습니다.
>
> 재일동포들의 애국애족운동의 경우에도 역시 다름이 없었습니다. 그러나 오늘날처럼 조국의 통일이 지연되어 동포들의 세대가 몇 차례나 바뀌고 민족성이 희박해져가는 지점에서는 이제 그 어떤 위구를 느낄만큼 민족성 문제는 림박하게 제기되고 있습니다.
>
> 이에 우리 문학예술운동이 한몫을 단단히 해야 함은 물론이요 더욱이 문학이 앞장서는 것이 자못 중요합니다.
>
> 그 중에서도 시대를 앞질러가는 시는 한시도 늦출 수 없는 초미의 문제이며 초보적인 문제입니다.
>
> 『종소리』에 참여한 우리들은 작은 힘이나마 한데 묶어 우리 민족문화와 민족성을 지키고 조국의 통일을 앞당기는 운동에 조금이라도 보탬이 되고저 이 잡지를 발간하게 되었습니다.[3]

『종소리』 창간의 취지와 의의에 대한 편집위원들의 생각을 담은 「편집후기」이다. 여기에서 분명히 밝혔듯이, 『종소리』는 "재일동포들의 애국애족운동"을 구체적으로 실천하려는 시인들의 노력을 담은 동인지이다. 지금 재일조선인 사회는 재일 3세 이후의 세대가 주축을 이루게 됨에 따라 '민족성'을 내면화한다는 것이 사실상 불가능한 상황이 되고 말았다. 즉 민족적 정체성(identity)의 부재가 당연시되는 재일 사회에서 재일조선인 문학의 특수성을 지켜낸다는 것은 결코 쉬운 일이 아니다. 이러한 혼란과 혼동 속에서 갈피를 잡지 못한 채 흩어져 있는 것이 현재 재일조선인 문학이 직면한 위기 상황이라는 점에서, 『종소리』는 이러한 위기를 넘어서 문학예술운동의 선구적 역할을 모색하는 의지를 담은 결과물이라고 할 수 있다. 다시 말해 "민족의 량심, 시대의 선구인 시문학"의 중요성을 강조함으로써, "시대를 앞질러가는 시"의 위상을 재정립하고자 한 데서 『종소리』 창간의 시사적 의의를 찾을 수 있는 것이다.

해방 이후 2000년대 이전까지 재일조선인 문화의 발전 과정은 재일조선인의 사회운동 발전 단계와 특성에 따라 크게 세 단계로 나눌 수 있는데, 첫째, 공화국 창건 이후 〈총련〉이 결성되기 이전까지의 시기(1948.9~1955.4), 둘째, 〈총련〉 결성 이후 김일성 주체사상을 바탕으로 창작의 기치를 드높이던 시기(1955.5~1973), 셋째, 재일조선인의 조국 방문을 시작으로 사상 예술성의 강화가 이루어진 시기(1974~1990년대)로 구분된다.[4] 이러한 재일조선인 시문학의 흐름에서 『종소리』의 창간은 넷째 시기의 출현을 의미할 만큼의 급격한 변

---

3) 「편집후기」, 『종소리』 창간호, 2000.1.

4) 손지원, 「조국을 노래한 재일조선인시문학 연구(1)」, 『겨레문학』 창간호, 2000년 여름, 74~75쪽.

화와 경계의 지점으로 받아들여진다. 즉 시 창작에 있어서 사상성을 강조했던 이전의 경향과 완전히 결별했다고 볼 수는 없지만, 사상성과 예술성의 조화에 대한 뚜렷한 문제의식을 보여 준다는 점에서 문예 운동의 획기적인 전환점이 될 수 있다. 따라서 『종소리』는 "시문학의 사상은 서정화된 사상이지 결코 개연적 론리의 그것이 아니"고, "시의 사상감정은 시인의 직설적인 주장에서보다 주로 작품에 표현된 생활적인 표상이 자아낸 정감(서정)에 기초하여 비로소 독자들에게 감명 깊게 감동적으로 전달되는 법"[5]이라는 창작방법론에 있어서 뚜렷한 변화를 보였다. 즉 『종소리』 이전의 재일조선인 시문학이 수령에 대한 우상화와 남한의 변혁운동에 대한 추동에 초점을 두고 있었다면, 『종소리』에서부터는 그 강조점이 일본 사회 속에서 재일조선인의 권익에 대한 문제와 조국에 대한 향수 등으로 뚜렷한 차이를 드러냈다고 할 수 있다. 이러한 주제 의식의 변화는 재일조선인의 시 의식이 정치와 이념의 굴레에서 벗어나 일본에서 살아가는 디아스포라로서의 시련과 고통에 초점을 둔 '재일'의 문제에 더욱 천착하게 되었음을 의미한다.[6]

---

5) 김학렬, 「절절한 망향의 정감, 세련된 시적 형상－정화흠 시집 『민들레꽃』을 두고」, 『종소리』 제4호, 2000.10. 47쪽.

6) 필자는 2006년과 2007년 두 차례 일본 동경에 있는 정화수 시인의 집을 방문하여 재일조선인 시문학을 주제로 여러 가지 논의를 한 바 있다. 그는 당시 재일조선인 문학의 성격에 대해 북한문학의 일방적 영향을 벗어나 시의 본질에 충실한 새로운 변화를 모색하고 있다고 말했다. 그리고 『종소리』를 이러한 변화를 선도하는 매체로 발전시켜 나갈 것이라고 강조했다. 이러한 그의 입장은 『종소리』에 수록된 시 작품 전반에 걸쳐 아주 충실하게 반영되어 있는데, 2000년대 이후 이념적 경직성에서 벗어나 서정시의 본령에 더욱 가까이 다가가고자 노력했던 재일조선인 시문학의 변화 양상을 이해하는 중요한 사례로 볼 수 있다.

3. 재일조선인 우리말 문학의 형성과 전개: 시문학을 중심으로[7)]

재일조선인 우리말 시문학은 허남기, 강순, 남시우를 시작으로 김윤, 김학렬, 정화수 등으로 이어져 왔다. 특히 해방 이후부터 1950년대까지는 허남기, 강순, 남시우의 3인 시대[8)]라고 할 만큼, 세 시인은 재일조선인 우리말 시문학의 초석을 닦았다고 해도 과언이 아니다. 재일조선인 우리말 시문학은 식민과 분단의 상처를 경험한 조국의 현실을 재일조선인의 시각에서 바라보는 비판적인 관점에 있었으므로, 작품의 성격이나 주제가 개인의 정서나 내면에 집중하기보다는 정치적이고 사회적인 문제의식을 심화하는 방향으로 전개되었다. 그 양상은 대체로 세 가지로 정리될 수 있는데, 첫째, 민족공동체의 역사성과 상징성의 구현, 둘째, 분단 조국의 통일과 저항적 주체의 형성, 셋째, 재일의 실존성 인식과 디아스포라적 사유의 확대가 그것이다. 첫째의 경우 민족의 문제는 비록 관념적이고 당위적인 것이라 하더라도 재일조선인들이 결코 놓쳐서는 안 되는 신념이요 이데올로기였다. 따라서 그들은 언어, 민속, 풍물, 자연, 노래, 놀이 등 다양한 세재를 활용하여 우리 민족의 정신과 문화를 지켜 내려는 노력을 아끼지 않았다. 특히 고향의 꽃과 풀, 토속적인 음식[9)], 지역의 특산

7) 그동안 필자의 연구는 재일조선인 시문학에 집중되어 있었고, 재일조선인 우리말 소설 문학에 대한 이해는 아직 자료 검토 단계에 머물러 있어 앞으로의 과제로 남겨 두었다. 이에 본고에서는 시문학을 중심으로 재일조선인 우리말 시문학의 개요와 주요 시인을 정리하는 것으로 한정하고자 한다. 재일조선인 우리말 소설 문학에 대한 개괄적 이해는, 지명현의 「재일 한민족 한글 소설 연구-『문학예술』과 『한양』을 중심으로」(홍익대 박사논문, 2015)를 참고할 만하다.

8) 김학렬, 「재일 조선인 조선어 시문학 개요」, 와세다대학조선문화연구회·해외동포문학편찬사업추진회·재일본조선문학예술가동맹 공동주최, 〈재일 조선인 조선어 문학의 현황과 과제 심포지엄 자료집〉, 2004.12.11. 와세다대학교, 3~4쪽.

9) 북한의 평론가 류만은, "민속음식과 관련한 여러 시 작품에서 풍기는 정서는 동포시

물 등을 주요 제재로 삼아 민족공동체의 역사성을 상징적으로 표상하는 데 집중했다. 둘째의 경우는 재일조선인 문학이 분단 조국의 통일에 가장 중요한 목표를 두었음을 말하는 것으로, 남북한의 정치 현실에 대한 비판, 6·15 남북작가대회의 감격, 남북정상회담을 바라보는 입장 등을 직접적으로 담아내는 정치시의 양상을 전면화했다. 셋째의 경우는 재일 3세대 이후 민족과 국가에 구속된 혈연적 유대나 일본어와 우리말 사이의 이중언어 현실에 크게 얽매이지 않음으로써 이전과는 전혀 다른 문학적 관심과 지향을 보이는 데서 나타난다. 즉 이들 세대에게 재일은 이념의 차원이라기보다는 생활의 문제이므로, 일본에서 살아가는 생활인으로서 겪어야 하는 차별과 불평등에 더욱 중요한 문제의식을 두었다.[10)]

이 글은 재일조선인 우리말 시문학의 주요 시인에 대한 대략적인 소개를 통해 해방 이후 재일조선인 우리말 시문학의 형성과 전개에 대한 전반적인 이해를 이끌어 내고자 한다.

허남기는 1918년 부산에서 태어나 부산제2상업학교(현재 부산개성고등학교)를 졸업하고 일본으로 건너가 〈총련〉의 문화부장, 부의장, 〈문예동〉 위원장을 역임했고, 『허남기 시선』을 비롯한 10여 권의 시집을 남기고 1988년 사망했다. 그는 해방 이후 재일조선인 문학 활동

인들이 동포들의 생활을 노래한 데서 줄곧 주체성, 민족성을 놓치지 않고 생활체험과 사색을 심화한 결과 이룩된 결실이다"라고 평가했다. 류만, 「민족의 넋이 높뛰는 애국의 『종소리』- 시잡지 『종소리』를 읽고」, 『종소리』 제27호, 2006 여름, 50쪽.

10) 재일조선인 우리말 시문학에 한정하여 논의하는 원고의 특성상 재일조선인 시인 가운데 가장 문제적인 대상인 김시종은 제외될 수밖에 없었는데, 김시종의 시가 강조하는 '재일한다(在日する)'의 의미는 재일조선인의 생활에 천착한 문제의식을 담고 있다는 점에서 중요하게 언급될 필요가 있다. 그는 재일을 남과 북 어느 한쪽으로 귀속시키는 방식이 아니라 '경계'와 '틈새'의 문제로 인식함으로써, 디아스포라적 주체로서 살아가는 재일조선인의 실존적 상황을 형상화하는 데 주력했다.

의 중요한 토대가 되었던 『민주조선』, 『조선문예』 등의 잡지를 통해 김달수, 이은직 등의 소설가, 강순 시인 등과 교류하면서 재일조선인 문학의 초석을 닦는 데 결정적 역할을 했다. 그는 생전에 『선물』, 『조선해협』, 『조선 겨울이야기』, 『화승총의 노래』, 『해바라기의 노래』, 『비수』, 『한 번 흐른 강물은 다시 막지 못한다』, 『길』 등 상당히 많은 시집을 남겼다. 북한문학사에서는 애국적이고 혁명적인 시인으로 그를 높이 평가해 유고 시선집 『조국에 바치여』(평양출판사, 1992)를 발간하기도 했다. 남한문학계에서도 그의 서사시 『화승총의 노래』가 민영 시인에 의해 번역 출판되어 "동포 시인 가운데 제일 문학적 성과가 뛰어난 분"[11)]이라는 평가를 받기도 했다.

허남기의 시는 반제반봉건의 투쟁 의식과 서사 정신의 구현, 식민지 잔재의 청산과 민중 의식의 실천, 민족교육에 대한 신념과 〈총련〉의 선전 선동이라는 세 가지 양상으로 구체화되었다. 특히 그의 시는 1955년 〈총련〉 결성 이전과 이후 시의 양상이 급격하게 달라지는 양상을 드러내는데, 이는 분단 조국의 상황과 결부된 재일조선인 시문학의 역사를 그대로 보여 주는 것이 아닐 수 없다. 특히 1959년은 〈총련〉 산하 〈문예동〉이 결성된 해이고, 허남기는 초대 위원장으로 선출되어 〈총련〉의 지도노선에 따른 목적문학을 이끌어 가는 중책을 맡았던 때였다. 따라서 그는 〈문예동〉의 대표로서 재일조선인 시문학의 방향성을 스스로 제시해야 했는데, 이념적으로 북한의 지도노선에 충실한 것은 물론이거니와 일본어 시 쓰기에서 조선어 시 쓰기로 전환을 하는 등 두드러진 변화를 선도했다. 이런 점에서 『조국에 바치여』는 몇 편을 제외하고는 해방 직후부터 1959년까지의 작품을

11) 민영, 「허남기 선생에게 - 역자로부터 저자에게」, 『화승총의 노래』, 동광출판사, 1988, 107쪽.

모은 것으로, 이념적으로 경직되기 이전 재일조선인 시문학의 모습이 어떠했는지를 확인할 수 있다는 점에서 주목할 만하다. 원래는 일본어로 발표되었던 작품이 대부분인데, 생전에 그가 직접 조선어로 번역하여 우리말 시집으로 재구성한 시선집이다. 여기에서 가장 주목할 작품은 「조선 겨울 이야기」인데, 1946년부터 1949년까지 『민주조선』에 일본어로 연재한 기행체 형식의 장시이다. 당시 남한 사회의 백과전서를 엮겠다는 야심찬 기획으로 전국을 편력하며 쓴 작품으로, 「경주」, 「부산」, 「대구」, 「부여」, 「목포항」, 「태백산맥」, 「서울」 등 총 13장 66편의 시로 구성되어 있다. 이 가운데 한 편을 소개하면 다음과 같다.

> 자유도 해방도 갈데로 가라/인도도 민주도 갈데로 가라/이 세상 만사는 돈이면 그만/대신도 박사도 돈이면 다 된다네-/이러한 아리랑이 들려온다/이러한 양산도가 들려온다//국일관/명월관/대한관/봉래관/그밖에 온갖 애국적 풍류적 명치을 단/가지각색 온천려관들 줄지어 늘어섰고/료리집들 늘어서고/천원짜리 지폐로 다듬은 새 류행의 청년신사와/금강석과 여우목도리라 치장한/현대판 미녀들과/기생과 사환군과 반또오(고용원들의 우두머리)들과/신변호위역들/모두가 의좋게/노래를 부르는 것이 들린다//자/천민 제군은 썩 비켜라/나으리들의 취흥을 돋구기 위해/거꾸로 물구나무를 서서/개짖는 소리라도 하는놈은 좋으나/시인 나부랭이는 아예 필요치 않는다구나
>
> ―「동래온천장」 전문

「조선겨울이야기」의 '부산' 시편 가운데 한 작품이다. 당시 '부산'의 모습은 해방이 되었지만 식민지 역사의 상처가 여전히 많이 남아

있는 혼란과 혼동의 장소였다. 해방을 맞아 일본에서 돌아오는 재일조선인들과 조국에서의 가난을 견디지 못해 다시 식민의 땅 일본으로 돌아가는 민중들의 애환이 교차하는, 그래서 우리 민족의 희망과 절망이 고스란히 한 자리에 머물러 있는 격동의 역사적 장소였다. 특히 왜색풍의 건물과 술집들, 음식점들이 도처에 즐비하였고, 친미사대주의자인 친일 세력들에 의해 제국주의의 횡포가 계속해서 자행되었으며, "천민 제군은 썩 비켜라."라는 말에서 알 수 있듯이 민중들을 자신들의 안위와 유흥을 위한 존재로 비하하는 봉건적 권력의 횡포가 극심했던 곳이 바로 "동래온천장"이었다. 이처럼 "1945년 8월 회복되었어야 할 그 자유"(「부산제2상업고등학교」)를 진정으로 되찾지 못한 '부산'은, "가지각색 온천 여관들"과 "요리집들" 그리고 "청년신사"와 "현대판 미녀들"의 모습에서처럼 여전히 식민의 땅으로 남아있는 대표적인 장소였던 것이다. 따라서 허남기는 외적 해방은 이루었으나 내적으로는 아직도 식민의 잔재 속에서 신음하는 조국의 현실을 냉정하게 바라보지 않을 수 없었다. 그래서 그는 "함석과 뺑끼와/ 다다미와 게다짝으로" "말쑥이 문명개화"(「경주시」)한, 즉 식민의 세월에 묻혀 어느새 몸도 마음도 땅도 건물도 모두 일본화가 되어버린 조국을 향해 "여기가 대체 어느 나라입니까"라는 냉소와 비판을 서슴지 않았다. 이처럼 허남기의 초기 시는 친일 봉건 타파를 통한 진정한 민족 해방을 실천하는 데 가장 우선적인 목표를 두었다는 점에서, 〈문예동〉 결성 이전 재일조선인 시문학의 방향성이 이념적 경직성과는 무관하게 민족공동체의 회복에 가장 중요한 의미를 두었음을 확인할 수 있다.

강순[12]은 1918년 강화 출생으로 1936년 일본으로 건너가 와세다대학을 다녔고, 김달수, 허남기 등과 함께 『조선문예』를 발간하는 데

참여했다. 생전에 『조선부락』(1953), 『불씨』(1956), 『강순시집』(1964), 『강바람』(1984) 등 4권의 우리말 시집과 『날나리(なるなり)』(1970), 『단장(斷章)』(1986) 등 2권의 일본어 시집을 출간했고, 『김지하전집』(1974), 신경림의 『농무』(1977), 김수영의 『거대한 뿌리』(1979), 신동엽의 『껍데가는 가라』(1979), 조태일의 『국토』(1980), 이성부의 『우리들의 양식』(1981), 양성우의 『겨울공화국』(1978) 등을 일본어로 번역하여 출간하기도 했다. 이처럼 그는 해방 이후 재일조선인 시문학과 남한의 시문학을 이어 주는 기교 역할을 한 가장 대표적인 재일조선인 시인이다. 그의 시집 가운데 『강순시집』과 『강바람』을 비교해서 그 차이에 주목해 보면 재일조선인 시문학의 변화 양상을 전체적으로 이해하는 데 도움이 된다.

『강순시집』은 해방 이후 재일조선인의 역사적 변화 과정을 고려할 때 총련 결성 이전의 시와 이후의 시로 구분하여 논의할 필요가 있다. 총련 결성 이전의 경우에도 해방 직후부터 남북한이 각각 단독정부를 수립하기까지 시의 양상과 그 이후부터 총련이 결성되기 전까지 시의 모습은 일정한 차이가 있는데, 전자가 해방 이후에도 조국으로 귀환하지 못한 재일조선인들의 근원적 향수와 민족의 정한을 드러내는 민족적 표상의 형상화에 중점을 두었다면, 후자는 해방이 분단으로 고착화되어 버린 현실에 대한 비판과 〈총련〉계 재일 지식인으로서 민족 분단의 현실을 극복하기 위한 실천적 모습을 형상화하

12) 강순의 본명은 강면성(姜冕星)이다. 이는 필자가 2009년 1월 일본 동경 외곽 가나가와현 사가미야영원에 있는 그의 묘소를 직접 참배하고 묘비명을 통해 확인한 것이다. 그는 해방 직후 일본에서 발간된 『백민(白民)』의 핵심 인물 가운데 한 사람이었고, 『백민』이 1948년 결성된 〈재일조선문학회〉의 주축 그룹이었다는 점에서, 해방 이후 재일 디아스포라 시문학의 형성 과정에서 강순이 얼마나 중요한 역할을 했는지를 충분히 짐작하게 한다.

는 데 강조점을 두었다. 그리고 〈총련〉 결성 이후의 시 세계는 〈총련〉의 지도자로서 북한에 대한 찬양과 남한에 대한 비판을 목적으로 하는 선전 선동의 양상을 두드러지게 표방하였다.

『강바람』은 남북의 경직된 이데올로기에 철저하게 종속되어 극단적 대립과 갈등으로 치닫는 재일조선인 사회의 이원화에 대한 비판과, 이러한 대립과 갈등을 오히려 조장하는 반통일세력, 즉 미국, 일본과 같은 외세는 물론이거니와 민족보다 이념을 더 우선시하는 재일조선인 내부의 조직적 폐쇄성에 대한 강한 부정을 담아냈다. 이러한 시의 경향은 그가 1964년 '조선신보사'를 그만두고 〈총련〉 조직을 떠난 가장 큰 이유가 된다고도 할 수 있는데, 디아스포라적 주체로서 그의 시가 궁극적으로 지향하는 바가 민족의 통일에 있었음을 명확하게 보여 준다. 그리고 그는 해방 이후 재일조선인 시문학의 민족 정체성을 이해하기 위해서는 모어로서의 일본어와 모국어로서의 우리말 사이에서 첨예한 갈등을 겪어 온 이중언어의 현실을 특별히 주목해야 한다고 보았다. 또한 이러한 이중언어의 현실조차 이데올로기적 허구성에 구속되어서는 안 된다는 문제의식으로, 재일조선인들의 실존을 규정하고 민족 정체성을 구현하는 언어의 실천적 가치에 대해 깊이 고민하였다. 그의 시가 이데올로기 중심의 『강순시집』의 경향에서 벗어나 재일조선인의 생활상을 구체화하는 『강바람』의 세계로 변화된 이유도 바로 여기에 있다.

남시우는 1926년 7월 15일 경상북도 안동군 일직면 망호동에서 태어났다. 그는 유학적 전통이라는 구습에 젖은 안동에서는 민족의 장래를 기약할 수 없다고 판단하여 1940년 친척이 있었던 일본으로 건너가 고학을 했다. 1948년 와세다대학에 입학해 러시아문학을 공부했고, 동경조선고급학교 교원을 거쳐 조선대학교에서 러시아문학과 조선어를 가르쳤으며, 1979년부터 2001년까지 조선대학교 학장을 역임하면서 재일조선인 교육사업을 주도했다. 2007년 3월 22일 생을 마감한 그가 남긴 시집으로는 『길』(1949), 『봄소식』(1953), 『조국의 품안에로』(1959), 『조국에 드리는 송가』(1982), 허남기, 강순과 함께 낸 3인 공동시집으로 『조국에 드리는 노래』(1957)가 있고, 일본어 평론집 『주체적 예술론』(1983)이 있다.

남시우는 허남기, 강순과 더불어 해방 이후 재일조선인 시단을 이끌었던 대표적인 시인이었다. 허남기, 강순의 시가 문학적 성격이 강했다고 한다면, 상대적이긴 하지만 남시우의 시는 정치적이고 사회적인 성격이 두드러졌다. 즉 그는 재일조선인들에게 사회주의 이데올로기를 전달하는 가장 유효한 수단으로 시라는 장르를 선택했던 것이다. 그의 초기 시가 동요 혹은 동시 형식으로 우리말과 글을 모르는 재일조선인들의 민족의식과 이데올로기를 강화하는 데 초점을 두었던 것도 바로 이러한 이유에서였다. 그리고 민족교육의 심화를 통한 민족 주체의 형성 과정은 조국, 즉 북한으로의 지향을 정당화하는 주체적 근거로 자리 잡았다. 그 결과 그의 시는 남한 사회에 대한 신랄한 비판 위에서 북한 체제에 대한 찬양으로 점점 더 획일화되어 갔다.

김윤은 1932년 경남 남해 출신으로 진주농림고등학교를 졸업하고 동국대학을 중퇴했다. 1950년대 전시연합대학 시절 부산에 모인 대학생들이 중심이 되어 발간한 『신작품』의 동인(고석규 천상병, 송영택, 김재섭, 김소파. 이동준, 김동일)으로 활동했는데, 2집에 「호수」, 3집에 「나무」, 4집에 「가을」을 발표했고, 5집부터는 동인 명단에서 이름을 찾을 수 없는데, 이 무렵 일본으로 건너간 것으로 보인다. 당시 국내에서는 그의 본명인 김동일(金棟日)로 시를 발표하였고, 이후 일본에서는 김윤이라는 필명으로 『한양』을 중심으로 시 창작 활동을 펼쳤다. 『현대문학』 동경지사장을 맡은 인연으로 두 권의 시집을 현대문학사에서 발간했는데, 『멍든 계절』(1968), 『바람과 구름과 태양』(1971)이 있다.

김윤의 시는 재일조선인 시문학 연구에서 상당히 문제적인 위치에 있는데, 〈총련〉 소속이 아니면서도 지금까지 줄곧 우리말 시 창작을 해 왔고, 〈민단〉 소속이면서도 남한의 보수 정권에 대한 비판적인 입장으로 〈총련〉 사람들과도 밀접한 관계를 유지했다. 따라서 그의 시는 〈민단〉과 〈총련〉의 이념과 우리말과 일본어의 경계에 휘둘리는 재일조선인 시문학의 정체성 혼란으로부터 비교적 자유로운 통합적 면모를 드러낸다. 다시 말해 그의 시는 이념과 언어에 의해 이원화된 재일조선인 시문학의 공통분모를 모두 갖추고 있다는 점에서, 앞으로 재일조선인 시문학이 지향해야 할 가장 보편적이면서도 개성적인 지점을 보여 준다고 할 수 있다. 비록 〈민단〉에 소속되어 있었지만, 처음부터 그의 시는 이와 같은 통일된 재일조선인 사회를 지향했고, 통일문학으로서의 재일조선인 시문학의 가능성을 지향해 왔다. 이런 점에서 김윤의 시는 앞으로 재일조선인 시문학이 이념과 언어의 한계를 넘어서 민족과 국가 그리고 조직 모두를 통합하는 새로운 관점과 방향을 열어 나가는 데 있어서 상당히 중요한 의미를 지닌 것으로 평가되기에 충분하다.

김학렬은 1935년 교토에서 태어나 조선대학교 문학부를 졸업하였고, 1962년 〈조선신보사〉에 『일어서라, 한강 사나운 물결아!』가 당선되면서 시작 활동을 했다. 시집으로 『삼지연』(1979), 『아, 조국은』(1990) 등을 상재했으며, 『조선프롤레타리아문학운동연구』(1996)로 조선민주주의인민공화국 교수 칭호와 문학박사 학위를 받았다. 1963년부터 조선대학 문학부 교수와 〈문예동〉 부위원장, 『문학예술』 편집장 등을 맡아서 재일조선인들의 문학예술 교육과 문예 사업 전반을 활성화하는 데 평생을 헌신했다. 또한 재일조선인 시문학의 이론적 토대 마련과 문학사의 정리 등에 선도적인 역할을 했던 비평가로서의 위치도 중요하게 평가해야 한다. 그의 시는 김일성에 대한 찬양과 사회주의 조국 북한에 대한 지향성, 남한 현실에 대한 비판과 통일에 대한 염원, 재일조선인의 생활상과 고향에 대한 그리움을 담아냈다.

정화수는 1935년 부산 기장 출생으로 조선대학교 노문학과를 졸업했고, 도쿄조선학교 중급부 교원을 하다가 1961년부터 1983년까지 『조선신보』 기자를 거쳐 〈문예동〉 위원장을 역임했다. 〈총련〉의 문학 활동을 조직적으로 선도하는 역할을 담당했던 그가 남긴 시집으로는 북한에서 출간한 『영원한 사랑 조국의 품이여』(1980)가 있다. 그는 〈문예동〉 소속 재일조선인 시인들의 모임인 〈종소리 시인회〉를 이끌면서 시 전문 동인지 『종소리』의 발행과 편집을 책임졌다. 이처럼 정화수는 2000년 이후 〈총련〉의 재일조선인 시문학을 실질적으로 이끌었던 시인이다. 그는 『종소리』에 수록된 시를 모아서 남한에서 한 권의 시집을 출간하겠다는 뜻을 가졌었는데, 생전에는 뜻을 이루지 못하고 타계하여 유고로 두 번째 시집 『쑥은 쑥국이요』가 부산의 '삼아'라는 출판사에서 2010년 8월 발간되었다. 그의 시는 수령 형상 창조와 북한에 대한 찬양, 〈총련〉의 귀국 사업과 민족교육에 대한 신념, 근원적 고향 의식과 통일에 대한 열망을 담는 데 주력했다.

4. 재일조선인 문학 연구의 방향과 과제

지금까지 재일조선인 문학 연구는 '누가', 어떤 '언어'로 '무엇'을 썼느냐 하는 문제가 주된 쟁점이었고, 문학사적 시대구분과 서술 방법은 연구자마다 편의적인 방식을 드러냈기 때문에 일관성을 찾는 것이 사실상 불가능했다. 게다가 이중언어의 현실, 조직의 이원화 등과 같은 현실적·제도적 장벽과 국문학계와 일문학계의 연구대상과 범주의 차이로 인해 모두를 아우르는 종합적 체계를 세우지도 못했던 것이 현실이다. 물론 모든 문학사가 그러하듯, 문학사적 사실이나 결과물 자체를 전부 포괄하는 문학사를 서술한다는 것은 지나친 욕심이 아닐 수 없다. 하지만 언어, 이념, 세대 등과 같은 외적 문제로 인해 문학사의 편향성이 심화되는 것에 대해서만큼은 단호한 문제 제기가 필요하다.

2000년 이후 〈총련〉계 재일조선인 시문학은 서정시의 본질에 충실한 경향을 두드러지게 드러냈다. 이러한 사실은 지금까지 재일조선인 문학 연구에 있어서 〈총련〉의 문학에 대해서는 거의 언급조차 하지 않았던 연구 태도에 대한 전면적인 반성을 촉구한다. 시 작품의 질적 수준을 논하기에 앞서 우리말과 우리글을 지금까지 지켜온 재일조선인들의 민족적 신념에 대해서만큼은 높이 평가하지 않을 수 없다. 그리고 우리말로 창작을 하는 〈총련〉계 재일조선인 시인들 가운데 1~2세대 시인들은 대부분 사망하여, 이들의 민족의식과 주체의식이 재일 3~4세대 이후로 이어지지 못한지도 이미 오래되었다. 사실 이들 이후의 문학 활동을 두고 과연 재일조선인 문학으로 보는 것이 타당한가 하는 점에 대해서는 회의적인 의견이 훨씬 많다. 하지만 현재 재일조선인의 현실이 그렇다고 해서 지난 역사의 의미까지 지금의 시각으로 재단하는 것은 더더욱 문제가 아닐 수 없다. 지금 재일조선인의 현실에서 '재일'의 의미가 약화되었다고 해서 재일조선인의 역사가 결코 지워지는 것은 아니기 때문이다.

그렇다면 이러한 재일조선인의 역사를 정리하고 체계화하는 것은 민족과 이데올로기, 언어와 국가의 차원을 넘어서 반드시 이루어 내야 할 역사적 과제임이 분명하다. 앞으로 〈총련〉계 재일조선인 우리말 문학에 대한 전면적인 연구가 필요한 이유도 바로 여기에 있다. 비록 이념적 경직성과 언어미학의 수준에서 함량 미달의 작품이 많다고 하더라도, 〈총련〉계 재일조선인 문학 활동은 해방 이후 재일조선인 문학의 분명한 실체 가운데 한 부분을 차지했다는 사실 자체를 부정할 수는 없다. 이러한 역사적 사실을 인정하는 데서부터 재일조선인 문학 연구는 양적으로든 질적으로든 객관적이고 균형 있는 총체적인 연구를 모색할 수 있을 것이다.

세계문학으로서의 재일조선인문학

김석범과 김시종의 재일 디아스포라 문학

1. 재일조선인문학 논의의 방향과 과제

해방 이후 재일조선인문학 논의의 주요 쟁점은 언어, 민족, 국가에 토대를 둔 이데올로기와 작품의 관련성이었다. 즉 재일조선인문학을 이해하는데 있어서 재일의 독자성과 특수성에 주목하기보다는, 조선어와 일본어, 남과 북, 민단과 총련 등으로 이원화된 재일조선인 사회의 대립과 갈등에 초점을 두었던 것이다. 이러한 관점은 재일조선인문학을 재일조선인 내부의 주체적 시선으로 이해하지 않고 남과 북에 의해 규정된 외부의 시선으로 획일화하고 있다는 점에서 문제가 아닐 수 없다. 이런 점에서 앞으로의 재일조선인문학 논의는 재일의 생활과 실존에 바탕을 두고 그 의미를 재정립할 필요가 있다. '일본에 산다' 또는 '일본에 있다'와 같은 수동적 차원으로 '재일'의 문제를 바라보는 것이 아니라, '재일을 살아간다'라는 능동적 차원에서 '재일'의 주체성을 가장 중요한 기준으로 삼아야 한다는 것이다. 남도 아니고 북도 아닌, 오히려 그 틈새를 파고드는 독자적인 장소성을 내면화한 존재가 바로 재일이었다는 점에서, 재일은 곧 분단 현실을 넘어서는 통일의 실현을 궁극적인 이정표로 삼지 않을 수 없었다.

이러한 재일조선인의 방향과 과제를 문학적으로 실천하는 데 평생을 헌신한 작가가 바로 소설가 김석범과 시인 김시종이다.

김석범은 대하소설 『화산도』를 통해 해방 직후 미국과 소련에 의해 남북으로 분리된 한반도의 현실이 '제주'와 '4·3'이라는 시공간 안에서 어떻게 폭력적으로 드러나고 권력화되었는지를 서사화했다. 그리고 김시종은 '재일은 곧 통일'이라는 문제의식으로 민족 분단과 대립을 넘어서는 길을 재일의 궁극적인 방향으로 삼으면서도 조국을 떠나 일본에서 살아갈 수밖에 없었던 재일조선인의 실존적 장소성을 형상화하는 데 주력했다. 그렇다고 해서 이 두 작가의 평생 작업이 재일조선인의 현실에만 국한되었던 것은 결코 아니다. 즉 2차 세계대전 이후 아시아 국가 대부분이 경험했던 식민과 제국의 유산을 어떻게 문학적으로 실천할 것인가를 집요하게 고민했다는 점에서, 그들에게 재일조선인문학은 아시아 문학 나아가 세계문학으로서의 확장된 의미도 아울러 지니고 있었다고 할 수 있다. 따라서 재일조선인문학에 대한 논의는 언어, 민족, 국가와 같은 기준에 의해 규정된 한국문학 혹은 일본 문학이라는 편협한 시각을 넘어서, 아시아 문학 혹은 세계문학으로서의 보편적 문제의식이 작품 속에서 어떻게 실현되었는지를 살펴보는 것이 무엇보다도 중요한 과제가 아닐 수 없다.

2. 제주의 역사성과 장소성: 김석범과 제주 4·3

『火山島』의 작가 김석범은 1925년 일본 오사카에서 태어나 제주 4·3사건을 문학적 원체험으로 삼아 작품 활동을 했다. 특히 「까마귀의 죽음」은 『火山島』의 원형으로 『관덕정』, 한글 『화산도』, 『만덕유령기담』 등으로 이어짐으로써, 제주 4·3사건을 주제로 한 그의 문학적 여정은 작가로서 평생의 운명처럼 지속되었다. 하지만 정작 그는 제주 4·3을 직접 경험한 사람이 아니었으므로, 그의 소설은 일본으로 밀항한 제주인들의 기억과 증언에 바탕을 두었다. 그렇다면 그가 4·3의 역사적 진실을 담아낸 『火山島』라는 대작을 집필할 수 있었던 동력은 어디에 있는 것일까. 그것은 바로 그가 제주를 정신적 고향으로 내면화한 재일조선인이었다는 사실에 있다. 즉 재일조선인으로서 남과 북 어디에도 종속되지 않았기 때문에 『火山島』는 제주 4·3을 증언하는 문학으로 우뚝 설 수 있게 되었다고 해도 과언이 아니다.

만일 그가 경험의 차원을 넘어서지 못한 채 일본 문학의 주류인 사소설적 전통에 기대어 작품 활동을 한 재일조선인 작가의 한 사람에 불과했다면, 결코 제주 4·3을 평생의 소설적 주제로 삼지는 않았을 것이다. 하지만 그는 일본 사회의 차별과 고통 속에서 식민과 분단을 직접적으로 겪은 작가였고 남과 북 어느 쪽도 선택할 수 없었던 재일조선인이었다는 점에서, 해방 이후 우리 역사의 상처와 모순을 소설적으로 증언하고 싶은 강한 열망으로 경험의 영역을 넘어선 이야기의 가능성을 구체화할 수 있는 방법을 찾고자 했다. 제주 4·3의 공포와 살육을 피해 제주에서 일본으로 이주해 온 사람들의 학살에 대한 증언이, 그의 내면 깊숙이 자리 잡고 있었던 재일조선인으로서의 허무주의를 일시에 깨뜨리는 커다란 충격이 되지 않을 수 없었던 이유도 바로 여기에 있다. 그러므로 『火山島』에 대한 이해는 재일조선인으로서의 김석범이라는 실존적 문제의식을 간과하고서는 그 본질에 다가서기 어렵다.

그렇다면 김석범은 왜 '제주'라는 장소성과 4·3이라는 역사성을 주목했던 것일까? 그는 제주를 "관념상의 고향"이라고 하면서, "제주도라는 것은 단순히 지역적인 지방의 하나가 아닌 거야. 그건 조선,

우리가 해방되어 독립을 쟁취해야 할 조선의 대명사와 같은 것이었지"라고 말했다. 따라서 제주에서 끔찍한 학살이 일어났음에도 그것을 직접적으로 경험한 사람들 대부분이 침묵하고 있었으므로, 재일조선인으로서 제주를 조국으로 내면화한 자신이야말로 이러한 역사를 소설적으로 증언하는 역할을 해야 한다고 생각했다. 『火山島』의 원형이 되었던 "「까마귀의 죽음」을 쓸 수 없었다면 나는 살아있었을지 알 수 없어."라고 말했던 것이나, "그걸 씀으로써 한 발 앞으로 내딛을 수 있었지."[1]라고 말했던 것은, 재일조선인으로서 김석범의 문학이 어디에서 출발하고 어느 곳을 향해 나아가고자 했는지를 명확하게 보여 준다.

『火山島』는 해방 직후 미국과 소련에 의해 남북으로 이원화된 한반도의 현실이 제주의 시공간 안에서 어떻게 폭력화되었는지를 제주 4·3사건을 중심으로 서사화한 작품이다. 김석범은 식민지 해방이 민족 주체를 바로 세우는 올바른 길로 나아가지 못한 채 일본에서 미국과 소련이라는 또 다른 식민지 권력으로 겉옷만 갈아입은 것에 불과했던 당시의 역사적 모순을 결코 받아들일 수 없었다. 따라서 그는 미국과 소련이라는 외세에 기대고 있는 남과 북으로부터 일정한 거리를 두면서 '조선'이라는 분단 이전의 조국을 추상적 기호가 아닌 당위적 실체로 받아들이고자 했다. 이러한 선택은 『火山島』가 조선어에서 일본어로 그리고 작가 김석범이 〈조총련〉에서 독자적인 재일조선인으로 변신을 거듭할 수밖에 없었던 이유가 되었다. 즉 남과 북이라는 극단적 이데올로기가 강요하는 분단 현실을 극복하는 것이야말로 재일조선인으로서의 정체성을 올곧게 지켜 나가는 길이고,

---

1) 김석범·김시종, 문경수 편, 이경원·오정은 역, 사회과학연구소 편, 『왜 계속 써왔는가 왜 침묵해 왔는가』, 제주대학교출판부, 2007, 78~79쪽.

궁극적으로는 통일 조국을 지향하는 올바른 방향이라고 생각했던 것이다. 그에게 제주는 이러한 역사의식을 구체화하는 가장 중요한 장소였고, 4·3의 역사에 대한 소설적 증언은 이를 실천하는 첫걸음인 동시에 궁극적인 목표였다고 할 수 있다.

> 나는 스스로를 고향 상실자라고 부르고, '이데아'로서의 고향, 조국도 지금은 내 가슴에서 화석이 됐노라고 진술한 「재일の虛構」에 쓴 적이 있다. "고향에 가고 싶은 것은 이제는 향수 때문이 아니다. 그러한 심정적인 것은 내 내부에서 이미 죽은 지 오래다." 제주도는 그저 '취재'를 위해서만 가고 싶은 곳, 갈 필요가 있는 곳이었다. 고향 제주도를 주로 4·3 사건을 테마로 한 작품을 쓰고 있는 사정에서도 그러했지만, 특히 장편 『火山島』 연재 집필(《文學界》, 1976. 2 ~)를 시작하고부터는 작품의 무대인 현지 제주도나 한국에, 그곳이 설령 옛 모습 그대로라고 하여도, 다녀오지 않고서는 작품을 쓰는 것은 매우 괴로운 일이었다. (……) 제2부 집필은 어찌 해도 한국에 다녀오지 않고서는 쓸 수 있을 것 같지 않았다.[2)]

일본 오사카에서 태어난 김석범은 14살 때 어머니의 고향 제주도를 처음으로 찾게 된 이후 스스로 "작은 민족주의자가 되었다."[3)]라고 말했다. 이러한 민족적 자각은 해방 이후 청년 시절에 서울을 오가면서 새로운 조국 건설에 동참하는 여러 가지 활동을 기획하는 것으로

---

2) 김석범, 「故國行」, 岩波書店, 1990. ; 곽형덕, 「'재일'의 근거로서의 『화산도』」, 『재일제주인문학에서 세계문학으로』, 제주대학교 재일제주인센터, 탐라문화연구원 학술심포지엄 자료집, 2016.6.22. 94쪽.

3) 김석범, 「故國行」, 위의 책, 179쪽.

이어졌지만, 결국 그 뜻을 이루지 못한 채 다시 일본으로 건너가 재일조선인으로서의 운명을 평생 짊어지고 살아왔다. 그는 1946년 여름 일본으로 밀항한 이후 1988년 제주 4·3 40주년 기념행사에 초청을 받아 한국에 오기까지 40여 년의 긴 세월을 재일조선인으로만 살아왔다. 자신을 "고향 상실자"라고 불렀던 것은 이렇게 긴 세월을 염두에 둘 때 너무도 당연한 결과가 아닐 수 없다. 물론 그의 한국행이 불가능했던 것은 남과 북 어느 쪽도 선택하지 않았던, 그래서 '조선'이라는 국적을 끝끝내 유지해 온 그의 완고한 결심 때문이었다. 그에게 있어서 남과 북으로 구분된 분단 현실은 절대 받아들일 수 없는 조국의 모순을 극명하게 보여 주었기 때문에, 통일 조국을 향한 강한 열망의 상징으로 '조선'이라는 국적을 끝까지 지켜 내고자 했던 것이다.

앞서 언급한 대로 그가 제주 4·3을 소설로 증언하게 된 계기는, 제주를 탈출해 일본으로 건너온 사람들에게서 수많은 양민들의 처참한 학살 소식을 전해 들었기 때문이었다. 그들이 전해 주는 제주에서의 참혹한 일들은 그가 어린 시절 제주에서 형성한 민족적 자각에 대한 강한 책임을 갖지 않을 수 없게 했다. 따라서 그는 "고향 땅에서 발생한 학살과 투쟁의 사실은 나의 자기 확인을 역시 제주도에서, 그것도 4·3사건 그 자체와 관계하는 것으로 이루어져야 한다."[4]라고 말함으로써, "4·3은 나의 문학의 원천"[5]이라는 평생의 문학적 이정표를 정립하게 된 것이었다. 따라서 김석범은 4·3의 역사적 진실을 밝히는 것이야말로 "역사와 인간의 재생과 해방"[6]이라고 생각했다.

4) 김석범, 「왜 〈제주도〉를 쓰는가」, 『월간이코노미스트』 1974.12. ; 김학동, 『재일조선인 문학과 민족』, 국학자료원, 2009, 187~188쪽.

5) 김석범, 「너무나 어려운 한국행」, 『群像』 1998.12. ; 김학동, 위의 책, 188쪽.

6) 김석범, 「되살아나는 〈죽은 자들의 목소리〉」, 《매일신문》 1998.3.31. : 김학동, 위의 책, 188쪽.

이는 4·3을 제주에서 일어난 개별적 사건의 차원으로 한정해서는 안 되고 분단 현실을 초래한 우리 역사의 자기모순을 냉정하게 성찰하는 상징적인 사건으로 받아들여야 함을 의미한다. 하지만 김석범은 『火山島』를 통해 궁극적으로 '평화'를 말하고 싶었던 것이지 좌우의 대립이나 갈등을 부각시키는 민족 비극을 강조하는 데 초점을 두었던 것이 결코 아니었다. 그가 친일파가 다시 득세한 우파 정권에 대한 강도 높은 비판에만 머무르지 않고, 4·3을 평화적으로 해결하지 못하고 결과적으로 수많은 민중의 예정된 죽음을 사실상 묵인한 것이나 다름없는 게릴라 지도부의 무책임에 대해서도 강하게 부정했던 이유도 바로 여기에 있다. 이처럼 김석범이 『火山島』를 통해 진정으로 전달하고자 했던 메시지는, 4·3을 평화적으로 이끌어 내지 못한 우리 민족 내부의 갈등에 대한 자기성찰에 있다. 즉 4·3의 역사를 온전히 해결하지 않고서는 남과 북 어느 쪽도 진정한 화해와 협력의 시대를 열어 낼 수 없다는 강한 호소를 담고자 했던 것이다.

이러한 그의 문제의식은 소설 속 이방근이 제주의 희생을 최소화하기 위해 수많은 무장대원들을 밀항선에 태워 일본으로 탈출시키는 데서 확인할 수 있다. 유달현, 정세용과 같은 친일 세력들을 스스로 단죄했던 것, 그리고 자신은 4·3의 성지와 같은 한라산 산천단으로 가서 자살을 선택했던 것에도 이와 같은 문제의식이 드러난다. 결국 김석범은 갈등과 대립으로 점철되었던 지난 역사를 어느 일방의 승리가 아닌 모두의 실패로 규정함으로써, 남북 모두가 새로운 역사 만들기에 앞장서기를 바라는 간절한 염원을 담고자 했다. 이처럼 그가 남도 북도 아닌 '조선'을 지키면서 이데올로기를 뛰어넘은 통일의 가능성을 일관되게 지향해 온 것은 『火山島』 창작의 본령과 아주 밀접한 연관이 있다. 그가 평생의 소설적 작업으로 선택한 제주 4·3이 단순히 미제국주의를 타도하고 반공으로 무장된 남한 정부를 비판하는 이데올로기의 선전물로 변질되어서는 결코 안 된다는 것이 작가 김석범의 입장이었다. 경험하지 못한 제주 4·3의 역사를 상상력을 통해서라도 말하고자 했던 소설적 진실은 식민과 분단을 넘어서는 한반도의 통일에 궁극적인 목표가 있었던 것이다.

2107년 제1회 이호철통일로문학상 수상 연설에서 김석범은 2018년 제주 4·3 70주년에 즈음하여 "해방공간의 총체적인 역사 청산과 재심"을 촉구했다. 그리고 이러한 역사 청산과 재심의 과정은 "남북통일의 든든한 담보, 초석이 될 것"이고, "남북 평화 통일의 달성은 동아시아뿐만 아니라 1990년 동서독 통일에 못지않은 세계적인 평화의 보편화에 이바지할 것"이라고 했다. 그 구체적인 실천 과제로 "이름 바로 짓기, 역사 바로 세우기"를 반드시 이루어 냄으로써, 제주평화공원 기념관에 모신 4·3 희생자들의 무명비, 즉 "백비에 정명을 해서 바로 세워야"[7] 한다는 점을 특별히 강조했다. 식민과 해방 그리고 분단의 세월을 힘겹게 살아온 우리 역사를 두고, '청산', '재심', '평화', '통일'을 말하는 그의 어조는 90세를 넘긴 노작가의 목소리라고는 믿기지 않을 만큼 강인하게 들렸다. 그가 「까마귀의 죽음」을 썼던 1957년부터 지금까지 70년 가까운 세월을 오로지 제주 4·3의 문학적 증언에 바쳐 온 이유가 명백하게 드러나는 순간이었다고 하지 않을 수 없다. 제주 4·3을 진정으로 넘어서지 않고서는, 해방 이후 우리의 역사는 단 한 발짝도 앞으로 전진한 것으로 볼 수 없다는 그의 결연한 역사의식 앞에서, 『火山島』가 말하는 4·3의 역사적·문학적 의미는 더욱 선명하게 각인된다.

---

7) 김석범, 「해방공간의 역사적 재심을」, 〈제1회 이호철통일로문학상 자료집〉, 2017. 9.17. 33~34쪽.

3. 분단 극복과 통일 지향: 김시종과 재일의 틈새

김시종의 시는 식민지 해방과 제주 4·3의 기억으로 인해 조국을 떠나 낯선 땅 일본에 정착할 수밖에 없었던 재일조선인으로서의 상처와 고통에 토대를 두고 있다. 특히 그의 시는 민족 혹은 국가 이데올로기의 억압과 폐쇄성을 넘어서 '재일'의 독자성을 강조함으로써 남과 북 그리고 일본의 시각이 아닌 재일조선인의 주체적 관점을 정립하는 데 집중했다. 물론 민족 문제와 재일의 현실은 깊이 연결되어 있어서 분리해서 생각할 수 없는 문제라는 점에서, 김시종에게 이 두 가지 쟁점은 한쪽을 일방적으로 강조하거나 다른 한쪽을 철저하게 배제하는 논리로 귀결되지는 않는다. 즉 '재일한다[在日する]'라는 적극적인 의지로 심화된 그의 언어 의식과 실존 의식은 '재일'의 차원에 국한된 것이 아니라 제주 4·3을 증언하는 역사의식과도 깊숙이 맞닿아 있다는 점에서, '재일'과 '민족' 혹은 '국가'의 문제는 결코 분리할 수 없는 통합된 실천의 영역이라고 할 수 있다.

김시종은 제주 4·3의 직접적 경험을 50여 년이 지난 2000년에 와서야 비로소 세상에 밝힐 수 있었다.[8)] 그 이전까지만 하더라도 그의 시에 형상화된 제주 4·3은 국가 폭력의 역사적 사건들에 기대어 다분히 상징적이고 비유적인 방식으로 추상화된 정도에 머물러 있었다. 하지만 김시종에게 제주 4·3은 평생 감추고 살아갈 수 없는 원죄와 같은 것이었으므로, 재일조선인으로서의 자신의 비극적 운명을 넘어서는 가장 근원적인 출발점이 되지 않을 수 없었다. 김시종의 시에

---

8) 김시종이 제주 4·3의 경험을 처음 공공장소에서 언급한 것은 '제주도 4·3사건 52주년 기념 강연회'(2000년 4월 15일)에서였다. 이때의 강연 내용은 『図書新聞』 2487호(2000년 5월)에 게재되어 있다. 김석범·김시종, 문경수 편, 앞의 책, 15쪽.

형상화된 계절의 시작은 '여름'이고 마지막은 '봄'이다. 여기에서 '여름'은 곧 '해방'을 의미하고 '봄'은 '제주 4·3'을 기억하는 상징적 의미를 지닌다. 그의 시는 봄에서 겨울에 이르는 일반적인 계절의 순서가 아닌 여름에서 봄까지의 계절을 따라가며 그 시간에 투영된 역사를 증언하는 뒤틀린 계절 의식을 드러낸다. 이러한 시간 의식은 분단 구조와 재일의 현실이 뒤엉켜 있는 재일조선인의 내면을 형상화한 것이란 점에서 상당히 문제적이다. 이 두 계절은 그에게 있어서 잃어버린 기억이면서 동시에 결코 잊어버려서는 안 되는 시간으로, 해방부터 제주 4·3까지의 잃어버린 세계를 기억하고 증언하는 가장 중요한 '재일'의 근거였다고 할 수 있다.

> 봄은 장례의 계절입니다./소생하는 꽃은 분명히/야산에 검게 피어 있겠죠.//해빙되는 골짜기는 어둡고/밑창의 시체도 까맣게 변해 있을 겁니다./지난해와 같이 검은 죽음일 겁니다.//나는 한 송이 진달래를 /가슴에 장식할 생각입니다./포탄으로 움푹 팬 곳에서 핀 검은 꽃입니다.//더군다나,/태양 빛마저/검으면 좋겠으나,//보랏빛 상처가/나을 것 같아서/가슴에 단 꽃마저 변색될 듯합니다.//장례식의 꽃이 붉으면/슬픔은 분노로 불타겠지요,/나는 기원의 화환을 짤 생각입니다만…….//무심히 춤추듯 나는 나비도/상처로부터 피의 분말을 날라/암꽃술에 분노의 꿀을 모읍니다.//한없는 맥박의 행방을/더듬거려 찾을 때,/움트는 꽃은 하얗습니까?//조국의 대지는/끝없는 동포의 피를 두르고/지금, 동면 속에 있습니다.//이 땅에 붉은색 이외의 꽃은 바랄 수 없고/이 땅에 기원의 계절은 필요하지 않습니다./봄은 불꽃처럼 타오르고 진달래가 숨 쉬고 있습니다.
>
> ―「봄」 전문[9)]

봄을 노래한 시 가운데 이토록 음산하고 차가운 이미지로 가득한 시가 또 있을까. “기원의 계절”이라는 ‘봄’에 대한 보편적인 인식을 송두리째 무너뜨려 버리는 “장례의 계절”이라는 전도된 명명은, 그 자체로 봄의 생명성을 “죽음”의 상징으로 변화시켜 버리는 침울한 기억을 떠올리게 한다. “소생하는 꽃”으로 만발하는 봄의 생명성은 전혀 찾아볼 수 없고 오히려 “검게 피어 있”어 “까맣게 변해 있는” “시체”가 봄의 자리를 대신하는 음울한 상징만이 끊임없이 기억되는 것이다. 이처럼 “태양 빛마저/검으면 좋겠”다고 말하는 화자의 지독한 허무 의식의 근원에는 제주 4·3의 기억이 깊숙이 내면화되어 있다. 해마다 어김없이 찾아오는 봄이 “지난해와 같이 검은 죽음”의 연속일 뿐이라는 문제의식은, 제주 4·3의 상처와 고통을 치유하지 않고서는 결코 따뜻한 봄을 기대할 수 없다는 절박함이 담겨 있는 것이다.

김시종은 “길들어 친숙해진 재일에 눌러앉은 자족으로부터/이방인인 내가 나를 벗고서/가닿은 나라의 대립 사이를 거슬러갔다 오기로 하자”(「이룰 수 없는 여행 3-돌아가다」)[10]라고, 남과 북 그리고 재일의 ‘사이’를 넘어서 자신의 근원적 정체성을 회복하는 통일된 세계를 지향하고자 했다. “재일이야말로 통일을 산다.”[11]라는 김시종의 명제는 바로 이러한 문제의식을 구체적으로 실천하기 위한 선언적 명명이었다고 할 수 있다. “조선에는/나라가/두 개나 있고/오늘 나간 건/그 한쪽이야./말하자면/외발로/공을 찬 거지.”(「내가 나일 때」)[12]라고 재일조선인의 현재적 위치를 상징적으로 제시한 것이다. “두

9) 김시종, 곽형덕 옮김, 『지평선』, 소명출판, 2018, 106~108쪽.

10) 김시종, 이진경 외 옮김, 『이카이노시집, 계기음상, 화석의 여름』, 도서출판b, 2019, 262~264쪽.

11) 김시종, 윤여일 옮김, 『재일의 틈새에서』, 돌베개, 2017, 358쪽.

12) 김시종, 유숙자 옮김, 『경계의 시』, 소화, 31~32쪽.

개"의 "나라"와 "외발"에서 분명하게 알 수 있듯이, 재일조선인의 삶은 언제나 둘 사이에서 갈등하고 대립하는, 그래서 결국 어느 한쪽만을 선택한 "외발"의 상태에 머물러 있을 수밖에 없었다는 것이다.

이처럼 재일조선인의 역사는 남과 북 그리고 일본이라는 세 국가의 틈새에서 정체성의 혼란을 겪으면서 세대적 갈등과 이방인의 차별적 현실을 견뎌 왔던 것이 사실이다. 따라서 김시종은 이러한 완고한 대립과 갈등의 경계를 넘어서기 위해서는 남도 북도 아닌 '재일'의 특수성을 역설적으로 주목하는 '틈새'[13]의 전략을 가질 필요가 있다고 보았다. 즉 '재일'의 궁극적 지향성으로 분단 현실을 넘어서는 통일 조선의 가능성에 가장 큰 무게를 둠으로써, '재일'은 '남'도 아니고 '북'도 아닌, 오히려 그 틈새를 파고드는 독자적인 장소성을 지닌 공간이라는 문제의식을 이끌어 냈던 것이다. 이는 "본국을 흉내 내서 '조선'에 이르는 게 아니라 이를 수 없는 조선을 살아 '조선'이어야 할 자기를 형성"[14]하는, '재일'의 주체성을 특별히 강조함으로써 진정한 의미에서 재일조선인의 민족 정체성을 확립할 수 있다는 것을 의미한다. 따라서 김시종은 '재일'의 실존적 근거는 '통일'에 있다고 보고 재일의 틈새를 파고들어 남과 북의 경계를 무너뜨리는 것이 재일조선인문학이 가야 할 올바른 방향성이라고 생각했다.

이처럼 김시종에게 '재일'의 실존적 근거는 남과 북의 대립과 경계를 넘어선 바로 그 지점으로서의 재일 그 자체의 통일 지향에 궁극적인 방향성이 있었다. 그는 『니이가타』를 쓸 당시의 상황에 대해 "나

---

13) 김시종에게 '틈새'는 "여러 분단선이 겹쳐 파이는 곳이다. 거기로 여러 힘이 가해진다. 따라서 틈새는 불확정적이고 유동적이다. 거기서 세계는 뒤틀린다. 김시종은 그 틈새에 몸을 두고 '틈새에 있음'을 내적 성찰에 나서야 할 상황으로 전유하고자 했다." 윤여일, 「틈새와 지평」, 『재일의 틈새에서』, 앞의 책, 370~371쪽.

14) 김시종, 윤여일 옮김, 「전망하는 재일조선인상」, 『재일의 틈새에서』, 339쪽.

는 모든 표현 행위로부터 핍색(逼塞)을 강요당했던 터라, 오로지 일본에 남아 살아가고 있는 '재일'의 의미를 스스로 생각해 발견해야만 하는 입장에 서게 되었다."라고 하면서, "내가 살아남고 생활하고 있는 일본에서 또다시 일본어에 맞붙어 살아야만 하는 '재일을 살아가는' 것이 갖는 의미를 자신에게 계속해서 물었던 시집"이라고 했다. 일본에서 일본인 되기를 강요당하지 않기 위해서는 '재일=통일'이라는 실존적 근거를 절대 잃어버리지 말아야 한다는 강한 신념이, 통일을 상상력의 차원이 아닌 현실의 모습으로 마주하게 했다는 것이다. 이런 점에서 분단의 상징인 38도선을 넘어가는 의지적 행위를 판문점이나 비무장지대와 같은 한반도 내의 대립과 경계의 장소가 아닌 일본 내의 장소 안에서 넘어가는 사건, 즉 "본국에서 넘을 수 없었던 38도선을 일본에서 넘는다고 하는 발상"[15]을 서사적으로 형상화한 시집 『니이가타』는, 분단 극복과 통일 지향이라는 재일조선인문학의 방향성을 가장 상징적으로 보여 주었다고 평가할 만하다.

김시종은 '조선'이라는 기호를 끝까지 지켜 내는, 즉 남도 북도 아닌 일본에서 살아가는 재일조선인으로서의 틈새에 생산적인 위치를 설정함으로써 분단 극복과 통일 지향이라는 역사적 장소성을 구체화하는 데 평생을 헌신했다. 해방과 분단을 거친 재일조선인의 실존적 의미를 가장 잘 대변한 장소인 '이카이노'를 특별히 주목했던 이유도 바로 여기에 있다. 이카이노라는 '재일'의 장소성에 근본적 토대를 두면서도 이카이노의 역사를 비판적으로 성찰하는, 즉 이카이노에서부터 이카이노를 넘어서는 '재일'의 실존적 근거를 실천적으로 열어 나가고자 했던 것이다. 이와 같은 문제의식에서 바라본 김시종의 이

15) 김시종, 곽형덕 옮김, 「시인의 말 : 『장편시집 니이가타』 한국어판 간행에 부치는 글」, 『니이가타』, 글누림, 2014, 7~8쪽.

카이노는 남과 북으로 이원화된 이데올로기적 대립과 경계를 넘어서 그 '사이'의 갈등이 만들어 놓은 균열과 틈새를 메우는 통합의 방향을 지향하는 문제적 장소로 재창조되었다. 이것이 바로 '재일'이라는 '틈새'이고, 이 틈새를 깊이 사유하고 언어화하는 데서 '재일'의 시학이 궁극적으로 지향하는 통일의 가능성을 열어 낼 수 있었다.

4. 세계문학으로서의 재일조선인문학

지금까지 재일조선인문학은 남과 북 어느 한쪽으로의 선택을 강요당했을 뿐만 아니라, 모어(母語)와 모국어(母國語)라는 이중언어 속에서 민족어로서의 조선어와 생활어로서의 일본어 사이에서 심각한 혼란을 겪어야만 했다. 더군다나 '역사'와 '민족'을 강조하는 재일 1~2세대와 '생활'과 '현실'을 더욱 중요하게 생각하는 재일 3세대 이후 사이에서 민족 정체성이라는 당위와 재일의 현실이라는 실존이 충돌하는 세대 간의 대립과 갈등을 초래하기도 했다. 이와 같은 문제의 원인은 결국 분단 상황에서 비롯된 재일의 차별적 현실에 있었으므로, 재일조선인문학에 대한 이해는 재일조선인들이 이러한 모순에 어떻게 저항하고 실천해 왔는가를 주목해서 살펴보는 데 초점을 두어야 한다.

따라서 앞으로 재일조선인문학에 대한 논의는 남북 간의 문학적 대립과 갈등을 그대로 재현하는 대리전 양상을 반드시 극복해야 한다. 분단 극복과 통일 지향이라는 재일조선인문학의 방향성은 남과 북 그리고 일본이라는 세 지점으로부터 일정하게 거리를 두는 재일의 독자성과 주체성의 시선이 무엇보다도 중요하다. 지금 재일조선인 사회에서 민족적 관념으로서의 '재일'은 우리가 기대하는 공동체적 '기의'의 차원을 벗어나 끊임없이 미끄러지는 탈민족적 '기표'로 의미화되고 있다. 따라서 이질성과 다양성이 심화된 재일조선인문학을 관념적으로 주입된 '재일'의 특수성 속에 가두어 두는 것은 결코 바람직하지 않다. 즉 남과 북의 이데올로기적 대립을 그대로 답습해 온 재일조선인 사회의 극단적 이원화를 극복하기 위해서는, 무엇보다도 그 경계의 지점에서 생성되는 생산적이고 창조적인 문제의식을 중요하게 고민할 필요가 있는 것이다.

이런 점에서 재일조선인문학은 재일조선인이 살아온 지난 역사에 대한 증언과 기록의 차원을 넘어서, 지금 재일조선인이 발 딛고 서 있는 지점에서부터 새로운 문제의식을 도출하는 전향적 태도가 요구된다. 이는 과거의 역사와 현재의 경험을 동시에 아우르는 것이어야 할 뿐만 아니라, 미래로 나아가는 연속성의 측면도 아울러 지녀야 한다. 즉 재일조선인문학을 재일이라는 제한된 범주 안에서만 인식할 것이 아니라 이를 뛰어넘어 동아시아적 지평으로, 나아가 세계문학으로서의 의미로 확장시켜 나가는 전면적인 인식의 변화가 요구되는 것이다.

지역문학에서 세계문학으로

제3부

조화와 균열, 서정주의와 모더니즘의 시적 긴장

김민부의 시 세계

1. 죽음의 시간과 죽음의 신화

죽음을 기억하는 것은 언제나 곤혹스러운 일이다. 더군다나 그 죽음이 불의의 사고로 인한 것이었거나 스스로 목숨을 끊은 경우라면, 다시 그 죽음의 순간을 떠올린다는 사실만으로도 일종의 금기가 되지 않을 수 없다. 하지만 죽음은 곧 삶의 끝을 의미한다는 점에서 죽음과 삶은 본질적으로 연결되어 있는 세계이다. 따라서 죽음을 말한다는 것은 어떻게 살아왔는가에 대한 근본적 질문을 던지게 하는, 즉 삶을 말하는 또 다른 방식이 된다. 죽음 그 자체는 불길하고 어두운 상처와 고통의 기록이지만, 죽음으로부터 비로소 삶을 되돌아보고 성찰하는 새로운 시작의 의미를 갖게 되는 것이다. 이처럼 어떻게 살아갈 것인가라는 인간의 본질적 문제는 결국 어떻게 죽을 것인가에 대한 근원적 문제의식과 연결되어 있다. 그럼에도 불구하고 그동안 우리는 죽음을 말하는 것에 대해 지나치게 부정적이어서 삶과 죽음을 동일선상에서 논의한다는 것 자체를 꺼려 왔던 게 사실이다. 그 결과 최근까지도 우리는 탄생 몇 주년과 같은 방식으로 작고한 여러 문학인들을 우리 시대로 불러내는 방식에는 익숙했지만, 사후

몇 주년과 같이 죽음을 기점으로 또 다른 삶을 기억하는 방식에 대해서는 여전히 낯설게 여기고 있다. 하지만 이러한 두 가지 방식은 삶과 죽음의 근본적 관계를 생각할 때 사실상 별다른 차이가 없다는 점에서, 앞으로 우리는 죽음을 기억하는 방식에 대해서도 진지하게 성찰하는 인식의 전환이 필요하다.

2018년은 김수영 사후 50주년이었고, 2019년은 신동엽 사후 50주년이며, 그리고 기형도가 우리 곁을 떠난 지 30주년이 되는 해였다. 그래서 최근 많은 문예지들과 문인 단체들은 죽음을 기억하는 방식으로 이들이 남겨 놓은 삶의 기록들을 들추어 보기에 분주했다. 2019년은 김민부 시인이 우리 곁을 떠난 지 47주년이 되는 해이기도 하다. 서른한 살이라는 짧은 생의 시간을 온통 죽음과 더불어 살았다고 해도 과언이 아닌 그가 홀연히 떠남으로 인해, 죽음의 시간은 더 이상 추상적이고 관념적인 세계가 아닌 현실적이고 실제적인 감각으로 우리 모두에게 남겨졌다. 그의 시는 죽음과 더불어 여전히 살아왔고 지금도 우리 곁에서 죽음의 신화로 영원히 살아가고 있는 지도 모른다. 김민부는 생전에 두 권의 시집을 남겼다. 고등학교 2학년이었던 1956년 발간한 『항아리』[1]와 대학 졸업 이후 서울에서 방송작가로 활동했던 때인 1968년 발간한 『나부(裸婦)와 새』가 있다. 첫 시집의 경우 1956년 《동아일보》 신춘문예에 시조 「석류」가 입선한 이후에 발간된 것이기는 하지만, 당시 열여섯의 나이였음을 감안할 때 유년기를 지나온 습작기의 결실을 모은 것으로 볼 수 있다. 그리고 둘째 시집은 1958년

1) 김민부는 부산고등학교 재학 시절 교지 『청조(淸潮)』를 편집했고, 장승재(경남고), 박태문(경남상고), 박송죽(남성여고) 등과 함께 동인지 『죽순(竹筍)』(이후 난(蘭)으로 변경)을 발간했다. 앞으로 이에 대한 서지적 연구를 토대로 습작기 김민부 시의 의미와 첫 시집 『항아리』와의 연관성에 대한 논의가 필요하다고 생각된다.

《한국일보》 신춘문예에 시조 「균열」이 당선된 이후에 발간되었는데, 1957년부터 1968년까지의 시를 모았다는 점에서 등단 이후 김민부의 시 세계가 추구해 나간 본질적인 세계가 담겨 있다고 볼 수 있다. 첫 시집과 두 번째 시집 사이에는 12년(김민부는 『나부와 새』 후기에서 "첫 시집 『항아리』를 낸 지 13년"이라고 말했다)이라는 긴 시간의 틈이 있어 두 시집의 경향은 동일성의 측면보다는 차별성의 세계가 더욱 두드러진다. 이러한 차이는 1950년대 우리 시문학의 전통주의적 경향과 1960년대의 모더니즘적 특징에 대한 시인의 영향 관계와 일정한 관련이 있는 것으로 보인다. 또한 "그 동안 난 겨우 몇 편의 시를 발표했을 뿐"(『나부와 새』 후기)이라고 말했던 데서 짐작할 수 있듯이, 방송작가 일과 같은 생업에 쫓겨 살아가다 보니 좀처럼 시를 쓸 수 없었던 현실적 어려움도 두 시집 사이의 단절성을 더욱 심화하는 이유가 되었을 것으로 생각된다.

이처럼 김민부의 시는 1950년대에서 1960년대로 넘어오면서 커다란 간극을 형성했던 우리 시문학사의 변화와 마찬가지로, 서정주의와 모더니즘의 경계를 사유하는 시적 긴장(tension)의 세계를 보여주었음을 주목할 필요가 있다. 즉 1950년대 김민부의 시는 시적 대상인 자연과 사물을 동일성의 세계로 내면화함으로써 주체와 세계의 '조화'를 형상화하는 전통 서정의 본질적 세계관에 깊이 침윤되어 있었다. 하지만 1960년대에 접어들면서 그의 시는 세계와의 불화를 겪는 주체로서 자의식에 '균열'을 일으킴으로써 죽음을 상징화한 비극적 세계로 끊임없이 미끄러져 갔던 것이다. 이러한 두드러진 변화는 4월혁명 이후 불안의식과 위기의식을 가중시킨 시대적 정서 탓도 분명 있었겠지만, 그보다는 가장 순수한 세계를 갈망했던 시인 자신이 역사와 현실 앞에서 무기력할 수밖에 없었다는 데서 비롯된 개인적 좌절과 허무의식에 더 큰 원인이 있지 않았을까 싶다. "김민부의 시작은 고교시절에 이미 마친 상태"[2]라고 아들의 문학적 재능을 안타까워했던 그의 아버지의 평가를 그대로 인정한다면, 대학 졸업 이후 방송작가로 살았던 1960년대는 김민부에게 "순수문학을 상실하고 상업주의문학에 너무도 깊이 매료되어 있었"[3]다는 데서 커다란 상실감과 자괴감을 안겨 주지 않을 수 없었을 것이다. 따라서 그는 역사와 현실에 맞서는 참여의 목소리가 점점 고조되었던 1960년대를 정직하게 마주한다는 사실 자체를 두려워했을지도 모른다. 아마도 그의 시가 전통 서정시의 조화적 세계를 지향하는 태도를 버리고, 스스로 자신의 내면에 균열을 냄으로써 관념적이고 추상적인 세계로 숨어 버린 이유도 바로 여기에 있지 않았을까 싶다. 김민부에게 1960년대는 외적으로든 내적으로든 '조화'가 아닌 '균열'의 세계로 각인됨으로써, 현실과 사회 심지어 자신의 내면으로까지 지독한 냉소와 허무가 엄습해 왔던 냉혹한 시절이었던 것이다. 결국 시인은 이러한 두 세계 사이의 커다란 간극을 이겨 내지 못했고, 죽음이라는 극단적 세계를 시가 아닌 현실로 맞이하는 아주 위험한 선택을 하고 말았다. "내가 살고 있는 아파트의 창문에 펴덕이는 빨래 ……"처럼, "죽음은 그렇게 내게로 온다"(「서시」)[4]던 그의 시처럼, 추상적이고 관념적으로만 인식되었던 죽음은 무심한 일상의 풍경처럼 그렇게 현실이 되고 말았던 것이다.

---

2) 강성애, 「김민부 연구」, 구연식 외, 『在釜作故詩人硏究』, 아성출판사, 1988, 6쪽.
3) 위의 글, 6쪽.
4) 『일출봉에 해뜨거든 날 불러주오』, 민예당, 1995, 32쪽. 이하 김민부의 시 인용은 모두 이 책에서 했으므로, 출전은 생략하고 인용 쪽수만 밝히기로 한다.

2. 자연의 내면화와 서정시의 본질: 『항아리』

김민부의 첫 시집 『항아리』에 수록된 대부분의 시는 자아와 세계의 동일성에 바탕을 둔 서정적 세계를 형상화하고 있다. 특히 '들꽃', '바다' 등과 같은 자연이나 '산양', '닭', '소' 등 생명체를 시적 대상으로 삼아, 시적 주체로서의 화자와 대상의 일체감을 조성하는 조화롭고 이상적인 세계에 대한 지향성을 드러냈다. 이는 "순수한 시 세계의 경지에서 우러나는 감동의 미를 추구"한다는 자신의 시 정신을 그대로 담아낸 것으로, 전후의 폐허를 극복하는 이상적 세계에 대한 동경으로 전통 서정시가 주류를 이루었던 1950년대 우리 시의 경향과 일치한다. 그의 시에서 박두진, 박목월과 같은 청록파 시인의 자연 친화적 의식이 투영된 흔적을 발견하게 되는 것도 바로 이 때문이다. 당시 학생 시인 김민부의 시에 대해 "상상력의 풍부함과 언어감각이 예민함을 단번에 짐작케 하였다. 너무 상(想)과 언어가 정렬(精熱)되어 있는 품이 고교생답지 않는 느낌이긴 하나 시에 담긴 세계가 역시 어리고 풋풋한 점으로 안심할 수 있었다."[5)]라고 했던 유치환, 김춘수 등의 평가에서도, 그의 시가 기성 시인의 안정적인 시 세계를 닮아 있거나 이미 갖추고 있는 데 대한 우려와 기대를 동시에 엿볼 수 있다.

향깃한 철쭉 꽃내
서린 벌

---

5) 1957년 부산 문필가 공동주최의 한글백일장에서 「아침」이란 시로 학생부 차상을 받았을 때의 심사평. 상성애, 앞의 글, 5쪽에서 재인용.

종일 푸섶이나 뜯고
산양처럼 살자

파아란 하늘이 무너지면
황혼이 오는구나

하얀 조각달
낮 그늘에 수지운 날

산양을 데리고
오월이 가는구나

나는 애틋한 마음의 낙서(落書)질
산양처럼
푸섶이나 뜯고 살자

—「산양(山羊)」 전문

고등학생이 쓴 시라고는 믿기 어려울 정도로 자연과 인생을 관조하는 성찰적 의식과 달관적 태도가 절제된 어조에 담겨 있다. 김준오의 말대로 “산이 날 에워싸고/씨나 뿌리며 살아라 한다”(박목월, 「산이 날 에워싸고」)라고 노래한 박목월을 비롯한 청록파의 초기 자연 시의 전통을 연상시킨다고 평가할 만하다.[6] 게다가 “종일 푸섶이나 뜯고/산양처럼 살자”라는 주제의식을 반복적으로 강조하는 내용적 측면이

6) 김준오, 「서정주의와 시인의 고뇌」, 『일출봉에 해뜨거든 날 불러주오』, 앞의 책, 224쪽.

나, 고시가의 3음보적 율격을 내면적 리듬으로 수용하고 있는 듯한 음악적 형식을 통해 한 폭의 동양화를 보는 것과 같은 간결한 감동을 전해주는 데서, 1950년대 전통 서정시의 미학을 모방한 듯한 문학 소년의 감상적 어조와 태도가 느껴지기도 한다. 이러한 그의 시 세계는 "내면적인 고전 선율의 추구와 더불어 그 궁극의 심상을 찾아 방황"[7]했던 너무도 조숙했던 그의 시적 열정에서 그대로 확인할 수 있다. 「항아리 I」, 「항아리 II」 연작에서 보여 준 동양 미학의 정신, 「들꽃 I」, 「들꽃 II」, 「무덤」 등의 시가 형상화하고 있는 자연을 바라보는 인간의 존재론적 성찰, 「피리」, 「산그늘」 등의 시에서 엿볼 수 있는 설화적 이야기의 세계는, 1950년대 전통 지향적 서정시의 보편적 주제의식과 심미적 구조를 온전히 담아냈다고 해도 과언이 아니다.

이처럼 첫 시집 『항아리』에서 보여 준 김민부의 시 세계는, 고등학생이라는 어린 나이에 어울리지 않는 안정감 있는 시적 구조를 보여주었다는 점에서 우선 놀라움을 금할 수 없다. 물론 이러한 안정성은 기성 시인들에 대한 모방 충동의 결과로 볼 수도 있어서, 문학 소년의 감상적인 정서 과잉이 그대로 노출된 관념적이고 추상적인 세계를 아직 벗어나지 못했음을 말해주는 것이기도 하다. 하지만 이러한 문학 소년의 불안정성은 이후 그의 시가 더 큰 세계로 나아가는 발전적 토대가 되기도 했다는 점에서 일종의 통과 의례로 보는 것이 타당하다. "고답적이고 안이한 향훈을 배제하고 의지와 정열의 상아탑을 다듬어 세우며 사려의 비중을 더"[8]하려 했다는, 즉 『항아리』의 전반부와 후반부의 시가 다소 차이를 드러내고 있음을 직접적으로 설명한 데서 알 수 있듯이, 김민부의 시는 자연과 사물을 외적으로 바라

7) 김민부, 『항아리』 후기, 『일출봉에 해뜨거든 날 불러주오』, 152쪽.

8) 김민부, 『항아리』 후기, 152~153쪽.

보는 정물적 시선을 뛰어 넘어 그 대상의 내적 본질을 통찰하는 시의식으로 심화되어 갔던 것이다. 이처럼 김민부의 시는 외적 세계와 내적 세계가 끊임없이 충돌하고 갈등하는 시적 긴장 속에서 양자를 통합하는 서정시의 본질에 내재된 궁극적 의미를 찾는 데 주력했다. 첫 시집 후반부에 수록된 「벼랑」, 「산」, 「바다」 등의 시에서 이러한 변화를 조심스레 예감할 수 있다.

> 토향초 우거진 먼 청산에는 백운도 적막한 풍경을 휩싸 안고 울며 흐르던 그 태고가 있었다
>
> 멀구며 다래도 풋 익어 가던 계절의 향훈을 목 놓아 노래하며 환상은 구름에 사유는 하늘에 부치는 시인 같은 나무들도 있었다
>
> 잎사귀마다 깃들어 우는 산새들의 미묘한 노래 속에서 하냥 고독을 짓밟고 사는 짐승들의 울음도 있었다
>
> 그 어디에 출렁거리고 있을 바다를 따라 내몰아가는 시냇물들의 우렁찬 행진곡도 구비쳐 흘러가고 있었다
>
> 모두 솟아오르는 힘에 겨워 울림장치는 그 울창한 수풀로 화려히 등성져 오르던 우람찬 청산 청산에는
>
> 칡 얽어진 단애를 기어올라 마구 하늘을 질끈 동여맨 그 우렁찬 나무들의 기상을 사랑하는 사나이도 있었다
>
> —「산」 전문

설핏 박두진의 초기 자연시를 연상하게 하는 인용시는, "태고"의 신비와 자연의 "환상"이 "짐승들의 울음", "시냇물들의 우렁찬 행진곡", "우람찬 나무들의 기상"으로 인간과 조화롭게 어우러지는 모습을 형상화하고 있다. "~있었다"의 반복적 구조를 통해 서정시의 리듬을 안정적으로 구조화하고 있는 점이나, "나무", "산새", "구름", "수풀" 등 자연의 세계와 화자의 내면이 어우러지는 조화로운 세계의 모습을 담고 있는 것이다. 그런데 이 시에서 형상화된 자연은 단순히 외적 관찰의 대상으로 인식되는 단계를 넘어서, 그 안에 뿌리 내린 인간의 역사와 삶과 죽음을 성찰하는 상징적이고 제의적인 의미로 재인식되고 있다는 점에서 상당히 문제적이다. 다시 말해 자연과 인간의 외적 동일성을 추구하는 데 집중하기보다는, 자연 안에 인간의 삶을 온전히 투영시키는, 그래서 자연이 곧 인간의 모습이 되어버린 내적 동일성의 세계로 심화되었던 것이다. "태고"의 신비를 간직한 자연의 관념성이 "나무", "산새", "짐승", "시냇물"과 함께 어우러진 "우람찬 청산"이라는 구체적인 자연의 모습과 통합됨으로써, 마침내 "그 우렁찬 나무들의 기상을 사랑하는 사나이"와 만나게 되는 자연과 인간의 조화로운 모습을 생생하게 묘사하고 있는 것이다. 이러한 자연과 인간의 만남은 그저 자연을 관조의 대상으로만 인식했던 순간을 넘어서 "칡 얽어진 단애를 기어올라 마구 하늘을 질끈 동여맨" 고통의 시간을 거쳐 얻어진 결실이라는 점에서 더욱 의미 있게 다가오는 것이다.

이처럼 김민부의 시는 첫 시집 후반부에 이르러 주체와 대상의 조화를 추구하는 전통 서정의 자연 친화적 세계관이 아닌, 시인의 의식 공간을 투영하는 실존적 장소와 생명의 본질을 탐구하는 상징적 이미지로 자연의 모습을 서서히 변화시켜 나갔다. "금잔디 사이 할미꽃도 피었고, 삐이 삐이 배, 뱃종! 뱃종! 멧새들도 우는데, 봄볕 포근한 무덤에 주검들이 누웠네."(박두진, 「墓地頌」)라고 했던 박두진의 시에서처럼, 김민부는 자연을 '죽음의식'을 구조화하는 상징적 등가물로 변용시키려고 했던 것이다. 다만 박두진의 시에 나타난 자연과 죽음의 친연성은 식민과 해방이라는 역사의 중심에서 사유된 민족적 의미를 내포하고 있는 반면, 김민부에게 자연은 "독버섯 묻은 바위"(「벼랑」)의 위험한 형상이거나 "사람도 짐승도 나도 없는 황막한 우주"(「바다」)와 같은 절대 고독의 대상으로 내면화되는 개인성의 측면이 두드러졌다는 점에서 차이가 있다. 다시 말해 그의 시는 두 번째 시집에 이르러 구체적 현실로서의 자연을 버리고 인위적인 자연의 세계를 구조화함으로써, 개인주의적 허무주의를 내재화하는 방향으로 변화를 시도했다고 할 수 있다. 전통적 자연시의 조화로운 서정의 세계는 이때부터 서서히 '균열'의 징후를 견디면서 새로운 시작(詩作)의 방향을 진지하게 고민하지 않을 수 없었을 것이다. 그리고 그것은 조화가 아닌 균열에 주목함으로써 주체와 세계의 분열을 구조화하는 모더니즘적 인식과 방법으로 확장되어 나갔다고 할 수 있다.

3. 죽음의 일상성과 비극적 세계관: 『나부와 새』

조화에 바탕을 둔 서정적 지향이 균열을 초점화한 모더니즘 세계로 확장될 때, 죽음이라는 시적 화두는 파멸의 세계를 감각화 하고 이미지화 하는 가장 효과적인 주제와 내용이 된다. 그리고 이러한 죽음의식은 파편화된 형식 미학을 시적 전략으로 구조화함으로써 시인의 의식과 형상화된 이미지 사이의 유의미한 세계를 해체해 버리는 극단으로 치닫기도 한다. 이런 점에서 시를 의미의 차원이 아닌 존재의 차원으로 인식했던, 그래서 시의 언어 그 자체가 생성하는 존재론적 의미에 주목했던 김춘수의 시는 김민부의 시에 많은 영향을 미쳤던 것으로 보인다. 실제로 그는 니체의 허무주의, 보들레르의 시와 함께 김춘수의 시를 좋아했다고 한다.[9] 김춘수가 추구했던 존재론적 미학과 무의미시라는 형식 탐구는 죽음을 매개로 한 김민부의 비극적 세계관을 형상화하는 데 있어서 아주 유효한 방법으로 인식되기에 충분했을 것이다. "맨처음/네가 내게로 왔을 때에는"(「아가(雅歌) I」)으로 시작되는 시에서, '나'와 '너'의 관계를 의미화하는 시도를 보여 준 것은, 그의 시가 김춘수의 존재론에 기대어 모더니즘 미학의 구조를 정립하고자 했음을 엿볼 수 있는 대목이다.

그런데 김민부에게 '죽음'을 매개로 한 비극적 세계 인식은 처음에는 주체적인 차원이 아니라 대상화된 문제로 수용되었다. 1950년대 시인들이 전쟁으로 인한 근대의 파산과 폐허화된 전후 현실을 경험하면서 깊은 허무주의와 냉소주의에 빠졌던 것처럼, 그에게 죽음은 자신과는 직접적으로 연결되지 않는 관념적이고 추상적인 세계로서의 형상적 질료의 차원에 머물러 있었을 뿐이었던 것이다. 그래서 "죽어간 사람들은 그쪽 나라에서/나는 이 언덕 위에 서서"라고 하면서 자신이 서 있는 자리와 죽음의 자리를 명확하게 구분했다. 즉 "삶은 얼마나 허무하며/삶은 얼마나 허잘한 것인가"(「무덤」, 『항아리』)에서처럼, 인간의 근원적인 허무의식과 실존의식을 드러내는 시적 포즈로 '죽음'을 형상화했던 전후 모더니즘 시의 한계를 그대로 답습한 측면이 많았던 것이다.

하지만 이러한 죽음의식에 대한 친연성은 전후 모더니즘의 보편적

---

9) 강성애, 앞의 글, 4쪽.

상징이라는 차원을 넘어 김민부의 시를 죽음으로 이끌고 가는 출발점이 되었다는 사실을 간과해서는 안 된다. 두 번째 시집 『나부와 새』에 감각화된 죽음의 형상을 세심하게 들여다보면, 죽음의 이미지가 관념적 이미지의 세계를 벗어나 점점 현실의 상징물로 변화되어 가고 있음을 충분히 알 수 있다. 이 모든 것은 결국 자아와 세계의 동일성으로서의 서정시의 근원적 세계를 지켜 낼 수 없었던 자신이 처한 세계와의 불화 때문인 것으로 추정된다. 그리고 이 불화는 자신의 내부를 관통하는 '균열'의 상처와 아픔을 극대화하는 방식으로 구조화된다. 이러한 '균열'의 세계 인식을 그대로 담고 있는 작품이 1958년 17세의 나이로 《한국일보》 신춘문예에 당선된 「균열(龜裂)」이라는 시다. 아직 고등학교도 졸업하지 않은 어린 나이[10]였음에도 불구하고 무엇이 시인으로 하여금 이토록 지독한 '균열'의 흔적에 아파하게 했을까. 너무도 조숙했던 그의 시적 이상과 눈앞의 현실 사이에 놓인 견고한 모순을 너무 일찍 알아 버린 탓에, 시인의 내면은 일찍부터 '균열'의 자리들로 고통받고 있었던 것은 아니었을까. 이때부터 그의 시는 온통 죽음의 세계로 빠져들었다고 해도 과언이 아니다. 죽음은 그의 시에 가장 잘 어울리는 불길하고 음울한 시적 초상이 되어 가고 있었던 것이다.

달이 오르면 배가 곯아
배곯은 바위는 말이 없어

10) 당시 심사를 맡았던 박두진 시인은 "글씨를 보니 나이가 어린 것 같다는 생각이 들긴 하였지만 고등학생인 줄은 몰랐다."라고 했다고 한다. 황규정, 「망 민부 석(望敏夫 石)」, 제1회 김민부문학제 자료집, 2011, 30쪽.

할 일 없이 꽃 같은 거
처녀 같은 거나

남 몰래 제 어깨에다
새기고들 있었다

징역 사는 사람들의
눈먼 사투리는

밤의 소용돌이 속에
파묻힌 푸른 달빛

없는 것, 그 어둠 밑에서
흘러가는 물소리

바람 불어 ……, 아무렇게나 그려진
그것의 의미는

저승인가 깊고 깊은
바위 속의 울음인가

더구나 내 죽은 후에
이 세상에 남겨질 말씀쯤인가

—「균열」 전문

"달이 오르면 배가 곯아"의 주체는 "바위"다. 그리고 이 "바위"는 시인의 내적 등가물로 견고함과 강인함을 가진 존재이기를 갈망했던 화자의 소망을 대변하는 상징물로 기능한다. 하지만 "달이 오르면"이란 데서 알 수 있듯이, 화자의 낭만성과 감상성은 "배가 곯아" 가는 현실의 허기를 견디기에는 역부족이었다. "배곯은 바위는 말이 없어//할 일 없이 꽃 같은 거/처녀 같은 거나//남 몰래 제 어깨에다/새기"며 순수성의 세계를 지켜 내려 안간힘을 썼지만, 그때마다 낭만적 세계로의 지향은 분열의 징후를 견뎌 내지 못하고 바위 표면에 돌이킬 수 없는 '균열'만 남길 뿐 어떤 욕망도 충족하지 못한 채 좌절하고 말았던 것이다. 결국 바위에 새기고자 했던 "꽃", "처녀"와 같은 순결한 내면의 상징은 그저 이상적인 동경의 대상이 될 뿐이어서, 허기를 견디지 못하는 냉정한 현실 앞에서는 한낱 관념의 차원에 머무르는 비극적 결과를 승인하지 않을 수 없게 된다. 따라서 화자는 "징역사는 사람들"처럼 자유를 억압당한 채 육신도 정신도 깊은 상처에 빠진 존재의 형상으로 "눈먼", "파묻힌", "어둠 밑"의 세계에서 "흘러가는 물소리"처럼 수동적인 삶을 살아갈 수밖에 없다. 그리고 "아무렇게나 그려진" 바위의 균열은 "저승"과 "울음"의 비극적 세계로 내면화됨으로써, "내 죽은 후에/이 세상에 남겨질 말씀쯤"으로 인식되는 죽음의 세계로 귀착된다. 이처럼 바위에 새겨진 균열로부터 자신의 죽음을 이야기하는, 그래서 더 이상 죽음을 대상화된 타자의 죽음의 아닌 주체의 죽음으로 인식하는 비극적 세계를 심화하게 되는 것이다. 화자가 "그것의 의미는"이라고, 삶과 죽음의 경계를 가로지르는 균열의 존재론적 의미를 비로소 묻는 이유도 바로 여기에 있다.

이런 점에서 김민부의 시에서 죽음은 추상적 세계가 아닌 현실적 세계, 그것도 가장 일상적인 세계가 되어 자신의 시 세계를 구조화하는 핵심적인 모티프로 자리 잡는다. 조화에 바탕을 둔 서정주의적 지향이 균열에 초점을 둔 모더니즘 세계와 만남으로써, 양가적 세계 사이에서 갈등하고 대립하는 일상적 자아의 내적 분열을 상징적으로 형상화하는 것이다.

> 나는 때때로 죽음과 조우(遭遇)한다
> 조락(凋落)한 가랑잎
> 여자의 손톱에 빛나는 햇살
> 찻집의 조롱(鳥籠) 속에 갇혀 있는 새의 눈망울
> 그 눈망울 속에 얽혀 있는 가느디가는 핏발
> 내가 살고 있는 아파트의 창문에 퍼덕이는 빨래 ……
> 죽음은 그렇게 내게로 온다
> 어쩐 날은 숨 쉴 때마다 괴로웠다
> 죽음은 내 영혼(靈魂)에 때를 묻히고 간다
> 그래서 내 영혼(靈魂)은 늘 정결(淨潔)하지 않다
>
> —「서시(序詩)」 전문

“만약 이 요절한 시인을 우리가 아직도 잊지 않고 기억한다면 그의 유명한 가요시보다는 이 「서시」가 아닐까 한다.”[11]라고 했던 김준오의 평가처럼, 이 시는 1950~60년대 관념적 모더니즘 세계가 형상화했던 죽음의식과는 사뭇 다른 일상화된 죽음의 한 단면을 가감 없이 보여 주는 작품이 아닐 수 없다. 그리고 이러한 죽음의 세계는 막연한 감상의 차원을 넘어서 “조락(凋落)한 가랑잎”, “여자의 손톱에 빛

---

11) 김준오, 앞의 글, 234쪽.

나는 햇살", "찻집의 조롱(鳥籠) 속에 갇혀 있는 새의 눈망울"과 같은 구체적인 이미지로 형상화되었다는 점에서, 의미의 차원이 아닌 존재의 차원에서 이미지를 절대화한 김춘수식 모더니즘의 방법론이 시도되고 있음을 확인할 수 있다.[12] 또한 앞에서 언급했듯이 그의 시에 나타난 죽음의 세계가 "내가 살고 있는 아파트의 창문에 퍼덕이는 빨래"처럼 너무도 평범한 일상의 한 부분으로 인식되고 있어서, 그에게 죽음은 "어쩐 날은 숨 쉴 때마다 괴로웠다"는 사소한 일상의 고백처럼 자신의 내면을 가득 채우고 있었음을 짐작하게 한다. 이때부터 그는 주체의 자리를 의도적으로 잃어버리고, 아니 주체의 자리를 스스로 비워 버린 채, 과도하게 이미지의 세계 안으로 숨어 버렸던 것은 아니었을까. 주체와 세계의 관계 안에서 구조화되는 이미지의 세계마저 지워 버림으로써, 주체와 무관한 자리에서 이미지 그 자체가 의미를 생성하는 존재론적 차원에서 주체와의 불화를 내면화하고자 했던 것이다. 이러한 모더니즘의 세계는 불안과 위기의 시대를 살아온 김민부에게 주체가 아닌 대상을 집요하게 탐색하는 시 의식의 변용을 불러오도록 했는데, "술잔 속에 떨어진 나비"(「목탄으로 쓴 시 I」), "내 오뇌의 불길 자락에서/찢겨져 나온 새"(「새」), "가을 물 속의 금붕어/죽어 있는 가구와/우수를 핥고 있는/한 마리의 고양이"(「추일

---

12) 이에 대해 김준오는, "시인의 시점이 사물의 표면에만 머문 현상주의는 그의 모더니즘 시가 띠고 있는 한 양상"으로 파악했다. 즉 "고독과 우수, 좌절의 서정이 배경으로 깔려 있는 이런 현상주의는 시선이 사물의 표면에만 머물고 있는 만큼 사회·역사적 현실을 배제하는 요인으로 작용하고 있"다는 것이다. 이처럼 "몽타주 기법에 의해 실제 사물들의 질서를, 그러니까 현실의 모습들을 해체하는 추상화는 그의 모더니즘 경향의 가장 두드러진 목록이다. 여기서 그의 시어는 다른 모더니즘 시들의 본질적 경향처럼 언어의 일상적 용법인 표상적 기능이 무화되거나 극소화되어 우리가 접근하기 어려운 익명의 어떤 내면공간을 창조하는 데 기여한다"는 것이다. 김준오, 앞의 글, 226~227쪽.

(秋日)」)와 같이 동물의 형상에 자신을 빗대어 묘사했던 이유도 바로 여기에 있다. 또한 "푸줏간 딸년에게 청혼을 하자/너는 술청에서/술보다 더 많이 살을 팔고/나는 너의 기둥서방 되리……"(「목탄으로 쓴 시 I」), "램프가 켜져 있는 밀실/어디선가 새가 울면/풍금 소리를 들으면서/주위의 달빛을 진동하며/짙은 꽃내의 밀도 속에서/나부의 육체는 흔들린다"(「나부와 새」)와 같이 쾌락적이고 퇴폐적인 여성 이미지를 전면화했는데, 이는 "자기붕괴로부터 오히려 쾌감을 느끼는 자학적 어조의 퇴폐주의"[13]를 드러낸 것으로 이 때 여성 이미지는 화자의 "내적 인격인 아니마(anima)"[14]적 표상이라고 할 수 있다.[15] 결국 이러한 자학적이고 위악(僞惡)적인 태도는 고통스러운 현실로부터 자신을 도피시키기 위한 것으로, 아이러니적 세계에 토대를 둔 모더니즘적 전략을 드러낸 것으로 볼 수 있다.

이처럼 김민부의 두 번째 시집 『나부와 새』는 죽음을 통해서 삶을 바라보는 역설적 세계인식으로 불안과 위기의 시대를 관통하는 시인의 절망을 상징직으로 환기한다. 그의 시에 나타난 노저한 부성성의 세계는 온통 죽음과 직결되는 언어로 가득 차 있어서, 죽음으로 삶을 완성하려는 아주 위험한 시도는 그 자체로 현실이 되어 버리는 결과를 자초하고 말았다. 어쩌면 이러한 죽음의 선택은 그가 진정으로

13) 김준오, 앞의 글, 229쪽.

14) 한숙향, 「한국 현대시의 죽음의식 연구-김민부·임홍재·이경록의 시를 중심으로」, 중앙대 박사논문, 2015.8. 51쪽.

15) 김민부의 시가 연가(戀歌)의 형식을 즐겨 사용한다는 점에 주목할 때, 그의 시에서 "죽음에 대한 열망(타나토스)과 삶에 대한 열망(에로스)이 만나는 지점에서 빚어지는 사랑에 대한 열망은 다분히 염세적이고 퇴폐적인 분위기를 동반한다는 점이 문제적 요소가 된다."라고 평가되기도 한다. 우대식, 「서른 한 번의 가을, 구름이 된 시인-김민부론」, 이승하·우대식 편, 『일출봉에 해 뜨거든 날 불러주오』, 새미, 2007, 173쪽.

갈망했던 순수한 세계를 향해 나아가는 필연적 운명이었는지도 모른다. 주체와 세계의 분리를 넘어서 주체의 소멸이라는 시학적 방향을 극단적으로 보여 줌으로써 전통 서정시의 세계에서 모더니즘의 세계로의 급격한 변화를 시도했던 것은, 그의 시가 궁극적으로 지향하는 가장 이상적이고 궁극적인 세계의 모습이었는지도 모르겠다. 그의 시에서 "도시의 /헝클어진 전선에선/가을에 감전된 새 한 마리"(「단장Ⅰ」), "잎들을 떨구어버린/가로수 아래/금방 죽은 새 한 마리"(「단장Ⅱ」)와 같은 죽은 새의 형상과, "어디선가/새가 울면/나부의 육체는 불붙는다"(「나부와 새」), "날개에 불을 적신 채, 잿빛 하늘로/날아"(「엽서Ⅰ」)와 같은 불의 이미지가 유독 강조되었다는 사실이 새삼 특별한 의미로 다가온다. 마치 자신의 죽음을 미리 보여 주기라도 했던 것처럼, 그의 시는 새와 함께 불 속으로 뛰어드는 극단적인 모습을 우리 모두에게 선명하게 각인시켰던 것이다. 아마도 시인에게 '불'의 세계는 죽음으로 진입하는 가장 순수한 희생제의와 같은 의미가 있지 않았을까. 그만큼 김민부의 마지막 순간은 오로지 순수한 시와 삶에 대한 열망으로 타오르는 고통의 시간이었음에 틀림없다.

4. 위악적 상상력과 존재론적 비극

김민부는 유독 '가을'을 좋아했던 시인이다. 이러한 사실은 그의 시 곳곳에 가을이 배경으로 자리 잡고 있는 데서 충분히 알 수 있다. 그리고 이 가을은 "모든 것이 죽어가는/가을 속으로/앙상한/백화 나무의/늑골에/뜨는 달"(「단장(斷章) Ⅲ」)에서처럼, 소멸과 죽음을 상징하는 계절적 의미로 형상화되어 있다는 사실도 그리 어렵지 않게 확인할 수 있다. 그는 "가을이 올 때마다 나는 내 목숨을 줄이더라도 몇 편의 시를 쓰고픈 충동에 몸을 떨었다."[16]라고 했다. 그렇게 그는 여러 편의 가을에 관한 시를 남기고 가을이 깊어 가는 어느 때쯤 약속이나 한 듯 우리 곁을 떠나갔다. "가을은/죽은 가랑잎을 갉는/들쥐의 어금니에 반짝거린다."라는 표현은, 우리 시사에서 가장 악마적으로 가을을 형상화한 묘사가 아닐까 싶다. 이처럼 시인에게 가을은 '위악(僞惡)'을 즐기기에 가장 좋은 계절이었다. 쾌락과 퇴폐의 징후로 덧씌워진 이러한 위악적 상상력은, 그의 시가 죽음과 맞바꿀 정도로 진정으로 열망했던 순수한 세계에 대한 지독한 아이러니였을 것이다. 그는 이상과 현실 사이의 이 미적 거리를 이겨 내지 못하고 그 사이의 깊은 심연에 빠져 버리고 말았다. 철새들의 이동을 보고도 "장행(葬行)인가?"(「기러기」)라고 물었을 정도이니, 그의 죽음의식은 일상 곳곳에 얼마나 깊이 뿌리내리고 있었는지 짐작하고도 남음이 있다.

지금 우리 곁에 김민부라는 시인은 사라지고 없지만, 김민부의 시는 오롯이 남아 있어 그를 향한 영원한 기다림을 노래하게 한다. 그가 노래했던 것처럼, "기다려도 기다려도 님 오지 않"아 "빨래 소리 물레 소리에 눈물 흘렸"던 기억 속에서 그의 시를 계속해서 불러 보고 있는 것이다. 하지만 이러한 기다림의 미학은 사실 그의 시의 본질이 되지 못했다는 데서 시인 김민부의 존재론적 비극은 처음부터 예정된 것이었는지도 모르겠다. 그는 "날 불러주오"(「기다리는 마음」)라고 끊임없이 자신의 존재를 호명했지만, 세상은 그를 좀처럼 기다려주거나 불러주지 않았다. 그는 평생 순수한 시인으로 살아가고 싶었지만, 현실은 늘 그에게 시가 아닌 글에 파묻혀 살아갈 수밖에 없게 만들었다. 너무도 일찍 시에 눈을 뜬 천재였지만 시인으로 돌아가

16) 김민부, 『나부와 새』 후기, 『일출봉에 해뜨거든 날 불러주오』, 103쪽.

야 할 시간은 좀처럼 허락되지 않았고, 모두가 기다림에 지쳤을 즈음 그조차 시인으로서의 자신을 더 이상 기다려 주지 않은 채 무심히 떠나 버렸다. "나는 앞으로 더 많이 외롭고, 더 많이 사랑하고 더 위대한 미아(迷兒)가 되리라"[17]던 그의 뼈아픈 고백처럼, 한동안 우리는 그를 미아의 상태로 놓아 둔 채 기다리지도 찾지도 않았던 것이 사실이다. 하지만 "신이 내게 해 준 일이 있다면 그것은 김민부를 만나게 해 준 것"이라는 절절한 그리움처럼, 이제는 많은 사람들이 김민부를 기억하고 기다리며 우리 시문학사에서 그가 영원히 머무를 자리를 찾고자 애쓰고 있다. "신(神)이 데려간 천재 시인"[18]이라는 신화가 아닌 전후 한국 시문학의 분명한 상징으로 김민부와 그의 시는 다시 새롭게 태어날 필요가 있는 것이다.

---

17) 김민부, 『나부와 새』 후기, 위의 책, 104~105쪽.

18) 이근배, 「신(神)이 데려간 천재 시인」, 『일출봉에 해뜨거든 날 불러주오』, 앞의 책, 241쪽.

'석기시대'라는 아이러니와 오래된 미래

신진, 『석기시대』

1. '석기시대'라는 '근원'에 대한 탐색

전통적으로 서정시는 자아와 세계의 조화와 통일이라는 동일성에 근거하고 있다. 그리고 이러한 동일성의 세계는 혼돈과 대결의 시대를 가속화시키는 오늘날의 상황을 극복하는 '근원'으로서의 세계를 지향함으로써 자본과 문명으로 일그러진 현대 사회의 근본적인 변화와 성찰을 촉구한다. 또한 언어의 과잉과 과도한 수사로 인해 시의 본질이 심각하게 훼손되는 시적 현실에 대한 내적 성찰을 통해 시정시의 본질적 세계관을 되찾고자 하는 문제의식을 지니고 있기도 하다. 하지만 이러한 시적 지향은 과거적인 것에 대한 과도한 집착으로 미래적인 방향을 열어 내지 못하는 보수적 시학의 고루한 태도로 오해받기 십상이다. 물론 전통 서정시의 동일성에는 현대시의 변화를 태생적으로 거부하는 완고한 위계가 있는 것이 사실이다. 그래서 시대의 변화에는 아랑곳하지 않고 오로지 낡고 오래된 전통 서정의 가치를 맹목적으로 지켜내려는 완고함에 매몰된 부정적 측면도 있음을 부정하기는 어려울 것이다. 따라서 오늘날의 서정은 변화와 혁신의 길목에서 끊임없이 자기갱신을 시도하는 적극적인 태도를 결코 외면해서는 안 된다.

반대로 이러한 서정의 편협함만을 부각하여 서정 그 자체가 현실의 변화를 제대로 담아내지 못하는 태생적 한계를 지니고 있다는 식의 비판 또한 문제가 없지 않다. 여기에는 언어와 구조의 혁신만이 미래적인 방향으로 나아가는 시적 변화라는 또 다른 편견이 암묵적으로 작동하고 있기 때문이다. 새삼스러운 말일지는 모르지만, 가장 오래된 근원을 진지하게 탐색하는 시도야말로 가장 미래적인 방향이 될 수 있다는 역설적 인식에 서정시의 장르적 특이성이 있음을 간과해서는 안 되는 것이다. 이런 점에서 신진의 『석기시대』는 '석기시대'라는 아이러니 혹은 역설을 통해 과거와 현재 그리고 미래를 통합하는 새로운 시선을 열어 가고 있어 특별히 주목된다. 시인은 왜 지금 '석기시대'를 말하고 있는가에 대한 분석과 해석은 현재 우리 시가 처한 현실적 상황과 앞으로의 방향을 성찰하는 깊이 있는 시각을 열어 줄 것으로 기대되는 것이다.

『석기시대』는 〈석기시대〉, 〈노인의 아침〉, 〈동자승 돼지 대가리〉, 〈넉넉한 지구〉라는 소제목하에 4부로 구성되어 있다. 그동안 신진의 시가 걸어온 길을 압축적으로 보여 준다고 해도 과언이 아닐 정도로, 현실 사회에 대한 풍자에서 생태학적 세계 인식에 이르기까지 그의 시 세계가 걸어 온 통시적 과정을 갈무리하고 있는 듯하다. 특히 이번 시집에서는 이러한 비판적 세계 인식이 표피적이고 감정적인 직접성으로부터 한 발짝 물러나 내적 성찰의 깊이가 두드러진다는 점이 주목된다. 이러한 면모는 생물학적으로 나이가 들었다는 데서 오는 노년의 시학이 드러내는 시의 변화일지도 모르지만, 그보다는 "시 쓰기 그만 둘 때가 되었다."라고 스스로 말할 정도로 언어와 구조에 매몰되지 않고 비로소 시의 근본에 깊숙이 다가서려는 시인의 의식적인 지향성이 전면화되었기 때문이 아닐까 싶다. 즉 "핏대 올려봤자 구석 세상마저 닿지 못하였고/맑은 말 진득이 담지 못하였거니/길게 공갈치고 엄살 부릴 일이 아니다"(「시 쓰기 때려치우고」)라고 철저한 자기반성을 하는 데서, 지금까지 자신의 시 세계를 바라보는 내면의 성찰적 깊이가 상당히 두터워졌다고 할 수 있는 것이다. 더군다나 시인은 이제 "다시 밝는 날이 짐 되지 않"(「노인의 아침」)을 만큼의 세상을 살아오고 견뎌온 노년에 이르렀으니, 눈앞의 현실에 대한 과도한 욕망과 집착을 넘어서 이제는 '근원'으로 돌아가려는 또 다른 시작을 준비하고 있는 것이다. 이번 시집에서 〈석기시대〉, 〈노인의 아침〉에 수록된 시들은 바로 이러한 문제의식을 진중하게 담아내고 있어 더욱 문제적으로 다가오는 것이다.

2. '석기시대'라는 아이러니

시인은 지금 '석기시대'를 살아가기를 꿈꾼다. "바위마다 빗금으로 새겨 놓은 글"처럼, "읽고 싶은 글"로 진정한 소통을 하기 위해서는, "수목"과 "사람", "물"과 "바람" 그리고 "새들"과 "바위"(「읽고 싶은 글-석기시대」)가 그 어떤 경계와 구분도 하지 않는 온전한 통합의 세계를 이루어야만 한다고 말하는 것이다. 이러한 조화와 질서는 자본과 문명이라는 근대의 횡포가 밀려오기 훨씬 이전의 세계로 다시 돌아가지 않고서는 사실상 꿈조차 꿀 수 없는 세계가 되고 말았다. 그래서 시인은 더더욱 이러한 현실을 다시 불러올 수 있는 시적 운명을 스스로 짊어지고자 한다. 시인이 아니고서는 이러한 세상은 더 이상 꿈조차 꿀 수 없는 세상이 되어 버렸으므로, 진정으로 이러한 세계를 꿈꾸는 역설적 세계 인식으로부터 '근원'에 이르는 시적 여정을 다시 찾고자 하는 것이다.

> 얼굴 자꾸 닦지 말아요/돌보다 더 반짝거릴 수 있어요//드높이 뜨지 말아요/돌팔매보다 아프게 떨어질 수 있어요//그대는 금붙이가 아니거니/공중에서 반짝이는 날짐승이 아니거니//손에 드는 만큼 쥐세요/누가 누르면 누른 것이 되고/누가 기울면 기우는 만큼 버텨주세요//던질 때는 날아가고/품을 때는 못 이기는 척 끌려가세요/누군가 부리로 쪼아댈 때면/편히 쪼이세요//돌을 쥘 때는/되나갈 수 있도록 느긋이 쥐어야 해요/손이 빈다 해도 내 것이 되며/생채기 남아도 사람 드나들게 될 것이니//남는 소리가 없고/남는 침묵이 없고/남는 사랑이 없을 때/그대 비로소 이웃이 될 거니//돌아갈 때는 돌이 먼저 가 있으리/불타는 노을과 함께 다시 문을 열고
>
> —「돌의 말 - 석기시대」 전문

'돌'을 화자로 내세워 인간이 경계해야 할 것들에 대한 충언을 담은 시이다. 표면적으로 이해하면 '돌'이 제시하고 있는 삶의 태도는 자칫 현실과의 싸움을 포기한 패배자 혹은 방관자의 모습을 닮아 있는 것처럼 보인다. "~말아요"의 반복에는 "금붙이"와 같은 욕망의 대상과 단절하지 못하는 자본주의적 인간의 허위성에 대한 비판이 담겨 있긴 하지만, 시 전체적으로 볼 때 "~ 주세요"로 일관하는 어법에서 현실과의 대결에서 한 발짝 물러난 소극적 태도를 두드러지게 드러내고 있는 것이다. 물론 이러한 의식과 태도는 "비로소 이웃이 될" 수 있는 조화로운 세상에 대한 기대감에 가장 큰 이유가 있다는 점에서 표면적으로만 해석할 수 없는 이면적 진실을 내포하고 있다. 더 이상 답답한 현실의 중심에서 자기 것은 지키고 남의 것은 자신의 것으로 쟁취하려는 갈등

과 대결의식을 조장하며 살아서는 안 된다는 지금 현실에 대한 완고한 비판이 내재되어 있는 것이다. 이런 점에서 이 시는 표면적인 것과 이면적인 것의 모순과 대립 속에 진정한 시인의 목소리가 숨겨져 있는 아이러니적 세계 인식을 담고 있다. 즉 "~말아요"의 반복과 "~ 주세요"로 일관하는 어법은 겉으로는 서로 상반된 지향을 드러내는 것처럼 보이지만, 결국 자본주의적 욕망과 수직적 위계화에 대한 집착으로 가득 찬 세상에 대한 풍자의 성격을 내포하고 있는 것이다. 이때 '돌'의 말은 표면적 세계를 비판적으로 넘어서는 이면적 진실의 세계를 담은 아이러니적 표상을 상징화하고 있다. 시인이 지금 '석기시대'를 다시 소환하고 있는 것은, 이러한 아이러니의 정신을 구체화하는 것이야말로 앞으로 우리 시가 나아가야 할 가장 중요한 시적 비전이 되어야 한다고 굳게 믿고 있기 때문이다. "허공에 감사하며 살아야 한다.", "허공을 섬기고 살아야 한다."(「허공-석기시대」)라는 말의 이면을 깊이 들여다보면, 지금 우리가 마주한 현실과의 진정성 있는 대결을 위해서는 역설과 아이러니의 정신과 같은 시적 긴장의 세계가 비판적 성찰의 목소리로 깊숙이 내재되어 있는 것이다.

그렇다면 시인이 말하는 '석기시대'는 무엇과 무엇의 괴리와 모순을 가로질러 진정성 있는 시적 통찰을 이끌어 내고자 하는 것일까. 위의 시에서 "드높이 뜨지 말아요"라고 말했던 것을 주목해 볼 때, '높이'에 대한 과도한 집착이 '깊이'에 대한 이해를 놓치고 마는 현실에 대한 비판적 성찰에서 그 이유를 찾을 수 있지 않을까 싶다. 즉 높이와 깊이가 지닌 상반된 시각 속에서 그의 시는 자본과 문명으로부터 너무 멀리 떨어진 '석기시대'를 지금, 다시 현재화하려는 시적 전략을 표방하고 있는 것이다.

산의 높이를 밟으면
구름이 발밑에서 머리 조아리고
나무숲이 달팽이처럼 뻘뻘 긴다

다시 높이를 밟고
더 높은 높이를 재고자 한다

하지만 산의 깊이에 이르면
스스로 풀 한 포기로 피어날 수 있다

소리 내지 않고 새들이 날고
풀을 뜯지 않고도 산양들이 모여든다

오명 가명 바람이 볕을 나르고
풀씨는 흙내에 몸을 비빈다
승리와 패배가 스러진 풍경 속에서
산의 높이는 산을 더 짐지게 하고
산의 깊이는 조심히 내려두라고 한다

—「산의 깊이」 전문

"높이"로 위계화된 조직과 세상은 "구름이 발밑에서 머리 조아리고/나무숲이 달팽이처럼 뻘뻘" 기는 수직적인 구조화에 골몰할 따름이다. 그래서 언제나 "더 높은 높이를 재고자" 하는 수직적 욕망에 길들여져 살아간다. 하지만 "깊이"의 가치를 삶의 일부로 받아들인 사람들에게는 "스스로 풀 한 포기로 피어날 수 있"는 생명의 진화가 기다리고 있다. 어떤 통제와 간섭과 명령 없이도 "새들"과 "산양들"이 저절로 모여드는, 그래서 자연과 생명체들이 모두 한데 어우러져 조화를 이루는 참다운 생명의 장소가 실현될 수 있는 것이다. 그러므로 시인은 "산의 높이는 산을 더 짐지게 하고/산의 깊이는 조심히 내려두라고 한다"는 데서, 자본과 문명이 조장하는 "높이"의 세계가 아닌, 생명의 근원이 움트고 진화하는 조화로운 세계로서의 "깊이"를 추구하고자 한다. 이러한 세계 인식이 궁극적으로 닿고자 하는 지향점이 바로 아이러니하게도 '석기시대'인 것이다. 그리고 이러한 아이러니의 세계는 지금 서정시가 화합과 조화로서의 동일성의 세계가 지닌 본질을 지켜 내면서도 분열과 파괴라는 동일성의 해체를 극복하는 가장 의미 있는 방향이 될 수 있다는 데 시인의 완고한 목소리가 있다. 다시 말해 시인에게 있어서 '석기시대'라는 아이러니는 서정시의 존재 의의를 더욱 분명하게 각인시키는 '근원'에 대한 탐색이라고 볼 수 있는 것이다.

3. '석기시대'라는 오래된 미래

신진의 시는 '석기시대'라는 아이러니를 통해 '오래된 미래'라는 역설적인 세계를 지향한다. '오래된 미래'라는 모순 어법 속에 내재된 시적 긴장이 그의 시에서 '석기시대'라는 과거를 가장 현실적인 공간으로 재현해 내는 것이다. 즉 그의 시에서 '석기시대'는 과거를 의미하는 것인 동시에 현재를 쟁점화하는 두 가지 전략을 동시에 수행한다는 점에서 문제적이다. 그것이 과거를 의미하는 것일 때는 자본과 문명의 모순과 병폐를 비판적으로 성찰하는 '근원'에 대한 서정적 지향을 드러내고, 그것이 현재를 쟁점화할 때는 속도와 경쟁에 길들여져 가는 인간들의 허위적 욕망에 대한 비판에 초점이 있다. 물론 이 두 가지 전략은 서로 다른 별개의 것이라기보다는 사실상 동전의 양면처럼 긴밀하게 연관되어 있다는 점에서 같은 맥락을 지니고 있기도 하다. 따라서 그의 시는 과거와 현재의 구별이 무화되는 새로운 시간의식과 공간의식이 실현될 때 가장 시적인 의미를 확보하게 된다.

사람들 모여 돌을 갈았네
돌을 갈고 곡식을 갈고
낮이면 해를 갈고 밤이면 어둠 갈았네
바람이며 별이며
돌을 갈아 빛었네

갈지 않은 돌은 몸을 상하게 하고
갈지 않은 몸은 마음을 상하게 하나니
별도 달도 없는 밤에도
너 나 없이 피 터지게 돌을 갈았네

갈지 않는 날엔 별이 거짓의 날을 세우리
돌을 갈지 않는 날엔 바람 불어 불이 되리

사람들이 모였네
밤도 꿈도 곡식도
이별도 그리움도 돌을 갈 듯 갈아 쓰던 때였네

—「마제석기 - 석기시대」 전문

"사람들 모여 돌을 갈았"던 "석기시대"의 생활 모습을 담은 시이다. 특히 돌을 깨부수고 날카로운 부분을 갈아서 필요한 모양으로 만들어 사용하던 신석기 시대의 생활 모습을 통해, '돌을 갈아 사용한다'라는 행위에서 유추할 수 있는 시적 의미를 강조하고자 하는 것이 시인의 특별한 의도이다. 물론 과거에 돌을 갈아 사용했던 이유는 날카로움을 감추는 데 중요한 이유가 있었던 것이 아니라, 그것을 정교하게 다듬어 적재적소에 맞게 사용하는 편리성을 추구함에 있었다. 이러한 효율적 방법에 대한 고안 역시 문명적인 진화 과정에서 비롯된 결과라고 할 수 있다. 하지만 지금 신진 시인의 시에 호출된 "마제석기"는 "갈지 않은 돌은 몸을 상하게 하고/갈지 않은 몸은 마음을 상하게 하"므로, "갈지 않는 날엔 별이 거짓의 날을 세우"고 "돌을 갈지 않는 날엔 바람 불어 불이 되"는 위험과 폭력을 철저하게 경계하기 위한 목적이 두드러진다. 다시 말해 '오래된' 과거에는 "사람들 모여 돌을 갈았"던 행위가 생존과 생활을 위한 수단으로서의 공동체적 가치를 구현하는 데 가장 큰 이유가 있었다면, 현재에는 갈등과 대결의 상황을 초래하지 않도록 미리 대비하는 방어적인 행위로서의 의식적인 목소리가 더욱 부각되고 있는 것이다.

이처럼 지금 시인이 '석기시대'를 다시 호명하는 것은 "밤도 꿈도 곡식도/이별도 그리움도 돌을 갈 듯 갈아 쓰던 때"였던 과거의 모습을 단순히 재현하는 데 초점이 있는 것이 아니라, 이러한 아름다운 공동체성을 잃어버린 현재에 대한 비판에 중요한 이유가 있다. 공동체의 조화로운 삶과 윤리를 잃지 않으려 했던 '오래된' 과거의 모습을 그대로 보여 줌으로써, 인간의 편리와 이해 앞에서 스스로 이러한 공동체성을 무너뜨리며 살아가고 있는 현재의 모습이 부재하고 있는 현실을 비판적으로 담아내고자 하는 것이다. 더군다나 이러한 비판은 현재의 문제에만 국한되지 않고 미래의 가치를 결정하는 아주 위험한 결과가 될 수도 있다는 데 시인의 문제의식이 있다. 그래서 시인은 '석기시대'를 통해 '오래된 미래'의 가치를 재발견하는 역설적 세계인식으로 현재와 미래의 삶을 정직하게 들여다보고 이해하는 방향성을 찾고자 하는 것이다. 즉 시인이 '석기시대'라는 '오래된 미래'로서의 시적 긴장을 절대 놓치지 않으려 하는 진짜 이유는 과거에 대한 향수 때문이 아니라 미래에 대한 두려움 때문이라는 사실을 결코 간과해서는 안 되는 것이다.

> 잠자리 한 마리 세떼를 추적한다 소리 없이/파다닥 파다닥 숨을 곳을 찾는 새들/날갯소리를 뒤지는 고추잠자리 이빨//캐릭터 유리왕이/캐릭터 치희를 업고/염아지독(念我之獨) 수기여귀(誰其與歸) /달린다, 비철금속 제주마(濟州馬) 타고 소리 없이//개들이 조회를 하고 있다 완벽한 도열/아이들이 응원을 한다 오차 없는/귀가하는 아이들을 쫓아오는 벨소리/아이의 머리 지구의 하루가 깔고 앉는다//- 남극 사육 닭 사용 -/특별 할인 허브 훈제 유전자 치킨/서로 인간이라며 농담나누는 비철금속의 하루/자정 맞추어 편안해 진다 완벽하다//남의 온도 속으로 내가 들어간다./겨드랑이를 파고드는 비철금속 베개의 따뜻한 체온/로얄제리 잠 속에 250CC의 사랑을 주입한다//캄캄한 수직동굴/두레박이 달려 있다/'나'라는 것 '너'라는 것 대롱대롱 매달려있다//빛이 있으라 하심에/어둠 있네//전파가 닿지 못하는 새들의 늘어지는 날갯짓이여/꾀꼬리 잠자리에 포획 당하고/염아지독(念我之獨) 수기여귀(誰其與歸)
>
> —「로봇, 2050년의 일기」 전문

"염아지독(念我之獨) 수기여귀(誰其與歸)"라는 미래 사회의 가상적 화자의 목소리를 반복적으로 들려주는 데서, 미래에 대한 불안이 가중시키는 존재의 외로움에 대한 우려와 탄식이 격정적으로 토로되어 있음을 알 수 있다. 로봇으로 제작된 "잠자리 한 마리 세떼를 추적"하고, "캐릭터 유리왕"과 "캐릭터 치희"가 인간을 대체하며, "오차 없는 /귀가하는 아이들을 쫓아오는 벨소리"와 "허브 훈제 유전자 치킨" 그리고 "서로 인간이라며 농담 나누는 비철금속의 하루"는 생각만 해도 끔찍한 인간 너머의 세상이 아닐 수 없다. 그럼에도 불구하고 지금 우리는 세상의 변화와 발전을 좇아 끊임없이 자본과 기술을 축적하고 있고, 이와 같은 현실이 가상적 미래가 아닌 진짜 미래가 될 수도 있다는 사실을 알면서도 맹목적 속도 경쟁을 늦추려 하지 않는다. 따라서 시인은 이번 시집에서 가장 이질적인 시라고 할 수 있는 인용시를 통해 '석기시대'와 가장 멀리 떨어진 미래의 세계가 지닌 폭력성과 위험성을 비유적으로 보여 주고자 하는 것이다. 즉 "빛이 있으라 하심에/어둠 있"는 끔찍한 세계의 공포가 머지않아 찾아올 것임을 특별히 강조하는 데 주된 목적이 있는 것이다.

표면적으로 볼 때 '석기시대'가 내포하는 시적 메시지와 이 시에서 비판적으로 담아내려는 시적 의미는 상당히 이질적인 세계를 담고 있는 것처럼 보인다. 하지만 이러한 양면적 극단은 결국 동질적인 문제의식을 내재하고 있다는 데서 시인의 시가 지향하는 시공간 의식의 특별함이 있다. 이것은 이번 시집에서 그가 지향하는 '석기시대'의 시공간적 의미가 '오래된 미래'라는 역설적인 세계를 형상화하고 있다는 점과 깊이 연관되어 있다. '2050년'의 '미래'는 '현재'를 성찰하기 위한 가상적 미래이고, 이러한 시간의 의도된 착종은 '석기시대'라는 과거를 불러오는 매개적 시간으로 작용하고 있기 때문이다. 따라서 신진의 시에서 과거와 현재 그리고 미래의 표지는 특정한 시간에 의해 분절되지 않은 통합적 시간의식을 지닌다고 볼 수 있는 것이다.

지금 우리가 살고 있는 시대는 변화와 혁신 그리고 갱신과 발전이라는 미래적 가치를 추구하는 데 모두가 열광하고 있는 것이 사실이다. 어제보다는 오늘, 오늘보다는 내일을 사유하고 통찰하는 것이 가장 중요한 삶의 태도라고 믿는 의식이 대부분의 사람들 마음속에 보편적으로 자리 잡고 있는 것이다. 그럼에도 불구하고 이를 의식적으로 역행함으로써 과거를 추억하고 호출한다는 것은 자칫 시대착오적인 퇴행으로 비치기 십상이다. 혹자는 과거로의 지향과 향수를 '복고'라는 말로 의미화 하기도 하지만, 여전히 옛것에 대한 탐색은 미래를 내다보는 시선보다는 어딘가 모르게 불편한 진실처럼 받아들여지는 것이 사실이다. 그렇다면 지금 이러한 시대를 살아가는 시 혹은 시인의 모습은 어떠해야 할까. '석기시대'라는 아이러니 혹은 오래된 미래의 가치를 재발견하려는 시적 지향에서 의미 있는 해답을 찾을 수는 없을까. 어쩌면 시라는 장르가 아니라면 결코 말할 수 없는 '석기시대'의 모습은, 하루가 다르게 미래로 달려가는 지금 우리의 몸이 진정으로 말하고 싶은 정신의 세계가 아닐까 싶다. 그래서 시인은 현대인들의 삶에서 몸과 정신의 괴리와 모순을 극복하는 방향을 찾는 것이야말로 지금 우리 시가 가장 중요하게 지향해야 할 가치라고 생각하고 있음에 틀림없다. 신진 시인의 시집 『석기시대』가 첨단 문명의 시대를 살아가는 지금 더욱 특별하게 다가오는 이유도 바로 여기에 있다. 시인은 "혼자란 남에게로 가는 시간"이고 "혼자란 누군가에게 다가가는 시간"이라고 역설적으로 말한다. 즉 "혼자란 혼자를 벗는 시간"이므로 결국에는 "혼자를 삭여 여럿이 되는 시간"(「발효의 시간」)이라는 것이다. 점점 더 혼자에 길들여져 가는 현대인들의 삶이 생명의 발효 과정을 거쳐 "혼자가 아닌 여럿"의 마음을 갖게 되는 것, 이것이 바로 시인이 지금, 다시 '석기시대'를 호명하는 진정한 이유가 아닐까 생각된다.

생명의 근원으로 향하는 서정시의 시간

윤홍조, 『푸른 배꼽』

1. 상처와 기억, 어머니의 시간

윤홍조의 시는 "까마득한 허공 그 무한 우주에서 감감 발아래 세상 내려다보는, 엄마와 아기가 함께한 세상 첫 나들이길"(「첫나들이」, 『첫나들이』, 천년의시작, 2017, 86쪽)과 같은 의미를 지닌다. 생명을 잉태한 엄마가 말로 다할 수 없는 고통의 시간을 거쳐 비로소 세상에 눈을 뜨게 한 아기의 첫 울음소리와 같은, 그리고 이 아기와 함께 세상 첫 나들이에 나서는 그 순간, 모든 것이 처음인 시간이지만 어쩌면 가장 근원적인 세계를 향하는 시간일지도 모르는 역설의 긴장 속에서 "세상이 깜짝, 소리로 깨어"나는 것, 바로 그것이 윤홍조의 시가 탄생하는 순간이다. 아마도 그 순간은 "봄날도 환한 봄날!"(「소리 봄」)이 가장 어울리는 때이겠지만, 이와 같은 봄의 환희를 맞이하기까지 얼마나 길고 긴 겨울의 시간을 견뎌야만 하는지를 결코 모르지는 않으리라. "물빛 새뜻한 꽃이고만 싶"고 "홍점홍점 온몸 꽃물 들고 싶은"(「봄비 내리는 날」) 마음이야 언제나 한결같겠지만, "칼바람"에 "서걱서걱 옷자락 베이며 홀홀 길 나서//나를 가뭇한 그리움으로 우러르게 하는"(「겨울나무」) 겨울의 시간을 거치지 않고서는 이토록 가슴 벅찬 봄의 시간을 맞이할 수 없음은 너무도 당연한 자연의 이치이다. 수년 전 그의 첫 시집 『첫나들이』가 등단 이후 꼭 21년 만에 세상에 첫나들이를 하면서 그 어떤 봄의 순간보다도 활짝 만개할 수 있었던 것은, "흙 한 줌 없는 파리한 물속"(「자화상」) 같은 길고 긴 겨울의 상처를 온몸으로 껴안으며 살아온 고통의 시간이 만들어 낸 "내 삶의 단내로 피어나는 꽃", 즉 "몸 꽃"(「몸 꽃」)이었기 때문이다. 윤홍조의 시가 자꾸만 기억을 더듬어 지나간 시간의 흔적을 되짚어 가려 하는 것은 바로 이러한 상처와 고통의 시간을 절대 잊어버리지 않기 위해서가 아닐까. 뒤를 돌아보고 기억을 더듬으면서 그때의 순간들을 현재의 시간으로 이끌어 오는 서정시의 시간의식은 윤홍조의 시가 탄생하는 가장 근원적인 바탕인 것이다.

이처럼 윤홍조에게 상처와 기억은 어머니의 시간을 추억하는 것과 같이 유년의 시간을 회상하는 데서 구체화된다. 앞을 향해 달려가려 하면 할수록 자꾸만 뒤를 돌아보는 데서 서정시가 더욱 빛을 발한다면, 어머니와 함께 했던 유년의 시간은 시인에게 가장 서정적인 시간으로 남아 있는 아프지만 소중한 기억이 아닐 수 없는 것이다. 그 시간은 "한낮에도 캄캄 세상 먼/오, 적막강산의 한 채" 같이 "한 덩이 슬픔"(「머나먼 잠」)으로 남아 있고, 그래서 시인은 "난 죽었다 깨어나도 엄마같이 살수 없어"(「김엄마! - 유년의 엄마 이름」)라고 그 시간으로부터 끊임없이 도망치려 살아왔지만, 그럼에도 불구하고 "언제나 해가 지지 않는 내 유년의 구들목/그 환한 마당 깊은 집"(「마당 깊은 집 - 평촌 106번지」)을 추억하게 하는 시적 역설의 순간을 차마 거부할 수는 없다. 그리고 이러한 역설의 시간은 그의 시가 "저 빛의 용틀임 찬란한 뒷모습"(「빛의 뒷모습」)과 같은 단단한 긴장의 세계를 열어 내는 근원적인 힘이 되고 있다. 이 때문에 시인은 상처와 고통의 기억을 떠올리는 곤혹스러움에도 불구하고 의식적으로 어머니의 시간을 다시 살아가려 하는 것이다. 어머니의 시간만큼이나 시인의 시간도 깊은 세월을 살아온 때문일지도 모르겠지만, "날마다 나를 밑줄 그어 읽는"(「도시의 독법」) 도시인으로서의 삶 한 가운데서도 "아파트 마당가 두어 그루 매화나무/연분홍 꽃송이 활짝, 만개"(「봄 도둑」)한 자연의 모습을 놓치지 않으려는 따뜻한 시선으로 살아가고 싶은 것이다.

2. 봄의 상상력과 생명의 근원

첫 시집과 마찬가지로 이번 시집에서도 윤홍조의 시는 꽃으로 만발한 봄의 상상력으로 가득하다. 그리고 이러한 꽃의 이미지는 소생하는 봄의 생명성을 감각적으로 형상화하는 전경화의 사물이 되고 있다. 어쩌면 이러한 봄의 상상력은 자연의 순환에 기대어 인간의 삶을 성찰하는, 그래서 자연과 인간의 조화로움을 지향하는 서정시의 전통적 발상과 어법을 그대로 답습하고 있는 것으로 보일지 모른다. 도시적 삶의 균열과 상처를 넘어서 자연의 아름다움을 만끽하려는 태도야말로 서정시의 본질에 가장 충실한 일상적 모습이기 때문이다. 하지만 윤홍조의 시에서 봄과 꽃의 이미지는 단순한 정물의 대상이 아니라 "기댈 곳 없는 저곳에서도 울컥 북받쳐 오르는 힘, 밟을수록 꿈틀 고개 드는 환한 아픔"의 기억을 돌아보게 하는, 그래서 "깊은 슬픔 그 암흑의 바닥 발판 삼아 온몸 벌떡 한 뿌리가 된 스스로를 부여잡는 눈물의 힘" 같은 의미를 내포하고 있다. 이러한 자연의 상처와 눈물을 온전히 껴안음으로써 시인은 "마침내 당당 흙을 밟고 선"(「자화상」) 새로운 출발의 시간을 맞이할 수 있는 것이다. 이러한 봄의 상상력이 이번 시집에서는 생명의 근원에 이르는 더욱 본질적인 세계를 향하고 있어서 특별히 주목된다. 지금 우리 시의 대부분이 오로지 앞을 향해 달려가는 맹목적 시간의식을 담은 언어와 구조에 골몰하고 있음을 생각할 때, 시인에게 봄은 어제의 시간으로부터 내일을 향해 순환하는 상투적이고 관습적인 계절의 의미를 넘어서 "터질 듯 부푼 만삭의 푸른 배꼽" 같은 가장 근원적인 생명의 원형성을 담은 상징이라고 할 수 있는 것이다.

> 민들레 무성한 잎사귀 다듬다
> 푸르른 옷자락 겹겹 감춘 듯 품고 있는
> 동글동글 뽀얀 얼굴의 꽃 순 두 점!
> 어쩌다, 여리여리 귀한 보석 쌍으로 맺힌
> 둥개둥개 어미의 달을 둔 배 속 보아버렸다
>
> 어쩜, 생애 첫 웃음 노랗게 고개 들고 나올
> 쌔근쌔근 세상모르는 배냇 숨결을,
> 하늘 호수 맑은 못물이 비쳐낸 환한 달덩이
> 둥실 네 속에 뜬 나를 보아버렸다
>
> 일순, 무지의 까막눈 하나 활짝 열리며
> 나도 너와 나란한 세상의 꽃 순 한 점
> 순결한 어미 배 속의 비밀 한 점
> 올망졸망 우리들 다산의 쌍둥이 세상 본다
>
> 환히 만물이 눈뜨는 싱그러운 봄날,
> 통통 물오른 민들레 한 점과 내가

한 어미의 배 속 오글오글 머리 맞대
제 어미의 젖줄 쪽쪽 빨고 있는

드넓은 천지간이 둥실 하나의 달,
터질 듯 부푼 만삭의 푸른 배꼽
무럭무럭 아지랑이 꽃눈 뜬 숨결 본다

—「푸른 배꼽」 전문

도시적 삶의 한가운데서 자연의 모습을 찾고 자연의 소리를 듣는 예민한 눈과 귀를 가진 것은 시인만의 특권이다. 우리에게 일상은 "당당히 제도의 바리케이드 속에 나를 가두고/삐라처럼 날아드는 고지서들로 목을" 죄는 답답함의 연속이고, "나날이 다달이 한 치 오차 없이/차곡차곡 머리맡 쌓이는 의문의 숙제들"(「도시의 독법」)로 가득할 뿐이다. 하지만 "한여름에도 폭설 속 생생한 겨울 꽃나무"(「겨울 꽃나무」)처럼 일 년 내내 자신의 일상을 꿋꿋이 지키며 자연과 더불어 살아가고자 하는, 그래서 언제나 행복하다고 고백하는 시인의 마음이 부러울 따름이다. 그리고 이러한 일상 속 자연의 모습을 통해 시인은 도시의 삶에서 발견할 수 없는 생명의 참 가치를 일깨워 주고 있어서 경외감이 들기도 한다. 무심한 듯 평생 그렇게 한자리에서 쳇바퀴 돌 듯 살아가는 작고 사소한 생명이지만, 그렇게 단조로운 일상적 자연의 풍경 속에도 생명의 신비가 움트고 있다는 사실은 그 자체로 놀라운 일이 아닐 수 없다. 이런 점에서 시인에게 "민들레 무성한 잎사귀 다듬다/푸르른 옷자락 겹겹 감춘 듯 품고 있는/동글동글 뽀얀 얼굴의 꽃 순 두 점!"을 발견하는 시간은, 바로 도시적 일상의 상처와 아픔을 근본적으로 치유하는 서정시의 시간으로 내면화되기에 충분하다. 게

다가 민들레 새순을 바라보면서 "어쩜, 생애 첫 웃음 노랗게 고개 들고 나올/쌔근쌔근 세상모르는 배냇 숨결"을 떠올리는 데서, 마치 "순결한 어미 배 속의 비밀 한 점"과 같은 생명의 순간을 들여다보는 시인의 시선이 가장 근원적이고 본질적인 감각에 맞닿아 있음을 알 수 있다. "민들레 무성한 잎사귀"로부터 시작된 봄의 상상력이 "터질 듯 부푼 만삭의 푸른 배꼽"으로 이어져 "무럭무럭 아지랑이 꽃눈 뜬 숨결"처럼 생명의 순간을 새롭게 맞이하고 있는 것이다.

이처럼 윤홍조의 시에서 자연은 단순히 도시적 삶을 성찰하는 매개체로서의 정물적 대상에 그치지 않고 어머니의 탯줄과 이어진 배꼽, 즉 생명의 근원에 대한 탐색으로 이어진다는 점에서 문제적이다. 시인에게 "산비탈 차곡차곡 오르는 조그만 계단밭, 참깨 고추 상추 부추 강낭콩"(「계단밭」)과 같이 일상에서 만나는 자연의 세계는, "내 몸도 경작되어 쏴아 초록 입맛" 돌게 만드는 생명의 순환과 온전히 이어져 있다는 점에서, "내가 등 기대어 살아온 힘의 근원,/나의 절대 고지였던 어머니"(「머나먼 잠」)의 시간을 다시 살게 하는 탯줄과 같은 운명으로 다가오는 것이다. 이처럼 생명의 근원을 상상하고 그것을 현재의 순간으로 이끌어 낸다는 것은 뒤를 돌아보는 시선과 저물녘의 시간에 대한 애착을 통해 더욱 뚜렷한 상징으로 부각된다. 아마도 서정시의 시간은 모두가 깨어나는 아침이거나 햇볕 쨍쨍한 한낮에 어울리기보다는 저무는 햇살을 바라보며 지나온 하루를 되짚어 보는 저녁의 시간에 가장 감각적인 세계를 열어 낼 수 있지 않을까. 대부분의 사람들이 앞을 향해 달려가고 눈앞의 현실에 열광할 때, 자꾸만 뒤를 돌아보고 가려지고 숨겨진 뒤의 모습에 모든 감각을 열어 놓는 바로 그 시간이 자연의 상상력이 비로소 생명의 시간에 이르는 순간이 아닐까 싶다.

한 몸에 오롯 잔광의 저녁 해 받고 있는
뒤엿 황금빛 찬란한 나무 보고 있으면
살랑이는 오월의 무성한 잎새들 마치
바다를 유영하는 물고기들 같다
바람에 파닥이며 허공 바다 물결치는
저 한 그루 황금 물고기 떼,

광막한 빛의 하루가 제 집으로 돌아가는 시간
찬연히 회오리치는 황금 물고기 떼 보고 있으면
세상 온통 출렁출렁 황금물결 눈부신
한순간 모든 근심 걱정 싹, 백지로 날리는
긴 하루가 어느 때보다 풍요롭고 넉넉한
세상이 반짝반짝 황금빛 지느러미로 물살 치는 때

저 빛들이 파닥파닥 물살 치며 건너간 힘으로
어두운 골목이 점점이 등불 밝혀 마중 나오고
따뜻한 저녁이 동그랗게 머리 맞대 앉는
빛의 하루가 오롯이 알을 품는 배태의 시간,

그리하여 캄캄 영원이 눈 뜨는 밤이 오면
한 마리 거대한 별이란 이름으로 반짝이는 비늘들
다시금 아침이면 수천수만 황금 물고기 떼 산란할
저 빛의 용틀임 찬란한 뒷모습 본다

—「빛의 뒷모습」 전문

저녁의 시간을 "빛의 하루가 오롯이 알을 품는 배태의 시간"이라고 여기는 상상력 안에는 "다시금 아침이면 수천수만 황금 물고기 떼 산란할" 생명의 순간을 준비하고 기다리는 간절함이 깊숙이 내재되어 있다. 만물이 어둠 속으로 들어가 점점 빛을 잃어갈 즈음, 마지막 남은 "잔광"이 간신히 비춰주는 자연의 또 다른 모습을 보면서 "바다를 유영하는 물고기들"을 떠올리는 상상력은 그 자체로 심오하고 경외롭다. "뉘엿" 넘어가는 빛의 세계는 그늘을 드리우는 어둠의 시간이 가까워 오고 있음을 알려 주지만, "긴 하루가 어느 때보다 풍요롭고 넉넉한" 시간으로 변한다는 역설적 행복이 오히려 더욱 아름답고 고귀하게 느껴진다. 이러한 생명의 감각적 시선이 "어두운 골목 점점이 등불 밝혀 마중 나오"게 하는 시적 힘을 만들고, "따뜻한 저녁이 동그랗게 머리 맞대 앉는" 조화로운 시간을 갖게 한다. 빛의 '앞모습'에서 발산하는 화려한 세계에 열광하기보다는 오히려 '뒷모습'을 보면서 '찬란한'이라고 말할 수 있는 아이러니가 윤홍조의 시를 가장 시답게 만들어 주는 근원적 힘인 것이다. 그래서인지 "아파트 빽빽한 벽들의 숲/그 보이지 않는 나무 그늘에 숨어 우는/뜬금없이 들려오는 소리"에 유독 밝은 시인의 예민한 감각이 예사롭지 않다. 이러한 생명의 감각이 살아 있어 "난데없는 뻐꾸기 소리"에 "울컥" "내 마음의 봄날"에 서러워하게 되는 것이다. 하지만 이토록 "스스로를 외면해 가슴 꾹꾹 눌러 삼키던/오랜 수심 마음 바닥 울음"의 순간을 몸소 겪지 않고서야 어찌 생명의 근원을 찾아가는 시적 힘을 얻을 수 있겠는가. 그래서 "뻐꾹 뻐꾹!/도심의 한때가 서럽게 운다"(「기거」)라고 말하는 시인의 마음이 오히려 진정성 있게 다가오지 않을 수 없다. 다시, 처음으로 돌아가, "세상이 깜짝, 소리로 깨어난다"(「소리 봄」)는 시적 순간은 바로 이러한 역설과 아이러니의 서정적 시간의식 안에서 어느새 가장 현실적인 감각으로 내면화됨을 느끼게 되는 것이다.

3. 첫나들이, 첫 순간, 서정시의 시간

서정시의 본질적인 시제는 '현재'이다. 물론 여기에서 현재는 과거와 미래를 탈각한 순수한 현재의 시간의식에 매몰되어 있는 상태가 아니다. 즉 과거와 미래까지도 모두 포함하는 역사적 현재, 엄밀히 말해 서정시의 현재는 물리적 시간의 경계를 넘어선 무시간성을 지닌다고 하는 편이 맞을 듯하다. 그리고 이 때 무시간성은 사물의 움직임이나 시간의 흐름을 초월한 세계의 순간성을 포착하는 절대적 의미를 지닌다. 그래서인지 서정시는 '첫' 혹은 '처음'의 순간에 대한 집요한 탐색을 드러내기 마련인데, 그 '첫' 순간에는 상처의 기억과 현재의 아픔 그리고 새로운 미래에 대한 소망까지 모두 응축되어 있어서 고도의 언어적 긴장이 요구되는 것이다. 시의 좋고 나쁨을 따진다는 것이 비평의 지나친 관습일지는 모르겠으나, 아마도 좋은 시는 바로 이러한 시적 긴장의 세계를 감각적으로 보여 주는 데서 실현될 수 있는 것이 아닐까 싶다.

이런 점에서 사물과 세계의 첫 순간이 지닌 근원적인 감각을 일상의 언어로 재현하는 탁월한 상상력을 지닌 윤홍조의 시는 서정시의 본질에 가장 충실하다고 평가할 만하다. 그리고 이러한 서정의 세계는 주체의 시선에서 일방적으로 자연을 감각화하는 전통적인 방식과도 일정하게 거리를 두고 있다는 점에서 특별히 미덥다. 서정이 위협받는 시대의 이유를 서정 내부의 문제에서 찾아본다면, 그것은 바로 인간중심적 자연관에서 빚어진 상투적이고 진부한 서정의 폭력 그 자체에 있지 않을까 생각된다. 서정이 경계해야 할 것은 바로 이러한 지독한 서정이 끊임없이 유포하는 진부한 관습적 태도이다. 하지만 윤홍조의 시는 소리, 맛, 시선, 촉감 등 온몸으로 느끼는 다양한 감각으로 열려 있다. 오로지 옛 것을 탐닉하는 방식이거나 보편적인 기억의 세계를 호출하는 정형화된 태도를 벗어나, 현재의 일상 한 가운데에서 만난 자연의 순간에 대한 시적 통찰을 담아낸다는 점에서 서정시의 시간을 몸소 살아가고 있는 것이다. 시인은 "우리는 가고 옴 없는/한 몸 빛 그림자"라고 경계와 구분에 점점 길들여져 가는 세상의 모습을 냉정하게 되돌아본다. "일생 또한 눈 깜빡, 한순간"이고 "이 반복되는 삶과 죽음은 모두/한통속 깜빡임!"일 뿐이므로 "우리는 만남도 헤어짐도 없는/길을 간다"(「이 길을 간다」)라고 생각하는 것이 시인의 세계관이다. 그래서 시인은 "암울했던 기억의 파편 같은 겨울 가고/노란 개나리 종종종 손짓하던 그해 봄"(「행복이란 동선」)을 지금도 기다리고 또 기다리고 있다. 우리가 살아가고 있는 이 세상의 모든 순간은 '첫나들이'이고 '첫 순간'이라는 서정시의 시간을 살아감으로써 "연분홍 꽃송이 활짝, 만개"(「봄 도둑」)하는 "봄날도 환한 봄날!"(「소리 봄」)의 생명력을 노래할 수 있는 것이다. 하루하루 "꽃 몸살하는 그리움"으로 살아가고 있을 시인의 상처와 기억이 슬픔으로 다가오기보다는 못내 부럽고 그리운 정서로 스며드는 것은 아마도 필자만의 감상은 아니지 않을까 생각된다.

'뒤'를 돌아보는 서정의 힘

김형로의 시 세계

1. 뒤를 돌아보는 시선과 서정시의 시간

언젠가부터 우리는 오로지 앞만 보고 내달리는 삶에 점점 익숙해져 버렸다. 하루가 다르게 변해 가는 세상의 속도를 따라잡지 못하면 결코 미래적인 삶의 방향을 열어 낼 수 없다는 불안과 위기의식이 우리 사회 깊숙이 팽배해 있기 때문이다. 그 결과 상당수의 사람들이 맹목적 속도 경쟁에 불을 붙이며 앞만 보고 달리는 삶의 정당성과 미래적 가치를 주장하기에 분주하다. 경쟁에서 승리한 자에게만 특권을 부여하고 부와 명예를 누리게 하는 무한 경쟁사회의 불합리로 인해, 대부분의 사람들은 어떻게 해서든지 경쟁에서 이겨야 한다는 강박으로 모든 힘을 다 쏟아 낸다. 하지만 그 경쟁의 끝에서 승리하는 사람은 몇몇 소수에 불과한 것이 냉정한 현실이라는 점에서, 결국 이러한 불균형이 더 많은 경쟁을 부추겨 가장 앞자리를 점유하기 위한 인간의 속도 경쟁은 점점 더 빨라지고 있다.

이런 상황에서 '뒤'를 돌아본다는 것은 시대착오적인 자기모순으로 받아들여지는 게 당연하다. 따라서 경쟁 사회가 초래하는 인간의 상처와 고통은 끝없이 깊어져 가고, 인간의 내면은 자본과 문명 앞에서 급격히 황폐해져 가고 있다. 심지어 인간에 대한 근본적 성찰을 지향하는 서정시의 세계마저 무한경쟁의 속도를 따라잡기 위해 무분별한 언어 경쟁에 뛰어들고 있어서 심각한 문제가 아닐 수 없다. 앞만 바라보며 무작정 달려가는 세상을 비판적으로 성찰하기 위해 추억 혹은 기억의 방식으로 지난 시절을 호출하는 서정시의 모습은 낡고 오래된, 그래서 고루하고 상투적인 관습처럼 여겨지고 있는 것이다. 이제 시는 언어의 과잉 속에서 개인적 암호를 유포하는 특정 계층의 비밀스러운 소통이 되어 버림으로써, 공동체의 정서를 따뜻하게 껴안아 온 동일성의 세계를 점점 잃어 가고 있는 실정이다. 어쩌면 우리는 이러한 서정 상실의 시대를 너무도 당연시하며 여전히 앞을 향해 달려가는 변화와 혁신만을 중요한 가치로 추종하고 있는 것은 아닐까. 지금 우리 시단에서 서정시를 읽으면서도 계속해서 서정을 그리워하는 지독한 역설이 비판적으로 제기될 수밖에 없는 이유도 바로 여기에 있다.

서정시의 본질적 시제는 '현재'이다. 하지만 이때 현재는 과거와 미래가 현재의 순간으로 통합된 것이란 점에서 '영원한 현재'라는 특수성을 지닌다. 즉 서정시의 현재는 과거와 미래의 시간의식이 현재 안에서 응축된 '역사적 현재'로서의 시적 긴장(tension)을 보여 주는 것이다. 따라서 서정시는 화자의 개인적 체험이 현재의 문맥 안으로 들어옴으로써 미래적 방향을 열어 가는 자기 성찰의 세계를 드러내기 마련이다. 근본적으로 서정시가 '자기반영(self expression)'의 세계인 것도 이러한 시간의식에 바탕을 둔 성찰적 태도를 내면화하고 있기 때문이다. 이런 점에서 서정시는 본래 '앞'을 바라보는 시선보다는 '뒤'를 바라보는 시선에 익숙하다. 아니 정확히 말해 '뒤'를 바라보면서도 '앞'을 내다보는 양가적 시선을 가질 때, 일상적 언어의 세계를 넘어선 시적 언어의 세계를 형상화할 수 있다. 서정시가 추억의 형식을 즐겨 사용하는 것도, 저물녘의 시간에 대한 애착을 드러내는 것도, 소멸된 것에 대한 기억을 소중히 여기는 것도 바로 이러한 아이러니적 시선과 역설적 시간의식을 온전히 담아내기 위한 것이다.

이런 점에서 김형로의 시가 앞만 보고 내달려 온 현대인의 일상한 가운데에서 오히려 뒤를 돌아보는 상상력에 깊숙이 침투해 들어간 것은 가장 본질적인 서정시의 세계에 다가가기 위한 시적 전략을 드러낸 것이다. 체험적 시간을 거슬러 올라가 그 시간을 현재화하는 방식으로, 그리고 자연과 생명에 화자의 정서를 투사함으로써 자연과 주체가 온전한 공감의 세계를 이루는 근원적 시간의식을 지향하는 것은, 오로지 서정시만이 포착할 수 있는 아름다운 순간을 표현하려는 의도를 지닌 것임에 틀림없다. 이는 순간성에 내재된 시적 진실을 본질적 특성으로 삼는 서정시의 시간을 잃어버린 채 엄청난 속도 경쟁에 점점 길들여져 가는 현대인의 곤혹스러운 삶에 대한 철저한 자기성찰의 태도를 드러낸 것이기도 하다. 이와 같은 탈서정 혹은 반서정의 현실에서 진정한 미래를 찾는다는 것은 위악(僞惡)적인 방식일 수는 있을지 모르지만 그 자체로는 위험한 발상이고 시도가 아닐 수 없다. 따라서 시인은 지금이라도 맹목적 속도 경쟁을 멈추고 앞이 아닌 뒤를 돌아보는 시간을 겸허히 가질 필요가 있다는 점을 강조한다. 뒤를 돌아보는 시선과 서정시의 시간을 통해 지금 우리가 직면한 삶의 모순을 근본적으로 성찰하는 '영원한 현재'를 내면화하고자 하는 것이다.

2. 아버지 혹은 어머니의 시간을 다시 살다

김형로의 시는 지난 시절을 돌아보는 성찰적 시선을 통해 현재의 삶이 나아갈 방향을 찾는 서정시의 근본적 세계관에 바탕을 두고 있다. 표면적으로는 가족 혹은 일상의 모습을 추억하는 과거적 시선에 머물러 있는 듯하지만, "산에서 나온 이"가 "산으로 들어가는 사람"에게 진정으로 하고픈 말과 같은 미래적인 방향을 심층적으로 내재하고 있다는 점에서 과거와 미래는 현재 안에서 소통하는 시간의식을 드러낸다. 즉 시인은 언제나 지나간 것들을 돌아보면서도 "모두 처음처럼 세상 푸르렀다"는 '청춘'의 시절을 떠올리는 이이러니적 시선을 놓치지 않고 있는 것이다. 따라서 그의 시는 '아버지'로 대변되는 '노년'의 시간과 "젖니 같은 별 하얗게/풋풋이 돋기 시작"(「청춘」)하는 '청춘'의 시간 그 중간 어디쯤에서 '중년'의 시간을 살아가고 있다. 그래서 시인은 아버지의 시간을 현재화함으로써 중년으로서의 자신의 모습을 돌아보고, 그 속에서 발견한 성찰적 의미를 청년의 시간으로 전해 주려는 시간의식을 시적으로 형상화하고자 한다. 이처럼 시인은 화자로 하여금 아버지의 시간을 다시 살아가게 함으로써 지금 아버지로 살아가는 자신과 앞으로 아버지로 살아가야 할 청년들이 하나로 통합되는 '영원한 현재'로서의 서정시의 시간을 구조화하고 있는 것이다.

아버지 먼저 드세요 그 말 이후의 식사는 고요하다 수저 부딪히는
소리뿐 밥 먹을 때 말하면 복 나간다던 유년에서부터

그날 잡채밥을 먹고 싶다는 아버지 모시고 동광동 화국반점에 들러
두 그릇 시켜놓고,
잘 살아보세 앞만 보고 달려왔다가 노년의 어느 날 문득 우울해진
아버지, 절벽 만난 노루처럼 끝까지 말없는 식사를 주재하시고

그날 나는 잡채밥은 당신의 땀이었다든가 소 같이 일한 당신 세대 덕에 우동 짜장에서 잡채밥을 먹게 되었다든가 이 밥은 아버지 세대가 우리 입에 걸어준 최초의 훈장이었다든가 아버지 그늘진 마음에 볕살 한 줌 될 이야기도 하지 못하고 침묵을 찬 삼아 고요하고 고요하게

잡채밥의 힘으로 대학을 시키고 집을 사고 고기를 끊고, 그 잡채밥의 힘으로 아버지는 며칠 후 먼길 가시고, 그 침묵의 힘으로 문을 하나 열고 닫고, 새 세상으로 걸어가시고

잡채밥으로 종착한 압축파일 하나를 나는 학생부군으로 적고 가장의 가장 충실한 식솔로 엎드린다

버릇이 하나 생겨, 혼자 밥 먹을 때 훈장 같은 그것을 놓고 물끄러미 바라본다 귀신같이 아버지가 제삿밥 드시면 내가 수저 든다 잡채밥 앞에서는 아버지도 나도 말이 없고 조용하다

—「잡채밥」 전문

"앞만 보고 달려왔다가 노년의 어느 날 문득 우울해진 아버지"의 모습은 "소 같이 일한 당신 세대 덕에 우동 짜장에서 잡채밥을 먹게 되었"던 지금의 아버지로서의 화자의 모습으로 이어진다. 하지만 "아버지 세대가 우리 입에 걸어준 최초의 훈장" 같은 "잡채밥"을 같이 먹으면서도 "아버지 그늘진 마음에 볕살 한 줌 될 이야기도 하지 못하"는 것이 또 다른 아버지로 살아가는 지금의 화자의 모습이다. "잡채밥의 힘으로 대학을 시키고 집을 사고 고기를 끊었"던 아버지와 아들인 화자의 "말없는 식사" 만큼이나 세대 간의 단절은 깊고 고요하다. 그

침묵과 고요는 서로를 위한 배려라기보다는 살아오면서 점점 서로를 멀리해 온 어색한 몸짓의 반응이다. 아버지의 시간은 어느새 앞보다는 뒤에 익숙한 삶을 견디고 있음에도 불구하고, 화자인 아들의 시간은 아버지의 뒤를 돌볼 틈도 없이 오로지 앞만 보고 달려가기에 분주할 따름이기 때문이다. 그만큼 아버지와 아들의 몸짓은 서로를 향해 기울어져 있지 않은 채 살아왔으므로 어쩌다 함께 하는 지금의 시간이 좀처럼 자연스럽지 못한 것이다. 결국 아버지를 떠나보내고 자신이 그 아버지의 자리에 앉고서야 아들로서의 화자는 아버지와 다를 바 없는 침묵의 시간을 이해하게 되었다. "잡채밥 앞에서는 아버지도 나도 말이 없고 조용"했던 그 침묵의 시간을 뒤돌아보는 아버지의 시선을 이제서야 갖게 된 것이다. "존재보다 부재가 더 큰 나이가 되"(「방 뺀 날」)는 인간 존재에 대한 성찰을 하고, "갈라져 오히려 편안한 소리/인생의 갈래길에서 떨고 있는 소리/연륜이 늙은 수피처럼 떨어지는 소리"(「목소리」)를 듣고, "고마운 것은 외상이 없느니라/언제나 지금 고마운 것이니라/지금 고마워하거라/지금 고맙다고 말하거라"(「고맙지」)는 충고의 의미를 비로소 이해하게 된 것이다.

이처럼 화자는 아버지가 살아온 시간을 스스로 다시 살아가면서 아버지의 삶이 걸어온 시간에 내재된 성찰의 힘을 고스란히 물려받고 있다. 물론 이러한 성찰이 굳이 '아버지'라는 대상에 한정된 필요는 없다는 점에서, 그것은 '어머니'로 대체되어도 전혀 다를 바 없다. 즉 아버지 혹은 어머니의 시간은 부모 세대의 희생을 상징하는 서정시의 시간이라는 공통성을 지니는 것이다. 따라서 "새끼들 먹는 것만 봐도 배부르다던"(「엄마의 감자」) 어머니의 시간을 다시 살아가는 것 역시 '뒤'를 돌아보는 시선의 소중함을 일깨워 주는 서정시의 시간의식을 형상화한 것에 다름 아니다.

누가 저녁 먹으러

학리 바닷가로 가자고 한다
해안초소 초병 시절
어머니가 물어물어 찾아온 흙길
오늘 아스팔트 포장된 큰 길을 차로 달려간다
사스레피나무 덜큼한 냄새 나던 김치
조릿대 사이로 건네주고
마주 볼 새도 없이 가라고 손짓만 했지
혹여 아들에게 누가 될까 돌아서서
일광역까지 성근 눈물을 뿌리며 가셨겠지
그날 엄마는 젊디젊어
편지 봉투 들고도 이 먼 곳 찾아왔는데
그 길 부근 식당서
아구찜 먹고 나오는데
눈물이 찡, 난다

—「학리 언덕길」 전문

지난 날 어머니가 화자를 만나기 위해 "편지 봉투 들고" "물어물어 찾아온 흙길"을 지금 화자는 다시 찾아간다. 지금은 "흙길"이 아닌 "아스팔트 포장된 큰 길"이어서 옛 모습을 찾아볼 수는 없지만, "사스레피나무 덜큼한 냄새 나던 김치/조릿대 사이로 건네주고/마주 볼 새도 없이 가라고 손짓만 했"던 것에 대한 기억만큼은 지금도 절대 잊을 수 없다. 하지만 "혹여 아들에게 누가 될까 돌아서서/일광역까지 성근 눈물을 뿌리며 가셨"던 어머니의 마음을 왜 그 당시에는 온전히 헤아리지 못했던 것일까. "그 길 부근 식당서/아구찜 먹고 나오는데/눈물이 찡, 난다"라고 안타까운 심정을 토로하는 화자의 회한이 지금에 와서야 무슨 소용이 있겠는가. 어머니의 길이 곧 아들이 걸어가게 될 길이라는 인간의 숙명을 제대로 이해하기에는 너무도 어린 나이였던 탓이었을까. "잠시다 잠시/긴 것 같아도 잠시다/모든게 잠시더라"(「잠시」)라고 말씀하시는 어머니의 깨달음을 지금에서야 이해할 수 있게 된 것은 뒤를 돌아보는 시선이 있어 가능한 일이다. "맨날 감자만 보면 괜찬타 괜찬타 나는 배부르다며 양푼에 담아주던 그 감자"(「엄마의 감자」)의 의미를 어머니의 시간을 다시 살아가고서야 온전히 가슴으로 받아들이게 된 것이다.

이처럼 김형로의 시는 아버지 혹은 어머니의 시간을 스스로 다시 살아가는 뒤를 돌아보는 시선으로 서정시의 근원과 본질에 깊숙이 다가서려 한다. 이러한 시선은 절망적 근대를 살아가는 현대인의 상처와 고통에 대한 철저한 자기반성과 성찰에 바탕을 두고 있다. 모두가 앞을 향해 달려가기에 분주한 지금, 그토록 열심히 '앞'을 향해 달려왔던 그분들의 자리가 어느새 저만치 '뒤'에 머물러 있음을 우리 모두가 놓치고 살아가고 있기 때문이다. 그분들의 삶이 있어 지금 화자와 같은 또 다른 아버지의 삶이 있을 수 있었음을 누구보다도 잘 알면서도, 앞을 향해 내달리는 맹목적 속도에 매몰되어 뒤를 돌아보는 시간의 소중함조차 잃어버리고 살아온 것이다. 따라서 시인은 오로지 앞을 향해 달려가는 시선으로는 아버지 혹은 어머니의 자리를 발견하는 것이 불가능하다는 사실을 직시하는 데서부터 자신의 시가 나아갈 방향을 찾는다. 그래서인지 이번 시집에는 그때의 아버지로 표상되는 중년의 일상을 담담하게 서사화한 시가 두드러진다. "짜장이나 짬뽕 한 그릇 시켜 놓고 소주 한 병은 뚝딱!" "밥과 안주의 경계를 허무는 형님들", "얼굴마다 역사요 주름살마다 신화인 장군들의/달빛 같은 훈장"(「부전동에 가시거든」), "늦은 오후 사무실에 배부터 들어온 사내"(「씨바의 여왕」), "사내의 뒷모습이 가파르다/삶의 어느 모퉁이에 넘어졌을까"(「천 원」)의 시적 주인공들이 바로 그 때의 아버지를 다시 살아가고 있는 지금의 아버지들을 형상화한 것이 아닐까. 비록 거칠고 초라한, 그래서 세상의 시선으로부터 달갑지 않은 실패한 인생처럼 비쳐질지 몰라도, 그들의 시간 안에는 아버지로 살아가는 숙명을 끝끝내 지켜 내려는 근원적인 힘이 내재되어 있음을 주목하고자 한 것이다.

이제 시인에게 아버지의 시간은 곧 자신의 시간이 되었다. 그리고 이러한 시간의식은 아버지라는 구체적 대상을 넘어 더욱 본질적인 세계로 심화되어 나아가고자 한다. 침묵과 소외, 분열과 대립이라는 맹목적 근대의 상처와 모순을 비판적으로 성찰하는 참다운 공동체의 세계를 갈망하는 것이다. 낡고 오래된 시적 대상으로서의 지독한 편견을 넘어서기 위해서라도, 그의 시는 자연과 생명이라는 근원적 세계와의 일체화를 끊임없이 시도하고자 하는 것이다.

3. 자연과 생명 앞에서 근원적 시간을 묻다

서정시의 시간의식에 깊숙이 침윤된 김형로의 시는 과거, 현재, 미래가 선조적으로 이어진 물리적 시간의 경계를 넘어선 통합적이고 본질적인 근원적 시간에 대한 탐색에 집중한다. 그래서 시인은 "어느 곳에도 속하지 못하고" 경계인으로 살아온 자신의 시선으로부터 "마음에 묻은 것들, 가지 못한 길들"(「경계의 힘」)을 발견하는 내적 통찰의 세계를 열어 낼 수 있기를 기대한다. 과거, 현재, 미래와 같은 특정한 시간의 어느 한 곳에 중심을 두지 않고, 시간의 경계를 넘어서는 근원적 시간을 통찰함으로써 시적 진실에 더 가까이 다가갈 수 있기를 소망하는 것이다.

이천여 년 전의 방가지똥 씨앗이
스스로 발아가 된 적이 있다고 한다
한 해밖에 못 사는 풀이 때를 기다린 것이다

사랑할 만한 세상이 오지 않아
이천 년 동안 눈 감은 태연함이라니
고작 일 년 살자고 이천 년을 깜깜 세상 잠잤다니

어찌 꽃만의 일이랴
우리도 한 천 년쯤 자다가
살고 싶은 세상 왔을 때 눈 뜨면 어떨까

사람이 세상을 가려 올 수 없으니
땅에 엎드린 바랭이들 한 천 년쯤 작정하고
씨앗을 묻었다는 매향埋香의 기록

아, 어느 어진 왕이 천 년 후를 도모했던가

침향이 되면 아름다운 향기로 살라고
백 년도 아닌 천 년을 걸어 나무를 심었단다
그것은 사람이 심은 방가지똥이었다

한 해 지어 한 해 먹던 풀들이
천 년 후의 씨를 뿌렸다는,
매향에 관한 몇 줄의 글
읽고 또 읽고

노오란 꽃을 든 미륵이 눈에 어른거렸다

—「미륵을 묻다」 전문

"노오란 꽃을 든 미륵"은 무엇을 의미하는 것일까. "사랑할 만한 세상이 오지 않아/이천 년 동안 눈 감은 태연함"을 지녔던 "한 해밖에 못 사는 풀"의 운명은 무슨 행복을 바랐던 것일까. "사람이 세상을 가려 올 수 없"지만 자연만큼은 "한 천 년쯤 작정하고" "살고 싶은 세상 왔을 때 눈 뜨"는 고귀한 능력을 가졌으니, 자연 앞에서 인간이라는 존재의 근시안적 태도는 너무도 부끄러운 욕망이 되지 않을 수 없다. 따라서 "침향이 되면 아름다운 향기로 살라고/백 년도 아닌 천 년을 걸어 나무를 심었"던 자연의 마음을, 당장에라도 그럴듯한 결실을 거두는 데만 혈안이 된 인간의 모습으로는 결코 이해하지 못할 것이다. 그래서 시인은 "미륵을 묻다"라는 제목과 같이 물음의 형식을 통해 인간의 삶이 간과하고 있는 가장 본질적인 세계의 의미를 끊임없이 탐색하고자 한다. 눈앞의 현상에 이미 길들여져 있고 당장의 결과에만 매몰되어 있는 현대인의 자본주의적 속물성을 넘어서는 더욱 근원적인 세계에 다가서고자 하는 것이다. 이를 위해서는 "이천여 년 전의 방가지똥 씨앗이/스스로 발아가 된" 순간의 의미를 근본적으로 이해할 수 있어야 한다. 그래서 시인은 자연과 생명의 자리를 통해 "그날 본 큰구슬붕이는/말 한 번 붙여본 적 없는 구슬이였을까"(「큰구슬붕이」)를 묻고, "소나무와 잣나무 잎들이 말을 주고받는다 너부죽죽 한 두릅잎이 너울거리고 자두나무 작은 잎은 재재거린다"(「바람이 한 숙제」)는 나무들의 소리에 귀 기울이며, "꽃그늘 아래/그늘 꽃 화사한 할머니들"(「꽃이 꽃에게」)을 떠올리기도 하고, "붉은 미역처럼 아늘아늘 부드러웠다가/감겼다가 풀렸다가 물풀처럼 흐느꼈"던 "해녀의 삶"(「앙장구 속 같이」)을 마주하기도 한다. 이러한 자연과 생명을 향한 시선은 서정시의 근원적 시간을 끊임없이 묻고 또 묻는 시인의 노력을 보여 주는 시적 형상화의 과정으로 볼 수 있을 것이다.

이처럼 김형로의 시는 자연을 통해 인간을 바라봄으로써 근원적 생명의 세계로 한 발짝 더 다가서고자 한다. 물론 이 때의 자연은 세상과 유리된 탈속적 세계이거나 인간의 경계를 넘어선 추상적이고 관념적인 미학을 의미하는 것은 결코 아니다. 오히려 그에게 자연은 현실의 상처와 모순을 아이러니적으로 대상화하는 전략적 사물이라는 점에서 중요한 문제의식을 지니고 있다. 아버지의 시간을 다시 살아가는 화자는 이제는 자연의 시간 속으로 자신을 투사함으로써 근원적 시간으로 통합된 서정시의 세계를 온전히 보여 주고자 하는 것이다. 이 때 자연과 화자 혹은 아버지와 화자는 사물과 시간의 모든 경계를 허물고 그 자체로 하나의 세계로 동일화되는 서정시의 본질적 세계를 표상하게 된다. 그리고 이 서정시의 세계는 지금 현실이 안고 있는 소외와 모순의 지점을 우회적으로 비판하는 아이러니적 태도를 내재하고 있다는 점에서, 자본과 문명의 속도에 지쳐가는 현대인의 상실과 아픔을 근본적으로 성찰하게 하는 힘을 갖고 있다. 따라서 시인은 자연과 인간의 경계가 사라진 자리에서 서로가 서로를 바라보고 온전히 품어 안는 아름다운 풍경 속으로 깊숙이 들어가고자 하는 것이다.

얼마나 마셨는지 배롱나무 가지 끝이 붉다
눈 뜨면 취해 있던 코끝 빨간 술꾼처럼

그 술꾼, 해가 중천일 때 일어나더니
그 나무, 온갖 꽃 다 핀 오월에 눈 떴다

술 오르면 그 술꾼, 옷을 다 벗어 던지더니
그 나무, 매끈한 맨살 다 드러냈다

취중에 바른 말 독하게 하던 그 술꾼 닮아
불같은 여름 내내 그 나무 꼿꼿하게 꽃 들었다

세상 술 혼자 다 마시고 그 술꾼 죽자
사람들 그 나무 밑에 그를 묻어 주었다

나무는 술꾼의 혀처럼 더 꼬부라지고
가지 끝은 코끝처럼 더 붉어졌다

—「배롱나무 전설」 전문

"배롱나무"와 "술꾼"의 인연이 굳이 "전설"과 같은 추상적인 이야기가 되어야 할 이유는 없다. "가지 끝이 붉"은 배롱나무와 "코끝 빨간 술꾼"의 유사성은 둘 사이에 유추적 관계를 성립하게 하지만, 이러한 경계와 구분을 의도하는 순간 그 의미는 오히려 퇴색되고 말기 때문이다. 배롱나무와 술꾼은 이미 한 몸이라는 점에서 어느 것이 원관념이고 어느 것이 보조관념인지를 굳이 따질 필요가 없는 일상적이고 현실적인 문맥을 지닌다. "세상 술 혼자 다 마시고 그 술꾼 죽자/사람들 그 나무 밑에 그를 묻어 주었다"는 데서, 그리고 "나무는 술꾼의 혀처럼 더 꼬부라지고/가지 끝은 코끝처럼 더 붉어졌다"는 데서 이미 나무와 술꾼의 경계는 사라지고 없는 것이다. 결국 배롱나무의 외적 형상에서 술꾼을 떠올린 건 시인의 생각이지만, 그 생각이 "취중에 바른 말 독하게 하던 그 술꾼 닮아/불같은 여름 내내 그 나무 꼿꼿하게 꽃 들었다"는 상상력으로 확장되는 순간 더 이상 전설이 아닌 엄연한 현실이 된다. 즉 술꾼의 시간은 어느새 나무의 시간과 동일화되어 현실 어딘가에서 상처와 고통 속에서 살아간 어느 아버지의 시간을 다시 살아가고 있는 것이다. 그 아버지는 이 세상을 살아가는 "모든 존재가 묘박 중이라는" 것을 증명하듯 "지상의 묘박을 풀고 하늘로 묘박지를 정한"(「錨泊」) 존재이기도 하고, "평생 근심으로 밤 밝"히며 살아왔으면서도 "필요한 거 있음 말하거라 아직 에비 힘 있다"(「에비의 문자」)라고 여전히 자식 걱정에 노심초사하는 존재이기도 하다. "저보다 열배쯤은 큰 새끼를 키우고 있"는, 제 자식이 아닌 남의 자식임에도 "에벌레를 물고 와서 목구멍으로 쏙쏙 넣어" 주는 "붉은머리오목눈이"처럼, "욕심 없어 너무 가벼운"(「탁란」) 이타적 삶의 의미를 자연과 생명의 교감을 빌어 조용히 일깨워 주는 것이다.

이러한 자연 혹은 아버지의 시간은 앞만 보고 달려가는 직선적 시간의식으로는 결코 이해할 수 없다. "슬로비디오를 보듯 천천히/직선을 잊은 곡선으로" "미움은 천 년 바위 한 줄기 바람 쓸 듯/그리움은 느티나무 달 감추듯"(「나무늘보」)살아가는 것의 참 의미를 돌아보지 않고서는 지금 우리가 살아가는 삶의 모순과 상처를 정직하게 들여다볼 수 없는 것이다. 그리고 이러한 시선을 가진 존재, 즉 "일 나갈 궁리는 않고 시나 읽는,/세상모를 후방의 나"를 향해 "그래도 당신은 시인이

잖아, 그러면 됐지 머, 고마운 일이지"(「고마운 일」)라고 진심으로 위로의 말조차 건넬 줄 모른다면, 이와 같은 근원적 시간으로서의 서정의 세계는 앞으로도 아주 먼 세상의 일로 남겨질 뿐일 것이다.

4. 곡선과 배후의 시적 진실

오로지 직선과 전면을 향한 질주에 매달려 온 현대인의 삶은 이제 정반대의 방향으로 시선을 돌릴 필요가 있다. 목표를 설정해 놓고 그것을 달성하기 위해 앞만 보고 맹목적으로 달려가는 것이 그 자체로 문제가 되는 것은 아니지만, "인생이 뜻한 대로 직진하지 않는다는 것"을 간과하고 지나치게 한 가지 목표에만 매달리는 삶을 고집하는 것은 문제가 아닐 수 없다. "여러 번 목적지가 바뀌어도 결국 아무것도 달라지지 않는다는 것"을 모르지 않을 텐데도, "이리 가든 저리 가든 길마다 인생"(「곡선이라는 꽃」)이라는 사실을 누구보다도 잘 알면서도, 이미 정한 목표를 달성하지 못하면 결국 실패한 인생인 것처럼 규정되는 세상에 그대로 종속되어서는 안 된다. 직선이 아닌 곡선의 길에는 처음부터 앞과 뒤의 경계만 중요하게 부각되지 않는다. 곡선의 길을 따라가다 보면 자연스럽게 그 배후를 보게 되기도 하고, 가야 할 길은 점점 멀어질지라도 도달해야 할 앞의 모습이 더욱 잘 보이는 유연함이 존재한다는 사실을 깨닫게 되기도 한다. 이러한 유연함의 소통이 뒤를 돌아보는 상상력과 만날 때 보이지 않는 세계의 진실은 더욱 분명하게 그 의미를 드러낼 수 있다. 이처럼 진정한 의미에서의 시적 진실은 우리가 항상 주시하고 있는 보이는 세계로서의 '앞'에 있는 것이 아니라, 보이지 않는 세계로서의 '뒤'에 숨겨져 있을지도 모른다. 따라서 지금 우리에게는 '배후(背後)'를 투시하는 새로운 시선이 더욱 필요하지 않을까 싶다. 곡선과 배후의 상상력이야말로 시적 진실을 찾아가는 가장 의미 있는 과정이 될 수 있는 것이다.

> 언제나 뒤가 궁금한 것이다
> 으스스한 초겨울의 한기 같은 그것을
> 사람들은 어떻게든 캐보려 한다
>
> 먼저 강의 배후로 갈대를 지목해보자
> 아무 하는 일 없는 듯한
> 모래톱의 갈대들이 강을 흐르게 한다면
> 강이 갈대를 보기 위해 흐른다고 진술한다면,
>
> 그런 진술을 믿는 시인이 있다면
>
> 갈대의 배후는 새,
> 새의 배후는 울음이라고 생각하는 순간
> 배후는 참 따뜻한 말이 된다
> 조종하는 것이 아니라 뒤에서 받쳐주는 것이다
>
> 달팽이의 배후는 무엇일까
>
> 나도 이제는 무엇의 배후가 먼저 되고 싶다
> 그냥 뒤에 서 있는 배후
> 뒤돌아보면 다가오는 한 그루 나무처럼

그런 생각이 배후에 자리 잡은 후
실로 엄청난 우주 같은 은유가 내게로 왔다

—「배후」 전문

"언제나 뒤가 궁금한 것"이라는 발상 자체가 문제적이다. 그래서 "으스스한 초겨울의 한기 같은 그것"일지라도 "사람들은 어떻게든 캐보려 한다"는 사실에서부터 오래된 미래로서의 역설적 상상력은 빛을 발한다. "강의 배후로 갈대를 지목"하는 데서부터 시작된 배후의 상상력은 꼬리에 꼬리를 물고 이어지는데, 사실 배후의 실체적 진실이 무엇인지를 밝혀내는 것은 처음부터 중요한 문제가 아니다. 배후의 상상력에서 우리가 더욱 의미 있게 받아들여야 할 사실은 "그런 진술을 믿는 시인이 있다"는 것이고, "배후는 참 따뜻한 말이 된다"는 것이며, "나도 이제는 무엇의 배후가 먼저 되고 싶다"고 생각하게 되었다는 것이다. 그리고 "그런 생각이 배후에 자리 잡은 후/실로 엄청난 우주 같은 은유가 내게로 왔다"는 놀랄 만한 시적 변화가 감동적으로 찾아온다는 데 있다. 직선과 전면을 바라보는 상상력이 쉽게 간과하거나 외면해 버린 숨은 진실은, 곡선과 배후의 상상력을 통해 "우주 같은 은유"의 시적 진실로 형상화되는 것이다. 지금 우리 시에서 뒤를 돌아보는 시선으로부터 발견되는 서정의 힘이 그 어느 때보다 절실하게 요구되는 이유도 바로 여기에 있다. 그래서 김형로 시인은 "누군가 있던 자리/두고 간 체온이 따시다" 라고 지나간 시간의 온기를 더듬고 있다. "그 때 온기는 따뜻한 시가 된다"(「까마득한 체온」)는 마음으로 서정시의 시간을 오래도록 살아가고 싶은 것이다.

평등과 평화의 세상을 꿈꾸며

박구경, 『형평사를 그리다』

1. 역사를 돌아보는 시간 의식

서정시의 시간 의식은 '역사적 현재'에 근본 바탕을 둔다. 역사적 현재는 현재와 과거 그리고 미래의 시간이 분리되거나 구분되지 않고 계속해서 지속되는 것으로, 발화 내용의 시간은 과거이지만 발화의 시간은 현재인 통합적 시간 의식을 지향한다. 서정시의 본질적 세계관이 자아와 세계의 성찰적 시선에 있는 것도, 그래서 시인은 궁극적으로 앞을 바라보기보다는 뒤를 돌아보는 시선에 익숙하기 마련인 이유도 바로 여기에 있다. 물론 시인은 지금에 안주하기보다는 현실 너머의 유토피아를 꿈꾸는 이상적 존재이므로 미래지향적인 태도를 올곧게 견지해야 마땅하다. 하지만 그 미래는 과거와 현재가 융합된 미래라는 점에서 과거 혹은 현재를 돌아보는 성찰적 시선은 시인의 본질적인 세계관이 되지 않으면 안 된다.

박구경의 시집 『형평사를 그리다』를 읽기에 앞서 이전의 시집 『기차가 들어왔으면 좋겠다』(책만드는집, 2008), 『국수를 닮은 이야기』(애지, 2017), 『외딴 저 집은 둥글다』(실천문학사, 2020) 세 권을 통독했다. 사람과 세상 그리고 가족에 대한 여느 시인의 관심과 크게 다를 바 없는 제재들로 이루어진 시였지만, 유독 눈에 띄었던 것은 이러한 대상을 바라보는 시인의 시선이 과거로부터 시작해서 현재로 이어지는 시간의 깊이를 가지고 있다는 점이었다. 그저 지금의 모습을 말하고 느끼고 생각하는 데 그치는 것이 아니라, 바로 지금의 모습이 어디에서부터 비롯되었는지 그 연원을 탐색하고, 그것이 지금에 이르는 동안 겪어야만 했던 상처와 고통의 자리를 아프게 들여다보는 공감의 시선을 보여 준다는 점에서 문제적이었다. 게다가 이러한 시선이 특별히 주목해서 바라보는 지점이 개인의 일상이 아니라 공동체를 향한 것이 대부분이라는 점에서, 역사와 현실에 대한 비판적이고 성찰적인 목소리가 시인의 시 세계를 집약하는 일관된 어조임을 알 수 있다.

이런 점에서 『형평사를 그리다』는 그동안 시인이 걸어온 시적 행보를 총체적으로 담아낸 결정판이 아닐까 싶다. 사람과 생활과 역사를 돌아보는 깊이 있는 시선으로 평등과 평화의 세상을 꿈꾸는, 그래서 차별과 모순, 전쟁과 대결이 없는 아름다운 세상에서 모든 사람들이 행복하게 살아가기를 소망하는 미래지향적 의지를 과거와 현재의 이야기를 통해 간곡하게 형상화한 것이다.

2. 불평등과 대결의 시대를 넘어서

그동안 박구경의 시는 우리 역사의 모순을 정직하게 응시하고 비판하는 실천적 태도를 강하게 드러냈다. 또한 자본과 문명의 세계가 펼쳐 내는 화려함과 요란함에 익숙해지기보다는 그 이면에 소외되고 은폐되고 사라져 가는 전통적이고 반문명적인 것들에 대한 연민의 시선을 놓치지 않으려 했다. 그래서 시인은 “자가용은 너무나 미끈하고/핸드폰은 점점 작아지"는 "디지털의 표정"을 보면서도, "어둠 속을 달려온 시커먼 그 쇳덩이가/씩씩, 숨을 몰아쉬는", "육중한 열 량 스무 량의 기차가/거친 쇳내를 풍기며 들어서는 바닷가 역사(驛舍)"(「기차가 들어왔으면 좋겠다」, 『기차가 들어왔으면 좋겠다』, 12~13쪽)를 떠올리는 데 집중했다. 자본주의 문명에 길들여진 인간의 삶은 점점 더 개인화되어 가고, 기계적인 것에 의존하며 편리를 추구하는 세상의 변화는 더욱 가속화되고 있지만, 그 속에서도 사람들이 함께 어우러지고 웃고 떠들며 즐기는 공동체의 생활만큼은 사라지지 않기를 바라는 마음을 끝끝내 지켜 내고 싶은 바람 때문이 아니었을까. 신분, 학벌, 지역, 나이, 성별 등 우리 사회의 고질적인 차별과 갈등을 넘어서는, 그래서 모두가 하나로 통일되고 화합하는 세상을 진정으로 꿈꾸는 데 시인의 궁극적인 시선이 닿아 있었던 것이다. "양반 출신 지식인들과//백정 출신 지식인 장지필//재력가 이학찬//진주 중앙시장 정육점 상인들" 모두가 어떠한 차별과 구별도 없이 "한날한시 한자리에 모여/한마음으로 봉기한 사건이자 혁명"(「형평사·1-서시」, 『형평사를 그리다』, 11~12쪽)인 '형평사 운동'을 주목한 이번 시집은, 바로 이러한 그의 시적 지향을 총체적으로 담아내기 위한 전략적 결과물로 이해할 수 있을 듯하다.

「형평사」 연작은 인간의 존엄과 평등을 지켜내기 위해 1920년대 초반 진주 지역에서 일어났던 신분 해방 운동인 형평사 운동을 제재로 삼은 서사시다. 대개의 서사시가 그러하듯 역사적 사건에 바탕을 둔 증언과 기록의 형식이다 보니 시적 형상화에 있어서 다소 소홀해지는 측면이 있기 마련이다. 즉 서사시는 역사의 유장한 흐름을 율격적 호흡에 담아냄으로써 역사의식을 미적으로 감각화하는 동시에, 역사에 대한 올바른 해석과 전언을 앞자리에 내세우는 주제 의식도 제시할 수 있어야 하기 때문이다. 박구경의 시 역시 이러한 서사시의 난경을 완전히 벗어나고 있다고 보기는 어렵지만, '진주'라는 지역성과 민중성의 결합 그리고 이러한 과거의 역사가 식민과 분단 시대를 넘어 어떻게 현재까지 이어 오고 있는가에 대한 성찰적 태도를 담은, 역사적 현재로서의 서정시의 시간 의식을 보여 주고 있다는 점에서 문제적으로 다가온다.

> "사람은 모두 똑같은 사람이다/백정도 사람이고 양반도 사람이다/인간은 저울처럼 평등하다"//그러나 강상호는 이에 굴하지 않고/스스로 '신백정'의 길을 걸어 나갔다//한편으로/경찰들 역시 형평사의 세력을/적대시하는 것은 물론//식민 통치에 방해되는/불온한 사회운동이라고/방관과 경멸의 자세를 취하는 모습이었다//양반가들은 물론/문중의 외면과 따돌림들이/강상호의 슬픔과 외로움이었다//황소가 굴러도 꺼지지 않는다던/집안의 재력도//그가 추구했던 평등의 신념 앞에서/촛불처럼 사위어 가고 말았는데//해방 후 북한군 점령기에/억지로 덮어쓴 좌익 감투가//다시 또,/그를 찍어 누르는 족쇄가 되고 말았다//그가 일찌감치 좌익들과 척을 대고 지내왔지만/남은 재산까지 반공 세력들에게 빼앗기고 나니//말년의 현실 앞에서는/자식들 교육에도 허덕이고/땟거리까지 마땅치 않은/극심한 가난에 시달리다가//1957년 쓸쓸한 모습으로 세상을 떠나갔다
>
> — 「형평사·6 - 진주, 진주 사람들 3」(『형평사를 그리다』, 45~47쪽) 중에서

조선 형평사 본부가 있었던 진주의 양반가 자제이면서 "사람은 모두가 똑같은 사람이다."라는 평등사상을 실천하기 위해 "스스로 '신백정'의 길을 걸어 나갔"던 형평사 대표 강상호의 삶을 요약적으로

서사화한 시이다. 형평사 운동을 주도적으로 이끌었던 강상호의 파란만장한 인생을 특별히 주목하는 이 시에서, 강상호라는 개별자는 단순히 한 개인의 삶에 국한되지 않고 구한말에서 식민지 시절 그리고 분단 시대를 관통해 온 올곧고 실천적인 반봉건적 인물의 보편성을 담은 특수자의 성격을 아울러 지니고 있다는 점에서, 「형평사」 연작에서 강상호라는 인물은 전형성을 지닌 인물로 평가할 수 있다. 스스로 신분의 권위를 깨뜨리고 백정의 편에 서서 "인간은 저울처럼 평등하다"라는 가치를 실천적으로 보여 준 '의인(義人)'이었음에도, 세상으로부터 외면당하고 질책당한 채 "슬픔과 외로움"을 짊어지고 살았던 그의 일생은 곧 우리 현대사의 상처와 고통을 그대로 보여 주는 전형적 상황 속 전형적 인물의 현실에 다름 아닌 것이다. 그리고 이러한 시대의 상처는 해방 이전과 이후 권력과 폭력의 주체만 달라졌을 뿐 민중들의 처참한 현실은 그대로였던, 아니 오히려 더욱 극심한 이념의 굴레와 가난을 짊어지고 살아야만 했던 민중들의 상처와 고통을 더욱 적나라하게 보여 주는 것이 아닐 수 없다. 진주 사람 강상호는 양반이라는 신분의 벽을 스스로 버리면서까지 인간의 평등을 실현하기 위해 노력했음에도 불구하고, "좌익들과 척을 대고 지내왔"음에도 "남은 재산까지 반공 세력들에게 빼앗기"는, 좌우 모두로부터 핍박받았던 이데올로기의 희생양이 되고 말았다. 이러한 강상호의 불우한 인생이야말로 해방과 분단을 거쳐 오면서 역사 바로잡기에 실패한 우리의 지난 역사가 지닌 명백한 과오에서 비롯된 결과가 아닐 수 없다. 따라서 연작시 「형평사」는 과거의 역사에 대한 증언과 기록의 차원을 넘어서 지금 우리가 당면한 역사의 불구성을 비판적으로 인식하는 역사적 현재로서의 성찰적 의미를 담고 있다.

"천금의 유혹으로 첩 돼 달라 했다는데/일언지하 거절하기를,//세상이 대감을 오적의 우두머리하는데//내 비록 천한 기생이긴 하나/어찌 역적의 첩이 되겠나이까"(「형평사·8 - 기생 산홍이」, 『형평사를 그리다』, 54쪽)라고 당당하게 말했던 '기생 산홍이'의 목소리로부터, 지금 이 시대를 살아가는 우리들의 목소리가 어떠해야 하는가를 분명하게 말하고자 한 것이다.

이처럼 「형평사」 연작에서 보여 준 민중들의 반봉건의 가치는 불평등한 사회 구조의 모순을 넘어서는 것이면서 권력화된 인간의 탐욕을 냉정하게 꾸짖는 비판적 목소리임에 틀림없다. 그리고 이러한 비판적 성찰은 인간 세상이 어떠한 대립과 갈등도 없이 조화로운 공동체의 삶으로 변화되길 바라는 본질적인 문제의식에 바탕을 두고 있다. 그동안 박구경의 시가 미국이 주도하는 세계 패권주의의 위험성에 대한 비판을 비롯하여 전쟁이 아닌 평화의 시대를 강조해 왔던 것도 바로 이러한 문제의식을 담아낸 결과였다. 언제나 세계는 봄을 기다리듯 평화를 기다리고 있다고 말로는 얘기해 왔지만, 정작 그 봄은 "어미와 반대쪽에 있는/저 마음"처럼, "휴가 나와서도/발모가지를 향해 반듯하게 서 있는/저 군화!"(「군화」, 『국수를 닮은 이야기』, 76쪽)처럼 현실에 안주하여 일상의 모순을 넘어서지 못하는 소극적이고 이중적인 세계였을 따름이다. 그래서 시인은 "지난밤 우리는 너무 떠들었다/바다 건너의 전쟁만을/바다 건너올 평화만을", "우리 시대의 대부분은 이러한 평화만을 그려왔다"라고 일상에 안주해 버린 평화 담론의 허위성을 철저하게 반성하면서, 이제는 이 "봄의 모순"(「미조에서」, 『형평사를 그리다』, 117쪽)을 극복하는 진정한 평화 운동을 실천적으로 수행해야 함을 역설했다.

이런 점에서 1970년대 대표적인 공안 사건인 '인혁당 사건'의 희생자가 마지막으로 법정에서 했던 말 "'열 살 막내가 보고 싶다'"(「'열

살 막내가 보고 싶다', 『형평사를 그리다』, 78쪽)」라는 절규를 반드시 기억하고자 했던 것도, 지금까지도 이념의 제약과 불평등의 굴레 속에서 살아가는 현실을 비판적으로 성찰함으로써 사람이 먼저인 세상을 가장 우선적으로 실천해야 할 과제로 삼고자 했기 때문이다. 그리고 이러한 우리 사회의 모순이 지금도 해결되지 않고 남아 있는 것은 식민과 분단의 시대를 넘어서 평화의 시대로 올바르게 이행되지 못한 우리 역사의 구조적 한계에서 비롯된 것임을 분명하게 인식하고자 한 것이다. 형평사 운동의 중심에 있었던 강상호의 불우했던 인생을 통해 우리 현대사의 불행을 고스란히 보여 주고자 한 데서, 이제는 이러한 불평등과 대결의 시대를 넘어서 진정한 의미에서 평화의 시대로 나아가는 역사의 전환을 강력하게 요구하는 시대적 소명을 담아내고자 했던 것이다.

3. 따뜻한 사람들이 함께 하는 세상을 그리며

박구경 시인은 형평사 운동이라는 역사적 사건을 시적으로 형상화하면서 '그리다'라는 표현을 썼다. 하늘 아래 누구나 평등한 인간으로 살아갈 권리를 찾기 위한 진정한 인간 해방의 실현을 목표로 한 운동이었지만, 여기에 적극적으로 참여했던 수많은 민중들이 말로 다 할 수 없는 상처와 고통을 겪어야만 했던 가혹한 역사의 시간이기도 했다는 점에서, '그리다'라는 낭만적 표현은 형평사 운동과는 어울리지 않는 어색한 표현으로 다소 의외로 받아들여지는 게 사실이다. 하지만 시인은 형평사 운동을 민중들의 희생이라는 차원으로 바라보기보다는 민중들의 승리라는 문제의식으로 읽어 내고자 한다는 점에서, '그리다'라는 말에서 아주 단단한 시적 긴장을 의도한 시인의 탁월한 언어 감각을 발견하게 되기도 한다. 그리고 이러한 시적 긴장은 따뜻한 사람의 세상을 그리고자 하는 시인의 본질적 시 세계를 향하고 있어서 더욱 의미심장하게 다가온다.

> 새해 새 아침/붉은 해가 떠오르는/그런 시는 쓰고 싶지 않다//붉은 해 대신/그리운 사람의 얼굴/따뜻한 마음이 떠오르는 시를 쓰고 싶다//세상은 권위만이 우선이었으므로/커다란 하나만을 지향했으므로/나는 지금 허술한 찻집의 창가에 앉아 있다//입김을 불어 넣으며 잊혔던 이름들을/적어 넣고 싶었다//그런 이름들이 해처럼 떠오르면 싶어졌다
>
> —「신년의 시」(『형평사를 그리다』, 83쪽) 전문

시인의 시론으로도 읽히는 인용시에서, 인간의 생활이 배제된 자연의 아름다움만을 그리는 "그런 시는 쓰고 싶지 않다"라고 시인은 단호하게 말한다. 그리고 "붉은 해 대신/그리운 사람의 얼굴/따뜻한 마음이 떠오르는 시를 쓰고 싶다"라는 소망을 분명하게 밝히고 있다. 궁극적으로는 "새해 새 아침/붉은 해"가 "잊혔던 이름들"이기를, 그래서 그 이름들에 "입김을 불어넣"는 일이 자신의 시가 되기를 바란다. 이처럼 박구경의 시는 본질적으로 자아와 세계의 조화와 통일을 갈망하는 서정시의 세계관에 바탕을 두고 있다. 하지만 지금 우리가 살고 있는 세상은 이러한 시인의 소망을 여지없이 무너뜨려 자아와 세계의 갈등이라는 서사적 대결 의식에 깊이 빠져들게 하고 말았다. 지금까지 박구경의 시가 역사와 현실의 모순을 직시함으로써 이러한 부조리한 세계와 맞서 싸우는 적극적인 투쟁의 면모를 유감없이 드러낸 이유도 바로 여기에 있거니와, 계급 투쟁을 통해 진정한 인간

해방의 가능성을 열어 낸 형평사 운동을 시적으로 형상화했던 것도 이러한 현실의 모순을 더욱 분명하게 각인하고자 한 역사의식 때문이었다고 할 수 있다.

하지만 이러한 그의 시의 내면을 깊숙이 흐르는 본질적인 세계는 등단작이기도 한 「진료소가 있는 풍경」 연작이 보여 주는 것처럼 사람들의 일상을 따뜻하게 감싸안으려는 조화로운 태도에 있다는 데서, 지금까지 시인의 시가 걸어 온 지독한 아이러니를 발견하지 않을 수 없다. 일상적 세계 곳곳에 최소한의 인간적 삶마저 무너진 현실을 그저 바라만 보고 있을 수는 없었기에 시인은 이러한 세계를 극복하는 대결과 투쟁을 주저하지 않았을 뿐이었지, 시인이 진정으로 소망하는 세계는 "사람들이 사철나무 울타리에 깃들어/아침 햇살과 바다 물결을 길게 이고 지고"(「기차가 들어왔으면 좋겠다」, 『기차가 들어왔으면 좋겠다』, 13쪽) 살아가는 따뜻한 사람들의 세상이었던 것이다. 그의 시가 세상과의 불화를 노래하면서도 가족과 이웃을 따뜻한 시선으로 바라보는 마음을 결코 잃어버리지 않았던 이유도 바로 이러한 본질적인 시 세계에서 비롯된 것이 아닐 수 없다.

이런 점에서 볼 때 『형평사를 그리다』는 그동안 시인의 시 세계가 펼쳐 놓은 여러 자리를 한데 모아 놓았다는 점에서, 그의 시 세계 전체를 종합해 놓은 듯한 다양성의 면모를 드러낸다. 야만의 시대를 견뎌내기 위해 스스로 야만의 탈을 써야만 했던 것이 시인의 운명이었다면, 이제는 이러한 가면을 내려놓고 자신을 정직하게 들여다보는 시적 성숙의 세계를 엿볼 수도 있을 듯하다. 아마도 이러한 시의 다양성과 이질성은 투쟁과 대결의 시대를 지나 평등과 평화의 시대로 나아가는 시적 전환의 흔적이 아닐까 싶다. 따뜻한 사람들이 함께 하는 세상을 그리고 싶은 시인의 본질적 세계관이 비로소 새로운 시의 길을 열어 가고 있다고 할 수 있는 것이다. 아마도 그것은 '앞'을 바라보는 시선에서가 아니라 '뒤'를 돌아보는 시선으로부터 가능한 세계일 것이다. 그래서인지 이번 시집에서 「형평사」 연작과 「진료소가 있는 풍경」 연작이 나란히 실려 있는 것이 예사롭지 않은 의미로 다가온다. "장롱을 정리하다 예전에 폐교된 사동초등학교 가을 운동회를 알리는 붉은 타올 한 장이 눈에 띄었습니다//西紀 1996년 9월 20일//철봉대에 매달려 두 팔로 끌어내린 그날의 파란 하늘이 생각났습니다"(「진료소가 있는 풍경·7-사동초등학교」, 『형평사를 그리다』, 67쪽)에서처럼, 사라지고 잊힌 기억을 떠올리는 '뒤'를 돌아보는 시선으로부터 역사적 현재라는 시간 의식을 시적 방향으로 삼아 온 시인의 시적 토대를 발견하게 되는 것은 결코 우연이 아닌 것이다.

숨겨진 아픈 역사와 눈물을 어루만지는 기억의 서사

정춘근, 『지뢰꽃 마을 대마리』

1. 은폐되고 왜곡된 역사의 증언과 리얼리즘의 진정성

식민과 분단의 역사를 안고 살아가는 우리 민족에게 통일은 가장 중요한 과제요 목표가 아닐 수 없다. 여전히 남과 북의 대립과 갈등이 한반도의 현실을 규정하고 있고, 이러한 분단 구조의 이데올로기는 남과 북 모두의 생활과 생존을 위협하는 악순환을 거듭하고 있다. 해방이 곧 분단으로 이어진 현실에서 제국과 식민에 대한 올바른 청산을 이루어 내지 못한 우리의 모순된 역사로부터 분단 현실은 너욱 가속화되었다고 할 수 있는 것이다. 특히 1965년 한일협정의 배후에 미국이 있었다는 사실에서 분명하게 알 수 있듯이, 일제로부터 해방이 되었음에도 불구하고 계속해서 미국의 식민지적 굴레와 통제 속에 놓여 있었던 국가적 상황은 그 자체로 식민지의 연속성을 보여주는 결과가 아닐 수 없다. 오로지 권력의 쟁탈과 유지에만 혈안이 되었던, 그래서 역사의 모순을 직시하면서도 이를 바로잡기는커녕 합리화하기에 급급했던 우리의 과거는, 그 안에 무수히 많은 역사의 상처와 흔적들을 남겼을 뿐만 아니라 수많은 사람의 눈물을 철저하게 외면하는 폭력을 일삼았다. 그 결과 역사의 진실은 은폐되고 축소

되었으며, 역사의 거짓이 오히려 역사의 실체가 되는 왜곡이 아무렇지 않게 유포되었다. 따라서 지금 우리에게 살아 있는 역사는 은폐되고 왜곡된 역사의 진실을 찾아내어 올바르게 증언하는 데서부터 다시 시작되어야 한다. 그리고 이러한 역사의 진실 찾기는 사실에 기반한 기록과 증언을 토대로 그 속에서 희생된 인간의 상처와 고통을 위무하는 문학적 치유의 방식으로도 재현될 필요가 있다. 이것은 일상적 진실로서의 역사에 대한 사실적 증언과 당위적 진실로서의 인간의 가치와 지향이 온전히 어우러질 때 가장 감동적으로 전해질 수 있는데, 아마도 시의 형식은 이러한 숨겨진 기억을 형상화하는 이상적인 실천의 방식 가운데 하나가 아닐까 싶다. "분단의 철조망에 희망이 찢긴 사람들의 눈물을 닦아주려는 노력"(「시집 후기」, 『지뢰꽃』, 문학인, 2015, 150쪽)이 바로 시가 되어야 한다는 완고한 생각은 결국 이러한 문제의식에서 비롯된 것임에 틀림없다.

정춘근의 시는 비무장지대로 상징되는 분단 현실 극복과 통일의 과제를 실천하는 데 궁극적인 목표가 있다. 그리고 그의 등단작 「지뢰꽃」에서 분명하게 말했듯이, "철조망 지뢰밭에서는/가을꽃이 피고 있"다는 데서 인간을 위협하는 죽음의 극한 속에서도 어김없이 피어나는 생명의 순간으로부터 시적 긴장을 발견하고자 한다. 이런 점에서 『지뢰꽃 마을 대마리』는 분단 시대의 아픈 역사를 증언하는 리얼리티를 지니고 있음과 동시에 인간 욕망의 끝인 전쟁의 현장 속에서도 진정한 생명의 가치를 발견하려는 생명시로서의 모습도 아울러 지니고 있다는 점에서 문제적이다. 그래서 전쟁과 생명이라는 전혀 어울리지 않는 두 세계의 긴장을 형상화하는 시인의 의식과 태도가 유난히 돋보인다. 최근 우리 시단이 시와 정치를 논할 때마다 언제나 정치적인 존재로 각인되기를 바라는 시인들의 모습에서, 오히려 시와 정치 사이의 괴리와 모순을 발견할 때마다 참으로 곤혹스럽지 않을 수 없었다. 사회 참여와 참여시 사이에서의 분열을 솔직하게 고백한 어느 시인의 말이 정직하게 들릴 수밖에 없는 이유도 바로 여기에 있다. 이 때문에 최근 우리 시의 리얼리즘은 온갖 변종들로 가득 찬 소위 리얼리즘'들'로 호명할 수밖에 없을 듯하다. 누구나 시와 정치를 말하고 리얼리티를 강조하지만 정작 리얼리즘의 세계를 진정성 있게 보여 주는 시인을 찾기는 어려운 자기모순에 직면해 있는 것이다. 이런 점에서 강원도 철원의 지역적 장소성을 통해 분단 현실의 보편성을 이끌어 내고, 아직도 전쟁의 흔적이 남아 있는 역사의 현장에서 평생을 죽음과 더불어 살아온 사람들의 아픔과 눈물을 어루만지는 정춘근의 시는, 그 자체로 역사성과 생명성을 담고 있다는 점에서 의미심장하다. 가장 구체적인 역사를 말하면서도 궁극적으로는 인간의 보편적 진실에 다가서려는 리얼리즘의 진면목을 온전히 보여 준다는 점에서 아주 특별한 의미로 다가오는 것이다.

2. 장소의 역사성과 경험의 리얼리티

정춘근의 『지뢰꽃 마을 대마리』는 첫시집 『지뢰꽃』의 연속선상에 있을 뿐만 아니라, 그동안 시인이 일관되게 형상화한 전쟁과 분단의 현장에서 살아가는 인간의 고통과 상처에 대한 증언의 성격을 더욱 분명하게 드러낸다. 특히 이러한 시인의 문제의식은 역사와 현실에 대한 추상적 당위성으로 관념적이거나 선언적인 데 머무르는 여느 시와는 달리, 자신의 삶터에 바탕을 둔 구체적 경험으로부터 육화된 목소리라는 점에서 더더욱 리얼리티의 완성을 보여 준다. 시인에게 있어서 강원도 철원군 대마리의 이야기는 아버지, 어머니가 살아온 처절한 경험과 전쟁의 가장 가까이에서 이데올로기의 극한을 겪으며 살아야만 했던 이웃들의 고통에 대한 기록이라는 점에서, 허구로서의 문학이 가진 근본적 한계를 뛰어넘는 숨겨진 역사에 대한 증언으로서의 서사적 의미를 지니는 것이다. 어느 시인에게나 자신이 꼭 쓰고 싶은, 아니 쓰지 않고서는 안 되는 것이 있다고 한다면, 정춘근 시인에게 있어서 DMZ 접경 대마리 마을 개척사는 가장 근원적이면서 궁극적인 시적 지향이 되지 않을 수 없었던 것이다.

『지뢰꽃 마을 대마리』는 "말짱 거짓말이라도/간만에 가져 보는 꿈"을 놓치고 싶지 않은 "수복 지구 사람들"(「대마리 이야기 1-서른 마지기 소문」, 이하 시 인용은 같은 제목의 연작시 형식이므로 번호와 부제만 밝히기로 함)의 소박하지만 간절한 바람으로부터 시작된다. 비록 "자갈보다 지뢰가 더 많은 땅"이지만 "눈만 감으면 아슴프레하게/떠오르는 땅 서른 마지기"(「2-사실로 확인된 소문」)는 절대 놓치고 싶지 않은 '꿈'이 될 수밖에 없을 정도로 한국전쟁 이후 접경 지역 사람들의 삶은 가난하고 척박했다. 하지만 대마리 개척 마을을 조성하려는 국가의 정책은 "이북에서 온갖 폼을 잡고/지어 놓은 선전촌에 대응해서/우리가 더 잘 산다는 자랑을 하기 위해/만들어진 마을"인 "전략촌"(「4-전략촌」)을 구축하는 데 있었을 뿐, 전쟁과 가난에 내몰린 접경 지역 마을 사람들의 애환을 위무해 주는 것과는 처음부터 무관했다. 수복 지구 사람들을 또다시 이데올로기의 희생물로 삼으려는 반인권적 행태에 지나지 않았음을 간과해서는 안 되는 것이다. "전략촌 입주 신청자 중에/빨간 물만 비쳐도/무조건 탈락을 시켰"고, "군부대 지시에 잘 따르고/개간하는 과정은 일급비밀/그리고 지뢰 사고로 죽어도 좋다는"(「6-입주증」) 사상 검증과 각서를 거쳐야만 했던 것도, 대마리 개척이 개인의 행복과 안위와는 전혀 무관한 이데올로기의 결과였음을 분명하게 보여 주는 사실이다. 그럼에도 불구하고 많은 사람들이 이 일에 동참할 수밖에 없었던 것은 오로지 가족들의 생계를 걱정하며 자신의 땅을 갖고 싶다는 최소한의 바람을 절대적으로 믿고 의지하고 싶었기 때문이다.

> 막걸리를 마신다/근심을 담아 술잔을 부딪친다/착공식 손님들이 가져온/돼지고기 이백 근을 안주 삼아/막걸리 스무 말을 다 마신다//술을 못 마시는 사람도/술고래도 오늘은/허리끈을 풀어 놓고//내일부터 시작되는 개간에/지뢰를 밟아 두 다리가 잘려 나가고/숨통이 끊어질 것 같은/살 떨리는 공포를 잊기 위해/유행가에 젓가락 장단을 맞춰가며/마시고 또 마신다//밤을 새워 마시다가/소변을 핑계 삼아/텐트 밖을 나서/남쪽 하늘을 보면/걱정으로 지샐 여편네와/철모르는 자식들 초롱초롱한 눈망울이/아픈 별처럼 내려와/눈시울을 젖게 한다
>
> ―「12-막걸리 파티」 전문

"평생 神을 찾지 않던 사람들도/오늘 만큼은 공손히 머리를 조아리고/산신제 막걸리 잔을 올렸"(「10-산신제」)을 정도로, 대마리 개척은 일상의 위험과 두려움으로 절대자에게 기대지 않고서는 견딜 수 없는 날들의 연속이었음이 자명하다. '설마 나는 괜찮겠지, 오늘은 무사하겠지'라고 매일같이 스스로에게 위안의 메시지를 보내지만, "꽝 하는 소리도 잠시/검은 연기가 온몸을 휘감고/풀썩 쓰러진 사람 얼굴은/검은 흑빛 피투성"(「24-첫 지뢰 사고」)을 눈앞에서 마주하는 일이 비일비재했을 것이다. 이토록 처절한 희생을 직접적으로 경험했음에도 불구하고 "발목이 끊어진 사고 치료비/개인이 알아서 부담/더 이상 일을 못하는 손해/지뢰를 밟은 개인 책임/후유증 보상이고

위자료는/애초 들어 본적도 없는 땅"(「26-지뢰 사고 보상금 0원」)의 거짓을 끝끝내 냉정하게 뿌리치지 못한 것은 무슨 천형 같은 운명이었을까. "먹자고 하는 일/잘 먹고 살자고 하는 일/죽은 사람은 잊고/국수발을 씹는" 사람들의 비애는 "털레기 국물 같은/핏물"(「29-사망 사고」)을 늘상 가슴 깊이 물들이지 않았을까. 이런 상황 속에서 함께 일한 동료들이 할 수 있는 일이란 "하늘 나라에 가서도/다리 병신 취급 받을 것 같아/지푸라기로 만든 다리를/그럴싸하게 달아매"(「31-지푸라기 다리」)는 것이 전부였으니 이토록 지독한 슬픔이 또 어디 있으랴. "이 지긋지긋한/지뢰밭을 벗어나는 것은/숨겨진 우리들의 꿈이기도 했다"(「33-비트」)는 역설적 고백이야말로 그들의 내면을 지배하는 숨길 수 없는 비극적 진실이 아니었을까.

하지만 이러한 절망과 고통의 끝에서 얻게 될 마지막 희망과도 같은 땅이 결국에는 자신들과는 무관한 것이 되어 버릴지도 모른다는 사실을 아는 사람은 아무도 없었다. 가족과의 생이별과 동료들의 죽음 앞에서도 결코 포기할 수 없었던 땅의 소유는 처음부터 자신들의 희망이 될 수 없었음을 알아차릴 만큼 대마리 사람들은 세속적이지도 계산적이지도 못했다. 이들의 순수와 무지를 이용하여 이데올로기적 목표를 달성하려 했던 국가와 권력의 폭력은 그만큼 악랄하고 잔인했다. 그래서 "대마리 땅의 임자가/우리가 아니라는 놈들은/모두 사기꾼이라"(「53-찜찜한 소문」)고 항변해 봐야 "대마리는 등기를 낼 수 없"고 "땅 임자가 따로 있다"(「62-등기를 낼 수 없는 땅」)는 원론적인 대답과, 심지어 "국가 재산을 불법 점유한 것"이므로 "임대료 5년 치를 한꺼번에 내는/눈물 나는 특혜와/해마다 땅값을 나누어 갚는/파격적 조건으로/자신들이 목숨 걸고 개간했던 땅을/구입하는 계약서에 도장을 찍"(「63-국유지」)는 어처구니없는 결과를 마주할 따름이었다. 이러한 대마리의 어처구니없는 현실은 해방 이전 집안 대대로 터를 이루고 살았던 땅이 식민지로 일본의 손에 넘어갔다가, 해방 이후에 다시 그 땅을 되찾아 삶을 꾸려 나갔지만 적산이라는 이유로 국가의 소유로 넘어가고, 나중에는 유력자의 매입으로 결국 남의 땅이 되어 버리기도 했던, 그래서 평생 그곳에서 직접 살면서 땅을 지키고 가꾸었던 사람들을 철저하게 소외시킨 우리 민족의 땅의 역사적 모순을 그대로 되풀이하는 일이 아닐 수 없었다. 그렇다고 해서 부당한 국가의 처사에 맞서 싸워 봤자 돌아오는 것은 "지뢰밭 개간 때보다/더 긴장되는 검찰 조서"와 "한 달 뒤에/벌금형 고지서가 날아왔고/첫 수확한 쌀을 팔아/민주 시민답게 성실하게 납부를 했"(「66-빰 한 대」)던 아이러니적 상황뿐이었다.

이처럼 땅의 개척을 위해 죽음을 무릅쓰면서까지 앞장섰으면서도 약속한 소유에 대한 권한은커녕 불법 점유자로 처벌받아 땅을 빼앗기고 인권마저 철저하게 유린당한 수난의 아픔에 대해 지금 우리 국가는 어떤 대답을 할 수 있을까? 전쟁과 분단의 실상을 올바르게 증언하고 이를 평화의 초석으로 삼으려는 오늘날의 역시 인식조차도 아직 이와 같은 숨겨진 아픔과 눈물에 온전히 다가서지 못하는 현실이 너무도 안타깝다. 더군다나 식민의 기억과 분단의 역사를 넘어 통일의 가능성을 열어 나가고자 하는 지금의 정치적 상황 속에서도, "그동안의 역사를 새긴/개척비"를 지켜 내지 못하고 "언제나 그렇듯/세월의 매서운 바람이/찾는 사람 없는 비문을 긁어서/점점 희미해져 갈 것이고/사람들은 대마리 개척 역사를/지난 이야기로 생각할 것"(「최종-개척비」)에 수수방관해 버린다면 더이상 역사는 앞으로 나아가는 것이라고 말할 수 없을 것이다. 이런 점에서 『지뢰꽃 마을 대마리』가 담아낸 서사적 상상력과 진실은 그 어떤 역사적 당위보다도 진실하고 정의로운 진짜 역사의 힘을 보여 주고 있다고 평가하지 않을 수 없다. 특히 서울대학교 자유전공학부 30명의 학생들의 영문 번역과 함께 출간한 시집의 구성도 아주 남다르게 다가온다. 그동안의 역사 교과서가 제대로 감당해 내지 못했던 분단 극복과 평화 교육의 생생한 현장과 증언을 실천적으로 보여 주는 상당히 의미 있는 사례라고 할 수 있기 때문이다. 『지뢰꽃 마을 대마리』는 지금 우리가 다시, 새롭게, 읽어야 할 가장 훌륭한 역사 교과서의 역할을 하고 있음에 틀림없다.

3. '지뢰'와 '꽃', 죽음과 생명의 긴장

『지뢰꽃 마을 대마리』가 분단시와 통일시의 계보를 이어가면서도 이와는 다른 지점에서 아주 특별한 의미를 보여 주는 것은 '지뢰'와 '꽃'의 선명한 대비, 즉 죽음과 생명의 시적 긴장에서 비롯된 생명시의 면모를 지닌다는 점이다. 죽음과 살육의 현장 가장 가까이에서 인간의 생명과 존엄이 위협받는 현실을 비판한 것도 바로 이러한 문제의식과 같은 맥락을 지닌 것이지만, 그보다도 더욱 문제적인 것은 "남과 북 병사들/핏발선 눈으로 바라보는/죽창 같은 긴장의 틈새로/햇살이 퍼지자/계곡에서 물을 먹는/귀여운 침입자 노루 한 쌍"(「노루-비무장지대」, 『수류탄 고기잡이』, 작가마을, 2006, 13쪽)을 같은 마음으로 바라보고 기다리는 남과 북의 공동체적 시선에 더욱 깊이 다가서고 있다는 사실이다. 그래서 시인은 "포사격 소리에 흔들리는 산에서는 향기로운 꽃이 피고 탱크들이 훈련하는 계곡에서는 결코 꺾이지 않는 풀들이 뿌리를 내리고 있을 것"(「분단 극복과 통일 문학」, 『수류탄 고기잡이』, 140쪽)이라는 생명의 시선을 일관되게 견지해 왔다. 그의 시가 반생명적 세계의 위험과 공포를 냉정하게 직시하면서도 끝끝내 '꽃'의 상상력을 잃지 않으려고 했던 것도 바로 이러한 이유에서가 아닐까 싶다.

> 사방으로 불을 놓아/새까맣게 그을린 땅/개간 작업으로/시뻘겋게 뒤집힌 땅//세상의 시간이 멈춘 것 같은/이곳에도 봄이 찾아오고/산골짜기 능선을 따라/진달래꽃이 핀다//이름 모를 새들도/불에 그슬린 진달래 가지를 쥐고 앉아/악머구리 같은 대북 방송에/울음 자락을 섞고//진달래꽃 붉은 색에/빨갱이들이 떠올라/화들짝 놀라는 발아래/난리 통에 죽은 혼들이/몇이나 묻혀 있을까//이런 생각도 잠시/비상이 걸려 작업을 못하는 우리들은/통제부 진달래꽃 그늘 아래서/오랜만에 지급 받은 칼빈 총을 닦는다
>
> —「45-진달래 꽃 아래서」 전문

"세상의 시간이 멈춘 것 같은" 비무장지대가 그 자체로 '평화'의 상징이라는 사실은 인간의 탐욕과 권력적 시신으로는 도저히 이해할 수 없는 역설적 진실이다. 그것은 인간의 한계를 넘어선 생명 그 자체의 시선이 아니고서는 파악할 수 없는 세계로, "이곳에도 봄이 찾아오고/산골짜기 능선을 따라/진달래꽃이 핀다"는 자연의 섭리 앞에서 인간이 한없이 겸허해질 필요가 있음을 말해준다. 가장 권력적이고 탐욕적인, 그리고 이데올로기적 대립의 극한 속에서도 죽어가는 영혼에 생명을 불어넣는 꽃의 상상력을 형상화하는 시선이야말로 가장 본질적인 생명성을 드러낸다. 지뢰와 꽃의 결합은 그 자체로 생명에 대한 지독한 애착의 산물이고, 전쟁과 분단이 빼앗아간 잃어버린 것들에 대한 그리움인 동시에 진정으로 우리가 되찾아야 할 생명의

본질에 대한 간절한 염원이기도 한 것이다. 그래서 "해가 떨어지면 검문소에 갇힌 육지 안에 섬 같은 땅의 이야기를 들으며 내가 작가가 된다면 세상에 꼭 남기고 싶다는 다짐을 했었다."(「시인의 말」, 『지뢰꽃 마을 대마리』, 343쪽)라는 시인의 고백은 그 자체로 시가 될 수밖에 없다. "분단의 그늘 아래서 벌어졌던 숨겨진 아픈 역사", "우리가 극복해야 할 분단은 이런 사람들의 눈물을 기억하고 닦아주는 것에서 시작"(「발간사」, 『지뢰꽃 마을 대마리』, 19쪽)해야 한다는 시인의 목소리에 진정성 있게 다가설 필요가 있다. 시와 정치 혹은 시와 리얼리즘은 바로 이러한 의식과 실천이 온전히 만나는 지점에서 이루어질 수 있다는 사실을 반드시 기억해야 할 것이다.

뒤를 돌아보는 서정의 시간

정주영의 시 세계

1. 서정시의 시간과 성찰적 시선

서정시의 본질이 끊임없이 의심받는 시대를 살아가고 있다. 자본과 문명의 속도를 따라가기에 분주한 대중문화의 확산과 기술 이데올로기의 발전은 시의 미래마저 새로운 모습으로 변화되기를 요구한다. 물론 문학 또한 시대의 변화를 거스를 수 없는 우리 사회의 한 부분이므로 현대시의 변화와 새로움 자체를 부정적으로 볼 이유는 없다. 하지만 모든 것에는 변해야 할 것으로의 현재적 의미와 변하지 말아야 할 것으로서의 본질적 측면이 함께 존재한다는 점에서, 새로움과 변화가 무조건적 강박이 되거나 현실추수적인 경향으로 흐르는 것에 대해서만큼은 철저하게 경계해야 한다.

지난 90년대 이후 우리 시를 돌아볼 때 서정의 본질에 대한 거리두기 혹은 탈서정의 새로움을 모색하는 징후가 너무도 뚜렷했다. 서정시의 본질로서의 은유의 원리는 낯설고 기이한 언어의 세계로 구축된 장황한 요설로 넘쳐나는 환유의 세계로 탈바꿈되었다. 또한 전통적인 동일성론에 입각한 서정시의 본질은 시대착오적인 낡고 고루한 아집으로까지 인식되어 반서정 혹은 탈서정의 세계로 나아가는 지독한 새로움의 강박을 드러냈다. 이러한 급격한 변화의 양상은 서정시 자체에 내재된 낡고 고루한 인식의 문제에서 비롯된 측면이 있는 것도 사실이다. 다만 그 변화가 서정의 본질을 왜곡하거나 의심하는, 그래서 시의 본질마저 훼손하는 방향으로 흐르는 것은 서정시의 근본을 무너뜨리는 것이라는 점에서 아주 위험한 발상과 태도가 될 수 있다.

이러한 탈서정 혹은 반서정의 현실이 전면화되는 시대에서 여전히 서정시의 본질을 지켜 낸 시인들도 아주 많다. 주체와 세계의 동일성을 지향하면서 인간의 삶과 자연의 존재론적 의미에 대한 깊이 있는 성찰의 세계를 열어 감으로써 변하지 말아야 할 것으로서의 서정시의 자리를 꿋꿋하게 지켜 냈다고 할 수 있다. 모든 것이 첨단의 기교와 상상력에 바탕을 둔 미래적 비전을 강조하는 가운데, 오히려 낡고 오래된 상상력을 통해 지나온 시간을 뒤돌아보는 시적 태도야말로 전통적이면서도 미래적인 아이러니적 진실을 함축하고 있다. 90년대 초반 탈근대적 경향에 압도된 시의 변화에 맞서 서정성의 회복을 주장하고 정신주의 시의 가능성을 열어 갔던 한국 시문학사의 흐름은 바로 이러한 문제의식을 역설적으로 담아낸 결과이다.

이처럼 서정이 위협받고 있는 시대일수록 다시 서정의 의미를 되새기는 전도된 시 의식을 가질 필요가 있다. 서정시의 시간은 본질적으로 뒤를 돌아보는 상상력에 기대고 있는 측면이 두드러진다. 서정시의 배경이 아침보다는 오후나 저녁의 시간에 집중되는 이유도 이 때문이거니와, 뒤를 돌아보는 성찰적 시선을 통해 주체와 세계가 만나는 통합의 시간을 창조해 내고자 하는 것이다. 따라서 서정시는 과거를 돌아보든 미래를 지향하든 모든 가치와 세계를 현재의 시간 안에서 의미화하는 역사적 현재의 모습을 형상화하는 데 본질이 있다. 서정시가 자기 반영 혹은 자기성찰로서의 화자의 모습이 지배적인 것도, 과거와 미래로 열려 있는 인간의 존재에 대한 성찰을 현재화하는 성찰적 시선에 근본적으로 바탕을 두고 있기 때문이다.

정주영의 시는 서정시의 본질을 충실히 구현하는 성숙한 시의 힘을 지니고 있다. 첫 시집 『남루한 기쁨』(천우, 2019)에서부터 "그곳은 어디인가"(「길[道]을 묻다」), "오늘도 거울을 본다"(「거울보기」), "나는 어디로 갔지?"(「셀카 놀이」)에서와 같이 자신이 걸어온 삶의 길을 묻고 스스로를 돌아보는 존재론적 성찰을 밀도 있게 형상화했다. 이러한 시적 태도는 서정시의 화자가 보편적으로 가져야 할 덕목으로, 세계 속에 던져진 자아가 현실과의 만남 속에서 동일성의 세계를 지향해 가는 서정시의 근본 원리에 충실한 경향을 드러낸다. 서정시는 곧 자기 반영의 장르적 특징을 지닌다고 할 때, 정주영의 시는 자신이 살아왔고 살아가고 있으며 또 앞으로 살아갈 길 위에서 존재론적 물음을 통해 해답을 찾아가는 진정성 있는 통찰의 세계를 열어 내고 있다. 그의 시선은 크게 일상과 자연, 장소와 역사라는 두 가지 지향을 통해 자신의 내면을 정직하게 들여다보고자 한다. 이는 존재의 근원 찾기라는 서정시의 운명을 그대로 보여 주는 것으로, 낯설고 기이한 언어의 과잉으로 흐르는 요즘 시의 경향과는 다르게 일상의 언어와 시의 언어가 일치하는 따뜻하고 성숙한 시의 마음을 보여 준다는 점에서 의미가 있다.

2. 일상과 자연에 대한 통찰

정주영의 시는 일상의 모습에 대한 집요한 응시와 탐색을 통해 인간의 삶이 지향해야 할 참된 가치에 대한 깊이 있는 통찰을 드러낸다. 이러한 비판적 태도는 자신이 살아온 삶의 이력 안에 놓인 경험적 사유를 통해 구체화되는데, 다분히 윤리적이고 성찰적인 태도를 지닌다는 점에서 자기 반영으로서의 서정시의 원리에 바탕을 두고 있음을 알 수 있다. 또한 이러한 윤리적 인식은 인생의 말년에 가까이 이른 존재로서 지나온 시간을 뒤돌아보는 상상력에 토대를 두고 있어서 조금은 계몽적인 모습을 노출하고 있기도 하다. 어떠한 삶이 진정으로 올바른 것인가에 대한 시대적 논란은 항상 있기 마련이지만, 그리고 그것을 인식하는 세대론적 격차도 점점 커지고 있는 것이 사실이지만, 인간이 지켜야 할 근본적인 태도는 변하지 않아야 할 것으로서의 서정시의 가치와 지향에 맞닿아 있는 측면이 많다. 따라서 시인은 이러한 서정시의 본질에 기대어 지금 우리 사회가 직면한 인간 존재의 근본적 문제들을 자신의 일상적 경험 안에서 형상화하고 있어 주목된다.

> 공사판에 불 하나 쬐는 일도 쉽던가
> 춥다고 느낄수록 누구나 다
> 조금만 더
> 조금만 더 하면서
> 깡통 난로 가까이 파고들고
> 그럴수록 자리다툼 은근하지 않던가
> 운 좋게 앞자리 잡았다고
> 넋 놓고 있었다간 데이기 딱 좋다
> 그렇다고 지레 겁먹고
> 주춤주춤 뒤로 물러서면
> 한기가 뼛속을 파고들지 않던가

살면서 거리두기에 실패한 일
공사장 깡통 난로뿐이던가
너와 나
상사와 부하 그리고
꿈과 현실 ……
그래 그래
꿈은 별처럼 아스라이
현실은 깡통 난로처럼 있지 않던가

—「거리두기」 전문

경쟁이 미덕이 되는 세상을 살아가고 있는 듯하다. 공정성과 객관성을 전제한다면 경쟁은 자본주의 시대의 변화와 발전을 위한 최소한의 필요조건이 되는 것은 당연하다. 하지만 이러한 경쟁의 내부를 정직하게 들여다보면 결국 그것은 개인의 안정과 실익을 얻고자 하는 과도한 욕망을 투영한 경우가 허다하다. 추위를 견디기 위해 "깡통 난로 가까이 파고"드는 것은 인간의 본능이지만, 그것이 서로의 온기를 채우는 따뜻함이 되지 못하고 결국 "자리다툼"의 결과로 치닫는다는 데서 경쟁의 상징적 의미가 담겨 있다. 그렇다면 "너와 나" 모두를 따뜻하게 만드는 적당한 "거리두기"가 이루어져 개인의 이기심이 아닌 공동체의 목표에 부합하는 방향성을 가지면 될 텐데, 이러한 평범한 정답을 분명 알고 있으면서도 "살면서 거리두기에 실패한 일"이 다반사라는 데 인간의 모순과 한계가 있다. 인생의 길은 마치 "평균대 위에서 걷기"(「평균대 위 걷기」)와 같은 것이어서 타인과의 경쟁에서 자신을 지켜 내는 일은 균형 감각과 안정적 질서를 외면할 수는 없다. 결국 나를 지키기 위해서는 너의 자리를 뺏어야 하는 경쟁의 질서에 순응하지 않으면 안 된다. 아마도 시인 역시 이러한 삶의 한가운데를 지나왔을 것이고, 이제는 이러한 경쟁의 시간을 객관적으로 뒤돌아보면서 적당한 거리두기의 삶이 어떠해야 하는가에 대한 존재론적 성찰의 의미를 알게 되었을 것이다. 시인의 일상이 과거에는 삶의 긴장을 놓칠 수 없는 생존과 직결되는 문제였다면, 지금은 삶의 진면목을 여유롭게 응시하는 관조의 대상이 되었기 때문이다.

누구나 때깔 좋은
밥그릇이 되고자 안달할 때
밥그릇이 되지 못했지

밥이 담기면 밥그릇이 되고
국이 담기면 국그릇이 되는
막사발이 되고 말았지

막사발이 할 수 있는 일은
오직 자신을 섭섭히 비우고
어둑한 구석 한쪽
찬장에 정좌한 채
자나 깨나 요리사의
쓰임을 기다리는 것뿐이었지

그러나
밥그릇도 국그릇도 아니면서
밥그릇도 국그릇도 되는

막사발의 묘한 쓰임새
밥그릇이나 국그릇은 모르지

—「막사발」 전문

"막사발"은 일상의 무게를 견디며 살아온 시인의 삶이 투영된 객관적 상관물이다. "누구나 때깔 좋은/밥그릇이 되고자 안달"하는 것은 인간의 근본적인 욕망이고, 무엇이 되고자 하는 인간의 지향에서 '무엇'은 세상으로부터 인정받고 대접받는 그럴듯한 존재로의 위치 상승을 의미한다. 하지만 실제로 이러한 위치에 정해진 한계가 있어서 사람들은 "밥그릇이 되고자" 하는 경쟁사회의 틀 안에서 좌절하거나 실패하는 경우가 대부분이다. 아마도 시인 역시 어쩔 수 없이 이와 같은 사회의 질서에 순응하며 살아온 듯한데, 이제는 이러한 현실로부터 적당한 거리를 두게 되면서 굳이 "밥그릇이 되고자" 하는 욕망보다는 "밥이 담기면 밥그릇이 되고/국이 담기면 국그릇이 되는 /막사발"로서의 존재에 대한 새로운 인식을 발견하고자 한다. 즉 "밥그릇도 국그릇도 아니면서/밥그릇도 국그릇도 되는" 역설적 인식으로 "막사발의 묘한 쓰임새"가 갖는 긍정적인 의미를 찾아냄으로써 굳이 "밥그릇"이나 "국그릇"과 같이 표면적으로는 그럴듯한 쓰임새를 갖는 대상이 되지 않아도 되는 것이 인생이라는 깨달음을 전해주는 것이다. "막사발"이란 이름에서 느껴지는 평범함이 세상으로부터 특별한 시선을 받지 못하는 것일지라도, "밥그릇", "국그릇"으로 살아온 자들에게 남겨진 "기념패니 공로패니 감사패"는 "산자의 묘비명"과 같은 것에 불과할 뿐 아무런 의미가 없다는, 그래서 "나는 오늘 생전에 받은/묘비명을 땅에 묻는다"(「패(牌)」)라는 성찰적 태도를 드러내는 것이다.

이런 점에서 시인은 일상의 허명과 부질없는 욕망을 넘어선, 즉 인간 중심적인 세계의 그늘을 벗어남으로써 진정한 생명에 다가서는 방법을 탐색하고자 한다. 일상의 한가운데를 살아가면서도 사물과 자연으로부터 인간의 삶을 근본적으로 성찰하는 생명의 가능성을 찾고자 하는 것이다. 거미줄처럼 뒤엉킨 삶의 모습에 견주어 보는 시적 통찰을 통해 "생명이 생명을 일구는 저것은/상생과 상극이 공존하는/생명 그물"(「거미줄」)이라는 인식에 이르는 것은 예사롭지 않다. 도심 속 분수를 바라보면서 "상식을 깨려는 듯/기세 좋게 위로 흐르는 물"(「분수」)이라는 비판적 성찰의 태도를 드러낸 점도 상당히 문제적이다. 이는 결국 사물과 자연으로부터 인간의 삶을 근본적으로 반성하는 생명의 의미를 발견하려는 시적 지향성을 드러낸 것으로 볼 수 있다. 이러한 시적 지향은 신산한 삶의 역정을 견디며 살아온 말년의 상상력이 아니고서는 그 진정성을 의심받기 마련이다. 정주영의 시가 일상 속에서 만난 자연의 풍경에 유독 특별한 시선을 드러내는 이유도 바로 여기에 있을 것으로 짐작된다.

> 사람들은 억새꽃이라 부르지만
> 가을 산의 은자(隱者),
> 억새는 처음부터 풀이었다
> 마른 그루터기에
> 젖니처럼 돋아난 초록 잎은
> 햇볕에 그을리고 비바람에 젖으면서
> 뼈마디가 생기고
> 결기의 푸른 서릿발 되었다
> 서리가 내리면서

억새가 온몸을 말리고
바람에 쑥대강이 흔들리자
사람들은 비로소 억새꽃이라 부르지만
억새는 한 번도
꽃을 꿈꾼 적이 없다
거친 야산에서 석양을 바라보며
함께 말라가는 저 이름 없는 산야초처럼

—「억새」 전문

정주영의 시에서 자연을 소재로 한 경우는 아주 많다. 물론 이러한 자연은 현실과는 동떨어진 이상적인 세계로 의미화된다기보다는, 일상의 한가운데를 함께 살아가는 존재로서의 친숙함을 갖는다는 점에서 특징적이다. 장미꽃, 자목련, 안개꽃, 아까시나무 등 꽃과 식물들이 주를 이루는데, 우리 주변에서 흔히 볼 수 있는 생명을 제재로 삼아 인간의 삶과 더불어 그 의미를 통찰하는 시적 태도를 드러내는 것이다. 따라서 이러한 자연은 곧 인간에 대응되는 상징물로서 기능하는 측면이 두드러진다. "억새"를 "가을산의 은자"로 명명하면서 그 속성으로 "결기의 푸른 서릿발"을 주목하는 데서, 인간이 살아가야 할 덕목의 한 부분을 상징적으로 제시하려는 것이다.

서정시의 원리가 동화와 투사의 방식에 있다고 할 때, 감정이입의 대상으로 주체와 자연의 조화를 모색하는 투사의 전략은 우리 고전 시가에서도 즐겨 사용한 전통적인 방식이다. 세속화된 일상과 거리를 두고 자연의 숨은 질서가 내포하는 인격적 성숙에 귀기울이는 태도야말로 가장 서정시다운 전통을 보여 준 것이라고 할 수 있다. "누구와도 잘 어울리는 너는/주연보다는 조연이 제격"(「안개꽃」)이라는 생각도, 초여름 아까시나무를 보면서 "나에게 한사코/말을 버려보라네"(「아까시나무」)라는 마음을 읽어 내는 것도, "백 년을 커도/어른 키 높이가 안 되는 반송"을 통해 오늘날 "루저(loser)"(「반송」)의 삶을 떠올리는 데서도, 일상화된 자연을 인식하고 새롭게 의미화하는 시인의 시적 통찰이 돋보인다. 결국 그의 시에서 자연은 인간과의 대비를 통해 구체화되는, 그래서 인간의 삶을 근본적으로 성찰하는 전통적이면서 상징적인 속성을 지닌다.

대체로 자연과 인간의 비교를 전제로 한 탐색의 과정은 자연의 절대화로 기울어질 우려가 있다. 하지만 정주영의 시에서 자연은 인간의 시선과 더불어 의미화된다는 점에서 자연과 인간의 관계에 대한 집요한 탐색을 지향한다. 그리고 이러한 자연이 깃든 장소의 구체성에 뿌리내리고 있다는 점에서 관념적 추상성에 머물러 있지도 않다. 따라서 시인에게 자연은 현실을 비추는 거울과 같다는 점에서 자신의 일상을 통과하는 장소성과 맞물려 있다는 사실도 특별히 주목된다. 정주영의 시가 부산이라는 지역적 장소성에 상당한 애착을 보이는 것도 이러한 점과 무관하지는 않을 듯하다.

3. 장소의 기억과 역사에 대한 인식

정주영의 시에서 부산의 장소에 대한 인식은 자신이 살아온 일상 속에서 마주한 삶의 풍경이라는 점에서 생활 공간으로서의 의미를 담아낸다. 증산, 산복도로, 사십계단, 자갈치, 용두산, 온천천, 낙동강 등 부산에 터를 두고 살아온 삶의 기억 속에서 만날 수 있는 일상의 기억을 따라간 측면이 두드러지는 것이다. 따라서 그의 시에서 장소는 역사적 의미를 강조하려는 의도보다는 부산 사람들이 걸어온 삶의 역사를 따라간 경우가 많다. 물론 이 또한 부산의 역사적 장소성과 무관하지는 않다는 점에서, 그의 시에서 장소는 역사와 마주하는 등가물의 의미를 지니고 있기도 하다. 다만 이때 역사는 특정 장소가 외재적으로 표상하는 유형의 대상으로서의 의미보다는, 그곳에 터를 이루고 살아온 사람들의 삶에 축적된 내면 공간으로서의 장소의 의미에 초점을 둔다는 점에서 차별성이 있다. 결국 장소는 일상의 흔적이고 기억이고 역사라는 점에서 뒤를 돌아보는 상상력에 본질을 둔 서정시의 시선과 자연스럽게 만난다. 평범한 사물과 대상을 일상적 언어로 표현하면서도 일상어를 넘어선 미학적 세계를 창조해 내는 것이 시인의 능력이다. 이런 점에서 정주영의 시에서 장소는 일상적이면서 역사적인 양가적 공간성을 지닌 것으로, 그 장소에 깃든 서정시의 시간을 따라가는 시인의 마음을 엿볼 수 있게 한다.

이틀에 한 번도 제대로 지킬 줄 모르는 산수도,
그놈의 정력을 믿을 수 없어
집집이 노란 물통을 이고 살았던
우리들의 공중도시

하늘 아래 첫 집이면서
보이지 않는 태양을 향해
항상 문 열어두고 기다리던 그 집
음지식물처럼 해를 그리워하는 빨래가 펄럭이던
내가 셋방살이하던 그 집은
빈집 된 지 오래되었고
제비꽃이 개똥처럼 널려있던 길엔

자벌레 버스가 흙먼지를 날리며 간간이 기어 다녔고
한때 호기심 많던 만디버스가 다니기도 했으나
지금은 시들시들 시들어 가는
할미꽃 피어있는 길

우리가 잊고 살았던 그 길 위에
해와 달그림자가 수없이 쓸고 가는 바람에
남루도 그리움으로 채색되고
떫고 섧던 땡감 기운도 홍시로 익어가는
우리들의 서러운 꿈이 잠 못 이루던 그곳,
산복도로 마추픽추

—「산복도로」 전문

시인에게 장소는 추억 혹은 기억의 산물이라는 점에서 "산복도로"에서의 삶을 뒤돌아보는 시선은 아주 각별하다. 물 공급이 여의치 않아 "집집이 노란 물통을 이고 살았던" 생활의 고충도 있었거니와, "음지식물처럼 해를 그리워하는 빨래가 펄럭이던" 풍경이며 "제비꽃이 개똥처럼 널려있던 길"을 지나던 일상의 경험은, 시인만의 기억이라기보다는 부산에서 오래 터를 이루고 살았던 사람들이 지나온 삶의 내력을 그대로 담고 있다. "공중도시", "산복도로", "셋방살이"로 압축된 삶의 공간성은 "우리들의 서러운 꿈이 잠 못 이루던" 곳이라는 점에서 힘겨운 기억이면서도 소중한 추억으로 남지 않을 수 없다. 이러한 기억을 더듬는 것은 결국 지금 내가 살아가는 삶의 현재성을 되묻는 것이 된다는 점에서, 과거의 시간에 머무는 것이기보다는 미래의 시간을 의식하는 '오래된 미래'로서의 성격을 갖는다. 그래서인지 시인은 "사람들 모두 다 떠나고/인제는 추억만 남은 빈집"(「사십계단에서」)의 상상력에 오래 머물러 있는 듯하다. 일상의 어느 즈음에서 삶이 "고달플 때도" "꿀꿀할 때도 자갈치에 가서/허름한 식당에 자리 잡고 앉"(「부산 자갈치」)는 마음도 그러하거니와, "근골에 가난처럼 스며든/푸른 녹은 깡깡이로 쪼아"내고 "난바다 보이지 않는/돌고래의 푸른 꿈은/그라인더로 갈아"(「깡깡이 아지매」)내는 삶의 태도 역시, 과거의 기억을 통해 현재의 삶이 견지해야 할 방향성을 보여 준다는 점에서 역사적 현재로서의 시적 특성을 드러낸다.

왜정 때 큰 관청 있었다는 대청동엘 가면
외세의 소용돌이 온몸으로 겪으며
뒤웅박 팔자가 된 할머니 닮은 건물 있다
그 건물 첫 임자는 '동양척식 주식회사 부산지점'
허, 말이 좋아 주식회사지
날강도 떼강도 소굴이었단다
모진 세월 온갖 구박 다 견딘 끝에
두 번째 만난 주인은 '부산 미국문화원'
허, 이놈도 말이 좋아 아름다운 나라지
젊은이들 눈엔 게다짝이나 양코배기나
그놈이 그놈인지라
양갈보라는 손가락질에 화염병 세례까지
온갖 수모를 겪다가
겨우 친정으로 돌아와
세 번째 '부산근대역사관'으로 팔자를 고치고,
다시 '부산 근현대역사관 별관'으로

이름을 바꾸고 오늘에 이르렀다
험한 세상 태어나
이름을 몇 번이나 바꾼 뒤웅박 팔자,
그 팔자 부끄럽지도 자랑스럽지도 않으나,
행여 사람들이 팔자를 시절 탓으로 돌릴까
저어할 뿐이다

—「뒤웅박 팔자 - 부산근현대역사관 별관」 전문

식민지 시기 동양척식주식회사로 사용되다 해방 이후 미국문화원을 거쳐 부산근대역사관으로 역사를 이어 온 건물의 최근 변화상을 담은 시이다. "외세의 소용돌이 온몸으로 겪으며/뒤웅박 팔자가 된 할머니 닮은 건물"이라는 표현에서처럼, 주체적 근대화를 이루지 못한 우리의 역사적 상처를 온몸으로 경험한 부산의 역사적 장소성을 상징적 건물을 통해 형상화한 것으로 이해할 수 있다. "날강도 떼강도 소굴", "양갈보라는 손가락질에 화염병 세례까지/온갖 수모를 겪다가/겨우 친정으로 돌아와" 부산의 역사를 담은 "'부산근대역사관'으로 팔자를 고치"게 되었다는, 부산의 역사적 상처와 고통을 오롯이 새기고 있는 건물에 대한 연민과 애정이 드러난 시이다. 그런데 이러한 역사적 장소에 대한 시인의 의식이 맹목적 동경이나 극단적 냉소라는 양극단으로 흐르지 않는 균형 잡힌 시각을 보여 준다는 점에서 주목된다. "그 팔자 부끄럽지도 자랑스럽지도 않"았다는 역사적 사실을 정직하게 응시하면서도 "행여 사람들의 팔자를 시절 탓으로 돌릴까/저어할 뿐이다"라는 데서, 역사의 기억을 내면화하는 시인으로서의 양가적 인식을 확인하게 되는 것이다. 역사는 선택된 사실의 기록이라고 할 때, 이때 선택은 특정한 권력에 의해 선택되거나 배제된 왜곡된 시선을 드러낼 경우가 많다. 역사적 사실이라고 하지만 과장되거나 부풀려진 경우도 있고, 분명한 역사적 사실임에도 기록되기는커녕 왜곡되거나 은폐된 경우도 비일비재하다. 따라서 우리가 살아온 역사의 장면들이 부끄러운 것이든 자랑스러운 것이든 그것들과 정직하게 마주할 때, 기억으로서의 역사는 미래를 여는 새로운 역사로서의 가능성을 열어갈 수 있음을 말하고자 한 듯하다.

물론 정주영의 시에 나타난 부산의 장소성이 이처럼 무거운 역사의 공적 공간을 전면화하는 방향을 초점화하고 있지는 않다. 자신이 터전을 이루고 살아온 장소와 삶의 관련성 속에서 뒤를 돌아보는 상상력이라는 그의 시의 일관된 주제 의식을 구현하는 일상적 배경으로서의 의미도 아울러 지니는 것이다. 그리고 이러한 장소를 세속적 현실과는 대비되는 성찰적 시선으로 형상화하고 있다는 점도 특징적이다. 즉 일상적 진실의 관점에서 본 지금 우리의 현실이 자본과 문명의 타락이 가져온 세속화된 세계의 모습으로 가득 차 있다는 점에서, 이러한 현실을 극복하는 이상적이고 당위적인 시선으로 포착된 장소의 의미를 형상화했다고 할 수 있는 것이다.

여기가 바로 선경(仙境) 아닌가
대저에서 하단까지
둑길 삼십 리.
늘어선 벚나무들 일제히
하늘을 향해
꽃불을 쏘아 올리니
불꽃이 은하로 흩네
옷고름도 풀지 않은 채

칠백 리 서서 흐르던 낙동강이
은하를 바라보며 앙가슴 헤치고
누워서 뉘엿뉘엿 꿈결로 흐르네
은하 따라 꿈결 따라 흘러와
불꽃놀이에 펄럭이는
저 남색 치마는
바다 건너 아유타국
공주님의 행차인 듯하고
노랑나비도 꿀벌 떼도
입 모아 합창하니
여기가 바로 요지(瑤池) 아닌가

―「낙동강 벚꽃 길」 전문

부산의 장소성을 드러내는 대표적인 상징 공간인 낙동강 벚꽃 길의 풍경을 바라보면서 "바다 건너 아유타국/공주님의 행차인 듯"하다고 느끼는 데서, 세속적 현실과는 전혀 다른 화려했던 옛 시절의 낭만적인 풍경을 겹쳐 보는 시간의 통합을 드러내는 시이다. "여기가 바로 선경이 아닌가"라는 감탄적 어조에서부터 시인은 현재의 시간과는 구분되는 초월적 세계의 진실과 마주하고자 한다. 꽃들의 행렬을 바라보는 마음은 "늘어선 벚나무들 일제히/하늘을 향해/꽃불을 쏘아 올리"는 축제의 향연을 펼치는 듯 한껏 들떠 있다. 부산과 경남의 상징적 공간인 낙동강의 역사적 흐름을 일상적 현실 그 자체로 받아들이기보다는, "칠백 리 서서 흐르던 낙동강이/은하를 바라보며 앙가슴 헤치고/누워서 뉘엿뉘엿 꿈결로 흐르"는 신화적이고 우주적인 공간으로 인식하는 상상력의 확장을 보이기도 한다. 결국 "여기가 바로 요지 아닌가"로 끝맺는 데서 알 수 있듯이, 시인에게 있어서 낙동강은 일상적 현실을 넘어선 이상적인 세계로서 현재적인 의미를 갖는다. "고당봉에서/범어사를 굽어보시는 등 굽은/솔부처"에게서 "무념무상"(「고당봉 솔부처」)의 지혜를 터득하듯이, "범어사 설법전 뜰에/은행나무"를 보면서 "지금은 마음마저 비우고/무설(無舌)중"(「설법전 노거수」)인 마음을 탐문하듯이, 장소에 깃든 자연의 심오함에 대한 통찰을 통해 삭막한 현실을 살아가는 자신의 현재를 비판적으로 성찰하는 지혜를 얻고자 하는 것이다. 그 결과 시인은 "저축해 놓은 성지곡수원지/드러난 바닥은 난장"이라는 메말라 버린 호수를 바라보면서, "욕심 많은 산중호수, 내 마음 바닥을 보았다"(「물 빠진 호수」)라는 깨달음의 세계로 진입하는 삶의 깊이와 성숙에 가까이 다가서고 있다.

4. 세계와의 불화 속에서 자아 찾기

서정시의 주체로서 자아는 세계와의 만남을 동일성의 차원으로 형상화하고자 한다. 전통적으로 시의 본질적 세계관이 천인합일(天人合一), 물아일체(物我一體)의 형상으로 이미지화되었던 이유도 바로 여기에 있다. 하지만 현대 사회에서 자아와 세계의 관계는 불화로 가득하다는 데 현대시의 문제적 상황이 있다. 그만큼 인간과 세계는 공동체적 가치로 설명하기 힘든 갈등과 대결의 상황에 놓여 있으므로, 이를 반영하는 현대시의 모습 역시 불화의 세계를 현실화할 수밖에 없다. 결국 무한경쟁의 속도와 발전의 신화를 맹목적으로 쫓아온 현대 사회의 운명은 서정시의 방향과는 전혀 다른 반동일적이고 비동일적인 세계에 몰입하는 모순과 괴리를 드러내지 않을 수 없다. 따라서 정주영의 시는 이러한 세계와의 불화 속에 놓인 주체로서의 자아를 찾기 위한 시적 모색에 상당한 공을 들인다. 그의 시가 자기 반영이라는 서정시의 근본 원리에 충실한 이유도 여기에 있는데, 주체로서의 '나'의 직접적인 등장이 두드러진 그의 시에서 이러한 점을 쉽게 확인할 수 있다.

> 복사꽃 분분한 건널목을 사이에 두고
> 너와 나는 오늘도 마주 보고 섰구나
>
> 푸른 불 들어오자
> 사람들은 저마다 피안을 찾아
> 교문을 나서는 아이들처럼 동동거리며
> 건널목을 건너는구나
>
> 그렇구나,
> 내가 서 있는 이쪽이 네게는 피안이었고
> 네가 서 있는 그쪽이 내게는 피안이었구나
>
> 그것도 모른 채
> 오늘도 우리는 서로의 피안을 찾아
> 나는 너에게로 너는 나에게로
> 무심히 건널목을 건너는구나
>
> 세상의 차안과 피안은
> 복사꽃 분분한 건널목처럼
> 이렇게 마주 보고 있는데,

그것도 모른 채
오늘도 우리는 서로의 피안을 찾아가느라
눈길 한번 주지 않고 동동거리며
건널목을 건너는구나

―「복사꽃 분분한 건널목에서」 전문

표제시이기도 한 인용시는 “너와 나”의 관계에 대한 탐색에 집중한다. “복사꽃 분분한 건널목을 사이에 두고” 있는 상황 설정에서 서로 바라보는 대상으로서의 차이가 부각된다. “내가 서 있는 이쪽이 네게는 피안이었고/네가 서 있는 그쪽이 내게는 피안이었구나”라는 서로를 향한 동경과 지향을 드러내고 있지만, 그 결과 너와 나의 만남은 양극단의 서로 다른 지점으로 귀착되는 무심한 반복으로 이어질 뿐 진정한 만남을 이루지 못한다. “세상의 차안과 피안은/복사꽃 분분한 건널목처럼/이렇게 마주 보고 있는” 것이라는 사실을 깨닫지 못한 채 “서로의 피안을 찾아”가는 맹목적 행동을 반복할 따름인 것이다. “마주보고 있는” 관계에서부터 진정성 있는 소통을 발견하려는 노력은커녕 “눈길 한번 주지 않고 동동거리며/건널목을 건너는” 모습에서, 개체화되고 자기화된 현대인의 주체 중심적 태도가 결국 타자와의 동일성을 이루지 못하는 결정적 원인이 되고 있음을 알 수 있다. “내 안에서 나를 찾으려 하면 찾을수록/나는 꼭꼭 숨어버리”(「숨바꼭질」)는 현실에서, “너는 나이면서 내가 아니”고 “나인 것도 내가 아닌 것도 아니”(「그림자놀이」)라는 경계와 구분을 넘어서는 상상력은 진정한 자아 찾기의 과정이 된다는 점에서 의미가 있다. 어차피 현실은 “내남없이/모두 빚지고 사는 세상”이므로 “서로가 서로에 빚지고 있는 셈”(「빚지고 사는 세상」)이라는 타자와의 관계에 대한 사유는, 주체

중심적 현실의 문제를 해소하는 가장 본질적인 전제가 된다. “하늘과 바다가 만나 꼰/가물가물한 경계선”을 바라보면서 “하늘도 아니고 바다도 아니어서/있는 것도 아니고/그렇다고 없는 것도 아닌”(「춤추는 수평선」) 것으로 인식하는 태도 역시 주체와 타자의 관계에 대한 깊이 있는 시적 통찰의 결과가 아닐까 싶다.

이처럼 정주영의 시는 자아와 세계가 관계를 맺는 일상과 자연, 사물과 장소에 대한 내적 성찰의 과정을 내면화한다는 점에서 성숙한 시의 면모를 보여 준다. 시인과 화자의 관계를 무조건 동일시하는 것은 문학의 근본적 속성과 어긋나는 것이지만, 적어도 자아의 의식과 지향을 담은 페르소나(persona)의 관점에서 화자는 시인과의 동일시를 항상 염두에 두는 것이 사실이다. 따라서 시는 근본적으로 일인칭 장르로서의 속성을 지니고 있고, 자기 반영 혹은 자아 성찰로서의 태도를 가장 본질적인 특성으로 드러내기 마련이다. 특히 현대시의 경우 자아와 세계의 균열이 심화되고 있는 현대 사회의 문제를 치유하는 성찰적 시선을 더욱 강조한다는 점에서, 진정한 자아 찾기의 과정을 탐색하는 서정시의 운명은 현재적인 유효성을 지닌다고 할 수 있다. 다만 이러한 시의 모습이 다소 일반적이고 보편적인 세계로서의 동일성에만 매몰되어 버린다면 시적 긴장을 유지하기 힘들다. 서정시는 변하지 말아야 할 본질적 모습과 변해야 할 것으로의 새로움 사이의 팽팽한 긴장을 놓쳐서는 안 되기 때문이다. ‘오래된 미래’라는 모순의 세계가 보여 주는 시적 긴장으로부터 지금 서정시가 갖추어야 할 가장 강력한 힘을 찾는 성찰적 시선이 절실한 때이다. 모두가 앞만 보고 달려가기에 분주한 세상 속에서 뒤를 돌아보는 상상력의 깊이를 탐색하는 역설적 태도에서, 가장 서정시다운 진면목을 발견하고자 하는 시인의 성찰적 시선이 더욱 특별하게 다가오는 이유도 바로 여기에 있다.

주체의 분열과 환상의 전략

김복희의 시 세계

1. 재현과 반재현

현실의 재현이라는 관점에서 시를 이해하는 태도는 전통적이고 보수적인 시관이다. 이때 시는 재현된 세계의 진실 여부에 따라 가치 평가되는데, 여기에는 개체적이고 특수한 일상의 모습을 담아낸 일상적 진실과 현실에서는 찾기 어려운 현실 너머의 또 다른 일상을 형상화한 당위적 진실이 있다. 후자의 경우 구체적이고 일상적인 삶의 모습이 아닌 보편적이고 이상적인 세계를 재현하는 것이라는 점에서 개연성 있는 허구로서의 문학적 요건에 가장 부합한다. 하지만 이 또한 현실에 바탕을 둔 문학적 인식이라는 사실에는 변함이 없는데, 현실의 문제에 대한 비판을 드러내기 위한 시적 전략으로 현실 아닌 또 다른 세계의 모습을 의도적으로 재현하는 것이라는 점에서 같은 맥락을 지니는 것이다.

그런데 문제는 지금 우리가 살아가는 세상은 현실과 비현실의 경계가 불분명하고 모호하다는 데 있다. 문학적으로는 더욱 그러한 것이 진짜와 가짜의 구분이나 현실과 환상의 차이가 명백하지 않고 오히려 현실과 환상의 구분이 무의미한 낯선 세계로의 미학적 변화와 갱신이 뚜렷하기 때문이다. 문학은 현실을 재현하는 것이 아니라 현실을 의미화한다는 점에서 재현의 차원이 아닌 의미화의 구조에 더욱 주목하는 것이다. 따라서 전통적이고 보수적인 관점에서 재현의 논리는 지금 우리 시를 이해하는 유효한 방법론이 되기 어려운 측면이 두드러진다.

하지만 이 또한 현실의 재현과 전혀 무관하다고 할 수도 없는 것이, 우리가 직면한 현실 너머의 낯선 세계를 이야기하고 묘사한다는 것은 결국 시인이 꿈꾸는 이상적 진실의 재현에 맞닿아 있기 때문이다. 다만 이러한 세계가 일상적 현실과 대비되는 이상적 현실을 형상화하는 차원을 넘어서, 현실과 비교조차 어려운 아주 낯설고 기이한 세계를 담아낸다는 점에서 초월적이고 환상적이라는 데 특별한 의미가 있다. "체험이란 구상인 줄 알았는데 추상이었다."라는 말처럼, 현실을 담아내지만 "다른 사람이 되어 이전의 나를 낯설게 여겨야만" 되는, 그래서 "이해하지 못한 많은 일들이 언어가 되어 나를 끌고 나아가는" "추상이자 무정형"(김복희, 『시를 쓰고 싶으시다고요』, 달, 2022, 13쪽)의 세계가 지금 여기의 현실로 표상되는 것이다.

이처럼 어떤 현실의 재현이면서도 낯설고 기이한 세계를 형상화한 반재현의 전략이 더욱 우세한 것이 최근 우리 시의 변화된 지형이다. 이는 철저하게 현실을 비판하려는 의도를 드러낸 것인데, 부정적 현실을 더욱 공고하게 만드는 규범적 질서에 대한 거부로 전위적이고 실험적인 언어를 사용하는 것 자체부터가 다분히 의도적이다. 또한 현실 너머의 새로운 세계를 희망하는 것조차 불가능한 지독한 허무의식이 주체의 심리적 불안정성이 투영된 언어로 표상된다는 점에서 특정한 의미로 수렴되기 어려운 모호함과 난해함은 증폭된다. 게다가 현실적 질서에 편입된 언어를 넘어서려는 미학적 갱신이 우리 사회의 변화를 모색하는 정치적 올바름과도 이어진다는 점에서 문제적이다. 결국 재현하고 싶지 않은 현실은 재현하지 않겠다는 반재현의 논리가 재현 불가능한 현실을 재현하는 아이러니적 진실을 드러내는 것이 지금 우리 시의 가장 큰 변화라고 할 수 있다.

2. 분열과 분리

김복희는 자신의 시에 대해 "'나'가 '내 현실'을 '본다'는 것을 납득하고 수용하는 데 들인 노력의 난장판"이라고 밝혔다. 그래서 "나는 나이면서 내가 아닌 사람으로서, 내가 이해할 수 없던 '나'를 추체험"하는 과정으로 시의 형식과 내용을 떠올린다. 그리고 "나는 한 번도 시보다 먼저 있던 사람이 아니었다."(위의 책, 13쪽)라고 하면서, 시를 쓰는 행위를 통해 현실과는 전혀 다른 자신의 정체성을 만들어 가는 또 다른 과정을 경험하게 된다고 말한다. 따라서 시의 주체는 재현하고 싶지 않은 세계의 이면을 들여다보고 그 진실을 파헤쳐 시인의 의식과 내면이 꿈꾸는 세계의 모습을 재현하는 방식으로 현실에 대응하는 양상을 드러낸다. 즉 주체를 사물화하거나 의인화함으로써 타자화되는 방식을 통해 하나의 주체로 고정되는 것을 거부하고, 끊임없이 새로운 세계로의 변화를 모색하는 주체의 분열과 분리를 통한 탈주를 시도한다. "나 혼자서는 어디도 갈 수 없"어 "산 사람을 빌"리는 방식으로 "스미기에 좋"(「씌기」)은 대상을 찾고, '씌기' 혹은 '되기'의 방식으로 현실을 낯설게 만드는 변신의 가능성을 열어 가는 것이다.

주체의 탈주와 반재현주의 전략은 지금 여기의 현실에 대한 불만에서 비롯된 것임이 자명하다. 김복희의 시는 눈앞에 보이는 경험적 현실을 비판하기 위해 언어를 추상화시켜 낯선 세계의 모습으로 재구축한다. 이는 주체가 타자와의 구분 자체를 무의미하게 만드는 방식으로 타자되기를 시도하는 것이다. 즉 주체의 분열 혹은 분리 상태에서 경험적 현실을 초월하는 상상력에 의해 재창조되는 아주 낯선 현실을 담아낸다. 물론 이때의 상상력은 주체의 내면 안에서 자유롭게 연상되는 세계이므로 외부 현실과는 무관한 것처럼 보이지만, "저는 내면과 외부가 분리되지 않은 세계에서 삽니다."(위의 책, 27쪽)라는 시인의 말처럼 외부 현실을 바라보는 내면의 특별한 시선이라는 점에서 현실과 전혀 무관한 세계라고 볼 수는 없다. 오히려 가장 낯선 세계의 모습을 보여 줌으로써 현실의 고통과 상처를 초월하는 가벼움과 기괴함을 의도하는 역설적 태도를 드러낸 것으로 이해할 수 있다.

이처럼 김복희의 시에서 '되기' 혹은 '하기'로 구체화된 탈주의 상상력은 주체의 분열과 분리 단계를 넘어서 주체와 타자를 구분하려는 위계화된 현실마저 비판하는 데 초점이 있다. 즉 주체의 우위 속에서 타자를 차별화하는 현실에서의 방식이 아닌 주체와 타자의 경계와 혼돈을 조장함으로써 주체의 불합리와 모순을 드러내는 풍자적 의도가 내재되어 있는 것이다. "술 마시는 벌레는 인간을 물지 않는다"라는 독특한 시선으로 "벌레"와 "인간"의 관계를 "신과 인간이/서로 존재를 의심하지 않듯이"(「술잔의 시」) 우호적으로 설정한 것이나, "인간이 먹는 것 다 먹을 수 있"다는 "요정"을 인간과 대비함으로써 "가시를 전부 바르면/인간처럼 보임"(「요정의 특징」)이라고 낯선 존재와 주체의 관계를 통합적으로 이해하려는 태도를 보이는 것도 바로 이 때문이다. 이는 결국 주체의 상상력과 외부의 낯선 현실이 분리될 수 없다는, 아니 두 대상을 분리해서 바라보는 인간 중심적 시선을 거부하려는 의도를 드러낸 것이다.

> 머리가 뭐기에/뭐 그렇게 소중한 거라고/항아리에 넣어 기찻길 옆 밭에 묻어두었다고 합니다/목에 올릴 수만 있다면/내 머리가 될 거라고/합니다//몸들이 달려가요/달려가서/파헤칩니다/멧돼지 다녀간 고구마밭 같네요/안 보이니까 모르지만/본다고 다 아는 건 아닙니다/(중략) //자유로운 머리/누구에게도 속하지 않은/머리,/내게 딱 맞는 온전함을 발견하기란 쉬운 일이 아니죠// (중략) /자유가 어디 있나요 고를 틈이 어디 있나요/난리가 났습니다/첫차가 오기 전에는 끝나야 할 텐데요/기찻길 옆 오막살이/머리 머리 자나요 머리?/항아리는 속도 없이 머리를 계속 꺼냅니다/손에 잡힌 머리를 더듬어 봅니다 귀 두 개 코 하나 눈 두 개 좋습니다/얼추 일서서 봅니다/자유로운가 하면/것도 같고 아닌 것도 같은데/머리들이 몸을 달라고/굴러옵니다/해가 뜰 텐데/부끄러운 줄도 모르고/몸이 어떻고 마음이 어떻고/별소리를 다 하며 따라옵니다/흙밭도 넘어진 몸도 다 내버려두고요
>
> —「빝에 갔어요」 부분

"머리"와 "몸"의 관계를 기본 구조로 삼은 낯설고 기괴한 시다. 내면과 외부 즉 정신과 육체의 경계를 분명히 하는 현실의 허상을 뒤집는 그로테스크 이미지로 시의 의미 구조를 난해하게 만든다. "몸들이 달려가" "머리"를 "목에 올릴 수" "있도록" "항아리"가 있는 "기찻길 옆 밭"을 "파헤"치는 행위는 유기체로서의 몸이 분리된 비현실적 상황을 보여 주는 것이어서 무척 당혹스럽다. 머리와 몸의 분리 자체부터가 인간적 시점으로부터 멀리 달아나려는 의도를 드러낸 것인데, "기찻길 옆 오막살이/머리 머리 자나요 머리?"와 같은 노래와 연결하여 그로테

스크적 현실마저 놀이의 차원으로 치환하는 시적 발상이 유쾌한 무서움이라는 아이러니적 상황을 불러온다. “머리가 뭐기에/뭐 그렇게 소중한 거라고” 하는 화자의 냉소는 이 시의 본질적 문제 제기라고 할 수 있는데, 정신적인 것에 압도된 우리 삶의 면면을 육체적인 것과의 대비를 통해 비판적으로 들여다보려는 다분히 정치적이고 현실적인 의도를 내포하고 있는 것이다. “목에 올릴 수만 있다면/내 머리가 될 거라고” 하는 것은 정신과 육체, 즉 머리와 몸의 관계에 대한 인간의 관념과 인식을 전복시키려는 태도를 발견할 수 있다. “자유로운 머리/누구에게도 속하지 않은/머리,/내게 딱 맞는 온전함을 발견하기란 쉬운 일이 아니죠”라는 말에서 이러한 문제의식은 선명하게 드러난다. 즉 보편적이고 불변하는 세계의 고정적이고 제도화된 질서가 아니라 아주 특수하고 개체적인 관계 안에서 새롭게 재구성되는 자유로운 존재의 의식과 지향이 주체의 새로운 국면으로 부각되는 것이다.

이처럼 김복희의 시에서 분열 혹은 분리의 사유는 고정적이고 관습적인 세계의 허위성을 넘어서려는 것으로, 보이는 현실 이면의 숨은 진실을 찾아내려는 경계 의식과 혼종적 사유에 바탕을 두고 있다. 이때 낯설고 기괴한 그로테스크 이미지는 지금 우리가 처한 현실의 문제를 타성적으로 인식하지 않으려는 낯설게 하기의 한 양상이다. 우리 사회 곳곳에서 일어나서는 안 되는 사건들이 계속해서 발생하고 있고 그때마다 상처와 아픔을 공유하기 위해 사람들은 각자의 말을 늘어놓지만, 이내 그 공감의 방식마저도 익숙해지고 관습화되어 무관심으로 기울어져 버리기 일쑤인 현실에 대한 일종의 충격 요법이라고 할 수 있다. 이런 점에서 “광장에서 떠날 수 없는 사람들”(「서쪽에서 온 나무」)을 위해 나무를 심는 행위는 일종의 시적 저항을 알레고리적으로 표현한 것으로 볼 수 있는데, 정돈되지 않은 서사와 이질적인 이미지의 충돌은 이해할 수 없는 현실의 복잡성을 상기시킨다. “거부”, “경찰”, “안전” 등의 시어들이 흩어져 있는 시의 의미 구조를 따라가다 보면, 이제는 익숙해져 버린 광장의 현실을 전혀 다른 문맥으로 새롭게 읽게 함으로써 다시 현실의 문제를 환기하려는 의도를 발견할 수 있다.

김복희의 시는 인간이 아닌 동물의 세계나 귀신과 같은 초현실적 대상을 자주 등장시킨다. “인간을 너무 좋아하는 것이 가엾다”라고 너무도 단정적으로 인간과의 거리두기를 강조하는 데서 알 수 있듯이, 시인이 좋아하는 대상은 인간에 의해 주도되고 독점되는 현실 너머에 존재하는 초월적이거나 비인간적인 형상들이 대부분이다. 그리고 이들을 향한 변신 욕망은 거부할 수 없는 운명처럼 시의 내용과 형식을 결정하는 가장 중요한 원리가 된다. “좋아는 하는데 귀신은 되지 않으려고 그러”면 “몸이 힘들어 약을 먹어야 한다”는 것처럼, 현실 너머를 꿈꾸면서도 현실에 안주하려는 자기모순은 결국 주체의 상처와 고통을 심화시킬 뿐이기 때문이다. 그래서 시에서 화자는 인간과 분리된 낯선 존재의 모습으로 변화되기를 갈망하는 일을 지속적으로 수행하는데, “많이 좋아하면 귀신이 돼”(「귀신 하기」)라고 했듯이 낯설고 기이한 대상을 좋아하는 감정으로부터 대상과의 일체감을 이루기 위한 주체의 분리 혹은 분열의 과정을 가장 중요한 시의 방법적 전략으로 삼고자 하는 것이다.

인간이 아닌 귀신으로의 탈주는 “읽고 쓰는 것을 좋아하”(「귀신 하기」)는 것과 연결된다는 점에서 주체의 분열은 곧 시인되기의 근본 조건이 되기도 한다. 시인은 현실의 모순과 불합리 앞에서 쉽게 타협하거나 온정적인 태도를 드러내는 인간이 아닌, 인간적 주체의 시선에서 폄하되기 일쑤인 귀신이 되는 것이 차라리 시인다움을 유지하는 것이라는 점에서 분리를 시도한다. 주체의 분열 혹은 분리를 통해 인간과 귀신 사이의 어느 위치에 주체를 설정하거나, 아니면 인간의 모습을 완전히 제거하고 귀신으로의 탈주를 완전히 이루어 내는 것이 시를 시답게 만드는 가장 기본적인 자세가 된다고 보는 것이다. 김복희의 시에 유독 '되기'와 '하기'로 명명하거나 호출된 사물과 대상이 많은 이유도 바로 여기에 있다. 이는 주체의 의지가 분명하게 투영된 것으로 주체가 대상으로 이행하거나 변신하는 과정에 대한 방법적 탐색이 시의 근본 구조가 되고 있음을 의미한다.

3. 초월과 환상

김복희는 "나는 내 현실을 그린다."라는 프리다 칼로의 말에 주목하면서 "내가 내 체험을 현실로서 가공할 수 있다는 사실을 이해했다."라고 말했다. 그리고 이러한 가공의 현실은 "한 개인의 주관적인 시선으로부터 비롯"되고 "그 현실이 무용하기 그지없을 수도 있으며 때로는 해롭기까지 할 수도 있"다는 깊은 불신을 드러냈다. 그래서 시인은 이러한 현실을 넘어서기 위해 "할 수 있는 최대한의 언어"와 "진정으로 누릴 수 있는 자유"를 시에 담고자 했고, 그 결과 "나를 닮았지만 나는 아닌 시들", 즉 "내가 쓴 것임에도 불구하고 내가 쓴 것 같지 않"(위의 책, 14~15쪽)은 시를 쓰고자 했다. 이처럼 김복희의 시는 자신이 살아가는 현실을 새롭게 해석하고 의미화하는 가공의 방식에 골몰함으로써 무용하고 해로운 현실을 넘어서는 자유로운 언어를 구사한다. 지극히 사소한 일상적 현실에서 출발하면서도 실재와는 너무도 다른 비현실적이고 초월적인 상상력을 극대화하는 방식을 드러내는 것이다.

이런 점에서 시인의 상상력을 따라가는 일은 아주 난해하고 복잡하고 불분명하다. 처음부터 명료함을 거부한 데서 비롯된 결과이겠지만, 그래서 어떤 의미나 실체로 규정하려는 비평적 시도를 비웃는 듯한 비유기적 구조가 해석의 어려움을 증폭시킨다. 이질적인 사물들의 병렬과 종합이 새로운 의미를 생성하는 병치 은유의 구조를 부각하는데, 사물들 사이의 유사성을 찾기 어렵다는 점에서 초월적이고 환상적인 장면을 구성한다. 이는 일상적 의미나 보편적인 생각에서 벗어나 사물과 대상을 새롭게 보려는 비논리적이고 탈현실적인 전략의 결과가 아닐 수 없다.

> 날개는 석상처럼 언젠가는/부서질 것 같고 언제나/빈속만을 바라는 느낌//날개는/몸보다 큰 것/온몸을 가리고 다 펼치면 한 눈에 보기 어려운/또 다른 몸 같은 것//하지만 말이야//네가/그릇을 내려놓고 칼을 휘두르는데/아무 소리도 나지 않았다//어떤 요리이기에 소리도 없고 냄새도 없나/좀 물어보려는데 너는 보이지 않고/날개만 보였다//손이 없는 너를 대신해/그릇을 받아들고/이게 뭐냐고 물어봤을 때//너는/다리도 너 먹고 날개도 너 먹어/말했다 나는 만들면서 질렸어/말했다//뼈가 없잖아 뭐가 다리고 뭐가 날개인지 모르겠어/나는 고개를 푹 숙이고 포크를 들어 그릇을 바닥까지 헤집었다/그릇 바닥이 맑았다//우리가 사는/집의 부엌은 우리가 마주 서려면 껴안아야 할 만큼/아주 작다 너는 날개를 접지 않는다/침을 조금 삼킨다
>
> —「날개는 석상처럼」 전문

"어떤 요리"의 과정을 지켜보는 화자의 모습을 담아낸 시이지만, 사실 요리는 배경으로 기능할 뿐 주체와 대상의 관계에 대한 집요한

탐색이 본질임을 알 수 있다. 요리하는 대상인 "너"와 바라보는 주체인 "나"의 관계는 일상 속에서 볼 수도 없고 들을 수도 없는 비현실적 존재로 나타난다. 그리고 "날개"는 요리의 대상이면서 일부로 가시화되면서도 "너"를 표상하는 형상의 한 부분으로 비가시화되기도 하는데, "소리도 없고 냄새도 없"을 뿐만 아니라 "너는 보이지 않고/날개만 보"이는 존재로 표상되는 것이다. 이때 "날개는 석상처럼 언젠가는/부서질 것 같"은 불안한 존재이고, "온몸을 가리고 다 펼치면 한눈에 보기 어려운" 불완전한 실체라는 점에서 화자의 내면에 투영된 심리적 불안정성을 환기한다. 또한 "날개"는 몸의 일부이지만 그 경계를 명확하게 구분하기 어려우며 "날개"로 가린 몸은 투명 인간처럼 존재를 사라지게 한다는 점에서 가시성과 비가시성이 공존하는 경계의 대상으로 의미화된다. 즉 주체는 "날개"로 표상된 너의 실체를 끝끝내 확인할 수 없으므로, 대상으로서의 "너"와 주체로서의 "나"의 관계는 실재적인 차원이 아닌 추상적이고 관념적인 차원에서만 소통되고 이해될 뿐이다. "너는 날개를 접지 않는다/침을 조금 삼킨다"에서 드러난 시적 긴장은 환상과 현실이 충돌하면서 새로운 의미를 생성하는 낯선 언어와 구조의 시적 전략을 보여 주는 것이다.

이처럼 김복희의 시는 현실의 이면을 투시하듯 보이지 않는 세계로의 초월을 통해 환상성을 추구한다는 점에서 특징적이다. 그리고 이러한 초월과 환상은 현실과 맞서는 방식에 머무르지 않고 화자를 현실 바깥으로 추방하여 낯설고 기이한 세계에 존재하도록 한다는 점에서 주체의 탈주와 변신을 기본 구조로 삼는다. "머리에 바보가 살아"간다고 할 때 바보는 주체의 다른 모습을 역설적으로 지칭하는 것으로, "바보 머리에는 나 살고"(「바보」)에서처럼 '머리–바보–나'의 연결은 환유적으로 의미화되어 관습적 현실에 굳어진 일상의 시선을 전복시킨다. “바보”의 내포적 의미는 “그릇 바닥이 맑았다”(「날개는 석상처럼」), “어떻게 여기까지 바닥을 데리고 오니”에서 “바닥”의 현실적 의미와 연관된 측면이 많지 않을까 싶다. 시인에게 바닥은 “말 없는 이의 표정을 살피는 것”이면서 “그리운 사람이 되어” “온몸으로 덮어주는 것”(「바닥의 시」)으로 볼 수 있기 때문이다. 결국 “바보”는 관습화되고 제도화된 현실 속으로 편입되지 못하는 소외된 주체의 형상으로 의미화되기 일쑤인 것이 보편적인데, 오히려 이러한 소외된 존재가 바닥으로서의 현실을 감싸 안는 유의미한 존재가 될 수 있다는 전도된 인식을 불러오는 것이다. 이러한 문제의식은 견고한 주체로 의식화된 현실의 허위와 모순을 뒤집어 보려는 것으로, 소외된 주체의 위상과 의미를 현실의 위계가 아닌 환상의 구조 안에 새롭게 위치시키고자 하는 의도를 담고 있다는 점에서 오히려 현실적인 전략을 드러낸 것으로 볼 수 있을 듯하다.

여기에서 김복희의 시론 한 부분을 읽어 보는 일은 초월과 환상이 이루어지는 시의 맥락을 이해하는 데 도움이 될 듯하다.

> 시는 이미지이다. 나는 저 두 이미지를 머릿속에 떠올려본다. 어디까지 다가갈 수 있나. 어디까지 멀어져 볼 수 있나 거리감을 재보기도 한다.
>
> 저 이미지들은 소재와 시점에서 미묘하게 겹치지만 사실 어떤 연관성도 없다. 나에게 와서 유관해졌을 뿐, 그 자체로는 무관하다. 그들의 삶이 내게 와서 미묘하게 겹쳤지만 그들은 그것을 모를 것이다. 이미지는 그냥 스쳐가서 사라지는 것이고, 지금 이 글을 쓰고 있는 ‘나’라는 인간을 매개로 여기 나타난다.
>
> 아무리 생각해도 이미지는 불친절한 것 같다. 아무것도 설명하지

않는다. 삶 같다. 이해하기 어려운 방식으로 시가 된다.

―「여름의 발 - 이미지에 대하여」(위의 책, 36~37쪽)

이미지는 사물과 대상을 감각적으로 구체화하는 시의 가장 보편적인 원리이다. 즉 관념과 사물이 만나 추상적인 것을 구체적이고 특수한 것으로 의미화하는 데 필수적인 장치이다. 따라서 이미지는 관념과 사물의 결합이 이루어 내는 미적 거리가 무엇보다도 중요한데, 그 간극이 넓으면 넓을수록 시의 의미는 파편화되고 해체되어 하나의 보편적 의미로 수렴되기 어렵다. 그런데 시인은 "어디까지 멀어져 볼 수 있나 거리감을 재보기도 한다"고 말하면서, "나에게 와서 유관해졌을 뿐, 그 자체로는 무관"한 "어떤 연관성도 없"는 것이 이미지라고 말한다. 즉 "이미지는 그냥 스쳐가서 사라지는 것"이고 "불친절한 것 같"으며 "아무것도 설명하지 않는다"라는 것이다. 즉 시어는 그 자체로 존재성을 지니고 있으므로 특정한 의미로 수렴되거나 대응된다는 발상은 처음부터 김복희의 시가 추구하는 시적 태도가 아니라는 점에서 이미지에 대한 통념은 철저하게 부정된다.

이런 점에서 김복희의 시에 형상화된 다양한 사물들은 원래의 문맥 속에 머물러 있지 않고 '되기' 혹은 '하기'의 방식으로 새로운 주체로의 변신을 모색하는 것을 좋아한다. 이때 새롭게 의미화된 주체의 모습은 모두 현실 바깥에서 지금의 현실과는 무관한 새로운 현실을 담아내고자 한다는 점에서 초월적이고 환상적인 지향을 드러낸다. "술잔", "요정", "머리", "나무", "날개", "바보", "바닥", "귀신", "소리" 등 시인이 "스미기에 좋지"라고 말하는 모든 것은 현실로부터 탈주하고자 하는 화자의 내면이 투영된 대상들이다. 그리고 이러한 대상들을 표상하는 이미지는 현실의 언어로는 설명할 수 없는 자유로운 언어로 구성되어 있다는 점에서 어디에도 구속되지 않는 자율적이고 독립적인 구조와 맥락을 지닌다. 여기에서 환상은 재현하고 싶지 않은 현실 혹은 재현해서는 안 되는 현실로부터 아주 멀리 달아난 화자의 내면이 꿈꾸는 세계의 모습을 담아낸다. 마치 "가끔 사람들이 묘한 꿈을" 꾸는 것처럼 "그 사람 모르게 유랑"하는 "마음이 씐 것"(「씌기」)이 바로 시가 되는 것이다. 따라서 김복희의 시에서 환상은 현실의 대체라기보다는 또 다른 현실의 창조라고 보아야 한다. 그 현실은 진정으로 시인이 꿈꾸는 세상으로, 현실 안에서 재현의 논리로 구축된 "몸"과 "머리"가 아닌 초월적이고 환상적인 세계 안에서 비유기적으로 결합된 "몸"과 "머리"(「밭에 갔어요」)가 새롭게 의미화한 또 다른 현실의 모습이라고 할 수 있다.

4. 새 인간과 새 현실

김복희는 첫 시집 『내가 사랑하는 나의 새 인간』에서 '새 인간'이라는 아주 독특한 형상을 창조했다. 여기에서 '새'는 '새'이기도 하고 '새로운'의 의미이기도 하다고 해석되는데, 새와 인간의 기이한 조합으로 보든 새로운 인간의 모습을 강조한 것으로 해석하든 현실 속 인간과는 다른 혼종적 존재를 꿈꾸는 것이라는 점에서는 유사한 맥락을 지닌다. 즉 새 인간은 새 현실을 구성하는 존재로 인간에 의해 제도화된 질서와 언어의 관습과 한계를 넘어서는 포스트 휴먼적 상상력의 한 형상을 보여 주는 것이다. 이러한 새로운 형상의 창조는 인간의 관념과 의식에 의해 규정되고 제도화되는 현실의 불합리를 비판하는 것으로, '주체=인간'의 오래된 무의식적 위계를 무너뜨리려는 전복적 시도로 읽힌다. 결국 주체의 의지대로 포섭되고 형상화되는 인간 중심적 이미지의 재현이 아니라, 주체의 자각과 기억으로부터 오히려 멀리 달아나려는 탈인간화된 이미지를 구조화하는 데 집중하는 것이다.

최근 우리 시는 주체와 세계의 동일성이라는 오래된 시론적 명제로는 더 이상 설명하기 어려운 복잡함과 난해함을 시의 본질로 삼고 있는 경우가 대부분이다. 보편적인 인간의 감각과 인식에서 벗어난 세계의 창출이라는 점에서 주체와 세계는 분열되고 분리되어 그 의미를 하나로 수렴하려는 시도 자체가 어불성설이 될 때가 많다. 아마도 이 모든 것은 인간 중심적 주체의 시선에 대한 철저한 반성에서 비롯된 것으로 볼 수 있는데, 더 이상 인간이 중심이 되는 시가 아닌 탈인간, 비인간, 반인간이라는 태도와 지향 안에서 현실의 문제를 새롭게 바라보는 태도를 가져야 한다는 메시지를 의도한 것으로 볼 수 있다.

이런 점에서 김복희의 시는 인간의 의식과 제도 안에서 규정된 세계의 질서는 사실상 무용하다고 인식함으로써 현실에서는 자연스럽지 못한 낯설고 기이한 환상이 오히려 더욱 현실적인 의미가 될 수 있음을 보여 준다. 이는 지금 우리 시의 변화가 현실의 전복을 염두에 둔 역설적인 발상과 주제에 기대고 있음을 말해 주는데, 은유의 바깥에서 기존 시의 관습을 무너뜨리는 생경한 이미지의 병렬과 조합이 오히려 가장 현실적인 문제를 환기한다고 보는 것이다. 이런 낯선 주체들의 출현이 정치적인 의미를 지닌다는 해석도 바로 이러한 문제의식에 토대를 둔 것으로 이해할 수 있다. 즉 불합리한 현실의 모순을 넘어서기 위한 의지적 행위로 새 인간, 새 현실을 꿈꾸는 주체의 분열과 환상의 전략에는 시와 정치의 관계에 대한 시인의 사유가 투영된 현실주의 전략이 깊이 내재되어 있음을 기억해야 하는 것이다.

'시적인 것'을 찾아가는 상상력과 현실 사이의 긴장

고성만, 박인하의 시

1. 독백과 대화 사이의 시적 긴장

낭만주의적 관점에서 시는 자기표현의 장르로 시인 혹은 화자의 주관적 경험이나 내적 세계를 표현하는 데 초점을 둔다. 즉 시는 직접적으로 세계를 지향하기보다는 시인의 내면에 투영된 세계의 모습을 통해 간접적으로 의미를 전달하는 데 주력한다. 대체로 시는 1인칭 화자를 전면에 내세워 대상 혹은 세계에 대한 감정을 이미지를 통해 형상화하는 데 집중하는 것이다. 그 결과 시는 전반적으로 짧은 형식과 구조 안에 응축된 내포적 이미지로 상징화된 주관성을 극대화함으로써 의미를 구체화하기 마련이다. 하지만 이러한 시의 주관성과 내포적 특성은 독자와의 소통에 어려움을 가져오는 결과를 초래하기도 하는데, 최근 우리 시가 시인의 주관적 자의식에 과도하게 매몰되어 독자들이 쉽게 읽고 이해하기 어려운 시로 받아들여지는 이유도 바로 여기에 있다. 대상의 재현보다는 독백의 형식으로 화자의 내면을 자유롭게 따라가는 것이 지금 우리 시의 일반적인 모습으로 부각되고 있기 때문이다.

물론 독백의 형식은 1인칭 화자를 전면에 내세우는 시의 본질적 측면과 무관하지 않다는 점에서 전혀 새삼스러운 것은 아니다. 시인의 페르소나인 화자는 대상과 세계를 직접적으로 재현하기에 앞서 자신의 내부에 투영된 세계의 이미지를 감각적으로 형상화하는 개성적인 표현 방식에 골몰한다. 또한 시인의 자의식 안에서 자유로운 연상 기법을 사용함으로써 재현적 진실을 넘어선 이상적 세계의 모습을 그려 내는 환상적 일탈을 감행하기도 한다. 다만 이러한 독백 형식이 표층적인 차원에 머물러 오로지 화자의 내면을 드러내는 데만 매몰되어서는 안 된다는 데 문제가 있다. 즉 시 역시 소통의 한 방식이라는 점에서 독백 또한 타자를 향한 대화의 방식을 염두에 두어야 한다는 사실을 간과해서는 안 되는 것이다. 하지만 지금 우리 시는 지나치게 시인의 자의식 안에 갇혀 버림으로써 사실상 독자와의 대화를 원천적으로 차단하는 언어의 불통을 의식화하고 있는 것이 사실이다. 결국 독자의 자리마저 지워 버림으로써 시인 혹은 화자의 절대성을 강요하거나 억압하는 시가 이제는 '시적인 것'으로 인식되는 변화의 지점에 놓여 있는 것이다.

이러한 최근 우리 시단의 상황에 비추어 볼 때 고성만, 박인하 두 시인의 시집은 독백과 대화 사이의 시적 긴장을 구조화하고 있다는 점에서 특별히 주목된다. 표면적으로는 화자를 시적 주체로 삼고 있지만, 심층적으로는 대상과 세계를 통해 새로운 주체를 구현하려는 시도를 담고 있어서 독백적이면서 대화적인 시적 구조를 이루는 것이다. 이때 대화의 양상은 사람, 장소, 자연 등 다양한 제재와의 관계 안에서 적극적인 소통을 시도하는 방식이 된다. 그리고 이러한 시적 발상이 주체 지향의 일방적 내면화로 흐르지 않고 타자 지향의 현실 인식을 심화하고 확장한다는 점에서 최근 우리 시의 지형과는 일정하게 다른 지점을 엿볼 수 있다. 따라서 두 시인의 시는 겉으로는 낭만주의적인 형식을 취하고 있으면서도 실제적으로는 현실을 사유하는 깊이로 응축된 상상력과 현실 사이의 긴장을 보여 준다. 내부를 지향하는 언어인 내포(intension)와 외부를 향하는 힘인 외연(extension) 사이의 의미의 균형 상태인 긴장(intension)은 시를 시답게 만드는 본질적인 속성으로, '시적인 것'을 찾아가는 두 시인이 가장 중요하게 생각하는 창작 방법론이 아닐까 생각된다.

2. 일상의 풍경과 소통의 일상화

고성만의 『파씨 있어요?』(시인의일요일, 2024)는 시적 주체인 화자가 포착한 세계의 모습을 섬세하게 바라보고 이해하고 공감하는 데 초점을 두고 있다. 대체로 이러한 화자의 시선은 일상의 풍경과 사람에 대한 그리움을 토대로 이웃을 기억하는 방식으로 구체화된다. 때로는 이 기억의 방향이 고향 혹은 추억의 시공간을 맴도는 근원적인 지향성을 드러내기도 하지만, 대부분의 경우 지금 화자가 발 딛고 서 있는 주변부적 삶의 이야기를 담아내는 데 집중한다는 점에서 현실적인 문제의식을 내재하고 있다. 즉 화자가 세계를 관찰하고 서술하는 방식은 주관적인 경험 안에서의 독백적 형식이 지배적이지만, 이러한 시선이 주체가 아닌 타자를 향하는 데 초점을 둔다는 점에서 철저하게 대화적인 양상을 보여 주는 것이다. 이는 고성만의 시가 일상의 풍경을 통해 화자의 내면이나 의식을 강조하려는 것이 아니라, 지금 우리가 살아가는 세계의 모습을 정직하게 이해하려는 외부 현실을 향한 비판적 시선에 초점을 두고 있기 때문이다. 다만 이러한 현실 지향적 태도가 과도하게 직접적으로 표현됨에 따라 시적인 것의 본질을 잃게 될 수도 있는 문제점에 대해서는 철저하게 경계하는 듯하다. 그래서 현실을 말하면서도 대상과 세계를 재현하는 리얼리티를 전면화하는 방식이 아닌 화자의 내면 안에 착색된 이미지를 표현하는 데 집중한다. “파씨 있어요?”라는 시집 제목에서 유추할 수 있듯이, 그의 시가 독백의 형식이든 대화의 방식이든 직접적으로 누군가에게 말을 건네는 구조를 즐겨 사용하는 이유도 여기에 있지 않을까 싶다.

> 바람의 발이 몇천 갠지/햇빛의 비늘이 몇만 갠지 셀 수 있을 듯한데//연제 호숫가에/히잡 쓴 여인들 눈 파란 소년들/힘 좀 쓰게 생긴 남자들//언제 이렇게 늘어났지?
>
> —「우리 동네 날씨」 중에서

> 천사 유치원에 갔었어/깜짝 놀랐지 천사들이 한 명도 안 보이는 거야 글쎄//그 말랑하고 촉촉한 것들/가녀린 어깨 하얀 날개 단 것들//어디로 사라졌지?
>
> —「천사들은 다 어디 갔지」 중에서

화자는 우리가 일상적으로 마주하는 세상의 변화에 주목한다. “언제 이렇게 늘어났지?”, “어디로 사라졌지?”와 같이 스스로에게 던지는 물음의 형식으로 주체의 시선 안에 포착된 현실의 문제를 환기하는 데 집중하는 것이다. 하지만 이주노동자들의 현실과 노령화 사회의 문제점과 같은 우리 사회의 무거운 주제를 직접적으로 이야기하는 태도를 전면에 부각하지는 않는다. 오히려 그들의 일상 가까이에 다가가 공감하고 소통하는 연대의 삶을 살아가는 방식에 대해 더욱 관심을 갖고 있는 듯하다. 즉 앞으로 우리 사회가 해결해야 할 여러 가지 문제에 대한 당위적인 방향성을 앞세우기보다는, "그의 걱정이 내 걱정,//고통을 나눈다는 자세로"(「이웃을 기억하는 방식」) 스스로가 그 세계의 일원이 되어 함께 고민하고 실천하는 데 주된 목적을 두는 것이다. 따라서 그의 시는 주체로서의 시인의 일방적 관념을 의미화하는 방식이 아닌 대상이나 세계와 마주하는 대화의 형식을 무엇보다도 중요하게 생각한다. 주체의 시선에 압도된 타자의 모습을 사실적으로 재현하는 데 초점을 두는 것이 아니라, 주체와 타자의 관계 안에서 공감과 연대의 가능성을 찾기 위해 주변부적 삶의 장소성에 바탕을 둔 현실적 목소리에 귀 기울이는 모습을 보여 주는 것이다.

이러한 시인의 태도는 지금 우리 사회에 만연된 소통 부재의 현실에 대한 문제의식으로도 이어진다. 즉 주체의 목소리만이 강조되고 타자의 목소리는 소외되는, 그래서 결국 서로의 말에 집중하지 않고 자신의 말만을 되뇌는 모순적 현실을 비판적으로 담아내는 것이다. '상담시간'이라는 부제를 단 연작시는 이러한 문제를 극적으로 형상화한 것으로, 가장 보편적인 소통의 시간마저 일방적 의미 전달로 귀결되는 우리 사회의 모습을 알레고리적으로 재현한 것으로 보인다.

> 무정부주의자는 아닌데/달콤 쌉싸름한 과실을 많이 드세요//살이 타는 듯해요 기후가 베려 버렸나 봐요/극에서 극으로 왔다 갔다 하지요//당신으로 하여금 내가 존재하나요?/지나치게 낙관적이시네요
>
> —「숲의 기분을 느끼세요 - 상담시간·1」 중에서

> 얘야, 화내지 마라 내가 다 가져가마/쯧쯧, 저녁은 저절로 붉어져요//원해서 그런 게 아니었어/컴퓨터를 새로 살 계획이에요//떠나는 이의 뒷모습이 아름답잖니/당신이 꿈꾸는 세상이 지금인가요//부식

을 방지하거라 합법적으로/제가 뭘 더 해주길 바라세요

—「참마로 징하고만 - 상담시간·3」 중에서

상담 시간이라는 상황 설정은 상담자인 주체가 피상담자인 대상의 마음을 이해하고 공감하는 소통의 장면을 보여 줄 것을 기대하도록 한다. 하지만 인용시에서 두 사람의 대화는 상대의 질문이나 대답에 대한 이해와 공감은커녕 오로지 자신들의 말만을 토로하는 방식으로 일관함으로써 타자의 말에 전혀 귀 기울이지 않는다. 대화의 형식이지만 오히려 두 사람이 서로 다른 독백으로 일방적인 말하기를 하는 상황이 계속되는 것이다. 결국 이 두 사람 사이에 오고 가는 대화는 타자의 삶에 다가가기 위한 것이라기보다는 주체의 시선을 강요하거나 주체의 목소리를 외면하는 불통 혹은 불화의 결과로 이어질 뿐이다. 서로의 내면을 공유하고 아픔에 다가가기 위한 가장 따뜻한 형식으로서의 상담 시간조차도 지극히 형식적이고 감정적인 물음과 대답을 반복하는 행위로 남겨질 뿐, 진정으로 서로의 마음에 다가가려는 따뜻한 소통의 시간을 만들어 내지 못하는 것이다.

하지만 시인은 이러한 세상에 대해 직접적으로 불평을 늘어놓기보다는 "“파씨 있어요?” 납작 눌린 아랫도리 황급히 털고 일어서려는데 “없으면 관두세요” 그냥 가 버리는 젊은 여자가 마냥 섭섭"(「씨앗 파는 남자」)한 현실의 한 모습을 극적으로 보여 줄 뿐이다. 이는 지금 우리 사회가 직면한 소통 부재의 현실을 알레고리적으로 구조화한 것으로, 타자의 소외와 부재를 당연시함으로써 주체의 일방적 목소리가 더욱 강조되는 현실에 대한 비판적 메시지를 담은 것으로 볼 수 있다.

그렇다면 "우리나라에/시인들이 이렇게나 많다"라는 사실에 새삼 놀란 시인이 진정으로 우리 사회에서 시인은 어떤 시를 쓰고 무슨 역할을 해야 한다고 생각하는 것일까. "시인 AI를 두려워하는 시인들"에게 "갈수록 시를 읽지 않는 세상"임을 알면서도 "바다를 향해 가는 강물/붉디붉은 노을/노릇노릇/잘 구워진 슬픔 같은 시"(「시집 발간 축하 모임」)를 써달라고 부탁하는 시인의 발언 자체는 그 자체로 역설적이다. 아마도 시인은 우리 사회에서 상담자와 같은 역할을 해야 하는 시인이 대화가 아닌 독백의 형식에 매몰되어 있는 현실을 안타까워하는 듯하다. 변해야 할 것과 변하지 말아야 할 것 사이의 시적 긴장을 잃어버린 채 끊임없이 새로움만을 추구하는 우리 시의 급격한 변화에 대해 한 사람의 시인으로서 진정성 있는 자기성찰을 요구하고 있는 것이다.

이런 점에서 시인은 지극히 일상적인 생활의 한가운데에서 평범한 사람들과 소통을 나누는 행위 그 자체가 곧 시의 언어가 되고 존재의 이유가 되어야 한다는 소통의 일상화를 지향한다. 유독 그의 시가 사람을 제재로 한 경우가 많은 이유도 여기에 있거니와, 사람을 떠올리는 방식으로 추억 혹은 기억의 형식을 즐겨 사용하는 것도 이러한 의도와 무관하지 않은 듯하다. 아마도 이러한 시적 태도는 지금 우리가 마주한 현실 너머에 존재하는 잃어버린 가치와 의미를 재발견하는 것으로부터 진정한 의미에서 '시적인 것'의 가치와 지향을 되찾을 수 있다고 믿기 때문이 아닐까 싶다.

3. 어둠의 시간과 불빛의 생명력

박인하의 『내가 버린 애인은 울고 있을까』(걷는사람, 2024)에서도 기억의 시선은 현실을 소환하는 중요한 방법이 된다. 즉 지금 우리가 마주한 현실에서는 보기 힘든 잃어버린 것들에 대한 기억 혹은 추억의 방식으로 현실에 대한 비판적 인식을 내면화하는 태도를 드러내는 것이다. 여행의 시간을 따라가거나 유년의 기억을 회상하면서 혹은 꿈의 형식을 통해 지금 우리가 사는 현실이 놓쳐 버린 지나간 순간을 집요하게 탐색하는 시선을 초점화하는 것이다. 그런데 이때 기억의 시선이 저녁 혹은 밤의 시간 안에서 선명하게 이미지화되는 것이 특징적이다. 박인하의 시는 저녁과 밤의 경계에 놓인 어스름 속에서 서서히 의미를 드러내는데, 이는 낮의 시간을 돌아보고 내면화하는 자기성찰이 비로소 가능한 시간이 저녁 혹은 밤의 시간이기 때문이다. 그래서 저녁을 두고 서정의 시간이라고도 하는데, 주체와 세계의 만남이 자연스럽게 구현될 수 있는 이상적인 시간으로서의 내포적 의미를 지니는 것이다.

> 함께한 모든 저녁이 지나갔다/지나간 것들을 이해할 필요는 없었다/저녁을 준비하며 펼친 돌김/아직 물의 감정을 놓지 못하는 마음이/여기저기 푸른빛을 남겼다/마르면서 가슴이 벌어졌다//이 검푸른 바닥에 한 통의 편지를 써 볼까/먹물을 삼키는 오돌오돌한 돌기는/점자처럼 슬퍼져서 구멍이 많은 표면은/마음의 구멍을 드러내겠지/ (중략) /어쩌다 바닥까지 내려가/바닥인 줄도 모르는 바닥에서/읽을 수 없는 마음은 더 깊은 어둠이 될 거야/푸른 불꽃 속에서 감춰 둔 물기가 걷히고/그을린 바닥을 집어삼키면/바스락거리며 다가오는 냄새들/다시는 돌아가지 못할 저녁이 있다/물이 나간 자리에서 젖은 돌을 긁는 바람이 있다
>
> —「검고 푸른 바다」 중에서

박인하의 시는 대부분 어둠과 밤의 이미지로 가득 찬 세계를 보여

주고 있다. "오늘 밤은 죽은 자의 얼굴로 시작해"(「마스크 팩」), "먹먹한 밤이었다/말라가는 나무는 화분 속에서 제 잎을 뜯어내고/다른 손으로는 무덤을 만들어 나갔다"(「검은 식물」)에서처럼, 그의 시에서 기억은 음산하고 우울한 밤의 배경과 함께 이야기되는 것이 지배적이다. 이러한 어두운 이미지의 세계는 "함께한 모든 저녁이 지나갔다"라고 생각하는 것처럼 잃어버린 시간으로부터 현재의 삶을 돌아보기 위한 깊은 내면의 표상을 담아낸다. "지나간 것들을 이해할 필요는 없"다고 말은 하지만, "아직 물의 감정을 놓지 못하는 마음이/여기저기 푸른빛을 남겼"을 만큼 과거와 현재 사이의 긴장이 그의 시를 지탱하는 힘으로 작용하는 것이다. 따라서 "바닥인 줄도 모르는 바닥에서/읽을 수 없는 마음은 더 깊은 어둠이 될 거야"라고 말하는 절망의 시간은, "다시는 돌아가지 못할 저녁"을 생각하는 것처럼 지나간 것들에 대한 안타까움을 증폭시킨다.

이런 점에서 시인에게 밤의 순간은 저녁의 경계를 떠올리며 잃어버린 기억을 되찾아 가는 회귀의 시간으로 인식되는 것이 아닐까 싶다. 그래서 시인은 자신이 지나온 근원적 장소에서의 기억을 지금 현실의 시공간 안에서 따뜻하게 재현해 내고자 하는 것이다. 깊은 밤이 되어야 불빛은 더욱 환하고 아름답게 비칠 수 있다는 점에서 밤의 기억을 불빛의 기억으로 치환하려는 의지를 보여 주는 것이다. "유황 냄새 정다운 오래된 성냥이 있다면/죄 없는 나무에 불을 붙이는 상상/우리가 있는 이곳은 지금 저녁이다"(「다정한 저녁」)라고 말한 이유도 여기에 있는 듯하다.

> 아직 살아 있구나 늦지 않았어 너덜거리는 자루 가득 장작을 매고
> 오가는 밤의 노역은 불을 지키는 시간 바람에 넘어진 것들 차곡차곡

> 주워다가 추운 밤 부려놓으면 뜨겁게 솟아오르는 불의 제전 나는 불을 지키는 자, (중략) 뜨겁고 차가운 것이 이생의 일인지도 잘도 자는구나 장작이 타는 소리 꿈속에서도 들리는지 재가 되어 가는 소리다 담요를 걷어차고 잠든 걸 보니 오늘도 나의 불길은 뜨거웠구나
>
> —「테를지의 밤」 중에서

시인에게 시를 쓰는 것은 "너덜거리는 자루 가득 장작을 매고 오가는 밤의 노역" 같은 의미를 지닌다. 그래서 시인은 세상의 어두움과 차가움을 구원하는 "불을 지키는 자"와 같은 운명을 살아야 한다고 말하고 싶은 것이다. 이국의 땅에서 만난 불을 지키는 한 노파의 모습을 통해 바라본 "바람에 넘어진 것들 차곡차곡 주워다가 추운 밤 부려놓으면 뜨겁게 솟아오르는 불의 제전"이야말로, 시가 탄생하는 절정의 순간을 상징적으로 보여 주는 신화적이고 원형적인 이미지의 세계라고 할 수 있다. 즉 모든 것이 죽음의 자리로 드리워진 지독한 밤의 시간에 "바람에 넘어진 것들"과 같이 꺼져가는 불빛에 생명력을 불어넣는 행위가 바로 가장 시적인 순간이라고 생각하는 것이다.

여기에서 시인의 상상력은 "묘지에서 늙어 가는 젊은 영혼"처럼 과거와 현재가 혼재되어 그 경계마저 무화되는 소통의 시간과 비로소 만나게 된다. 그래서 시인은 "묘지가 많은 마을"에서 "오래된 죽음을 뚫고 산란하는/빛이 뜨거운 남쪽"(「빛의 방향」)을 그리워한다. 이러한 지독한 역설의 시간이 바로 시적인 순간이라면, 시인은 자신의 내면 깊숙이 상징화된 이미지를 통해 우리의 어두운 역사가 견뎌 온 기억을 담아내고자 한 것으로도 읽을 수 있지 않을까. 따라서 시인이 화자의 목소리를 통해 전하는 독백은 기억의 시간 안에 머무르고 있는 듯 보이지만, 실제로는 기억의 부재 속을 살아가는 현재의 삶을

향해 절실한 대화를 요청하는 목소리로 들리지 않을 수 없다. ""늙음과 젊음이/어떤 맥락도 없이 섞여 있"(「빛의 방향」)는 것처럼 과거와 현재 사이의 대화와 소통을 구조화하는 방식은 시를 시답게 만드는 가장 의미 있는 전략이 된다고 할 수 있다.

이처럼 박인하의 시는 기억의 시선을 통해 잃어버린 것들을 현실로 다시 소환하는 대화의 전략을 가장 중요한 시적 구조로 삼는다. 이때 기억의 대상은 지금 현실이 놓쳐버린 문제를 비판적으로 인식하기 위한 것들로 구성되는데, "우리의 생도 유독 빛나는 장면들이 있"(「오래된 극장」)었음을 떠올리기도 하고, "우리는 서로의 슬픔으로 다정합니다"(「조용한 산책」)라고 말하는 것처럼 지나온 시간의 슬픔을 위로하는 모습이 되기도 한다. 불길하고 음울하고 어두운 현실은 시인의 내면에 언제나 밤의 시간을 소환하지만, "같은 별자리를 가진 사람이여/우린 왜 서로 다른 곳에 있나요"라는 물음처럼 서로의 기억을 공유하는 연대의 방식을 꿈꾼다는 점에서 양가적인 시적 긴장을 지니는 것이다. 그래서 시인에게 밤은 "저녁이 어딘가로 사라지고/그보다 더 깊은 밤이 사라져 갈/별이 빛나는 밤"(「별이 빛나는 밤」)으로 내면화된다. 깊은 어둠의 시간을 지나 불빛의 생명력을 되찾아가는 여정이 곧 시가 생성되는 가장 시적인 시간이라고 생각하는 것이다.

4. 주체와 타자의 관계와 소통 전략

상상력은 추상적인 것과 구체적인 것, 보편적인 것과 특수한 것, 주체와 세계, 사상과 감정 사이의 긴장 관계를 통해 대립적인 두 세계를 통합하고 융합하는 종합적 능력이다. 이를 구체화하는 방식으로 차이성 속의 유사성에 바탕을 둔 비유의 원리를 사용하는데, 이때

두 세계 사이의 미적 거리는 시를 시답게 만드는 결정적인 조건이 된다. 문제는 이러한 상상력이 시인의 주관적 의식 안에 매몰되어 독자와의 소통을 의식하지 않게 되면 상상력은 최소한의 소통 가능성마저 차단된 상태에서 지독한 언어의 감옥에 갇히고 만다는 것이다. 따라서 추상적이고 관념적인 주관성의 세계를 넘어 독자들이 이해하고 공감하는 객관적이고 보편적인 세계로 시적 상상력을 이끌고 갈 필요가 있다. 여기에서 독자는 시를 통해 자신이 발 딛고 살아가는 현실의 문제를 발견할 수 있게 되는데, 사라지고 잊힌 세계에 대한 기억을 떠올려 현실에서의 슬픔과 상처를 견디는 이상적 세계의 모습을 시적 상상력을 통해 내면화하게 되는 것이다.

이런 점에서 고성만, 박인하 두 시인의 시는 주체로서의 화자를 중심에 두지 않고 독자와의 대화와 소통을 지향함으로써 상상력과 현실 사이에서 '시적인 것'을 찾고자 한다는 점에서 특별한 의미가 있다. 주체의 강조는 결국 타자의 소외를 가져오는 폭력이 될 수 있다는 사실을 충분히 인식함으로써 주체와 타자의 관계를 구조화하는 시의 가능성을 넓혀 가고자 하는 것이다. 그리고 이러한 소통의 전략이 추상적인 담론의 차원에 머무르지 않기 위해서 화자 중심의 목소리를 내면화하는 독백의 방식보다는 대화를 통해 극적으로 이야기를 전달하는 시적 구조를 즐겨 사용한다. 두 시인 모두 의문형이나 청유형 어법을 자주 사용하고 있는 점이나 구어체를 구사하여 독자들이 대화적 상황에 몰입하도록 하는 점이 두드러진 것도 이러한 전략의 결과가 아닐까 생각된다.

시의 어려움이 이제는 당연한 것이 되어 버렸다. 물론 시의 어려움 그 자체를 문제 삼는 것은 일상적 언어와 문학적 언어의 관계 안에서 문학성을 구현하는 시의 근본적 위치를 의심하는 것이 될 수도 있다.

하지만 어렵다/쉽다의 문제가 본질이 아니라 소통/불통이라는 관점에서 최근 우리 시가 지나치게 주체 혹은 화자 중심으로 구조화되고 있음을 문제 삼을 필요가 있다. 시대의 변화에 따라 시도 일정한 변화를 모색하는 것은 당연하겠지만 주체의 의식 안에서만 소통되고 의미화되는, 그래서 독자의 자리가 점점 소외되는 양상을 당연시하는 것은 문제가 아닐 수 없다. 또한 이러한 시의 변화가 상상력과 현실 사이의 시적 긴장을 잃지 않음으로써 사라지고 잊힌 것들을 다시 현실로 소환하는 성찰적 태도를 견지할 필요가 있다. 즉 시인의 시선이 내부 세계로 수렴되든 외부 세계로 확장되든 윤리적 주체로서 현실과의 소통 전략을 중요하게 인식하지 않으면 안 되는 것이다. 고성만, 박인하 두 시인의 시에 구조화된 극적 형식과 대화의 양상은 바로 이러한 문제를 해소하는 실천적인 문제의식을 보여 준다는 점에서 의미 있는 시적 소통의 가능성을 열어 가고 있다고 평가할 만하다.

교감과 고요의 순간을 지나 독각獨覺에 이르는 '시간詩間'

고재종 시의 생명 의식

1. 농촌 시인에서 생명 시인으로

이십 대의 끝자락 어디쯤에서 고재종 시인을 처음 만났다. 빛고을에서 만나서 대숲이 우거진 그의 고향 담양을 지나 섬진강으로 흐르는, 그의 시가 남긴 자취와 그대로 일치하는 따뜻한 여정이었다. "이제 시인은 숲으로 가지 못한다지만/아직도 숲속 골짜기에는/산 절로 물 절로 하는 호수들이 있긴 있는/것이다."(「여름 다 저녁 때의 초록 호수」)라고 했던 『앞강도 야위는 이 그리움』(문학동네, 1997, 이하 『앞강』으로 약칭)을 출간하고 얼마 지난 즈음이었는데, 농촌 시인에서 생명 시인으로 변모해 가는 경계의 지점을 지나던 때였던 듯하다. "맑은 바람과/투명한 햇살/그 싱그런 초록 전류"(「나무들의 마을」, 『앞강』, 30쪽)가 흐르던 그의 고향 담양 궁산리 어느 들녘을 바라보면서, 김수영의 「풀」에 대한 민중적 관점의 해석이 지닌 경직성을 비판하며 바람과 풀이 어우러지는 자연 속 생명의 조화로움에 대해 말했던 것으로 기억된다. 깡마른 체구에서 뿜어 나오는 시인으로서의 남다른 풍모가 지금도 생생하게 남아 있다. 세상에 흩뿌려진 많은 시들이 그러하듯 시와 삶의 불일치를 철저하게 경계하는, 시인으로서의 운명이 추상과 관념의 세계에 갇혀 버리거나 세상과 동떨어진 언어의 구조와 비의(秘意)에 매몰되는 것을 단호하게 거부했다. 이십여 년이 훌쩍 지난 그때의 기억 속에서 시인과 필자가 나눈 대화의 한 장면을 떠올려 보면, 그의 시의 출발에서부터 지금에 이르는 과정이 어디에서 비롯된 것인지 시인의 육성으로 확인할 수 있을 듯하다.

> 많은 사람들이 나를 농촌 시인이라고 합니다. 물론 첫 시집 이후 대부분의 시들이 내가 살아온 농촌의 체험 속에서 이루어진 것들입니다. 하지만 지금 나는 농사꾼도 아니고 들판에서 땀 흘리며 지내고 있지도 않습니다. 더 이상 나를 농촌 시인이라고 불러서는 안 됩니다. 그것은 저 들판에서 하루종일 땀 흘리며 사는 농부들에게 참으로 부끄러운 일이지요. 이제부터 나는 생명 시인으로 살아갈 것입니다. 그것은 농촌을 소재로 한 시를 썼던 첫 시집에서부터 지금까지 줄곧 나를 지탱해온 영감입니다. 다만 요즘 평론가들의 유식한 말처럼 생태니 녹색이니 하는 거창한 개념을 드러내지 않았을 뿐이죠.[1)]

시인의 말대로 그의 시는 "생태니 녹색이니 하는 거창한 개념을 드러내지 않았을 뿐", 그가 태어나고 자란 들판 한가운데에서 날마다 경험한 자연과 이웃들의 이야기가 바로 시였다. 다만 그의 시가 활자 속에 갇힌 관념으로 흐르거나 생태운동가의 담론적 구호로 전락하는 것을 철저하게 경계했을 따름이다. 따라서 농촌 시인에서 생명 시인으로의 변화를 모색한다는 그의 고백은, 농촌을 다룬 그의 시적 출발이 생명 의식과 무관한 별개의 차원에서 시작된 것임을 강조하려는

---

1) 하상일, 「생명의 교감이 흐르는 시의 길 - 고재종의 시를 찾아서」, 『오늘의문예비평』, 1999년 가을호, 334~335쪽.

것이 결코 아니다. 오히려 농촌 현장에 뿌리내린 사람들의 힘겨운 노동을 벗어나 살아가는 현재의 자신에 대한 성찰적 태도를 견지하기 위함이었다. 즉 현실적으로는 농촌 현장과 일정한 거리를 두더라도 시인으로서의 진정성만은 잃지 않아야 한다는 완곡한 다짐을 에둘러 표현한 것이 아닐까 싶다.

이처럼 고재종의 시는 처음부터 지금까지 일관되게 생명과 더불어 한데 어우러지는 삶의 풍경 안에 자리 잡고 있다. 첫 시집 『바람부는 솔숲에 사랑은 머물고』(실천문학, 1987)에서부터 지난해 말 출간한 『독각』(문학연대, 2022)에 이르기까지 한결같이 '생명 의식'에 바탕을 둔 시를 쓰는 삶을 살아왔다. 이러한 생명을 바라보는 태도에서 그가 가장 경계했던 것은, 자칫 그의 시가 자신이 발 딛고 서 있는 삶의 현장과 무관한 관념적 생명에 사로잡힌 추상성의 세계에 매몰되지 않을까 하는 두려움이었다. 따라서 그의 시는 나무와 숲과 호수를 응시하는 시선 안에 언제나 늙고 병들고 상처 많은 이웃들의 생활을 들여놓는, 그래서 인간과 자연이 온전히 하나가 되는 진정한 생명의 어우러짐을 노래하는 데 아주 특별한 집착과 의지를 보였다.

몇 년 전 광주의 한 문학 행사에서 이십여 년 만에 고재종 시인을 다시 만났다. 고향 집을 떠나 광주로, 곡성으로 시의 운명을 찾아 떠돌던 그의 시가, 이제 다시 자신의 시가 뿌리내린 근원적 장소였던 고향 집으로 돌아가 혼자만의 시간을 살고 있다고 했다. "한 갑자 휘이 돌다 돌아왔다/남은 것은 빈손과 벙어리뿐이다"(「龜巖山房」, 『고요를 시청하다』, 문학들, 2019, 91쪽. 이하 『고요』로 약칭)라고 말하는 예사롭지 않은 시인의 모습에서, 초로(初老)의 흔적이 아닌 여전히 "동백꽃 송이송이가/저렇게는/빨갛게 탐나게/피어나는 시간"(「청춘」, 『그때 휘파람새가 울었다』, 시와시학사, 2001, 86쪽)의 생명의 기운이 느껴졌다. 아마도 그의 시가 예나 지금이나 변함없이 생명 의식을 가슴 깊이 붙들고 살아가고 있기 때문이 아니었을까. 그동안 그가 출간한 시집 열 권을 통독하면서 마치 시인이 살아온 생명의 시간을 따라가는 것처럼 싹을 틔우고 비를 맞고 상처를 이겨 내며 자라나는 희열을 경험하는 듯했다. 그것을 바라보고 내면화하는 시인의 태도 역시 대상과의 교감(交感)으로부터 고요한 응시의 시간을 지나 이제는 독각(獨覺)에 이르는 경이로운 여정을 보여 주었다. 이처럼 만물이 태어나고 자라고 성숙해져 가는 유기체적 생명의 순간을 보여 주듯, 고재종의 시는 성장과 소멸이라는 자연과 생명의 경이로움을 느끼게 하는 아름다운 시간(詩間)을 간직하고 있다.

2. 인간과 자연의 교감

생명 혹은 생태 문학의 본질은 "인간의 도덕이나 질서도 자연의 질서 속에 있어야 한다"는 것으로, "자연과 조화를 이루며 공생하는 세상", 즉 "자연 속에 이미 내재하는 가치와 질서와 미학을 존중하고 추구하는 인간의 삶을 지향"하는 데 있다. 하지만 이러한 생명 의식의 구체적 양상은 자연을 통해 "새로운 세상을 만들려는 것이 아니고 인간이 자연의 일부로 되돌아가려는 것"[2]에 핵심이 있다. 따라서 생명 의식을 표방한 시는 일방적인 자연 추종의 태도나 지나친 인간 배제의 모습을 통해 오로지 자연의 절대화로 흐르는 것에 대해서도 철저하게 경계해야 한다. 즉 인간이 자연과의 어울림 속에서 교감의 영역을 넓혀가는 데 본질이 있다는 점에서, 인간의 삶이 존재하지

---

2) 이남호, 『녹색을 위한 문학』, 민음사, 1998, 13~21쪽 참조.

않는 적막한 자연의 모습을 형상화하는 것은 진정한 의미에서 생명시가 지향하는 세계라고 볼 수 없는 것이다.

이런 점에서 고재종의 시는 자신이 살아온 삶의 터전에서 만난 이웃들의 모습을 통해 자연과의 교감이라는 동일화의 세계를 형상화한다는 점에서 주목된다. '생활시'이면서 '인물시'이고 '자연시'이면서 '생명시'인 통합된 서정시의 총체적 모습을 보여 주는 것이다. 그의 시가 농민들의 삶터를 제재로 삼은 시에서 출발하여 민중적 서정성의 세계로 확장해 나간 것은 이미 잘 알려진 사실이다. 이러한 그의 시적 토대가 생명 의식으로의 변화를 모색한 것도 시와 삶의 일치라는 완고한 시적 태도를 지켜내고자 한 데 가장 큰 이유가 있었음을 이미 말한 바 있다. 들판에서 숲으로의 장소의 변화는 추상적이고 관념적인 생명의 세계를 탐색하는 시적 세계관으로의 변모를 의도한 것은 결코 아니라는 것이다. 예나 지금이나 고재종의 시는 자신의 주변에서 함께 살아가는 사람들로부터 멀리 달아난 적이 없다. "멀리 아득했지만/별은 늘 머리맡을 지켰었지"(「별에 대하여」, 『독각』, 56쪽)라며 이웃의 삶을 '별'에 빗대어 떠올리고, 노동자의 영혼을 향해 "꽃처럼 치열하다"라고 말하며 "동백꽃이 뚝뚝 지는 밤"(「허공」, 『독각』, 56쪽)의 쓸쓸함에 잠기며, "하필이면 할멈이 서울 손주 돌잔치 갔을 때 뇌경색으로 쓰러진 본촌양반"을 보면서는 "어쩜 그대로 한 마리 순한 황소가 돼 버린"(「순환 황소」, 『독각』, 60쪽) 것이냐며 능청을 떨기도 하고, "나이 팔순"의 이웃 노인을 "그의 발은 날다람쥐처럼 날랬다"(「날다람쥐」, 『독각』, 61쪽)라고 묘사하는 등 자신의 삶터 주변을 함께 살아가는 사람들의 모습을 자연과의 관계 안에서 형상화하는 일관된 시적 태도를 견지했다. 이러한 그의 시적 태도는 편협한 인간주의에 대한 비판을 담은 생명시에 대한 지향을 드러낸 것이지만, 동시에 편협한 자연주의로 흐르는 왜곡된 생명시를 철저하게 경계하는 발상이기도 하다. 자연과 인간 그 어느 것에도 우위를 두지 않고 오히려 인간과 자연의 경계가 사라진 그 사이(間)를 조용히 응시함으로써, 인간과 자연이 어우러진 진정한 교감의 세계를 열어내고자 하는 것이 바로 고재종의 시가 지향하는 생명 의식의 방향이다.

> 뒷동산 청솔잎을 빗질해주던 바람이/무어라 무어라 하는 솔나무의 속삭임을 듣고/푸른 햇살 요동치는 강변으로 달려갔다 하자./달려가선, 거기 미루나무에게 전하니/알았다 알았다는 듯 나무는 잎새를 흔들어/강물 위에 짤랑짤랑 구슬알을 쏟아냈다 하자./그 의중 알아챈 바람이 이젠 그 누구보단/앞들 보리밭에서 물결치듯 김을 매다/이마의 구슬땀 씻어올리는 여인에게 전하니,/여인이야 이윽고 아픈 허리를 곧게 펴곤/눈앞 가득 일어서는 마을의 정자나무를 향해/고개를 끄덕끄덕, 무언가 일별을 보냈다 하자.//아무려면 어떤가, 산과 강과 들과 마을이/한 초록으로 짙어가는 오월도 청청한 날에,/소쩍새는 또 바람결에 제 한 목청 다 싣는 날에.
>
> —「초록 바람의 전언」 전문(『앞강』, 34쪽)

"뒷동산 청솔잎을 빗질해주던 바람이" "솔나무의 속삭임을 듣고" "푸른 햇살 요동치는 강변"의 "미루나무에게 전하니" "나무는 잎새를 흔들어/강물 위에 짤랑짤랑 구슬알을 쏟아냈"고, "그 의중 알아챈 바람이" "앞들 보리밭에서" "구슬땀 씻어올리는 연인에게 전하니" 그 여인은 "고개를 끄덕끄덕" "마을의 정자나무를 향해" "무언가 일별을 보냈다"고 한다. 물론 이러한 풍경은 "~하자"라는 일종의 가정에 의해 구성된 시인의 내면 풍경이지만, "산과 강과 들과 마을이/한 초록으로 짙어가는" 모습을 상상하는 것만으로도 따뜻하고 정겨운 초록 세상의 정경을 보여 준다. 시인의 말대로 "아무려면 어떤가" 싶을 만큼 선후를 따지고 경계를 구분하고 가상과 현실을 굳이 논하고 싶지 않을 정도로, 인간과 자연이 한 장소에서 서로 소통하고 화합을 이루는 생명의 충일감을 형상화하고 있다. 그의 시에서 자주 등장하는 "감나무가 사람이 되고/사람이 홰나무가 되는/오랜 마을"(「나무들의 마을」, 『앞강』, 31쪽)이 바로 이런 곳이 아닐까. 여기에서는 "저 동구밖 느티나무의 푸르른 울음소리"(「綿綿함에 대하여」, 『앞강』, 14쪽)도 들을 수 있고, "해종일 짜리를 트는/맹꽁이의 합장으로/새록새록 자라는 어린 벼들"(「저물녘의 宇宙律」, 『앞강』, 18쪽)도 볼 수 있으며, "내 영혼 속 쓸쓸한 적막산천도/이제는 깨어나 봄비 머금는 시간"(「천지간의 네 속삭임」, 『앞강』, 32쪽)을 맞이할 수도 있다. 인간과 자연의 교감이라는 생명의 본성을 찾아가는 길 위에서 만난 수많은 동식물과 따뜻하게 소통하는 묵언(默言)의 대화적 풍경을 보여 주는 것이 아닐까 싶다.

서정시의 본질이 뒤를 돌아보는 상상력에 있다고 한다면, 이러한 고재종의 시적 지향은 앞을 향해 맹목적으로 달려온 자본과 문명의 속도에 대한 깊은 성찰의 목소리를 내재하고 있다고 할 수 있다. "우리에게 늘 면면한 희망으로 흐르던" "강물도 저렇게 그리움으로 야위었다는 것인가"(「앞강도 야위는 이 그리움」, 『앞강』, 12~13쪽)라는 탄식에는, 인간과 자연이 온전히 하나가 되지 못한 현실을 바라보는 안타까움이 담겨 있다. 즉 자본과 인간의 욕망이 도시를 넘어 농촌에까지 침범해 들어와, 충만한 아름다움을 간직했던 자연의 풍경마저 점점 야위게 하는 생명의 왜소함에 직면하고 말았다는 것이다. 따라서 그는 생명의 힘과 아름다움이 우주적 교감을 이루는 '오래된 미래'의 세계를 형상화함으로써, '면면한 희망으로 흐르던 강물'의 의지를 담아내는 시인으로서의 자세를 다시 한번 가다듬는다. 인간과 자연의 관계 안에서 동화(同化)와 투사(投射)의 방식으로 교감의 영역을 확장하려던 그의 시는 이때부터 좀 더 내밀한 자신의 세계 안으로 침잠해 들어가게 되는 것이다. 마치 불교의 수행자가 동안거(冬安居)에 들어가듯 자연과도 잠시 대화를 멈춘 채, "아무 말 않고 나뭇잎새를 보여주"고 "새소리를 들려주"며 "꽃들을 흔들어주"는 '묵언(默言)'의 소리에 귀 기울이는 것이다. 그 결과 시인은 "명경처럼 환해진 마음일 때에야 울려오는/저 낭랑한, 저 청정한 세계의 소리/저 소리 되레 고요지경을 여는 소리"(「숲의 默言」, 『앞강』, 89쪽)를 듣는 신비로운 순간과 마주하게 된다.

3. 침묵과 고요의 순간

고재종의 시는 침묵과 고요의 적막함으로 가득 차 있다. "뒤란에 뚝뚝 지는 오동잎의 공명이/조금은 쓸쓸하고 외로운 것에 곡조를 난다"(「조금은 쓸쓸하고 외로운 노래」, 『고요』, 13쪽)라고 했듯, 이 쓸쓸함과 외로움에 간신히 말을 얹는 눌변(訥辯)의 목소리가 그의 시라고 볼 수 있다. 들판의 "맨드라미"도 "화들짝 깨어나는" 거라고, "뒤란 대울타리 댓잎" 소리에 "외로운 것들은 서로 비비며 운다"(「너무 시끄러운 적막」, 『고요』, 18쪽)라고 하면서, 이조차 '너무 시끄러운 적막'이라고 역설적으로 표현하는 것이다. 이처럼 침묵과 고요를 응시하는 그의 시선은 절대고독의 깨달음을 얻은 구도자의 모습을 닮았다. 물론 이러한 침묵과 고요의 시간을 얻기까지 치열한 삶의 고통과 상처의 시간을 지나왔음을 간과해서는 안 된다. 소설가 한승원이 시집 해설에서 "고요를 표현한 '정(靜)'이란 글자가 푸를 청(靑)과 싸울 쟁

(爭)을 대붙여 놓은 것"[3]이라고 풀어 설명한 데서 유추할 수 있듯이, 진정한 고요는 세상과의 지독한 싸움 뒤에야 발견되는 순간이라는 점에서 아주 특별한 의미를 지닌다. "시간의 공적(空寂)"과 "침묵의 폐허"를 지나 "나는 나일 것도 없다고 할 때"(「침묵에 대하여」, 『고요』, 22~23쪽) 비로소 고요의 깨달음과 마주할 수 있는 것이다.

> 초록으로 쓸어 놓은 마당을 낳은 고요는/새암가에 뭉실뭉실 수국송이를 부푼다//날아갈 것 같은 감나무를 누르고 앉은 동박새가/딱 한 번 울어서 넓히는 고요의 면적,/감잎들은 유정무정을 죄다 토설하고 있다//작년에 담가 둔 송순주 한 잔에 생각나는 건/이런 정오, 멸치국수를 말아 소반에 내놓던/어머니의 소박한 고요를/윤기 나게 닦은 마루에 꼿꼿이 앉아 들던/아버지의 묵묵한 고요//초록의 군림이 점점 더해지는/마당, 담장의 덩굴장미가 내쏘는 향기는/고요의 심장을 붉은 진동으로 물들인다//사랑은 갔어도 가락은 남아, 그 몇 절을 안주 삼고/삼베올만치나 무수한 고요를 둘러치고 앉은/고금(孤衾)의 시골집 마루.//아무것도 새어 나게 하지 않을 것 같은 고요가/초록바람에 반짝반짝 누설해 놓은 오월의/날 비린내 나서 더 은밀한 연주를 듣는다
>
> —「고요를 시청하다」 전문(『고요』, 14~15쪽)

'고요를 시청하다'라는 제목부터가 예사롭지 않다. 말 그대로 '고요'를 보고 들을 수 있다는 것인데, 시인의 범상한 능력이 아니고서는 차마 닿을 수 없는 시적 경지가 아닐 수 없다. 다만 이 시에서 말하는

---

3) 한승원, 「자기에게로의 회귀, 혹은 사람 없더니 거기 하니 있었네」, 『고요를 시청하다』, 문학들, 2019, 134쪽.

고요의 순간이 깊은 수행의 과정을 거친 후에 얻어 낸 깨달음과 같은 철학적 관념의 세계와 무관하지는 않을지라도, "감나무", "동박새", "어머니", "아버지"가 살아온 자연과 생활의 모습을 응시하는 일상의 평범함 속에서 발견된 세계라는 점에서 조금은 친숙한 의미로 다가오기도 한다. "아무것도 새어 나게 하지 않을 것 같은 고요"라는 절대고독의 엄정함보다는, "멸치국수를 말아 소반에 내놓던/어머니"와 "윤기 나게 닦은 마루에 꼿꼿이 앉아 들던/아버지" 사이의 "소박"하고 "묵묵"한 정(情)이 느껴지는 것이다. 또한 "담장의 덩굴장미가 내쏘는 향기는/고요의 심장을 붉은 진동으로 물들인다"는 데서, 세속적 열정과의 싸움을 지나온 평온한 아름다움의 세계가 바로 '고요'의 순간이라는 감각적 구체성을 느끼게도 한다. 이처럼 "초록바람에 반짝반짝 누설해 놓은" "고요"의 세계를 바라보는 화자는 "날 비린내 나서 더 은밀한 연주를 듣"게 되는데, 이는 세속의 바깥이라는 관념의 세계가 아닌 세속의 풍경 안에서 이루어낸 승화의 순간이라는 점에서 더욱 현실적인 의미로 체득되기도 한다. 이러한 '고요'의 순간을 내면 깊숙이 간직한 시인의 시선으로 바라본 "나무는 자유를 깔고 앉은 좌선의 명상가"일 수 있다. 그리고 그 나무 곁에서 시인은 "거기 늘 흐르는 햇빛과 바람으로 연주"하는 소리를 듣는 아주 특별한 능력이 있는 것처럼 보인다. 즉 "나무는 시간을 딛고 선 침묵의 성자"라는 깨달음을 얻게 되면서, 시인은 "늘 언어 이전의 언어들을 보고 듣는"(「나무의 연주」, 『고요』, 36쪽), 그래서 인간의 언어가 아닌 자연의 언어로 소통하는 생명시의 궁극적 세계에 가까이 다가설 수 있게 된 것이다.

이런 깨달음의 끝에서 시인은 인간으로서 누려 온 권력을 내려놓고 자연 그대로의 생명의 자리에 권력의 지위를 되돌려주려는 겸허한 태도를 자기화한다. "나무는 나무이다가 계절이다가 고독이다가 우주이다가/스스로 아무것도 아닌 나무이기에 나무이다"(「구도자」, 『꽃의 권력』, 문학수첩, 2017, 15쪽. 이하 『꽃』으로 약칭)라는 선(禪)적 구도의 길에서 발견한 자연의 무위(無爲)에 대한 깊은 경외심을 침묵과 고요의 세계 안으로 이끌어 들이는 것이다.

> 꽃을 꽃이라고 가만 불러 보면/눈앞에 이는/홍색 자색 연분홍 물결//꽃이 꽃이라서 가만 코에 대 보면/물큰, 향기는 알 수도 없이 해독된다//꽃 속에 번개가 있고/번개는 영영/찰나의 황홀을 각인하는데//꽃 핀 처녀들의 얼굴에서/오만 가지의 꽃들을 읽는 나의 난봉은//벌나비가 먼저 알고/담 너머 大鵬도 다 아는 일이어서//나는 이미 난 길들의 지도를 버리고/하릴없는 꽃길에서는/꽃의 권력을 따른다
>
> ―「꽃의 권력」 전문(『꽃』, 16~17쪽)

'나무는 나무이기에 나무'이듯이 "꽃을 꽃이라고" 그 자체로 바라보는 순간, 차마 인간이 범접할 수 없었던 자연의 비밀이 "해독"되는 것 같은 경이로움을 마주하게 된다. "꽃 속에 번개가 있"음을 알게 되고, 그 번개가 "찰나의 황홀을 각인하는" 순간이라는 사실도 비로소 깨닫게 된다. 이러한 자연의 섭리는 인간의 질서 안에서는 결코 도달할 수 없는 우주적 세계에 맞닿아 있다. "꽃들을 읽은 나의 난봉" 같은 세속적 깨달음 정도는 "벌나비"도 "담 너머 대붕도 다 아는 일"일 정도로 평범하기 짝이 없다. 인간에 의해 언제나 객관적 상관물 정도의 정서적 대상물로만 인식되었던 꽃의 세계는 사실 인간이 알 수 없는 그 자체의 심오한 내적 질서를 지니고 있다는 점에서, 인간적 시점으로 쉽게 재단하거나 의미화할 수 있는 가볍고 통속적인 대상이 아니다. 그래서 화자는 사람들이 만든 "이미 난 길들의 지도를

버리고" 사람의 길이 아닌 "홍색 자색 연분홍 물결"을 이룬 꽃길을 걷기로 하면서, "꽃길에서는/꽃의 권력을 따"르는 겸허한 자세를 갖기로 한다. 그동안 자신이 걸어왔던 사람의 길 안에 꽃을 들여놓는 것이 아니라 꽃이 예정한 자연의 질서 안으로 들어감으로써, 자연의 뜻에 스스로를 맡기는 인간적 소멸의 시간을 살아가고자 결심하는 것이다. 이러한 시공간적 의식을 살아가는 데 있어서 굳이 인간의 언어가 권력이어야 할 이유는 없고, 자연을 경쟁의 상대로 인식하는 인간의 모습을 초점화할 필요도 없다. 시인은 오로지 자연 앞에서는 침묵과 고요의 태도로 순종함으로써 자신이 지향하는 궁극적 생명의 길을 찾고자 한다. "소나무는 한 그루 뜨락에 있었더니/소나무는 거기 그대로/진즉에 푸르다"(「소나무는 푸르다」, 『꽃』, 30쪽)라고 한 것처럼, 시인이 살아온 본래의 그 자리에 고요히 깃들어 자연의 한 부분으로 살아가고 싶은 것이다.

4. 독각의 시간과 시의 운명

고재종 시인은 시의 길을 따라 걸어온 분주한 인생을 뒤로하고 이제는 고향 집으로 돌아와 조촐한 일상의 시간을 마주하고 있다. 그의 열 번째 시집 『독각』에 「혼자 넘는 시간」이라는 소제목을 붙인 열다섯 편의 연작시가 수록되어 있음은 우연이 아니다. "나는 오늘도 푸른 장미라거나 붉은목풍금새라거나 그 꿈으로도 환치되지 않는 노래들과 마주하는, 다만 혼자 있는 시간이라네."(「푸른 장미의 노래 - 혼자 넘는 시간 1」, 13쪽)라는 고백처럼, 자연과의 교감을 지나 침묵과 고요의 끝에서 만난 '혼자'의 시간을 살아가는 시인의 일상을 담담하게 형상화한 시편들이다. 심지어 시인은 "내가 삶에서 유일하게 배운 것은 고독이었다"(「바람과 함께 숲길을 걷는 일에 대하여-혼자 넘는 시간 14」, 26쪽)라고 말하면서, 이러한 고독의 시간조차 넘어서야 진정한 생명의 세계에 다다를 수 있다는 것을 '혼자 넘는 시간'이라고 표현했다. "이제 그리움의 뿌리까지를 철수시키고/우거에 빈방 하나쯤은 열어 보면//시방 여기 있는 나를 내가 알까/여기 없는 나는 또 내가 아닐까"(「龜巖山房」, 『고요』, 91쪽)라고, 침묵과 고요의 시간을 지나 세속적인 그리움과도 이별함으로써 자유로운 영혼에 이르는 시간을 동경하고 있다. 평생을 자연 속에서 생명과 더불어 살아온 시인의 길이 이제는 무념무상의 경지에 이른 듯하여 경외심을 갖지 않을 수 없다. 그래서인지 시집의 첫 장에 놓인 「시인의 말」에서부터 한 편의 시보다 더 시 같은 깊은 울림을 느끼게 된다. 세속에 찌든 범인의 뇌리를 죽비로 내려치는 듯한 '독각(獨覺)'의 '시간(詩間)'을 천천히 들여다보게 하는 것이다.

> 너무 늦은 질문이어도 좋은가. 이만큼에 서서 저만큼의 강을 물으며, 묵묵히 바라보는 경우가 잦다. 예전 어디선가 보았던 시간이 목전의 강물로 오는 것 같다. 황혼을 지피는 새들은 귀소를 서두르는가. 나는 약간은 처연하게 강 끝을 응시한다. 나는 서둘러 달려가야 할 집이 없는 사람이 되기를 바라는 사람처럼, 나에게서조차 잠시 물러난다. 저 무심한 강물이 물어대는 무언가 반박할 수 없는 질문들로부터, 아무리 사소한 질문일지라도 어느 소설가처럼 수백만 페이지를 샅샅이 뒤지지 않을 수 없도록 자꾸만 절박해지는 이 황혼으로부터, 방금 눈앞에 무엇이 지나갔지? 아니 나는 지금 어디에 있지? 저렇게 강물은 하냥 출렁거리고 또 시간은 조각조각 깨져 일렁거리는 목전. 이것은, 이 아닌 것은 대체 무엇인가 또 묻는다.
>
> —「시인의 말」

고진하는 "고독은 우주를 끌어안기 위한 필요조건"이라고 했던 미국 시인 에머슨의 말을 인용하면서, 고재종의 시가 "고독을 통과하면서 자기 존재의 진보와 확장을 꾀한 것, 이를테면 고독을 통해 우주를 보듬어 안는 깊은 시심을 보여" 준다고 평가했다. 즉 고재종의 시에서 "혼자 있는 고독의 시간은 자기 존재의 확장만이 아니라 시 세계의 확장도 자연스레 담보"[4]하고 있음을 말하는 것이다. 이처럼 시인은 『독각』에 이르러 자신이 살아온 시간(時間) 혹은 '시간(詩間)'의 내부를 깊이 응시하면서 혼자 넘는 시간 속의 일상과 더불어 살아가는 시의 운명을 잔잔한 육성으로 들려준다. 그래서인지 『독각』의 시편들은 "예전 어디선가 보았던 시간이 목전의 강물로 오는 것"처럼 익숙하기도 하고, "황혼을 지피는 새들은 귀소를 서두르는" 시간 어디쯤을 살아가는 듯도 하다. "처연하게 강 끝을 응시"하는 시인의 마음은 "나는 서둘러 달려가야 할 집이 없는 사람이 되기를 바라는 사람처럼, 나에게서조차 잠시 물러"나는 무욕(無慾)의 경지를 보여 주는 것이다. 그래서 "자꾸만 절박해지는 이 황혼으로부터" 거리를 두려는 시인의 마음이 조금은 애처롭게 느껴지기도 한다. 하지만 오히려 이러한 그의 시적 삶이 숭고한 시적 울림을 주기도 한다는 데서 여전히 그의 시는 시적 긴장을 유지하고 있음을 확인할 수 있다.

"조각조각 깨져 일렁거리는" 시간을 뒤돌아보면서 "이것"과 "이것이 아닌 것"의 경계를 정확히 구별하고 인지하려는 것은, 인간 중심적 태도에서 비롯된 세속적 마음이 아닐 수 없다. 자발적 고독의 시간을 살아가는 시인에게 "아침나절엔 텃밭의 상추, 고추, 가지를 가꾸며 시간을 잊는"(「시간의 무늬-혼자 넘는 시간 2」, 『독각』, 14쪽) 것

4) 고진하, 「시 세공사가 조탁한 고독의 청보석들」, 『독각』 발문, 문학연대, 2022, 106쪽.

외에 다른 무엇이 들어설 자리는 전혀 없다. 그래야만 "보이는 것도 보이지 않는 것도 아닌 나라의 처음을 여는, 솔새의 연주를 들"(「솔새의 연주를 들었다-혼자 넘는 시간 3」, 『독각』, 15쪽)을 수 있고, "한 번도 노래해 본 적 없는 생의 고갱이 같은 시구들이 간혹 초록바람으로 일렁"(「연두와 초록 사이-혼자 넘는 시간 6」, 『독각』, 14쪽)이는 순간을 경험할 수도 있다. 이쯤 되어야 "산다는 말과 죽는다는 말, 그다음 목놓아 울지도 못한다는 말들이 사방의 산야에 꽃수를 놓아 화엄 궁륭을 세울 날"(「고양이 묻어준 자리에 봄까치꽃-혼자 넘는 시간 8」, 『독각』, 20쪽)을 담담하게 기다리는 시적 경지에 이르게 되는 것일까. '혼자 넘는 시간'은 시인에게 너무도 고요하고 평온한 절정의 순간이겠지만, 어쩌면 지독하게 외롭고 무서운 시간일지 모른다는 생각을 문득 지울 수 없다. 하지만 그 시간을 넘어서는 자에게 찾아오는 '지복(至福)'의 순간이야말로 "맑고 붉은 보석"처럼 빛나는 경이로움을 안겨 준다는 점에서, 처연한 아름다움의 순간을 내면화한 시인의 시간이 더욱 고결하고 신비로울 따름이다. 시인은 이러한 경이로움을 일컬어 "독각의 사리"라고 명명했는데, 아마도 숱한 고행을 거쳐 순정한 시간에 이르는 길과 같은 시의 운명을 뒤돌아보는 은유적 표현이 아닐까 생각된다.

> 몇 날 며칠을 두고 경향 간에 기별 한 점 없네. 한때는 고독의 용기를 꿈꾸었으니 푸른 안목을 반짝일 만도 하네. 반짝이는 건 지난봄 감꽃 졌던 자리에 알알이 매단 주먹송이들, 오늘의 일기는 쾌청하네. 누가 시키지 않아도 자가 격리된 날들의 반복이라네. 이때쯤 죽순장아찌에 잡곡밥 먹는 점심의 습관은 망각을 이겨내는 지복이 아니던가. 산방에 들락거리는 바람엔 뼈를 말리고, 동백새서껀 저 울고 싶을

> 때 와서 울고들 가라지. 다만 괴로움의 민낯 같은 건 작년 폭우에 생채로 찢긴 석류 가지들. 정색하고 보면 끔찍한 얼굴일진대, 남은 가지에 터진 석류 속 그 맑고 붉은 보석들은 가령 독각의 사리라고나 할까.
>
> —「독각-혼자 넘는 시간 9」 전문(『독각』, 21쪽)

"끔찍한 얼굴"이 아니고서는 마주할 수 없었던 상처와 고통의 시간을 뒤돌아 고백하는 회한의 목소리가 담긴 시이다. 세상의 번뇌와 고통을 견뎌 내고 깨달음의 경지에 이른 수행자의 몸 안에 쌓이고 쌓인 "사리"가 곧 시라고 한다면, 시인으로 살아가는 운명은 "고독의 용기를 꿈꾸"는 것과 같아서 차마 감당하기 어려운 선택의 시간을 넘고 또 넘어 온 힘겨운 여정이 아닐까 싶다. 그래도 시인은 "푸른 안목을 반짝일 만"한 세상을 밝히는 것이 시라고 생각하면서, "감꽃 졌던 자리에 알알이 매단 주먹송이들"처럼 새로운 생명이 자라나는 시의 순간에 감격하는 삶을 끝끝내 지켜 내고 있다. 비록 "누가 시키지 않아도 자기 격리된 날들의 반복"인 자발적 고독의 시간이지만, "망각을 이겨내는 지복"의 순간을 발견할 수도 있기 때문이다. 그래서 시인은 "가진 거라곤 발걸음밖에 없어서 그 한가한 것을 척도로 삼"아 "오늘은 솔바람과 구름나무의 빛에 들려 숲 차원으로 돌아가는 길"을 걸으면서, "나는 어느 때부터 사람이고, 어디서부터 숨 닿는 나날이었던가."(「바람과 함께 숲길을 걷는 일에 대하여-혼자 넘는 시간 14」, 『독각』, 26쪽)라고 존재의 근원을 탐문하는 일에 열중한다. 그리고 "저녁바람 일렁이는 대숲에/서걱서걱/별빛 듣는 소리,/대숲 밑 샘가에/들에서 늦게 돌아온 어머니/싹싹싹싹 쌀 씻는 소리"(「나의 원음(原音)」, 『독각』, 31쪽)를 다시 떠올리면서, 생명의 시작을 들려주는 근원의 소리에 귀 기울이는 모습을 드러내기도 한다.

이처럼 뒤를 돌아보는 상상력에 바탕을 둔 고재종의 시적 지향은, 근원으로 돌아가는 데 본질이 있는 서정시의 원리에 입각한 생명의 유기체적 속성을 지닌다. "이 우주에 존재하는 모든 것은 그 밖의 다른 모든 것과 서로 깊이 연관되어 있다"는 것, 그래서 "우주는 언제나 역동적이며 살아 있다"는 것에서, 자연을 모습을 탐문하고 자연의 소리에 귀 기울이는 시인의 태도는 '물활론적 세계관'[5)]에 기대고 있는 것이다. 말년에 이르러 시인은 돌고 돌아 결국 자신의 고향 집으로 돌아왔다. 모두가 떠난 자리에 덩그러니 혼자 남은 시간은 근원을 찾아 떠났다가 다시 그 자리로 돌아온 시의 운명을 온전히 닮은 것이 아닐까. 그래서인지 첫 시집에서 이웃들의 평범한 삶을 따뜻하게 보듬어 안았던 그의 시 세계가 『독각』에 이르러 다시 전면화되는 것이 예사롭지 않다. 「현장 소장 미장이 신충섭」, 「일귀신 장전댁」, 「순한 황소」의 '본촌양반' 등 고향 마을에서 함께 살아가는 사람들의 일상을 담은 시는, 지금 우리가 살아가는 주변부 현실의 애잔하면서도 아름다운 이야기를 들려준다는 점에서 아이러니적 진실을 담고 있다. 이런 점에서 지금 시인이 마주하고 있는 '혼자 남은 시간'은 결코 '혼자'가 아니라는 데 '독각'의 역설적 진리가 내재되어 있다. "지금은 마을과 길의 고적으로 사라져가는 시간들,/나무와 바람과 그만 돌아서야 할 사랑들을/우듬지에 걸리는 별들에게나 물을까"(「겨울 정자나무에게 물었다」, 『독각』, 73쪽)라고 말하는 화자의 모습 그 자체가 이제는 시가 되었다. 인간의 삶과 시의 경계가 소멸된 자리에서 고재종의

5) "인간이 곧 자연이요 자연이 곧 인간"이라는, 그래서 "인간은 물론이고 동물이나 식물 심지어는 돌과 강물도 영혼을 가지고 있다"는, "주술적이고 신비주의적인 샤머니즘"의 세계가 '물활론적 세계관'이다. 김욱동, 『문학생태학을 위하여』, 민음사, 1998, 34~37쪽 참조.

시는 그 자체로 생명을 탐문하는 독각의 시간을 살아가는 것이다. 그리고 이러한 자문(自問)에 대한 해답을 찾아가는 삶의 모습에 시의 운명이 고요하게 깃들어 있다는 깨달음을 전해 주고 있다.

몇 년 전 광주에서 만난 고재종 시인은 이제는 시조차 좀 멀리하며 살아가고 싶다는 말을 넌지시 했다. 그 마음속 깊이를 전적으로 헤아리기엔 역부족이지만, 시가 시답지 못한 요즘 시에 대한 불만을 에둘러 표현한 것으로도 들렸고, 어느 순간부터 시와 삶의 경계가 너무나 뚜렷해져 버린 현실에서 삶이 곧 시가 되는, 그래서 시보다 삶에 더욱 충실해야겠다는 스스로의 다짐을 우회적으로 드러낸 것이 아닐까 생각된다. 시인의 말대로 지금 그의 시는 "한 갑자 휘이 돌"(「龜巖山房」, 91쪽)아 그의 시의 근원이자 출발점인 고향 집으로 돌아왔다. "앞냇가 미루나무의/가지 팽팽히 후리는 바람"(「청빈에 대하여」, 『날랜 사랑』, 창작과비평사, 1995, 10쪽)처럼 '청빈'한 일상 속에 자신의 삶과 시를 다시 자리매김하고 있는 듯하다. "차운 북풍에/뒷동산 마루의 아름드리 청솔 울면/왠지 자꾸만 가슴 욱해지는/가슴 푸르른 사람들"(「가슴 푸르른 사람들」, 『새벽 들』, 창작과비평사, 1989, 110쪽)과 더불어 살아가고자 하는 것이다.

수년 동안 우리는 과학과 문명을 앞세워 맹목적으로 달려온 인간중심적 세상의 위험을 냉정하게 꾸짖는 자연의 경고 앞에서 속수무책의 시절을 살아왔다. 자본과 문명이 강조하는 발전의 신화가 얼마나 허망한 결과를 초래하는지 몸소 혹독한 체험을 통해 알게 된 것이다. 고재종의 시가 일찌감치 우리에게 말해 주었듯이, 자연의 권력을 자연에게 돌려주는 일이 얼마나 중요한 것인가를 아주 값비싼 비용을 지불하고서 비로소 깨닫게 되었다. 이제 우리 시는 경쟁과 차별이라는 인간의 목소리에 매몰되어 세상과 소통하지 못하는 언어의 감옥에 갇혀서는 안 된다. 평등과 공존이라는 자연의 가치를 생활의 한가운데에서 실천하는 공동체의 연대를 통한 생명 의식을 지향해야 한다. 교감과 고요의 순간을 지나 독각에 이른 고재종의 '시간(詩間)'이 더욱 큰 울림으로 다가오는 이유도 바로 여기에 있다.

생명과 평화의 연대를 위한 고고학자의 시선

허수경의 시 세계

1. 탈식민주의와 생태주의 그리고 여성주의

첫 시집 『슬픔만한 거름이 어디 있으랴』[1]로 한국 시단에 민중시의 새로움을 열어낸 여성 시인으로 평가된 허수경은, 1987년 『실천문학』 특집으로 기획된 '현장 문학'에 「땡볕」이라는 시를 발표하면서 문단 활동을 시작했다. "잘못도 용서도 구할 수 없는/한반도 근대사 속을/사람 지나간 자취마다 하얗게 쏟아지는/감꽃 폭풍"(「지리산 감나무」, Ⅰ, 34)과 같이, 신산한 역사의 한가운데를 통과해 온 민중들의 수난사를 집요하게 응시하면서 인간과 자연의 관계 안에서 역사적이고 민중적인 서정성에 토대를 둔 시적 실천을 보여 주었다. 특히 남성에 의해 주도된 전쟁의 폭력에 철저하게 희생당한 여성의 상처와 고통을 역사적으로 따라가면서, 자연의 본성과 생명력에 바탕을 둔 여성 주체의 시선으로 반전의식을 표방했다는 점에서 특별한 의미가

1) 허수경의 시집은 모두 6권이다. 이하 시집 인용은 출간된 순서에 따라 『슬픔만한 거름이 어디 있으랴』(실천문학사, 1988)는 Ⅰ, 『혼자 가는 먼 집』(문학과지성사, 1992)은 Ⅱ, 『내 영혼은 오래되었으나』(창비, 2001)는 Ⅲ, 『청동의 시간 감자의 시간』(문학과지성사, 2005)은 Ⅳ, 『빌어먹을, 차가운 심장』(문학동네, 2011)은 Ⅴ, 『누구도 기억하지 않는 역에서』(문학과지성사, 2016)는 Ⅵ로 약칭하기로 한다.

있다. 이러한 문제의식은 반자연적이고 반생명적인 전쟁의 폭력성과 남성 중심적 지배 이데올로기의 전복과 해체라는 탈식민주의적 시각과 여성주의의 결합을 통해 구체화된다. 인간중심주의에 기반한 자본주의적 근대의 폐해를 비판하는 전통적 생태주의에 바탕을 두면서도, 폐허화된 세계의 모습을 근본적으로 치유하고 성찰하는 시적 주체로서 여성의 생명성에 주목하는 에코페미니즘적 지향을 드러낸 것이다.

탈식민주의와 여성주의의 결합은 제국과 식민의 주체인 남성이 여성에게 가해 온 억압과 차별을 쟁점화하는 것이다. 탈식민주의 페미니즘으로 명명하기도 하는 이러한 관점은 제국주의 폭력과 남성 중심적 지배 질서에 철저하게 희생당한 주변부적 존재인 여성의 해방을 성취하는 데 목표를 둔다. 즉 여성 주체의 올바른 정립을 통해 가부장적 남성주의에 대한 저항뿐만 아니라 민족적, 계급적 모순에 맞서는 사회 변혁의 가능성을 열어 낼 수 있어야 한다는 것이다. 한편 여성주의는 생태주의와의 결합을 통해서도 사회적 담론의 장을 확장해 낸다. 자본주의적 근대가 초래한 생태 환경의 위기가 인간중심주의에서 비롯되었다는 심층생태주의를 수용하면서도, 그 근본적 원인이 남성중심주의에 있다는 사실을 간과하는 생태주의의 한계를 비판적으로 쟁점화하는 것이다. 이러한 에코페미니즘적 시각은 여성 억압과 자연 억압 사이의 직접적인 연관성을 주목하는 것으로, 전통적 생태주의가 결여하고 있는 여성주의적 시각을 전면화함으로써 우리 사회가 직면한 생태 환경의 위기를 근본적으로 해결하는 대안을 찾고자 하는 것이다. 다시 말해 자연과 여성은 남성 중심의 권력과 자본주의적 근대 속에서 철저하게 소외되고 타자화되어 왔다는 점에서, 생태주의와 여성주의는 자연스럽게 동일한 문제의식을 공유하는 비판적 담론의 장을 열어 낸다고 본 것이다.

허수경의 시는 여성 혹은 모성에 근본적 토대를 두는 전통적 여성주의 관점을 견지하면서도, 생태 환경의 위기가 전쟁과 폭력을 일으키는 남성 중심적 계급 구조에 가장 큰 원인이 있다는 사회생태주의적 시각도 분명하게 표방하였다. 따라서 남성중심주의에 맞서는 여성 주체의 올곧은 정립과 생명과 평화의 연대로 나아가는 거시적인 역사의식을 자신의 시가 지향해야 할 근본 바탕으로 삼았다. 첫 시집에서부터 기존 여성시와는 달리 전쟁이라는 거대 서사를 중심제재로 부각했던 것도 바로 이 때문이거니와, 네 번째 시집 『청동의 시간 감자의 시간』을 두고는 스스로 '反전쟁시'라고 명명할 정도로 전쟁과 폭력의 반생명적 성격을 특정 지역과 장소의 문제가 아니라 인류 보편의 문제로 확장하는 거시적인 시각을 보여 주었다.

이런 점에서 허수경의 시는 한국을 떠나 독일에서 고고학자로 살아가는 동안 무수한 죽음의 현장을 파헤치면서, 죽음의 자리에 남겨진 고통스러운 역사의 기억을 복원해 내는 여성 주체의 시선을 담아내고자 했다. 하지만 전통적 여성시가 보여 주었던 남성/여성의 대립적 구도를 선명하게 드러내지는 않았다는 점에서 여성시의 관습적인 주제와는 일정하게 거리를 두었음을 주목할 필요가 있다. 즉 탈식민주의와 생태주의 그리고 여성주의를 결합한 정치적 주제 의식을 강하게 드러냈는데, 남성과 여성의 성적 차이를 주목해 온 전통적 여성주의를 뛰어넘어 주변화되고 타자화된 여성 주체가 역사적으로 감당해온 상처와 희생 그 자체를 주목하는 의도된 전략으로 이해할 수 있다. 이처럼 허수경의 시는 모성성 혹은 여성성의 신화를 강조하는 데 초점을 둔 전통적 여성주의와는 달리, 탈식민주의와 생태주의적 비판의식을 여성주의적 시각으로 통합하여 전쟁과 폭력으로 야기된 인류 보편의 위기를 근본적으로 해결하는 대안적 실천으로서 시의 가능성과 역할을 찾고자 했다.

2. 모성성의 신화를 넘어선 여성으로서의 시적 주체

1980년대 이후 여성시에서 남성은 여성을 타자화하고 소외시키는 폭력적 주체로 전경화되었다. 남성은 여성을 억압하고 대상화하는 강압적 존재로 역사적으로든 현실적으로든 여성 주체와는 대립적인 구도를 형성했던 것이다. 하지만 허수경의 시에서 재현된 남성은 역사적으로는 식민주의의 희생자이고 피해자로 인식된다는 점에서 주변부적 존재로 타자화되어 온 여성과 대립적인 위치로 의미화되지 않는 경우가 많다. 남성/여성의 대립적 차원에서 여성의 문제를 바라볼 것이 아니라 지배/피지배의 관계 안에서 인간의 기본적인 존엄과 평등이라는 관점에서 여성의 의미를 탐색해야 한다고 본 것이다. 따라서 허수경의 시는 제국과 식민의 기억 속에서 주변화되고 타자화된 남성을 여성 주체의 시선 안에서 포용해야 할 공동체적 존재로 호명한다. 또한 절대 권력으로 군림해 온 가부장적 아버지와 주변화되고 타자화된 대상으로서의 딸(여성)이라는 전통적 여성주의의 위계화되고 관습화된 표상을 전복시킨다. 이러한 전도된 인식은 남성중심주의적 권력 안으로 여성의 지위를 편입시키고자 하는 전통적 여성주의의 계급주의적 욕망을 비판하는 것으로, 여성을 남성보다 우월한 존재로 역전시켜 타자로서의 여성이 아닌 주체로서의 여성으로 재정립하고자 한 것이다. 즉 관념화된 여성성 혹은 모성성에 기대지 않고 여성 그 자체의 존재론적 본질에 집중하는 여성 주체의 모습을 형상화하려는 시적 전략의 결과였다고 할 수 있다.

피로 이어지는 천역의 삶
더 이상은
남기지 말자

두 번째 유산을 하고 쓰러질 듯 돌아오는
최여인은 원폭캘로이더로
사지무기력증에 빠진 조국의 개망초 둑길을 걸어오는
최여인은 다짐하고
또 다짐합니다
남기지 말자

설핏 노을이 지고
어느새 만월

한번도 온전하게 채워보지 못한
거덜난 원폭의 자궁
태어나면 천역을 온몸에 이고
서럽게 살아야 할 아기는
에미 칼에 찔려 피투성이로 뒹굽니다
남기지 말자

용서해라
나의 자궁은 저 만월만큼 꽉 차보지 못할지니
조국이여
빼앗기기만 했던 원통한 에미의 삶과

에미한테 죽은 아기의 태어나지 않은 꿈과

—「원폭수첩 4」 전문(Ⅰ, 44~45쪽)

식민지 시기 원폭의 참상을 겪은 '최여인'이라는 여성의 비극을 통해 전쟁의 폭력성과 여성의 수난사를 전면화한 시이다. 이 시에서 여성 주체는 전쟁으로 인해 자신의 몸에 남겨진 "천역"을 자식에게 물려줄 수 없어 스스로 "유산"을 선택하는 비극적 삶을 살아가는 존재이다. "더 이상은 남기지 말자"라는 반복된 다짐을 통해 "한번도 온전하게 채워보지 못한/거덜난 원폭의 자궁"과 같은 여성의 몸을 초래한 남성 중심적 역사와 현실에 대한 울분을 토로한다. "피로 이어지는 천역의 삶"을 끊어 내기 위해서는 "에미 칼에 찔려 피투성이로 뒹"구는 "아기"의 고통을 눈앞에서 지켜볼 수밖에 없기 때문이다. 이러한 가혹한 경험에는 "빼앗기기만 했던 원통한 에미의 삶"이 다음 세대까지 이어져 "서럽게 살아야 할" 운명을 남기는 일을 만들어서는 안 된다는 절박한 호소가 담겨 있다. 게다가 여성의 상처와 고통을 "사지무기력증에 빠진 조국의 개망초 둑길"에 유추하고 있다는 점에서, 역사의 희생을 감당하며 살아온 여성의 비극이 한 개인의 운명에 그치는 것이 아니라 국가가 책임지고 해결해야 할 역사적 문제임을 분명하게 각인시키고자 했다. 제국주의라는 야만과 폭력 앞에서 "만월"이 되어야 할 여성의 몸마저 폐허로 만들어 버린 남성 중심적 역사의 모순이 "에미한테 죽은 아기의 태어나지 않은 꿈"으로 현재화되고 있음을 말하고자 한 것이다.

이런 점에서 허수경의 시는 역사와 현실에서 타자화되고 소외되어 온 여성의 지위를 모성적 여성성의 차원을 넘어 역사를 이끌어 가는 주체의 자리로 의미화하고자 한다. "거덜난 원폭의 자궁"을 갖고 살아 온 여성을 피해자의 시선 안에 가둠으로써 남성을 적대시하는 방식으로 그 해결의 방향을 찾는 것은 결코 근본적인 대안이 될 수 없다고 본 것이다. 따라서 지금 우리가 직면한 생태 환경의 위기는 남성적 권력 구조에만 그 원인이 있는 것이 아니라 "사지무기력증에 빠진 조국"에 더 큰 원인이 있음을 직시하고 있다. 여성의 고통과 희생을 개인의 문제가 아닌 국가와 사회의 문제로 확장해서 바라보아야 한다는 사회생태주의적 실천은 바로 이러한 문제의식에서 비롯된 것이다. 이때 '조국'은 강요된 여성성을 유지하고 관리하는 권력적 위계와 불평등이 제도화된 반생명적이고 반여성적인 대상이 아닐 수 없다. 따라서 허수경의 시는 여성 주체 안에 은폐된 남성성의 시각을 의도적으로 부각하는 시적 전략을 드러낸다. 남성과의 대결을 통해 구조화되고 의미화되는 여성성이 아니라 여성의 삶과 역사 안에 억압된 채로 비가시화된 남성성을 스스로 자각하게 하는 것이다. 이러한 시적 태도는 여성성 혹은 모성성에 갇힌 그동안의 전통적 여성주의가 지닌 한계를 넘어서는 새로운 여성 주체의 실현을 모색하기 위함이다. 이때 여성은 전통적 가부장제 아래 남성에 의해 규정되고 제도화되었던 타자로서의 존재가 아니라, 그 자체로 주체의 자리에서 제국주의 폭력과 남성중심주의의 폐해에 맞서는 강인한 존재로 재인식된다.

이처럼 허수경의 시는 '모성성=여성성'으로 신비화된 여성주의라는 오랜 신화를 과감하게 해체하고, 아버지와 딸이라는 위계화된 불평등을 관습적으로 받아들여 온 역사의 흐름을 역전시키고자 한다. 여성 주체의 위치를 남성과 동등하거나 혹은 남성보다 우월한 지위로 재정립하려는 전복적 시선을 드러내는 것이다. 아버지와 딸의 관계를 남성과 여성의 수직적 구조로 제도화해 온 세상의 보편적 통념을 전복시키고 있는 이유도 바로 여기에 있다.

당신은 당신의 집으로 돌아갔고
돌아갈 집이 없는 나는
모두의 집을 찾아 나섭니다

밤별에는 집이 없어요
구름 무지개 꽃잎에는 우리의
집이 없어요 나는 아버지가 돌아간
집에는 살 수 없는 것
세월이 가슴에 깊은 웅덩이로 엉겨 있듯
당연한 것입니다

전쟁을 겪어 불행한 세대와
전쟁을 겪지 않아 불행한 세대가
세월의 깃을 재우는 일조차 다른 것
그래서 나는 돌아갈 집이 없어요

배고픈 어미가 아이를 낳고 기르는
땅을 가로질러
함께 일을 하고 밥을 먹고 함께 노래를 하고 꿈을 꾸고

아버지 나는 갑니다
모두의 집을 찾아 칼을 들고
눈물 재우며

―「아버지, 나는 돌아갈 집이 없어요」 전문(Ⅰ, 88~89쪽)

"집"이라는 공간을 여성의 장소로 획일화하고 제도화해 온 관습화된 가부장적 남성주의에 대한 비판적 시선을 담은 시이다. "전쟁을 겪어 불행한 세대"인 "아버지"는 자신이 경험했던 역사의 불행을 다시 겪지 않기 위해 지난 역사의 어두운 기억을 외면한 채 "당신의 집"으로 돌아가는 안정적인 삶을 선택했다. 하지만 "전쟁을 겪지 않아 불행한 세대"인 화자는 "돌아갈 집이 없"어 "모두의 집"을 찾는 모험을 감행한다. 아버지 세대가 지금 필요로 하는 것은 "배고픈 어미가 아이를 낳고 기르는" 개인적 삶의 안온함이지만, 자식 세대에게 시급하게 요구되는 것은 "함께 일을 하고 밥을 먹고 노래를 하고 꿈을 꾸"는 공동체적 삶의 추구에 있기 때문이다. 식민과 제국의 역사에서 철저하게 소외된 채 주변부적 존재로 살아왔던 아버지가 지금은 역사의 모순에 순응하는 무기력한 존재가 되어 버린 것처럼, 자식 세대가 당면한 현실 역시 지난 역사에서 아버지가 견뎌온 상처와 고통이 그대로 이어지는 불행한 삶의 연속을 경험하는 일뿐이다. 따라서 자식 세대이자 여성인 딸은 "당신의 집"으로 돌아가는 일상에 갇힌 아버지와 같은 개인적 삶을 되풀이 하지 않기 위해, "모두의 집을 찾아 칼을 들고/눈물 재우며" 가는 공동체적 투쟁의 길을 걸어가는 전사로서의 운명을 선택하게 되는 것이다. 그 결과 남성인 아버지의 자리를 물려받은 여성인 딸의 운명은 세대론적 차원을 뛰어넘어 사적 존재인 여성을 공적 존재로 전환된다. 모성성의 신화에 오래도록 갇혀 살아온 전통적 여성주의의 한계를 뛰어넘어 정치적 존재로서 주체적 여성의 모습을 새롭게 자리매김하는 것이다.

이러한 여성 주체의 새로운 정립은 남성에 의해 타자화된 여성이 아닌 여성 그 자체의 본질에 집중하는 시적 주체로서의 가능성을 열어낸다. "사내들의 영광은 아낙들의 눈물/영광은 자궁 속에 깊이 감추어 두고/늦은 빨래를 하러 나옵니다"(「남강시편 3」, Ⅰ, 54쪽)에서처럼, 남성들에 의해 주도된 것처럼 인식되어 온 역사의 근본적 토대가 역사적 진실 뒤편에서 스스로의 목소리를 숨기고 살아온 여성에 있음을 일깨워 주고자 하는 것이다. 즉 "딸의 자궁으로 들어와 한줌의 가엾은 풀무더기 가엾은 벌초가 되어 어린 아들의 붉은 손가락에 잡혀 넘어가시는군요"(「가을 벌초」, Ⅱ, 68쪽)와 같이, 남성 중심적인 것으로 획일화되어 온 역사가 결국 여성의 몸에 의해서 비롯되었다는 사실에서 여성 주체에 대한 재인식을 이끌어 낸다. 이는 여성의 몸을 주체로 내세워 남성의 역사를 타자화하려는 전도된 인식으로, 역사와 자연과 여성의 문제를 모두 아우르는 여성 주체의 자리를 새롭게 정립하려는 것이다. 따라서 허수경의 시는 "나는 계집애"(「남강 시편 1」, Ⅰ, 52쪽)라는 관습화된 여성 주체에 균열을 가함으로써, 전통적으로든 역사적으로든 왜곡된 현실에 맞서는 강인하고 독립적인 여성 주체의 모습을 바로 세우고자 한다. '전쟁'이라는 거대 서사를 주요 제재로 초점화한 이유도 바로 여기에 있거니와, 인간 본연의 생명성을 바탕으로 역사와 시대의 모순에 저항하는 주체적인 여성의 모습을 시적으로 실천하고자 했던 것도 이러한 시적 전략의 결과로 이해할 수 있다.

3. 전쟁과 폭력에 맞서는 생명과 평화의 연대

허수경의 시에 나타난 전쟁 표상은 1950년대 한국전쟁을 직접적으로 체험한 세대인 모윤숙, 노천명 등의 여성시가 보여 준 전쟁 모티프와는 문제의식에서부터 확연하게 다른 양상을 드러낸다. 전쟁을 직접적으로 경험한 세대가 전쟁의 승리를 고무하고 독려하는 선전선동의 성격을 명시적으로 표방했던 1950년대 여성시와는 달리, 전쟁을 직접 겪지 않은 세대로서 전쟁의 기록과 증언에 바탕을 두고 그 참상을 고발하고 비판하는 반전(反戰)의 성격을 강하게 드러냈다는 점에서 뚜렷한 차이를 보이는 것이다. 더군다나 허수경의 실제적 삶과 거주 공간이 한국이라는 일국적 시야를 넘어 독일을 중심으로 한 유럽 사회로 확장되면서, 인류의 전쟁사가 남긴 비극적 현장을 고고학적으로 응시하는 보편적 역사 인식에 바탕을 두었다는 사실에서 그 차이는 더욱 분명하게 나타난다. 특히 남성적 권력에 의해 인간의 기본적인 존엄마저 무참히 짓밟힌 전쟁의 폭력에 저항하는 여성 주체의 반전의식은, 전쟁시라는 하위장르를 여성시의 구조 안에서 재구축하는 시적 전략으로 기능한다.

이런 점에서 허수경의 시에 나타난 전쟁 이미지는 살인, 폭행, 강간 등 인간의 기본권이 철저하게 파괴되어 반윤리적 폭력이 일상화된 그로테스크한 현실의 모습을 가감없이 보여 준다. 또한 생명과 죽음이라는 인간의 본질적 가치와 대응되는 여성성과 남성성의 대비를 통해 비극적 이미지를 더욱 선명하게 부각한다. 이러한 시적 특징은 그동안 여성시가 보여 주지 못한 거대 서사의 세계를 담아내는 것으로, 전 지구적으로 문명과 자본에 의한 생명과 생태 파괴가 가속화되는 현실에 대한 비판적인 시선에 초점을 둔다. 반자연적이며 반생명적인 폭력이 가시화되는 전쟁에 그대로 노출된 여성의 비극적 현실을 그로테스크하게 형상화함으로써, 제국주의 폭력에 철저하게 희생된 주변부적 존재가 맞닥뜨린 참혹한 현실을 알레고리화하고자 하는 것이다.

얼굴을 가리고 여자들은 언덕으로 도망쳤네
말을 탄 남자들이 여자들을 몰고 마을로 내려오네
울던 여자들이 어디론가 실려가네
가서 어느 낯선 곳에서 낯 모르는 많은 남자들과 잠을 자네
낯 모르는 남자와 잠을 자다가 우는 여자들이
우리 마을을 떠나 먼먼 곳에서 사네
노래를 부르네, 여자들이 웃으며 손으로 목을 조이며
그 소리는 슬픔이 날아가는 소리
날아라, 날아라 깃든 슬픔아

순진하게 웃는 여자들이 우리 마을에 있네
순진하게 웃다가
노인들에게 책망을 듣고 듣다가 웃다가
흠씬 야단을 맞고도 또 웃다가 두들겨맞다가
또 웃어서 옷을 벗기고
나무에 매달려 얻어맞다가
또 웃다가 죽네

아이를 잘 낳던 여자들이 우리 마을에는 있네
아이를 낳고 버리고 아이를 낳고 버리고
열쯤 버리고 짐승을 낳아 키우네 버린 아이들은 퍼런 감처럼
감나무에 매달려 있네
감나무에 매달린 아이들이 울면
까마귀가 날아와 아이들을 쪼아대네

말우리에서 잠을 자다가 돼지우리에서 잠을 자다가
개집 옆에서 쪼그리고 잠을 자다가
수탉이 잠든 옆에서 잠을 자다가
여자들은 꽃밭으로 가네
꽃밭에는 지렁이가 살고
여자들과 상관한 지렁이가 낳은 자식들도
우리 마을에 살고 있네

—「검은 노래」 부분(Ⅲ, 45~46쪽)

이 시의 화자는 전쟁의 한가운데에 놓인 한 마을을 배경으로 그곳의 "여자들"이 일상적으로 겪고 있는 비참한 현실을 기록하고 보고하듯 이야기하고 있다. 이러한 시적 거리는 화자가 시적 대상인 여자들을 바라보면서 느끼는 공포와 연민의 정서를 남성 중심적 권력의 시선과 대비하려는 것으로, 폭력이 일상화된 현실에 대한 비판적 거리를 아이러니적 시선으로 포착한 결과이다. 전쟁으로 인해 몸도 마음도 황폐해져 버린 여성과 아이들의 반생명적 상태가 남성중심주의에 가장 큰 원인이 있다는 사실을 부각하려는 의도가 숨겨져 있는 것이다. 마을의 여자들은 전쟁을 피해 "언덕으로 도망쳤"지만 "말을 탄 남자들"에 의해 결국 "마을로 내려"와야 했고, "어디론가 실려가" "어느 낯선 곳에서 낯 모르는 남자들과 잠을 자"기를 강요당하는 처참한 생활 속에 놓여 있다. 그런데 여성에게 강요된 이러한 슬픔이 눈물이 아닌 웃음을 통해 환기된다는 사실은 그 자체로 역설적이다. 그곳에서 살아가는 여성들의 일상은 "나무에 매달려 얻어맞다가/또 웃다가 죽"는 정신착란의 세월을 견뎌야만 하는 비극적 상황을 보여 줄 뿐이기 때문이다. 결국 여성들은 "웃으며 손으로 목을 조이"는 죽음과도 같은 시간을 연명할 수밖에 없고, "슬픔이 날아가는 소리"에 대한 희망을 간신히 붙들고 살아갈 수밖에 없다. 게다가 전쟁이라는 역사적 폭력과 남성에 의한 성적 폭력에 모두 노출된 여성의 몸에서 태어난 생명을 결코 즐거움으로 받아들일 수 없다는 점에서, 이미 여성으로서의 생명성을 잃어버린 것과 다름이 없는 비극적 상황은 고조된다. 그 결과 "아이를 낳고 버리고 아이를 낳고 버리고"를 반복하는 여성의 몸은 점점 폐허가 되고 만다. 그럼에도 불구하고 여성들은 "말우리", "돼지우리", "개집 옆", "수탉이 잠든 옆"에서 "잠을 자다가"도 "지렁이가 살고" 있는 "꽃밭으로 가"야 하는 치욕적인 일상을 거부할 수조차 없다. 여성의 몸에서 태어난 생명마저 "감나무에 매달려" "까마귀"의 먹잇감이 되거나, 목숨을 유지한다 해도 "가슴이 무덤에 들어간 아이들", "못을 들고 제 가슴을 찌르며 남의 고행을 흉내내는 아이들"(「검은 노래」, 48쪽)마저 사실상 생명력을 잃어버린 죽은 존재로 살아갈 뿐이다.

이처럼 폭력이 일상화된 전쟁의 비극을 그로테스크 이미지로 형상화하는 허수경의 시는, 전쟁의 폭력이 여성 혹은 아이와 같은 주변부적 인간에게 어떤 검은 그림자를 남기는지를 섬뜩하게 보여 준다. 인간 개체의 운명은 각자의 몫을 갖고 타고났으므로 그 자체로 존중받아야 할 인격적 존재임에도, 남성 중심의 역사는 끊임없이 여성의 희생을 강요하면서 자신들의 권력을 확장하는 일에만 골몰했기 때문이다. 따라서 "내 영혼은 내 것이고 아이의 것이"(「내 영혼은 오래 되었으나」, Ⅲ, 22쪽)라는 여성 주체의 목소리는, "숲에 살던 젊은 나무들은 통째로 잘려나가"(「聖, 숲」, Ⅲ, 63쪽)는, "하얗게 남은 인간과 짐승의 뼈가 널린 황무지"(「아사(餓死)」, Ⅵ, 81쪽)와 같은 디스토피아적 현실 속에서는 공허한 울림이 될 수밖에 없다. 그 결과 육체적으로든 정신적으로든 전쟁의 현장에서 끊임없이 폭력에 시달리는 여성의 모습과 이러한 여성의 몸에서 태어난 아이들이 마주하는 현실은, 검은색과 붉은색의 이미지로 착색된 반생명적이고 반여성적인 세계로 표상되지 않을 수 없는 것이다.

허수경의 시는 이러한 세계의 비극성을 극복하기 위해 "아이들이 자라는 시간 청동으로 된 시간/차가운 시간 속 뜨겁게 자라는 군인들"의 세계와 "아이들이 앉아 있는 땅속에서 감자는/아직 감자의 시간을"(「물 좀 가져다주어요」, Ⅳ, 42쪽) 살아가는 모습을 대비적으로 구조화한다. 청동의 시간이 전쟁과 폭력으로 일그러진 자본과 문명, 남성과 권력이 지배해 온 시간이라면, 감자의 시간은 자연 본연의 생명이 움트고 자라는 여성적이고 생명적인 시간을 의미한다. 이러한 감자의 시간은 "밤하늘 언덕에 풀을 몰고 다니는 염소들"과 "소를 우리는 냄새가 진득하던 마을 입구에 복숭아나무가 자라"(「달 내음」, Ⅳ, 30쪽)는 때이고, "죽어가는 사람들이 한 종으로 살아온 시간을 아쉬워하며 눈을 뜨고 다시 세계를 보려 하"듯이 "나무 흔들리는 소리를 우리가 숲에서 들을 때"(「나무 흔들리는 소리」, Ⅳ, 96쪽)이기도 하다. 즉 인간과 자연과 동물이 어떤 경계와 대립도 없이 오로지 생명과 평화의 시간을 갈구하면서 모든 감각을 열고 서로의 소리와 모습과 냄새로 소통하고 연대하는 공동체적 순간을 맞이할 수 있기를 기대하는 시간이다. 허수경의 시가 탈식민주의적 시각과 생태주의적 인식을 토대로 여성주체의 자리를 새롭게 탐색하고자 하는 것도, 바로 이러한 생명과 평화의 연대를 이루는 시간이 그 어느 때보다 절실하다는 세계사적 문제의식을 시인의 시선으로 포착하고 싶었기 때문이 아닐까. 전쟁과 이데올로기, 남성과 여성, 생명 파괴와 기후 위기 등 세계의 도처에서 갈등과 대립이 가속화되는 현실을 바라보면서, 점점 인간이 살아갈 수 없는 폐허로 변해 가는 우리의 일상에 다시 생명력을 불어넣기 위한 시적 의지를 드러낸 것으로 이해할 수 있는 것이다.

저 달이 걸어오는 밤이 있다
달은 아스피린 같다
꿀꺽 삼키면 속이 다 환해질 것 같다

내 속에 전구알이 달린
크리스마스 무렵의 전나무같이 환해지고
그 전나무 밑에는
암소 한 마리

나는 암소를 이끌고 해변으로 간다
그 해변에 전구를 단 전나무처럼 앉아
다시 달을 바라보면

오 오, 달은 내 속에 든 통증을 다 삼키고
저 혼자 붉어져 있는데, 통증도 없이 살 수는 없잖아,
다시 그 달을 꿀꺽 삼키면
암소는 달과 함께 내 속으로 들어간다

온 세상을 다 먹일 젖을 생산할 것처럼
통증이 오고 통증은 빛 같다 그 빛은 아스피린 가루같다
이렇게 기쁜 적이 없었다

―「달이 걸어오는 밤」 전문(IV, 84~85쪽)

‘달’의 여성적 원형성에 기대어 반생명적 시간을 살아가는 우리의 일상에 치유의 가능성을 열어 내고자 하는 시이다. 전쟁과 폭력이 난무하는 현실 속에서는 해와 달의 섭리 같은 자연의 본성마저 심각하게 왜곡되기 마련이어서, 이러한 자연을 바라보는 인간의 시선은 “통증”에 시달리며 살아가지 않으면 안 되기 때문이다. 그런데 화자는 자신이 달을 바라보는 것에 그치지 않고 자신을 향해 “저 달이 걸어오는 밤”을 자각함으로써 전쟁의 고통에 신음하는 인간과 자연의 관계에 대한 전도된 인식을 이끌어 낸다. 게다가 그 “달은 아스피린 같”아서 “꿀꺽 삼키면 속이 다 환해질 것 같”은 치유의 순간을 경험하게 한다는 점을 강조하고 있기도 하다. 이러한 인간과 자연의 소통은 “달은 내 속에 든 통증을 다 삼키고”, “암소는 달과 함께 내 속으로 들어”가는 안과 밖의 구분조차 사라지는 공동체적 연대의 실현을 의미한다. 인간의 역사는 “통증도 없이 살 수는 없”는 참혹한 시간의 연속이지만, 그래서 이러한 통증을 거부할 수 없는 것이 인간의 비극적 운명이라면, 이제는 “통증이 오”더라도 그것은 “빛” 같고 또 “그 빛은 아스피린 가루같”아서 “온 세상을 다 먹일 젖을 생산”할 수 있다고 여기는 생명 의식으로의 전환이 필요하다는 것이다.

이런 점에서 화자는 여전히 전쟁과 폭력, 기후와 난민 등 역사의 비극이 가속화되고 있는 현실을 직시하면서도, “이렇게 기쁜 적이 없었다”라는 아이러니적 시선으로 전쟁과 폭력을 넘어서려는 들뜬 감정을 숨기지 않는다. 달-전구알-전나무-암소의 이미지 연쇄가 여성의 원형성 안에서 연결되고, 대지의 남성성이 바다의 여성성으로 스며드는 “해변”이라는 생명의 장소에서 모두가 만나는 과정을 통해, 인간과 자연이 여성성 안에서 온전히 일체가 되는 모습을 형상화하는 것이다. “폭탄을 가득 실은 비행기가 날아가던/해 뜰 무렵”

(「해는 우리를 향하여」, Ⅳ, 41쪽)에서처럼 전쟁의 한가운데를 내리쬐는 '해'의 모습이 남성적 폭력을 상징화한 것이라면, '달'은 "기적처럼 이제 곧//푸르게 차오르는 냇물의 시간이 온다는"(「수박」, Ⅵ, 39쪽) 여성적 생명성을 의미화한 상징적 기표이다. 허수경이 마지막 시집 『누구도 기억하지 않는 역에서』는 일상적 자연으로부터 생명을 탐색하는 시들로 가득한데, 이러한 일상적 생명성의 탐구는 전쟁과 폭력으로 폐허화된 역사의 현장을 발굴하고 탐색해 온 시인이 궁극적으로 발견한 시적 진실을 담아낸 것이 아닐까 싶다. 그것은 바로 자연으로 돌아가 그 자체를 깊이 응시하는 여성적 시선이야말로 앞으로 우리 시가 나아가야 할 방향성이 되어야 한다는 점을 강조하고자 한 것은 아니었을까.

4. 디아스포라적 실존과 고고학적 상상력

허수경은 지난 80년대 후반에서 90년대를 지나오면서 여성시를 대표하는 촉망받는 시인의 자리를 뒤로 한 채 홀연히 독일로 떠나 그곳에서 영영 돌아오지 않은 채 이른 나이에 생을 마감했다. 자신의 고향 진주에서 서울로 그리고 낯선 이국에서도 시인의 삶의 자리는 그 어느 곳에도 정주하지 못한 채 세계 곳곳을 떠도는 디아스포라적 실존을 드러냈다고 할 수 있다. 문학을 전공하던 시인이 독일에서 고고학으로 전공을 바꾸고 이라크, 시리아, 터키 등을 떠돌면서 고대 유적과 전쟁으로 인한 폐허의 흔적을 발굴하는 일을 평생의 업으로 삼았다는 사실은 그 자체로 낯설고 신비롭게 느껴진다. 삭막한 세상에 다시 생명력을 불어넣기 위해 숲으로 가는 역할을 하는 존재가 시인이라고 말하지만, 허수경은 이러한 시인의 운명마저 거스른 채

대지 깊숙이 죽음의 흔적이 가득한 폐허의 현장을 탐색하다가 돌아간 것이다. 하지만 허수경의 시 대부분이 바로 그 역사적 현장에서 파헤친 흙 속에서 창작된 것임을 생각할 때, 고고학자의 삶과 시인의 운명은 결코 분리해서 바라볼 수 없는 공통된 세계의 모습을 담아내고 있다. 고고학자로서 시인이 마주한 수많은 역사의 현장은 죽음을 마주하는 폐허의 시간을 보여 주는 비극적 형상으로 기억되지만, 그곳에서 시인은 땅속 깊이 묻힌 과거의 죽음으로부터 오히려 미래의 생명을 찾아내는 전도된 시간 의식을 발견하고자 했기 때문이다. 이러한 역설적 시간 의식으로부터 허수경의 시는 생명 의식에 바탕을 둔 여성시의 가능성을 찾고자 했고, 시인의 삶에 내재된 디아스포라적 실존과 기억을 현재화하는 고고학적 상상력을 통해 "나는 없어지고/시인은 탄생하는"(「눈」, Ⅵ, 127쪽) 우주적 순간과 비로소 마주할 수 있었다.

이름 없는 집단 무덤
해골 없이 다리뼈만 남아 있거나 마디가 다 잘린 손발을 가진 그대들
해와 달이 다 집어먹어버린 곤죽의 살덩이들
흙이 되어 가깝게 그대들의 뼈를 덮었는데
아직 흙에는 물기가 남아 있어
비닐봉지에 그대들을 담으면 송송 물이 맺힙니다
(중략)

저 해는 제 식민지를 잘 관리하는 이를테면 우주의 소작인인데
그리하여 우주보다 더 혹독하게 폐허의 등허리를 누르는데
흙먼지 미립 속에 찬연히 들어와 움직이는 식민 권력 속에

목마른 이는 물을 구하러 마을로 가고
폐허에 남은 이는 그대가 든 비닐봉지에 구멍을 뚫어주며
그대의 마지막 물기를 말리고 있습니다

—「새벽 발굴」(IV, 45~47쪽)

허수경에게 고고학자로서의 경험은 자신의 시적 상상력이 생성되고 자라는 본질적인 토대이다. 시인이 생전에 남긴 『모래도시』(문학동네, 2018)라는 소설은 바로 이러한 고고학적 상상력을 바탕으로 창작된 것이기도 하다. 이처럼 과거의 역사적 진실을 탐색하는 고고학자의 시선과 그것을 현재의 시간으로 의미화하는 시인의 상상력이 만나는 지점은 과거와 현재의 대화라는 역사의 정의에도 정확히 부합한다. 다만 역사 기술이 기록과 증언에 토대를 둔 사실적인 보고의 성격을 드러낸다면, 허수경의 시에서 고고학적 상상력은 상징과 알레고리를 통해 유추적이고 비유적인 의미 구조로 형상화된다는 점에서 분명한 차이가 있다. 고고학자의 유적 발굴 작업을 일지 형식으로 기록하는 방식을 취하면서도 "아직 흙에는 물기가 남아 있어/비닐봉지에 그대들을 담으면 송송 물이 맺힙니다"라고 죽음의 자리에 남아 있는 "물"의 생명성을 주목하는 것이다. 이는 죽음 의식을 생명 의식으로 치환하려는 것으로, "제 식민지를 잘 관리하는 이를테면 우주의 소작인"과 같은 "해"가 "우주보다 더 혹독하게 폐허의 등허리를 누르는데"도 물의 생명성은 결코 사라지지 않았다는 사실에서도 확인할 수 있다. 따라서 화자가 오래된 유적에서 수습한 유물의 "마지막 물기를 말리"는 모습은, 지금 우리 시가 지향해야 할 생명 의식을 상징적으로 형상화한 것으로 이해할 수 있다. 시인이 발굴 작업을 "죽은 이의 결혼식을 보러" 가는 일에 빗대어 말한 이유도 바로 여기에 있

는데, “신랑은 심장을 도려냈어요/자궁만이 튼튼한 신부는 신랑의 심장자리에/자신을 밀어넣었습니다//신랑의 심장자리에 신부의 자궁은 먹새우처럼 궁글리고 있었습니다”(「나는 어느날 죽은 이의 결혼식을 보러 갔습니다」, Ⅲ, 8쪽)라고, 죽음의 현장에서 생명이 움트는 출발을 상상하는 낯선 경험을 형상화하는 것이다.

이런 점에서 허수경이 우리가 살아가는 지구를 향해 마지막으로 남긴 상징적 메시지가 너무도 의미심장하게 다가온다. “영원히 계속될 것 같은 잠 속에서 깨어나면/투명한 벌레 한 마리가 될 날씨다”(「카프카 날씨 1」, Ⅵ, 137쪽)라고, 부조리한 세상을 벌레로 변한 인간의 모습으로 알레고리화 한 카프카에 기대어 기후 위기 시대를 살아가는 인간에게 요구되는 시적 진실을 탐색하고자 한 것이다. “이름 없는 섬들에 살던 많은 짐승들이 죽어가는 세월”, “내가 태어나 당신이 죽고/죽은 당신의 단백질과 기름으로/말하는 짐승인 내가 자라는” “빌어먹을, 차가운 심장”(「빌어먹을, 차가운 심장」, Ⅴ, 126~127쪽)으로는 결코 이 세계를 구원해 낼 수 없다는 것, “엄마의 자궁 안에서/나는 엄마, 속의/섬이었다”는 “엄마와 나의 간격이라는/원초 비극”으로부터 벗어나야 한다는 것, 그래서 이제는 그 엄마로부터 비로소 “영혼의 모어가 생겼다”(「엄마와 나의 간격」, Ⅵ, 128쪽)라는 여성성의 본질을 자각해야 한다고 말하는 것이다.

허수경은 독일 이주 이후 2차 세계대전의 가해자로서 과거의 전쟁에 대해 통렬한 반성을 보여 준 독일의 윤리적 태도에 대해 많은 생각을 했던 듯하다. 비록 역사가 과거의 기록이라 하더라도 현재 혹은 미래를 대비하는 방향성을 갖지 못한다면 그 자체로 의미 있는 역사가 될 수 없다는 사실을 새삼 떠올리지 않을 수 없었을 것이다. 시의 역사 역시 마찬가지여서, 전지구적 차원에서 생명과 평화의 연대로 나아가는 미래지향적 실천을 열어 내지 못한다면, 시는 역사적으로든 현실적으로든 존재 이유를 망각하는 결과가 되지 않을 수 없다는 단호한 입장을 지니고 있기도 했다. 또한 전쟁과 폭력을 넘어선 생명과 평화의 연대는 인간중심주의에 대한 비판에 매몰된 전통적 생태주의만으로는 성취되기 어렵다는 점에서, 자본과 문명의 중심으로부터 철저하게 소외되어 온 자연과 여성을 타자의 자리에서 주체의 위치로 되돌리는 근본적인 대안을 찾아야 한다고 생각했다. 따라서 허수경의 시는 인간중심주의에 대한 비판에 초점을 두고 자연과 인간의 불평등을 해소하려는 전통적 생태주의에 바탕을 두면서도, 남성 중심적 권력 구조 안에 편입되기를 욕망하는 여성 주체의 자리가 아닌 여성 그 자체의 존재론적 의미를 탐색하는 생태주의적 여성주의를 지금 우리 시가 추구해야 할 가장 실천적인 대안으로 제시했던 것이다.

지역문학에서 세계문학으로

제4부

부산 지역 제3세대 비평의 형성과 의미

1. 부산 지역 비평의 기원과 1950년대생 비평의 형성

해방 이후 부산 지역문학의 역사와 그 형성 과정을 이해하는 데 있어서 가장 중요한 사건은 한국전쟁이다. 당시 부산은 임시 수도로서 정치경제뿐만 아니라 사회문화의 중심 도시로 부각하면서 전국의 문인들이 자연스럽게 집결하는 피난지 문단을 형성했다. 그 결과 부산 지역문학은 일시적으로나마 한국문학의 보편성을 공유하고 집약하는 대표적인 장소성을 갖게 되었다. 즉 한국전쟁은 부산이라는 지역을 문학사적 보편성이 실현되는 장소로 변화시켜 주변부가 아닌 중심부의 지위와 역할을 부여했다고 할 수 있다. 이처럼 중심과 주변이 만나 새로운 중심을 형성했던 당시 부산의 지역적 특수성은, 서울의 박인환, 김경린, 양병식 등이 부산의 조향과 만나 〈후반기〉 동인을 결성했던 문학사적 사건에서도 확인된다. 이때의 문학적 특징은 전쟁의 폭력과 그로 인한 상실의 체험에서 비롯된 불안, 허무, 공포의 양상과 이를 초극하려는 의식과 지향으로 뚜렷하게 드러났다. 이는 당시 세계사적으로 유행했던 실존주의와 맞물려 미적 근대성을 추구한 전후 모더니즘의 양상으로, 1950년대 한국문학 혹은 부산 지역문학은 한국전쟁이 가져온 처참한 폐허의 현실을 극복하려는 미적 근대성의 추구를 가장 핵심적인 주제로 삼았다. 이러한 문학사의 흐름을 이론적으로 정리하고 실천적인 방향성을 제시한 데서 부산 비평의 기원을 찾을 수 있는데, 그 중심에 한국문학 비평사에서 전후 비평의 세 가지 양상[1] 가운데 한 정점으로 논의되는 고석규가 있다.

고석규는 1950년대라는 폐허의 공간과 인간의 극한적 실존을 역설적으로 탐구한 비평가이자 시인이다. 절망의 현실 앞에서 철저하게 무너져 버린 주체의 감상적 허무주의와 비이성적 사유가 지배했던 당시 시문학의 양상과는 달리, 1950년대 비평의 지향점은 이러한 참혹한 현실에 대응하는 실존적 고투로서 이성적이고 논리적이며 지성적인 태도를 강조했다. 즉 1950년대 전후 비평은 파산된 근대성의 복원을 위한 새로운 가능성과 대안을 제시하려는 전환기적 성격을 뚜렷이 보여 주었다고 할 수 있다. 특히 고석규에게 부산이라는 지역적 특수성은 당대의 위기의식이 절실하게 수용되는 막다른 곳과 같은 의미를 지녔다. 따라서 그의 비평은 이와 같은 비극을 초극하는 방법론적 전략으로 '부정'의 사유를 전면화함으로써 한국전쟁 이후 새로운 미적 질서의 창출에 초점을 두었다. 즉 그의 비평은 '근대성의 파산'으로 상징화된 '부산'이라는 운명적 공간을 '근대성의 초극'을 통해 극복함으로써 1950년대 한국문학의 보편성을 실현하는 실존적 장소로 인식했던 것이다. 이러한 비평적 방향성을 정립하기 위해 그가 선택한 방법론이 바로 '역설'이다. 전쟁으로 인해 모든 것이 폐허화된

---

1) 김윤식은 1950년대 근대성의 파산이라는 폐허를 초극하는 세 가지 비평적 양상으로 화전민 의식의 이어령, 토착어 의식의 유종호와 함께 실존주의적 초월의식으로 고석규를 주목했다. 〈고석규유고전집 『청동의 관』 간행 특별초청강연〉, 부산일보사, 1992.5.24.

부재의 장소 그 자체를 부정하는 '부재의 존재성'과 파산된 '근대의 초극'을 통해 새로운 근대의 형성을 지향하는 전후 비평의 방향성을 역설의 의미를 통해 새롭게 해석하고자 했던 것이다. 하지만 한국전쟁이 끝나고 다시 서울 중심으로 환원된 한국 사회에서 부산은 전쟁 이전의 주변부 도시로서의 한계를 그대로 노출하는 장소가 될 수밖에 없었고, 1958년 고석규의 요절로 인해 부산 비평의 보편성 역시 '부재의 존재성'으로 남겨진 채 1960~70년대로 이어졌다고 할 수 있다.

고석규 이후 부산 비평의 새로운 이정표는 1970년대 부산대학을 중심으로 전개된 강단비평으로부터 형성된다. 서울에서 대학을 졸업하고 부산대학에 부임한 신진 교수들이 바로 그 주축이었는데, 그 중심에 한국 시론 연구의 한 획을 그은 김준오가 있다. 강단비평은 학문적, 이론적 준거를 바탕으로 문학 텍스트에 대한 다양하고 정교한 방법론적 탐색을 모색하는 데 중점을 두었는데, 형식주의, 리얼리즘, 현상학 등 종래의 인상주의 비평을 한 단계 뛰어넘는 비평 이론의 토대와 기초를 마련하는 중요한 디딤돌이 되었다. 사실 이들로부터 비평 수업을 받은 1980년대 비평가들에 의해 1950년대생 부산 지역 비평이 형성되었다는 점에서, 1970년대 부산 지역 강단비평의 형성은 1980년대 무크지 운동으로 이어진 부산 지역 제3세대 비평의 결정적 토대가 되었다고 해도 과언이 아니다. 특히 김준오의 비평은 강단비평에 머무르지 않고 활발한 현장 비평을 아우르면서 고석규 이후 주변부로 전락했던 부산 비평의 수준을 보편성의 차원으로 격상시키는 역할을 했다는 점에서 아주 특별한 의미가 있다. 1990년대 후반 그가 작고하기 전까지 부산 비평은 동시대의 문학적 양상과 특징을 집요하게 탐색하는 해체 비평, 문화비평으로 비평의 확장을 모색하기도 했는데, 본질주의와 다원주의를 모두 아우르는 한국문학의 보편적 긴장을 아주 정교하게 해석해 냈다. 장르론에 입각하여 현대시의 본질과 변화를 체계화한 서술시, 환유시, 패러디시, 표층시, 메타시 등으로 구성된 김준오의 『시론』은, 그의 타계로 1990년대 후반에 와서 멈추어 버렸지만 현재까지도 이를 뛰어넘은 시론이 나오지 않았을 정도로 한국 시문학 이론과 비평의 신화가 되기에 충분했다.[2)]

이처럼 한국전쟁 이후 부산 비평의 계보는 고석규의 전후 비평으로부터 시작되어 김준오의 강단비평을 거쳐 다시 보편성을 획득했다고 할 만하다. 그리고 그 뒤를 이은 제3세대 비평가, 즉 1950년대생 비평가인 남송우, 황국명, 구모룡 등에 의해 비평사의 연속성을 이루었다고 할 수 있다. 이러한 비평사적 계보는 부산이라는 주변성을 극복하기 위한 방법론적 실천이 핵심이었다고 할 수 있는데, 특히 서울 중심의 해석적 독점과 비평 제도의 모순을 비판하는 정치적 비평의 성격을 강하게 드러냈다. 즉 지역성의 문제와 보편성의 문제가 충돌하며 접합하는 양상 속에서 부산 지역 비평의 방향성이 재정립되었다고 할 수 있다. 이때부터 부산 비평은 중심의 완고함이 지역을 바라보는 불평등의 시선을 강하게 비판하는 지역중심주의를 전면에 내세웠다. 중앙=서울, 주변부=부산을 공식화하는 한국 문화와 현실의 구조적 모순에 맞서 중심부와 주변부의 이분법을 해체하는, 그래서 지역문학 운동의 특수성과 보편성을 변증법적으로 통합하는 지역비평의 방향성을 정립하고자 했던 것이다. 이를 구체화하는 과정에서 『지평』, 『전망』 등의 무크지 창간은 결정적인 영향을 미쳤다고 할 수 있는데, '비평의 비평'이라는 메타비평의 방식으로 한국문학의

---

2) 2000년대 들어 권혁웅의 『시론』(문학동네, 2010), 박현수의 『시론』(예옥, 2011), 정끝별의 『시론』(문학동네, 2021) 등이 출간되었지만, 김준오의 『시론』에 토대를 둔 확장과 변형 정도의 의미를 크게 넘어서지 못한 것으로 판단된다.

제도와 이론을 혁신하려는 운동 차원의 비평 활동으로 심화되었다.

2. 1980년대 무크지 운동과 제3세대 지역 비평의 의미

주지하다시피 1980년대는 무크지의 시대였다. 1980년 5월 광주항쟁이라는 참혹한 역사적 사건을 경험한 이후 7월에 이르러 『창작과비평』, 『문학과지성』, 『뿌리깊은 나무』 등 정기간행물의 폐간 사태가 이어졌다. 그리고 이러한 한국 사회의 모순에 대응하는 새로운 방법적 실천으로 등장한 것이 바로 무크지 운동이었다. 하지만 당시 무크지 운동이 시작된 경위에 대한 이와 같은 설명은 일정 부분 타당하면서도 한편으로는 1970년대 이후 한국 문학사의 전개를 『창작과비평』, 『문학과지성』의 대결 구도로 권력화하고 제도화한 결과에서 비롯되었다는 점에서 타당하지 않은 측면도 있다. 즉 1980년대 초반 무크지 운동의 시작으로 평가되는 『실천문학』의 창간은 1980년 3월의 일이었고, 기획 단계까지 고려한다면 1979년 하반기부터 이미 시작되었음을 간과해서는 안 되기 때문이다. 1975년 5월 대통령 긴급조치 9호가 발동함에 따라 언론사에서 해직된 지식인들이 자신들의 목소리를 대변하는 새로운 매체의 필요성을 절감하면서 상당수가 출판 분야에 진출했다는 사실이 무크지 운동의 정치적 배경이었음을 기억할 필요가 있는 것이다. 당시 『실천문학』 창간에 참여했던 박태순의 증언에 따르면, 『창작과비평』, 『문학과지성』 중심의 문단 구조가 "엘리트 중심의 폐쇄적인 소통 구조와 비대중적인 동인지 성격의 한계"를 보였고, 이를 비판적으로 인식하는 토대 위에서 "반독재 민주화운동에 참여한 여러 주체들의 다양한 표현 욕망을 문학적 글쓰기가 받아 낼 수 있다는 사회 분위기가 조성되어 있었기 때문"[3]에 무크지 운동이 활성화될 수 있었다.

이처럼 1980년내 무크지 운동의 확산은 정치적 상황의 급변에 따른 외적 요인이 중요하게 작용한 것은 분명 사실이지만, 그 내부에는 특정 집단에 의한 해석적 독점과 폐쇄적인 소통 구조에 대한 문제 제기가 중요한 계기가 되었다. 특히 1980년대 부산 지역을 중심으로 활성화된 무크지 운동은 후자의 성격에 더욱 초점을 두었는데, 중앙과 지역의 이분법적 위계를 암묵적으로 승인하는 방식으로 해석과 이론의 보편성을 독점하는, 그래서 지역을 주변부의 시각으로 바라보는 중앙중심주의에 대한 비판적 성격이 뚜렷했던 것이다. 결국 1980년대 부산 지역의 무크지 운동은 정치적 민주화라는 시대적 명제를 앞세우면서도, 더욱 본질적으로는 중앙과 지역의 이분법적 경직성과 엘리트 집단의 해석적 독점을 비판하는 소집단운동으로서의 문화적 민주주의를 실천하고자 했다고 할 수 있다.

1980년대 부산 지역에서 발간된 대표적인 무크지는 『지평』(1983), 『전망』(1984), 『토박이』(1984), 『문학과실천』(1987), 『문학과현실』(1989) 등이 있다.[4] 이 가운데 『지평』과 『전망』은 1980년대 초반 부산 지역 비평의 정치성을 실천적으로 담은 매체로, 지역문화 운동의 갱신은 물론이거니와 고석규, 김준오로 이어진 부산 지역 비평의 제3세대적 토대를 형성하는 핵심적인 발판이 되었다. 특히 앞서 언급한 무크지 운동의 한 지향점인 문화적 민주주의 실현을 위해 "지방문학의 활로 개척", "지방문학으로서의 한국문학, 한국문학으로서의 세계문학"[5]

---

3) 박태순·이명원, 「소설가 박태순에게 들어보는 1980년대와 『실천문학』, 그리고 문학 운동」, 『실천문학』 2012년 봄호, 106~107쪽.

4) 1980년대 부산 지역에서 출간된 문예지 전반에 대한 기초적인 정리는 황국명, 「부산 지역 문예지의 지형학적 연구」, 『한국문학논총』 제37집, 한국문학회, 9~12쪽 참조.

을 내걸고 서울 중심의 문화 독점 현상을 비판했다는 점에서, 당시 다른 지역 무크지 운동과는 차별화된 지역문학 운동으로서의 성격을 강하게 드러냈다. 이러한 무크지 운동의 실천성을 강화하는 장르적 토대로 비평은 상당히 중요한 역할을 했는데, 『지평』과 『전망』은 이러한 비평 중심의 이론적 기반을 구축하는 방향으로 "문학적 민주주의와 지방자치주의"[6]의 문학적 실천을 이어나갔다는 점에서 특별한 의미가 있다.[7]

이런 점에서 1950년대생 부산 지역 비평의 형성은 『지평』과 『전망』을 중심으로 활동한 남송우, 황국명, 구모룡 등이 주축이 되어 제3세대 비평을 형성했다고 할 수 있다. 이들은 당시 20대 후반과 30년대 초반의 젊은 비평가로 부산대학교 대학원 국어국문학과에 재학하면서 강단비평의 이론적 토대 위에서 서울 중심의 비평적 독점을 혁신하는 제도적, 실천적 방법론을 탐색하는 데 집중했다. 『지평』의 경우에 창간 멤버인 민병욱, 남송우 등이 동인에서 빠졌던 5집을 전후로 비평 중심의 성격이 다소 약화되기는 했지만, 창간 당시부터 줄곧 비평을 전면에 내세워 한국문학의 제도적 모순에 비판적으로 대응하는 비평의 시대적 역할 강화와 지역문학의 바람직한 방향성 제고 등에 대한 거침없는 문제의식을 드러냈다. 이러한 지역 비평의

5) 「『지평』을 열면서」, 『지평』 1집, 부산문예사, 1983.

6) 민병욱, 「지방주의의 실체 1」, 『민주주의 지향의 문학』, 시로, 1985, 97쪽.

7) 이런 점에서 김윤식은 "비평이 중심체가 아니라면 무크라 할 수 없다."라고 했고, 김준오는 "80년대의 무크가 문학사적 의의를 획득할 만큼 크게 융성한 이유 중의 하나는 자체의 비평 이론을 확보한 점"이라고 평가하면서 "식민지 시대부터 자체의 비평가를 갖지 못한 것이 동인지의 최대 약점"이라는 사실과 대조하여 그 의미를 부여했다. 김윤식, 「무크의 「지방성」에 대하여-『지평』, 『전망』, 『언어의 세계』」, 《한국일보》 1986.3.4. ; 김준오, 「무크 운동의 장르관-80년대 무크」, 『문학사와 장르』, 문학과지성사, 2000, 396쪽 참조.

쟁점과 화두는 『지평』에 이어 새롭게 창간한 『전망』을 통해서도 드러나는데, 특집비평, 해외비평이론 소개, 한국문학에 관한 주제비평 등 비평 중심의 무크지 운동을 통해 소위 '비평의 비평' 운동을 본격화하는 중요한 토대를 구축했다고 평가할 수 있다. 이처럼 1980년대 강단비평의 세례를 입고 등장한 젊은 비평가들의 활동은 1985년 10월 부산에서 발기한 '비평의 비평' 세미나[8]로 자연스럽게 이어졌다. 1986년에만 모두 7차에 걸쳐 세미나를 진행하여 정형철, 남송우, 황국명, 이상금, 명형대, 민병욱, 박남훈, 구모룡 등 국문학, 영문학, 독문학 등을 전공한 부산 지역의 소장 연구자와 비평가들이 참여함으로써 부산 지역문학이 소위 비평의 시대를 열어 가는 중요한 발판을 마련했다. 그리고 이들이 중심이 되어 중앙 주도의 비평 독점을 넘어서 지역 중심의 본격적인 비평 담론 생산과 실천을 목표로 1991년 창간된 것이 전국 최초의 비평 전문 계간지 『오늘의문예비평』이다.

> 중앙집권적 권력구조의 폐해가 남긴 문화적 열악성을 피부로 느끼면서도 지역문화의 활성화를 위해 노력해온 지역 문화인들에게 있어 지방자치제의 실시는 기대감에 가슴 부풀게 하는 역사적 사건이었다. 지역 중심의 정치제도는 문화적 지역주의를 가능하게 할 뿐만 아니라 한국사회가 보다 나은 바람직한 사회로 나아가기 위해서는 필연적으로 통과해야 할 과정이라 믿었기 때문이다. (중략)
>
> 비평정신이란 가치지향의식이기에 올곧은 비평정신이 살아 있지 못할 때 그 사회는 건전한 가치관 형성에 실패할 수밖에 없다. 우리 사회가 모든 영역에서 제 갈길을 향해 진전하지 못하고 악순환이 계

8) '비평의 비평' 세미나에 대한 자세한 내용은, 민병욱, 황국명, 『'문학과지성' 비판』, 지평, 1987, 201쪽 참조.

> 속되고 있는 것은 각 영역마다 살아있는 비평정신에 기초한 비평풍토가 조성되어 있지 못하기 때문이다.
>
> 그래서 〈오늘의 비평〉 동인들은 문학영역에서나마 비평의 본래 정신을 회복함으로써 한국문학이 지향해야 할 방향을 탐색해 보기로 했다. 정치·사회 영역에 있어서의 불신과 생활세계의 오염 이상으로 한국문학 현실에 대한 독자의 불신과 문학현실의 파행성 역시 심각하다고 보기 때문이다.[9]

1950년대생 비평가들이 주도한 1990년대 부산 지역 비평의 의미는 『오늘의문예비평』이라는 매체 창간에 집약되었다고 해도 과언이 아니다. 여기에서 제기한 가장 핵심적인 문제는 두 가지인데, 문화적 지역주의의 실현과 더불어 비평 정신의 회복과 올곧은 지향이 바로 그것이다. 즉 『오늘의문예비평』은 '지역', '비평'이라는 두 가지 차원을 문화적 정치 운동으로 인식함으로써 중앙 중심의 사회문화 구조 전반, 특히 문학의 독점에 대한 근본적 혁신을 주장했다. 또한 이를 구체화하기 위해서는 무엇보다도 "살아있는 비평 정신", "비평의 본래 정신"을 회복해야 한다는 명확한 입장을 견지하고자 했다. 다시 말해 "한국문학 현실에 대한 독자의 불신과 문학 현실의 파행성"은 중앙/지역의 불평등 구조에 가장 근본적인 원인이 있음을 직시함으로써, 비평의 기능과 역할을 통해 한국문학의 구조적 모순을 비판적으로 담론화하는 지역 비평의 정치성이라는 실천적 과제를 수행하고자 했던 것이다.

이처럼 『오늘의문예비평』은 『지평』, 『전망』이라는 1980년대 무크

9) 「비평전문지를 창간하면서」, 『오늘의문예비평』 1991 창간호, 지평, 1991.4.10.

지 운동에 기반하여 서울 중심의 문학 구조에 대한 혁신과 변화를 촉구하는 주변부의 목소리를 담아내고자 한 데서 출발했다. 비평의 본질에 대한 근본적 성찰과 비평의 역할에 대한 실천적 문제의식으로 지역에서 중심을 비판하는 논쟁적인 담론의 장을 열어 내고자 했다는 점에서 특별한 의미가 있다. 그 결과 현재 『오늘의문예비평』은 열악한 지역 출판 환경에도 불구하고 30년이 넘는 세월을 지켜 오면서 통권 130호(2023년 겨울호)를 발간하는 등 지역문학사와 한국문학비평사에서 유례없는 역사를 이어가고 있다. 그리고 비평 담론의 창출과 전개의 측면에서 『오늘의문예비평』은 근대성, 로컬리티, 문학권력 논쟁, 동아시아 문학론 등 90년대 이후 한국문학 담론장에서 공론화된 생산적인 의제를 제기하거나 동참함으로써 비판과 논쟁 문화를 선도하는 역할을 담당했다. 그동안 부산을 일컬어 '비평의 도시'라고 부르는 것을 주저하지 않았던 이유는 바로 『오늘의문예비평』이 있어 가능했다고 해도 과언이 아니다. 물론 이러한 평가는 단순히 매체라는 외적 존재 때문이라기보다는 급격하게 변해 가는 담론 지형의 변화를 적극적으로 읽어 내고 이를 논쟁의 장으로 이끌어 냈던, 그래서 한국문학의 변화와 성찰을 실천적으로 주도했던 비평가들의 면면이 부산을 중심으로 큰 흐름을 형성했기 때문이다. 바로 이러한 담론적 실천의 중심에 남송우, 황국명, 구모룡이라는 부산 지역 제3세대 비평이 있었음을 기억할 필요가 있다.

3. 대화적 비평과 지역문화 운동

남송우의 비평은 서울 중심의 문학 권력에 대한 비판으로 '지역주의'를 표방하고 이를 구체적으로 실천하는 데 가장 중요한 방향성을 두었다.『지평』,『전망』은 물론『오늘의문예비평』창간으로 이어진 그의 주도적 역할은 이러한 지역주의의 기본적 토대를 마련하기 위한 제도적 실천의 과정이었다. 따라서 그의 비평은 지역의 현안이나 문학적 쟁점에 대해 직접적으로 개입하거나 비판적 거리를 확보하는 데 집중했는데, 이러한 그의 노력은 문학의 차원을 넘어선 지역문화 운동의 실천으로 확장되었음을 주목할 필요가 있다. 이는 그가 〈부산문화재단〉 대표를 맡는 등 지역문화 정책의 일선에서 경험한 문제적 상황이나 인식과 깊이 연결되어 있기도 한데, 비평의 내적 본질 탐색에만 안주할 수 없는 지역 비평의 현실에 대한 통찰을 바탕으로 사회 비평 혹은 지역 문화론의 시각에서 지역 내부를 비판적으로 들여다보는 비평의 방향성을 일관되게 유지했다는 데서 확인할 수 있다.[10]

이러한 남송우의 비평적 태도는 문학과 현실 혹은 작가와 작품 사이의 대화와 소통이라는 비평의 본질에 대한 근본적 물음과도 자연스럽게 연결된다. 비평이란 곧 대화여야 한다는 생각은 결국 지역사회의 다양한 문제에 비평이 개입하는 방식에 대한 고민을 담고 있는데, 그 결과 지역 비평의 다원성과 대화성을 어떻게 지역 담론과 연결할 것인가에 대한 문제의식의 심화로 이어갔던 것이다. 즉 전통적인 비평의 형식이 독자 혹은 작가 위에 군림하는 비민주성을 지니고 있다는 데 대한 비판적 문제의식으로, 작가와 독자를 이어 주는 비평가의 역할과 기능이라는 비평의 민주적 소통 과정을 찾고자 했던 것이다. 따라서 그는 비평이 서울 중심주의를 비롯한 특정 지역이나 집단의 독점적 산물이 되어서는 안 되고, 문학을 공유하는 모든 공동체의 다양성이 실현되는 가장 민주적인 실천 공간이 되어야 한

---

10) 이러한 문제의식에 대한 구체적인 논의는 남송우의『지역시대의 문화논리』(전망, 1995),『지역문학에서 지역문화연구로』(전망, 2018) 참조.

다는 점을 무엇보다도 강조했다. 아마도 이러한 비평적 태도는 강단 비평으로 제도화된 엘리트주의 비평의 문제점과 이론 중심으로 과잉된 비평의 전문성을 독자 혹은 대중과의 관계 속에서 적극적으로 해소하기 위한 것으로, 비평과 사회의 대화적 긴장을 충실히 담아내려는 의미 있는 과정으로 해석할 수 있다.[11)]

이처럼 남송우의 비평은 1980년대 이후 부산 지역의 현장을 오롯이 지키면서 문학, 교육, 문화, 종교 등 전방위적 시각에서 지역문화운동으로서의 비평의 방향과 실천을 고민했다. 이는 문학평론가, 교육자, 문화행정가, 종교인 등 그의 삶이 지나온 궤적과 그대로 일치되는데, 그의 문제의식 대부분이 지역이라는 제도 혹은 장소 안에서 실천되었다는 점에서 표리부동하지 않게 지역성의 문제를 끝까지 고수한 비평가라고 평가할 만하다. 이런 점에서 그가 제시하고 표방한 비평의 방향은 고석규, 김준오로 이어진 부산 지역 1~2세대 비평가가 지향한 보편성의 영역과는 조금은 다른 모습을 보였다고 할 수 있다. 즉 그의 비평은 전혀 중앙을 의식하지 않은, 그래서 처음부터 보편성의 확대가 아닌 오히려 이러한 비평적 지향을 거부하는 탈중심적이고 탈보편적인 지역적 특수성과 개성의 창출로 나아가고자 했다. 따라서 지역과 중앙의 이분법 안에서 제도화되는 지역 비평이 아닌 지역 비평 나름의 자율성과 독자성을 가지는 비평의 지역주의 실현이 남송우의 비평 세계가 지향하는 궁극적인 방향이었다.

이러한 남송우의 비평적 행보는 80년대 이후 현재까지도 지역문화 현장 곳곳을 찾아다니며 지역 문인들의 작품에 대한 깊은 애정을 드러내는 수고로움을 전혀 마다하지 않고 있다. 대체로 80년대 이후

11) 이러한 문제의식의 결과로 『대화적 비평론의 모색』(세종출판사, 2000)이 있다.

우리 비평의 방향이 거시적인 이론과 체계를 지향하는 보편적 담론 생산에 집중했던 것과는 달리, 그의 비평은 지역의 세세한 기억과 흔적을 보듬어 안으면서 때로는 날카롭게 비판하는 지역 비평의 주체적 목소리를 끝까지 지켜나가고자 했다. 결국 남송우는 부산 지역 비평이 진정한 의미에서 '지역'의 비평이 되는 길을 찾기 위해 헌신한 가장 '지역적인' 비평가임에 틀림없다. 그리고 그의 비평은 중앙과 지역의 이분법이라는 경계를 넘어서 지역 내부의 비평적 소통과 대화의 장을 생산적으로 이끌어 내기 위한 일관된 시도를 보여 주었다는 점에서 부산 지역 제3세대 비평의 이정표 가운데 가장 뚜렷한 하나의 방향성을 보여 주었다고 평가할 수 있다.

4. 비평의 비평과 리얼리즘의 정신

황국명의 초기 비평은 1980년대 부산 지역 무크지 운동의 연장선상에서 중앙 중심의 문학 제도가 지닌 병폐와 해석의 독점이라는 비민주성에 대한 비판을 전면화한 비평 운동으로서의 성격을 강하게 드러냈다. 따라서 그는 "80년대 비평계의 한계인 해석의 전제적 현상과 해석공동체들 간의 분파적 단절 및 이것들에서 비롯된 다양한 역기능들을 극복하기 위한 방법론적인 비평전략"[12]을 정립하고자 했는데, 이것이 바로 '비평의 비평'이다. 그리고 이러한 전략의 중심에 중앙의 폐쇄성을 뛰어넘는 지역 비평의 자율적 가능성을 위치시켰다는 점에서 상당히 문제적이었다. 이러한 그의 비평적 방향은 80년대 비평의 주요 의제인 민중실천주의, 지성주의 등을 인정하면서도 그

---

12) 민병욱, 황국명, 앞의 책, 12쪽.

안에 내재된 해석의 정치성을 주목한 것으로, 작품 자체의 총체적 진실을 의도적으로 은폐하거나 외면하는 비평의 권력화를 넘어서는 지역 비평의 가능성을 찾고자 하는 데 있었다. 따라서 그의 초기 비평은 작품 자체의 세밀한 분석이나 해석보다는 작품 그 자체의 온전한 평가가 이루어지기 위한 문학 제도의 모순과 한계를 비판하는 메타비평의 형식에 주력했다. 문학작품의 해석 주체인 비평의 역할과 기능이 특정 이데올로기나 집단의 가치체계와 신념 안에서만 해석되고 평가되는 강요된 비평 현실에서는 진정한 의미에서 비평의 본질과 가치를 실현할 수 없다고 본 것이다.

이러한 그의 비평적 입장은 1980년대 중반 『문학과지성』에 대한 신랄한 비판으로 전개되었는데, "자기 집단의 문화적 관점을 대변하고 그들의 사회적 입장을 표명하며 문학적 판단 규범을 사회에 유포시키는 화성"[13]에 불과하다고 하면서 비평의 해석적 자유를 억압하는 전제적 담론의 위험성을 강하게 비판했다. 이는 90년대 말에서 2000년대로 이어지면서 한국문학의 제도화와 비평적 권력에 대한 첨예한 문제 제기로 나타났던 '문학 권력 논쟁'의 전사(前史)로서의 의미도 지닌다고 볼 수도 있는데, 80년대 이후 우리 비평사의 한 맥락과 흐름을 읽어 내는 중요한 문제의식을 공유하고 있다는 점에서 비평사의 연속성 측면에서 중요하게 논의할 만하다.

이처럼 80년대 이후 지역을 거점으로 독립적이고 주체적이며 자율성을 지닌 비평의 사회적 역할과 기능에 대한 문제의식을 실천적으로 제시했던 황국명의 비평은, 비평이라는 형식에 내재된 문제점을 사회학적 시각에서 분석하고 해석하는 지역 비평의 한 정점을 보

---

13) 민병욱, 황국명, 앞의 책, 51쪽.

여 주었다. 여기에서 그는 "해석은 언어행위이면서 정치적, 경제적, 사회적, 문화적 행위를 포괄하는 담화체계"[14]라는 점을 강조하면서, 집단 혹은 공동체의 문제가 아닌 개인의 고립된 내면에 주목하는 모더니즘적 세계 인식을 비판했다. 이는 주체와 현실의 관계를 행동과 실천의 영역에서 쟁점화하는 리얼리즘의 정신에 바탕을 두는 것으로, 80년대를 지나 90년대의 문학을 읽어 내는 그의 비평적 방식이 리얼리즘적 세계 인식에 깊이 뿌리내리고 있는 이유도 바로 여기에 있다.

90년대 이후 황국명의 비평은 후기자본주의와 포스트모더니즘의 국면으로 전환된 당대의 현실에 대한 비판적 시각 속에서, 이러한 변화와 상실의 한가운데를 견뎌 내는 리얼리즘의 정신을 여전히 옹호하는 비평적 지향을 드러냈다. 특히 80년대를 지나온 그의 비평이 담론적 차원에서 비평의 비평이라는 형식에 치중했다면, 90년대 이후부터는 전망 부재의 시대를 살아가는 문학작품, 특히 소설의 지형에 대한 정밀한 탐색에 주력했던 것이다. 총체성, 역사, 주체, 재현에 대한 불신이라는 포스트모더니즘의 논의가 과연 우리 사회에 적합한 논리가 될 수 있는가를 근본적으로 의심하면서, 리얼리즘의 전통에 기반한 새로운 소설 읽기와 우리의 삶과 역사적 맥락을 연결시키는 현실주의 비평을 일관되게 지향한 것으로 이해할 수 있다.[15]

그는 소설이 "미적 형식일 뿐 아니라 우리의 정체(正體)와 삶의 본질에 대한 감각적이면서도 지적인 발언"[16]의 성격을 지닌다는 점에

14) 민병욱, 황국명, 앞의 책, 51쪽.

15) 이러한 황국명의 비평적 성과는 『삶의 진실과 소설의 방법』(문학동네, 2001), 『한국 현대소설과 서사전략』(세종출판사, 2004), 『우리 소설론의 터무니』(세종출판사, 2005), 『지역 소설과 상상력』(신생, 2014), 『현대소설의 역사의식과 기억투쟁』(신생, 2018) 등으로 정리되었다.

서, 소설에 대한 질문으로서의 비평은 문학적 인간학을 규명하는 가장 본질적인 문제를 담고 있다고 보았다. 따라서 장르로서의 소설에 대한 그의 집요한 탐색은 삶의 진실을 찾아 나서는 루카치적 여정으로서 소설론적 성격이 뚜렷하다. 아마도 그의 리얼리즘 정신은 '아직도 루카치인가'라고 냉소하는 90년대 이후 우리 평단을 향해 '여전히 루카치여야 한다'는 논쟁적 화두를 던진 것이 아닐까 싶다. 그리고 이러한 비평적 시각은 세계와 주체의 모순 혹은 괴리를 가장 첨예하게 보여 주는 지역 소설의 아이러니적 현실을 주목하는 것으로 자연스럽게 연결되기도 했다. 이처럼 삶의 진실을 찾아 나서는 소설의 방법에 대한 철저한 고민과 성찰은 황국명의 비평이 지향하는 궁극적인 세계이면서 본령이다. 그리고 이러한 비평적 방향성은 부산 지역 1~2세대 비평의 중심을 이루었던 시 비평과는 달리 소설을 중심에 두고 지역적 실천을 수행한 아주 의미 있는 실천이었다고 할 수 있다.

5. 비판적 지역주의와 동아시아적 시각

구모룡의 비평은 변증법과 유기론이라는 두 가지 토대 위에서 지역의 문제를 로컬(Local)의 시각에서 지속적으로 탐색해 왔다. 1985년 소설가 김정한을 중심으로 부산 지역에서 창립된 '5·7문학협의회'와 무크지 『지평』을 통한 활동은 '비판적 지역주의'라는 그의 비평의 토대를 형성하는 중요한 기반이 되었다. 또한 이러한 그의 문제의식은 부산이라는 지역의 장소성 가운데 가장 핵심인 해양성을 주목하게

16) 황국명, 『우리 소설론의 터무니』, 3쪽.

함으로써 비판적 지역주의와 근대성이 만나는 지역 비평의 가능성을 열어 냈다. 이런 점에서 구모룡에게 있어서 지역이라는 쟁점은 중앙/지역의 이분법적 경계나 위계화된 구도를 넘어서는 통합적 인식 속에 있는데, 지역의 특수성으로 중앙의 획일화된 보편성을 극복하려는 관점보다는 지역 나름의 특수성이 곧 보편성의 영역으로 확장되는 비평적 지향을 보였다는 데 차별성이 있다. 즉 중앙과 지역이라는 양 편향을 극복하는 변증법적 비평을 지향함으로써 지역 모순을 지역의 문제에 한정된 논의가 아닌 민족문학이라는 보편주의적 관점에서 쟁점화하고자 했던 것이다. 따라서 그는 "지역문학 운동이란 독자성을 가진 그것이 못 되며 결국 민족문학 운동에 수렴되어져야 한다."라고 하면서 "지역문학 운동의 개별성, 독자성, 특수성을 지나치게 강조할 경우 우리는 영락없이 지역 중심주의라는 소시민적 한계에 떨어질 것"[17]을 우려하기도 했다.

이처럼 구모룡이 주장하는 비판적 지역주의는 지역이 "전통적인 의미인 소외를 나타내는 표지이기보다 새로운 의미에서 창조를 가능하게 하는 진지"로서의 역할을 수행하는 전략적 장소성을 지닌다는 것이다. 따라서 "전통과 근대, 식민성과 근대성, 문명과 자연 등의 제 가치들이 혼재한 장소이며 서로 양립하는 가치들이 종합되는 가운데 형성적인 가치들이 발생하는 공간"[18]으로서의 의미를 구체적으로 실천해야 한다고 보았다. 결국 지역은 대안적 이념 공간으로서의 정체성을 적극적으로 부각해야 하고, 이를 위해서 중심에 대한 비판에 초점을 두기보다는 지역문학의 주체를 세우는 일에 더욱 핵심적

17) 구모룡, 『구체적 삶과 형성기의 문학』, 문학과지성사, 1988, 60쪽.

18) 구모룡, 「주변부 지역문학의 위상」, 『지역문학과 주변부적 시각』, 신생, 2005, 33~34쪽.

인 방향성을 두어야 한다는 것이다. 이런 점에서 그는 "서로 다른 지역문학과의 연대나 생태학적 공동체 운동과의 연대"[19] 등을 통해 "주변부 지역문학을 보편성의 수준으로 끌어올리는" 데서 비판적 지역주의의 한 가능성을 발견하고자 했다. 또한 이러한 지역문학의 논의는 지역의 협소한 체제 안에서 일국적으로 논의되어서는 안 된다는 점에서, 지역을 넘어서 동아시아적으로 확장되는 지역론의 세계성을 구현할 필요가 있다고 주장했다. 즉 전 지구적 시각과 지역적 실천의 동시성을 지향함으로써 지역의 연대가 공동체의 문제이며 세계의 문제라는 보편적인 차원으로 이해하고자 했던 것이다. 아마도 그의 지역론이 해양 모더니티(maritime modernity)와의 접점을 찾기 위해 노력하는 이유도 바로 이러한 문제의식과 맞닿아 있지 않을까 싶다.

90년대 중반 이후 지역론은 중앙과 지역이라는 이분법적 구도를 넘어서 문화주의와 지역주의가 결합된 동아시아론이나 세계체제론으로 확대되었다. 종래의 일국적 시야를 벗어나 자본주의적 질서에 의해 중심과 주변으로 재편된 세계의 현실을 특별히 주목했던 것이다. 백낙청의 '분단체제론'과 최원식의 '동아시아문학론'은 바로 이러한 시각을 한국적으로 수용한 결과라고 할 수 있는데, 구모룡은 이러한 사상적 흐름을 토대로 '동아시아 지역주의'라는 쟁점적인 화두를 제시했다. 그가 말하는 동아시아 지역주의는 "국가와 세계 사이의 지역의 네트워크를 통하여 국가주의를 넘어서면서 기존의 세계체제를 변혁하려는 기획"[20]으로, 한국 근대문학을 초국가적인 맥락에

---

19) 구모룡, 위의 책, 36쪽.

20) 구모룡, 「지역비평의 위상에 대한 회고와 전망」, 『폐허의 푸른 빛』, 산지니, 2019, 51쪽.

서 횡단적으로 읽어 내려는 거시적 관점을 이론적으로 역사적으로 정립하고자 하는 것이다. 또한 이러한 시각은 지역을 중앙과의 비교가 아닌 세계와의 관계 안에서 재해석하려는 것으로, "로컬은 경험적인 삶이 자리하는 장소"라는 구체성을 지니면서도 동시에 "이 로컬 속에 국가와 민족 그리고 세계가 여러 가지 형태로 들어와 있다."[21] 라는 사실에 집중했다. 즉 로컬의 문제를 중심과 주변이라는 위계적이고 수직적 관계로 이해했던 지역론의 시각을 확장해서 정치적·사회적·구조적 모순이 교차하고 횡단하는 세계사적 의미를 지닌 장소로 재인식하고자 했던 것이다.

이런 점에서 그는 "로컬은 창작의 방법이자 사상"[22]이므로 '방법으로서의 로컬'에 바탕을 둔 지역 비평의 새로운 방향성을 열어 나가야 한다고 보았다. 이러한 그의 비평적 지향은 지역문학을 일국적 시야 안에 가두어 두거나 중심으로부터 소외를 겪은 주변부의 지위 안에서 사유하는 모순과 한계를 넘어 세계문학으로서의 지역문학 혹은 한국문학의 가능성으로 재정립해야 한다는 점을 강조했다. 그의 비평이 김정한의 소설을 통해 한국 근대문학의 지역성에 내재된 보편성을 주목했던 것이나, 최근 들어 제3세계 작가의 작품을 통해 지역적 장소성이 지닌 로컬의 가치를 특별히 주목하는 이유도 바로 여기에 있다. 이처럼 구모룡의 비평은 지역 비평이 한국문학을 넘어 세계문학 안에서 공유되고 경험되는 방법 혹은 사상으로서의 의미를 지향한다. 이는 지금 부산 지역 비평이 지역을 사유하고 인식하는 방법적 실천하는 데 있어서 어떠한 방향성을 지녀야 하는지를 명확하게 보여 주는 것으로, 지역에 대한 집요한 이론적 탐색이 특수성과 보편

21) 구모룡, 「로컬의 방법에 관한 비평노트」, 『문학/사상』, 산지니, 2020, 31쪽.

22) 구모룡, 위의 글, 32쪽.

성의 의미 있는 소통과 긴장을 열어 내는 지역 비평의 사상적 지향을 제시한 것으로 이해할 수 있다.

6. 1950년대생 비평 이후와 부산 지역 비평의 미래

지금까지 고석규, 김준오에 이어 전개된 제3세대 부산 지역 비평의 형성과 의미를 80년대 무크지 운동과 남송우 황국명, 구모룡의 비평을 중심으로 대략적으로 논의했다. 부산이라는 지역적 특수성을 보편성의 차원으로 격상시켰던 1~2세대와는 달리 제3세대의 경우 중앙 중심으로 제도화된 비평의 독점적 지위를 비판하는 정치적 비평으로서의 성격을 보여 주었다. 물론 제3세대의 경우 안에서도 지역을 사유하고 인식하는 방식에 있어서 비평가마다 다소 차이를 드러내기도 했는데, 그 결과 지역 나름의 주체적 비평 토대를 정립하려는 특수성과 비판적 지역주의의 관점에서 지역의 문제를 민족문학적 시각에서 쟁점화하는 보편성의 논리가 첨예하게 긴장을 이루는 역동적인 비평의 장을 형성했다고 할 수 있다.

그렇다면 제3세대 비평 이후, 즉 1950년대생 비평 이후 부산 지역 비평의 모습은 어떻게 전개되고 있다고 할 수 있을까? 『오늘의문예비평』, 『시와사상』, 『신생』의 창간이 이루어진 90년대 이후 60년대생 이후 비평의 모습은 사실상 제3세대 비평의 지형과 크게 구분되지 않는 연속성을 지녔다고 보는 것이 맞을 듯하다. 1950년대생 비평가가 제시한 비평적 의제를 소비하고 확산시키는 조력자의 역할을 충실히 수행했다는 점에서, 1960년대생 이후 비평은 생산적인 비평의 가능성을 열어 나갔다기보다는 80년대 이후 제기된 비평 담론과 이론의 지형을 일목요연하게 정리하고 체계화하는 양상을 보였다고 할 수 있는 것이다. 이와 같은 비평 지형의 왜소함은 90년대 이후 우리 사회의 급격한 변화와도 무관하지 않을 텐데, 자본주의와 문화주의에 편승한 시대를 살아가면서 비평마저 소비의 형식으로 전락할 수밖에 없는 현실을 외면하기 어려웠기 때문이 아닐까 생각된다.

이런 점에서 90년대 이후 한국문학 비평은 급변하는 현실을 감각적으로 설명하고 그 의미를 정교하게 해석하는 데 급급했을 뿐, 시대와의 불화를 견디거나 역사와의 긴장을 조성하는 이론적이고 실천적인 비평의 모습을 보여 주기에는 역부족이었던 것이 사실이다. 비평 자체에 대한 장르적 관심도 급격히 줄었거니와, 무엇보다도 대학이라는 학문적 제도 안에 안정적으로 편입해야 한다는 현실적 욕망이 비평의 사회적 기능과 역할에 대한 실천을 일정 부분 유보하거나 외면하는 결정적 계기로 작용하지 않았나 여겨진다. 부산 지역의 경우 〈해석과판단〉이라는 젊은 연구자들로 구성된 비평 집단이 결성되어 새로운 비평의 가능성을 찾으려는 시도가 있었지만, 여기에 속한 대부분의 소장 비평가들 역시 대학이라는 제도 안에서 현실적 토대를 마련해야 한다는 이유로 지속적인 활동을 이어 나가지 못했다. 결국 지금 부산 지역 비평은 비평가라는 인적 토대의 측면에서는 다른 지역에 비해 적지 않은 양적 확대를 이루었다고 할 수 있지만, 지역을 중심으로 지역의 문제를 생산적으로 공유하는 비평공동체의 부재 속에서 지역 비평의 미래를 책임질 만한 동력은 상실했다고 보는 것이 정직한 평가가 아닐까 싶다.

물론 지금 비평의 지형은 80년대 이후 보여 준 이데올로기적 선명성이나 집단성과는 전혀 다른 차원에서 일상적이고 개별적인 내면과 의식의 표현에 집중하는 에세이적 성격을 두드러지게 보인다는 점에서, 무조건 오늘의 비평을 80년대와의 연속성 차원에서 계보적으로 접근하려는 시도는 다소 위험한 발상이 될 수 있다. 다만 현재의 부산 지역 비평이 '지역'이라는 문제를 어떻게 전유하고 있는지에 주목하는 것은 특정 세대에 국한되지 않는 가장 핵심적인 담론이 되지 않으면 안 된다는 점에서 지역 비평의 연속성이라는 통시적 측면을 간과할 수도 없다. 지역의 위기와 소멸이 공공연하게 거론되는 지금, 지역 비평의 현실과 방향이 스스로 지역을 외면하고 소외시키고 있다면, 그래서 지역에 내재된 모순을 지역서의 차원에 한정하지 않고 세계성의 문제로 공동체적으로 의미화하고 비판적으로 쟁점화하는 일에 관심을 기울이지 않는다면, 더 이상 지역 비평의 존재와 의의를 강조할 이유는 없다. 80년대 이후 부산 지역 제3세대 비평의 지역적 인식과 토대로부터 앞으로 지역 비평의 미래를 연속적으로 사유하고 실천할 방향성을 찾을 필요가 있는 이유도 바로 여기에 있다.

문학의 새로움과 열린 비평의 모색

한기욱의 비평 세계

1. 비평의 본질과 생산적 대화

한기욱은 1998년 계간 『창작과비평』의 편집진에 합류하면서 비평 활동을 시작해서 『문학의 새로움은 어디서 오는가』(창비, 2011. 이하 『새로움』), 『문학의 열린 길 – 사유·정동·리얼리즘』(창비, 2021. 이하 『열린 길』) 두 권의 평론집을 발간했으며, 1990년대 중반 〈영미문학연구회〉를 중심으로 활동하면서 『안과밖』 편집위원을 역임하기도 했다. 1950년대생 비평가 대부분이 1980년 전후로 비평 활동을 시작해서 1980~90년대 한국문학의 변화와 흐름을 견인하는 역할을 담당했다는 사실에 비추어 보면, 한기욱의 비평은 2000년대 이후 한국문학의 새로움에 대한 집요한 탐색을 드러냈다는 점에서 세대론적으로는 1950년대생 비평가로 분류하기에는 적절치 않은 점이 있다. 그의 고백에 따르면 "처음부터 문학평론을 '업'으로 여기고 출발한 경우와는 달리" "1980년대에는 문학과 변혁운동을 함께 끌어안으려 했고, 1990년대에는 전공인 미국문학 연구에 매달리다가 2000년대 이후로 한국문학에 주력"(『새로움』, 5쪽)했기 때문에 동세대 비평가들과는 출발선부터가 다를 수밖에 없었다. 하지만 1950년대생 비평이 1980년대를 시작으로 현재에 이르는 다양한 쟁점들을 논점화했다고 볼 때, 한기욱의 비평은 2000년대 이후 한국문학 장에서 가장 영향력 있는 매체 가운데 하나인 창비의 담론을 일정 부분 이끌었다는 점에서 비평사적으로는 중요한 의미와 역할이 있었다고 평가할 수 있다.

한기욱의 평론집 두 권에 제목으로 명시된 '새로움'과 '열린'이라는 키워드는 그의 비평을 전체적으로 읽어 내는 핵심적인 단서가 된다. 대체로 그의 비평은 '문학적'인 차원에 한정된다기보다는 '정치적'이고 '역사적'인 변혁의 장에서 발현되는 '사유'와 '정동(情動, affect)'을 주목한다는 점에서 사회비평으로서의 성격도 아울러 가지고 있다. 그는 시대와 문학의 관계에 중심을 두고 "상투성에 벗어난 사유"를 통해 "정동적인 주체"(『열린 길』, 38~39쪽)를 실천적으로 구현한 문학을 '새로움'으로 규정한다. 따라서 그가 주목하는 새로움은 가라타니 고진의 '근대문학의 종언론'을 너무 쉽게 승인해 버린 한국문학 비평이 포스트모더니즘에 열광했던 데서 비롯된 새로움의 징후와는 성격이 다르다. 오히려 이제는 일정 부분 유효성을 잃어버린 것으로 폄하되는 '리얼리즘'의 현재성을 토대로 새로움의 문제를 제기했다는 데 특이성이 있다. 물론 이때의 리얼리즘은 세계와 사물의 모방 혹은 반영이라는 소박한 의미에서의 '사실주의'를 의미하는 것은 아니다.[1] 현실 변혁의 한가운데를 통과하는 전형성을 바탕으로 미래적

1) 한기욱은 백낙청의 견해에 기대어, '리얼리즘'을 '객관적 현실의 사실적 재현'이라는 뜻의 '사실주의'와 다른 의미로 사용한다. "자연주의적 모사론에 기초한 사실주에 비해 엥겔스의 저 유명한 발언에서처럼 리얼리즘이란 세부의 진실성 외에도 전형적 환경에서의 전형적 인물들을 진실하게 재현하는 것"이고, "맑스주의 리얼리즘론은 전형성 외에도 총체성과 당파성, 변증법적 인식 등 중요한 개념이 내부로 통합되면서 발전되었고 여기에 루카치(G. Lukacs) 같은 이론가들이 뚜렷한 발자취를 남겼"다는 것이다. 특히 리얼리즘의 핵심 문제로 '시의 경지'를 거론한 백낙청의 견해를 끌어와 "전형성의 충족보다 '사무사(思無邪)'로서의 당파성의 구현 여부를

전망을 담아내야 한다는 점에서 종래의 리얼리즘론과는 뚜렷한 차이를 갖는 것이다. 또한 형식과 구조의 차원에서도 낯익은 비유나 서사의 방식을 넘어서 현실의 세부를 새롭게 사유하는 미학적이면서 정치적인 성격을 지닌 새로움을 드러낸 것이어야 한다고 보았다.

그렇다면 문제는 한국문학에서 도대체 무엇이 '새로운' 것인가를 가려내고 분별하는 데 있을 것이다. 한기욱의 비평은 바로 이 쟁점을 성실하게 탐색했는데, "문학의 새로움을 탈근대주의(포스트모더니즘)와 동일시하는" 2000년대 비평과의 적극적인 논쟁을 통해 자신의 비평적 주장을 정립해 나갔다. 우선 그는 비평이 "도식적인 진영 개념에 기대지 않고 작품의 실제"를 주목해야 한다고 보았다. 또한 형식이나 구조의 변화라는 외적 차원의 새로움에 현혹되기보다는, "특정한 시대의 핵심적인 성격을 사회과학적으로 분석"(『새로움』, 7~8쪽)하는 '시대론'적 사유가 문학비평의 핵심적인 토대가 되어야 한다고 생각했다. 물론 시대론과 문학론은 전혀 별개의 차원으로 분리해서 바라볼 문제는 아니라는 점에서, 양자의 차이와 상호관계를 면밀하게 들여다보는 종합적인 입장에서 비평의 객관성을 확보하는 데 주력했다고 할 수 있다.

사실 이러한 비평적 태도는 비평의 본질과 역할을 상기시키는 원론적인 성격을 지녔다는 점에서 그만의 독특한 비평 의식을 제시한 것으로 보기는 어렵다. 다만 그의 비평은 "문학비평의 주된 임무는 동시대의 문학 가운데 무엇이 어떤 면에서 새롭고 더 나은 작품인가를 섬세하게 가려내고 엄정하게 평하는 일"이라는, 텍스트 분석에서의 성실함과 정교함이 비평의 가장 중요한 바탕이라는 점을 뚜렷하

한층 본질적으로 취급한다"고 보았다. 「문학의 새로움과 리얼리즘 문제」, 『문학의 새로움은 어디서 오는가』, 창비, 2011, 50~59쪽 참조.

게 보여 주었다는 점에서 장점이 있다. 특정한 이론을 앞세워 획일적인 평가를 일반화하는 비평의 집단적 경향이 점점 더 뚜렷해지는 경향에 비추어볼 때, 그의 텍스트 분석은 비평을 비평답게 만드는 가장 본질적인 조건이라는 점에서 새삼 강조될 필요가 있는 것이다. 또한 이러한 그의 비평은 "어떤 사회가 더 나은지를 분별하고 어떻게 새로운 세상을 만들어 나갈 수 있는지를 사유하는 행위와 직결되어 있"다는 점에서 주목된다. 즉 "문학비평과 사회변혁의 길이 둘이 아니라는 것"(『새로움』, 10쪽)에 가장 중요한 문제의식을 두었던 것이다. 따라서 그는 현실과의 관계를 사유하는 문학에서 정동적 주체의 감각이 구체화된 양상을 해석하고 평가하는 것이 문학비평의 현재적 방향이 되어야 한다는 점을 무엇보다도 강조했다.

이런 점에서 한기욱의 비평에서 무엇보다도 중요한 과제는 문학과 현실의 관계를 사유하는 근본적 토대 위에서 다른 비평과의 생산적인 대화와 소통에 적극적으로 나서는 데 있다. 이를 위해서 그는 2000년대 비평가들의 담론적 지향과 자신의 비평적 입장이 충돌하는 차이를 주목함으로써, 그들과의 논쟁 과정을 통해 자신의 비평적 입론을 정리해 가는 메타비평을 지속적으로 전개했다. 이러한 논쟁 혹은 대화의 방식은 대체로 문학의 새로움을 둘러싼 해석의 차이로 구체화되었는데, 리얼리즘론, 문학의 정치성, 장편소설론 등 2000년대 한국문학의 주요 쟁점을 다투는 근래 보기 드문 비평의 역동성을 보여 주었다. 특히 1987년 체제, 촛불혁명, 6·15시대 등으로 명명된 한국 사회의 변혁운동을 사유하는 토대 위에서 문학이 나아가야 할 방향과 역할을 모색했다는 점에서 거시적인 통찰을 드러냈다. 또한 최근 한국문학이 사회와 역사의 변화 속에서 어떤 새로운 목소리를 드러냈고, 또 어떻게 새로운 의미구조를 생성해 냈는지를 밝히는 미시적인 탐색을 통해, 지금 우리 비평이 지향해야 할 방향성을 제시했다는 점에서 균형 있는 시각을 보여 주었다고 평가할 만하다. 이처럼 그는 비평이 작품 혹은 비평과의 생산적인 대화의 방식을 통해 문학의 '현재성'을 밝혀내는 데 초점을 두어야 한다고 보았다. 문학은 앞으로 우리가 어떻게 살아가야 하는가의 문제를 공유하고 실천하는 소통의 장인 동시에, 현재를 비판적으로 사유하는 정동의 세계를 감각적으로 형상화하는 운동성을 지녀야 한다는 것이다.

2. 문학의 새로움에 대한 탐색

한기욱의 비평은 "'비평가'(critic)라는 영어 어원에도 담겨 있듯이 어떤 작품이 가치가 있는가, 어떤 점에서 새로운가를 가려내는 비평 작업이 '결정적으로 중요한'(critical) 것"이라는 비평의 본질에 대한 근본적인 인식에서 시작된다. 또한 "문학다운 문학이 무엇인가라는 물음뿐 아니라 삶다운 삶이 무엇인가라는 물음도 걸려 있"다는, 즉 문학과 현실의 관계 안에서 시대적 과제와 사회변혁을 실천하는 도구로서의 비평의 역할과 가능성을 모색하는 것에 초점을 두었다. 하지만 그는 2000년대 이후 한국문학 비평의 방향이 이러한 새로움을 찾아 분석하고 이해하고 평가하는 과정에서 "강박증적이고 '코드화'되어 있"는 측면이 있음을 비판했다. 즉 "상당수 비평가들은 마치 '신상'(품)을 소개하는 홈쇼핑 쇼호스트처럼 2000년대의 젊은 문학에 '새롭다'는 형용사를 남발한다."(『새로움』, 16~17쪽. 이하 2장의 인용은 모두 이 책에서 했으므로 쪽수만 밝히기로 함)는 것이다.

물론 새로움은 그 자체로 조금은 과장된 의미 부여가 되기 마련이어서 일정 부분 강박을 피하기 어려운 측면이 있는 것이 사실이다.

하지만 작품 자체에서 그 새로움을 찾아내고 의미를 부여하는 해석과 판단에 비평의 본질과 역할이 있다는 점에서, 특정 매체와 진영의 논리와 전혀 무관하다고 할 수 없는 담론적 차원에서 비평의 방향이 코드화되는 강박의 과잉은 문학의 새로움을 설명하고 이해하는 올바른 비평적 태도로 보기 어렵다. 따라서 한기욱은 2000년대 한국문학 비평이 새로움과 변화에 이끌린 강박과 코드화로 비평의 균형 감각을 잃어버림으로써, 일정 부분 규범처럼 전제된 비평 담론이 작품의 세부적인 분석에 초점을 두기보다는 전체적인 지형에서 작품의 의미를 규정하는 비평을 위한 비평이 되어 버렸다고 보았다. 2000년대 작가의 글쓰기를 '무중력 공간'에서의 행위로 이해함으로써 탈현실적이고 탈역사적인 맥락에서 과도한 해석을 했다고 본 이광호[2], 2000년대 소설을 '탈내면의 상상력'으로 규정하고 부분의 성향을 전체의 성격으로 획일화했다고 본 김영찬[3]과의 논쟁은 이러한 비판에서 비롯된 것이다.

한국문학의 새로움에 대한 논의는 2000년 전후로 한국문학 현장에서 공공연하게 유포되었던 문학의 위기론과 관련이 있다. 즉 '근대문학의 종언'을 선언한 가라타니 고진의 견해를 적극적으로 수용한 담론적 상황과 맞물려 있었다고 할 수 있다. 가라타니 고진에 의하면, 문학은 근대적인 성격으로서 특별한 의미를 부여받았기 때문에 가치가 있었지만, 탈근대를 살아가는 지금은 이러한 근대적 성격의 문학이 더 이상 유효하지 않다는 점에서 근대문학의 종언을 선언할 수밖에 없다는 것이다. 실제로 한국에서 문학은 학생운동과 같은 위

---

2) 이광호, 「혼종적 글쓰기 혹은 무중력 공간의 탄생-2000년대 문학의 다른 이름들」, 『문학과사회』 2005년 여름호.

3) 김영찬, 「2000년대, 한국문학을 위한 비판적 단상」, 『창작과비평』 2005년 가을호.

치에 있었으므로 현실적으로 감당할 수 없는 모순적 세계와의 대결이라는 당면 과제를 떠맡은 시대적 성격이 뚜렷했지만, 1990년대 말부터 이러한 문학의 사회역사적 의미가 급속하게 쇠퇴함에 따라 근대 이후의 문학은 오락에 불과한 차원으로 변질되어 결별이 불가피한 상황에 이르렀다는 것이다.[4)]

이러한 가라타니 고진의 입장에 대해 한기욱은 "'분단체제극복'으로서의 통일을 비롯한 근대적응·근대극복의 이중과제를 안고 있는 우리의 상황에는 명백히 맞지 않는다."(22쪽)라고 비판했다. 한국문학에서 '근대문학/근대 이후 문학'의 경계를 구분하는 것도 불분명하거니와, '근대문학/근대 이후 문학'을 '낡음/새로움'이라는 도식적인 구도로 읽어 내는 잘못된 준거를 제공할 우려도 있다는 것이다. 특히 후자의 경우 의도치 않게 근대 이후의 문학, 소위 탈근대문학을 '새로움'으로 과장하는 이론적 근거로 수용됨으로써, 근대문학 자체를 부정하거나 오로지 탈근대문학의 유효성만을 강조하는 방향으로 흐를 위험성이 있다고 본 것이다. 그는 탈근대문학으로 지칭되는 지금의 문학에도 여전히 근대문학적 요소가 존재한다는 점을 강조하면서, 근대문학의 종언 이후를 사유하는 비평에서 무엇보다도 중요하게 생각해야 할 과제는 '근대적'인 것과 '새로움'이 만나는 경계의 지점을 주목하는 데 있다고 보았다. 이는 문학과 현실의 관계 안에서 통합적 사유를 중시하는 그의 비평 태도와 직결되는데, '6·15시대의 문학'[5)]이라는 시대론의 차원에서 '국경을 넘는 일'을 다룬 소설을 주

4) 가라타니 고진, 조영일 옮김, 『근대문학의 종언』, 도서출판 b, 2006, 43~86쪽 참조.

5) 한기욱이 이러한 발상을 제시한 것은 2000년대 문학에 결정적인 영향을 미친 사건으로 IMF 외환위기를 언급하는 견해에 대한 반론의 일환이었다. 한국 사회의 변화를 남한 사회의 문제 안에서 파악하기보다는 한반도 전체의 획기적인 사건으로 논의할 필요가 있다는 점에서 6·15를 주목한 것이었다. 하지만 우리 문학 논의의

목하거나, 낯선 언어의 세계로 구축되는 리얼리즘의 새로움을 실천적으로 보여 준 작가에 특별한 애정을 쏟은 데서 확인할 수 있다.

한기욱은 "문학에서 무엇이 새것다운 새것인지를 가리는 문제는 결국 '오늘을 사는' 행위와, 마음을 비우고 새로운 시대의 도래에 귀 기울이는 태도와 관련이 있다."는 점에서, "비평가가 맨몸으로 작품과 시대적 현실을 대면하는 과정"을 무엇보다도 중요하게 생각했다. 즉 "문학의 새로움은 창조적인 작품에서 발원하되 비평의 분투를 거쳐 우리에게 온다."(41쪽)는 점에서, 그것을 발견하고 해석하고 평가하는 비평의 방향은 문학의 새로움을 이해하고 공유하는 생산적인 소통의 과정이 되어야 한다는 것이다. 이를 위해서는 "어떤 관념이나 코드가 아니라 오로지 작품의 언어를 '온몸'으로 실감하는 비평, 다른 비평가에 대한 이미지나 예단이 아니라 그 비평언어에 담긴 생각과 느낌을 온전하게 받아들이는 독법이 중요하다."라고 하면서, "비평이라면 논쟁이든 대화든 생산적"(59쪽)인 방향을 열어 가야 한다는 점을 강조했다. 이러한 문제의식에서 그는 2000년대 이후 한국문학의 새로움을 보여 준 작가로 황정은, 김사과, 박민규, 김연수, 전성태, 배수아 등을 목록에 올려놓았는데, 이들 가운데 황정은의 소설에 대한 그의 애정은 아주 각별하고 세심하다. 어쩌면 그의 비평이 황정은의 소설이라는 구체적 텍스트가 있어서 설득력을 확보하는 게 아닐까 싶을 정도로, 두 권의 비평집 모두에서 황정은의 소설 세계가

범주가 남한문학에 있다는 점과 그에 따른 한국문학적 성과는 훨씬 복합적이고 장기적인 측면에서 살펴보아야 한다는 점을 간과했다고 스스로 비판하면서 6·15시대의 문학이라는 범주 규정을 일정 부분 유보하기도 했다. 다만, 6·15시대의 문학은 민족주의(국가주의)와 탈민족주의(탈국가주의) 양극단을 중도의 입장에서 비판할 수 있는 소중한 준거점이 될 수 있다는 점에서 그 나름의 의의도 있다는 입장을 고수한 측면도 있다. 「문학의 새로움은 어디서 오는가」, 『문학의 새로움은 어디서 오는가』, 앞의 책, 24~26쪽 참조.

지닌 문학적 새로움과 시대론적 탐색이 만나는 지점을 분석하는 데 상당한 공을 들였다.

> 황정은의 『百의 그림자』는 소설의 정치성 논의에서 우선적으로 거론할 만큼 중요한 텍스트이다. (중략)
>
> 이 소설의 정치성은 무엇보다 은교와 무재의 사랑 이야기, 나아가 그림자가 일어선 경험을 공유하는 여러 등장인물 간의 '윤리적인' 관계에 초점을 맞출 때 비로소 충분히 드러날 수 있다고 본다. 달리 말하면, 무심한 듯 타자를 배려하고 언어 속에 스며든 폭력의 뉘앙스에 민감하게 반응하는, 이 선량하기 그지없는 사람들은 도대체 어떤 존재인가를 묻는 일이 중요하다. 그 가혹한 폭력과 부당한 불행을 겪고도 '원한감정(resentment)'에 매이지 않는 이 존재들이 어디서 출현했는가를 묻는 일이 중요하다. 속물주의와는 판이한 이들의 삶의 방식이 '윤리적'임을 인식하는 것보다 더 중요한 것은 이 '윤리적인 삶'이 하나의 이상주의적 소망 성취에 불가한지 아니면 도래하는 공동체의 실제 싹인지를 묻는 일이다. (중략)
>
> 이 쉽지 않은 물음에 답하기 위해서는 결국 소설의 언어에, 그 언어로 짜여진 이야기에, 이야기의 방식과 그 방식이 갖는 특유의 흐름과 리듬에 귀기울일 수밖에 없다. 황정은 소설언어의 남다른 점은 군더더기가 없을뿐더러 메씨지 전달은 정확하게 하되 최소화하고 언어 자체의 미묘한 울림과 뉘앙스에 매우 민감하다는 것이다. 게다가 종종 예기치 않은 방식으로 언어의 변용과 발상의 전환이 이뤄지기 때문에 그의 소설언어는 시의 언어를 닮아 있다.(71~72쪽)

2000년대 문학 논쟁에서 가장 뜨거운 쟁점이 되었던 '문학과 정치성'에 관한 논의를 바탕으로, "소설이 어떻게 정치적일 수 있는가를 문학의 새로움과 관련지어 살펴보려는 시도"(60쪽)로 황정은 소설의 특징과 의의를 주목한 것이다. 우선 문학의 정치성 논의를 촉발시킨 시인 진은영의 고민이, 시가 미학적인 동시에 정치적일 수 있을까에 대한 물음이었다는 점을 기억할 필요가 있다. 진은영은 랑시에르(J. Ranciere)의 예술론에 기대어 '정치'와 '치안', 즉 현실정치로서의 치안과 '감각적인 것의 분배'로서의 정치의 구분에 바탕을 두고 미학적인 동시에 정치적인 시의 가능성을 열어 가고자 했다.[6] 이러한 문제의식은 촛불항쟁과 용산시위에 참여한 한 시인의 개인적 고뇌에서 시작된 것이지만, 결국 한국문학이 역사와 현실 앞에서 얼마나 '윤리적'일 수 있느냐의 문제를 고민한 것이다. 또한 낡고 고루한 문학을 넘어서는 미학적 갱신이라는 새로움에 대한 인식이 정치성과 어떻게 결합될 수 있는지를 묻는 진정성 있는 문학의 방향 찾기였다고 할 수 있다.

한기욱은 이러한 정치적 윤리의식에 대응하는 문학적 주체의 모습은 크게 두 가지 모습으로 의미화될 수 있다고 보았는데, 들뢰즈의 '딴사람-되기'와 아감벤의 '있는 그대로 받아들이기'[7]이다. 그는 황

---

6) 진은영, 「감각적인 것의 분배」, 『창작과비평』 2008년 겨울호.

7) '딴사람-되기'는 시인의 자리를 지게꾼의 자리와 뒤섞고 문학의 자리와 정치의 자리를 뒤섞음으로써 감각적인 것들의 완강한 경계를 넘어가는 시와 시인이 동시에 '시작'되는 것을 의미한다. 즉 타자와의 합일을 뜻하는 것이 아니라 자신의 낡은 자아를 허물고 자기와 타자의 '사이' 존재가 되는 것을 말한다. 반면에 '있는 그대로 받아들이기'는 어떤 정체성을 초월해 있다거나 상관하지 않겠다는 것이 아니라 상관이 있되 그런 구분법에 귀속되지 않고 있는 그대로를 받아들인다는 뜻으로 '독자성'과 관련된다. '딴사람-되기'를 시도하면서 자기동일성으로부터 탈주하려는 들뢰즈의 단독자와는 대조적으로, '딴사람되지 않기'의 잠재성을 수행하면서 온갖 근대적 정체성에 매이지 않고 '있는 그대로' 있고자 하는 것이 아감벤의 단독자이다. 「문학의 새로움과 소설의 정치성」, 『문학의 새로움은 어디서 오는가』, 앞의 책, 67~70쪽 참조.

정은의 『百의 그림자』가 "소설의 정치성 논의에서 우선적으로 거론할 만큼 중요한 텍스트"라고 하면서, 이 두 가지 방식 가운데 후자의 경우에 초점을 두었다고 보았다. 이 소설은 은교와 무재의 사랑 이야기를 중심 구조로 삼아 그림자가 일어선 사람들이 직면한 불행의 내력들을 뒤섞어 보여 준다. 그리고 사람과 그림자의 분리라는 초자연적인 현상의 비현실성이 오히려 세상의 폭력 앞에서 좌절하는 인간의 섬뜩하고 불길한 내면을 시적 이미지의 차원으로 형상화하고 있다고 보았다. 이는 지금까지와는 다른 새로운 리얼리즘의 면모를 드러낸 것으로, 시적 언어를 구사한 듯한 빼어난 언어적 감수성이 불합리한 제도의 언어로 규범화된 현실의 자명성에 균열을 가한 것으로 이해할 수 있다는 것이다. 따라서 황정은의 소설은 세계가 구축하고 있는 은밀한 권력관계의 모순과 허실을 넘어서 어떠한 폭력도 개입할 수 없는 순정한 언어의 세계로 소통하는 사람들의 모습을 서사화했다는 점에서, 정치적인 동시에 미학적인 소설의 방향성을 새롭게 열어 나간 측면이 있음을 주목했다. 그리고 황정은의 소설 속 인물들은 "참혹한 폭력과 부당한 불행을 겪으며 삶의 경지에 도달했고, 지금도 자신의 영혼의 존재를 알리는 그림자의 그늘 아래서 수행하는 사람들"이라는 점에서, "이들이야말로 '있는 그대로의 단독자'라고 이름 붙인 존재"(75쪽)로서의 문학적 주체의 모습을 보여 주었다는 것이다. 이처럼 황정은의 소설은 은교와 무재의 사랑 이야기라는 일상의 모습을 보여 주면서도 그 안에 교묘하게 구축된 우리 사회의 구조적 폭력과 인간의 불행이라는 존재론적인 문제를 미학적으로 가시화했다는 점에서 윤리적이고 정치적인 측면을 지니고 있다고 보았다. 또한 소설 언어의 시적 성격을 통해 권력화된 서사의 제도화를 무너뜨리는 순수한 인간의 언어적 소통을 보여 준다는 점에서, 2000

년대 이후 한국소설의 새로움을 미학성과 정치성의 양 측면에서 균형 있게 드러냈다는 점에서 높이 평가했다.

이처럼 한기욱에게 문학의 새로움은 역사와 현실의 한가운데에서 인간의 몸이 직접적으로 경험하는 '현재성'의 문제를 어떻게 환기하는가와 같은 서사적 진실의 문제와 연결된다. 또한 권력화되고 제도화된 역사와 현실의 모순에 대한 비판적인 태도가 미학적으로 어떻게 실현되는지를 주목하는 방법론적 측면과도 밀접한 관련이 있다. 이 과정에서 "무엇이 새것다운 새것인지를 가리는 문제"(41쪽)가 비평의 중요한 역할이 되어야 한다고 보았는데, 이를 위해서 비평은 정교한 이론에 기대기에 앞서 작품의 세부적인 결을 읽어 내는 꼼꼼하고 성실한 독법을 갖추어야 한다고 생각했다. 결국 비평가 스스로가 역사와 현실을 직접적으로 대면하고 소통하는 열린 자세를 통해 작품의 새로움을 찾아내고 분석하는 엄밀성을 가져야 한다는 것이다. 이런 점에서 IMF 외환위기를 분기점으로 근대문학과 근대 이후의 문학을 구분하고 양자를 단절론적 시각에서 접근하는 비평의 방식은 2000년 이후 한국문학의 새로움을 부각하는 아주 그럴듯한 비평 담론으로 여겨질지는 몰라도, 그 경계 혹은 사이를 작품 분석을 통해 정교하게 탐색하는 연결 고리를 원천적으로 차단하는 측면이 많다는 점에서 문학의 새로움을 읽어 내는 편향된 관점으로 흐를 위험성이 있다는 것이다.

물론 2000년대 이후 한국소설이 소위 '무중력의 공간'과 '탈내면의 상상력'에 놓인 왜소하고 체념적인 주체의 모습을 드러낸 것은 일정 부분 사실이다. 하지만 이러한 소설의 부분적 특징을 일반적인 관점으로 확대하여 탈근대적 새로움을 담론적으로 도그마화하는 단절적 인식은, 2000년 6월 남북정상회담, 6·15공동선언 등 분단 현실의 급격한 변화와 진전이라는 역사의 흐름 속에서 우리 사회를 새롭게 읽고 사유하는 근대문학적 요소들을 제외하거나 소외시키는 모순을 초래할 수도 있다. 근대문학의 종언론에 크게 영향을 받은 비평 담론의 강박이 오히려 근대문학의 종언을 가속화하고 합리화하는 자기모순과 오류에 직면하게 될 수도 있다는 것이다. 한기욱의 비평이 "소재주의적 관점을 넘어서 한국문학의 심층에서 일어나는 변화를 6·15의 관점에서 새겨보는 일"(106쪽)의 중요성을 강조하면서, '국경을 넘는 일'에 주목하여 전성태, 김연수의 경계 넘기의 소설 쓰기에 특별한 의미를 부여한 이유는 문학의 시대론적 의미를 특별히 강조하기 위함이었다. 한편으로는 미학적 갱신의 징후에 과도하게 의미를 부여함으로써 근대 자체를 부정해 버리는 비평을 비판하기 위한 전략적 의도를 드러내기 위해 이들 소설에 구현된 리얼리즘의 갱신을 그 근거로 제시했다고 볼 수도 있다. '근대'를 '낡음'으로 규정하여 부정하고 '근대 이후'를 '새로움'으로 환기하여 긍정하는 단절론적 인식으로는 근대와 근대 이후가 사실상 혼재된 상태로 전개되어 온 한국문학의 현재성을 균형 있게 볼 수 없다. 따라서 2000년대 한국문학에서 가장 중요하게 인식해야 하는 것은 "무엇이 우리 시대의 새로운 현실인가"를 엄밀하게 분석하는 데 있고, "새로워진 우리 문학이 이 새로운 현실을 어떻게 읽고 있는가"(103쪽)에 대한 객관적인 평가가 지금 우리 비평이 가장 중요하게 생각해야 할 역할과 책임이 되어야 한다는 것이다.

3. 촛불혁명 시대 열린 비평의 가능성

한기욱의 비평에서 '문학의 새로움'만큼 중요한 화두는 '열린 비평'에 있다. 즉 비평이 특정한 제도나 집단 그리고 경향에 압도되어 작품보다 담론이 앞서는 획일화되고 도식화된 비평을 무엇보다 경계해야 한다는 것이다. 특히 2000년대 이후 매체 환경의 급격한 변화에 따른 문학의 새로움에 대한 과도한 의미 부여 과정에서, 시대의 변화에 따른 현실 인식의 새로움을 찾으려는 시도마저 낡고 고루한 것으로 치부해 버리는 비평에 대한 비판적 인식이 뚜렷하다. 물론 '문학의 새로움'과 '열린 비평'은 사실상 같은 의미 맥락을 지니고 있어서 한기욱의 비평의식을 관통하는 일관된 주제 의식의 다른 명명이라고 볼 수도 있을 듯하다. 시대의 변화에 민감하게 반응하는 미학적 새로움은 형식이나 구조 그 자체의 특이성에 초점이 있다기보다는, 역사와 현실의 변화로부터 파생된 문학의 실존적 조건이 삶의 문제와 어떻게 만나는지를 이해하는 데 더욱 중요한 본질이 있다. 따라서 이러한 문학의 새로움을 가져온 우리 사회의 성격을 미학적으로 분석하고 해석하기 위해서는 열린 비평의 태도가 요구되는데, 한기욱은 2016년 말 우리 사회의 큰 변화를 가져온 촛불혁명에서 그 가능성을 찾고자 했다. 정동적 주체로서의 인간의 삶과 의식을 새롭게 불러일으킨 촛불혁명의 역사적 현장으로부터 문학 작품의 변화된 지형을 읽어 내는 열린 비평의 자세를 이끌어 내야 한다고 본 것이다.

한기욱은 촛불혁명은 "한국 사회와 문학에 가장 심대한 변화를 불러일으킨 사건"이라고 하면서, "박근혜정부의 탄핵과 정권교체 자체라기보다 그를 포함한 여러 종류와 층위의 기득권 장벽을 돌파함으로써 한국 사회의 기본적인 체질을 바꿔놓"았다는 사실에 "촛불혁명의 혁명성"(『열린 길』, 5쪽. 이하 3장의 인용은 모두 이 책에서 했으므로 쪽수만 밝히기로 함)이 있다고 보았다. 그런데 지금 한국문학은 촛불혁명이 가져온 변화의 역동성을 잃어버려 심각한 위기 국면에 빠져 있다고 진단하고, 정동적 주체의 실현을 통해 현실의 변혁을 촉구하는 공동체적 목소리를 다시 강화할 필요가 있다고 주장했다. 이를 위해서 그는 "문학은 사회과학이나 철학적 이론이 이미 인식한 바를 문학 나름의 방식으로 다시 제시하거나 다가가는 것이 아니"라 "작가가 의식하든 안 하든 주어진 삶과 현실을 온몸으로 밀고 나가 사유와 감각에서 미답의 세계를 여는 일"이 되어야 한다고 했다. 그리고 "이 창조적 행위가 열어놓은 새로운 인식과 감성의 의미를 밝히면서 그 창조적 핵심을 지켜내는 일"(79쪽)에 비평의 '열린' 길이 있다고 보았다. 결국 비평은 문학의 형이상학적 보편성을 넘어서 그것이 직면한 역사와 현실의 장소성에 주목하여 "사유와 감각에서 미답의 세계"를 보여 준 문학 작품의 현재적 의미를 발견하고 해석하는 작업이 되어야 한다는 것이다. 따라서 언제나 자신과 세계가 만나는 공동체적 장소에서의 삶의 문제에 대한 열린 태도를 바탕으로 문학의 새로움을 읽어 내는 시대론과 문학론의 긴장을 유지하는 비평의 방향성을 정립하고자 했다.

한기욱은 "문학은 누구의 소유도 아니되 누구나 향유할 수 있는 공공역역이라는 '문학 커먼즈(commons)론'의 의미를 되새길 필요가 있다."(17~18쪽)라고 했다. 공유(共有) 혹은 공공성(公共性)의 개념으로서 커먼즈가 지닌 문학적 의미가 "작가와 독자를 포함한 당대 사람들의 '협동적 창조'에 있다."[8]고 본다면, 문학의 정전화라는 보편적 가치에 초점을 두는 비평보다는 동시대의 사람들과 현재의 과제를 놓고 생산적 대화를 할 수 있는 비평의 역할이 더욱 중요하다는 것이다. 따라서 그는 이러한 창조적 협동의 과정으로 촛불혁명을 이해함으로써, 타락하고 부패한 사회의 변화와 전복을 모색하는 혁명의 과

8) 황정아, 「문학성과 커먼즈」, 『창작과비평』 2018년 여름호, 20~23쪽 참조.

정에서 주체의 변화를 이끌어 내는 문학의 가능성을 주목했다. 여기에서 촛불은 정동적 주체의 발현으로 세계를 지속적으로 변화시키는 동력으로 작용하는데, 문학이 현실의 변화에 어떻게 대응하는가의 문제의식이 촛불항쟁 이후 한국문학의 주요한 의제가 될 필요가 있다는 것이다. 따라서 그는 현실의 재현이라는 상투성의 차원을 넘어서기 어려운 리얼리즘 소설에서, 촛불이 촉발시킨 새로운 사유와 정동의 요소가 어떻게 서사적으로 결합되었는지에 초점을 두고 그것의 현재적 의미를 탐색하는 데 집중했다. 정동의 개념은 단일한 의미로 포착하기 어려운 유동적이고 혼란스러운 측면이 있으므로, 이러한 유동성이 "기존의 재현체계를 가로지름으로써 종래에는 무시되기 일쑤였던 비식별 영역에 주목할 수 있어서, 주체의 새로운 면모를 부각하는 데 유리하다."(21쪽)는 점을 강조한 것이다. 이를 두고 그는 정동의 '아나키즘'적 속성이라고 하면서 촛불항쟁 이후 장애인, 난민, 성소수자, 외국인 노동자 등 우리 사회의 다양한 정동적 주체의 목소리가 부각되었음을 주목했다.

한기욱은 최근 한국문학의 주요 특징을 '리얼리즘 문학의 재등장'이라고까지 명명하면서, "촛불혁명기 한국문학에서 여성작가들의 맹활약과 페미니즘은 이제 대세가 되었다."라고 보았다. 한강, 조남주, 김초엽 등을 차례로 언급하면서 "여성의 '주체 되기'라는 기본값을 공유하되 소재와 접근 방법, 감수성에 있어서 다양한 시도들이 이뤄지고 있고, 그것이 현재 한국문학에 새로운 활력을 불어넣는 주된 원천"(41쪽)이라고 본 것이다. 이러한 여성 소설의 약진은 용산참사와 촛불혁명에 이르는 구체적 사회 현실과의 직접적인 대면 과정에서 사회적 약자와 소수자들과 연대하려 했던 자신들의 실제적 경험 안에서 구현된 결과라는 점에서 더욱 문제적으로 받아들였다. 특히 불평등한 사회의 구조적 모순에 대응하는 소설적 방식으로 현실을 핍진하게 재현하거나 고발하는 차원의 종래의 리얼리즘적 방식과는 달리, "기존의 재현체계에서 이름을 부여받지 못한 정서나 감정에 주목하는"(46쪽) 정동의 측면에 초점을 두었다는 데서 그 특이성을 발견하고자 했다. 이러한 그의 견해는 "몸의 차원에서 느껴지는 강렬도(intensity)를 통해 '영속적인 현재' 혹은 '장면적/생생한 현재'(scenic present)를 실현"하는 것으로 보는 프레드릭 제임슨(Fredric Jameson)의 리얼리즘론을 비판적으로 인식한 결과와 무관하지 않은 듯하다. 제임슨의 리얼리즘론은 사실 리얼리즘 해체론에 가까운 역설적 문제의식을 드러낸 것인데, 서사 중심의 소설에서 묘사 중심의 소설로 이동하는 현재의 서사 방식에서 후자의 원천인 정동이 결국 서사의 근간을 위협하여 기존 리얼리즘의 원칙들을 해체하는 상황을 초래할 수 있다고 보았기 때문이다.

하지만 여기에서 '해체'는 파괴 혹은 전복의 의미보다는 새로운 생산 방식으로서 의미화된다는 점에서 역설적 성격을 지닌다. 현실의 모순을 재현하는 서사적 충동보다 시대의 문제를 몸으로 사유하는 정동적 충동에서 변화된 세계의 지형을 새롭게 견인하는 리얼리즘의 가능성과 유효성을 더욱 절실하게 드러낼 수 있다고 본 것이다. 이러한 정동적 충동의 세계는 이미 제시된 정답을 따라가는 기존 서사의 방식과는 달리, 상투성에서 벗어난 사유를 통해 현실에 대한 새로운 문제의식을 던지는 열린 서사의 가능성을 보여 준다. 이때 정동적 사유는 "상황이나 인물의 생생함을 높일 수 있을 뿐만 아니라 반복적인 서사로 말미암은 상투성이나 정치적 정답주의 등 서사의 도식성을 깨는 데도 효과적"(48쪽)일 수 있다. 따라서 한기욱이 말하는 리얼리즘의 창조성은 단순한 모사론을 넘어선 새로운 감각의 세계와 이를 통한 현실에의 개입을 보여 주는 것이라는 점에서, 시대론과 문학론의 관계에 바탕을 두고 미학적 갱신의 방식까지 포함하는 리얼리즘의 유연한 계승으로 이해할 수 있다.

이러한 문제의식에서 한기욱이 촛불혁명 이후의 문학적 성과로 거론한 작가는 황정은, 김세희, 김금희, 김려령 등이 있는데, 이 가운데 김려령의 소설에 대한 해석을 주목해서 살펴볼 필요가 있다. 그는 "촛불이 열어놓은 빛으로 우리 문학의 현재를 조명"(56쪽)한다는 관점에서, "문학이 촛불혁명에 참여한다는 것은 문학이 새 세상 만들기의 정치 사회적 기획에 기여한다는 뜻만이 아니"라 "무엇이 낡은 세상이고 무엇이 새로운 세상인지, 무엇이 살아 있는 삶이고 무엇이 죽어 있는 삶인지를 드러내는 문학적 실천 자체가 곧 새 세상 만들기의 핵심적 일부"(59쪽)라는 데 참뜻이 있다고 보았다. 김려령의 소설은 청소년 세대의 어두운 모습과 부정적 전망을 드러내는 보편적인 청소년 서사의 정형화된 패턴과는 달리, 기존 청소년 소설에서 쉽게 노출하는 정답으로서의 상투적 주제의식을 반복하는 차원을 넘어서고 있다는 점에 주목했다. 즉 한 개인의 내면을 세밀하게 따라가면서 삶과 죽음의 의미를 본질적으로 탐색한다는 점에서, 청소년 소설의 일반적 특징인 계몽성과 교훈성의 측면보다는 지금 우리가 직면한 현실의 한가운데를 내밀하게 들여다보는 정동의 현재성을 서사화하는 새로운 면모를 보여 주었다는 것이다.

> 대다수 소설과 달리 김려령의 소설은 참사일 수밖에 없는 죽음을 간단히 알리면서 시작된다. '사건의 중심으로'(in medias res) 바로 들어가는 것이다. (중략) 중편 「이어폰」(『샹들리에』)에서는 서두부터 불길한 대화("정말 아무 소리도 안 들렸니?" /"어떻게 그럴 수가 있어?",

165면)가 제시된다. 몇면 뒤 "엄마 몸 위로 흰 천이 덮였다"(170면)라는 대목에서 참사가 일어났음이 분명해진다. 중일이 자기 방에서 이어폰을 꽂고 음악을 들으면서 게임을 하느라고 주방에서 엄마가 쓰러져 죽어가는 것을 전혀 알지 못했던 것이다.

첫 대목에서 바로 죽음을 등장시키는 이런 방식은 주요 인물의 죽음이 클라이맥스로 배치되는 통상적인 서사방식과 판이하다. 많은 소설에서 죽음은 삶의 끝이지만 김려령의 소설에서 죽음은 삶의 한복판에 놓인다. (중략)

죽음 이전의 삶을 돌아보는 작업은 바로 죽음의 원인규명 과정이기도 하다. 「이어폰」에서 죽음의 원인은 공식적으로는 '부주의로 발생한 사고사'(202면)로 판정받지만, 그 실제적 원인은 이어폰의 의미에서 집중적으로 규명된다. 중일에게 고급 이어폰은 친구들 사이에서 자랑거리일 뿐 아니라 학교–학원–집을 오가는 힘든 삶에서 빠져나와 자기만의 세계를 살 수 있게 해주는, 없어서는 안 될 장비다. 하지만 아이러니하게도 그것은 중일의 삶을 가족의 삶과 완전하게 차단하기도 한다. (중략) 이쯤 되면 이어폰은 그냥 하나의 기기인 것만은 아니다. 피폐해지고 가혹해지는 삶의 압박을 피하는 통로인 동시에 그나마 잔존하는 가족적·공동체적 유대를 차단·해체하는 기제의 상징물인 것이다. 잘 듣기 위한 장치인 이어폰이 되레 소통을 단절한다는 아이러니를 통해 현대 기술문명의 역설적 성격이 드러나기도 한다. (69~70쪽)

죽음이 끝이 아니라 시작이 되는 김려령의 소설은 "죽음의 원인규명 과정"을 서사 전개의 중요한 문제로 인식한다는 점에서 특징적이다. 게다가 "현대 기술문명의 역설적 성격"을 상징적으로 드러낸 '이어폰'이라는 소재를 통해, "자기만의 세계를 살 수 있게 해주는, 없어서는 안 될 장비"가 "가족의 삶과 완전하게 차단하"는 모순 안에 놓여있다는 아이러니적 진실에 집중한 측면이 있다. 이는 "죽음과 삶의 리듬 사이를 오가는 마음의 움직임을 섬세하게 포착하는 작가 특유의 감각이 힘을 발휘하는" 것으로, "'살아 있는 삶'과 그렇지 못한 삶에 대한 작가의 남다른 감각이 인물 형상화를 통해 유감없이 드러"(70~71쪽)난 결과로 볼 수 있다. 이런 점에서 한기욱은 김려령의 소설이 촛불혁명 이후 "청소년세대와 기성세대, 시골과 도시, 여러 가족의 형태를 가로지르는 폭넓은 소설적 탐구"를 보여 주었는데, "자식 세대의 눈으로 부모 세대의 삶을 비판하고 부모 세대의 눈으로 자식 세대의 삶을 비판하는 상호비평적 공간을 만들어낸 것"(75쪽)이라는 점에서 특별한 의미가 있다고 평가했다. 또한 이러한 주제 의식을 구현하는 방식에 있어서 갈등과 모순을 증폭시키는 사건의 반영을 전면화하거나 원론적 차원의 당위적이고 계몽적인 주장을 강조하는 방식이 아니라, "문학의 언어가 머리만의 언어가 아니라 몸의 언어"가 되도록 한다는 점, 즉 시대와의 불화를 통해 "'자기변혁'을 이룩한 인물들이 탐구되기도 하거니와 무엇보다 그 과정을 제시하는 특별한 방식"(75쪽)을 드러낸다는 점에서, 촛불항쟁 이후 문학적이면서 정치적인 소설의 변화에 바탕을 둔 현재성을 드러낸 작품으로 평가했다.

2000년대 이후 세월호 참사와 촛불혁명과 같은 여러 외부의 사건을 직접 경험한 우리에게, 소설 속 어머니의 죽음이라는 사건은 우리의 평범한 일상 안에 언제든 존재할 수 있는 일로 받아들여졌다. 즉 대부분의 사람들은 각각의 사정과 피해의 정도는 다르겠지만, 자신의 삶 가까이에서 다양한 참사를 경험하면서 그것에 대응하는 촛불의 의미를 되새기는 나름의 방식으로 일상을 살아가는 것이다. 즉 크고 작은 참사가 일상이 된 현실에서 각자의 삶에 놓인 촛불의 의미는 개인적으로든 국가적으로든 우리 사회의 불행과 모순을 넘어서는 새로운 방향성을 모색하는 출발점으로서의 의미를 지니게 된 것이다. 따라서 김려령의 소설에서 보여 주는 촛불 이후의 소설적 의미는 "촛불 없이 새 삶은 시작되기 어렵"(68쪽)다는 시대정신을 몸의 감각으로 재현했다는 점에서 아주 특별한 의미가 있다고 보았다. 촛불혁명 이후의 문학은 바로 이러한 촛불의 시대적 의미를 환기함으로써 새로운 삶의 가능성을 촉발시키는 운동으로서의 차원을 제기할 필요가 있다는 것이다.

4. 2000년대 이후 '창비' 비평의 안과 밖

한기욱은 '문학의 종언론'이 공공연하게 유포된 2000년대 한국문학의 현실에서, 서사와 기법의 새로움을 문화론적이고 세대론적인 변화의 징후로 받아들이는 근대 이후에 경도된 비평의 강박에 비판적인 입장을 분명히 드러냈다. 그의 비평이 말하는 '새로움'은 근대/근대 이후의 경계와 차이에 있는 것이 아니라, 근대적이든 근대 이후이든 그 안에 담긴 새로움이 시대와 얼마나 접합되어 있고, 그것이 한국 사회를 새롭게 변화시키는 어떤 사유와 실천의 덕목을 갖추고 있느냐에 달려 있다. 따라서 새로움은 '역사적'인 동시에 '윤리적'이면서 '미학적'인 갱신을 열어 가는 방향을 제시할 수 있어야 한다. 이것은 문학이 현실과의 밀접한 연관 위에서 그 의미를 탐색해야 한다는 것으로, 문학론과 시대론의 긴장을 유지하는 비평의 방향성을 정립하고자 한 것이다. '현재성'을 사유하고 실천하는 리얼리즘의 새로움과 유효성을 강조하는 그의 비평적 세계관은 바로 이러한 문제의식을 성실하게 탐색하는 열린 비평의 과정을 보여 주었다는 점에서 의의가 있다.

한기욱은 창비의 담론적 방향이라는 전제를 밝히면서, 비평이 지향해야 할 두 가지 편향과의 싸움을 언급했다. 하나는 "시대현실이나 이데올로기에 초연한 채 순수한 미적 가치를 지향하는" 소위 '순수문학' 혹은 '문학주의'이고, 또 하나는 "문학이 어떤 대의를 위해 존재하며 이 대의를 실현하기 위해 특정한 방식으로 수행되어야 한다는 목적론적이며 도구적인 경향"(77~78쪽)이다. 이 두 가지는 문학적 이데올로기의 양극단을 지칭하는 것으로, "문학의 길은 순수주의와 목적론적 편향을 여의고, 자신을 포함한 구체적 개인과 공동체의 삶에 열려 있는 길"이 되어야 한다는 것이다. 그리고 이러한 문학의 방향성은 "작가가 의식하든 안하든 주어진 삶과 현실을 온몸으로 밀고 나가 사유와 감각에서 미답의 세계를 여는 일이며, 비평은 이 창조적 행위가 열어놓은 새로운 인식과 감성의 의미를 밝히면서 그 창조적 핵심을 지켜내는 일"(79쪽)이라고 규정했다. 따라서 비평은 본래적으로 비타협적일 수밖에 없고 논쟁적이어야 하며 그 결과 생산적인 대화를 추구하는 열린 자세를 견지해야 한다는 것이다.

이런 점에서 비평은 '어그러진 세계'로서의 현대 사회의 여러 가지 문제를 적시하고 그것을 비판적으로 성찰하는 토대 위에서, 시대적 과제를 미학적 갱신의 차원에서 새롭게 형상화하는 문학의 가능성을 주목해야 한다고 보았다. 그리고 이러한 새로움에 대응하는 비평의 태도는 특정한 이데올로기나 집단 혹은 진영의 논리에서 출발하지 않고 시대론과 문학론의 긴장을 내포하고 있는 작품 그 자체의 의미에서 미래의 방향성을 찾는 열린 의식을 지녀야 한다는 것이다. 따라서 한기욱은 "탈사회적이고 탈정치적인 것"으로 호명되는 지금의 문학은, 현실과 무관한 미학적 갱신의 차원이 아니라 기존의 방식과는 다른 감각과 사유로 정치성과 사회성을 환기하고 있다고 보았다. 그가 다시 리얼리즘의 유효성을 강조하는 이유도 바로 여기에 있거니와, 가라타니 고진의 문학의 종언론에 맞서는 대안 담론의 성격으로 문학과 정치 담론을 파악하는 것도 이 때문이다. 결국 "문학은 자명하지 않고 미래는 확실하지 않다"는 데 문학의 본질적 특성이 있다고 본다면, 비평은 "그런 불확실성 속에서 문학의 열린 길을 용감하게 갈 때 지금은 가려진 더 나은 세상을 열 수 있다고 믿"(105쪽)어야 한다는 것이다.

한기욱은 1980년대에 문학비평을 시작한 대부분의 동세대 비평가와는 달리 자신이 걸어온 길을 정리하면서 문학관 혹은 비평관의 변화를 『창작과비평』과 관련지어 다음과 같이 말했다.

> 1980년 광주항쟁 이후 모더니즘 문학에 대한 애틋한 마음은 사라졌고 서구문학에 비판적인 시선이 싹텄다. 1987년 무렵에는 당시의 숱한 문학도들이 그랬듯이 문학과 변혁운동이 뒤범벅된 삶을 살았다. 문학 쎄미나와 맑스 스터디를 함께 하고 반미자주화·반독재민주화의 '가투'에 나가거나 노동자가 되려고 위장취업을 하던 시절이었다. 하지만 87년 6월항쟁과 7,8월 노동자 대투쟁에 참여한 젊은이들은 민주화 이후에 대한 통찰이 충분치 않았으며, 1989~91년 동구권 및 소련의 붕괴 앞에서 방향을 상실하는 듯했다. 나 역시 예외는 아니었으며, 이렇게 급변하는 역사의 행로 속에서도 문학에 대한 한가닥 신심은 놓지 않았던 것 같고 『창작과비평』의 평문들을 길잡이 삼아 전공인 미국문학을 본격적으로 공부하면서 그 믿음을 키워나갈 수 있었다.

(중략)

1998년 계간 『창비』의 편집진에 합류할 당시만 해도 그 이후 미국문학 논문보다 한국문학 평론을 더 많이 쓸 줄은 몰랐다. 삶이 내 의지와 계획대로 풀리는 것만이 아님을 절감하는데, 문학의 길을 따라가다 어느덧 그렇게 되어버린 것이다. 어쨌든 창비 편집진의 요청과 격려로 한국문학 비평이라는 새로운 모험에 나선 것인데, 나 자신이 신이 나지 않았으면 그런 시도를 십년이 넘도록 이어가지는 못했을 것이다.

—『새로움』, 5~6쪽

1966년 창간 이후 지금까지 한국문학에서 가장 강력한 영향력을 지닌 매체 가운데 하나가 『창작과비평』이라고 할 때, 한국문학 장에서 특별한 이력이 없었던 미국문학 전공자가 창비 편집진에 합류하면서 한국문학 비평을 본격적으로 수행했다는 사실은 상당히 예외적인 경우에 해당한다. 이는 한기욱과 사제지간인 백낙청의 권유와 독려에 의해 가능했을 것으로 짐작할 수 있는데, 그만큼 그의 비평은 창비 혹은 백낙청의 비평과 떼려야 뗄 수 없는 아주 밀접한 연관 속에서 전개되어 왔다고 할 수 있다. 물론 이러한 외적 상황을 그의 비평 전반에 일방적으로 적용해 '한기욱=창비'라는 등식으로 바라보는 것[9]은 일정 부분 과도한 측면이 있다. 하지만 그의 비평이 창비 내부의 활발한 토의를 거쳐 작성된 것임을 스스로도 인정하고 있어서 창

9) "한기욱의 글은 백낙청의 주관적 성향이 농후한 판단이 창비 내부에서 마치 객관적이고 반성될 수 없는 것처럼 공고화되는 메커니즘을 잘 보여 준다"는 식의 비판에서 이러한 생각을 엿볼 수 있다. 손정수, 「진정 물어야 했던 것」, 『창작과비평』 2009년 봄호, 320쪽.

비의 문학적 입장과 큰 틀에서 결을 같이 하는 것은 분명한 사실이다. 백낙청을 비롯한 창비 편집진들의 비평적 견해를 자신의 주장을 뒷받침하는 논거로 제시하고 있는 점도 두드러지거니와, 두 권의 비평집에 수록된 비평 대부분이 창비라는 지면을 통해 발표된 것이라는 점에서 이러한 사실은 의심의 여지가 없을 것 같다.[10] 다만 이런 외적 상황 자체를 색안경을 끼고 볼 이유는 없을 듯하다. 특정 잡지의 편집위원을 거쳐 편집주간의 역할까지 감당했던 한기욱에게 창비 담론이 곧 자신의 비평적 방향이 되는 것은 너무도 당연한 결과이다. 그렇다면 문제는 그의 비평이 지향하는 '새로움'과 '열린 비평'이 창비 담론이라는 텍스트에 대해서는 얼마나 객관적일 수 있느냐 하는 사실의 확인에 있을 것이다. 아마도 그와 논쟁을 했던 상당수의 비평가들은 이러한 점을 문제 삼아 그의 비평의 순수성을 의심했던 게 아닌가 싶다. 즉 2000년대 이후 그가 제시한 비평의 방향성에 상당부분 공감하면서도, 정작 자신이 몸담은 창비는 그러한 비판으로부터 과연 자유로울 수 있는가의 문제 앞에서는 자칫 아전인수의 논리에 빠지고 있지는 않은지 에둘러 묻고자 했던 것이다.

2000년대 이후 창비는 여러 면에서 상당히 많은 변화의 모습을 보였다. 긍정적으로 말하면 리얼리즘과 진보적 문학을 지탱해 온 그동안의 문학적 세계관에 유연하게 대응함으로써 문학의 다양성과 현재성을 강화하는 열린 태도를 보였다고 할 수 있다. 반면 부정적으로 본다면 '새로움' 혹은 '열린'이라는 그럴듯한 수사를 앞세워 시대의

10) 이에 대해 한기욱은 자신의 "한국문학 비평은 『창작과비평』 편집진의 협동적 산물이기도 하다."라고 하면서, "글의 구상에서 최종 원고에 이르기까지 창비 편집진의 집단지성적 역량에 크게 힘입었다."라고 밝히기도 했다. 「책머리에」, 『문학의 열린 길』, 창비, 2021, 4쪽.

변화를 승인해버리는 현실추수적 경향을 드러냈다고 말할 수도 있을 듯하다. 물론 이러한 창비에 대한 상반된 견해는 진보와 리얼리즘의 가치가 점점 퇴색되어 갔던 1990년대 이후 문학의 변화를 바라보는 걱정과 우려와 무관하지 않을 듯한데, 창비만이라도 역사와 사회의 진보를 끌어안는 시대적 가치와 방향성을 지켜 주기를 바라는 현실적 속내가 반영된 결과라고 할 수 있다. 이런 점에서 본다면 지난 80년대 이후부터 줄곧 비평의 현장에 있었던 동세대 평론가들과는 달리 한국 사회의 변혁운동의 현장을 통과해 온 한기욱의 삶의 이력은, 2000년대 이후 창비 담론이 현실과의 연관 속에서 문학의 의미를 탐색하는 균형적인 비평을 견지하는 데 일정 부분 기여한 측면이 있을 듯하다. 대체로 그의 비평이 2000년대 한국 사회의 주목할 만한 역사적 사건으로부터 새로운 문학의 방향성을 찾고자 하는 것이나 문학비평과 사회비평의 경계를 넘나드는 듯한 지향성을 드러낸 데서, 2000년대 이후 창비의 변화가 역사적 사건이나 사회적 쟁점을 외면하지 않고 현실과의 긴장을 일정 부분 유지할 수 있었던 이유를 찾을 수도 있지 않을까 싶기도 하다. 이처럼 한기욱의 비평은 '6·15 시대'와 '촛불혁명'과 같은 창비 담론의 시대론적 사유에 기대어 새로운 리얼리즘의 가능성을 탐문했던 것은 분명하지만, 창비 '밖'의 현장의 목소리가 문학적으로 수용되는 방식을 무엇보다도 중요하게 생각해 왔다는 점에서 창비 '안'의 논리로 무조건 집단화해서 평가하는 것은 적절치 않은 측면이 있다.

한기욱이 강조하는 '새로움'과 '열린' 비평의 태도는 사실 상대적인 측면이 많다. 또한 비평이 이 두 가지 태도를 견지한다는 것은 가장 본질주의적인 방식이라는 점에서 특별히 그만의 새로운 비평적 견해를 드러낸 것으로 보기도 어렵다. 다만 그의 비평은 이러한 문제 인식을 당위적인 입론의 차원에서 담론적으로 제시하는 데 머무르지 않고 작품의 세부를 통해 그 의미를 객관적으로 분석하는 성실성을 보였다는 점에서 높이 평가할 만하다. 즉 비평 담론을 선험적으로 앞세우기보다는 텍스트에 대한 성실하고 세밀한 분석과 해석을 통해 삶의 진실과 문학적 진실이 만나는 현재성을 탐색하고자 하는 것이다. 그런데 해석의 주관성을 일정 부분 인정하더라도 창비 담론과 그것을 구현했다고 평가되는 작품과의 관련성에 대한 그의 해석은 전적으로 공감할 수 없는 측면이 많은 것이 사실이다. 아마도 이러한 괴리는 최근 우리 문학의 지향점이 역사와 현실을 전면화한 공동체의 세계를 담아내는 데 초점을 두었다고 단정하기 어려운 상황에서, 문학과 현실의 관련성 안에서 새로운 리얼리즘의 사유와 실천을 당위적인 차원에서 읽어 내려고 한 데서 비롯된 것이 아닐까 싶다. 그가 최근 우리 비평의 새로움을 강박이라는 문제의식으로 비판했듯이, 스스로도 일정 부분 현실이라는 사유에 뿌리내린 강박으로부터 자유롭지 못한 측면이 있는 것은 아닌지 냉정하게 따져봐야 할 듯하다. 이처럼 한기욱의 비평 역시 완고하고 단성적인 측면이 두드러져서 논쟁의 소지가 상당히 많다. 하지만 이러한 차이의 강조는 비평의 역동성을 가져오는 중요한 동력이 된다는 점에서 지금 우리 비평이 깊이 새겨야 할 실천적 지점이라고 할 수 있다. 이런 점에서 한기욱의 비평은 시대론과 문학론이 만나는 비평의 현재성에 토대를 두고 논쟁적인 비평 문화의 장을 열어 가는, 2000년대 한국문학의 새로움과 열린 비평을 모색하는 생산적인 대화로서의 의미를 지녔다고 평가하기에 충분하다.

『오늘의문예비평』 30년, 걸어온 길과 걸어가야 할 길

1. 『오늘의문예비평』이 걸어온 길

『오늘의문예비평』(이하 『오문비』)이 100호 발간(2016년 봄호)을 넘어 창간 30주년(2021년 봄호)을 맞이하는 또 하나의 '문학사적 사건'을 이루어 냈다. 1966년 창간한 『창작과비평』과 1970년 창간한 『문학과지성』(현재 『문학과사회』)이 50여 년을 넘기며 여전히 한국문학의 중심 역할을 자부하고 있고, 『오문비』와 비슷하게 90년대에 창간한 『문학동네』가 지금 우리 문학판의 또 다른 한 축을 차지하고 있다는 사실을 생각하면, 『오문비』 30주년이 한국문학사 전체로 볼 때는 특별한 사건이 되지는 못한다는 시각도 있을 듯하다. 하지만 '지역'과 '비평'이 여전히 우리 문학 지형에서 제한적 영역으로 취급받는다는 사실을 전제한다면, 지역 문예지가 그것도 비평전문지가 30여 년의 세월을 한 권의 결호도 없이 통권 120호까지 출간했다는 사실 그 자체만으로도 아주 의미 있는 문학사적 사건이라고 보는 것이 타당하지 않을까. 물론 『오문비』가 항상 자랑삼아 내세우는 '전국 유일의 비평전문지'라는 타이틀은 창간 무렵인 90년대만 하더라도 사실에 정확히 부합하지는 않았다. 『현대비평과 이론』, 『사회비평』, 『비평』이 매체의 성격에서는 다소 차이가 있더라도 한국문학과 사회를 비판적으로 들여다보는 '비평' 중심의 역할을 함께 감당했었고, 9호까지 발간하고 종간한 『비평과전망』도 한국문학의 혁신과 쇄신을 위한 젊은 비평의 목소리를 당당하게 내걸고 일정한 역할을 담당하고 있었기 때문이다. 게다가 지금도 〈한국문학평론가협회〉 기관지인 『현대비평』이 계간지 형식으로 간행되고 있기도 하다. 하지만 『현대비평』의 경우 기관지로서의 공적 역할에 한정된 측면이 두드러진다는 점에서, '비평'을 전면에 내세운, 그것도 모든 것이 열악한 '지역'이라는 환경에서 '비평전문지'를 계속해서 표방하는 『오문비』는, 전국에서 매체를 운영하는 문인들에게 그 존속 여부를 항상 의심받을 정도로 상당히 의외의 결과로 받아들여지지 않을 수 없을 것이다. 이런 점에서 『오문비』 30주년이라는 성과는 한국문학사가 반드시 기록해야 할 대단한 사건이라고 자부해도 크게 무리는 아니지 않을까 싶다.

이러한 축제의 자리에 필자가 맡은 역할은 『오문비』 동인, 편집위원, 편집주간을 거친 한 사람으로서 지금까지 걸어온 길과 앞으로 걸어갈 길에 대한 생산적인 조언을 하는 데 있는 듯하다. 매혹과 비판, 공감과 논쟁의 긴장 속에서 균형 감각을 유지하는 것이 비평의 본질임을 상기한다면, 타자보다는 오히려 스스로에게 '비판'과 '논쟁'의 가능성을 열어 놓는 것이 무엇보다도 중요한 과제가 되지 않을까 생각한다. 따라서 필자는 『오문비』가 걸어온 30년의 길에 일정한 책임을 지고 있는 내부자의 한 사람으로서, 『오문비』의 현재를 냉정하게 평가하는 위치에서 앞으로 걸어가야 할 방향성을 제시하는 상당히 부담스러운 역할을 감당해야 할 듯하다. 이러한 문제제기는 『오문비』로 대변되는 지역의 비평이 처한 현실에 대한 비판적 성찰의 몫도 겸하게 될 것이다. 언젠가부터 부산을 '비평의 도시'라고 불러왔고, 최근 들어 부산 문단의 인적 구성에서 비평가가 차지하는 양적 비중이 확대되었다는 사실에 비추어, 부산 비평이 긍정적인 변화와 발전을 이루고 있다고 보는 대체적인 시각에 대한 객관적인 평가도 함께 담아낼 필요가 있는 것이다. 그리고 『오문비』가 부산 지역의 『신생』, 『시와사상』, 『사이펀』 등의 시 전문지와 〈부산소설가협회〉의 『좋은 소설』, 〈부산작가회의〉의 기관지 『작가와사회』 등과 같은 지역 매체와의 협력과 연대를 어떻게 실천할 것인가에 대한 고민도 함께 열어 놓아야 하지 않을까 생각한다. 그래서 30주년을 맞은 『오문비』의 생일잔치와 같은 이 자리에서는 덕담과 격려가 가장 어울리는 소통의 방식이 되겠지만, 이러한 칭찬의 목소리는 외부자의 몫일 때 더욱 진정성을 확보하는 것이기에 내부자의 한 사람인 필자는 오히려 비판과 성찰의 관점에서 『오문비』 30주년의 의미를 되새겨 보는 것으로 자축하는 마음을 대신하고자 한다.

2. 비평전문지의 존재와 의미

1991년 창간한 『오문비』는 지난 30년 동안 소위 비평 세대의 자연스러운 교체를 통해 부산 비평의 세대적 연속성을 이루어 왔고, 근대성, 로컬리티, 문학권력논쟁, 동아시아문학론 등 90년대 이후 한국문학의 중요한 담론장에서 생산적인 비판과 논쟁 문화를 선도하는 역할을 담당했다. 앞서 말한 대로 부산을 '비평의 도시'라고 부르는 데 주저하지 않았던 이유에는 『오문비』의 존재 자체가 큰 의미를 지녔었다고 해도 크게 틀린 말은 아닐 것이다. 하지만 이러한 평가는 단순히 매체의 존재 때문이라기보다는, 급격하게 변해 가는 담론 지형의 변화를 읽어 내고 이를 논쟁의 장으로 이끌어 냄으로써 한국문학의 변화와 성찰을 실천적으로 주도했던 비평가들의 면면이 부산을 중심으로 큰 흐름을 형성했다는 사실에 더욱 중요한 이유가 있지 않을까 싶다. 1991년 『오문비』 창간사는 이와 같은 비평의 존재와 의미에 대한 선언적인 성격을 지니고 있었을 뿐만 아니라, 문학과 비평의 올바른 관계를 재인식함으로써 한국문학의 새로운 방향성을 열어 나가겠다는 강한 의지를 표명한 것이었다는 점에서 주목된다.

> 비평정신이란 가치지향의식이기에 올곧은 비평정신이 살아 있지 못할 때 그 사회는 건전한 가치관 형성에 실패할 수밖에 없다. 우리 사회가 모든 영역에서 제 갈 길을 향해 전진하지 못하고 악순환이 계속되고 있는 것은 각 영역마다 살아 있는 비평정신에 기초한 비평풍토가 조성되어 있지 못하기 때문이다.
>
> 그래서 '오늘의 비평' 동인들은 문학영역에서나마 비평의 본래 정신을 회복함으로써 한국문학이 지향해야 할 방향을 탐색해 보기로 했다. 정치·사회 영역에 있어서의 불신과 생활세계의 오염 이상으로 한국문학 현실에 대한 독자의 불신과 문학현실의 파행성 역시 심각하다고 보기 때문이다.
>
> ─ 「비평전문지를 창간하면서」

『오문비』의 현재를 비판적으로 성찰하는 이 자리에서 초심(初心)을 기억하는 것은 가장 미래적인 방향성을 열어 내는 길이 될 수 있을 듯하다. 『오문비』 창간사는 30여 년 전의 비평적 입장이라고는 하지만, 사실 지금도 여전히 유효한 비평의 존재와 의미에 대한 올바른 방향성을 명시하고 있다고 볼 수 있다. 그만큼 한국문학은 변화와 혁신을 외면한 채 무심히 흘러왔고, 무수히 많은 문학사적 사건들을 거쳐 왔으면서도 크게 달라지지 않았다는 점에서, 그때나 지금이나 문학을 둘러싼 환경은 크게 변화되지 않았다는 사실을 그대로 확인시켜 주는 것이 아닐 수 없다. 『오문비』는 『지평』, 『전망』이라는 1980년대 무크지 운동에 기반하여 서울 중심의 문학 구조에 대한 혁신과 변화를 촉구하는 주변부의 목소리를 담아내고자 한 데서 출발했다. 그리고 이러한 태생적 목소리가 더욱 진정성을 확보하기 위해서는 무엇보다도 "살아 있는 비평정신" 혹은 "비평의 본래 정신"을 회복해야 한다는 분명한 입장을 견지할 필요가 있었다. "정치·사회 영역에 있어서의 불신과 생활 세계의 오염 이상으로 한국문학 현실에 대한 독자의 불신과 문학현실의 파행성 역시 심각하다."라는 냉정한 진단은, 소위 문학에서의 '위기론'을 "올곧은 비평정신이 살아 있지 못할 때 그 사회는 건전한 가치관 형성에 실패할 수밖에 없다."라는 비평의 가치와 기능에 대한 강조로 돌파해 나가고자 했던 선언과 같은 의미를 지니고 있었다. 이처럼 『오문비』는 '비평'의 본질에 대한 근본적 성찰과 '비평'의 역할에 대한 실천적 문제의식으로, 지역에서 중심을 향한 비판적이고 논쟁적인 담론의 장을 열어 내고자 했다는 점에서 특별한 존재 이유와 의미를 찾을 수 있을 것이다.

그렇다면 지금 『오문비』는 이러한 창간 정신을 어떻게 비판적으로 이어가고 있는가를 냉정하게 따져 묻는 것이 필요하지 않을까 싶다. 물론 급격한 시대의 변화에 따라 문학 지형도 하루가 다르게 변화를 거듭해 왔으므로, 30년 전의 비평 정신을 그대로 현재에 유효하게 적용해야 한다는, 혹은 적용될 수 있다고 생각하는 것은 자가당착일 수 있다. 하지만 모든 것은 '변해야 할 것'과 '변하지 말아야 할 것' 사이의 첨예한 긴장 속에 있을 때 가장 건강한 모습을 보인다는 점에서, 『오문비』 역시 변화와 지속의 긴장을 늦추지 않는 가운데 앞으로의 30년을 향하는 성찰과 혁신의 가능성을 열어 나갈 필요가 있다.

이러한 문제의식에서 필자는 비평전문지의 존재와 의미에 대해 숙고하면서 『오문비』의 현재에 대한 비판적 제언을 몇 가지 하고자 한다.

첫째, "비평정신이란 가치지향의식"이라는 점에서 '논쟁적' 담론을 선도하는 "비평의 본래 정신"을 지켜내야 할 것이다. 30주년 기념호 특집으로 기획된 〈선배 편집위원 설문조사〉에서 "콘텐츠를 다양화하는 것도 좋지만 비평의 서슬이 더욱 날카로워져야 한다."(황국명)라는 지적에 대해, 형식과 내용 모두에서 문학 환경의 변화를 적극적으로 담아내려는 최근의 편집 방향이 자칫 비판과 성찰이라는 비평의 본래 정신을 외면하는 방식으로 귀결되어서는 안 된다는 완곡한 당부의 말로 받아들일 필요가 있다. 또한 〈필자 및 독자 설문조사〉에서 『오문비』를 "문학과 비평에 대한 이론적/실천적 입장을 견지하려 애쓰는 매체"였다고 평가하면서도, "최근 들어서 오문비 특유의 비평적 의제가 산출되지 않는 것은 아쉽게 느껴집니다."(이명원)라고 말한 지점도, 결국 문학의 현장성에 초점을 둔 분석과 해석으로서의 비평의 본질적 기능과 여전히 "한국문학 현실에 대한 독자의 불신과 문학현실의 파행성"이 해소되지 않은 문학상에 비평적으로 개입하는 실천성이 다소 결여된 현재의 모습에 대한 비판으로 주목해야 한다. 아마도 "오문비를 받아 볼 때마다 아쉬운 점은 〈특집〉이나 잡지 전체를 잡아 주는 대표적 글들이 잘 보이지 않는"(김용규)다는 지적 또한 같은 맥락에서 냉정하게 평가해야 할 부분이 아닐까 싶다.

둘째, '비평전문지'로서 한국문학 현장을 체계적으로 분석하고 해석하는 생산적인 이론을 선도적으로 소개하고 재정립하려는 시도가 지속적으로 요구된다. 이는 지난 『오문비』에서는 외국문학이론 번역과 당대의 비평적 혹은 학술적 쟁점이 되었던 근대성, 로컬리티, 동아시아론 등에 대한 연속적인 기획을 바탕으로 깊이 있는 논의를 이어갔던 데서 일정한 역할을 담당했다. 『오문비』의 기획 중에 가장 기억에 남은 일로 "'근대성 비판'에 나섰던 일"(구모룡), "'부산성·주변성·근대성'이 애착이 가는 것"(김용규), "문화/문학/비평의 이론들을 집중 조명하고, 또는 외국문학의 주요 쟁점과 새롭게 떠오르는 화두들을 국내 독자에게 소개"(장희권)했던 점을 주목한 데서 이러한 『오문비』의 면모를 충분히 확인할 수 있었다. 물론 이와 같은 비평적 방향의 구체화는 잡지를 이끄는 편집위원들의 인적 구성에 상당한 영향을 받기 마련인데, 『오문비』는 창간 이후 영문학, 독문학, 불문학 등 외국문학 전공자들이 함께 결합함으로써 비평 이론의 세계화와 보편성에 대한 특별한 관심을 공유할 수 있었기에 충분히 가능한 일이었다. 그렇다고 해서 현재의 어려움을 인적 구성의 한계만으로 회피할 수 없는 것이, 지금 문학비평은 국가주의의 경계와 틀을 넘어 전지구적으로 확산되고 있다는 점에서 이론의 생산성과 담론의 정립 그리고 이를 통한 문학작품의 분석과 해석이라는 실천적 작업이 특정 전공의 범주 안에서만 획득될 수 있는 것은 결코 아니기 때문이다. 따라서 앞으로 『오문비』는 현재 문학장의 유행에 편승하는 이론의 뒤늦은 소비에 만족할 것이 아니라, '지역'이라는 장소성에 기반한, 그래서 소위 '중심'이 강요한 보편적 이론의 왜곡과 모순을 넘어서는 비판적 이론을 선도하는 '비평전문지'로서의 역할을 충실히 수행해야 할 것이다.

셋째, '비평'의 독립성과 특수성을 극대화하는 '비평전문지'로서의 특화된 기획과 '비평' 장르에 토대를 둔 아카이브 구축이라는 방향성을 재정립할 필요가 있다. 문예지 가운데에서도 대중성 확보가 가장 힘든 비평전문지로서의 현실적 한계를 극복해야 한다는 강박에 얽매이기보다는, 차라리 대중성의 일부분을 포기하는 대신 '비평'에 포커

스를 두고 여느 잡지가 하지 않는 혹은 할 수 없는 전문화된 영역을 지켜 나가는 것이 더욱 중요하지 않을까 생각한다. "비평에서는 실제비평이 꽃이긴 해도, 원론비평이 바탕이 되지 않으면 뿌리가 깊지 못하"다는 점에서 "원론비평을 향한 관심이 더 필요하다."는 견해와 더불어, "〈한국 비평가론〉이나 〈한국 문예비평사〉를 정리하는 연재란을 마련해서 비평사를 통시적으로 바라볼 수 있게 하는 작업도 필요"(남송우)하다는 지적은, 『오문비』가 자랑하는 '전국 유일의 비평전문지'라는 타이틀이 아니면 사실상 감당하기 어려운 과제이다. 결국 『오문비』의 미래적 방향성은 '비평'의 본질과 정신을 본래적으로 회복하자는 창간 정신을 지금의 상황에 맞게 비판적으로 계승하는 데서 찾아야 하지 않을까. 매체의 양적 확대를 우려하는 지금의 문학 환경에서 '비평전문지'의 존재와 의미마저 독자적인 영역을 확보하지 못한다면, 『오문비』 역시 결국 전국의 수많은 잡지 가운데 그다지 특별할 게 없는 문예지 중의 한 가지라는 평가로부터 결코 자유로울 수 없을 것이다. 그리고 지금의 『오문비』가 이러한 평가에 귀 기울이지 않고 외면해 버린다면 120호와 30년이라는 실로 무거운 책임을 감당해 온 비평전문지로서의 현재적 위상과 의미는 자화자찬의 공허한 울림으로밖에 남지 않을 것이다. "지역성과 보편성의 적절한 긴장 속에서, 부산 문학의 역사를 대변하는 매체로서, 그리고 비평전문지로서의 정체성과 바람직한 방향성에 대해 다시 성찰"(하상일)하는 토대 위에서 앞으로 전면적인 변화와 혁신을 기대하는 것도, 『오문비』 30주년의 문학사적 사건이 한낱 기념으로만 끝나지 않기를 바라는 간곡한 마음을 전달한 것임을 꼭 기억해 주길 바란다.

3. '지역'이라는 정체성과 실천적 방향에 대한 성찰

『오문비』에게 '비평'이라는 근본 토대만큼이나 본질적인 문제의식이 '지역'에 있음은 누구도 부인할 수 없을 것이다. 앞서 언급한 대로 『오문비』의 기획 중에서 '부산성', '주변성', '동아시아' 등의 화두가 상당히 중요한 지점을 차지했던 것도, 결국 지역을 어떻게 인식하고 분석할 것인가에 바탕을 둔 대안적 실천을 제시하려는 비평의 방향성을 줄곧 견지해 왔기 때문이다. 그 구체적 방법으로 인천의 『황해문화』를 비롯한 지역 매체와의 협력과 연대의 방식에 대해서도 계속해서 고민했고, 중심과 주변의 왜곡된 인식 체계가 우리 사회 전반에 뿌리내린 모순된 상황에 대한 비판적 문제제기도 지속적으로 했었다. 그 성과 여부에 대한 객관적인 평가는 일단 접어 두고라도, 『오문비』를 기억하는 사람들이 '부산' 혹은 '지역'의 잡지라는 사실을 먼저 떠올리는 속내에는, '어떻게 지역에서 이런 잡지를 발간할 수 있을까?' 하는 시각과 '지역에서 내는 그렇고 그런 잡지 정도'라는 양면적인 생각을 모두 포함하고 있을 것이다. 여전히 지역을 폄하하는 왜곡된 시선을 갖고 있으면서도 지역 잡지로서 『오문비』가 보여 주는 역동성과 생명력에 대해 경의를 표하는 이중적인 태도를 확인할 수 있는 부분이다. 결국 『오문비』 30년의 가장 큰 의미는 바로 이 지점, 즉 '지역'의 정체성을 어떻게 역동적으로 구체화할 것인가, 그리고 이러한 문제의식이 지역 매체, 지역문학과의 협력과 연대를 어떻게 이끌어낼 것인가에 대한 해답을 찾는 데 있다고 생각한다. "지역의 문학과 문화 생산물에 웅숭깊은 시선이 닿기를 바란다. 지역문학의 총화가 한국문학사라면 지역의 작가, 작품에 대한 치열한 비평과 연구가 우선"(황국명)이 되어야 한다는 목소리에 더욱 귀기울일 필요가 있는 것이다. 이에 대해 필자는 크게 세 가지 점에서 비평전문지가 담당해야 할 '지역'의 문제의식을 정리해보고자 한다.

첫째, 지역 매체와의 협력과 연대를 바탕으로 지역 담론의 장을 더욱 정교하고 튼튼하게 재정립할 필요가 있다. 부산의 경우 『오문비』를 비롯하여 『신생』, 『시와사상』, 『사이펀』, 『좋은 소설』, 『작가와사회』가 계간지 형식으로 발간되고 있지만, 이러한 매체 구성원들이 부산 지역 문단 안에서 느슨한 소통은 있다손 치더라도 잡지 간의 실질적인 협력과 연대는 사실상 찾아보기 힘들다는 문제의식을 공유할 필요가 있다. 협력과 연대라는 말 자체가 다소 원론적이고 피상적인 차원을 벗어나기 어려운 것도 사실이지만, 부산 지역에서 출간되는 잡지가 지역문학의 발전과 지역 문인들의 활동을 지원하겠다는 가장 기본적인 생각에서는 같은 입장을 가졌다고 전제한다면, 무엇을 연대하고 어떻게 협력하면서 부산 지역문학과 지역 담론의 장을 튼튼하게 구축할 것인가에 대한 공동체적 고민과 실천을 구체화하지 않는 것은 어떤 면에서는 자기모순이 아닐 수 없다. 각 매체마다 표방하는 이념과 방향성은 조금씩 다르다 할지라도 '지역'이라는 본질적 문제 앞에서조차 자기 이해를 앞세우는 것이 우선시 된다면, 지역 매체로서의 정체성을 스스로 외면하는 결과가 되지 않을 수 없는 것이다. 여기에 『오문비』의 책임과 역할은 더욱 크다고 할 수 있다. 각 매체와 직간접적으로 연결되어 있는 비평의 목소리는 이와 같은 문제의식을 특집기획, 세미나 등의 형식으로 공동 작업을 구상하는 선도적인 역할을 담당해야만 하기 때문이다. 이러한 과정에서는 창작의 영역보다는 비평의 기능과 역할이 중심이 될 수밖에 없다는 점에서, 지금 『오문비』는 그 역할을 전혀 수행하지 못하고 있다는 비판을 겸허하게 받아들여야 할 것이다. '지역' '비평' 전문지로서 지역 매체와의 협력과 연대를 이끌어 내는 『오문비』의 기능과 역할에 대한 생산적이고 실천적인 문제의식에 대해 깊이 고민할 필요가 있는 것이다.

둘째, 지역 매체와의 협력과 연대가 추상적인 차원에 머무르지 않기 위해서는 지역 작가들의 작품에 대해 더욱 실질적인 관심을 기울여야 한다. 이를 위해 『오문비』는 지역 작가들의 작품집이 발간되면 리뷰나 서평을 하는 형식적인 차원을 넘어서, 이들 작품이 한국문학 전체의 장에서 어떤 의미가 있는지를 객관적으로 분석하고 평가하는 특집과 기획을 전면화할 필요가 있다. 물론 여기에는 지역 작가의 작품이 이와 같은 기획으로 구성할 만한 객관적인 위상과 의미가 있어야 한다는 전제가 필요하지만, 이를 판단하는 최근 우리 지역 비평의 모습이 오히려 지역을 소외시키거나 외면하는 암묵적인 위계 의식에 빠져 버린 건 아닌지 따져 묻지 않을 수 없다. 물론 지역에서 지역 작품을 전면화하는 방식은 오히려 지역 매체를 지역이라는 제한된 틀에 가두어 버리는 결과가 될 수도 있다는 우려를 전혀 모르는 바는 아니다. 하지만 역설적으로 지역 매체조차 지역 작품을 초점화하지 않는다면 지역은 계속해서 지역 안에서만 맴돌거나 갇히는 자기모순을 피해갈 수 없을 것이다. 지역과 중앙으로 구분되는 이분법적 위계가 불합리하다는 점에서 볼 때도, 지역이든 서울이든 하나의 로컬(Local)이라는 점에서는 동일하다는 사실을 반드시 기억할 필요가 있다. '지역'의 정체성을 완고하게 지켜 나가는 것이 『오문비』의 본령임을 거듭 강조한다면, 지역'만'이 할 수 있는 일에 더욱 관심과 애정을 갖는 것은 너무도 당연하다. 그동안 『오문비』가 지역적 정체성을 특별히 강조해 오면서도, 정작 '지역'이 소외되고 배제되는 자가당착의 현실과 거리를 두고 있었던 것은 아닌지 냉정하게 성찰할 필요가 있다.

셋째, 『오문비』의 지역적 정체성 강조가 특정 장소의 제한적 범주를 넘어 지역 간의 협력과 국제적 시각을 확보하는 방향으로 심화되어야 할 것이다. 역사적이고 정치적인 특수성을 지닌 각 지역의 장소성에 맞게 지역성의 문제를 사회 문화 운동의 실천적 담론으로 확대하고 있는 타 지역의 사례를 비평적으로 들여다보는 시각을 갖출 필요가 있다. 즉 4·3이라는 역사적 상처에 토대를 두지 않고서는 논의할 수 없는 제주의 지역성과 같이 각 지역은 그 나름의 역사성과 장소성에 바탕을 둔 지역적 정체성이 존재한다는 점을 특별히 주목해야 하는 것이다. 또한 각 지역의 특수성은 중앙이라는 보편적 왜곡에 맞서는 공동체적 문제의식을 지녔다는 사실에 서로 공감하면서, 지역이라는 문제를 특정 행정 단위를 넘어서 우리 사회 전체의 문제로 담론화하는 공동체적 문제의식이 요구되기도 한다. 이러한 문제의식은 지역은 물론 국가의 경계도 넘어설 필요가 있는데, 일본이면서 일본이 아닌 '오키나와'의 지역 인식에서 볼 수 있듯이 지역의 문제를 세계사적 보편성의 문제로 확대하려는 시각은 우리의 지역 담론을 비판적으로 쟁점화하는 데 시사하는 바가 크다. 이처럼 『오문비』의 지역성은 부산이라는 제한된 장소성을 넘어 제주, 인천을 비롯한 국내의 지역 담론과의 적극적인 소통은 물론이거니와, 오키나와와 같은 동아시아 지역의 역사적 장소성에도 주목하여 지역 담론의 특수성과 보편성을 결합한 문제의식으로 한국문학과 한국 사회 전반을 비판적으로 쟁점화하는 시도로 확장될 필요가 있다. 따라서 "지역을 변방이 아닌 정치/불화의 거점으로, 새로운 문학/문화가 생성되는 무대로 다시 구성하고 했던 선후배들의 열망과 열정"(김경연)을 회복하는 것이 『오문비』 30주년의 가장 중요하고 시급한 과제가 되어야 한다는 견해에 대해서도 활발한 논의가 이어지길 기대한다.

4. 『오늘의문예비평』이 걸어가야 할 길

필자가 『오문비』 편집주간을 맡았을 때를 되새기면서, 30주년을 축하하는 자리에서 쉽게 말하기 어려운 전 편집위원으로서의 부담스러운 역할을 마무리할까 한다. 필자는 1997년 『오문비』 겨울호를 발간하는 시점에 동인으로 활동을 시작했고, 2007년부터는 2년간 편집주간을 맡아 잡지 콘텐츠 및 인적 구성의 혁신을 모색한 바 있다. 당시 필자가 무엇보다도 중요하게 생각한 점은 잡지에 담을 내용의 혁신은 물론이거니와 『오문비』를 계속해서 이어갈 다음 세대 비평가를 어떻게 육성해 낼 것인가를 고민하는 데 있었다. 부산 지역에 『오문비』를 제외하고 비평의 공동체성을 구현하는 어떤 외부 모임도 없었던 상황에서, 지역에서 비평가들의 출현을 마냥 기다리고만 있을 수는 없었기 때문이다. 〈해석과판단〉의 결성은 바로 이러한 고민의 결과였다. 부산 지역의 각 대학 국어국문학과 대학원에서 박사과정을 이수하고 있거나 수료한 젊은 연구자들에게 비평가로서의 출발을 함께 모색하는 모임의 필요성을 제기하여 공동체의 장을 마련했던 것이 바로 〈해석과판단〉의 시작이었다. 20명 정도가 1년 동안 한 가지 주제를 놓고 공동으로 발표하고 토론하는 과정을 거쳐 단행본을 발간하는 제도적 시스템을 정착시켜, 연구자로서의 시각을 넘어서 비평가로서의 활동도 자연스럽게 모색하는 계기를 만들어 가고자 했다. 그 결과 〈해석과판단〉에서는 신춘문예나 잡지를 통한 젊은 비평가들의 출현이 계속해서 줄을 이었고, 현재 비평가의 비율이 상대적으로 높을 뿐만 아니라 젊은 문인 가운데 비평가가 절대적 다수를 차지하는 부산 문학의 지형 변화를 가져왔다. 그동안 〈해석과판단〉의 활동에 대한 객관적인 평가(하상일, 「'비평의 위기'를 넘어서는 비평적 실천의 가능성 찾기-비평공동체 '해석과판단'에 대한 생각」, 『뒤를 돌아보는 시선』, 소명출판, 2020, 402~418쪽 참조)는 일단 접어 두고라도, 지금 부산 문단이 젊은 비평가들로 활력이 넘친다는 대체적인 평가를 생각해 보면 필자가 의도했던 결성 당시의 목표를 일정 부분 감당한 측면이 있는 듯하다.

하지만 솔직히 말해 지금 이러한 새로운 세대의 출현이 얼마만큼 부산 비평의 변화와 발전을 이루어냈는가에 대한 질문을 받는다면 선뜻 긍정적인 대답을 하기 어려울 것 같다. 지금 『오문비』 편집위원들 대부분이 〈해석과판단〉을 거쳐 『오문비』로 자연스럽게 활동 영역을 이어왔다는 사실을 주목한다면, 『오문비』의 현재를 평가하는 데 있어서 〈해석과판단〉이 부산 비평에 끼친 공과를 허심탄회하게 얘기하는 것도 중요한 근거가 될 수 있을 것이다. 이를 위해서는 새로운 세대의 출현이 앞 세대의 비평적 과정을 돌아보려는 성실성을 보여주었는가를 냉정하게 평가하는 것이 가장 중요한 잣대가 되지 않을까 싶다. 세대를 넘어서는 소통과 혁신에 대한 진정성 있는 자기성찰을 공유하는 활발한 논쟁의 장까지는 기대하지 않더라도, 오히려 세대 간에 심각한 단절을 겪고 있는 게 아닐까 하는 우려 섞인 목소리가 커지고 있는 부산 비평의 현재를 냉정하게 인식할 필요가 있다. 이러한 평가에 초점을 두고 〈해석과판단〉을 다시 생각해 보면, 모임 결성 당시 필자가 의도했던 것과는 달리 그 이후 실제 활동 양상은 전혀 다른 결과를 남긴 것은 아닌지 깊은 책임감마저 드는 게 사실이다. 게다가 『오문비』가 55호(2004년 겨울호)까지 동인 체제를 유지하다가 56호부터 편집위원 체제로 변화를 시도했고, 정확히 그 시점을 알 수 없지만 '자문위원'이라는 타이틀마저 슬그머니 잡지에서 제외시켜 버림으로써, 그 실질적인 교류와 영향 관계는커녕 선후배 간의 거리마저 언젠가부터 멀어졌다는 점은 안타까운 일이 아닐 수 없다. 30주년 기념호에 담긴 선배들의 목소리가 이구동성으로 말하고 있듯이, 『오문비』는 단순히 잡지를 만드는 공적 관계를 넘어서 문학과 문화의 갱신을 꿈꾸는 선후배들의 공동체적 인간관계에 기본적인 바탕을 두고 있었음을 다시 기억할 필요가 있다. 따라서 "오문비의 인적 변화에 문제가 있다."라는 지적과, "선배와 후배는 오문비의 울타리 안에서 모두 동료"라는, 그래서 "서로 배우고 토론하고 나아가서 논쟁도 할 수 있으면 좋겠다."(구모룡)는 바람에 대해, 현재의 『오문비』가 겸허하게 수용하고 성찰하는 숙고의 시간을 갖게 되기를 바란다. 또한 "각각의 세대는 자기 몫의 환경에 직면할 터이므로 낮은 수준의 동인제처럼 운영하면 어떠냐는 말"(황국명)에 대해서도 깊이 새겨봐야 할 시점이 아닐까 싶다. 『오문비』 창간 30주년을 진정 문학사적 사건으로 만들어 나가기 위해서는, 『오문비』가 부산 지역 비평의 변화와 혁신을 가능하게 하는 생산적인 소통의 장으로 변화하는 새로운 전환점이 필요하다. 오늘 이 자리가 이러한 생각들을 본격적으로 풀어냄으로써 선후배들 간에 생산적인 논쟁과 토론이 시작되는 의미 있는 출발점이 되기를 진심으로 기대한다.

소설의 정의와 소설 창작의 윤리

'김봉곤 사태'를 통해 본 소설에 대한 단편적인 생각

1. 사실/허구

소설은 '거짓말'이다. 그러므로 거짓말인 소설을 '참말'로 읽는다는 것은 그 자체로 소설을 소설로 받아들이지 않는 태도이다. 하지만 고약하게도 '거짓말'이라는 정의 앞에 '그럴듯한'이란 전제를 달아, '거짓말'이지만 '참말'보다 더 '참말' 같은 진실을 담아내는 것이 소설이라고 말하는 데서 혼란은 가중된다. 모든 정의가 그러하듯 이러한 모호성을 용인하는 순간 정의가 갖추어야 할 엄격성은 상실되고 만다. 그리고 단일한 정의를 전제로 대상의 범주와 기능을 제한하는 것 자체가 불합리하다는, 그래서 보편적이고 관습적인 정의를 의도적으로 위반하는 데서 소설의 새로운 형식과 서사가 실현된다고 주장한다. 지금까지 우리 소설의 변화가 두드러질 때마다 그에 어울리는 적절한 옷을 갈아입히기에 분주했던 비평의 모습은, 소위 '변하지 말아야 할 것'으로서의 장르적 관습과 '변해야 할 것'으로서의 장르적 일탈을 넘나들며 문학의 새로움을 포장하는 담론을 생산하는 데 앞장섰다.

김봉곤 사태로 명명되는 오토픽션 혹은 자전소설의 문제는 사실과 허구의 경계가 이제는 소설의 정의를 규정하는 절대적 기준이 될 수 없다는 변화된 소설 지형의 한 단면을 그대로 보여 준다. 소설가=서술자=작중 인물이라는 구조를 전제한 상태에서 평가되는 소설에 대한 해석과 판단은 이미 소설 그 자체에 대한 평가의 차원을 넘어서 버렸다. 시쳇말로 그저 같이 웃자고 한 지어낸 그럴듯한 말을 고약한 사실로 받아들이는 순간, 발화자의 의도와는 전혀 다른 결과로 치닫게 되는 것이다. 그리고 그 결과는 발화자와 수화자 사이의 관계에서 어느 일방의 비윤리적 폭력으로 인식되기까지 하는 심각한 상황을 초래하기도 한다. '의도의 오류'라는 문학 자체의 운명을 감수한다손 치더라도, '거짓말'이 '참말'로 일반화되는 순간 당사자들 간의 감정의 골은 깊어지면서 급기야는 소설 '안'의 문제가 아닌 소설 '밖'의 문제로 증폭되어 버리는 것이다.

그렇다면 문제는 사실과 허구를 구분하는, 즉 발화자가 말한 허구를 수화자가 사실로 받아들이지 않는, 즉 사실과 허구의 경계를 분명하게 규정하면 될 일이다. 하지만 이에 대한 명확한 경계와 범주를 확정하는 것은 사실상 불가능하다. 더군다나 이 문제는 발화자의 의도보다는 수화자의 태도에 더욱 초점이 갈 수밖에 없다는 점에서 처음부터 사실과 허구의 경계라는 원론적 차원의 문제가 아닐지도 모른다. 발화자는 전혀 그런 의도를 갖지 않았음을 아무리 강변해도, 수화자가 그렇게 받아들였다고 한다면, 그 순간부터 발화자의 발언은 문제가 될 수밖에 없기 때문이다. 이것이 그동안 여러 사회적 사건들을 대하면서 우리가 일반화한 상식적인 태도다. 따라서 이것은 사실상 소설 '안'의 문제가 아니라 소설 '밖'의 문제라고 보는 것이 더욱 타당하지 않을까 싶기도 하다. 김봉곤 사태를 발화자이면서 서술자이고 작중 인물인 김봉곤과 수화자이면서 독자이면서 또 다른 작중 인물인 다이섹슈얼 사이에 오고 간 실제 대화의 내용과 사실 관계의 정합성에 근거를 두고 판단하고 이해할 수밖에 없는 이유도 바로 여기에 있다.

2. 개인성/공공성

소설은 한 개인의 삶을 매개로 인간의 보편적 진실에 다가서는 장르이다. 조금 오래된 소설에 관한 정의일 수 있지만, 여전히 소설적 진실을 대변하는 유의미한 정의임을 부정할 수는 없을 듯하다. 이러한 소설의 정의는 '한 개인의 삶'이라는 지극히 사적인 영역만을 초점화하거나 반대로 특정한 개인의 삶이 제한되거나 배제된 채 '인간의 보편적 진실'만을 추구하는 것은 소설의 본질이 아니라는 것이다. 다시 말해 소설은 개인성의 영역과 공공성의 영역이 적절히 구조화되는 서사 장치가 필요하다는 것인데, 이때 개인성과 공공성의 관계가 서로를 지나치게 침범하거나 위협해서 소설적 진실 자체를 왜곡하거나 훼손하는 경우가 종종 발생한다는 데 문제가 있다. 소설가가 소설 속에서 서사화한 '한 개인'은 철저하게 사적인, 그래서 자전소설과 같이 자신의 모습이나 주변 인물을 사실 그대로 반영하거나 재현하는 경우가 허다하다. 이를 통해 소설가는 '보편적 인간의 진실'을 담은 전형을 보여 주고자 했음에도 불구하고, 일반 독자들은 소설 속 인물을 실제 모델에 그대로 등치시켜 바라봄으로써 결과적으로는 한 개인의 사적 이야기로 축소시켜 버리는 경우가 많다. 따라서 소설가는 이러한 독자 일반의 태도가 상당히 보편화되어 버린 지금의 상황과 특정인으로 오인될지도 모른다는 예상되는 반응을 충분히 감지하고서도, 이러한 개인성의 영역을 가면(persona)과 같은 문학적 트릭으로 합리화하며 공공성의 영역으로 내보낸다.

여기에서 '의도와 맥락'의 중요성을 강조하는 것은 흥미롭다. 그런데 개인성과 공공성의 결합이 긍정적인 의도에 부합될 때는 크게 문제시되지 않는 데 반해, 누가 봐도 특정 대상에 대한 부정성의 노출을 심각하게 의도한 경우라면 상당히 큰 논란을 피하기 어렵다는 점을 간과해서는 안 된다. 또한 이러한 작가의 의도가 소설 속 인물의 실제 모델의 생각이나 의도와 일치해야 한다는 전제가 성립해야 가능한 이야기가 된다. 뿐만 아니라 제3자인 독자의 입장에서도 작가가 대상으로 삼은 특정 인물에 대한 소설적 평가에 일정 부분동의할 수 있을 때 논란의 여지는 줄어들 수 있다. 결국 한 개인을 매개로 서사화된 공공성의 영역을 판단하고 평가하는 독자 일반의 견해가 작가의 의도와 어느 정도 일치하는 해석적 동의가 전제된다면 큰 문제가 발생하지 않지만, 그렇지 못한 경우에는 사실 왜곡을 둘러싼 잡음과 평가에 대한 생각의 차이에서 비롯된 논란을 피하기 어렵다. 우리 소설에서 역사의 소설화를 둘러싸고 심심찮게 논란이 불거지는 이유도 바로 여기에 있다.

이런 점에서 볼 때 김봉곤의 소설 창작은 의도와 맥락의 측면에서 개인성과 공공성의 경계를 세심하게 고려하지 못한 비윤리적 태도를 그대로 노출했다는 비판을 피하기는 어려울 듯하다. 이러한 서사는 작가의 의도와는 무관하게 한 개인의 영역을 심각하게 왜곡하거나 폄훼하는 결과를 초래할 수도 있다는 점에서 인간 보편의 진실에 다가서는 공공성의 영역을 담아냈다고 볼 수는 없다. 개인성과 공공성은 어느 일방의 우위로 구조화되는 것이 아니다. 하지만 김봉곤의 소설은 공공성이라는 소설의 정의를 앞세워 개인성의 영역을 사유화하고 자의적으로 해석하는 의도하지 않은/의도된 폭력이 되고 말았다. 작가는 이러한 결과를 두고 그럴 의도가 전혀 없었다고 말하겠지만, 그리고 이러한 작가의 항변을 그대로 믿고 싶은 것이 사실이지만, 그렇다 하더라도 이미 공공성의 영역에서 심각하게 훼손된 개인성의 영역을 처음 상태로 되돌릴 수는 없다. 여기에 소설이라는 이야기의 무서운 힘이 있다. 비록 그것이 '거짓말'이라 할지라도 대부분의 사람들에게 '그럴듯한' '참말'로 인식되는 순간, 그것은 아주 위험한 상상력으로 과장될 수 있기 때문이다. 지금 소설 창작의 윤리는 바로 소설이 지닌 무서운 이야기의 힘을 절대 간과해서는 안 된다.

3. 경험적 읽기/상상적 읽기

독자의 입장에서 소설을 읽는 행위는 자신이 직접 경험하지 못한 상상적 세계의 진실과 소통하고 대화하는 것이다. 특히 소설의 허구, 즉 상상적 세계가 독자의 경험과 가까우면 가까울수록 독자는 소설 세계에 더욱 열광하기 마련이다. 심지어 소설의 이야기가 상상적 세계임을 알고 있으면서도 자신의 경험에 그대로 대입하여 소설가 혹은 소설의 세계와 자신의 세계를 일치시켜 바라보려 하기도 한다. 이러한 의도적 혼란은 소설을 '거짓말'로만 볼 수 없게 만드는, 그래서 소설을 통해 현실과 사회를 그대로 읽어 내려는 독자의 태도를 정당화한다. 결국 독자는 소설을 읽으면서 소설가와 관계된 실제 이야기와 사람을 연결 짓고, 소설가의 세계관과 인생을 판단하는, 그래서 소설과 소설가의 일치를 기정사실로 만들어서 그 정당성을 평가하려는 '근원적 오류'에 빠지고 만다. 이때 독자는 작가의 삶과 직접적으로 결부된, 그래서 작가와 관련된 특정 인물이 작품 안에 깊숙이 들어와 있는 경우를 소설이 아닌 현실에 대입하여 받아들일 우려가 크다. 게다가 소설 속 인물의 실체로 특정 인물을 확정할 정도로 명확하다면, 독자에게 소설은 더 이상 상상적 읽기로만 받아들여지지 않는다. 이러한 과정과 결과가 반영된 소설을 '거짓말'이라는 소설의 정의로 이해할 수 있을까?

실제로 김봉곤의 소설을 읽으면서 필자는 '거짓말'의 소설이 '참말'처럼 다가오는 경험을 하기도 했다. 물론 이러한 경험은 김봉곤 소설만의 특징 때문이 아니라 독자의 한 사람인 필자에게 작품의 거리가 상대적으로 가깝게 느껴졌다는 데 이유가 있다. 즉 상상적 읽기보다는 경험적 읽기에 가까운, 다시 말해 소설 속 인물들과 장소들을 경험적으로 공유한 독자의 입장에서 느끼는 친숙함이었다. 김봉곤이 서울에서 대학 생활을 하기 이전에 부산 지역의 한 대학을 다녔던 경험을 제재로 한 소설에서 묘사한 장소와 배경이 필자의 경험 속 대상들과 거의 일치했다는 데서 소설을 읽는 동안 조금은 본능적인 쾌감을 주었던 것이다. 게다가 그것들을 읽으면서 사실에 바탕을 두고 소설의 내용에 대한 진위 여부를 판단하거나 소설 속 상황과 지금의 변화된 상황을 겹쳐 비판적으로 읽는 무의식적인 독서의 과정을 떨쳐 버리기도 힘들었다. 아마도 이것은 경험을 공유한 독자의 영역에서 발생하는 해석적 지점이어서, 경험을 공유하지 못한 일반 독자의 영역에서는 상상하기 힘든 부분일 것이다. 그렇다면 작가는 경험적 읽기를 할 것으로 예상되는 독자들이 혹시나 제기할지 모르는 소설 내용의 사실 여부에 대해 전적으로 책임을 져야 하는 것일까. 이 말은 김봉곤의 소설에서 문제가 되었던 그 부분이 실제 경험에서 비롯된 사실이었음을 필자는 전혀 인지하지 못한 채 상상적 읽기를 했다는 점과 겹쳐 생각할 필요가 있다. 소설이 특정한 사적 관계의 영역에서만 소통되는 것이 아닌 보편적 진실을 추구하는 것이라는 소설의 정의를 상기한다면, 물론 그러한 사적 관계도 충분히 존중되어야 한다는 데 전적으로 동의하지만, 경험과 상상의 엄밀한 경계를 어떻게 구분해야 하는지에 대한 명확한 결론을 내린다는 것은 사실상 소설의 영역 안에서 가능한 일인지 끝끝내 의문으로 남지 않을 수 없다.

결국 처음으로 돌아가서 소설의 정의라는 본질적인 측면에서 이해할 때 이러한 문제는 쉽게 그 해답을 찾기 어렵다. 이미 서사의 지형이 많은 변화를 보였음에도 여전히 고전적인 소설의 정의에 갇혀 있어 오리무중인 상태를 벗어나지 못하는지도 모르겠다. 아니면 이 문제는 소설 '밖'의 문제인데 소설 '안'에서 그 해답을 찾으려는 근본적 모순에 빠져 있는 것은 아닐까. '가짜'가 더 '진짜' 같고, '진짜'가 오히려 더 '가짜' 같은 전도된 양상이 재현의 세계를 넘어선 소설적 진실로 인식된 지도 이미 오래되었다. 그래서인지 '거짓말'과 '참말' 사이의 소설적 윤리를 가늠하는 일이 더더욱 곤혹스러운 일이 되어 버린 듯하다. 필자가 말한 소설의 '안'과 소설의 '밖'이라는 경계도 사실상 모호하게 받아들여지는 것이 지금 소설의 모습이다. 그렇다면 경험적 읽기와 상상적 읽기는 독자의 영역에서 여러 가지 다양한 해석이 나올 수밖에 없다. 결국 소설의 정의와 소설 창작의 윤리는 이미 오래전부터 다른 길을 걸어가고 있음을 인정한다면, 이 문제를 소설 내부의 차원으로 바라보고 어떤 정답을 도출하려는 시도는 처음부터 잘못된 길에 들어선 것인지도 모르겠다.

낯설고 기이한 타자들을 위한 서사

김가경, 『배리어 열도의 기원』

김가경은 첫 소설집 『몰리모를 부는 화요일』(강, 2017)에서 "나는 내 안에서 내가 완벽하게 사라지고서야 그녀를, 그들을 다시 만날 수 있을 것"(「작가의 말」)이라고 했다. 언젠가부터 우리 소설에서 타자와의 관계가 점점 실종되어 가는, 그래서 소설 속 '나'의 작고 사소한 일상을 응시하고 관찰하는 주체의 과잉이 소설의 전부가 되어 버린 듯한 상황을 생각해 보면, '나'를 완벽히 지우고 '그녀' 혹은 '그들'을 찾아 나서는 김가경의 소설은 '낯설고 기이한 타자'들로 채워진 소설 속 인물들만큼이나 어둡고 불편하고 낯설게 느껴진다. 게다가 김가경의 소설은 그녀 혹은 그들과 우연히 만난 것처럼 가장하고 있지만, 사실은 타자의 일상 한가운데 놓인 작은 목소리조차 놓치지 않으려는 의식적인 만남인 경우가 많다는 점에서 상당히 문제적이다. 첫 소설집에 수록된 '배회의 기술'이라는 제목처럼, 김가경의 소설은 주변의 일상을 배회하는 오지랖 넓은 시선으로 구성된다고 할 수 있는데, '나'의 목소리를 슬그머니 뒤로 감춘 채 아무도 눈여겨보지 않는 낯설고 기이한 사람들과 적극적으로 교감하려는 데서 소설은 탄생한다. 즉 '그럴듯한' 세계로 포장된 소설적 진실보다는, '그럴듯함'이라는 표준화되고 공식화된 세계가 폭력적으로 재단하고 소외시켜 버린 음산하고 우울한 타자들의 목소리에 담긴 이야기의 진실에 더욱 귀를 기울이고자 하는 것이다.

이러한 김가경의 소설적 지향은 두 번째 소설집 『배리어 열도의 기원』(강, 2020)에서는 "너무 작고 왜소해서 주변의 천체를 위성으로 만들거나 밀어내는 능력이 없다는 이유로 인간이 자의적으로 영구제명시"킨 "명왕성"의 세계로 상징화된다. "그래도 명왕성은 그 자리에 존재하고 있"(「미에 가깝고 솔에 다가가는 파」)다는 사실을 부정할 수 없음에도 세상은 사라진 것으로 정리된 명왕성에 더 이상 어떤 관심과 시선도 주지 않는다. 그래서 김가경의 소설은 오래도록 우리와 함께 살아왔고 또 여전히 살아가고 있지만, 지금은 세상이 정해 놓은 보편적 질서의 바깥에서 '낯설고 기이한' 타자로 왜곡되어 버린 것들을 향한 '배회'의 시선을 절대 놓치지 않으려 한다. 즉 "우리 동네에는 이상한 사람들이 많이 산다."(「작가의 말」)라는 사실을 외면하지 않고 오히려 이 "이상한 사람들"의 '이상한' 이야기를 그냥 들어주고 공감해 주며, 때로는 그들의 이야기를 기억하고 글로 표현하거나 또 누군가에게 들려주는 소설을 쓰고자 하는 것이다. 이러한 김가경의 의식은 소설과 현실 사이에 가로 놓인 가면(persona)마저 내던져버리고 "종희 씨의 이야기를 들으며 정숙 씨를 생각"하는 것, 즉 "2년 넘게 작업실로 찾아오는 정숙 씨와 사귀"(「작가의 말」)는 평범한 일상으로부터 '그럴듯함'이라는 소설적 강박을 걷어 내는 것으로부터 시작된다. '정숙'의 날 것 그대로의 이야기와 입주 작가 작업실을 거쳐 간 예술가들의 정형화된 이야기를 겹쳐 놓음으로써, 그래서 낯설고 기이한 '정숙'으로 표상된 '이상한' 사람들의 삶에 보편적 질서로 구축된 예술가들의 정제된 작업을 불협화음으로 연결시키는, 전혀 그럴듯하지 않은 세계에 오히려 진정성 있는 소설적 진실이 있다고 믿는 것이다. 결국 '정숙'을 중심으로 한 세 편의 연작 「다소 기이한 입장의 C」, 「미에 가깝고 솔에 다가가는 파」, 「야자수 나라」를 통해, '명왕성'처럼 사라져 버린 타자의 삶을 다시 기억하고, 그들의 '이상한' 목소리를 세상의 한가운데로 되돌려주고 싶었던 것이 아니었을까.

이처럼 김가경의 소설은 규범화되고 제도화된 것들로 질서를 이루는 보편적이고 몰개성적인 현실을 전면적으로 부정하는 데 근본적 바탕을 두고 있는 듯하다. '낯설고 기이한'으로 표면화된 세상의 인식은 '표준'이라는 규격화된 틀에서 한참을 벗어나 있는 모습과 태도를 규정하는 말인데, 이때의 '표준'이란 것이 사실 지극히 자의적이고 폭력적인 규범일 수 있다는 점에서 결과적으로는 그 표준에 미치지 못하는 일이 다반사인 우리 주변의 일상에 엄청난 상처를 주는 현실을 비판적으로 보여 주고자 하는 것이다. 이처럼 김가경의 소설은 바로 이 폭력적 '표준'이 제도 바깥으로 내몰아 버린, 그래서 세상이 정해 놓은 질서에 편입되지 못한 채 자신만의 세계 속에서 살아가는 '낯설고 기이한 타자'의 삶을 집요하게 응시한다. 모든 물질을 화학기호와 명명된 이름으로만 불러야 하는 것이 정상인 것처럼 받아들여지는 제약 회사에 다니면서도 '오줌'을 'urine'으로 표기하는 불문율을 거부하는, 그래서 '오줌'을 "우리 몸을 순례하고 나온, 강물"(「유린 이야기」)로 인식하는 '그녀'의 삶을 가까이에서 들여다보거나, 입사 면접 자리에 고무 밴드를 손목에 차고 나갔다가 "혹시 병원에 다닌 적 있어요?"라는 여자 면접관의 비아냥거리는 말을 듣고 자신이 "고무밴드의 고향"에서 온 "파라고나무"(「우수」)일지도 모른다는 엉뚱한 대답을 하는 '나'의 '어긋남'에 특별한 시선을 두고자 하는 것이다. 이러한 '어긋남'의 시선은 관습화되고 제도화된 세계로부터 떠밀려 상처받고 고통받는 낯설고 기이한 타자의 세계를 자신의 내부로 이끌고 들어오는 공감의 태도로 이어진다. 김가경의 소설 속 서술자들이 "왜 이 동네에는 이상한 사람이 많은 거야."(「야자수 나라」)라는 세상의 불편한 시선에도 불구하고, 버려진 믹서기 뚜껑을 요구하며 막무가내로 찾아온 주인 여자(「궁핍하여라」)와 같은 이상한 사람들이 자신의 공간으로 불쑥 들어오는 것을 끝내 거절하지 못하는 이유는 바로 이러한 공감의 태도마저 포기할 수는 없다고 생각하기 때문이 아닐까 싶다.

이처럼 김가경의 소설 속 이상한 사람들의 세계에는 "미에 가깝고 솔에 다가가는 파"라는 보편적 세계의 질서가 받아들일 수 없는 기이한 소리로 가득 차 있다. 이 세계의 소리는 "선을 넘어선 불쾌감"으로 전달될 뿐 공연이 기대하는 "신선하면서 자극적인 감동을 주는"(「미에 가깝고 솔에 다가가는 파」) 소리의 질서와는 거리가 멀다. 소설의 '그럴듯함'과 마찬가지로 '미'와 '솔' 사이에서 '파'는 가장 아름다운 화음을 만들어 주기를 기대하는 것이 예술가의 정형화된 시선이기 때문이다. 따라서 예정된 공연의 끝에 불쑥 들어온 '미란'의 욕설과 울음에 뒤섞여 버린 소리(「야자수 나라」)와 같은 극단적 불협화음은, "대상을 정확하게 보고 있지 않는", "무언가로부터 어긋나 있는 시선"(「다소 기인한 입장의 C」)을 가진 '정숙'의 세계가 아니고서는 절대 이해할 수 없는 한낱 소음으로 인식될 뿐이다. "이 세상은 공처럼 둥글고 보이지 않는 막대기에 꽂혀서 돌아간대요. 이 세상은 거북이 등을 타고, 떨어지는 별을 피해 다닌대요. 파란색은 바다, 흰색은 시암, 초록색은 노르웨이."라고 영화 「왕과 나」의 환영에 갇혀 있는 '정숙'의 말에, "저도 거북이 등을 타고 다니다 돌아오는 길입니다."라고 대답하는 시인 C의 시선 정도라야만 간신히 이해할 수 있는 세계인 것이다. 그래서 '나'는 "천사가 다녀간 것 같지 않아?"라며 이상한 세계와 전혀 경계를 두지 않는 듯한 C의 의식에 공감을 표하며 슬쩍 이 세계에 동참해 보려 하지만, "그냥, 그런 사람이 다녀갔을 뿐이지."(「다소 기인한 입장의 C」)라고 말하는 C의 어긋난 대답에서 시인이라는 가면(persona)의 견고함을 또다시 확인하게 될 따름이다. "선생님 소리는 잡채예요."(「미에 가깝고 솔에 다가가는 파」)라고 말하는 '정숙'의 세계는 시인의 상상력마저 감당할 수 없는 '명왕성'과 같은 심연을 지니고 있으므로, 규범화된 세계로부터의 상처를 경험한 기억을 공유하지 않고서는 애초부터 이해하기 힘든 '낯설고 기이한' 세계이기 때문이다. 김가경의 소설이 상처의 자리를 위무하는 따뜻한 시선으로 음울한 이야기를 감싸 안는 공감과 연대의 이야기로 나아가고자 하는 이유도 바로 이러한 경험의 부재를 넘어서기 위한 소설적 안간힘이라고 할 수 있는 것이다.

아마도 소설은 "육지로 달려드는 태풍을 온몸으로 막고 있"는 "배리어 열도"(「배리어 열도의 기원」)와 같은 '희생'의 자리가 아닐까. 그리고 아버지의 평생이 담긴 구두 '라스트'를 땅에 묻고 그곳을 "패랭이 꽃밭"(「꽃밭의 찰스」)으로 가꾸며 살아가는, 그래서 상처와 고통의 기억을 치유하고 위로하는 '제의(祭儀)'의 형식은 아닐까. '그럴듯함'이라는 서사의 유혹을 과감하게 벗어던지고 '배회의 기술'을 터득하는 일상의 진정성에서 가장 진실되게 실현되는 희생과 제의의 서사가 곧 소설이라고 할 수 있는 것이다. 그래서 김가경의 소설은 "소설가도 해낼 수 없고 시인도 해내지 못하는 그런 지점"(「작가의 말」)을 지닌 '낯설고 기이한 타자들'의 이야기, 이것이 바로 지금 소설이 담아내야 할 가장 보편적인 진실임을 말하고 싶어 하는 듯하다. 하지만 견고한 이성의 질서로 구축된 세계에서 규범과 경계를 허물어뜨리는 일은 예상치 못한 위험을 감수해야 할 때가 많다. 그럼에도 불구하고 이러한 위험을 두려워하지 않고 오히려 그 위험을 즐기려 하는 데 소설의 미덕이 발현되는 구체적 지점이 있지 않을까 싶다. 김가경의 소설이 보여 주는 '배회의 기술'이 조금은 위험하다고 생각하면서도 한편으로는 흥미로운 기대를 저버릴 수 없는 이유도 바로 이러한 소설의 힘 때문이라고 할 수 있다.

모험과 욕망, 죽음과 생명의 아이러니

이윤길, 『남극해』

누가 고삐를 풀어 놓았을까

백야의 수렴 아래 견고한 뿌리의 얼음덩이
수렴대 장악하는 해류에 올라
남빙양 어디나 한 걸음에 닿는 흰 말

— 이윤길, 「남빙양 유빙」 중에서

1. 모험과 탐험, 목숨을 건 바다의 유혹

뱃사람들에게 바다는 모험과 탐험의 대상인 동시에 생활과 생존의 터전이다. 또한 뭍에서의 상처와 기억을 위무하는 치유의 장소이면서 인간의 근원에 대한 향수와 동경을 실현하는 원형적 장소이기도 하다. 이러한 양가적 세계로서의 바다는 뱃사람들의 삶과 내면을 늘 한곳에 정착할 수 없는 부유하는 운명으로 이끌고 가고, 떠도는 인간으로서의 뱃사람의 숙명은 시시각각으로 변하는 바다 위의 날씨만큼이나 예측 불가능하고 위험한 실존의 위기에 직면하게 한다. 그럼에도 불구하고 뱃사람은 바다를 언제나 '귀환'의 대상으로 인식함으로써 오로지 바다에서의 삶이 진정한 인간으로서의 모습을 실현하는 것이라고 확신한다. 즉 바다는 '떠남'의 장소가 아니라 '돌아감'의 장소라는 점에서 가장 근원적이고 본질적인 의미를 지니고 있는 것이다. 그래서 뱃사람은 바다를 향한 모험과 도전을 절대 멈추지 않는다. 이러한 도전을 멈춘다는 것은 더 이상 뱃사람이기를 포기하는 것과 다를 바 없으므로, 본능적 동경의 대상인 바다를 떠나서는 한순간도 살아갈 수 없는 뱃사람에게 바다를 향한 모험과 도전은 그 자체로 생존의 이유가 되지 않을 수 없다. 따라서 그들에게 바다는 "모험이자 도전이었지만 죽음이기도 했"(이윤길, 『남극해』, 전망, 2020, 6쪽, 이하 소설 인용은 모두 이 책에서 했으므로 쪽수만 표기함)음에도 불구하고, "바다를 떠나면 살 수 없는 사람", "뱃속부터 뱃사람"(135쪽)으로서의 운명은 쉽게 거역할 수 없는 위험한 인생을 반복적으로 살아갈 수밖에 없게 한다. 『남극해』의 '강 사장'을 비롯하여 '박 기관장', '장 선장' 등 피닉스호 선원들 모두가 바다에서 맞닥뜨릴지도 모르는 엄청난 위험을 직감하면서도 계속해서 바다의 유혹에 순응할 수밖에 없는 이유도 바로 여기에 있다.

이윤길의 『남극해』는 "인간이 필요로 하는 문화는 존재하지 않"고 오로지 "얼음뿐인 곳", "목숨을 얼음 위에 걸어 놓고 본능과 직관으로 살아가야 하는 절대적인 곳"(44~45쪽)인 남극해 원양 어선의 출항부터 조업 과정 전반을 사실적으로 서사화한 것이다. "아문젠이 남극점에 깃발을 꽂"기 전까지 "남극점을 정복하려고 경쟁하면서 수많은 사람들이 얼어서 죽어갔"던 것처럼, "남극이빨고기를 찾아 남극해를 떠도는" 생활과 생존의 몸부림 속에서 "낭만과 모험이 넘치는 서사의 시대"(109쪽)를 다시 소설화하려는 욕망의 산물이라고 할 수 있다. 아마도 이윤길에게 남극해의 서사적 실현은 인간의 한계를 넘어서려는 모험과 탐험의 욕망이 대부분 그랬던 것처럼, 북태평양, 인도양,

대서양 등의 바다를 이미 정복한 자가 마지막으로 도전하는 궁극의 지점을 보여 주고자 한 것이 아니었을까. "세상에서 가장 험악한 곳"(20쪽)에서 '남극이빨고기'를 잡기 위해 목숨을 거는 선원들의 욕망을 통해 극한 속에서 비로소 실현되는 인간 본연의 순수성을 가감없이 서사화하고자 했던 것이다. 이런 점에서 "자신의 신념에 따라 청춘과 목숨을 건 강 사장과 남극이빨고기의 어장, 남극해에 대한 호기심이 타고난 뱃사람인 박 기관장의 마음"(27쪽)은, 그 자체로 뱃사람이면서 작가인 이윤길의 욕망을 그대로 재현한 것이라고 해도 과언이 아니다. "뱃사람이라고 내세우려면 남극해는 경험했어야 했다. 그래야 진짜 뱃사람인 것이다."(159쪽)라는 말은, "오히려 바다에 나와야 감옥에서 풀려났다는 느낌"(14쪽)을 갖는 '박 기관장'의 내면에 그대로 대응되는데, 이는 곧 작가 이윤길의 바다에 대한 근원적 욕망을 직접적으로 대변하고 있다고 할 수 있는 것이다.

이윤길은 이미 여러 권의 시집과 소설집을 통해 육지에서 바다를 바라보는 경계인으로서의 삶의 태도를 넘어 "바다에서 뭍을 보는 눈"을 가진 "뱃사람"(「자서」, 『대왕고래를 만나다』, 전망, 2009)의 운명을 실체적으로 보여 주었다. '뭍의 시각'이 아닌 '바다의 시각'에서 살아있는 바다의 감각을 형상화하고 바다의 역동성을 서사화한다는 것은 해양시와 해양소설이 갖추어야 할 그 어떤 형식보다도 중요한 문제가 아닐 수 없다. 바다를 제재로 한 그의 시와 소설을 단순히 잘 꾸며진 개연성 있는 허구로서의 문학적 장치로만 이해할 수 없는 것은, 그래서 바다와 함께 삶과 죽음을 영위하는 한 인간의 운명을 냉혹하게 들여다보는 본질적인 문제 인식을 가질 수밖에 없는 것은 바로 이 때문이다. 아마도 『남극해』에서 구체적으로 서사화한 바다의 모습은, 그동안 걸어왔던 이윤길 소설의 장소성이 궁극적으로 지향했던 '끝점'으로서의 상징성을 지니고 있지 않을까 생각된다. 그의 말대로 "바다는 뱃사람 삶의 시작과 끝"이므로 "결국 뱃사람이 바다"(「시인의 말」, 『더 블루』, 신생, 2017)라는 동일성의 세계를 통해 바다의 원형성에 더욱 가까이 다가가고자 했던 것이다. 드디어 그의 소설은 "남위 60도 이상의 지역" "남극해"(171쪽)로 진입하여 바다의 끝, 인간이 다다를 수 없는 극한의 중심으로 돌진하고 있음에 틀림없다.

2. 뭍에서의 탈출, 바다로의 귀환

바다를 제재로 한 소설에서 대부분의 인물들은 뭍에서의 삶이 가져다준 상처와 기억으로부터 벗어나기 위해 다시 바다로 향한다. 바다에서의 삶 역시 지독한 노동의 고통을 안겨 주는 것은 마찬가지이고, 더군다나 바다의 고단함을 끝내고 안식의 장소인 뭍으로 돌아왔을 때 사랑하는 연인이나 가족의 자리가 처참하게 무너져 버린 배신의 상처를 갖고 있는 경우라면, 세상과의 절연을 당연시하는 바다는 다시는 가서는 안 되는 절망과 회한의 장소로 각인되지 않을 수 없다. 그럼에도 불구하고 뱃사람들은 또 다시 바다를 선택하는 것을 주저하지 않는다. 그 어떤 삶의 출구도 알지 못하는 세상에서, 그래도 바다에서만큼은 세속적 삶의 상처와 고통을 잠시 잊어버리는 위안의 시간을 살아갈 수 있기 때문이다. "바다로 돌아가는 것이다. 모든 세상일은 깨끗이 잊어야 한다."(62쪽)라고 말한 박 기관장의 독백은 곧 뭍에서의 기억을 송두리째 지워 버리고자 발버둥하는 뱃사람 모두의 공통된 목소리라고 할 수 있다는 것이다.

> 서해안에 있는 흑산도에서 반나절을 달려야 만나는 만재도가 박 기관장의 고향이다. 고추가 빨간 시절부터 바다를 보면서 성장했다. 쑥부쟁이가 만개한 언덕에서 수평선을 넘어 항해하는 꿈을 키웠다. 그러면서 이국나라의 풍경을 상상하며 나래를 폈다. 성장기를 거쳐 이런저런 사연 끝에 원양어선에 올랐을 때 바다는 어머니의 가슴처럼 포근했다. 하는 일은 힘들었지만 무엇보다 마음이 자유롭고 편했다. 아마도 그래서였을 것이다. 바다로 다시 돌아온 이유가. (95쪽)

『남극해』의 서사는 박 기관장의 시선을 따라간다. 그의 시선에 포착된 바다의 모습은 피닉스호에 승선한 여러 인물들의 사연과 겹쳐지면서 입체적인 서사의 골격을 완성해 나간다. 그리고 이러한 박 기관장의 행동과 내면에는 뭍에서 탈출할 수밖에 없었던 뱃사람들의 보편적인 운명과 바다를 "어머니의 가슴"으로 느끼는 근원적 세계인식이 짙게 투영되어 있다. 그래서 박 기관장은 "아무런 생각 없이 수평선을 바라볼 때 가장 즐거운 시간이었다. 수평선을 마주하고 있으면 자신이 완전한 자유인으로 살아있다는 것이 느껴졌다."(13~14쪽)라고 말하는 것이다. 이러한 해방의 자유로움은 뭍에서의 삶이 그만큼 냉정하고 가혹했음을 역설적으로 말해 준다. 그래서 그는 여느 뱃사람들과 마찬가지로 뭍의 세상으로부터 끊임없이 탈출하려는 바다로의 욕망을 저버리지 못했다. 이미 오래전 하선자가 되어 뭍에서 선박 수리업체를 운영하며 안정적인 생활을 유지하고 있으면서도, 남극해에 동행하자는 강 사장의 긴급한 제안을 쉽게 거절할 수 없었던 이유도 바로 여기에 있다. 그는 "바다를 보면서 성장했"고 "수평선을 넘어 항해하는 꿈을 키웠"으며 "이국나라의 풍경을 상상하며 나래를 폈"던 유년시절 "고향"에서의 추억을 평생 잊을 수 없기 때문이다.

태생적으로 그는 바다와 더불어 살아가는 운명을 갖고 태어났고, 그래서 바다는 그에게 모태인 동시에 무덤과 같은 가장 본질적이고 원형적인 장소가 아닐 수 없다.

이처럼 뭍에서 바다로 떠나는 것이 아니라 결국 뭍에서 바다로 귀환하는 것이 뱃사람의 운명이고, 거역하려 아무리 발버둥 쳐도 절대 거역할 수 없는 것이 뱃사람의 실존이다. "그야말로 대한민국 원양어업에 평생을 바친 전설"(22쪽)로서 숱한 희망과 절망을 반복하며 살아온 강 선장의 마지막 선택이 '남극해'가 될 수밖에 없었던 것도, 바다를 누비던 선원으로 "뉴질랜드에서 어쩌다 보니 아가씨를 사귀게 되었고 사랑에 빠져", "어로 계약이 끝났지만 한국으로 돌아가지 않고 그대로 주저앉"아 "배타는 일 말고는 특별난 재주가 없는" 삶을 이어가고 있는 장 선장이 "남극이빨고기 연승선"(50쪽)에 다시 오른 것도, "가장이 되어서 무엇인가를 주고 싶은 가족에게 아무것도 줄 수 없는 현실에 절망"(37쪽)한 인도네시아 선원 아만이 "바다에서 목숨을 잃을 수 있다는 것을 각오"(43쪽)하면서도 피닉스호에 탑승할 수밖에 없었던 이유도 결국 모두 바다 그 자체 외에는 어떤 답도 찾을 수 없었기 때문이다.

> 박 기관장이 수리업체를 폐업하고 남극해를 선택했을 때 주변 사람들이 굳이 왜 라며 말렸다. 단정할 수는 없었지만 바다를 벗어난 금단증세 같은 거였다.
>
> 하선하고부터는 인생에 특별함이 없었다. 결혼을 했지만 곧 헤어졌다. 되돌아보면 어제도 우울했고 그제도 우울했다. 오랜 배 생활로 속내를 털어놓을 친구마저 없는 상황에서 눈을 뜨면 출근하고 해가 지면 퇴근했다. 그리고 자고 다시 깨면 출근했다. 파도도 없고 폭풍도 없는 매사가 무덤덤하고 시큰둥했다. 수리를 맡긴 기계를 해체했다가

결합하면서 단 한 번도 행복함을 느껴 보지 못했다. 하루 삶의 부피가 한 주먹도 되지 않았다. 이렇게 살아도 되는 걸까. 박 기관장이 남은 인생에 대해서 고민이 깊을 때였다. 그랬다. 그저 삶의 노예로 살았다. 그런 생각이 언제부터인가. 피로에 쌓인 크랭크축 같이. 크랭크축의 회전피로가 점점 쌓여서 마침내 크랭크축이 와장창 소리를 내면서 절단되듯이 절박한 부르짖음을 토해냈던 것이다.

"아니야, 이렇게 살고 싶지는 않아. 후회는 남기지 말아야지. 강 사장도 도와주고 싶고 남극해도 가보고 싶어." (167~168쪽)

5년 전 하선자가 된 박 기관장은 "바다를 벗어난 금단증세"를 겪으면서 "인생에 특별함이 없"는 삶을 "우울"하게 살아왔음을 솔직히 고백한다. "파도도 없고 폭풍도 없"다는 것은 평범한 사람들에게는 안정적인 일상의 행복이 될 수 있을지 모르지만, "수리를 맡긴 기계를 해체했다가 결합하"는 일상 속에서 "단 한 번도 행복함을 느껴 보지 못했다"라고 말하는 박 기관장으로서는 엄청난 불행으로 다가오지 않을 수 없었다. "삶의 노예", 박 기관장이 하선자로서의 자신의 인생을 단호하게 규정하는 이 말 속에서 극단적 우울에 갇혀 있는 뱃사람으로서의 슬픈 운명을 확인할 수 있는 것이다. 그래서 그는 "크랭크축의 회전피로가 점점 쌓여서 마침내 크랭크축이 와장창 소리를 내면서 절단되듯이 절박한 부르짖음을 토해"내는 절규를 하지 않을 수 없었다. 그리고 이러한 절규의 끝에서 강 사장으로부터 전해진 "남극해"로의 승선 기회를 다시 붙잡게 되었던 것이다.

물론 이러한 선택은 '선연'이라는 세속적 인연으로 인해 결코 쉽지 않은 결정이었다. 바다를 향한 욕망이 점점 커질수록 "선연의 맑은 눈을 들여다볼 수도, 선연의 부드러운 목덜미를 어루만질 수도, 가느다란 허리를 끌어안을 수도 없게 되"고 만다는 뭍에서의 안정적인 삶에 대한 집착이 더욱 강하게 자신을 제어했던 것이다. 아마도 이러한 양가적 세계의 긴장을 거치지 않았다면, 그래서 박 기관장이 바다로의 욕망에 일방적으로 굴복해 버렸다면, 그만큼 바다는 인간과 무관한 세계로서 자연의 두려움만을 안겨 주는 대상으로 인식될 뿐이었을 것이다. 뭍에서의 인간과 바다에서의 자연이 서로를 강하게 끌어당기는 지독한 긴장의 한가운데에서 내린 절박한 선택이라는 점에서, 박 기관장에게 바다는 더욱 근원적이고 본질적인 세계로 향하는 원형적 상징성을 갖게 하는 것이다. 선상에서 부친상을 당한 조기장의 슬픔에 대해, "어쩌면 우리는 인간이 아닐 수도 있소. 야생을 살아가는 물짐승이오. 뱃사람이 된 이상 육지에서 사는 사람들과는 차원이 다른 세상에서 산다고 보면 되오. 그건 뱃사람이 죽어서야 벗을 수 있는 멍에란 말이오."라고 말하는 강 사장의 목소리에는, "피닉스호를 타고 있는 모든 사람의 슬픔"(116쪽), 즉 뱃사람의 운명적 슬픔이 온전히 담겨 있다. 결국 뱃사람들에게 바다는 돌아갈 수밖에 없는 운명적 장소가 아닐 수 없다. "나는 물고기다"(「사서」, 『파도공화국』, 신생, 2012)라는 작가 이윤길의 고백에서도 바다로 귀환할 수밖에 없는 뱃사람들의 운명을 상징적으로 이해할 수 있는 것이다.

3. 인간 정글의 자본주의적 욕망과 동물적 본능의 생존 욕망

바다를 낭만과 동경의 서사로만 이해하는 것은 어쩌면 해양소설에 대한 모독이 될 수도 있었다. 우리 소설사에서 개화의 상징으로 재현된 바다의 형상은 문명을 대변하는 이국적이고 낭만적인 요소를 다분히 갖고 있었지만, 지금 우리 소설에서 바다는 자본주의적 욕망에 기생하는 인간의 본능적 탐욕과 반생명적 폭력의 광기 등이 핍진한 서사를 구성하고 있다는 점에서 분명한 차이를 드러낸다. 즉 바다는 인간으로서의 최소한의 윤리가 실종된 자리에 무서운 자연의 공포와 살육이 도사리고 있는 정글과 같은 모습을 주된 배경으로 한다. 오로지 자본주의적 욕망을 실현하는 데 매몰되어 타자를 죽여야만 자신이 살 수 있는 생존 욕망으로 사투를 벌이는 인간 정글과 같은 현장성을 서사화하는 데 주력하고 있는 것이다. 따라서 대체로 뭍에서 삶의 끝장을 이미 경험해 버린 뱃사람들의 모습은 세상과의 어떤 타협도 굴종도 용납하지 않는 막장 인생으로서의 허무주의적 자유와 광기가 숨어 있다. "최고급 물고기일수록 파도와 날씨가 험악한 바다에서만 어획되"(9쪽)는 것처럼, 이러한 바다를 경험하는 데 주저하지 않는 인간의 생존 본능이 최소한의 윤리적 경계마저 무너뜨리게 하는 것이다. 결국 "배에서 무엇보다 치명적인 것은 화재"이고, 이는 "배를 잃어버리는 것은 물론 선원들도 생명을 보장할 수 없"(34쪽)는 최악의 상황이라고 하지만, 이보다도 더 무서운 것은 평생 뭍의 상처와 고통을 꾹꾹 억누른 채 살아온 뱃사람들의 숨겨진 광기가 아닐 수 없다. 하지만 이러한 광기마저 허락되지 않는다면 죽음 가까이에서 살아가는 바다의 불안과 공포를 결코 이겨낼 수 없으므로, 뱃사람들에게 광기는 필요악이 된다는 점에서 문제적이다. 타락한 세상에 맞서 타락한 방식으로 싸우는 것이 소설적 진실이라는 점을 상기한다면, 『남극해』의 인물들이 신랄하게 보여 주는 이중적이고 모순적인 아이러니의 세계는 그 자체로 소설적 진실의 총체가 아닐 수 없다. 이들이 보여 주는 인간 정글의 본능적 욕망과 생존을 위한 참혹한 언행은, 자본주의적 욕망의 끝을 향해 맹목적으로 달려가는 부조리한 인간의 모습을 철저하게 해부하고 있는 것이다.

『남극해』의 중심인물인 강 사장, 박 기관장, 장 선장 등이 험난한 항로와 숱한 위험에도 불구하고 남극해로 조업을 떠난 이유는 너무도 명백하다. 어쩌면 인생의 마지막 도전이 될지도 모른다는 절박함 속에서 우리가 흔히 '메로'라고 알고 있는 '남극이빨고기'를 향한 마지막 희망을 거머쥐기 위해서였다. 남극이빨고기는 "유럽인들에게 1톤에 미화 30,000불 이상으로 판매"되고, "일본인들이 최고의 횟감으로 치는 참다랑어만큼이나 비싼 값"(8쪽)으로 판매되었으므로, 죽음을 무릅쓰고서라도 반드시 만선을 이루어 낸다면 막다른 인생에 돌파구를 찾는 전환점이 될 수 있다고 확신했기 때문이다. 물론 이들 뱃사람의 남극행이 오로지 만선의 결과로 얻게 될 부에 대한 욕망만으로 결정되었다고 보는 것은 지나치게 속악한 생각이다. 각자의 사연은 조금씩 다를지라도 뱃사람이라면 궁극적으로 남극해를 정복해야 한다는 모험과 도전으로서의 낭만적 동경과 의지도 분명 결정에 영향을 끼쳤을 것이다. 하지만 이러한 모험심도 자본주의적 욕망을 충족시켜 주지 못한다면 한낱 꿈에 지나지 않는다는 사실을 뱃사람들의 지나온 삶이 냉정하게 말해 준다. 게다가 "남극해에서 남극이빨고기 어획허용량을 3,000톤으로 묶"어 두고 "각선이 잡은 어획량이 3,000톤의 90퍼센트가 되면 남극해양생물자원위원회는 어장을 폐쇄"하는 "서든데스"(94쪽)가 발동한다는 데서, 제한된 자원을 두고 무한 경쟁을 하는 남극해의 어장은 생존 경쟁의 장으로서 그들의 욕망을 가장 극한의 지점으로 끌어내기에 충분한 것이다.

"만선이다. 만선!"

"돈이다."

처리갑판은 남극이빨고기로 발 디딜 틈도 없이 꽉 들어찼다. 미처

> 처리하지 못한 남극이빨고기의 대가리며 내장과 지느러미들이 이곳저곳에 너부러졌고 기관실 지원까지 받고 있는 처리조 선원들이 트렁크를 급냉으로 옮기느라 바빴다. 이런 대어 맛을 보기 위하여 얼마나 고생했나를 생각하면 할수록 감회가 깊어지는 강 사장이었다.
>
> 남극으로 간다고 했을 때 알게 모르게 뭇사람들이 보내왔던 야유와 비난 속에서도 버티어 왔던 것은 만선이란 대가를 받기 위해서였다. 어창 안에 차곡차곡 적재되는 남극이빨고기는 바로 돈이었으며 황금이었다. 이제 남은 것은 조금 밖에 남지 않은 어창을 어떻게 꽉 채우느냐가 관건이다. (248쪽)

만선의 꿈은 뱃사람들의 거부할 수 없는 운명과 같은 것이다. "만선 속에는 기쁨과 환희가 큰 비중으로 자리하고 있지만, 고통과 인내는 더 큰 비중으로 자리하고 있"(45쪽)음을 뱃사람들은 그 누구보다도 잘 알고 있다. 하지만 무모한 도전이라며 세상이 쏟아 내는 무수한 냉소와 비난도 만선이라는 결과 앞에서는 그 어떤 말도 할 수 없다는 사실 또한 더더욱 잘 알고 있다. 그래서 뱃사람들은 수많은 위험을 감수하면서도 "만선이란 대가를 받기 위해서" 결국 다시 바다를 선택할 수밖에 없다. 그 어떤 위험 앞에서도 "돈"과 "황금"을 자신의 것으로 만들고야 말겠다는 치명적인 욕망을 절대 거스를 수 없기 때문이다. 남극해에서 남극이빨고기를 잡을 수 있는 총량을 제한하고, 그것도 90퍼센트를 달성하면 멈추어야 한다는 규정은 해양 자원을 보존하겠다는 데 가장 큰 이유가 있지만, 어쩌면 "이제 남은 것은 조금 밖에 남지 않은 어창을 어떻게 꽉 채우느냐"를 끊임없이 고민하는 뱃사람의 탐욕을 경계하기 위함이 아니었을까.

"옛날부터 뱃사람들은 폭풍 전이면 출항을 감행했"는데, 그 결과

"물고기가 떼로 잡히는 통에 조금만 더, 조금만 하다가 그만 폭풍 속으로 들어갔다가" "난파를 당하고 바닷물 속 깊이 수장을 당했"(270~271쪽)던 일이 비일비재했다. 바다를 향한 뱃사람들의 욕망은 어느 누구도 제어할 수 없는 탐욕과 광기를 뼛속 깊이 숨기고 있기 때문이다. 게다가 "성숙한 남극이빨고기의 평균 무게는 30킬로그램 정도, 그런 놈으로 3백 마리면 총량은 9,000킬로그램", "일 어획이 9톤이면 유럽시장에서 판매되는 어가로 27만 미국달러", "한화로 치면 3억에 가까운 돈이었"고, "그렇게 100톤만 잡아도 30억이 넘는 돈"(186쪽)이니, 이런 돈과 황금을 눈앞에 두고서 총량 기준을 반드시 지켜야 한다는 이성적인 평정심을 유지하는 것은 만선을 경험해 본 뱃사람의 욕망으로는 도저히 불가능한 일이다. 따라서 모든 것이 돈으로 환산되는 바다의 황금을 두 눈으로 바라보면서 인간의 최소한의 윤리 운운한다는 것은 뱃사람에게는 지나친 감상에 지나지 않는 것이 당연하다. 오로지 동물적인 본능에 바탕을 둔 자기 보호의 생존 욕망이 차가운 현실을 지탱하게 할 따름이고, 그 속에서 살아남아 만선이라는 절정의 순간을 함께 만끽하는 것만이 뱃사람이 살아가는 궁극적인 이유가 될 수밖에 없는 것이다.

> 1기사가 피범벅인 하복부를 두 손으로 감싸고 있었다. 1기사는 벽을 등지고 기대어 두 다리를 내뻗고 있었는데 손가락 사이로 비어져 나온 것은 뱃가죽을 비집고 나온 내장이었다.
>
> 주저앉아 있는 1기사 앞에는 식칼을 꼬나 든 조리장이 눈을 부릅뜬 채 1기사를 노려보고 있었다. 주방에서 사용하는 식칼이었다. (중략)
>
> "이 새끼가 턱주가리는 왜 쳐들어."
>
> 1기사가 내뱉는 말은 대개 이렇게 거칠었다. 어려서부터 바다를 떠

돌다보니 뱃사람들의 언어가 입에 붙어 입도 거칠어지고 행동도 말보다 주먹이 먼저였다.

"개자식, 어디서 배운 버르장머리야!"

"1기사면 1기사이지 내가 뭘 잘못했어. 선원들 밥을 굶겼나, 나는 내 할 일을 다했어. 그리고 내 나이가 몇인데 함부로 주먹질이야, 시발."

1기사의 행동에 부아가 치민 조리장은 거칠게 대들었다. 그러면서 주방으로 뛰어든 조리장이 식칼을 들고 나와서 다시 한 번 더 때려보라고 대들었던 것이다.

"아니, 이런 좆같은 새끼가 있나? 어디 한 번 찔러봐라, 찔러봐. 그럼, 내가 겁먹을 줄 알았냐? 어림도 없다. 되놈아 그래 어떡하겠다는 거야?"

"시발, 죽여 버리겠어."

"그래, 죽여 봐."

1기사는 조리장에게 손가락질을 해가며 목청을 돋웠다. 조리장의 눈빛이 어느새 얼음처럼 싸늘한 냉기를 뿜고 있었다. 그 순간 1기사 쪽으로 한발 다가온 조리장이 하복부를 겨냥하고 사정없이 식칼을 찔러 넣었다. (229~230쪽)

선상에서 부친의 죽음 소식을 들은 조기장을 위해 조촐한 제사상을 마련하라는 강 선장의 지시를 이행하지 않은 조리장을 향한 1기사의 질책이 싸움의 시작이었다. "어려서부터 바다를 떠돌다보니 뱃사람들의 언어가 입에 붙어 입도 거칠어지고 행동도 말보다 주먹이 먼저였"던 것은 1기사나 조리장이나 매한가지였다. 원색적인 비난과 인신공격은 감정의 선을 훨씬 넘은 내면의 광기를 들추어냈다. 조선족이라는 신분적 열등감과 선상에 있으면서도 제대로 선원 대접을 받지 못하는 조리장의 비뚤어진 마음은 사실상 피닉스호의 시한폭탄이나 마찬가지였다. 자신을 보호하는 것 외에는 다른 어떤 것도 생각하지 않는 조리장의 생존 본능은 살육마저 정당화하는 뱃사람들의 무의식적 힘이 폭발하는 상황을 초래하지 않을 수 없었다. 온통 유빙으로 둘러싸인 남극해의 일상적 공포보다도 더욱 무서운 것은 바로 그곳을 항해하는 뱃사람들의 생존 본능이었다. 동물적 본능의 세계에도 엄연히 질서가 있기 마련이지만, 그것도 강 선장과 박 기관장, 박 기관장과 조기장의 관계에서처럼 서로 깊은 인간적 유대로 이어져 있을 때나 가능한 규율일 따름이었다. 철저하게 자기중심의 세계에 갇혀 있는, 그래서 이유 모를 분노와 경계심을 놓지 않는 조리장의 광기 앞에서 선상의 질서는 아무런 구속의 이유가 될 수 없었다. 게다가 조리장의 살인 행각과 1기사의 죽음은 선상에서 흔히 일어나는 사고의 한 가지였을 뿐, 뱃사람의 욕망과 본능에 심각한 동요를 일으키는 특별한 사건이 되지도 않았다. 뱃사람들은 오로지 "어획량이 많으면 많을수록 자신들이 찾는 상여금도 늘어나"는 데만 관심을 가질 뿐인 것이다. 피닉스호를 타고 남극해로 떠난 강 사장을 비롯한 뱃사람들의 목표는 남극이빨고기를 잡는 것, 그래서 만선의 꿈을 이루어 뭍에서의 상처와 기억을 일시에 해소하는 부와 명예를 짊어지고자 하는 욕망을 실현하는 데 최종 목표가 있을 따름이었다. 이런 점에서 "1기사의 죽음을 슬퍼하지 않는 선원들에 대해 노여움을 느꼈고 세상의 정의라든가 도덕심, 인격이나 공감 같은 것이 얼마나 엉터리인가를 다시 한 번 느"(249~250쪽)끼는 박 기관장의 슬픔은, 탐욕과 본능으로만 살아가는 뱃사람의 운명적 한계와 인간의 모순을 적나라하게 보여 준다고 하지 않을 수 없다.

이처럼 『남극해』에서 보여 준 뱃사람들의 모습은 자본주의적 욕망과 인간 본능의 생존 욕망이 들끓는 탐욕과 광기의 상징성을 드러냈다. 저마다 조금씩 다른 이유를 갖고 뱃사람이 되었지만, 뭍에서의 상처와 고통을 넘어서기 위해 오히려 더 큰 상처와 고통의 시간을 마다하지 않는 역설적 힘이야말로 뱃사람들의 근본적인 생리인 것이다. 게다가 이러한 극도의 긴장을 일상의 순간으로 냉정하게 수용하지 못한다면, 바다에서의 더 큰 상처와 고통은 뭍에서의 기억을 결코 지울 수 없는 선명한 자국으로 남기고 만다. 바다라는 운명적 대상과의 싸움이 불러올 위험이든, 인간 정글의 생존 본능에서 비롯된 광기이든, 어차피 죽음을 각오하지 않고서는 선택할 수 없는 것이 남극해에서의 조업이기에 더더욱 그러하다. 이런 점에서 박 기관장은 아직 진정으로 뱃사람이라 되었다고 보기는 어려울 듯하다. 바다로 떠나야겠다는 결심과 연인이었던 선연과의 이별 사이에서 갈등했던 자신의 내면을 계속해서 바다의 물결과 겹쳐 호출하는 것부터가 아직까지 뱃사람의 숙명을 온전히 짊어지지 못했음을 말해 준다. 결국 그는 여전히 돌아갈 곳이 있다는 사실을 뿌리치지 못함으로써 바다에서 죽을지도 모른다는 두려움을 넘어선 뱃사람으로서의 진정한 자유를 누리지 못하고 있다. 하지만 이러한 경계인으로서 박 기관장의 불완전함과 같은 내적 긴장이 없었다면, 『남극해』는 남극해라는 소재가 주는 생경함과 박진감 외에는 여느 소설과 다를 바 없었지 않았을까 싶다. 남극해를 향해 깊숙이 들어가는 뱃사람의 운명을 섬세하게 보여 주면서도 끊임없이 뭍에서의 상처와 기억을 소환하는 팽팽한 긴장이 있어서, 자연의 아름다움을 만끽하는 바다의 평온함과 무섭게 몰아치는 광기 어린 바다의 이중성이 『남극해』를 가장 소설답게 만드는 결정적 요인이 되게 하는 것이다.

4. 죽음과 생명의 양가성과 영원성

『남극해』의 서사는 처음부터 끝까지 불길한 복선으로 가득하다.

다른 사람들에게는 들리지 않는 기관실 소음을 계속해서 의심하는 박 기관장의 예민한 감각으로부터, 아마도 "기관실을 벗어났어도 이명처럼 들려오는 소리"(31쪽)로 인해 좋지 않은 일이 벌어질 거라는 긴장을 늦출 수 없게 한다. 또한 "어쩐지, 조리장이 마음에 썩 들지 않아.", "조리장의 눈은 뭔가 불만이 가득해."라고 거듭 말하는 강 사장의 말에서, 조리장으로 인해 곧 피닉스호 선상에서 끔찍한 사건이 벌어질지도 모른다는 예상을 하게 한다. 이러한 복선이 주는 불길함보다도 더 큰 불안을 안겨 주는 것은 남극해에서 마주하는 자연의 아름다움과 평화로움이다. 저마다 뭍에 두고 온 상처와 고통을 온전히 감싸 안아주기라도 하듯 남극해의 자연은 죽음을 넘어선 생명의 기운을 새롭게 불어넣어 준다. "광활하게 펼쳐진 남극대륙에서부터 불어오는 바람은 마치 가슴 속 깊은 곳까지 얼려버릴 것 같았"지만, "오염이 되지 않은 신선한 대기는 삶에 찌든 몸과 마음까지도 깨끗이 씻어 주"(71쪽)기에 충분했던 것이다. 하지만 인간의 상처와 고통을 정화해 주는 바다는 피비린내 나는 살육과 죽음이 공존하고 있다는 점에서 문제적인 장소가 아닐 수 없다. 인간이 바다를 정복하려 하면 할수록 바다는 인간에게 엄청난 위력을 보여 주었던 것이다. "남극대륙 빙붕에서 떨어져 나온 빙산들"을 보면서 "희디흰 백골로 풍화한 남극해의 주검 같았다."(280쪽)라고 말하는 박 기관장의 두려움 속에는 남극해를 경험한 사람이 느끼는 죽음과 생명의 양가성이 선명하게 드러난다.

"오늘 잡은 놈으로 어창이 찰지도 모르겠는 걸. 이거 어떻게 하지. 하루만 더 조업하면 급냉도 꽉 채울 것 같아."

강 사장은 벌어진 입을 다물지 못했다. 박 기관장은 강 사장이 휘두르는 처리용 칼을 피해서 자리를 비켜섰다. 처음이었다. 강 사장이 제

> 흥에 겨워 웃는 모습을 본 것이. 자신의 모든 것을 걸고 남극해 바다를 떠돌다가 오늘 같은 만선을 만나면 웃음이 터지기도 하겠지.(중략)
>
> 박 기관장이 처리갑판을 벗어난 때는 백야에 어둠이 찾아와서 수평선이 푸른 어둠으로 물드는 시각이었다. 바람은 차가웠지만 푸른 어둠은 아름다웠다. 가장 아름다운 시간에 피닉스호는 재대로 대어를 한 것이었다. 박 기관장은 백야의 푸른 어둠에 정신을 빼앗겼다. 아주 오랜 시간이 흐른 후에도 기억에 남아있을 것이다. 우리는 백야의 푸른 어둠 속에 있었고, 그곳에서 만선을 이루어냈다고 그날의 성취감은 대단했다고 자랑할 것이다. (297~298쪽)

만선의 꿈에 한껏 취한 강 사장의 웃음과 남극해의 푸른 어둠에 도취된 박 기관장의 기쁨은, 죽음과 생명의 양가성을 지닌 바다의 광기를 불러내는 아이러니적 성격을 지닌다. 우발적인 다툼으로 1기사를 죽인 조리장의 살인 행각은 이미 마무리가 되었지만, 기관실의 소음은 여전히 오리무중이고 더군다나 남극해의 바다가 너무도 장관이었다는 데서 불안은 더욱 증폭되어 가는 것을 예감할 수 있다. 더군다나 이보다 더 큰 두려움은 '만선' 그 자체에 있다는 점에서 운명적 아이러니가 이 소설의 중심 서사로 부각한다. "자신의 모든 것을 걸고 남극해 바다를 떠돌다가" "만선을 이루어냈다고 그날의 성취감은 대단했다고 자랑할 것"이라고 말하는 뱃사람들의 간절한 바람조차 쉽게 용납하지 않는 것이 바다의 냉혹함이다. 어쩌면 뱃사람들 스스로는 만선 그 자체가 가져오는 불길함과 불안함을 언제나 운명처럼 안고 살아가고 있는지도 모른다. 결국 『남극해』의 서사는 처음부터 파국으로 치닫는 결말을 예정하고 있었고, 뭍에서의 진정한 탈출은 곧 바다로의 영원한 귀환이라는 아이러니적 운명을 스펙타클하게 서사화하고자 했던 것은 아니었을까. 아마도 『남극해』의 서사가 만선의 꿈을 향한 도전과 성취라는 구조로 끝을 맺었다면, 그저 바다를 제재로 뱃사람들의 조업 과정이 보여 주는 험난함을 박진감 있게 서사화한 클리셰(cliché) 정도에 머무르고 말았을 것이다. 결말에 이르러 급작스런 사건의 변화를 가져오는 과정에서 다소 개연성이 떨어지는 면은 있지만, 죽음과 생명의 양가성이 공존하는 바다의 영원성이라는 남극해의 상징성을 서사화하기 위한 선택으로는 불가피한 측면이 있음을 감안하지 않을 수 없다.

> 불꽃은 전기 동력으로 움직이는 피닉스호의 배선을 따라 일파만파로 퍼져나갔다. 메인엔진의 배선 장치에서도 불꽃이 튀었다. 불은 걷잡을 수없이 커졌다. 불꽃의 열기로 인해 기관실 공기를 차단하는 2차 진압에도 성공하지 못했다. 얼마 지나지 않아서 불꽃은 기관실을 넘쳐 선미 선원 침실로 번지기 시작했다.
>
> 장 선장은 절망적 표정으로 번져가는 불길을 바라보았다. 화염은 이미 기관실 천장을 덮고 있었다. 그리고 혓바닥을 날름거리며 식당 쪽으로 연이어 번져나가고 있었다. 급속하게 번져가는 불길로 피닉스호는 아수라장이 되었다. 제어가 불가능한 상태였다. 피닉스호는 자신의 이름처럼 남극해를 밝히는 태양같이 붉게 타오르기 시작했다. 피닉스호는 더 이상 가망이 없었다. (303쪽)

피닉스호의 화재는 만선을 이루기 위해 사투를 벌여 온 선원들 모두의 꿈을 한순간에 무너뜨려 버렸다. 피닉스호의 불길에 휩싸인 남극해의 붉은 기운은 "자연의 힘 앞에서 무력하게 부서졌"(280쪽)던 바다의 역사를 증명이라도 하듯 모든 것을 일순간에 앗아가 버린 것이다. “포악하고 두려운 유빙의 공격”(276쪽)에도 버텨 냈고, “눈앞의 바다가 흰 거품을 내뿜으며 미쳐 날뛰고 있”(266쪽)는 폭풍우의 위협도 견뎌 내면서, 오로지 남극이빨고기만을 생각했고 만선을 꿈꾸다 이제야 그것을 이루어 낸 순간이었다. “빙산도 거멓고 유빙도 거멓고 실뱀같이 구불구불한 뱃길마저 암흑의 세계”였던, “마치 그곳은 타이어를 생짜로 태울 때 나오는 열기와 검은 매연으로 뒤덮인, 석탄가루로 뒤덮였던 사북이나 도계 같은 풍경”(286쪽)이라는 남극해의 이상 기후로부터 강 사장과 박 기관장은 이미 뜨겁게 달아오른 바다의 원형성이 불러올 위험을 예감하고 있었는지도 모른다. 그래서인지 “삶과 죽음은 자연의 일부라는데 무엇이 달라질까?”라고 생각하며, 바다가 허락한 죽음 앞에서 “이상하게도 평화로움”(306쪽)이 다가오는 것을 느끼는 박 기관장의 마지막 모습은 생명의 영원성을 상징적으로 보여 주고 있는 듯하다. 또한 이토록 참혹한 순간이 지나간 뒤에 “남극해의 빙산은 피닉스호의 불행과는 아무런 상관없기 아름답기만 했다.”(307쪽)는 데서, 인간의 욕망을 준엄하게 꾸짖는 자연의 냉혹함이 섬뜩하게 전해지기도 한다. 피닉스호와 함께 바다에서 사라진 강 사장과 박 기관장은 뭍에서의 상처와 기억을 넘어 바다에서의 영원한 삶을 스스로 선택한 것임에 틀림없다. 물론 피닉스호의 화재는 인간의 탐욕이 만든 인재(人災)였지만, 그것은 이미 바다로의 귀환이 예정된 뱃사람의 운명이 아니었을까. “침묵을 지킨 채 끝없는 출렁거림을 계속하고 있”(312쪽)는 남극해의 냉엄함이 이 모든 것을 그대로 말해 주고 있다. 그럼에도 불구하고 바다는 여전히 “아무 일도 없었던 것”처럼 오래도록 침묵을 이어 가고 있을 뿐이다.

문학적 진실을 찾아가는 두 가지 방향

조율, 강연우, 이병국의 시 그리고 이재은의 소설

1. 주체와 세계의 긴장

전통적 장르론에 기댈 때 시와 소설은 본질적으로 다른 세계관을 지닌다. 주체와 세계의 관계에서 작품 외적 세계의 개입 없이 이루어지는 세계의 자아화가 시를 구성하는 근본적 세계관이라면, 소설은 작품 외적 세계의 개입으로 발생하는 자아와 세계의 대결을 본질적 세계관으로 삼는다. 물론 이러한 장르의 경계와 구분은 무수한 변종과 일탈이 장르의 본질을 끊임없이 흔들고 있는 요즘 문학 현장에 그대로 적용하기에는 무리가 따르는 것이 사실이다. 그만큼 장르의 본질은 교과서적 규범으로서의 한계를 넘어서지 못하는 게 엄연한 현실이기 때문이다. 게다가 관습과 전통을 넘어 변화와 혁신을 더욱 중요하게 여기는 최근 우리 문학의 역동성을 따라가려면, 규범과 제도를 근본적으로 쇄신하는 새로운 시도는 언제나 필요한 요청 사항이 되지 않으면 안 된다. 다만, 모든 것에는 변해야 할 것과 변하지 말아야 할 것의 적절한 긴장이 있어야 한다는 사실을 기억할 필요가 있다. 규범을 넘어서는 '탈(脫, post)'의 사유는 제도와 질서라는 안정적인 세계를 비판적으로 사유하기 위한 일탈과 실험이라는 상대성의 의미를 지닐 때 의미가 있는 것이지, 그 자체로 규범과 전혀 무관한 세계를 드러내야 한다는 환상의 강박에 사로잡혀서는 안 되는 것이다. 즉 지금 우리 문학의 다양한 새로움은 규범과 제도를 넘어서야만 하는 분명한 이유를 제시할 수 있을 때 현재의 문학 장 안에서 유효한 의미를 생산해 낼 수 있다. 결국 문학의 변화와 생성은 변해야 할 것과 변하지 말아야 할 것 사이의 긴장 속에서 발현될 때 가장 의미 있는 목소리를 생성해 낼 수 있는 것이다. 그리고 그것은 주체와 세계의 긴장 속에서 어느 한쪽으로의 우위를 표면적으로 드러냄으로써 장르의 성격과 관습을 일정하게 유지하고 있는 것도 사실이다. 자기 고백적이고 내면 지향적인 의식 세계로 세계를 주체의 내부로 이끌어 들이려는 시의 세계와, 끊임없이 외부 세계와의 관계 속에서 주체의 위치를 규정하려는, 그래서 주체를 의도적으로 바깥 세계와 부딪히게 하는 갈등을 구조화하는 데서 생성되는 소설의 본령은 명백히 그 차이를 지닐 수밖에 없는 것이다.

인천을 기반으로 하는 세 명의 시인과 한 명의 소설가의 작품을 함께 다루어야 하는 곤혹스러운 이 자리에서, 시와 소설의 본질에 대한 장르론적 해명부터 할 수밖에 없는 것은 너무도 다른 문학적 전략에 대한 최소한의 이해가 전제될 필요가 있기 때문이다. 시와 소설 모두 문학적 진실을 찾아가는 과정이라는 점에서는 동일한 지향성을 갖고 있지만, 그것을 구체적으로 실현하는 방법에서는 조금은 다른 선택을 하고 있음을 간과해서는 안 되기 때문이다. 즉 조율, 강연우, 이병국의 시가 타자를 자신의 세계 안으로 수렴하면서 그들의 이야기 자체에 귀 기울이기보다는 그 세계의 이야기를 듣고 있는 자신의 내면에 초점을 둔다면, 이재은의 소설은 타자에게로 직접 다가가서 타자의 말을 들어주는 행위로부터, 그래서 그들의 말이 담고 있는 느낌표와 물음표의 의미조차 구분해서 이해하려는 데서 출발하고 있다는 분명한 차이를 전제할 필요가 있는 것이다. 물론 이러한 차이 역시 주체가 일상적으로 마주하고 있는 세계와의 관계를 재해석함으로써 그것을 자신과의 관계 안에서 재규정하려는 시도라는 점에서 전혀 다른 방식이라고만 볼 수도 없다. 결국 "문학적 진실은 있는 그대로의 사실이나 사건을 옮기는 데 있지 않다."는 점에서, 그래서 중요한 것은 "실재에 대한 충실이 아니라 정서적 경험을 산출하고, 그것의 체험 수단을 개성적으로 찾아내 독자들과 공유하는 것"(이재은, 「여기 있었다」)이라는 점에서, 시와 소설의 다른 방향성은 문학적 진실을 추구하는 양수겸장의 역할을 하고 있다고 보는 편이 타당하지 않을까 싶다. 따라서 세계를 해석하고 규정하는 데 있어서 주체의 역할과 태도가 점점 더 강조되는 우리 문학 장의 변화에서, 장르의 차이를 불문하고 주체의 자리는 더욱 깊고 단단해져 가고 있다는 사실을 도외시해서는 안 된다. 그럼에도 불구하고 여전히 주체의 시선과 방향에서 시와 소설은 일정한 차이를 드러내기 마련인데, 외부 세계의 문제를 주체의 안으로 수렴하려는 시의 태도와 주체의 밖에서 대상화하려는 소설의 모습에서 문학적 진실을 찾는 두 가지 방향을 발견할 수 있는 것이다. 다만 주체와 세계의 거리는 점점 더 가까워지고 있는 것이 사실이고, 그에 따라 시와 소설의 본질적 세계관마저 심각하게 흔들리면서 시와 소설의 경계와 구분이 점점 불분명해지고 있다는 사실만큼은 부정하기 어렵다.

2. 대상의 내면화와 불화의 소통

조율의 「네모난 훌라우프」는 "동그랗게 돌아가기 위해 시간"이 흐르는 세상의 질서에 대한 거부로부터 시작된다. "우산은 오는 데 비는 없고"의 의미 관계가 "사람은 오는데 사랑은 없고"(「우산은 오는 데 비는 없고」, 『우산은 오는 데 비는 없고』, 시인동네, 2019, 19쪽)의 의미 관계와 구조적으로 등치되는 것처럼, 대상과 세계의 물질성이 영혼의 정신성보다 앞서는 세상의 말이 지닌 암묵적 질서를 위반함으로써, 제도의 언어를 넘어서는 "영혼에 가까운 파란 말"의 세계를 찾고자 하는 것이다. 하지만 그것은 "네모난 훌라우프를 돌"리는 것과 같은 "영혼으로는 가능한" 말의 세계이므로, 현실에서는 "침묵"의 언어로 맞서는 혼란 혹은 교란의 형식으로 표현될 수밖에 없다는 점에서 문제적이다. 또한 그것은 "슬픈 영혼"으로 표상된 주체의 자리, 즉 규범화되고 제도화된 세상으로부터 상처받고 고통받은 대상을 자기화하는 태도라는 점에서, 상처와 고통에 대한 구체적 사건의 기록이나 보고가 아닌 철저하게 내면으로 수렴되는 자기 상처의 고백으로 형상화된다.

> 영혼에 가까운 것 먼저 찾고서 오래 행방불명이 되었지.
> 다시 돌아가려면 네모난 훌라우프를 돌려야 해.
> 영혼으로는 가능한 일이지.
>
> 일어서지 못하는 중증 환자의 침대에서도,
> 통증을 움켜쥐는 호흡을 받아낸 들것에서도
> 난간에서 떨어진 사람을 받아낸 여럿의 이불에서도.
> 불난 집 창 매트리스 던져 투신해 살아난
> 여덟 살의 오후에서도
> 암흑에서 빛이 나지막하게 선물을 보낼 것이다.

정글짐과 노랫말을 건너왔니.

나는 바닷물이 가득 찬 건물 비상계단에서
처음이 언제인 줄도 모르게 다이빙을 하고 있었다.
좀 더 영혼에 가까우려면 네모난 훌라우프를 돌려야 해.
좀 더 영혼에 가까우려면 당신이 사라질 수도 있다는
위험한 부담을 안고서.

— 조율, 「네모난 훌라우프」 중에서

"네모난 훌라우프를 돌려야 해"라는 화자의 말은 "좀 더 영혼에 가까우려"는 화자의 의식을 투영하고 있다. "일어서지 못하는 중증 환자의 침대" 등과 같은 것으로 표현된 수많은 현실의 상처와 고통은, "여덟 살의 오후"라는 구체적인 시간성 속에서 철저하게 자기의 상처로 내면화된다. 이러한 상처의 세계는 세상이 폭력적으로 규정해 놓은 언어의 질서를 넘어서지 않고서는 극복할 수 없는 고통의 기록이다. 그래서 그는 오히려 "침묵"을 선택하여 기존 언어의 위계화된 질서를 넘어섬으로써 "슬픈 영혼들의 삶을 디자인하려" 하고, "당신이 사라질 수도 있다는/위험 부담을 안고서"도 현실과의 철저한 결별을 감수하고자 한다. 하지만 이러한 영혼으로의 침잠은 표층적으로 현실과의 거리두기로 드러나는 것일 뿐, 실제적으로는 가장 현실에 민감하게 반응하는 역설적 태도가 아닐 수 없다. 즉 상처와 고통으로 점철된 화자의 기억에 대한 거부인 "영혼으로는 가능한 일"의 세계는, 결과적으로는 상처와 고통에 대한 자기 고백의 방식이자 어루만짐의 수사적 장치가 되는 것이다. 아마도 이러한 아이러니는 네모와 동그라미로 규정된 세계의 관습화된 질서에 대한 거부의 형식으로, 동그라미의 질서에 편입되지 못한 네모의 왜곡된 세계에 대한 연민과 동정의 시선을 내면화하는 태도가 아닐까 싶다. 이처럼 주체가 바라본 대상을 주체의 내면 안으로 이끌어 들이는 시인의 태도는, "곡선의 족보에서 누락된 불손하고 견고한, 가여운 직선의 후손들"의 아픔을 어루만지고 기억하려는 강연우의 「혐의」에서도 찾아볼 수 있다.

마침표는 미래의 온상인가 체념의 표상인가 무수한 질문을 가졌지만 어째서 대답은 하나뿐인가…… 곡선의 족보에서 누락된 불손하고 견고한, 가여운 직선의 후손들에게…… 능숙한 제빵사처럼 말줄임표를 반죽하는 시간 단념은 신앙이 됐다

엊그제는 乙이 컨베이어벨트에 끼어 죽었고 어제는 乙이 몸에 석유와 불을 함께 놓았다 오늘은 乙이 그리고 내일은 乙이…… 미래에 매복하고 있는 죽음이 낮은 포복으로 기어오고 있는 동안

눈치를 보며 현재는 발발(勃發)하고 있다 벚꽃의 독재가 시작될 테다 누구도 서성거리지 않는 죽음 누구도 울지 않는 죽음 그리하여 죽음일 수 없어 누구도 죽지 않는 죽음 태연히 잊고 무리를 지어 벚꽃나무 아래 햇살을 탕진하게 될 테다 그러고는 사랑해, 꽃잎의 빗살과 빛깔의 은유를 머금고 서로에게 사랑을 고백하게 될 테다 그런가, 우리는

손뜨개처럼 엇갈리며 종이 위로 이어지는 상념의 문장들 마침내 어깨를 떨어뜨린다 서글퍼서가 아니다 방안에 함부로 엎질러진 녹슨 철탑 십자가가 가여워서도 아니다 당신에게 보내려 접어 둔 편지지의

모서리에서 모서리를 벗기고 나온

모서리는

— 강연우, 「혐의」 중에서

화자에게 이 세계는 "질서정연하게 반복하는 죄들"의 세상이다. 하지만 이런 세상은 정당한 죄의 값을 치르기는커녕 "벌이 아니어 죄가 아니고, 죄가 아니어 결국 벌이 아닌" 언어도단의 왜곡으로 가득 차 있을 뿐이다. 그럼에도 불구하고 언제나 "대답은 하나뿐인" 세계로 강요되고, 은근슬쩍 넘어가려는 능수능란하고 교묘한 "곡선의 족보"를 가장 인간답다고 강조하는 인간의 화술 앞에서 "직선"의 날카로움은 무기력에 빠지는 순간이 점점 더 많아질 따름이다. 끊임없이 "죽음"으로 미끄러지는 "乙"의 세계에서 "미래"는 "낮은 포복으로 기어오고 있는" "죽음"의 시간의 연속이어서, 또 다른 죽음을 예고하는 "매복"의 위험성 앞에서 두려움에 떨고 있는 존재가 바로 "乙"이 마주한 부정할 수 없는 현실의 모습인 것이다. 그래서 늘 "현재"는 "눈치를 보며" "발발하고 있"을 수밖에 없고, 세상 도처에 일상화된 乙들의 죽음 앞에서조차 무감각한 언어들이 만들어 내는 "꽃잎의 빗살과 빛깔의 은유"가 "사랑"마저도 허위적인 것으로 만들어 버리는 현실에 아파하지 않을 수 없다. 앞서 조율의 시에서 "네모"의 현실에 담긴 "슬픈 영혼"의 모습처럼, 강연우의 시에서 "모서리"가 지닌 상징성이 처절하고 위험한 이유도 바로 여기에 있다. 끝끝내 "모서리에서 모서리를 벗기고 나온" "모서리"의 세계는 결국 "곡선의 족보"가 만든 허위적 질서에 편입되어 버리고 마는 수많은 乙들의 현실은 아닐까. 이러한 모습을 그저 안타깝게만 바라보고 있는 화자의 내면이 지금 우리가 현실에서 직면할 수밖에 없는 무기력한 주체의 이정표가 되어 버린 것은 아닐까. 그렇다면 화자가 말한 "혐의"의 주체는 결국 "모서리"의 "불손하고 견고한" 힘을 지켜내지 못한 내면의 무기력함에 있는 것일지도 모르겠다. 그리고 이러한 불화의 세계에 대한 전면화는 그만큼 더욱 진정한 소통을 열망하는 시의 역설적 전략이 될 수도 있지 않을까 싶다.

이런 점에서 이병국의 「파란불이 켜지고 소년이 길을 건넙니다」는 시간의 질서를 무너뜨리는 의도된 착란과 주체와 대상의 관계가 무너진 현실 세계를 통해 불화의 극단을 보여 준다는 점에서 주목된다. 앞/뒤, 어제/오늘의 착종 속에서 주체의 자리는 현실감을 잃고 "무관한 세계"로 사라져 버린다. 이는 "지울 수 없어 곤란"한 현실 세계로부터 벗어나려는 내면의 치열한 강박으로부터 비롯된 환상의 시공간인데, 그 속에서 화자는 "몰래 끊어진 가끔의 하루에 밑줄이 고"이는 내면의 시간과 다시 정직하게 마주하게 된다. 불화의 시공간 안으로 의식적으로 들어가 소통의 부재를 갈망하는 양가적이고 이중적인 시선으로부터 화자의 목소리는 시적인 언어로 재구성되는 것이다.

차가 소년에게 다가갑니다
짧게 치고 갑니다

앞자리에 앉은 친구가 뒤를 돌아봅니다
고개를 외로 틀고
어제의 일을 들려줍니다

이를테면, 공원 벤치에 앉아 아직 풀리지 않는 낯선 바람을 읽던

일과 상대에게로 조금씩 기우는 몸을 퍼뜩 깨닫던 일과 버스 의자에
파묻혀 폭신폭신한 마음으로 졸고 있던 일과

그리고

파란불이 붉게 물들었던 일과
친구의 입술에 얹힌 이름을

지울 수 없어 곤란합니다

— 이병국, 「파란불이 켜지고 소년이 길을 건넙니다」 중에서

일상의 결핍 혹은 상실에서 비롯된 '가난'이라는 물질성의 세계를 주체의 내면에 각인된 '감각'의 세계로 구체화한 『이곳의 안녕』(파란, 2018)과는 사뭇 다르게, 시간과 공간의 착란이 만들어 내는 이 시의 세계는 어딘가 모르게 혼란스럽고 무질서하다. "차가 소년"을 "짧게 치고" 간 순간 "앞"과 "뒤"의 교란으로 사건의 시간성에 착란이 발생하고, 현실을 회피하려는 의식적인 시선은 정면을 응시하기보다는 "외로 틀"어 오늘의 사건을 아직 일어나지 않은 "어제의 일"로 덮어 버리려 한다. 이러한 화자의 의식적인 거부는 "지울 수 없어 곤란"한 사건으로부터 달아나려는 지독한 강박의 결과이다. 하지만 아무리 벗어나려 해도 화자의 기억 속에는 "파란불이 붉게 물들었던 일과/친구의 입술에 얹힌 이름"이 내면 깊숙이 지워지지 않는 자리로 각인되어 있음은 부정할 수 없는 현실이다. 현실로부터 빗겨 난 기억 속 시공간의 세계를 상상함으로써 현실과의 절연을 시도해 보지만, 여전히 화자는 "지우개 밑에 고스란히 남아 있는" 상처와 고통의 시간

을 살아갈 수밖에 없음을 깨닫게 될 뿐인 것이다. 그래서 화자는 "전생이 고양이였으면 좋았겠다는" 현실 너머의 생각으로 현실의 시공간을 자꾸만 벗어나려 시도해 보지만, 화자의 의식 공간은 "대충 깎은 연필이/그대로"인 일상처럼 여전히 현실의 그 자리에 머물러 있는 주체를 거듭 확인하게 될 뿐이다. 이처럼 환상적이고 기묘한 시공간 안에서 화자는 "무관한 세계가 나를 치고" 가는 현실을 상상과 기억의 세계로 내면화하고, 그 속에서 "*나는//살아있습니다*"라는 윤리적 존재로서의 무거운 성찰을 하게 된다. 이토록 지독한 사건의 현실화 속에서도 "다만/모른 척/친구의 이야기를 듣"는 우리의 무감각한 현실이 '오늘'이 아니고 "어제의 일"이었으면 하는 생각은, 최소한의 윤리적 세계마저 부정하려는 아주 위험한 발상이 아닐 수 없다. 일상도처에 만연된 불화의 시간을 견디는 시인의 내면이, 시간의 질서마저 의도적으로 왜곡시켜 버림으로써 애초부터 소통이 불가능했던 세계의 무질서를 상상할 수밖에 없는 이유도 바로 여기에 있다. 불화의 소통을 꿈꾸는 시인의 내면이 너무도 차갑게 느껴지는 것은, 아마도 지독한 역설의 포즈만이 이 세계의 불통을 넘어서는 유일한 전략이라고 믿기 때문이 아닐까.

3. 타자를 향한 시선과 이야기에 대한 기록

이재은의 소설「여기 있었다」역시 불화의 세계에 대한 기록이라는 점에서는 앞에서 살펴본 시의 세계와 크게 다르지 않다. 하지만 이러한 불화의 현실에 대응하는 태도에 있어서는 전혀 다른 방식을 취하는데, 앞에서 살펴본 시의 세계가 불화의 대상들을 끊임없이 주체의 내면으로 호출함으로써 내적 세계와의 치열한 싸움을 드러내는 역설적 태도로 형상화된 것과는 달리, 이 소설은 계속해서 불화의 대상들에게 직접 다가감으로써 그 세계의 말과 감정과 소리를 깊이 응시하려 한다는 점에서 분명한 차이를 보이는 것이다. 대체로 이와 같은 서사의 과정은 불화를 해소하는 단계로 쉽게 진전되는 양상을 드러내기보다는 오히려 불화를 증폭시키고 갈등을 고조시키는 상황으로 치닫기 마련인데, 이러한 어긋남과 실패의 과정을 기록하고 보고하는 것이 바로 소설, 즉 이야기가 탄생하는 순간이라는 점에서 가장 본질적인 소설의 운명을 그대로 보여 준다. 여기에서 이재은의 소설이 지닌 특징이 두드러지게 부각되는데, 「비 인터뷰」(『비 인터뷰』, 아시아, 2019)에서처럼 공식적이고 제도적인 언어의 세계를 부정하고 개별적이고 상황적인 언어의 감각과 소통을 이끌어 냄으로써, 다양한 인간의 삶에 투영된 목소리의 깊이와 차이를 세심하게 읽고 듣는 소설적 언어를 찾고자 한다는 점에서 특별한 의미가 있다. 이재은의 소설이 대체로 '인터뷰이'를 등장시켜 누군가의 말을 들어 주는 행위를 서사적 구조로 삼았던 것은, 실제 자신의 경험이 축적된 자연스러운 결과이면서도 타자를 향한 집요한 시선으로부터 소설의 언어를 찾아야 한다는 방법론적 선택의 결과였다고 할 수 있다.

> 아래층 거주자는 소리나 형상으로 존재를 드러내지 않았다.
>
> 밤마다 펜으로 문장을 적었고, 온점 외에 느낌표와 물음표를 다는 것으로 쓰기를 마치면 열두 개의 계단을 밟고 올라와 현관문에 종이를 붙였다.
>
> -음악을 좋아하는 건 알겠는데 그건 당신 사정, 당신 취향이지 제 기쁨은 아니거든요.
>
> 발소리가 너무 많네요. 두 분이 사시나요? 아니면 세 분?

> 시도 때도 없이 쿵쿵쿵, 망치로 내려치는 듯한 소음은 정말 견디기 힘듭니다.
>
> 아이가 울면 창문을 닫아주세요!
>
> 아트빌, 써니빌, 블루파크와 같은 이름이 유행하기 전에 지어진 엘리베이터 없는 4층짜리 은영빌라였다.
>
> 아이 울음소리라니? 여러 사람이 쿵쿵쿵? 사실과 달랐지만 '얼굴'을 몰랐으며 그녀는 아니라고 반박할 엄두를 내지 못했다.
>
> 소음방지 쿠션 슬리퍼를 주문했고, 노트에 혼자 살아요, 를 썼다 지웠다.
>
> — 이재은, 「여기 있어요」 중에서

소설 속 "그녀"는 대학원에서 석사논문을 준비하면서 초등학교 도서관에서 계약직으로 근무한다. 오래된 빌라 3층에 사는 그녀는 층간 소음에 민감한 또 다른 세입자가 적어 붙여 놓은 문장들에 매일같이 시달린다. 얼굴도 모르는 누군가가 밤마다 붙여 놓은 "온점 외에 느낌표와 물음표"의 문장들은 일방적으로 규정된 사실이 아닌 사실에 대한 불만의 표출이지만, 이에 대응하는 그녀의 태도는 "소음방지 쿠션 슬리퍼를 주문했고, 노트에 혼자 살아요, 를 썼다 지웠다"를 반복하는 소극적 행동에 머무를 뿐이다. 알 수 없는 누군가의 "불만감 표출이 잦아"지면서 더 이상 "침묵할 수 없"어 사실 관계를 밝혀 정중하게 "답장을 썼"지만, 사실 관계의 상대가 확정되지 않은 추정으로 이루어진 답장은 이해관계가 없는 전혀 다른 대상에게 전달됨으로써 불쾌감을 초래하는 상황으로 되돌아올 뿐이다. 이처럼 사람과 사람 사이의 소통이 직접적인 대면으로 이루어지지 않고 문장의 감각으로 전달되는 상황에서 일어나는 오해와 왜곡으로 인한 불통은 너무도 흔한 우리의 일상이 아닐 수 없다. 직접 마주하는 대면의 부재, 그리고 이를 해소하기 위한 무수한 감정의 말들은 또 다른 오해와 왜곡을 불러일으키기 때문이다. 이러한 상황은 늘 타인과의 관계 안에서 직접적인 소통을 하기보다는 "타인의 얘기를 전해 듣는 것 같"은 일상이 우리의 삶 대부분을 차지하는 현실에 그대로 대응된다. 오해를 해소하기 위한 근본적인 처방으로 "공동 출입구를 통과한 남자"와 직접적인 소통을 시도해 보지만, "사람을 함부로 의심하지 말라는 말을" 듣게 되는 악화된 상황은 더욱 가속화될 뿐이다. 결국 그녀 역시 "항의와 의심에 대응되는 말을 써서 자기 집 문에 붙일 수밖에 없"는 문장으로의 소통을 선택함으로써 말들의 무질서에 휩싸인 현실 속 한 사람이 되고 만다. 실체가 불분명한 말들의 관계 안에서 타자를 규정하고 오해하며 왜곡하는 현실을 비판하면서도 결국 그러한 위험을 승인하는 세계에 점점 더 익숙해져 버리게 되는 것이다.

주체보다는 타자를 향해 집중하는 그녀의 시선이 말의 추상성이 아닌 실제적이고 구체적인 관계로 이어진 경우는 '이룩'과의 만남이 사실상 전부였다. 하지만 오토바이 사고로 "신체 일부의 절벽을 받아들"여야 했을 정도로 머리에 심한 상처를 입었음에도 시시콜콜한 추억을 아주 세밀하게 기억하고 있는 이룩과는 달리, 그녀는 "이룩과의 추억에 관해서도 떠오르는 게 없"을 정도로 타자의 이야기를 자신의 이야기와 연결 짓는 삶을 살아오지 못했다. 언제나 그랬던 것처럼 그녀는 지금도 자신의 이야기가 아닌 누군가의 이야기를 듣는 일에 집중하며 살아가고 있을 뿐이다. 도서관에서 들은 학부모들의 말속에서 "숨긴 외로움과 질투의 감정"을 발견하고, 도서관에 찾아오는 '이슬이'의 거짓말을 듣는 데서 "삶을 말하고 듣는 일은 쉬운가, 단순한가, 편을 먹는 건가"를 생각하는, 최소한의 자신과 간신히 마주하는 것이 사실상 전부였던 것이다.

> 도서관 선생님이시죠?
>
> 그렇다고 인정했다.
>
> 5학년 방이슬 엄마예요, 여자가 말했다.
>
> 그녀는 네, 말고 아, 할 수밖에 없었다.
>
> 이슬이가 거짓말했죠?
>
> 여자는 그녀를 이해한다는 표정을 지었다.
>
> 이슬이한테 선생님 얘기 많이 들었어요. 잘해준다고 하더라구요. 고마워요.
>
> *진짜라고 믿는 자에게는 세계가 진짜인 것처럼 보이지만 가짜라고 믿는 자에게는 세계가 가짜처럼 보인다. 세상은 우리가 믿는 바대로 구성되므로 진짜 대 가짜(실재와 가상)의 구분은 무의미하다.*
>
> 진실과 거짓, 사실과 가공. 이분법의 이론은 쉬웠다. 다른 삶을 배제할 때처럼.
>
> 세상이 믿는 대로 구성된다는 말은 그녀가 품은 이상적인 세계관이었다.
>
> — 이재은, 「여기 있어요」 중에서

이슬이의 말을 거짓말로 규정해 버리는 엄마의 말에서 그녀와 이슬이의 지난 대화는 구체적 실체를 잃어버린 추상적인 기호가 되어 버리고 마는 것일까. 이야기의 세계는 분명 가짜의 세계에 그럴듯한 리얼리티를 부여하는 상상의 산물이지만, 이러한 거짓말의 세계야말로 참말의 세계보다 더욱 진짜의 모습을 보여 준다는 데 이야기의 힘이 있다. "세상이 믿는 대로 구성된다는 말은 그녀가 품은 이상적인 세계관"이라는 것은, 소설가의 이야기가 어떻게 문학적 진실을 향해 다가가는가에 대한 명확한 대답을 함축하고 있다. 무엇이 진실이고 또 무엇이 거짓인지를 명확히 가려내야 하는 이분법적 현실은 언제나 "다른 삶을 배제"하는 폭력을 정당화하기에 급급하다. 따라서 거기에는 *"진짜라고 믿는 자에게는 세계가 진짜인 것처럼 보이지만 가짜라고 믿는 자에게는 세계가 가짜처럼 보"*이는 믿음은 처음부터 인정될 수 없는 영역이다. 문제는 이야기의 사실 여부에 있는 것이 아니라, 그 이야기를 왜 하는지 그리고 어떻게 하는지를 세심하게 들어주는 데 있는 것이다. 하지만 문장이 담아낼 수 없는 수많은 왜곡된 세계의 언어로는 진정한 소통을 할 수 없다는 사실을 간과해서는 안 된다. 소설은 바로 이러한 언어의 육성을 직접 듣고 새겨 그것을 문학적 진실로 변용해 내는 과정의 산물이 되어야 한다. "들어주는 마음이 먼저라고 생각했다, 알아주는 마음보다. 나 여기 있어, 라는 눈빛을 내보이면 작은 사람들은 어디서든 목소리를 들려주었다. 택시에서, 병원에서, 그리고 트위터에서. '을'들의 오므라든 말을 붙잡아 단정한 문장으로 펼쳤다. 펼치고 있다."라고, "작가의 말에 적고 싶은 문장"은 실제로 「작가의 말」(『비 인터뷰』, 아시아, 2019)이 되었다. 소설의 제목에서처럼 그녀는 "여기 있었다"라고 말하며 세상과 소통하는 작가가 되길 바란다. 그리고 언제든 세상 사람들의 목소리를 들어 주기 위해 타자를 향한 시선을 놓치지 않음으로써, 그들의 "오므라든 말을 붙잡아 단정한 문장으로 펼"쳐 이야기를 기록하고 만드는 일이 소설의 이정표가 되어야 한다고 믿는다. "새가 운다는 말은 인간이 운다는 말과 다르다."라는 아주 구체적인 인식과 경험으로부터, "소리나 형상으로 존재를 드러내지 않"는 소설의 언어는 진정한 이야기의 세계를 생성해 낼 수 있는 것이다.

4. 지역과 언어

인천 지역을 중심으로 활동하고 있는 세 시인과 한 소설가의 작품을 같은 자리에 묶어 지역과 언어의 특수성을 읽어 내려는 기획 의도는 필자의 역량으로는 도저히 감당하기 힘든 과제였다. 이들의 작품에서 지역은 아주 깊숙이 숨겨진 '기의'로는 존재하고 있을지 모르겠지만, 그것을 표상하는 '기표'의 흔적을 쉽게 노출하고 있지는 않아서 그 실체를 확인하기는 어려웠기 때문이다. 물론 작품 속에서 지역을 떠올리는 특정한 장소가 전혀 언급되지 않은 것은 아니지만, 그것은 사실상 지역과는 무관한 추상적 기호일 뿐 장소성의 구체화로는 볼 수 없었다. 그렇다면 지역을 특정 범주로 묶어 작품 세계를 분석하고 이해하는 방식은 이제는 더이상 유효한 지점이 되지 못하는 것일까? 시와 소설의 장르적 경계마저 쉽게 넘어서기 어려운 상황에서, 이러한 지역성에 대한 고민까지 함께 하는 것은 더더욱 곤혹스러운 일이었음을 솔직히 고백하지 않을 수 없다. 아마도 이와 같은 문제는 인천이라는 특정 지역만의 상황이라기보다는 전국적으로 일반화되고 보편화된 결과가 아닐까 싶다. 우리 사회 전반에 로컬(Local)에 대한 인식이 점점 더 강화되고 있는 현실을 생각한다면, 지금 우리 문학에서 지역의 실종은 문학적 보편주의를 향한 과도한 열망을 반영하는 것이라는 점에서 시대에 역행하는 것은 아닌지 냉정하게 묻지 않을 수 없다.

물론 지역성의 강조가 단순히 특정 장소를 소재로 삼거나 지역 언어를 구사하는 지극히 표층적인 차원에서 실현되는 것은 결코 아니다. 지금 우리에게 지역의 문제는 인간의 미래를 설계하고 구상하는 비판적 성찰의 지점이고, 규범과 제도라는 명목하에 독점적 지위를 누렸던 세계에 대한 균열의 징후가 되어야 한다. 완고한 세계로 구축된 중심의 틈새를 파고드는 전략이야말로 지역적 사유와 실천의 가능성을 열어 내는 지점이라고 할 수 있는 것이다. 이것은 결국 인간의 삶의 문제이므로 특정 장소와 언어의 문제를 넘어선 더욱 본질적인 세계관을 요구한다. 아마도 이러한 추상적 로컬 인식을 인간의 일상 안으로 이끌고 들어오는 데서 지역문학의 자리는 새로운 문제의식을 도출해 낼 수 있지 않을까 생각된다. 또한 오랜 시간 동안 의심 없이 보편적 질서로 수용되어 온 중심의 언어를 의도적으로 위반하는 데서 지역의 언어는 표준어/방언의 위계화된 이분법을 넘어서는 새로운 의미를 끊임없이 생성해 낼 수 있지 않을까 싶다. 조율, 강연우, 이병국의 시와 이재은의 소설에서 두드러진 언어에 대한 탐색이 결코 예사롭지 않았던 이유도 바로 여기에 있다. 이들의 작품 속 언어를 쉽게 따라가지 못한 오독은 전적으로 필자의 탓일 뿐만 아니라, 한 가지 의미로 수렴되기를 처음부터 거부하는 언어의 틈새를 애써 메우려는 필자의 시도 또한 제도적 언어에 길들여져 버린 관습적 욕망은 아니었는지 스스로에게 따져 묻지 않을 수 없다. 관습화되고 규범화된 언어의 질서로부터 벗어나려는 데서부터 지역의 언어는 새로운 의미를 생성해 낼 수 있다. 제도적 언어 질서 바깥의 언어가 만들어 내는 조금은 다른 세계의 모습에 대한 상상이, 낯설고 기이하면서도 중심의 언어가 보여 주지 못한 새로운 감각을 열어 주는 아주 특별한 경험이 되었음을 고백하지 않을 수 없다.

인간에 대한 성찰과 예술가로서의 의사

박문하의 수필 세계

1. 수필의 본질과 인간에 대한 성찰

수필을 일컬어 '붓 가는 대로 쓴 글'이라고 정의하다 보니 생활 주변의 관심사나 인생의 소소한 순간을 기록하고 정리하는 잡문(雜文)으로 이해할 때가 많다. 물론 이러한 수필의 정의는 일정 부분 타당하고 그 자체로도 의미 있는 문학의 양상이라고 할 수 있지만, 이와 같은 수필의 제한적 이해는 자칫 수필 장르의 본질을 신변잡기 정도로 폄훼하는 오해를 불러올 소지가 있다. 이러한 수필의 일반적 정의와는 달리 박문하는 "문학은 천재의 것이나 수필은 만인의 문학이다."라고 하면서, "수필은 모든 사람들이 문학에 접근할 수 있는 징검다리와 같은 것"으로 작가와 대상을 중심으로 그 의미를 새롭게 규정했다는 점에서 주목된다. 덧붙여 그는 "가슴으로 시를 쓰고, 머리로써 평론을 쓴다면, 수필은 두 다리로써 쓰는 문학"이라고 하면서, "수필은 인생과 생활을 단단히 딛고 선 묵직한 두 다리 없이는 써지지 않는 것"[1]임을 강조하는 전문적이면서 대중적인 수필 장르의 속성을

1) 박문하, 「수필이란 무엇인가?」, 『우하 박문하 전집 Ⅱ』, 부산광역시문인협회, 2008, 221쪽. 이하 박문하의 수필 인용은 모두 이 책에서 했으므로 제목, 권호,

밝히기도 했다. 이처럼 수필은 신변잡기의 기록이라는 차원을 넘어서 인간의 삶 가장 가까이에 다가서는 문학 장르로, 누구나 자신들의 생활 속에서 사색하고 인식하고 느낀 바를 정서적으로 때로는 지적으로 담아낸 글이라고 할 수 있다.

이런 점에서 수필은 다른 장르보다 개성적이고 자유분방하고 관조적이며 성찰적인 속성을 지닌다. 그리고 이러한 수필의 특성은 언제나 인간을 중심에 둔 사유에 바탕을 두고 있다는 점에서 인간의 삶에 대한 근본적 성찰과 실천적 방향성을 제기한다는 데 특별한 의의가 있다. "수필은 기교의 문학이 아니고 나이의 문학"[2)]이라는 또 다른 정의는 바로 이러한 생각에 근거한 것이다. 인생의 경험과 연륜이 필요한, 그래서 삶을 뒤돌아보고 그 의미를 되새기는 자기 성찰의 형식이라는 것이다. 이처럼 수필은 인간에 대한 성찰을 가장 본질적인 특성으로 삼는다는 점에서 일상의 한가운데에서 생활의 지혜와 밀착될 수밖에 없고 인생의 궁극을 탐구하는 철학적인 속성을 지니게 된다는 것이다.

이러한 수필의 의의와 가치를 누구보다도 중요하게 생각한 박문하로서는 "수필을 한국 문학의 부록"[3)]정도로 여기는 세간의 태도를 단호하게 비판했다. 또한 "'현대의 사막 속'에서 생활의 정서인 오아시스를 찾아 헤매는 것이 곧 현대 수필문학의 정신"[4)]이라는 점을 무엇보다도 강조했다. 따라서 그에게 수필은 인간의 생활 가장 가까운 곳에서 자유로운 형식과 표현으로 인생을 통찰하고 삶의 지혜를 발

쪽수만 밝히기로 함.

2) 위의 글, 222쪽.

3) 「수필잡감(隨筆雜感)」, Ⅱ권, 125쪽.

4) 「수필이란 무엇인가?」, 222쪽.

견하는, 그래서 삶과 문학의 일치를 지향하는 대표적인 문학 장르였다고 할 수 있다. 그가 참여했던 『윤좌』, 『수필』 동인들의 면면과 그들이 남긴 수필을 살펴보면 이러한 특성을 분명하게 확인할 수 있다. 청춘의 시절을 지나 말년에 이르러 자연스럽게 자신이 살아온 시간을 반추해 보고 그 공과를 정직하게 되묻는 성찰의 순간이 찾아오면, 시인이든 소설가든 아니면 교육자든 경제인이든 대부분의 사람들이 수필이라는 장르를 가장 중요한 글쓰기의 방편으로 곁에 두게 된다는 사실을 자연스럽게 보여 주는 것이다.

2. 의사에서 수필가로의 인생 여정

이미 알려졌다시피 박문하와 그의 가족이 살아온 인생 역정은 너무도 파란만장하다. 식민지 시기 중국에서 망명 생활을 하는 동안 조국 독립에 헌신한 형제들은 모두 불령선인(不逞鮮人)으로 낙인찍혀 일제의 감시와 탄압을 극심하게 받았다. 맏형 이문희는 북경 화북대학 교수로 재직하던 중 일경에 체포되어 3년간의 옥고를 치렀고, 둘째 누이인 박차정은 의열단 단장 김원봉과 결혼하여 해방되기 6개월 전 중국 곤륜산 전투에서 전사했다. 또한 박문하 자신도 상해에서 의열단 사건에 연루되어 작은형 이문호와 함께 체포되었다가 형은 일본 장기형무소에서 5년 형을 치르는 동안에 옥사했고, 그는 미성년의 신분이라 형을 면하고 본국으로 송환되는 조치를 당했다. 이처럼 가족 모두가 산산이 흩어져 죽고 병든 상황에서 어린 박문하는 홀로 조국에 남게 되었으므로 자신의 몸을 의지할 만한 곳은 산사(山寺)에 드는 것 말고는 다른 방법이 없었을 것이다. 그래서 그는 청도 운문사에 들어가 1년 남짓 가승(假僧) 생활을 했는데, 이때 독학으로

의학 공부를 하고 의사 검정시험에 합격하여 고향인 부산 동래에서 의사의 길에 들어서게 되었다.[5)]

이러한 박문하와 그의 가족이 걸어온 인생 역정에서 알 수 있듯이, 그는 의사로서 실제 자신의 진료 경험을 토대로 의학적 지식에 바탕을 두고 인간의 몸에 대한 다양한 이야기를 수필로 남겼다. 첫 수필집 『배꼽 없는 여인』(1960)에 수록된 작품 대부분이 이러한 경험에서 비롯된 이야기를 담아내고 있는데, '혈액형', '상상임신', '맹장염', '제왕수술', '소파수술', '상해진단서' 등 의료 현장에서 사람들이 직접 경험하거나 의문을 가진 의학적 사례들을 중심으로 독자들에게 평이하게 의학적 진실을 알려주는 형식을 취하고 있다. 이러한 그의 수필에 나타난 특징은 "인술의 미학"[6)], "의사로서의 체험이 바탕을 이루"는 "생활수필"[7)]로 평가되었고, "그의 수필에는 의학도가 아니고는 못 쓰는 그 방면의 온축(蘊蓄)"[8)]이 있다는 개성적 특징이 부각되기도 했다. 이처럼 박문하에게 수필 창작은 의사라는 직업과 떼래야 뗄 수 없는 직접적인 연관 속에서 생활 속 의학에 담긴 삶의 지혜와 통찰을 보여 주는 데 궁극적인 목적이 있었다.

> 사람의 정신 및 육체적 질병을 다스리는 의사들은 과학자이면서 동시에 예술가적 수련과 지식이 필요할 때가 많다. 질병의 원인이 단순한 병균이라고 생각하던 시대를 이미 지나서 정신 및 육체적 스트레스가 모든 질병을 일으키는 큰 원인이라는 세리에 박사의 신병원설을

5) 「사남매가 광복군으로」, I 권, 89~92쪽 참조.
6) 최해군, 「인술의 미학으로 쓰는 수필」, I 권, 25쪽.
7) 김천혜, 「박문하의 수필 세계」, I 권, 57쪽.
8) 김소운, 「우하와 나」, I 권, 74쪽.

> 받아들인 오늘의 의사들은 질병뿐만이 아니고 좀 더 깊이 환자를 이해하고 나아가서 인간의 병을 고치는 의사에서 사람을 고치는 의사로 그 자체를 바로 잡을 때가 왔다.
>
> 생각하는 기계인 인간을 이해하는 데는 과학의 힘만으로는 도저히 불가능이 있다. 의사는 병자를 이해하기 위해서는 예술가가 되어야 하며 철학가와 소설가의 지(智)와 재(才)를 겸비(兼備)해야 한다고 말한 앙드레 모로와는 의사를 바로 이해한 사람이다. 의사들 중에는 예로부터 예술가를 겸한 사람들이 많았으니 이제 그들의 업적을 더듬어서 의인들의 정신적 유산을 한번 정리해 봄도 무의미한 일이 아닐 것 같다.[9)]

의사라는 직업을 "과학자인 동시에 예술가"라는 관점으로 인식함으로써 의사이면서 동시에 예술가였던 사람들의 계보를 정리하고 있는 수필이다. "의사는 병자를 이해하기 위해서는 예술가가 되어야" 한다는 말속에는 박문하가 생각하는 의학과 예술의 관계가 함축되어 있다. 그리고 우리가 너무도 잘 아는 정신분석학의 창시자 프로이트 외에 러시아의 문호 안톤 체홉, 영국의 탐정 소설가 코난 도일, 프랑스의 작가 서머셋 모음 등이 실제로 의사로서의 경험에 바탕을 두고 작품 활동을 했다는 사실을 실증적으로 예시하고 있다. 또한 국내 문인 가운데도 박문하와 같은 의사 출신 작가들이 많이 있는데, 식민지 시기 상해로 이주하여 김구의 비서를 역임하면서 여러 편의 소설을 남긴 김광주, 시인으로는 김광림, 김대봉 등이 의학과 문학을 겸했던 대표적 작가들이다. 박문하는 "인간의 병을 치료하는 참다운

9) 「의예술인군상(醫藝術人群像)」, I권, 258~259쪽.

의사가 되려면 적어도 의사란 과학자의 상아탑 속에서만 안주해서는 아니 된다."라는 점을 분명히 했다. 즉 "나는 나 자신이 진실로 의사라고 자각하는 것은 환자를 진료할 때가 아니고 혼자서 조용히 붓을 들고 인생을 관조하는 순간이다."[10]라고 말한 한스 카롯사의 말에 기대어, 인간의 삶을 정직하게 응시하고 성찰하는 예술가적 시선 속에서 진정한 의사로서의 모습을 발견하고자 했던 것이다.

실제로 박문하는 인생의 말년 가까이에 이르면 의사로서의 삶을 정리하고 수필가로서의 제2의 인생을 살 것을 여러 차례 다짐했다. 의사로서 출발한 인생의 시작을 수필을 쓰는 예술가의 삶으로 마감하려는 그의 계획이야말로 가장 수필다운 문학적 여정이 아닐 수 없다. 대부분의 시인, 소설가들이 인생의 끝을 향해 가는 어느 지점에서부터 형식과 기교의 예술로서의 시와 소설 창작과는 일정하게 거리를 두고 자신의 삶을 뒤돌아보는 자기 성찰로서의 수필 쓰기에 매진했다는 사실은 결코 우연이 아닐 것이다. 박문하의 수필 가운데 그의 삶 가까이에서 존경했던 인물들을 대상으로 한 글이 여러 편 있는데, 조금은 예외적이면서도 그의 수필 세계가 궁극적으로 지향하는 인생의 여정을 우회적으로 담고 있다는 점에서 주목된다. 그 대상은 교육자 김하득, 소설가 김정한, 시인 유치환, 서예가 김광업, 의사 서상면 등 다양한 삶의 이력을 지닌 인물들이다. 이 가운데 그와 함께 의료인으로서 우정을 나눈 친구 서상면의 죽음을 두고 한 말은 참으로 의미심장하다. "술을 타산(打算)하고 처세(處世)를 타산하고 인생을 타산해 가면서 살아가는 가장 영리한 친구들이여! 너희들이 그렇게 이해관계를 따지고 타산에 밝아서 얻은 것이 결국 무엇

10) 「의사와 문학」, Ⅱ권, 215~216쪽.

이었던가? 이 죽음 앞에 나서서 솔직하게 한번 답해 보라! 이러한 인간 부재의 세상에서 훈훈한 인간의 체취를 남기고 간 사나이 서상면아! 너의 생애가 부럽구나! 부디 잘 자거라, 네가 뿌려놓고 간 흐뭇한 의인(醫人)의 씨는 결코 헛되지 않을 줄로 믿는다."[11] 아마도 이 글에서부터 박문하는 의사에서 수필가로서의 인생을 본격적으로 시작하는 자신의 문학적 여정에 대해 진정성 있는 결심을 하게 된 것은 아닐까 하는 생각이 든다.

3. 『윤좌』 필화 사건과 '문제적 주인공'으로서의 박문하

수필가로서 박문하에게 부산 지역에서 발간한 『윤좌』 필화 사건은 그의 문학적 지향을 명료하게 드러내는 중요한 계기가 되었다. 1965년 6월 창간된 『윤좌(輪座)』의 동인은 유치환, 이주홍, 김정한, 이영도 등 당시 부산에 거주했던 한국 문학의 거목들과 영문학자 김종출, 경제학자 김석환, 교육자 김하득, 국어학자 박지홍 등 부산 지역의 대표적인 문필가로 구성되었다. 유치환이 쓴 창간 선언에서 "제각기 가진 행로(行路) 위에서 앞서 가고 뒤서 가고 하는 중 지극히 우연히 이뤄진 한 무리의 일행(一行)인지 모른다."라고 하면서, "앞길을 가름하여 알맞은 시간에 알맞은 곳, 훤히 트인 초원(草原)의 한 그루 나무 그늘이나 맑은 계곡 기슭 같은 데서 걸음을 쉬어 둘러앉아 무거웠던 마음들을 풀어놓곤 다시 서로의 이야기에 꽃을 피우는 것"(창간호)으로 '윤좌'라는 동인 이름에 담긴 의미를 새겨 놓았다. 수필 동인지의 성격을 지니면서도 당시 한국 문학을 대표하는 문인들이 참여한 문예지로

11) 「외우 서상면 박사를 보내면서」, Ⅱ권, 399쪽.

서의 의미도 지녔다고 할 수 있는데, 박문하는 3집(1969년 7월 10일)에 「인간 연각 선생」을 발표하면서 본격적으로 동인 활동에 참여했다. 이후 「소주 예찬」(4집), 「古事新解數題」(5집)을 발표했고, 1975년 타계 이후 그가 남긴 일기(1975년 1월 1일~3월 20일)가 유고로 게재되었다.

사실 박문하는 당시 부산 지역 문인들과 활발한 교류를 이어 가고 있었고, 수필가로서 중앙 문단에도 이미 명성이 자자한 상태였으므로 이주홍과 함께 『윤좌』 창간을 주도했다. 그런데 창간호에 발표하려 했던 원고 「새벽에 돌아오다-외박의 정신분석」이 학생들의 교육에 부정적인 영향을 미칠 우려가 있다는 의견이 개진되자 원고를 철회하면서 한동안 〈윤좌〉 동인들과 일정한 거리를 두었다. 『윤좌』 창간 발기인이면서 동인이었던 그가 창간호에 글을 싣지도 않고 참여도 하지 않은 이유가 여기에 있었던 것이다. 이때의 속사정에 대해 이주홍은 「윤좌 10년사」(9집)에서 후일담으로 자세하게 밝혀 놓았는데, '성(性)'이라는 인간의 본성을 문학적 주제로 삼는 데 있어서 당시 문인들이 대체로 어떤 생각을 가졌었는지를 엿보게 하는 흥미로운 필화 사건이 아닐 수 없다.

> 우하 박문하 씨의 『윤좌』 필화 사건. 『윤좌』를 내자고 뜻을 같이한 창간 동지는 최초 박문하, 이용기, 김하득, 박지홍, 유치환, 나, 그랬다. 모의 장소는 우하의 안방. …… 이들 창당(?) 성원들 중에서도 누구보다도 열심인 것은 우하였는데, 그가 써 온 글이 문제였다. 왈 「새벽에 돌아오다」. 불란서 영화 제명을 그대로 따서 쓴 것인데, 내용인즉 창녀굴에서 자고 새벽에 돌아오는 후련함의 우하 특유의 솔직취미의 흑색 풍류물인 것이다. 원고를 읽어 보고 나자 나는 즉시 난색을 보이지 않을 수 없었다.

박문하의 문제작 「새벽에 돌아오다 - 외박의 정신분석」은 큰아들을 사고로 잃고 몸과 마음에 큰 상처를 안은 채 살아가는 한 나약한 존재의 그림자가 짙게 투영된 수필이다. 아들이 다니던 교회 의식으로 장례를 치르고 차라리 종교에 귀의할까 고민하기도 했지만, 그것은 "도리어 위선이며 자기기만일 것만 같아서 단념을 해버리고 말았다."(503쪽)는 데서, 자신에게 던져진 극한의 고통 앞에서도 허위적 가면만큼은 쓰지 않으려 했던 강한 자의식을 느낄 수 있다. 그의 문제적 행동인 '외박'은 바로 이러한 자신과의 싸움으로부터 비롯된 절박한 행위였다고 할 수 있다. 하지만 "남성 일반의 외박행위가 단순한 육체적 욕구불만의 소치라면 나의 경우는 정신적 욕구불만이 외박의 원인이 되는 것 같다."(502쪽)에서 알 수 있듯이, '외박'에 내재된 한 개인의 상황과 내적 의미를 이해하지 못한 채 오로지 그것을 세속화된 시각으로만 읽어 내려는 세상의 지독한 편견의 위험성을 경계하지 않으면 안 된다고 생각한 것이다. 그는 "내가 현재 처하고 있는 사회적인 부조리한 환경과 이방인 같은 고독감이" 밀려오면 "정신적인 폭발"이 일어날 것만 같은데, "술을 먹는 것만으로써는 이러한 정신적 폭발을 막아낼 수는 없다."라고 했다. 이때 '외박'은 "나를 구속하고 있는 모든 것에서 해탈될 수 있는" 구원과 정화의 의미를 가져온다는 점에서, "정신적인 자유" 혹은 "마음의 깨끗한 공백 상태"를 넘어 "종교의 영역"(502~503쪽)처럼 자신을 변화시킨다는 것이다.

> 가슴이 답답하면 차라리 밖에 나가서 내 생리대로 술이라도 진탕 마시고 외박을 하고 돌아오는 것이 나대로의 진실이며 참된 모습인 것만 같았다. 이렇게 술을 폭음하고 외박을 한다고 해서 나는 조금도 몸이나 마음이 타락된다고 느끼어 본 적은 없다. 그것으로 해서 나는

도리어 인간세탁과 같은 나 자신의 정화를 느낄 뿐이다.(중략)

내가 어지러운 나 자신을 정리하고 한 편의 글을 쓸 수가 있는 것도 이러한 외박을 하고 난 다음날의 일이다. 초등학교 시절에 선생님이 달음박질 연습을 시킬 때 우리는 출발을 잘못하여 여러 번 출발점으로 되돌아가서 다시 시작한 때가 있었다. 지금의 내 외박행위도 어린 시절의 경기연습처럼 어딘가 모르게 잘못된 인생을 다시 길 잡아 보려는 몸부림 같은 것이 아닌가 생각된다. 외박을 하고 새벽 일찍이 집으로 돌아올 때 나는 진정 부활이라는 성어(成語)를 빌려도 조금도 욕되지 않고 부끄럽지 않은 나 자신의 인간부활을 느끼게 되는 것이다. (503~504쪽)

'외박'이라는 말이 표상하는 선정성과 세속성에만 주목하는 일반적인 인식과 태도의 편협성 자체가 오히려 가장 세속적인 발상이 될 수도 있다는 것이다. 박문하에게 '외박'은 '진실'과 '참된 모습'을 찾기 위한 의지적 행위로, 어지러운 자신을 정리하고 정화하는 가장 순수한 행동 양식이었다는 점에서 세속적인 것과는 처음부터 거리를 두고 있었다. 그래서 그는 외박을 한 다음 날이면 글을 쓸 수가 있었다고 말한다. 글쓰기라는 행위는 자신이 세속적 인간으로서의 허위성을 걷어 내고 진정으로 본질적인 자아와 만나는 순간이라는 점에서, 세속적 자아에게 남겨진 상처와 고통을 극복하는 일종의 씻김굿과 같은 의미가 된다. 마치 출발을 잘못한 경기에서 다시 출발선으로 되돌아가 새로운 출발을 준비하는 과정과 같은 의미를 지니는 것이다. 이런 점에서 박문하에게 '외박'은 타락한 세상과 맞서는 지극히 순수한 존재의 의도된 타락의 방식을 드러낸 것으로 볼 수도 있다. 그래서 그는 외박으로 인해 세상으로부터 '문제적 주인공'의 모습으로 비치는 것을 전혀 마다하지 않았다. 오히려 이러한 그의 태도는 부조리한 세계와 맞서는 진정한 자아의 위악적(僞惡的) 글쓰기 행위였음을 주목하지 않으면 안 된다. 악한 세상과 맞서는 주체의 모습이 '위선'이 아닌 '위악'일 때 세상의 모순은 더욱 적나라하게 노출되기 마련이다. 풍자 혹은 해탈의 방식은 바로 이러한 모순된 현실에 대응하는 가장 문학적인 방식이다. 결국 박문하가 말하는 '외박'의 의미는 위선적 세상을 향해 던지는 위악적 메시지로, 가장 진실하고 순수하고 본질적인 자아의 목소리를 찾고자 하는 현실에 대한 풍자적 자세를 드러낸 것으로 이해할 수 있다.

당시 향파 이주홍이 박문하의 글을 읽고 난색을 표한 이유는 크게 두 가지였는데, "인간적인 대우에 있어서 자기 부인에 대한 공개적인 윤리적 배덕"이라는 점과, "잡지를 고등학교, 대학에 널리 펼 작정으로 있었던 형편에서 그런 글은 반드시 무슨 말썽을 몰고 올 터"라는 우려 때문이었다. 이러한 평가를 도저히 인정할 수 없었던 박문하는 다음날 제출한 원고를 바로 회수하고 이주홍과의 문학적 인연에 절교를 선언하는 단호한 태도를 드러냈다고 하니, 그의 문학적 신념과 결기는 정말 남다른 데가 있었다고 할 만하다. 그의 수필 곳곳에 향파 이주홍과의 각별한 인연이 담겨 있고, 그가 낸 수필집 표지화와 장정 등을 이주홍이 직접 했던 경우가 많았음을 미루어 볼 때, 자신이 가진 문학적 신념과 세계관에 대해서만큼은 어느 누구와도 절대 타협하지 않았던 박문하의 문학적 결의를 확인할 수 있는 사건이 아닐 수 없다. 결국 이 수필은 『윤좌』가 아닌 『수필』(1965년 7월)에 게재되었고, 수년 후 이주홍과는 서로의 오해를 풀고 인연을 이어나가 말년에 이르기까지 『윤좌』를 비롯해 부산 문학의 발전을 위해 헌신했던 것으로 알려져 있다.

앞서 언급한 대로 박문하의 직업은 의사이다. 그의 수필 대부분이 의학적 전문 지식을 토대로 인간의 생명을 탐구하고 의사로서의 윤리를 실천하는 데 초점을 두었다. 이때 생명은 인간의 몸에 대한 사유와 본질적으로 연결될 수밖에 없는데, 그 결과 그의 수필은 인간의 몸과 생명에 관한 생물학적, 철학적, 사회적 통찰에 크게 기대고 있다. 그는 "우리나라에는 옛날부터 남녀칠세부동석이니 하는 유교 사상으로 성행위를 부도덕 내지 죄악시하는 경향이 많았"으므로 "정신 및 환경적으로 성문제는 좋지 못한 후진성 속에서 버림받고 있었다."[12]라는 사실을 비판적으로 인식했다. 따라서 그는 인간의 성에 대한 본질적 탐구와 이해야말로 가장 문학적이고 철학적인 주제가 되어야 한다고 보았다. 또한 이를 제재로 삼는 문학 작품은 화자 혹은 서술자라는 가면(persona) 뒤에 숨어 외면과 내면의 모순을 아이러니로 합리화하는 허위성을 걷어 냄으로써 진정한 의미에서 인간의 진실에 다가서는 것이 되어야 한다고 주장했다. 인간의 성장 과정에서 결핍된 문제를 해소하기 위한 욕망의 승화를 예술 창작의 과정으로 보고, 그것을 인간의 성격 구조인 리비도-에고-슈퍼 에고의 작용으로 이해한 프로이트의 정신분석학적 관점에서 문학의 의미를 이해하고자 했던 것이다.

물론 향파 이주홍이 박문하의 수필이 지닌 이러한 심리적 기제와 성적 표현의 숨은 의미를 전혀 이해하지 못했던 것은 아니었다. 하지만 표면적으로 드러난 이야기에서 그 이면의 숨겨진 본질을 이해하기에는 역부족인 학생 독자들의 현실을 생각하면, 괜한 호기심을 자극하는 세속적 상상력의 확장을 지레 걱정하지 않을 수 없었을 것이

12) 「복상사」, 『우하 박문하 전집 Ⅰ』, 부산광역시문인협회, 2008, 133쪽.

다. 이주홍과의 오해는 바로 여기에서 발생한 것으로 볼 수 있는데, 누구보다도 박문하의 수필과 문학적 지향을 공감하고 지지해 준 이주홍과의 『윤좌』 필화 사건은 성교육이라는 말조차도 꺼리던 1960년대 한국 사회의 후진적 성 의식을 그대로 보여 주는 사건이다. 1975년 3월 31일 이주홍은 일기를 통해 "우하가 새벽 3시 40분에 운명했다는 전화. 필경에 와 질 것은 와지는 것일까. 그저 허무라고나 하면 말을 다하는 것이 될까"[13]라고 후배를 먼저 떠나보낸 안타까운 심경을 적어 두었다. 『윤좌』 창간을 둘러싼 필화 사건은 아주 잠시 두 사람의 인연을 멈추게 했지만, 결국 우하와 향파는 『윤좌』와 더불어 영원한 인연을 이어 갔다고 할 수 있다.

이처럼 박문하의 수필 「새벽에 돌아오다 - 외박의 정신분석」은 세속화된 세계의 모순과 대립하는 작가의 운명과 진실을 추구하는 희망을 담은 문제적 작품이다. "외박이라는 말만 들어도 귀한 얼굴에 오물이라도 튕긴 듯 기겁을 하고 달아나는 옹졸한 사람"을 정직하게 응시하면서, 바로 "이러한 사람들일수록 그 뒷구멍을 들추어 보면 별별 구린내 나는 일이 많다"(503~504쪽)라는 통렬한 풍자와 비판의 메시지를 담고 있다. 프로이트는 인간의 인격 형성 과정을 성욕에 따른 5단계, 즉 리비도(Libido)가 신체의 성감대, 곧 입, 항문, 남근 등 어느 부위에 집중하느냐에 따라 결정된다고 보았다. 구강기-항문기-남근기-잠복기를 거쳐 소위 사춘기에 이르면서부터 죽을 때까지의 시기를 성기기(Genital stage)라고 명명했는데, 평생 잠복되어 있던 리비도가 성기에 집중되는 단계로 생물학적 욕구 조절을 통한 이상적인 인격 형성의 시기라고 본 것이다. 의사로서 누구보다 인간의

---

13) 이주홍, 「又續春風秋雨點點錄」, 41쪽.

몸에 관심을 가졌던 박문하가 성욕이라는 문제를 후진적인 세속의 시선이 아닌 인간의 인격 형성과 연관된 심리학적인 문제로 접근한 이유도 바로 여기에 있다. 즉 그에게 있어서 인간의 성에 대한 탐구는 인간의 근원과 성숙을 이해하는 인격 형성의 과정이라는 가장 본질적인 탐색의 의미를 지녔다고 할 수 있다. 결국 문제는 성의 묘사나 표현 혹은 성적 상상력의 형상화에 있는 것이 아니라 그것이 얼마나 윤리적인 자기 성찰의 모습을 보여 주느냐에 있다. 따라서 이러한 삶의 태도는 "춘원이 일찍이 그의 글 속에서 외박을 하고 돌아올 때 형언할 수 없는 마음속의 가책과 자기혐오를 느끼었다."(501쪽)라고 말한 것처럼, 타락한 세상의 질서에 스스로 동화되는 세속 일반의 비윤리성과는 철저하게 구별할 필요가 있다.

G. 루카치는 소설의 주인공을 일컬어 '타락한 사회에 타락한 방식으로 진정한 세계의 모습을 추구하는 문제적 주인공'이라고 했다. 여기에서 '문제적 주인공'은 세속적으로 말해 '문제아'라는 것인데, 주인공이 살아가는 세계가 모순과 불합리로 가득 찬 세상이므로 그 속에서 사회의 질서에 순응한 채 모범생이 된다는 것은 곧 부당한 세상에 영합하는 꼴이 되므로 소설의 주인공은 의도적으로 세계와의 불화를 견디는 인물이 되어야 한다는 것이다. 즉 소설의 주인공은 이러한 세계와 근본적으로 대립하면서 불합리한 현실과 맞서 싸우는 문제적 인물로 형상화되어야 한다고 보았다. 서정 장르로서의 시가 '조화'를 통한 동일성의 구현에 장르적 본질이 있는 반면에, 서사 장르의 대표격인 소설의 구조적 핵심이 '갈등'을 통한 현실 비판에 초점을 두는 이유도 바로 여기에 있다. 이러한 루카치의 문학적 관점은 소설이라는 장르에만 적용되는 것이 아니라 문학 일반의 가치와 지향을 염두에 둔 것으로, 문학은 언제나 현실과는 일정한 거리를 두고 시대

와의 불화를 숙명처럼 받아들임으로써 비판적이고 성찰적인 태도를 지녀야 한다는 점을 강조한 것이다. 이처럼 수필가로서의 박문하는 의도된 시대와의 불화를 통해 불합리하고 모순된 세상의 이면을 들추어내고 이를 통렬하게 비판하는 '문제적 주인공'이었다고 평가할 수 있지 않을까.

4. 인간의 근원에 대한 탐색과 윤리적인 자기 성찰

박문하의 수필은 대체로 의학 지식을 생활 속에서 쉽게 전해 주는 일종의 의학 칼럼의 성격을 지닌 것이 많다. 우리가 흔히 생각하는 위트와 감동을 전하는 서정적 수필이라기보다는 삶의 한가운데서 발견되는 지혜를 의사로서의 경험을 바탕으로 정리하는 생활수필의 면모가 뚜렷하다고 할 수 있다. 특히 의사로서 인간의 몸에 대한 세심한 관심으로 성(性)에 대한 탐구를 거침없이 펼쳐 내고 있다는 점에서 아주 문제적인 성격을 지닌다. 이러한 그의 수필 세계는 궁극적으로 인간의 본질적 세계와 정직하게 만나고자 하는 의지적 태도를 드러낸 것으로, 부조리와 모순으로 가득 찬 현실의 위선을 비판하는 성찰적 목소리가 중심을 이룬다. 그 결과 그의 수필은 풍자와 유머라는 글쓰기 전략을 아주 적절하게 활용하고 있고, 문학적 치장 뒤에 숨어 가면의 허위를 드러내지 않는 거침없고 솔직한 입담을 보여 준다는 점에서 통쾌하고 재미있고 카타르시스를 느끼게 한다. 흔히 문학을 '그럴듯한 거짓말', 즉 '개연성 있는 허구'로 정의하는데, 요즘 문학판을 보면 거짓말 뒤에 숨어 진짜 거짓말을 하는, 그래서 능수능란한 거짓말을 하는 사람이 정작 작가 자신이라고 느껴질 때가 많다. 거짓말을 하고 있으면서도 가면을 쓰고 있어서 세상으로부터 면죄부를 부여받는 작가의 위선 앞에서 문학 자체를 회의하는 순간을 마주할 때가 너무도 많은 것이다. 박문하의 수필에 담긴 현실 비판의 통렬함과 거침없는 정직성이 지금 한국 문학에 더더욱 의미 있게 다가오는 이유도 바로 여기에 있지 않을까 싶다.

박문하는 그의 수필 곳곳에서 의사로서 가져야 할 윤리적 자세와 덕목에 대해 특별히 강조했다. "아무리 이익만을 추구하는 자본주의 사회라고는 하나 의사의 진단과 수술은 의학 본연의 숭고한 정신을 떠난 상행위가 될 수는 없다."[14]라는 것이다. 즉 그의 두 번째 수필집 『인생쌍화탕』(1963)과 세 번째 수필집 『약손』(1965)의 제목에서부터 명시적으로 드러나듯이, 몸의 질병을 치료하는 기본적인 의료 행위 속에 인간의 생명을 따뜻하게 감싸 주는 손길을 느낄 수 있어야 한다는 데서 의사로서의 기본적인 윤리를 찾고자 했다. 요즘 들어 의대 입학을 위해 초등학교 시절부터 특별반을 다니고, 국가의 미래인 과학 인재 양성을 목표로 설립된 과학고의 학생 대부분이 의대 진학을 목표로 한다는데, 과연 이들 가운데 의사로서의 숭고한 직업적 사명에 대해서 진지하게 고민하고 성찰하는 사람이 몇이나 될지 의문이 들지 않을 수 없다. "의사의 모럴, 휴머니즘"을 강조하면서도 정작 "병을 고치는 주체는 마음이 아니고 약이라는 현대의학"(「의사의 길」, I 권, 470~471쪽)의 실정을 개탄했던 박문하는, 오늘날 직업으로서의 의사가 가장 선망의 직업이 된 현실을 어떻게 생각할까? 아마도 그가 수필이라는 문학의 장르를 설명하는 가운데 의사가 가져야 할 덕목을 이야기한 데서, 의사로서의 윤리와 예술가로서의 의사가 만나는 접점을 강조하는 그의 대답을 짐작해 볼 수 있을 듯하다.

---

14) 「수술여담」, I 권, 145쪽.

> 요즘 의사들의 수필집이 많이 발간되고 있다. 반가운 소식이다. 나는 일찍이 내가 수필을 쓰는 이유의 하나로 현실 생활에 대한 욕구불만에서 오는 일종의 카타르시스라는 말을 한 적이 있었다. 나는 다시 한 번 오늘날 수필 붐이 우리 의료계를 휩쓸게 된 이유를 우리 의료인들의 답답한 장폐색증에 대한 고압관장(高壓灌腸)과 같은 현상이라고 설명하고 싶다. 현대의학이 과학적으로 너무나 세분되어 가기 때문에 의사는 인간을 하나의 통일된 생명체로서 다루지 못하고 마치 공장에서 기계의 부분품을 수리하는 기계공으로 전락해 가는 느낌이 없지 않다. 지금 우리 의료계에서 수필 붐의 바람이 불기 시작한 것은 이러한 인간의 기계적 전락에서 다시 잃어져가는 인간을 되찾아 보려는 몸부림 같은 것이라고 생각한다면 지나친 망상일까?[15)]

앞서 살펴봤듯이 박문하는 인간의 목숨을 다루는 의사는 예술가의 자질을 갖추어야 한다는 점을 여러 차례 언급한 바 있다. 그리고 "개인적인 재질만 가지고 있으면 의사와 문학은 가장 가까운 거리에 놓여 있으며 또 같은 울타리 안에서 얼굴을 맞대고 살아가는 혈연적인 사이"[16)]라는 점을 강조하기도 했다. 최근 들어 문학을 비롯한 예술 전반에 '치료'의 개념이 도입된 것을 보면 이러한 그의 생각은 결코 과장이 아니었음을 알 수 있다. 지금은 너무도 당연한 의학적 상식이 되었지만 오래전 그가 말한 대로 인간의 몸에 발생하는 질병의 원인이 정신적 스트레스와 밀접한 연관성이 있다고 한다면, 자본과 문명의 폐해 속에서 극심한 경쟁과 도전에 직면한 현대인들에게 문학과 예술은 곧 가장 필수적인 치료의 수단이 되지 않을 수 없다. 의사는

15) 「수필이란 무엇인가?」, 앞의 글, 223쪽.

16) 「의사와 문학」, Ⅱ권, 217쪽.

병을 치료하는 사람이라는 과학적인 인식 이전에 마음을 치료하는 예술가라는 관점을 새롭게 정립하는 것이야말로 현대의학의 변화와 발전을 모색하는 중요한 방향성이 될 수 있지 않을까 싶다. 이러한 사실을 이미 문학적으로 보여 준 박문하의 수필은 의학과 문학 혹은 예술의 접점을 찾기 위한 정신적 고투(苦鬪)의 흔적을 담아낸 결과라고 할 수 있다. 문학적으로도 의학적으로도 시대정신을 비판적으로 담아내면서 인간에 대한 근본적 성찰을 지향하는 수필 장르의 가장 본질적인 문제의식을 가장 실천적으로 구현했다고 평가하기에 충분하다.

초출 알림

제1부 통일 시대 지역문학의 기억과 지향
제3회 전국문학인 제주포럼 발제문, 제주작가회의, 2019.10.18.

거리는 멀어져도 마음은 가까이: 포스트 코로나 시대 문학의 방향과 과제
『내일을 여는 작가』 77호, 2020.

국가폭력과 여성 주체의 목소리: 여순사건과 광주 5·18을 중심으로
광주 5·18문학제 심포지움 발제문, 광주전남작가회의, 2023.5.13.

세계문학으로서의 한국문학
한국작가회의 창립 50주년 연속 심포지엄 발제문, 한국작가회의, 2023.6.9.

기후 위기와 생태 환경의 미래: 『신생』 100호에 즈음하여
『신생』 가을호, 2024.

로컬리티의 실천과 공동체적 연대
『영화가 있는 문학의 오늘』 겨울호, 2024.

제2부 '재일'의 실존과 현대시의 방향
『오늘의문예비평』 겨울호, 2023.

김시종과 오노 도자부로
『오늘의문예비평』 겨울호, 2019.

생명과 평화를 위한 민중의 공동체성과 전지구적 연대: 니이 오순다레의 시 세계
『오늘의문예비평』 여름·가을호, 2022.

국가와 민족, 그 경계와 틈새의 시선: 〈중국조선족시인특집〉에 부쳐
『사이펀』 가을호, 2023.

재일조선인 우리말 문학의 역사와 과제
『너머』 2호, 한국문학번역원, 2023.3.

세계문학으로서의 재일조선인문학: 김석범과 김시종의 재일 디아스포라 문학
한국작가회의 창립 50주년 연속 심포지움 발제문, 한국작가회의, 2024.3.15.

제3부 **조화와 균열, 서정주의와 모더니즘의 시적 긴장: 김민부의 시 세계**
2019년 김민부문학제 발제문, 김민부문학제운영위원회, 2019.10.18.

'석기시대'라는 아이러니와 오래된 미래: 신진의 『석기시대』
『현대시학』 2019년 5~6월호, 현대시학사, 2019.5.30.

생명의 근원으로 향하는 서정시의 시간: 윤홍조, 『푸른 배꼽』
『현대시학』 2020년 5~6월호, 현대시학사, 2020.5.30.

'뒤'를 돌아보는 서정의 힘: 김형로의 시 세계
시집 『미륵을 묻다』 해설, 신생, 2019.

평등과 평화의 세상을 꿈꾸며: 박구경, 『형평사를 그리다』
『사이펀』 여름호, 2022.

숨겨진 아픈 역사와 눈물을 어루만지는 기억의 서사: 정춘근, 『지뢰꽃 마을 대마리』
『사이펀』 봄호, 2021.

뒤를 돌아보는 서정의 시간: 정주영의 시 세계
『복사꽃 분분한 건널목에서』 해설, 작가마을, 2023.7.

주체의 분열과 환상의 전략: 김복희의 시 세계
『신생』 여름호, 2024.

'시적인 것'을 찾아가는 상상력과 현실 사이의 긴장: 고성만, 박인하의 시
『시인』 42호, 2024.

교감과 고요의 순간을 지나 독각獨覺에 이르는 '시간詩間': 고재종 시의 생명의식
『신생』 가을호, 2023.

생명과 평화의 연대를 위한 고고학자의 시선: 허수경의 시 세계
『신생』 여름호, 2025.

제4부 **부산 지역 제3세대 비평의 형성과 의미**
『오늘의문예비평』 봄호, 2024.

문학의 새로움과 열린 비평의 모색: 한기욱의 비평 세계
『오늘의문예비평』 가을호, 2023.

『오늘의문예비평』 30년, 걸어온 길과 걸어가야 할 길
『오늘의문예비평』 30주년 기념 세미나 발제문, 영광도서, 2021.8.20.

소설의 정의와 소설 창작의 윤리: '김봉곤 사태'를 통해 본 소설에 대한 단편적인 생각
한국작가회의 평론 분과 좌담회, 2020.11.6.

낯설고 기이한 타자들을 위한 서사: 김가경, 『배리어 열도의 기원』
『작가와사회』 가을호, 2021.

모험과 욕망, 죽음과 생명의 아이러니: 이윤길, 『남극해』
이윤길 장편소설, 『남극해』 해설, 전망, 2020.

문학적 진실을 찾아가는 두 가지 방향: 조율, 강연우, 이병국의 시 그리고 이재은의 소설
『내일을 여는 작가』 하반기호, 2021.

인간에 대한 성찰과 예술가로서의 의사: 박문하의 수필 세계
미발표작

하상일

문학평론가, 동의대학교 국어국문학과 교수
부산대학교 대학원 국어국문학과에서 「1960년대 현실주의 문학비평 연구」로 문학박사 학위를 받았다. 1997년 『오늘의 문예비평』으로 비평 활동을 시작했으며, 『작가와 사회』 편집주간, 『비평과 전망』, 『내일을 여는 작가』 편집위원을 역임했고, 현재 『오늘의 문예비평』 편집인 및 편집주간, 『신생』 편집위원으로 활동하고 있다.
지은 책으로 평론집 『타락한 중심을 향한 반역』, 『주변인의 삶과 시』, 『전망과 성찰』, 『서정의 미래와 비평의 윤리』, 『생산과 소통의 시대를 위하여』, 『리얼리즘'들'의 혼란을 넘어서』, 『뒤를 돌아보는 시선』이 있고, 학술서 『1960년대 현실주의 문학비평과 매체의 비평 전략』, 『재일 디아스포라 시문학의 역사적 이해』, 『한국문학과 역사의 그늘』, 『한국 근대문학과 동아시아적 시각』, 『문학으로 세상을 읽다』, 『문학비평의 이론과 실제』, 『세계문학으로서의 한국문학』이 있으며, 엮은 책 『고석규 시선』, 『최일수 평론선집』, 『조동일 평론선집』, 『신채호 수필선집』이 있고, 인문 여행서 『상하이 노스탤지어』, 『문학관으로 가는 길에서 시를 읽다』 등이 있다. 고석규비평문학상, 애지문학상, 설송문학상, 부산작가상, 심훈학술상 등을 수상했다.

트리콘 세계문학 총서 **10**

지역문학에서 세계문학으로

2025년 12월 30일 초판 1쇄 펴냄

지은이 하상일
펴낸이 김흥국
펴낸곳 보고사

책임편집 이경민
표지디자인 김규범

등록 1990년 12월 13일 제6-0429호
주소 경기도 파주시 회동길 337-15 보고사
전화 031-955-9797
팩스 02-922-6990
메일 bogosabooks@naver.com
http://www.bogosabooks.co.kr

ISBN 979-11-6587-956-3 94810
979-11-5516-700-7 94800(세트)

정가 33,000원